Betrogen und vergessen

Die Geschichte des Kriegskindes Reinhard Bachner

Von Richard Bachmann

EDITION OCTOPUS

Richard Bachmann,
»Betrogen und vergessen – Die Geschichte des Kriegskindes Reinhard Bachner«

Die Edition Octopus erscheint im
Verlagshaus Monsenstein und Vannerdat OHG, Münster
www.edition-octopus.de

Satz: Claudia Rüthschilling
Umschlag: Dirk Schulze Wintzler
Druck: MV-Verlag

ISBN 3-86582-139-1

Inhalt

Vorwort des Lektors

Die Geschichte des Reinhard Bachner steht stellvertretend für eine Generation, deren Kindheit in den zweiten Weltkrieg zurückreicht. Humorlos und schnell mussten diese Kriegskinder zu Erwachsenen werden. Und sie wurden in ihrer persönlichen Entwicklung genau dort geschädigt, wo es am meisten wehtut: In den ersten entscheidenden Lebenserfahrungen. Eine barbarische Diktatur, strenge Erziehung und materielles Elend – aus diesem Beton wurde das Fundament ihrer seelischen Identität gegossen. Die Kriegskinder hatten zweifellos sehr schlechte Karten gezogen. Und das nicht nur einmal. Denn nach dem Krieg waren sie, erneut durch gebieterische Notwendigkeit, zum mühsamen Wiederaufbau gezwungen. Sie opferten dem jetzt erblühenden Wirtschaftswunder ihre beruflichen Träume und Bildungsmöglichkeiten. Es galt zu arbeiten, nicht zu lernen. Und als die nachfolgende 68er-Jugend endlich für ein selbstbestimmtes Leben die Bahn brach, gehörten sie bereits zur neuen Elterngeneration. Die Kriegskinder standen dieser neuen Freiheit zwangsläufig sehr nüchtern und distanziert gegenüber. Sie blickten auf zähes Arbeiten seit frühester Kindheit zurück. Und die Tugenden, auf die sie sich stützten, hatten schließlich ihr Überleben gewährleistet. Sie anzutasten schien ihnen überdreht und gefährlich. Damit gerieten sie in eine sehr undankbare Rolle: Sie waren zwar die emsigen Arbeitsbienen, die den Luxus der Selbstverwirklichung geschaffen hatten. Doch sie selbst konnten innerlich nicht mehr daran teilhaben. Die Kriegskinder galten nur als eine Art fleißiger und unaufgeregter Übergang zur späteren Wohlstandsgesellschaft. Aller Ehren wert, aber reichlich bieder. Und so landete schließlich eine ganze Generation im Niemandsland der Geschichtsschreibung. Sie eignete sich nicht einmal für die politische Kritik, denn die Kriegskinder trugen nun wirklich keine persönliche Verantwortung für die Gräueltaten der Nazis. Sie verschwanden somit ganz unspektakulär aus dem geschichtlichen Bewusstsein.

Das Fazit: Die Kriegskinder gehören zu einer betrogenen, von der Geschichte kalt übergangenen und vergewaltigten Generation. Sie zahlten die Zeche für den Krieg schon bei der Geburt. Und sie litten auch am meisten unter den Konsequenzen dieses Krieges: Der Überlebensdruck Ende der 40er bis Ende der 50er Jahre kostete die zweite Chance im Leben: Nach der Kindheit im Krieg war es diesmal die Jugend nach dem Krieg, die für immer beschädigt wurde. Und am Ende war ihnen die individuelle Freiheit, die sie wirtschaftlich ermöglicht haben, nicht einmal mehr zugänglich.

Geschichte allerdings ist ein vielschichtiges, niemals ganz auszulotendes Problem. Die Kriegskinder zogen gelegentlich auch gute Karten. In den 60er und 70er Jahren waren sie in ihrem mittleren Alter. Sie konnten die Früchte des Wiederaufbaus mehr oder weniger genießen. Und heute, nach der Jahrtausendwende, sieht es ganz so aus, als ob wenigstens diese Generation noch mit einer halbwegs zureichenden und relativ sicheren Rente rechnen kann. Ein schwacher materieller Trost immerhin für die Kindheit und Jugend, um die sie betrogen wurde. Und wenn auch die 50er Jahre sehr mager waren – die Kriegskinder hatten dank ihrer gemeinsamen Erfahrungen und Werte menschlichen Zusammenhalt entwickelt. Sie hatten weniger Geld, aber mehr Empfänglichkeit für einfache Glücksmomente. Sie waren, ab den 60er Jahren, die Generation mit den ersten Partykellern und Mallorcareisen, die Generation der stolzen Autobesitzer und der sicheren Arbeitsplätze. Eben weil die Kinder des Krieges ihre traumatische Vergangenheit nicht vergessen konnten, wussten sie die Gegenwart mehr zu schätzen als die ruhelos umherirrenden 68er und deren Nachfolger.

Kulturell jedoch konnten sie den Verlust ihrer Entwicklungsjahre nicht verleugnen. Sie schotteten sich gegen Veränderungen des Lebensstils ab: Starker Individualismus, enthemmte Erotik, politische Systemkritik, die Suche nach spiritueller, künstlerischer oder auch sinnlicher Selbsterfahrung, überhaupt der Hang zum Extremen und zum Experiment – all das war den Kriegskindern ein Buch mit sieben mal sieben Siegeln. Verschlossen für immer. Ob zu ihrem Vorteil oder Nachteil, das soll hier nicht erörtert werden. Fest steht: Die Kriegskinder blieben vor allem auch darin eine betrogene Generation, dass sie ihr materielles Sicherheitsdenken nie ganz ablegen konnten. Das Verhängnis hatte es so gewollt, dass sie wenig Sinn für die schönen und idealen Seiten des Lebens entwickeln konnten. Denn kulturelle Erfahrungen sind ja, überlebenstechnisch gesehen, zuerst und vor allem nutzlos. Sie setzen ein Minimum an Freiheit von materiellen Zwängen voraus. Die Kriegskinder ahnten wohl im Innersten, dass der Mensch nicht nur vom Brot allein lebt. Doch sie hatten allzu sehr verinnerlicht, dass es ohne Brot todsicher gar kein Leben gibt. Und schließlich: Hatten nicht gerade sie ein teuer erworbenes Recht darauf, ausgiebig zu konsumieren, die neuen Bequemlichkeiten voll zu genießen, sich ein wenig zurückzulehnen?

Angesichts der heutigen Spaßmenschen, der wirtschaftlichen Kälte und der krisenhaften Veränderung unserer

Wohlstandsgesellschaft könnte die Erfahrung dieser Generation wieder sehr wertvoll werden. Von ihr kann man lernen, was Standhaftigkeit und Selbstdisziplin zu leisten imstande sind; wie unverwüstlich ein Glauben an Werte macht; und wie zäh und erfindungsreich der Mensch ist, selbst wenn er täglich Gefahr läuft, alles zu verlieren. Ohne diese Fähigkeiten hätten die Kriegskinder weder den Krieg überlebt noch ein Wirtschaftswunder geschaffen. Und kein Mensch wird jemals eine ernsthafte Krise ohne Härte gegen sich selbst meistern können – und auch nicht ohne Glauben an eine mögliche und bessere Zukunft. Die Generationen nach den Kriegskindern flüchten sich allzu schnell in jämmerlichen Pessimismus und betrachten Lebenshärten als prinzipiell unzumutbar. Der paradiesische Ausnahmezustand – jahrzehntelanger ökonomischer Aufstieg und soziale Sicherheit – wird zu fraglos in den Rang eines Naturgesetzes erhoben. Solidarität und intensives Zusammenleben, meist aus der Not geboren, sind als Lebensgefühl kaum noch präsent. Die Generation der Kriegskinder kann uns also durchaus eine Lektion in überlebenswichtigen Fähigkeiten erteilen, die sich unter weit schlimmeren Bedingungen bewährt haben.

Zu diesem handfesten Zweck wurde *Betrogen und vergessen* geschrieben. Und dennoch verzichtet das Buch darauf, moralisch belehren zu wollen. Es überzeugt, indem es erzählt und darstellt. Und es schließt gleichzeitig eine Lücke in unserer Geschichtsschreibung: Richard Bachmann hat dem noch wenig durchleuchteten Alltag der Kriegskinder und ihrem Werdegang ein Denkmal gesetzt. Er liefert genau das, was bislang gefehlt hat: die anschaulichen Details. Er versichert sich schreibend einer Kindheit und einer Jugend, um die eine ganze Generation betrogen wurde. Dieser brutale Verlust lässt sich freilich nicht wieder gutmachen. Doch ein Buch wie dieses kann verhindern, dass diese betrogene Generation nicht auch noch zur vergessenen Generation wird. Die authentische Lebensgeschichte des Kriegskindes Reinhard Bachner, die Richard Bachmann (ebenfalls ein Kriegskind) hier nacherzählt, zeigt uns in größtmöglicher Nahaufnahme eine Welt, die uns abhanden zu kommen droht. Worüber nicht geredet wird, das existiert auch nicht. Das ist die Logik unserer Mediengesellschaft. Genau deshalb wirkt dieses Buch wie ein magischer Schlüssel, der uns den Blick auf eine verschollene Zeit öffnet. Die geschichtlichen Mächte können uns beherrschen. Das Gedächtnis aber liegt in unserer eigenen Hand. Das scheint mir die unausgesprochene Botschaft dieses Buches.

Günter Bachmann

Vorrede des Autors

Reinhard Bachner, dessen Biografie hier erzählt wird, wurde im September 1935 in Hüttersdorf (Westböhmen) geboren. Dort besuchte er die Volksschule bis zur vierten Klasse und verlor dann seine Heimat durch die Vertreibung aus dem Sudetenland. Die Vertreibung führte ihn zunächst in einen Ort bei Berlin, später dann nach Bayern. Er verließ auch Bayern wieder und lebt bis heute in Baden-Württemberg.

Der Autor erzählt aus den Erinnerungen des Reinhard Bachner und aus Geschichten von beteiligten Personen. Die Namen der Personen sowie die Ortsnamen sind frei erfunden. Die Ereignisse jedoch nicht. Ähnlichkeiten mit lebenden Personen sind also möglich. Wer sich betroffen fühlt, mag sich das im Guten wie im Bösen selbst zuschreiben.

Richard Bachmann

Betrogen und vergessen

Die Geschichte des Kriegskindes Reinhard Bachner

Die Familie Bachner

Um dem Leser einen Überblick zu verschaffen, stelle ich die Familie wie folgt vor:
Vater Kurt Bachner, geb. 1900, und Mutter Rosi Bachner, Jahrgang 1902, hatten im Jahr 35 fünf Kinder: 4 Söhne (Josef, geb. 1921, Karl, geb. 1923, Willi, geb. 1925, Reinhard, geb.1935) sowie eine Tochter (Lisa, geb.1927).
Die Bewandtnisse dieser Familie ziehen sich wie ein roter Faden durch die Geschichte. Erzählt wird aus der Perspektive Reinhards, des jüngsten Kindes. – Seine Lebensgeschichte beginnt natürlich mit seiner Herkunft.
Hüttersdorf, ein Ort mit zirka 2000 Einwohnern, liegt im Böhmerwald, nahe an der bayerischen Grenze zur Oberpfalz. Der Ort selber lebt in der Hauptsache von der Land- und Forstwirtschaft sowie einigen Handwerksbetrieben.
Kurt Bachner, der Vater von Reinhard, war Waldfacharbeiter. Er arbeitete bis 1938 in einem Staatsforst. Standesgemäß gehörte er der Sozialdemokratischen Partei an. Nach der Machtergreifung durch die Nationalsozialisten sollte sich das Leben des Kurt Bachner radikal ändern.
Bachner verlor seine Arbeit, weil er Hitler und seiner Politik ablehnend gegenüberstand, ja sogar offen dagegen war. Schon damals ahnte er, was da auf Deutschland zukam. In Hüttersdorf war zu jener Zeit kaum jemand, von dem Kurt Bachner Unterstützung erwarten konnte. Die meisten im Ort waren begeisterte Anhänger der Nazis. Die wenigen, auf die er sich hätte verlassen können, waren oft selbst in Schwierigkeiten.

Im Frühjahr 1938 machte sich Bachner mit seiner Familie und anderen Gleichgesinnten auf, um ins Innere der Tschechoslowakei zu flüchten. Er fürchtete um Leib und Leben für sich und seine Familie. Dort wollte er abwarten, bis der Spuk im Sudetenland vorbei wäre. In der mittelgroßen Stadt Klattau hat die Familie Unterkunft gefunden. Da auch Verwandte dabei waren, war es am Anfang noch erträglich. Aber die Sorge um die Daheimgebliebenen (u.a. Kurts Eltern) war groß. Die Wohnung und alles Liebgewonnene musste fluchtartig verlassen werden. Sie hatten nur das Nötigste dabei. Die Kinder konnten die Schule besuchen, was für sie nicht einfach war (es war ja eine tschechische Schule).

Der älteste Sohn Josef bekam eine Lehrstelle als Metzger in Prag. Er konnte bei seinen Lehrherren wohnen und erhielt auch Verpflegung. Lisa und Willi hatten ihre liebe Not mit der Schule. Reinhard konnte mit seinen 3 Jahren nicht begreifen, warum er nicht zu Hause sein durfte, um mit den anderen Kindern zu spielen. Er hatte oft Angst in dem großen Hotelsaal, in dem alle wohnen und schlafen mussten. Eines Nachts gab es ein großes Unwetter, Blitz und Donner wollten gar nicht aufhören. Er kroch unter die Schlafdecke und zitterte vor Angst. Er schrie auch sehr laut, aber keiner hörte ihn. Da stand er auf. Um zur Mutter zu gelangen, musste er im Dunkeln suchen. Das Donnern und Blitzen versetzte ihn in Panik. Er wusste nicht mehr, was er machen sollte und schrie wie am Spieß. Plötzlich nahm ihn jemand in den Arm, hielt ihm den Mund zu, und zog ihn unter die Decke. Reinhard war steif vor Schrecken. Wer war das? Plötzlich hörte er die Stimme seiner Mutter. Er musste vor Freude weinen und war glücklich wie noch nie in seinem erst so kurzen Leben. Dieses scheinbar unbedeutende Erlebnis sollte ihm unvergesslich bleiben.

Zurück nach Hüttersdorf

Kurt Bachner kam am Abend mit den anderen Männern zusammen, um heftige Diskussionen zu führen. War es am Anfang nur ein Gerücht, so schien es sich zu bewahrheiten, dass Adolf Hitler die ganze Tschechoslowakei besetzen wolle.

Eines Nachts gab es einen donnernden Lärm in Klattaus Straßen. Das schon lange Befürchtete war geschehen: Hitler ließ seine Truppen in die Tschechoslowakei einmarschieren. Die ganze Nacht und den Tag darauf donnerten Panzer und Militärfahrzeuge durch Klattau.

Hitler, das wusste jeder, gab sich nicht mit halben Sachen ab. Die Familien, die ins Innere der Tschechei geflohen waren, mussten zurück nach Hüttersdorf. Familie Bachner machte sich mit den anderen auf den Weg und die Stimmung war alles andere als gut. Zu Hause angekommen, gingen viele Hüttersdorfer all den Familien aus dem Weg, die Hitler und seine Anhänger nicht mit offenen Armen empfangen hatten. Von vielen wurden sie auch offen verachtet. Es dauerte nicht lange und für die Familie Bachner kam es genau so, wie es zwar befürchtet, aber immer verdrängt wurde (»Der Nazispuk ist bald vorbei.«): Im Frühsommer 1939 wurde Kurt Bachner verhaftet.

In der Untersuchungshaft

Bachner kam in die Untersuchungshaft nach Führt/Bayern. Seine Verhaftung wurde wie folgt begründet: Er sei ein *Volksschädling,* Mitglied einer verbotenen Partei (SPD) und er unterstütze die Kommunisten. Er wurde Tag und Nacht verhört. Er, Bachner, solle seine Vergehen zugeben. Seine Familie wurde gar nicht oder nur vage unterrichtet und Angst war der ständige Begleiter seiner Frau und der Kinder.

Bei einem der vielen Verhöre, die zum Teil auch von der *Gestapo* geführt wurden, machte man ihm ein verlockendes Angebot: »Wenn Sie alles zugeben und sich von dem roten Gesindel trennen, könnte man über eine Entlassung aus der Haft nachdenken.« Bachner wusste nur zu gut, dass dies leere Versprechungen waren. Sie wollten nur eines von ihm: ein Schuldbekenntnis mit seiner Unterschrift. Er lehnte den Vorschlag ab.

Einige Tage vor Weihnachten 1939 wurde er nachts aus dem Schlaf gerissen und zum Verhör gebracht. Der Kriminalbeamte legte ihm ein Schreiben vor und sagte: »Wenn du unterschreibst, bist du am Heiligen Abend bei deiner Familie!« Einen Moment zögerte Bachner, dann kam ein klares, lautes »Nein!« Für einige Sekunden war der Beamte still. Bachner glaubte für einen Augenblick, Bewunderung in seinem Gesicht zu sehen; dann drehte er sich um und ging. In dieser Nacht konnte Bachner nicht schlafen. »Habe ich richtig gehandelt?« - »Wie soll ich meiner Frau und den Kindern das erklären?« Er wusste es nicht. Die Strafe für seine Entscheidung sollte verheerend sein.

Eine schreckliche Nachricht

Nur wenige Tage vor Weihnachten 1939 erfuhr die Familie Bachner, dass der Vater ins Konzentrationslager Sachsenhausen bei Oranienburg/Berlin überstellt wurde.

Rosi Bachner, die Mutter, war nun mit den fünf Kindern allein. Es sollten nicht die letzten Weihnachten sein, die sie alleine verbringen mussten.

Josef, der älteste Sohn, wurde zum Militär eingezogen. Karl und Willi konnten Arbeit bekommen. Lisa musste noch zur Schule.

Als die ersten Briefe aus dem Konzentrationslager (KZ) kamen, wusste die Familie nur, dass ihr Vater lebte, – mehr aber auch nicht. Es waren immer die gleichen Sätze, wie zum Beispiel dieser: »Geht mir gut, hoffe euch auch.« - »Was machen die Kinder?« usw. Er durfte keine Pakete empfangen, nur 10 RM.(Reichsmark) waren erlaubt. Er durfte auch seinem Sohn Josef an die Front schreiben, dass es ihm in »Schutzhaft«, so nannte man das KZ, gut gehe. Natürlich ging jeder Brief, der das Lager verließ, durch die Postzensurstelle. Und ebenso jeder Brief, der hineinkam. Die Briefe hatten alle einen vorgedruckten Text:

Der Tag der Entlassung kann jetzt noch nicht angegeben werden. Besuche im Lager sind verboten. Anfragen sind zwecklos.

Auszug aus der Lagerordnung:

Jeder Häftling darf im Monat 2 Briefe oder 2 Postkarten empfangen und absenden. Eingehende Briefe dürfen nicht mehr als 4 Seiten à. 15 Zeilen enthalten und müssen übersichtlich und gut lesbar sein. Pakete jeglichen Inhalts sind verboten. Geldsendungen sind nur durch Postanweisung zulässig, deren Abschnitt nur Vor- u. Zuname, Geburtstag und Häftlingsnummer trägt, jedoch keinerlei Mitteilungen. Geld, Photo- und Bildereinlagen in Briefen sind verboten. Die Annahme von Postsendungen, die den gestellten Anforderungen nicht entsprechen, wird verweigert. Unübersichtliche und schlecht lesbare Briefe werden vernichtet. Im Lager kann alles gekauft werden. Nationalsozialistische Zeitungen sind zugelassen, müssen aber vom Häftling selbst im Konzentrationslager bestellt werden.

Der Lagerkommandant.

Die obigen Texte sind original aus Briefen von Kurt Bachner zitiert, die er an seine Familie schickte.
Fürs Erste möchte ich den Teil »Konzentrationslager« abschließen, komme aber später noch auf genauere Aussagen Reinhard Bachners zurück, die er mir gegenüber persönlich machte.

Normale Tage

Später, nach dem Krieg, habe ich mich oft mit Reinhard Bachner über seine Kinder- u. Jugendjahre unterhalten. Es waren Gespräche, die manchmal schon meine Seele strapazierten, sodass ich manche Nacht nicht in den Schlaf kam. Reinhard hatte nicht viel mitbekommen, was in der Familie seit 1938 alles geschehen war. Aber manches war ihm doch klar in Erinnerung geblieben. Die Zeit bis 1940, obwohl der Krieg schon deutliche Spuren zeigte, war für Reinhard relativ gut. Er spielte mit den anderen Kindern, raufte und balgte sich mit Buben und Mädchen. Manchmal wurde er aber gefragt: »Hast du keinen Vater? Wo ist dein Vater?« Reinhards Antwort war meistens: «Mein Vater ist nicht zu Hause, aber er kommt bald!« Rosi Bachner, Reinhards Mutter, hatte ihm erklärt, dass der Vater eingesperrt ist und bald zurückkehrt, weil er unschuldig ist. Wenn er aber weinend nach Hause kam und sagte: »Die haben gesagt, mein Papa ist ein Verbrecher und kommt nie mehr nach Hause!«, nahm sie ihn in den Arm, drückte ihn fest an sich und sagte: »Das ist doch alles nicht wahr, mein Bub, er kommt, ich weiß es ganz genau, er ist ja unschuldig!« In solchen Stunden war Rosi Bachner die unglücklichste Mutter der Welt. Aber es kamen auch »normale Tage«, wie Rosi Bachner zu sagen pflegte.

Reinhard Bachner hatte heute seinen großen Tag. Schulanfang für den Jahrgang 1935 war in Hüttersdorf angesagt. Die Erwartungen waren sehr groß. Reinhard bekam einen Schulranzen, eine Federbüchse (Schreibmappe.) und eine Schiefertafel mit Schwamm und Griffel zum Schreiben. Die

Sachen waren von schlechter Qualität (der Ranzen zum Beispiel bestand aus Pappe). Die Freude war trotzdem groß: Gab es doch einen »Kriegskuchen«! Dieses Wunder wurde aus etwas Mehl, Kaffeesatz, Zichorie und Kunsthonig gebacken. Es war eben wieder ein *normaler Tag!* Und Glück ist etwas sehr Relatives.

Am ersten Schultag fing es für Reinhard allerdings nicht gut an. Alle bekamen eine Fibel (Lesebuch). Nur Reinhard Bachner nicht. Die Lehrerin meinte, er solle beim »Nebensitzer« hineinschauen, bis irgend wann einmal eine Fibel übrig ist. Schon bei der Einschulung hatte der Junge so viele Traumata hinter sich, dass er heute wohl eine ganze Heerschar von Pädagogen und Psychologen beschäftigen würde.

Auch der Nachhauseweg am ersten Schultag war wegen der Hänselei besonders schlimm. Viele der Mitschüler lachten und beschimpften ihn: »Du bekommst keine Fibel, solche Menschen wie du, die gehören gar nicht in unsere Schule, geh doch zu deinem Vater und lasse dir eine kaufen.« Wer, so meint der Autor, hat über diese Erfahrungen der Kinder im Dritten Reich eigentlich jemals Buch geführt? Insbesondere von denen, deren Eltern keine Nazis waren und unter ständiger Verfolgung litten. Sie sind nicht nur eine betrogene, sondern auch eine vergessene Generation.

Reinhard wollte seiner Mutter nicht sagen, was beim Nachhauseweg passiert war. Rosi Bachner merkte aber, dass ihren Sohn etwas bedrückte. Reinhard schüttete der Mutter sein Herz aus und suchte, wie so oft, Trost in ihren Armen.

Hüttersdorf war um 1905 schon zur Marktgemeinde erhoben worden, und manches im Ort konnte sich sehen lassen. Da war zum Beispiel die Kirche, mit wunderschöner Malerei von bekannten Künstlern. Außerdem ein großer romantischer Teich, (der »Weiher« genannt). Hier war ein Tummelplatz für Alt und Jung. Nicht zu vergessen ist auch das riesige Waldgebiet, der »Böhmerwald« und der »Deutsche Wald«, so nannten alle im Ort den Wald auf der bayerischen Seite. Es ließ sich schon gut leben in Hüttersdorf, jedenfalls »an den normalen Tagen.«

Schlechte Tage

Karl Bachner, der zweitälteste Sohn, bekam die Einberufung zum »Reichsarbeitsdienst« (RAD).

Rosi Bachner hatte nun zwei Söhne bei der Wehrmacht. Es wurde immer schwerer für sie, die Familie zu versorgen. Die Zeiten waren jetzt, im dritten Kriegsjahr, sehr hart. Butter, Zucker, Mehl und vieles andere mehr, gab es nur auf Lebensmittelkarten. Die Rationen waren zum Leben zu wenig, zum Sterben zu viel. Willi Bachner arbeitete im Sägewerk, das zu einem Gräflichen Gut, sechs Kilometer von Hüttersdorf entfernt, gehörte. Lisa Bachner arbeitete beim gleichen Arbeitgeber im Forst (Bäume pflanzen etc.). In der Landwirtschaft musste sie ebenso helfen, zum Beispiel bei der Heuernte und so weiter. Willi und Lisa unterstützten die Mutter, so gut es möglich war. Essen oder Vesper gab es auf dem Gräflichen Gut nicht. Rosi Bachner musste jeden Tag, außer Sonntag, zum »Essentragen« gehen. Da hieß es also, Tag für Tag, um fünf Uhr aufstehen und der Schwiegermutter in der kleinen Landwirtschaft helfen (melken, Tiere füttern). Anschließend musste sie den Sohn Reinhard für die Schule fertig machen, einkaufen und kochen. Nach dem Mittagessen wurde der »Buckelkorb« geschultert, der das Essen für Willi und Lisa enthielt. Sechs Kilometer musste sie laufen, bis sie an die Stelle kam, wo sie das Essen unter einer Baumwurzel hinterlegte.

Auf dem Rückweg wurde der Buckelkorb mit Brennholz gefüllt und lange Äste quer gelegt. Dann ging es schwerbeladen die sechs Kilometer zurück. Zu Hause angekommen, wurde der Haushalt gemacht. Wenn diese Arbeiten erledigt waren, mussten die Näharbeiten in Angriff genommen werden. (Rosi Bachner machte Heimarbeit für eine Nähfirma.) »Weißnähen« nannte man diese Tätigkeit. Der Tag war noch lange nicht rum. Abendbrot richten, Fragen vom Sohn Reinhard wegen Hausaufgaben beantworten, usw.

Wenn am Abend alle im Bett waren, machte sich Rosi Bachner nochmals an die Weißnäharbeiten. Kam dann noch die Schwiegermutter ins Zimmer und schimpfte, weil sie das elektrische Licht anhatte, musste es gelöscht werden. Die Teile der Näharbeiten, die zu einem genauen Termin fertig sein mussten, nähte sie dann bei »geöffneter Ofentür« am Küchenherd fertig. Das Feuer im Herd spendete ihr das nötige Licht. Weit nach Mitternacht fiel Rosi Bachner todmüde in ihr Bett. Die Familie lebte bei Kurt Bachners Eltern mit im Haus zur Miete. Und das war nicht immer eine gute Situation. Die Mietwohnung war nicht groß, zwei Zimmer mussten für die Familie reichen.

Wären die Söhne Josef und Karl auch noch zu Hause gewesen, hätte der Dachboden wieder wohnlich eingerichtet werden müssen. Doch eine Stütze hatte Rosi Bachner, das war der Großvater.

Weihnachtszeit 1942

Erster Advent. In Hüttersdorf wurde es kalt. Die Menschen mussten sich wieder auf eine Kriegsweihnacht einrichten.
Bei Familie Bachner wollte keine Adventstimmung aufkommen. Der Vater noch im Konzentrationslager, die Söhne Josef und Karl in Norwegen und Russland an der Front. Seit Kriegsbeginn waren sie nur zweimal auf Kurzurlaub daheim gewesen. Jetzt war die Familie sehr unruhig, weil schon lange keine Feldpost mehr kam. Das Warten auf den Briefträger war so eine Sache.
Der Postbote hatte in jener Zeit eine besondere Bedeutung für die Leute. Die Frage war: Hat er einen Brief mit der Nachricht, dass Sohn, Vater oder Ehemann noch am Leben sind – oder eine *andere* Botschaft?
Man konnte genau erkennen, was es für eine Postsendung war. Machte der Empfänger ein freudiges Gesicht, war es eine gute Nachricht. Wenn plötzlich Schreie zu hören waren und weinende Frauen auf die Straße liefen, war es eine Todesnachricht.
Diese Schreckensmeldungen gab es jeden Tag in irgendeiner Familie.
Eine Woche vor Weihnachten kam Rosi Bachner nach Hause und versammelte die Kinder um sich: »Ich habe mich entschlossen, einen Brief an Adolf Hitler zu schreiben.« Alle schauten die Mutter verständnislos an. Willi fragte: »Hast du den Verstand verloren?« - »Nein, mein Junge«, meinte die Mutter: »Wenn ich alles dem Führer schreibe, wie es wirklich war und dass Vater unschuldig ist, kommt er bestimmt nach Hause.« Die Idee wurde auch gleich dem Großvater mitgeteilt.

Großvater aber war skeptisch; Großmutter dagegen meinte, man könne es ja versuchen. Willi und dazu noch Rosi Bachners Geschwister (Katharina, Barbara und Hermann) sagten ihr auf den Kopf zu, dass dieses Unterfangen keinen Erfolg haben wird. Nur einer, der sieben Jahre alte Reinhard, war überzeugt und sagte zur Mama: »Schreibe bitte, die sollen ihn (den Vater) sofort gehen lassen, er hat es ja selber auch versprochen.« Ein gequältes Lachen huschte über ihr Gesicht und sie meinte: »Du hast Recht. Ich werde sofort schreiben.«

Kurt Bachners jüngste Schwester Theresia, niemand nannte sie so, war nur unter dem Namen »Resl« bekannt. Resl war fest entschlossen, ihrer Schwägerin zu helfen und beide machten sich sogleich Gedanken, wie man den Brief an so einen mächtigen Mann am besten formuliert und was man schreiben könnte (oder durfte).

Heute kam wieder ein Brief vom Vater, der kleine Reinhard hatte ihn in Empfang genommen und brachte ihn freudestrahlend seiner Mutter. »Mama, Mama! Vater hat geschrieben, ich glaube bis Heiligabend ist er ganz bestimmt bei uns!«

Rosi Bachner nahm den Brief und fing an zu lesen. Es waren wieder diese lapidaren Sätze: »Mir geht es gut, bin gesund, wie geht es dir und den Kindern?« Warum diese vorgestanzten Sätze lesen? Sie kannte die Briefe schon auswendig. Doch wenn sie die Schrift sah und seinen Namen lesen konnte, wusste sie, ihr Mann war noch am Leben.

Endlich war Heiligabend, Reinhard konnte es kaum noch erwarten, bis das Christkind kam. Gerade als man mit dem Mittagessen fertig war, kam Tante Resl und brachte einen Fichtenbaum mit: »Da ist euer Christbaum, den hat Großvater für euch geholt.« Wehmütig dachte Rosi Bachner plötzlich an die Zeit, wo das ihr

Mann alles gemacht hatte. Wie er schon am frühen Morgen in den Wald ging, um den Tannenbaum zu holen. Drei Reihen mit Gipfel, die musste er unbedingt haben. Die Astreihen mussten millimetergenau stimmen, denn kein Baum von minderer Qualität kam in den Christbaum-Ständer.

Rosi Bachner schreckte aus ihren Gedanken auf; sie war, wenn auch nur für einen Augenblick, ein wenig glücklich gewesen. Inmitten der Verzweiflung blieb nur die Erinnerung. Und vielleicht ein wenig Hoffnung.

Reinhard stand neben seiner Mutter und schaute sie ganz vorwurfsvoll an: »Wann kommt denn nun das Christkind?« Ein bisschen Wut konnte man schon aus seiner Stimme heraushören.

Aber die Mutter beruhigte ihn und sprach: »Du gehst jetzt mit Lisa spazieren und wenn ihr zurück seid, war das Christkind bestimmt da.«

Lisa und Reinhard, das war schon ein Gespann. Die acht Jahre ältere Schwester hatte ja ständig die Aufgabe, auf Reinhard aufzupassen. Manchmal machte sie das gerne, aber wenn es ihr nicht in den Gram passte, konnte sie unangenehm, um nicht zu sagen böse werden.

Sie nahm Reinhard an die Hand und los ging es, die Straße entlang, Richtung Wald und das mit voller Absicht. Reinhard meinte: »Gehen wir doch ins Dorf!« Lisa sagte »Nein!« Und wenn Lisa Nein sagte, dann war das so sicher wie das Amen in der Kirche.

Reinhard schwieg erst einmal, um seine Schwester nicht noch mehr zu verärgern.

Auch Lisa sprach eine Weile nichts. Dann sagte sie plötzlich: »Am Heiligabend ist es im Wald nicht ganz ungefährlich, vor allem für Kinder, die nicht immer brav sind.«

Reinhard erschrak, wurde ganz bleich. Niemand ist »immer brav«. Er spekulierte, wann er das letzte Mal nicht brav war, doch ihm fiel nichts Genaues ein. Beim besten Willen nicht.
Doch seine Schwester fuhr fort: »Der *Krampus*, (so nannte man in Hüttersdorf den Knecht Ruprecht), holt die Kinder, die nicht brav sind und den großen Schwestern nicht folgen.«
Reinhard schnürte es die Kehle zu, er glaubte zu ersticken.
In Gedanken bereute er schon seinen Wunsch, der Heiligabend solle so schnell wie möglich kommen. Er nahm die Hand von Lisa noch fester und war froh, dass sie sagte: »Wir kehren um.«
Eines wollte der Bruder jetzt doch noch wissen: »Wenn der *Krampus* alle Kinder holt, die nicht brav sind, wo bringt er sie dann hin?«
»Halt deinen Mund«, schimpfte Lisa, ihre Stimme ließ nichts Gutes ahnen. »Sonst bekommst du gar nichts vom Christkind, du Besserwisser, ich will jetzt meine Ruhe haben!«
Reinhard hielt sich sofort an Lisas Anordnung. Er wusste, ein falsches Wort und er müsste mit dem Schlimmsten rechnen.
Zu Hause angekommen, zischte Lisa: »Halt, wir müssen ganz leise sein, wenn das Christkind noch im Hause ist, können wir nicht hinein.« Reinhard war starr vor Schreck und hauchte nur: »Warum?« - »Keiner darf es sehen. Zu denen, die es sehen, kommt es *nie* wieder.«
Vorsichtig klopfte Lisa an die Haustür. Von innen war Mutters Stimme zu hören: »Ihr könnt kommen, das Christkind ist schon weg.«
Mutter öffnete die Tür zur Stube und auf dem Küchentisch stand der Christbaum.
Reinhard schaute eine ganze Weile auf den Baum. Nur langsam ging er auf seine Mama zu, und kuschelte sich an sie. Sie drückte

ihn fest an sich und nur mühsam konnte sie ihre Tränen zurückhalten.
»Schau Reinhard, was dir das Christkindl gebracht hat.«
Ein kleiner Holzwagen, mit zwei Pferdchen und »Zuckerstückchen«, so nannte man das Weihnachtsgebäck. Sogar mit *weißem* Mehl gebacken.
Lisa bekam eine bunte Schürze und »Zuckerstücke«.
Willi bekam selbstgestrickte Handschuhe. Die konnte er brauchen. Er musste am 2.1.1943 zum Arbeitsdienst (RAD).
Mutter hatte kein Geschenk unter dem Baum. Wer sollte ihr was schenken? In dieser Zeit war es nicht üblich, sich gegenseitig zu beschenken. Höchstens bei den wenigen Reichen.
Zum Heiligabend-Essen gab es selbstgebackenes Brot mit frisch gerührter Butter, das die Großeltern für Weihnachten gebracht hatten.
Nach dem Essen wurde es für Rosi Bachner still. Reinhard spielte mit seinem Pferdewagen und Lisa saß mit der Mutter am Tisch. Die bald fünfzehnjährige Lisa ahnte wohl, was die Mutter bedrückte. Was würde der Vater heute im Konzentrationslager für einen Heiligabend verbringen?
Die zwei Ältesten, Josef und Karl an der Kriegsfront, was würden sie machen?
Weit nach Mitternacht ging Rosi Bachner zu Bett, mit düsteren Gedanken und zentnerschwerer Last. Weihnachten 1942 war wieder kein Fest der Freude.

Schwere Zeiten

Die Marktgemeinde Hüttersdorf ächzte unter der Kriegslast. Im Winter 1942 waren aus dem »Volksempfänger-Radio« zwar gute Nachrichten zu hören; aber selbst getreue Anhänger der *Braunen* Partei (N.S.D.A.P.) und ihres »Führers« bekamen Zweifel, ob das, was aus dem Volksempfänger kam, immer die volle Wahrheit war.

Georg und Resl Bachner (der älteste Bruder und die jüngste Schwester von Kurt Bachner) gaben sich mit den Nachrichten nicht zufrieden.

Zu bestimmten Zeiten, meistens in den Abendstunden, sendete »Radio-London« in deutscher Sprache »Nachrichten für das deutsche Volk«.

Das Abhören dieses Feindsenders nannte man im Volksmund *Schwarz-Sender-Hören.*

Wehe, man wurde dabei erwischt: Das Konzentrationslager war die Mindeststrafe!

Rosi Bachner wollte damit nichts zu tun haben, und das war verständlich. Sollte nur der geringste Verdacht gegen sie aufkommen, hätte dies verheerende Folgen gehabt. Die Einweisung in ein KZ wäre ihr sicher gewesen.

Wenn der Feindsender gehört wurde, stiegen Georg und Resl auf einen Stuhl und legten ihr Ohr so nahe wie möglich an das Radio. »London« machte sich mit einem dumpfen Klopfton bemerkbar, und der Sprecher sagte: »*Hier ist London!! Hier ist London!! An das deutsche Volk!*« Es folgten Nachrichten, die der Wahrheit bedeutend näher kamen. Man erfuhr zum Beispiel, wo die West- und Ostfront genau verlief oder wie hoch die Verluste von Mensch und Material auf deutscher Seite waren.

Abgesichert wurde das »Feindsender-Hören« wie folgt: Lisa und Reinhard gingen vor das Haus oder liefen umher, immer auf der Hut. Sollte sich jemand nähern, warnten sie sofort die *Schwarzhörer*. Der kleine Reinhard wusste genau, um was es ging. Von außen konnte man nicht durch die Fenster schauen wegen der »Verdunklung«. Es durfte kein Licht zu sehen sein – die Alliierten-Flieger kreisten jetzt immer öfter am Himmel. (Wer nicht verdunkelt hatte, musste mit drastischen Strafen rechnen.) Bei der geringsten Gefahr wurde das Radio sofort ausgemacht. Man setzte sich an den Tisch und sprach über belanglose Dinge. Vertrauen konnte man zur damaligen Zeit niemand! Gar zu zahlreich waren die »Hitler-Getreuen«.

Dass man über das Gehörte zu *keinem Menschen* sprach, war selbstverständlich. Reinhard wurde von allen Beteiligten bis ins kleinste Detail aufgeklärt. Und er war stolz, von den Erwachsenen so ernst genommen zu werden. Man bedenke nur flüchtig: Das Schicksal einer ganzen Familie lag in der Hand eines Achtjährigen.

Die Leute im Ort wurden immer misstrauischer. Man musste sich mit jedem Wort in Acht nehmen. Stets musste bedacht werden, mit *wem* über *was* gesprochen wurde.

Die Herren »Ortsgruppenleiter«, »Ortsbauernführer« und andere Parteifunktionäre waren bestrebt, die Leute auszuhorchen. Ihnen waren alle Mittel recht, um an Informationen über Mitbürger zu kommen, die im Verdacht standen, keine treuen »Volksgenossen« zu sein.

Mitten im Winter, es lag sehr viel Schnee, kam Reinhard zu seiner Mutter und fragte, »ob er denn nicht auch einen Schlitten haben könnte.«

Die Mutter sprach: »Wir haben keinen Schlitten, das weißt du doch! Der alte ist kaputt, und einen anderen haben wir nicht.« Er ging aber doch zum Schlittenfahren in der Hoffnung, dass ihn jemand als Mitfahrer akzeptierte.

Einige Tage später kam Reinhard am Haus von Frau Rehm vorbei. Frau Rehm stand am Gartenzaun. Freundlich sagte er: »Grüß Gott!« (Kein Heil Hitler). Frau Rehm grüßte zurück und als Reinhard schon fast vorbei war, rief sie ihm zu: »Gehst du Schlittenfahren, Reinhard?« »Nein«, antwortete er, »ich habe doch keinen Schlitten!« »Komm doch mal herein«, sagte sie. Zaghaft ging er in den Hof. »Ich habe einen Schlitten für dich. Wenn er dir gefällt, kannst du ihn haben!«

Reinhard konnte erst einmal gar nichts sagen. Er sollte Besitzer eines Schlitten werden? Bis er einen klaren Gedanken fassen konnte, stand Frau Rehm vor ihm mit einem Schlitten.

»Gefällt er dir?«, fragte sie. Reinhard hätte am liebsten die Frau umarmt, sie stand mit einem schönen Schlitten vor ihm. Als Frau Rehm sah, dass es ihm die Sprache verschlagen hatte, sagte sie: »Geh zum Schlittenfahren. Wenn du noch eine Weile hier stehst, ist der Winter vorbei!«

Vor Freude beinah betäubt, bedankte er sich und rannte los. Als habe er Angst, Frau Rehm könnte es sich doch noch mal anders überlegen.

Der Schlitten war nicht neu, aber gut in Schuss. Mit Stolz ging er zur Schlittenbahn, um den anderen Kindern *seinen Besitz* zu zeigen: »Seht her! Ich brauch jetzt nicht mehr betteln, ob ich mitfahren darf, ich habe einen eigenen Schlitten.«

Es war Mittag. Rosi Bachner richtete das Essen. Der Briefträger kam. Ums Haar wäre ihr vor Schreck eine Schüssel aus der Hand gefallen. »Keine Angst«, sagte er, »nur ein amtlicher Brief aus Berlin«.

Kaum war der Briefträger weg, öffnete sie den Brief. Das »Gesuch«, das sie an den *Führer* geschrieben hatte, um ihren Mann aus dem KZ frei zu bekommen, war *abgelehnt!!*
Es war bereits das zweite Mal, dass ihr Schreiben an ›Hitler‹ abgelehnt wurde. Nach einer kurzen Depression war sie aber schon wieder bereit, es nochmals zu versuchen.
Am Tag darauf kam abermals Post, diesmal eine gute Nachricht. Sohn Karl bekam neun Tage Urlaub und sollte Mitte dieser Woche heimkommen.
Die Freude war groß, als Karl in der Tür stand. In Uniform, den Stahlhelm am Gürtel, und ein Gewehr über der Schulter. Mutter weinte vor Glück und wollte ihn gar nicht mehr aus ihrer Umarmung freigeben.
Der »Fronturlauber« Karl musste viele Fragen beantworten, was er nur unwillig tat.
Was sollte er erzählen? Dass es an der Front nicht nach *vorne,* sondern *rückwärts* ging? Oder kaum genug zu essen gab? Dass sie keine richtige Winterkleidung hatten und einfach alles im Argen lag?
So erzählte er einfach die Dinge, die alle hören wollten. Die Wahrheit wäre zu gefährlich gewesen. »Wehrkraftzersetzung« wurde drakonisch bestraft.
Als Großeltern, Tanten und Onkel glaubten, genug gehört zu haben, ließen sie Karl endlich mit Mutter und Geschwister allein. Nun erst konnte Karl die Mutter fragen: »Wie geht es Vater?«
Die Mutter berichtete, dass ihre Versuche, Vater aus dem KZ zu holen, alle misslungen waren und sprach: »Wir geben auf keinen Fall auf, ich werde es weiterhin versuchen.« Rosi Bachner erzählte Karl die halbe Nacht von ihren Nöten und Ängsten.

Endlich konnte sie klare Worte sprechen und musste sich nicht verstellen. Karl konnte die volle Wahrheit ertragen. Beide, Mutter und Sohn, gingen spät zu Bett. Schlafen konnten sie in dieser Nacht nicht.

Reinhard Bachner, der Jüngste in der Familie, wollte natürlich die Gelegenheit nutzen, mehr von seinem Bruder zu erfahren. Karl wusste genau, was Reinhard hören wollte und erzählte: »Ich bin bei den »Brückenbau-Pionieren«. Wir müssen Brücken über Flüsse bauen, damit die anderen Soldaten mit ihren Fahrzeugen und Panzern vorankommen.« Plötzlich stellte Reinhard die Frage: »Hast du schon viele Rußen erschossen?«

»Das weiß ich nicht«, antwortete Karl. Er versuchte, ihm zu erklären, dass man dies im Kampf mit dem Feind nicht immer beurteilen kann. Reinhard war mit dieser Auskunft nicht ganz zufrieden, hatten doch seine Schulkameraden erzählt, dass ihre Brüder schon haufenweise Russen und Engländer totgeschossen hatten!

»Hast du auch schon Auszeichnungen bekommen?«, fragte der kleine Bruder weiter. »Ja«, antwortete Karl. »Welche?«

»Das ›Eiserne Kreuz‹ 1. und 2. Klasse, das ›Sturmabzeichen‹, die ›Nahkampf-Spange‹ in Silber und das ›Verwundeten-Abzeichen‹.«

»Das sind aber viele.« - Bewundernd schaute Reinhard seinen Bruder an und konnte es kaum erwarten, dies alles morgen in der Schule zu erzählen. Erst viel später erinnerte er sich, dass sein großer Bruder alles andere als begeistert aussah.

Am Abend berichtete Karl seiner Mutter, dass er einen Kameraden auf seinem Rücken über den »Djnpr« (einen Fluss in Russland) gebracht hatte. Ihm waren die Beine abgeschossen worden. Und er schleppte ihn mühsam zum Verbandsplatz. Kurze Zeit später wurden er und seine Einheit erneut über den

Djnpr geschickt. So erzählte er viele Details aus dem Alltag des Krieges, der nun immer schlimmere Formen annahm.

Karl war ein sehr guter Zeichner und Maler. Als eines Nachts die Mutter aufwachte, sah sie ihn am Tisch sitzen und malen. »Was machst du?«, fragte sie, »Warum gehst du nicht schlafen?«

»Ich kann nicht! Immer höre ich den Gefechtslärm und die Schreie der Verwundeten.«

Die Mutter strich ihm über sein Haar,(wie früher, als er noch ein kleiner Junge war), setzte sich zu ihm und beide dachten gar nicht daran, ins Bett zu gehen.

Karl fing an zu malen und, zur Überraschung seiner Mutter, ein Porträt von Adolf Hitler. Sie wartete, bis er mit dem Bild fertig war und wollte gerade die Frage stellen: »Warum *den*?«

Da sprach ihr Sohn: »Schau dir dieses Bild genau an. Du siehst einen Mann, der über uns und die *ganze Welt* das größte Unglück aller Zeiten bringen wird!« Er stand auf, sah seine Mutter ganz ernst an und meinte: »Ich komme wieder aus diesem Krieg, Mutter. Mach dir keine Sorgen.«

Sie sprachen bis zum frühen Morgen. Über Josef (er war bei der Marine in Norwegen) und Willi, der mittlerweile in Italien stationiert war.

Viele Dinge hatten sie noch beredet und einander Ratschläge erteilt. Wieder kamen sie nicht zum Schlafen. Die neun Urlaubstage vergingen viel zu schnell.

An einem Februarmorgen, bei klirrender Kälte, brachte Rosi Bachner ihren Sohn zum Bahnhof.

Da Hüttersdorf keine Bahnstation hatte, musste Karl in Elbach auf der bayerischen Seite zum Zug.

Rosi Bachner wartete bis zur Abfahrt des Zuges. Der Abschied fiel ihr so schwer, dass sie dem Zusammenbruch nahe war. Karl stand am Abteilfenster. Der Mutter klangen einige Sätze aus den langen Nacht-Gesprächen immer noch in den Ohren: »*Wer nicht dort war, weiß nicht, in welche Hölle ich fahre.*«

Die Mutter winkte, solange sie den Zug sehen konnte. Es sollte das *letzte Mal* sein, dass Rosi Bachner ihren Sohn lebend sah.

Erst nach einigen Tagen kam Rosi Bachner wieder etwas zur Ruhe. Wie so oft waren die »Lebensmittelmarken« verbraucht, – die Karte leer.

Um zu überleben hatte Rosi einen Gemüsegarten angelegt. Dieser befand sich auf einem Grundstück, das den Bachners gehörte.

Kurt Bachner hatte schon vor dem Krieg alles vorbereitet, um später ein kleines Haus zu bauen. Material wie Steine, Ziegel usw. lagen verlassen auf dem Grundstück herum. Wäre der Krieg nicht gekommen, könnten die Bachners hier schon lange wohnen.

Der Garten trug wesentlich dazu bei, dass es im Frühjahr und Sommer eine zusätzliche Mahlzeit auf dem Tisch gab. Die Bäume waren noch nicht lange gepflanzt, daher konnte man wenig ernten. In dieser Zeit war man aber um jeden Apfel froh.

Der Zusammenhalt innerhalb der Verwandtschaft war zwar zufriedenstellend, doch jeder hatte mit sich selber genug zu tun. Unterstützung mit Lebensmitteln war kaum möglich.

Je länger der Krieg dauerte, desto schwerer wurde das Zusammenleben in Hüttersdorf.

Viele Kriegsgefangene, Serben, Polen, aber vor allem Russen, mussten Zwangsarbeit leisten.

Wenn Frau Bachner mit ihrem Sohn Reinhard der Lisa das Essen brachte, sahen sie die Gefangenen öfters bei der Arbeit. Sie wurden in der Regel von Soldaten bewacht, die nicht mehr

»fronttauglich« waren. Einige der Wachsoldaten hatten nur noch einen Fuß oder Arm und waren somit nicht mehr an der Front *zu gebrauchen.*

Die »Bewacher« gingen mit den Gefangenen nicht gerade zimperlich um.

An einem sehr warmen Frühlingstag war Reinhard mit seiner Mutter wieder einmal zu Lisa unterwegs. Einige der russischen Arbeiter waren damit beschäftigt, schwere Baumstämme aus dem Wald zur Straße zu schleppen. Plötzlich fiel einer um (ein Schwächeanfall) und krümmte sich vor Schmerzen. Der Soldat, der am nächsten war, gab ihm einen Tritt in den Unterleib und sagte: »Steh auf, du faules Schwein! Ich habe dir nicht erlaubt, Pause zu machen.«

Dass der kaum achtjährige Reinhard nur einige Meter daneben stand, machte ihm gar nichts aus.

Etwa fünf Minuten später wollte einer der Gefangenen seine Notdurft verrichten. Er meldete es dem Wachposten. Dieser sagte: »Geschissen wird in der Pause, du Drecksack, jetzt wird gearbeitet!« Dabei stieß er ihm den Gewehrkolben vor die Brust, dass er rücklings in die Sträucher fiel.

Reinhard fragte seine Mutter: »Warum macht der Mann das?«

Der Mutter fiel es schwer, eine passende Antwort zu finden und sagte nach kurzer Überlegung: »Die *Zeiten* heute sind nun mal so. Später, wenn du erwachsen bist, kannst du das auch verstehen.«

Ganz war er mit der Antwort nicht zufrieden und wollte gerade eine neue Frage stellen. Doch die Mutter kam ihm zuvor und ergänzte ihre Antwort: »Nicht alle von diesen Männern sind böse«, und sie fing an zu erzählen, dass manchmal einige der Wächter auch gut zu den Gefangenen waren.

Tatsache war, dass Rosi Bachner gesehen hatte, wie ein Wachposten heimlich einem Gefangenen Brot zugesteckt hatte. Wäre er dabei *erwischt* worden, hätte dies für ihn den Tod bedeuten können.

Gerüchte

Hüttersdorf hatte offiziell keine jüdischen Mitbürger. Daher glaubte auch niemand an die Gräueltaten, von denen erzählt wurde. (Natürlich hinter vorgehaltener Hand.)

Auf Bayerischer Seite sollte sich ein Konzentrationslager befinden, mit Tausenden Insassen.

Es war auf das *äußerste* gefährlich, solche Vermutungen anzustellen. Die, die etwas Genaues wussten, schwiegen wie ein Grab.

Die Familie Bachner (Verwandte inbegriffen) waren natürlich daran interessiert, so viel wie möglich zu erfahren.

Hoffentlich war es nicht so schrecklich, wie man erzählte, denn Kurt Bachner war immer noch im »KZ« und es war nicht abzusehen, ob er jemals lebend *rauskommen* würde.

Der damalige Bürgermeister in Hüttersdorf war ein Schulfreund von Rosi Bachner und stammte aus einer angesehenen Familie. Rosi hatte sich vorgenommen, über die Situation ihres Mannes mit ihm zu sprechen.

Vorerst wollte sie aber mit dem neuen »Schulrektor« (er war erst einige Wochen da) sprechen. Er hatte ihr angedeutet, in dieser Sache zu helfen.

Die Einladung des »Rektors« ließ nicht lange auf sich warten. Ein paar Tage später wurde sie von der Familie empfangen.

Rosi Bachner erzählte ausführlich über ihr Leben und die Briefe, die sie an den *Führer* Adolf Hitler geschrieben hatte. Bisher jedoch ohne Erfolg.

Der Rektor war ein guter Zuhörer und stellte einige präzise Fragen, die mit der Inhaftierung von Kurt Bachner zu tun hatten. Sie erzählte, was bisher unternommen worden war und beantwortete die Fragen, so gut sie konnte. Die Frau des Rektors war den Tränen nahe, über so viel Leid, das diese Frau ertragen musste.

Rosi Bachner musste versprechen, alles was der Rektor ihr an Ratschlägen erteilte, nicht an Dritte weiterzugeben.

Sie beschlossen nochmals, an die *Reichskanzlei* nach Berlin zu schreiben. Außerdem wollte man »Personen« einschalten, die einen guten Draht zu *höher* gestellten Mitgliedern in der Partei hatten.

Auf Anraten des Rektors musste Frau Bachner den Brief nach Berlin selber formulieren und schreiben.

Ein kurzes Zusammentreffen mit ihrem Schulfreund, dem Bürgermeister, ergab nicht viel. Er zuckte nur mit den Schultern und sprach: »Viel, Rosi, ist da nicht zu machen, um nicht zu sagen- *gar nichts!!* Für eine solche Sache, liebe Rosi, bin ich ein zu kleines Licht.«

Rosi Bachner hatte das Gefühl, als hätte er Angst, weiter mit ihr sprechen zu müssen.

Die »Geheime Staatspolizei« (Gestapo) hatte am Abend einen Familienvater »abgeholt« (verhaftet). Er hatte Hitler einen »Schurken« genannt. Nachbarn hatten dies zur Anzeige gebracht.

Dieses Ereignis war nicht gerade ermutigend für Frau Bachners Vorhaben, an diesen *Mann* (Hitler) einen Brief zu schreiben.

Viele Landwirte bzw. Bauern bekamen »Kriegsgefangene« auf ihre Höfe, zum Arbeiten.

Einige von ihnen hatten Glück und kamen auf Höfe, wo sie als Menschen behandelt wurden.

Die meisten dieser armen Leute hatten Pech mit ihren Arbeitgebern. Sie wurden schlecht behandelt, bekamen kaum zu essen, und wenn es ganz schlimm kam, sogar noch Prügel. Sie mussten im Kuhstall oder in der Scheune schlafen, vor allen Dingen aber schwer arbeiten.

Reinhard Bachner konnte natürlich die schwierige Lage, in der die Gefangenen waren, mit seinen kaum acht Jahren nicht richtig begreifen.

Gerne hätte er mit ihnen gesprochen, aber sie konnten kaum Deutsch und durften sich keinen Kindern nähern.

Reinhard hatte sich aber doch mit einem »angefreundet«. Es war ein Pole, und er sprach etwas Deutsch.

Manchmal traf ihn Reinhard auf dem Acker. Wenn der Bauer etwas weiter entfernt arbeitete, konnten sie miteinander sprechen. Oft sahen es der Bauer oder der Knecht, sagten aber nichts.

Einmal steckte ihm der »Pole« etwas zu und machte Zeichen, er solle es schnell in die Tasche stecken.

Erst zu Hause getraute sich Reinhard, es aus der Tasche zu nehmen, um zu sehen, was es war.

Es war eine kleine »Dose« aus Konservenblech, die der Gefangene mit ganz primitiven Mitteln angefertigt hatte. Viele Gefangene waren in diesen Dingen sehr geschickt und wollten mit derartigen Geschenken ein bisschen Anerkennung und Aufmerksamkeit erheischen.

Am nächsten Tag wollte sich Reinhard bei ihm bedanken, konnte ihn aber nicht finden.

Später, als er den Bauern fragte: »Wo ist denn euer Pole?«, antwortete er: »Den haben sie abgeholt, der hat gestohlen.«

»Was hat er denn gestohlen?«, fragte Reinhard. »Brot!«, sagte der Bauer und drehte sich um. Im Gehen meinte er noch: »Da siehst du: Stehlen lohnt sich nicht. Und jetzt verschwinde, du stiehlst mir meine Zeit.«

Die Sache mit dem Polen erzählte Reinhard zu Hause nicht.
In der Schule gab es jetzt nicht mehr viel zu lernen.
Reinhards Lehrer hatte alle Hände voll zu tun, den Schülern an einer riesigen Landkarte zu zeigen, wo die »Deutsche Wehrmacht« überall erfolgreich kämpfte.
Geradezu fanatisch steckte er rote, schwarze oder weiße Fähnchen auf die Karte. Er wollte damit seinen Schülern zeigen: «Hier stehen unsere Soldaten!«, und seine Stimme überschlug sich fast, wenn er verkündete: »Der *Sieg* ist nur noch eine Frage der Zeit, denn *keine Armee der Welt kann uns aufhalten*!«
Hatte er sich wieder beruhigt, dann gab er »Erzählungen« von seiner Soldatenzeit aus dem Ersten Weltkrieg zum Besten.
Alle Schüler waren natürlich froh, mussten sie doch nicht lernen oder Klassenarbeiten schreiben. Da er aber in den letzten Monaten jeden Tag aus seiner »Soldatenzeit« zu erzählen pflegte, waren seine Geschichten immer die gleichen. Wahrscheinlich glaubte der Herr Lehrer am Ende auch noch selbst daran.
Von Unterricht konnte also keine Rede sein. Nicht nur Reinhard sollten später die Wissenslücken Probleme bereiten. Die Kriegskinder lebten in einem Bildungssystem, das nur für Reiche und Begüterte die engen Pforten des Gymnasiums und der Universität öffnete. Und die spärliche Bildung, die man den übrigen Kindern angedeihen ließ, wurde durch die Kriegswirren noch zusätzlich geschmälert.
Zur großen Freude der gesamten Klasse endete der Unterricht gewöhnlich zwei Stunden früher, so dass Reinhard noch genügend Zeit zum Spielen blieb.
Reinhards Spielsachen sind schnell aufgezählt: Ein Fahrradreifen, genauer die nackte Felge zu einem Fahrradreifen. Denn auch die Speichen fehlten. Außerdem ein paar Schusserkugeln und

schließlich noch ein kleiner Ball, aus Stoffresten zusammengenäht. Das war alles.
Wie konnte man damit spielen:? Der Fahrradreifen wurde mit einem länglichen Holzstück *getrieben,* das heißt so lange mit dem Holzstück auf den Reifen schlagen, also *treiben,* bis er immer schneller wurde. Der »Reifentreiber« musste natürlich ebenso schnell laufen können wie der Reifen rollte.
Mit den Schusserkugeln wurde *geschussert,* dass heißt: In die Erde wurde ein Loch gemacht (ca. 10cm tief, Durchmesser 12cm) und aus zwei bis drei Metern Entfernung mussten die Kugeln *aus Lehm, oft selbst gefertigt,* ins Loch geworfen werden.
Der Ball bestand aus Stoffresten (Durchmesser 15cm) und erlaubte so etwas Ähnliches wie Fußballspielen.
Es gab Kinder mit besseren oder schöneren Spielsachen. Reinhard und seine Spielkameraden hatten solche Schätze nicht.
Einmal kam er nach Hause und musste auf das Spielen verzichten. Seine Mama war ganz anders als sonst. Sie saß am Tisch und weinte.
Reinhard ging zur Mutter, sie nahm ihn in den Arm, streichelte ihn und sagte mit leiser Stimme: »Papa kommt nun doch noch nicht nach Hause, wir müssen noch etwas Geduld haben.«
Obwohl der Junge erst acht Jahre war, konnte er die Tragweite dieser Nachricht ahnen und versuchte seine Mama zu trösten.
Rosi Bachner war verzweifelt. Auch dieses *Gnadengesuch,* obwohl gut vorbereitet (mit Hilfe des Rektors), wurde abgelehnt. Doch dieses Mal ging das »Schreiben« nicht persönlich an sie, sondern über das Bürgermeisteramt. Als ihr das Schreiben ausgehändigt wurde, teilte man ihr mit, dass der Bürgermeister noch selber mit ihr sprechen werde.

Einige Tage später kam der Bürgermeister bei Frau Bachner vorbei, um sie unter vier Augen zu sprechen. Frau Bachner bat den Bürgermeister, Platz zu nehmen. Dieser wusste nicht, wie er das Gespräch in Gang bringen sollte.
»Wie geht es dir, Rosi?«, fragte ihr alter Schulfreund.
»Kannst du dir das nicht denken?«
Verlegen schaute er zu Boden und die Peinlichkeit war ihm deutlich anzusehen.
»Das *Schreiben*, das du ja schon bekommen hast«, fuhr der Bürgermeister fort, »kam auf die Gemeinde und auf meinen Schreibtisch. Ich wollte dir vorab schon mitteilen, was im Brief steht, konnte aber nicht. Der Ortsgruppenleiter Schlicker war zugegen, das war mir zu gefährlich.« – »Kann ich schon verstehen«, meinte Rosi. »Was ich dir jetzt sage, kann mich Kopf und Kragen kosten«, flüsterte der Bürgermeister. »Ich kann schweigen, das weißt du ja«, entgegnete Rosi. »Es gab noch ein internes Begleitschreiben, mit einer Anfrage an mich und die *Ortsgruppenleitung*. Es wurde gefragt, was dein Mann für ein »Mensch« ist, ob es unbedenklich ist, über eine Entlassung nachzudenken.«
»Und was habt ihr gemacht?«, fragte Rosi.
»Ich will ehrlich sein zu dir und die Worte wiederholen, die der Ortsgruppenleiter Schlicker sagte: ›*Lasst den Kerl, wo er ist! Da ist er gut aufgehoben!*‹ Keiner wagte, noch eine andere Meinung zu haben als Schlicker. Das ist die Wahrheit, Rosi«, sagte der ehemalige Schulfreund und verließ mit eiligen Schritten das Haus.
Eigentlich hatte sie nichts anderes erwartet, doch im Geheimen hatte sie wohl ein besseres Ergebnis erhofft.
Alle, die in der Familie voller Hoffnung waren, mussten nun erkennen: Kurt Bachner würde im »KZ« bleiben.

Was aber seiner Frau am meisten Sorgen bereitete, war die entscheidende Frage, wie lange ihr Mann dieses noch *physisch* und *psychisch* aushalten würde. Es gab keine Antwort für Rosi Bachner. Alle, die sie in dieser »Sache« unterstützt hatten, waren nun ebenfalls mit ihrem Latein am Ende.

Die nächste schlimme Nachricht ließ nicht lange auf sich warten. Reinhard Bachner stand, wie so oft, wenn er keine Schule hatte, vor der Haustür und wartete auf den Briefträger.

Er gab die Hoffnung nicht auf, als *Erster* seiner Mama eine gute Nachricht vom Vater oder Bruder Karl zu bringen.

Karl hatte schon lange nicht mehr geschrieben. Reinhard kannte die »Feldpostbriefe« ganz genau, aber auch diesmal war keiner dabei. Der Postbote hielt aber einen Brief in der Hand und fragte Reinhard, »ob denn seine Mutter daheim sei?«

»Ja. Soll ich sie holen?«

»Nein«, antwortete der. Und schon war er im Haus verschwunden.

Dort war es totenstill. Reinhard wollte gerade zur Mutter gehen, da hörte er sie schreien! Sofort lief er zu ihr und fragte: »Was hast du, Mama?«

Die Mutter stand im Zimmer, einen Brief in der Hand, und weinte. Der Postbote versuchte sie zu trösten, es gelang ihm aber nicht.

Hilflos, obwohl oft damit konfrontiert, verließ der Mann das Haus.

Reinhard rannte zur Mutter und umarmte sie. Lange verharrten sie so, dann ging die Mutter mit Reinhard an der Hand zu den Schwiegereltern.

Rosi Bachner starrte ins Leere. Sie war im Augengenblick nicht ansprechbar. Erst als ihr der Brief aus der Hand fiel, sagte sie mit monotoner Stimme: »Karl ist vermisst!«

Alle im Raum waren still. »Die haben geschrieben, dass er vom *Einsatz* nicht mehr zurückgekommen ist und für das ›Deutsche Volk‹ und den *Führer* Großes geleistet hat.«
Großvater hob seinen Kopf und schrie: »Meinen Sohn haben sie ins *Konzentrationslager* gebracht und jetzt nehmen sie mir meinen Enkel, diese Verbrecher!« Seine Stimme wurde immer lauter, als er hinzufügte: »Für Volk und Vaterland? Nein!! Sie müssen sterben, weil dieser *Verrückte* (Hitler) es so will!«
Großmutter versuchte, ihn zu beruhigen: »Schrei bitte nicht so. Oder möchtest du, dass dich die *Gestapo* abholt?« Großvater war immer noch in Rage. Einzig Rosi Bachner gelang es, ihn zu beruhigen.
An diesem Tag kam noch die ganze Familie zu den Bachners und bis spät in die Nacht hinein versuchte man Rosi und ihre Kinder zu trösten.
Das war dringend notwendig: Lisa bekam schon ganz bewusst mit, dass ihr Bruder irgendwo in Russland höchstwahrscheinlich umgekommen war.
Einige Tage später kam das übliche Paket mit ein paar Habseligkeiten (die Auszeichnungen und andere persönliche Dinge), aber ohne einen weiteren Kommentar. Sterben war in dieser Zeit Alltag.
Später schrieb ein Kamerad von Karl, dass er mit ihm zusammen bei einem »Einsatz« im Schlamm stecken geblieben sei: »Ob er durchgekommen ist, weiß ich nicht.« Die schwache Hoffnung, dass er noch am Leben sein könnte, blieb lange.

Alltag und Krieg

Lisa musste jetzt auch zusammen mit *Kriegsgefangenen* arbeiten. Alle Männer, die im wehrfähigen Alter waren, mussten an die *Front.* Die »Lücken«, die sie zurückließen, wurden so weit wie möglich mit Gefangenen aufgefüllt.

Der Arbeitstag war nicht leicht für Lisa, musste sie doch sehr weit zu Fuß gehen – und nach einem langen arbeitsreichen Tag die gleiche Strecke wieder zurück.

Manchmal kam ihr die Mutter entgegen, um einen *Buckelkorb* mit Holz nach Hause zu tragen.

An einer Stelle wurde *immer* Pause gemacht, nämlich am »Mausbach«.

Dieser Bach war ein idyllischer Ort. Eine kleine Steinbrücke wölbte sich darüber. Linker Hand gab es große Wiesen und rechts dichten Wald (den Böhmerwald).

Lisa und die Mutter plauderten miteinander. Dabei verzehrten sie ein Margarinebrot und Lisa erzählte von ihrem ereignisreichen Arbeitstag.

Wenn Rosi Bachner Reinhard dabei hatte, wollte dieser nicht mehr weg vom Mausbach. Es gab ja so viel Möglichkeiten, da zu spielen. (Tannenzapfen im Bach schwimmen lassen, Steine werfen, Fische fangen usw.) Er war froh, wenn Mutter und Schwester *lange* miteinander sprachen. So konnte er seiner Leidenschaft, dem Steinesammeln, nachgehen. Denn Steine hatte Reinhard immer in der Hosentasche, womit er seine Mutter (wenn Waschtag war) zur Verzweiflung brachte.

War man endlich zu Hause, stapelte Frau Bachner noch das Holz, und dann ging es an die Hausarbeit.

Wenn die Tage kürzer und die Nächte länger wurden, kam eine Zeit, wo sich alle Verwandten und Bekannten zum sogenannten »*Federschleißen*« trafen.

Federschleißen bedeutet nichts anderes, als den »Flaum« der Gänsefeder vom *Kiel* zu zupfen. Eine Hochburg des *Federschleißens* war bei den »alten Bachners«, die Großeltern von Reinhard. Etwa zehn Frauen, selten ein Mann, saßen um einen großen Tisch. Darauf lag ein gewaltiger Berg von Gänsefedern. Die Frauen hatten auf ihrem Schoß ein Behältnis, wo die gezupften Federn reinkamen. Die *Daunenfedern* wurden extra sortiert. Sie waren wertvoller, weil sie für Betten und Kissen verwendet wurden.

Was aber für Reinhard und Lisa (sie durfte unter »Aufsicht« mitzupfen) und andere Kinder viel wichtiger war als Federschleißen, das waren die Geschichten, die an dem Tisch erzählt wurden.

Diese Erzählungen ließen den Kindern oft die Haare zu Berge stehen!

Anfangs wurde über den Krieg, die Söhne sowie die Ehemänner, die ja fast alle irgendwo in Russland, Frankreich usw. an der Front waren, gesprochen.

Waren diese Gespräche vorbei, kamen die Gruselgeschichten an die Reihe. Das war die Zeit, wo alle Beteiligten (auch manche Erwachsene) heiße Ohren und Köpfe bekamen.

Katharina, die Schwester von Frau Bachner, konnte die schaurigsten Geschichten erzählen. Sie war auch stets die Erste, die zu erzählen begann.

Sie warf noch einige leergezupfte *Federkiele* zur Seite und ergriff das Wort: »Eine Geschichte habe ich euch noch nicht erzählt.« Sie schaute kurz über ihren Brillenrand, ob die Wirkung ihrer Worte auch ankam. Als die anderen sofort ihr Interesse durch Anheben der Köpfe zeigten, fuhr sie fort: »Eigentlich schade, dass ich erst jetzt daran denke.«

Katharina nahm ihre Brille ab und fuhr fast ehrfürchtig fort: »Vor einigen Jahren ging ich nachts vom bayrischen Elbach nach Hüttersdorf. Kaum hatte ich Elbach hinter mir gelassen, da fiel mir ein, dass ich noch beim *Vetter Hans* vorbeischauen könnte, der ein kleines Haus an der Straße nach Hüttersdorf hatte.«

Die Runde nickte. Alle kannten Vetter Hans. Und Katharina erzählte weiter:

»Als ich Vetter Hans verließ, war es gegen halb zwölf, also kurz vor Mitternacht. Ihr könnt euch denken, dass mir nicht ganz wohl war. In der dunklen Nacht musste ich die restlichen vier Kilometer alleine gehen. Da ich so schnell wie möglich zu Hause sein wollte, nahm ich die Abkürzung durch den Wald. Nach fünf Minuten etwa, – der Schreck fuhr mir in die Glieder -, sah ich eine *feurige Gestalt* und bei *Gott dem Allmächtigen* – sie kam direkt auf mich zu!«

Einer Zuhörerin fiel eine Handvoll *Gänsedaunen* zu Boden. Alle waren zutiefst erschrocken und äußerst gespannt.

»Und bei Gott«, fuhr Katharina fort, »das war einer dieser *Feurigen Männer,* von denen schon meine Mutter immer erzählte. Wer ihnen begegnet«, sagte sie, »der ist *verloren*!«

»Was hast du dann gemacht?«, fragte eine der Frauen.

»Ich fing an zu laufen, als ob der Leibhaftige hinter mir her wäre.« Katharinas Stimme wurde leise, als sie nach kurzer Pause weitersprach: »Der *Feurige* hatte eine Schleuder. Die musste mit glühenden Kohlen gefüllt sein. Er schwang sie über seinem Kopf, machte kreisende Bewegungen, als wollte er nach mir

schmeißen.« Keine der Frauen arbeitete jetzt mehr. Sie starrten auf Katharina, als ob sie der *Feurige* selbst wäre.
»Er verfolgte mich weiter«, erzählte sie, und ihr Gesicht verhieß nichts Gutes. »Die wilden Schreie, das Rauschen der glühenden Kohlen in der Schleuder trieben mich fast in den Wahnsinn. Ich rannte um mein Leben!«
Totenstille herrschte am Tisch der Frauen. Reinhard, Lisa sowie die anderen Kinder fröstelten vor Angst.
»In Gedanken«, fuhr Katharina fort, »hatte ich mit meinem Leben abgeschlossen. Plötzlich sah ich am Ende des schmalen Wegs eine kleine Kapelle. Wie ein Blitz schoss es mir durch den Kopf – das muss die *Schwarzbach-Kapelle* sein. Wie verrückt lief ich auf die Kapelle zu, mit einem riesigen Satz war ich an der Tür – sie war *Gott sei‹s gedankt* offen!«
Wieder setzte sie eine ihrer kunstvollen Pausen. Die Spannung wuchs ins Unerträgliche.
»Ich stolperte über eine Gebetsbank und fiel mit meinem Gesicht direkt vor den Altar. Die Tür zur Kapelle stand sperrangelweit offen, und der *Feurige* stand mitten im Türrahmen! Ich werde mein ganzes Leben nicht vergessen, wie mich der ansah!«
Das Licht der Lampe (25-Watt-Glühbirne) zeichnete seltsame Schatten auf die Gesichter der »Federschleißerinnen« und selbst Katharina schien alles noch einmal zu erleben.
Bleich im Gesicht sprach sie weiter: »Das waren keine Augen, die mich ansahen, das waren glühende Kohlen! Und sein Körper loderte wie das Höllenfeuer!«
Kurze Pause.
»In meiner Todesangst griff ich zum Kruzifix, das am Altar stand. Und ich schrie so laut wie ich nur konnte: *Weiche von mir, Satan!!!*«

Eine der Frauen sprang so heftig vom Tisch auf, dass die Federn durch die Stube flogen, und die Kinder hielten sich Augen und Ohren zu.

Katharina war in sich zusammengesunken. Schweißperlen standen auf ihrer Stirn.

»So wahr ich hier vor euch sitze, der *Feurige* stieß einen schrecklichen Schrei aus und war wie vom Erdboden verschwunden!«

Eine ganze Weile sprach niemand ein Wort, bis Großmutter meinte (sie hatte ja Hausrecht): »Los, an die Arbeit jetzt, sonst liegen die Gänsefedern morgen noch auf dem Tisch!«

Reinhard und die anderen Kinder mussten zu Bett. Bestimmt hatten sie in dieser Nacht schlechte Träume.

Die Lampe über dem *Federschleißertisch* wurde zur besseren Sicht herunter gezogen. Für heute war der Bedarf an Geschichten gedeckt.

Rosi Bachner war immer seltener beim Federschleißen dabei. Sie war mit Weißnäharbeiten voll ausgelastet. In letzter Zeit kränkelte ihre Schwiegermutter immer öfter. So fiel noch einige Mehrarbeit an.

Von den Söhnen an der Front kam immer spärlicher Nachricht. Ihre Sorgen, *noch einen* Sohn zu verlieren, wurden immer größer.

Am Neujahrsmorgen schließlich findet »Resl« ihre Schwiegermutter tot im Bett.

Großmutter hatte sich von ihrer Krankheit nicht mehr erholt. Dass ihr Sohn Kurt immer noch im« KZ« war, hat zu ihrem Tod ganz sicher mit beigetragen.

Wenn Großmutter auch manchmal arg streng zu Reinhard war, ihr Tod traf ihn schwer. Am meisten aber litt Großvater. Der ließ es aber niemand merken, wie schwer es für ihn war. Er musste

jetzt ohne seine Frau mit der kleinen Landwirtschaft und dem Alltag fertig werden.
Bei Bachners kehrte allmählich wieder etwas Ruhe ein. Und ein freudiges Ereignis bahnte sich an: Josef, der älteste Sohn, teilte der Familie mit, dass er heiraten wolle.
Bald darauf bekam er *Trauungsurlaub*, und er konnte den Krieg für einige Stunden vergessen.
Die Hochzeit sollte in »Altberg«, das etwa 25 bis 30 Kilometer von Hüttersdorf entfernt war, stattfinden.
Dies war auch zugleich der Geburtsort von Barbara, der Braut.
Die Hochzeitfeier wurde natürlich zu Hause *ausgerichtet*. So nannte man es, wenn alles, was mit den Feierlichkeiten zu tun hatte, im Haus der »Braut-Eltern« stattfand.
In dieser Zeit musste man allerdings schon zufrieden sein, wenn man die Hochzeitsgäste satt bekam. Das Brautpaar bekam »Geschenke« der nützlichen Art: Schüsseln, Kochtopf, Teller oder ein Stück Stoff zum Nähen. Und wenn man etwas Glück hatte, noch ein paar Reichsmark von einer »unverheirateten« Tante oder einem Onkel.
Die ganze Großfamilie der Bachners machte sich auf den Weg nach Altberg.
Man hätte einen Teil der Strecke mit dem Autobus fahren können, dies war eine reine Geldfrage. Die Bachners und alle näheren Verwandten gingen die ca. 30 km aber lieber zu Fuß.
Natürlich wurde die Strecke nicht auf der Landstraße, sondern quer durch den Wald zurückgelegt. Es waren Abkürzungen auf oft miserablen Pfaden. Auch der kleine Reinhard stapfte tapfer mit.
Doch Hochzeiten gehen vorüber und der Alltag stellt unerbittlich seine Anforderungen: Der frisch vermählte Josef musste nach 48 Stunden wieder an die Front zurück!

Rosi Bachner sollte übrigens immer öfter von ihrer schmalen Geldbörse irgendeine Spende für Volk und Vaterland *freiwillig* geben. Winterhilfswerk (»WHW«) nannte man das. Socken und Handschuhe für die Soldaten - jeden Tag wurde etwas anderes erfunden, um den Menschen das letzte Geld aus der Tasche zu ziehen.

Die Schüler sammelten Altpapier, Metall, Tierknochen usw. Für die Hitlerjugend war das Sammeln natürlich Pflicht. Die anderen wurden mehr oder weniger gezwungen. Reinhard war bei solchen Aktionen eifrig mit dabei.

Wenn er mit zum Sammeln ging, war er bei seinen Altersgenossen wenigstens vorübergehend anerkannt. Das war er ja selten, weil Vater »im KZ« saß. Für kurze Zeit meckerte dann keiner an ihm herum.

Alle Bewohner von Hüttersdorf hörten jetzt auch immer öfter Ansagen aus dem Volksempfänger. Meistens lautete die Nachricht: *»Achtung-Achtung! Hier ist die ›Luftlagemeldung‹. Über dem Reichsgebiet befindet sich kein feindliches Flugzeug! – Ich wiederhole: Über dem... usw.«*

Georg und Resl Bachner, die Geschwister von Kurt Bachner, gaben sich mit derlei Botschaften nicht zufrieden.

Wenn am Abend Radio London schwarz gehört wurde, erfuhren die beiden, dass englische Flugzeuge erfolgreich deutsche Städte bombardiert hatten.

Wenige Tage später kamen auch über den Reichssender vage Meldungen, dass alliierte Bomberverbände deutsche Großstädte angegriffen hatten, aber dabei nicht erfolgreich waren.

Es war also nur eine Frage der Zeit, bis man auch in Hüttersdorf in einen *Luftschutzraum* gehen musste.

Reinhard Bachner ahnte nichts Gutes, als er zu dieser Zeit in die

Schule kam. Der »Herr Lehrer« stand vorne am Pult und nahm seine typische Haltung an.
»Heute«, begann er zu sprechen, »ist ein guter Tag! Ich hoffe, dass ihr *alle* die Rede unseres geliebten *Führers* gehört habt.«
»Jawohl, Herr Lehrer!«, schrie die ganze Klasse.
Nun legte er los: »Wie ihr von unserem *Führer* gehört habt, (Führerreden hören war eine unbedingte Pflicht), versuchen die Alliierten unser Heimatland zu bombardieren.«
Der Lehrer hob nun die Lautstärke seiner Stimme an und brüllte fanatisch: »Unsere *Abfangjäger* werden ihnen das Fürchten lehren!!«
Abermals holte er Luft: »Unsere tapferen Soldaten werden sie jagen und vernichten, denn der Sieg ist näher, als ihr euch das vorstellen könnt!«
Als die Klasse frenetischen Beifall klatschte, baute er sich in voller Größe auf und verkündete: »Es lebe unser *Führer* Adolf Hitler!!« Und die Klasse brüllte zurück: »Sieg Heil!!« – »Sieg Heil!!«
Wieder einmal verstrich ein Unterrichtstag, ohne dass irgendein nennenswertes Wissen vermittelt wurde. Trotzdem gingen die Schüler mit der Überzeugung nach Hause, *sehr viel Wichtigeres* gelernt zu haben als den langweiligen Schulstoff.
Reinhard Bachner entdeckte erst jetzt so richtig seinen Heimatort. Seine Lieblingsplätze waren natürlich der *Große Weiher* und der *Wald*. Hüttersdorf hatte, wie schon beschrieben, ca. 2000 Einwohner. Es war also eine große Marktgemeinde. Der Ort zog sich ziemlich in die Länge, hatte ein großes Einzugsgebiet und viele kleinere Ortschaften gehörten ebenfalls dazu. Hüttersdorf selbst lag direkt an der Grenze zur bayerischen Oberpfalz. Zum damaligen Zeitpunkt (1943) gab es diese Grenze nicht, alle wa-

ren ja *daheim im Reich*. Reinhard musste oft mit seiner Mutter nach Elbach ins »Bayerische«, um einen Arzt oder Zahnarzt zu konsultieren. Aber zur *Kirchweih* und anderen Anlässen ging Reinhard natürlich wesentlich lieber als in eine Arztpraxis.

Viel aufregender war der Weiher in seinem Heimatort. Er konnte sehr gut schwimmen und im angrenzenden Bach, dem Zulauf des Teichs, gab es viele Fische, die er mit der Hand zu fangen versuchte. Gern hätte Reinhard eine Angel gehabt, aber von einem solchen Luxus konnte er nur träumen. Natürlich war das Fischen verboten, aber kaum jemand hielt sich daran: Not kennt eben kein Gebot.

Heute war Reinhard mit seinem Cousin Erwin unterwegs; der war drei Jahre älter als er und hatte manchmal recht abenteuerliche Ideen.

Zum wiederholten Male wollte er den »Girgl« (Georg) ärgern! Das war aber nicht ungefährlich. »Girgl« konnte eines nicht ertragen, nämlich, wenn man ihn mit seinem Spitznamen rief. Ausgerechnet heute hatte Erwin aber vor, das zu tun!

Der »Girgl« wohnte in einer Seitenstraße. Das Wohnhaus konnte man über einen kleinen Weg erreichen, den sie auch prompt benutzten, um von hinten an sein Haus zu kommen.

»Aufgepasst!«, sagte Erwin zu Reinhard. »Ich gehe nach hinten in den Hof und du schreist vorne, so laut du kannst: ›*Rüben-Girgl! – Rüben-Girgl!*‹ Dann läufst du so schnell wie der Blitz über die ›Keller‹ (das waren tiefe Vorratsbunker für Rüben und Kartoffel) davon. Wir treffen uns dann im Deutschen Wald auf der bayrischen Seite!«

Der Spitzname *Rüben-Girgl* ging auf die besagten Keller zurück. Denn dort hielt er sich ständig auf, um eisern darüber zu wachen, dass ihm keiner seine Rüben und Kartoffeln stehlen

konnte. Reinhard bezog nun *Position* und schrie so laut er nur konnte Girgls Spitznamen. Gleichzeitig rief Erwin hinten auf der Hofseite den gleichen Text.
Wie gewollt kam der Girgl sofort aus dem Haus gesprungen: »Verdammte Saubande«, rief er, »wenn ich euch erwische, drehe ich jedem Einzelnen den Hals um!«
Reinhard war, wie Erwin ihm geraten hatte, sofort losgelaufen. Er musste über die Keller hinweg und das war sein Verderben. Er war auf eine Öffnung gesprungen, die nur mit morschen Brettern abgedeckt war. Mit einem fürchterlichen Krach stürzte Reinhard in das Kellerloch.
Holzstücke, Erdreich und vieles mehr stürzte auf ihn hernieder. Das Loch war so tief, dass er keine Chance hatte, sich selber zu befreien.
Noch schlimmer war, dass der Girgl über dem Loch stand und mit einem höhnisch grinsenden Gesicht nach unten schaute. Von Erwin konnte er keine Hilfe erwarten, denn der hatte sich längst aus dem Staub gemacht.
Reinhard war wie gelähmt. Er wusste nicht, sollte er vor Schmerz oder aus Angst vor dem Girgl um Hilfe rufen?
Bevor er eine Entscheidung treffen konnte, hörte er den Girgl schreien: »Hab ich dich endlich, du Dreckskerl!« Seine Stimme verhieß nichts Gutes, als er fortfuhr: »Dich lasse ich da unten bis zum *Sanktnimmerleinstag* und das Kellerloch decke ich ab!«
Reinhard traute ihm alles zu, was er sagte. Er musste an die Tage denken, an denen er diesen Mann immer und immer wieder geärgert hatte. Er wusste nicht, wie lange er da unten gelegen hatte, als er endlich Stimmen hörte. Obwohl er wusste, was für Konsequenzen es haben würde, war er erleichtert, die Stimme

seiner Mutter zu hören. »Girgl« hatte sie geholt, um zu demonstrieren, was für einen *ungeratenen Sohn* sie hatte.
Mühsam holten sie ihn nach oben. Und was dann für ein Donnerwetter über Reinhard niederging, kann man mit Worten nicht beschreiben. Zu Hause bekam er nochmals vom Großvater eine Standpauke, die aber nicht so schlimm ausfiel wie die von seiner Mutter.
Erwin, er war ja der Ältere, ließ sich lange nicht mehr bei den Bachners sehen. Aber es kam in den folgenden Tagen so viel Neues auf Hüttersdorf zu, dass die »Vergehen« von Reinhard schnell vergessen waren.

Krieg und Parolen

Es kam jetzt immer häufiger vor, dass Rosi Bachner und ihre Familie nachts aus den Betten mussten, um im Wald Unterschlupf zu suchen. Alliierte Flugzeuge überquerten Hüttersdorf. Wahrscheinlich wäre es im Keller zu Hause sicherer gewesen. Die meisten Dorfbewohner zogen es aber vor, im Freien den Fliegeralarm abzuwarten.

Reinhards Schwester Lisa war immer der *Schrecken* ins Gesicht geschrieben, wenn zunehmender Mond war. Mondhelle Nächte waren in dieser Zeit nicht romantisch, sondern lebensgefährlich. Die Flugzeuge der Alliierten kamen speziell in solchen Nächten, wegen der guten Sicht. So konnten sie ihre Ziele genau orten.

Natürlich war Hüttersdorf kein kriegswichtiger Bestimmungsort für die Bomben. Was aber gefährlich werden konnte, das waren die *Restbomben,* welche die Alliierten nicht in ihr Ziel gebracht hatten und auf dem Rückflug wahllos und todbringend abwarfen.

Auch vieles andere ließ die Hüttersdorfer nicht zur Ruhe kommen. Die Lage an der *Ost-* und *Westfront* war alles andere als rosig.

Josef, der älteste Sohn der Bachners, der bei der Marine in Norwegen eingesetzt war, hatte schon wochenlang nichts mehr von sich hören lassen. Willi hatte zum letzten Mal vor zwei Monaten geschrieben.

Regelmäßige Post kam lediglich von Kurt Bachner aus dem Konzentrationslager Sachsenhausen. Alle Hoffnungen auf eine vorzeitige Entlassung waren auf den Nullpunkt gesunken.

Freude herrschte im Hause der Bachners also nicht. Auch die wenigen Dinge, die es noch auf Lebensmittelkarten gab, wurden immer rarer. Die *Abschnitte* auf diesen Karten waren reine Makulatur.
Wenn Lisa einen freien Tag hatte, musste sie mit Reinhard im Wald nach Brennholz suchen, was gar nicht so einfach war. Zur damaligen Zeit sah der Wald wie leergefegt aus. Denn jeder Ast oder Tannenzapfen wurde eifrig gesammelt und zu Hause verfeuert. Die beiden waren froh über jede Kleinigkeit, die noch verwendbar war.
Großvater hatte ein großes Grundstück, das fast nur aus reiner Grasfläche bestand. Es diente ausschließlich dazu, im Winter genug Heu für seine Tiere zu liefern. Es war aber auch ein Tummelplatz für Reinhard und einige seiner Spielkameraden. Immer wenn die riesige Wiese abgemäht war, durfte sie für kurze Zeit als Spielplatz genutzt werden. Wegen dem so genannten *zweiten Heu* war dies aber nur von geringer Dauer. Spielzeug gab es ja kaum, darum wurde alles, was irgendwie zum Zeitvertreib taugte, gerne verwendet. Vor dieser Wiese waren nun große Holzstöße aufgeschichtet, die von den Buben und Mädchen als »Lastauto« genutzt wurden. Sie setzten sich ganz oben auf die langen Holzstücke und mit dem Mund wurden die Motorgeräusche nachgeahmt. Heute mag man über derartige *Spiele* lächeln oder sich lustig machen; den phantasievollen Kindern von damals hatte es aber trotzdem Spaß gemacht.
Leider wurden zu dieser Zeit auch noch ganz andere Spiele gemacht. Vor allem *Kriegsspiele* waren sehr beliebt. Im Wald zum Beispiel wurden »Geländespiele« veranstaltet. Einige der Jungen mussten weiße Bändchen um das Handgelenk tragen, andere rote (weiß waren die Deutschen, rot natürlich die Russen). Und

wie immer wollte keiner ein Russe sein, sondern ein tapferer deutscher Soldat.
Um überhaupt am Spiel teilnehmen zu dürfen, musste Reinhard immer ein *Russe* sein. Gerne wäre auch er einmal ein tapferer Deutscher gewesen.
Cousin Erwin hatte Reinhard ein Maschinengewehr (MG) aus Holz geschnitzt, das einem *echten* täuschend ähnlich sah. Er nahm es sofort mit zum Spielen, in der Hoffnung, mit dieser Waffe endlich ein *deutscher* Soldat zu werden. Trotz seiner guten Ausrüstung wurde ihm aber klar gemacht, dass dies nicht möglich sei. Wer einmal Russe war, so hieß es, der könne doch kein Deutscher werden, das müsse er doch verstehen.
Reinhard verstand es nicht, waren doch seine Brüder tapfere Soldaten, die für Deutschland an der Front kämpften und er sollte *immer* ein Russe sein. Ihm blieb aber nichts anderes übrig, als mit seinem nagelneuen *Gewehr* wieder auf *Deutsche* zu schießen.
Endlich war mal wieder ein *Hutschertag* angesagt. *Hutschen* bedeutete nichts anderes, als am Abend mit mehreren Bekannten zusammenzukommen, um zu plaudern. Der Treffpunkt wechselte zwar immer, aber es gab auch ganz typische *Hutscherstuben,* in denen man sich öfter traf, um Neuigkeiten auszutauschen. Manchmal kamen die Frauen – Männer gab es fast nicht mehr – auch bei der Familie Bachner zusammen. Hauptsächlich aber fanden die *Abende* bei Rosi Bachners Schwestern Katharina u. Barbara statt.
Heute waren die Bachners bei Schwester Katharina zu Gast. Nachdem die neuesten Ereignisse besprochen waren, wurden noch einige Geschichten zum Besten gegeben. Je schauriger, um so schöner. Gegen 22 Uhr machten sie sich alle auf

den Nachhauseweg. Es war wieder eine »mondhelle« Nacht. Es musste also mit Fliegeralarm gerechnet werden. Man ging vorsichtshalber angekleidet ins Bett, um so schnell wie möglich bei Alarm in den Wald zu gelangen.

Reinhard war schon bei der Tante eingeschlafen. Die Mutter musste ihn, wie so oft, auf dem Rücken nach Hause tragen. Später erzählte mir (dem Autor) Reinhard Bachner, dass ihm diese Hutschertage und der Transport auf dem Rücken seiner Mutter unvergesslich blieben. Nicht etwa weil dies für ihn ein großes Erlebnis gewesen wäre, nein; das Besondere daran war die Nähe zur Mutter und das Gefühl der Geborgenheit. Die Gedanken gingen dann zurück zu dem *großen Schlafsaal* in Klattau, wo die Mutter ihn zu sich geholt und beruhigt hatte. Gerade dieses B*ei-der-Mutter-sein,* in einer Zeit voller Leid, Sorgen und Krieg, war Balsam für die gemarterte Kinderseele. Die Leser mögen bedenken, dass Reinhard über Jahre hinweg als Sohn eines sogenannten *KZlers* alle Demütigungen ertragen musste, zu denen Menschen eben fähig sind.

An einem herrlichen Sommertag (1943) fragte die Mutter Reinhard: »Hilfst du mir die Wäsche zum *Bleichen* bringen?«

Reinhard sagte sofort ja. Die Wäsche wurde auf einer Wiese, direkt am Bach, *gebleicht. Wäschebleichen* ging wie folgt vor sich: Die noch nassen Stücke wurden auf der Wiese ausgebreitet und von der Sonne angetrocknet. Sie durften nicht ganz trocken werden. Immer wieder musste mit einen Gießkanne Wasser auf die einzelnen Teile gegossen werden. Das wurde so lange wiederholt, bis die Wäsche weiß, also *gebleicht* war.

Die Mutter holte ständig Wasser vom Bach und Reinhard goss es über die Wäschestücke. Was für eine Prozedur, wenn man an Waschmaschine und Trockner denkt, die heute zur Verfügung stehen. Reinhard versuchte noch nebenher Fische mit der *Hand* zu fangen, was ihm am heutigen Tag aber nicht gelang.

Diese kleinen Abwechslungen und gemeinsamen Tätigkeiten taten Mutter und Sohn gut. Die Lage wurde für die Familie nämlich immer schlechter. Keine Nachricht von den Söhnen und *immer* die gleiche Nachricht von Kurt Bachner aus dem Konzentrationslager: »Mir geht es gut, hoffe euch auch…«, usw. Wäre nicht der gute Zusammenhalt in der Verwandtschaft gewesen, hätte Rosi Bachner ihre Familie nicht über Wasser halten können.

An manchen Tagen saß sie alleine in der Stube und kramte in dem *Karton,* den man ihr zugeschickt hatte, als ihr Sohn Karl *vermisst* gemeldet wurde. Der Inhalt: einige Habseligkeiten ihres Sohnes.

Die Ungewissheit, ob er noch am Leben oder tatsächlich im Schlamm umgekommen war - wie sein Kamerad es im Brief andeutete –, es war einfach unerträglich.

All diese Fragen zehrten an ihren Nerven, die, nach so viel Leid, nicht mehr zu den besten gehörten. Der Inhalt des *Kartons* – Auszeichnungen und einige andere Dinge – ließen keine allzu große Hoffnung in ihr aufkommen.

Jetzt war Reinhard auch noch krank geworden und lag mit hohem Fieber im Bett. Mutter machte ihm Essigstrümpfe (mit kaltem Essigwasser durchtränkte Wollstrümpfe). Die wurden angezogen wie normale Strümpfe auch. Und dann musste Reinhard ab ins Bett. Frau Bachner schwörte darauf, dass dies das beste Mittel gegen Fieber war. Wegen einer fiebrigen Erkältung ging man damals nicht zum Arzt. Lisa musste heute nicht arbeiten. Sie blieb den ganzen Tag bei Reinhard, um die Essigstrümpfe zu erneuern, wenn diese am Körper zu *warm* wurden.

Abends, als die Mutter bei ihrer Näharbeit saß, bekam sie überraschend Besuch. Es war der Schulrektor. Er machte einen sehr nervösen Eindruck. »Frau Bachner«, begann er, »ich muss Sie dringend sprechen!« Rosi schaute von ihrer Arbeit auf und ihre Stimme war ängstlich, als sie den Rektor fragte: »Ist was mit meinem Mann?« Dieser nickte. »Ja, es geht um Ihren Mann!«
»Ich habe«, fuhr der Rektor fort, »über einen Parteifreund erfahren, dass ich unter Verdacht stehe, ein Verräter zu sein und mit *Volksschädlingen* gemeinsame Sache zu machen.«
Nach einer kurzen Pause fuhr der Rektor fort: »Frau Bachner, ich kann nichts mehr für Sie tun!«
Wie gelähmt saß Rosi da und schaute ungläubig zu dem Mann auf, der in den letzten Wochen ihre einzige Hoffnung war. Sie merkte, dass er hochgradig nervös war. Er fing an, seine Kleidung zurechtzurücken, indem er mal an der Jacke, mal an der Hose zupfte, bis er sich fasste und sprach: »Wir dürfen uns auf keinen Fall mehr treffen, es geht um *meine* Familie und *meinen* Ruf als Schulrektor!« Leise – als ob er sich entschuldigen wollte – fügte er hinzu: »Tut mir Leid, Frau Bachner. Wirklich. Es tut mir sehr Leid!« Rosi Bachner konnte immer noch nicht begreifen, was sie eben gehört hatte. Sie war einfach nicht in der Lage, etwas zu sagen, als der Rektor ihre Hand nahm und stumm drückte. Dann verließ er das Haus. Frau Bachner fiel regelrecht in sich zusammen, das Nähzeug lag plötzlich auf dem Boden. Und so verharrte sie eine ganze Weile, bis Reinhard nach ihr rief. Wie betäubt zog sie ihrem Jungen frische Essigstrümpfe an und setzte sich zu ihm. Sie nahm seine fiebrigheiße Hand, strich ihm übers Haar und endlich konnte sie weinen. Sie blieb die ganze Nacht bei ihrem Sohn am Bett und ihr sonst so großer Kampfgeist hatte sie gänzlich verlassen.

Am Morgen war Rosi Bachner wie gerädert. Wie in Trance erledigte sie die anfallenden Hausarbeiten und versorgte den kranken Reinhard. Am Nachmittag kam ihre älteste Schwester Katharina auf einen kurzen Besuch vorbei. Die merkte sofort, in welcher Verfassung ihre Schwester war, konnte aber auch zu keiner Lösung beitragen. Bald darauf verließ Katharina ihre Schwester, um den engsten Verwandten zu berichten.
Am nächsten Tag wurde beschlossen, einen Hutscherabend bei Rosi zu veranstalten. Alle waren gekommen, um ihre Hilfe anzubieten. Wirklich helfen aber konnte natürlich niemand. Man sprach ihr Mut zu. Mehr war nicht möglich.
Reinhard hatte seine Erkrankung gut überwunden und konnte wieder zur Schule gehen. Die Mutter – obwohl einem Nervenzusammenbruch gefährlich nahe – musste für die Familie sorgen. Nun gingen ihre Überlegungen dahin, doch noch mal ein »Gesuch«, wie sie es nannte, an die *Reichskanzlei* in Berlin zu schreiben.
Rosi Bachner nahm also all ihren Mut zusammen und besuchte Schlicker, den Ortsgruppenleiter, um mit ihm zu sprechen. Sie musste aber auf der Hut sein, um sich ja nicht zu versprechen. Denn nichts, was sie vom Bürgermeister und dem Rektor erfahren hatte, durfte Schlicker zur Kenntnis gelangen. Das hätte für sie und die beiden anderen schreckliche Folgen gehabt.
Schlicker empfing sie in seinem Büro: »Nehmen Sie Platz«, sagte er in amtlichem Ton und deutete auf einen Stuhl vor seinem Schreibtisch. - Obwohl beide vor der Machtergreifung Hitlers sich geduzt hatten. »Was führt Sie zu mir?«, fragte er und vermied, ihr in die Augen zu sehen.
»Ich habe eine Bitte an *dich.*« Absichtlich wählte sie die vertrauliche Anrede, was ihn sichtlich irritierte. Er schaute wei-

terhin auf seine Schreibtischunterlage und sprach: »Keine Vertraulichkeiten, Frau Bachner. Sagen Sie einfach, was Sie von mir wollen!«

»Ich komme wegen Kurt. Wie lange wollt ihr ihn noch im Konzentrationslager lassen? Er hat doch schon genug gebüßt!«

Für einen kurzen Augenblick sah er zu ihr über den Tisch, dann erhob er sich und sagte: »Daran ist er doch wohl selber schuld. Hätte er sich nicht mit diesem roten Pack eingelassen und wie jeder andere deutsche Familienvater zu unserem *Führer* und *Vaterland* gestanden, wäre er nicht *dort*, wo er jetzt ist.«

»Du weißt ganz genau, dass er unschuldig ist. Sein einziges *Verbrechen* war, dass er nicht bei euch mitgemacht hat.« Er hob die Hand, winkte ab und sagte: »Allein *diese* Äußerungen können Sie in große Schwierigkeiten bringen. Haben Sie mich verstanden?«

Rosi Bachner nickte und sprach: »Ich habe dich sehr wohl verstanden. Ich bitte dich trotz allem, lass Kurt zu mir und zu unseren Kindern nach Hause. Bitte hole ihn da raus!!«

Schlicker sah eine ganze Weile auf seinen Schreibtisch hinunter, dann sagte er: »Gehen Sie nach Hause. Ich kann und *will* für *so einen* nichts tun. Heil Hitler!!«

Wortlos verließ Rosi Bachner den Raum. Draußen auf der Straße hatte sie Mühe, ihr seelisches Gleichgewicht wieder zu finden.

Was hatte dieses Gespräch gebracht? – Nichts! Um Kopf und Kragen hätte sie sich beinahe geredet; ihr wurde jetzt erst bewusst, dass ihre Äußerungen nicht klug, sondern höchst gefährlich waren. Noch tagelang beschäftigte sie dieses *Gespräch*.

In letzter Zeit hörte man öfter, dass die »Deutsche Wehrmacht« in großen Schwierigkeiten war. Doch was an den Fronten tatsächlich passierte, konnten nur die wissen, die in vorderster

Linie im Einsatz waren. Der Volksempfänger meldete natürlich Erfolge der deutschen Armee und hohe Verluste für den Gegner. Heute kam wieder eine Rede des Führers über den Rundfunk. Sie anzuhören war auch für den Schüler Reinhard wichtig.
Immer wenn Hitler eine seiner Reden hielt, musste man in der Schule aufsagen können, was er gesprochen hatte. Zumindest einige Passagen musste man sich merken. Ansonsten fiel man unangenehm auf und musste mit Strafarbeiten rechnen.
Lisa Bachner ging der Mutter jetzt immer öfter zur Hand. Das Leben – oder Überleben – wurde immer schwieriger. Oft nahm sie Reinhard auf abgeerntete Korn- und Weizenfelder mit, um die liegen gebliebenen Ähren aufzusammeln. Hatte man ein richtiges Bündel beisammen, wurde es abgebunden und zur Seite gelegt. Zu Hause wurden die Ähren dann getrocknet, in ein Säckchen gefüllt und mit einem Gegenstand so lange geklopft, bis die Körner aus der Schale fielen. Dann wurden sie herausgenommen und in der hohlen Hand kräftig *ausgeblasen,* damit sich Spreu und Schmutz lösten. War diese Prozedur vorbei, kamen sie in die Kaffeemühle und wurden zu Schrot gemahlen. Eine mühsame Sache, aber Not ist die Mutter aller Erfindungen.
In dieser Zeit war nur eines wichtig: Alles, was irgendwie essbar war, voll auszunutzen. Wenn Lisa nicht zur Arbeit musste, hatte sie Reinhard oft bei sich, um auf ihn aufzupassen. Das war für beide nicht immer leicht. Lisa wollte zu ihren Freundinnen, Reinhard wollte spielen. Da gab es so manche Ohrfeige für ihn. Reinhard hatte nur ein Druckmittel in der Hand: »Wenn du mich schlägst, erzähle ich alles Mama!« Mit *alles* meinte er auch Dinge, die Mädchen im Alter von Lisa nicht gerne der Mutter erzählten. Ansonsten aber verstanden sie sich gut.

Wie so oft am Abend, kontrollierte Rosi Bachner die *Verdunklung.* Es durfte nicht der geringste Lichtstrahl durchs Fenster zu sehen sein. Wer nachts mit dem Fahrrad unterwegs war, musste die Fahrradlampe so abdunkeln, dass nur ein schmaler Schlitz für das Fahrlicht blieb. Sehen konnte man bei solchen Lichtverhältnissen natürlich nichts.
Die Propaganda-Plakate mit der Aufschrift »*Pssst, Feind hört mit!*« waren an jeder Ecke zu sehen und man bekam das Gefühl, keinem Menschen mehr was anvertrauen zu können.
Großvater hörte gerade Nachrichten aus dem Volksempfänger, als Reinhard zu ihm kam und um ein Butterbrot bat. Von ihm bekam er immer etwas, auch wenn es manchmal nur ein Stück trockenes Brot war. Reinhard wollte gerade wieder gehen, als im Radio eine neue »Luftlagemeldung« kam: »Achtung! Achtung! Wir senden eine neue Luftlagemeldung! Schwere feindliche Bomberverbände nähern sich dem Reichsgebiet! Alle, die sich im Raum Norddeutschland, besonders Hamburg und Hannover, aufhalten, sofort die Luftschutzräume aufsuchen! Ich wiederhole...«, usw. »Das betrifft uns nicht«, meinte Großvater, als er sah, wie es Reinhard mit der Angst zu tun bekam. »Das ist weit weg von uns.«
Manchmal hörte man ein eigenartiges Grollen, wenn ganze »Verbände« von Flugzeugen über Hüttersdorf flogen. Sogar bis ins Klassenzimmer der Schule war es zu hören. Der »Herr Lehrer« pflegte das geflissentlich zu ignorieren. Und wagte ein Schüler, seine Aufmerksamkeit den Geräuschen zu schenken, brüllte er ihn an: »Steck deine Nase in dein Lesebuch oder willst du als *Dummkopf* aus der Schule kommen!?«
Die *Fähnchen* auf der Landkarte waren schon verdächtig nahe an das *Großdeutsche Reich* herangerückt. Die Lust, sie jeden Tag

neu zu stecken, war dem Lehrer mittlerweile vergangen. Auf die Frage einiger Schüler, wo denn die *Hauptkampflinie* (HKL) der deutschen Truppen verlief, antwortete er nur widerwillig. Eine seiner Ausreden war: »*Das ist eine strategische Kriegslist des Führers!*« Wer dennoch den Mut hatte, weiter zu fragen, wurde mit einem »Halt deinen Mund!« gerüffelt.
Rosi Bachner fasste den Entschluss, nochmals einen Brief an die Reichskanzlei in Berlin zu schreiben. Dieses Mal wollte sie niemanden um Rat fragen. Sie nahm Papier und Stift zur Hand und begann zu schreiben. Ich (der Autor) habe über den Inhalt des Briefes mit Reinhard Bachner gesprochen. – Eine Kopie oder Abschrift war zu dieser Zeit nicht üblich. – Er versuchte, mir aus seiner Erinnerung den Text wiederzugeben. Die Mutter hatte ja später oft mit ihm über diesen Brief gesprochen. Als die Kinder im Bett waren, setzte sich Rosi Bachner also an den Tisch und begann zu schreiben:

An den Führer Adolf Hitler.
Reichskanzlei in Berlin

Ich wende mich heute an Sie persönlich, mit der Bitte, mir zu helfen. Da ich schon mehrmals an die Reichskanzlei geschrieben habe, leider immer ohne Erfolg, hoffe ich, dass dieser Brief Sie erreicht.
Mein Mann Kurt Bachner, geb. am 3.5.1900 in Hüttersdorf, ist seit viereinhalb Jahren im Konzentrationslager Sachsenhausen/ Oranienburg bei Berlin inhaftiert. Ich muss zugeben, dass er nicht immer mit allem, was Ihre Partei gemacht hat, einverstanden war. Aber er ist ein guter Mensch, ein guter Ehemann

und Vater. Ein Sohn ist in Russland vermisst. Er ist ein tapferer Soldat, mit hohen Auszeichnungen. Die anderen zwei Söhne sind an der Front in Norwegen und Italien, von ihnen habe ich seit Wochen keine Nachricht.
Bitte lassen Sie meinen Mann nach Hause. Ich habe noch zwei Kinder im Alter von acht und fünfzehn Jahren und weiß nicht mehr, wie es weitergehen soll. Wir alle, meine Kinder und Geschwister, sind alle treue deutsche Bürger und geben alles für unser Deutsches Vaterland. Diesen Brief schreibe ich ohne Hilfe einer zweiten Person und bitte Sie um Nachsicht, sollte nicht alles so dargestellt sein, wie Sie es sonst gewohnt sind.
Wir sind nur einfache Leute, aber immer bemüht, unsere Kinder zu anständigen Menschen zu erziehen. Ich bitte Sie nochmals von ganzem Herzen, meinen Mann frei zu lassen. Ich denke, dass es niemand wagt, Ihnen zu widersprechen, wenn Sie die Entlassung meines Mannes anordnen. So verbleibe ich in großer Hochachtung vor Ihnen,

Heil Hitler!
Rosi Bachner

Lange schon lag sie im Bett, konnte aber keinen Schlaf finden. Würde Hitler den Brief überhaupt in seine Hände bekommen? Dieser Mann hatte wahrscheinlich andere Sorgen, als ihren Brief zu lesen. Sollte wider Erwarten eine Antwort aus Berlin kommen, würde diese wieder an das Bürgermeisteramt geschickt? Ortsgruppenleiter Schlicker wäre der Letzte, der Interesse daran hätte, dass ihr Mann nach Hause kam.

Endlich bekam Rosi Bachner Post von ihrem Sohn Willi. Ein paar Zeilen auf einem Fetzen Papier: »*Geht mir gut! Bin zur Zeit unten in der Normandie und hoffe, Ihr seid auch alle gesund! Herzliche Grüße an Euch alle. Dein Sohn Willi! Grüße mir auch die Kleinen. Auf Wiedersehen!!*«
Ein paar Tage später erfuhr sie, dass auch Josef noch am Leben war. Es war nur eine kurze Nachricht, die darauf schließen ließ, dass sie in größter Eile geschrieben sein musste.
Lisa arbeitete immer noch auf dem Gräflichen Gut und musste ihren Verdienst nach wie vor der Mutter abgeben. Lisas Stundenlohn betrug 25Rpf. (Reichspfennig), das war für diese Knochenarbeit wortwörtlich ein Hungerlohn.
Als die drei großen Söhne noch zu Hause waren, hatte sie es besser gehabt. Alle gaben der Mutter Geld ab, damit die Familie überleben konnte. Alle Anträge auf staatliche Unterstützung wurden abgelehnt. Begründung: »Ihre Kinder haben Arbeit, die sollen Sie unterstützen.« Als die Söhne dann zur Wehrmacht mussten, hat sie zusammen mit der Schwägerin Resl eine erneute *Eingabe* gemacht. Da nur noch der geringe Lohn von Lisa zu Buche schlug, bat sie um Unterstützung zum Unterhalt der Familie.
Der Antrag musste über den Dienstweg im Bürgermeisteramt abgegeben werden. Es dauerte nur einige Tage, dann erfuhr Rosi Bachner, dass ihr Antrag ohne Begründung abgelehnt wurde. Wie die Familie Bachner überleben sollte, interessierte niemand. Der Bürgermeister brauchte kein schlechtes Gewissen zu haben. Es war ja alles von übergeordneter Stelle abgesegnet.
Der Unterstützung durch Verwandte, Lisas Lohn sowie Rosi Bachners Fleiß war es zu verdanken, dass die Familie überleben konnte.

Wieder einmal waren die Schulferien vorbei und Reinhard Bachner musste um 8 Uhr früh im Klassenzimmer sein. Die vergangenen Zeugnisse waren gut ausgefallen. Jetzt aber war nur noch wichtig, viel über den *Führer* und die *Wehrmacht* zu wissen, um gute Leistungen nachzuweisen. Wer in diesen »Fächern« gut war, konnte seinen Notendurchschnitt erheblich steigern.
Zu Hause, Reinhard saß wieder einmal über den Hausaufgaben, hörte er Stimmen im Hausflur. Neugierig geworden, lauschte er an der Tür und hörte Großvater sagen: »Dieser Krieg dauert nicht mehr lange. Das war der Anfang vom Ende.« Später erfuhr Reinhard, dass die 6 Armee mit General Paulus in Stalingrad eine vernichtende Niederlage erlitten hatte und in Gefangenschaft musste.
Noch war der Krieg aber nicht vorbei. Immer mehr junge Männer aus Hüttersdorf mussten ihr Leben in Russland, aber auch an der Westfront lassen. Jetzt brauchten die *Alliiertenbomber* auch keine *mondhellen Nächte* mehr abzuwarten. Sie setzten am Himmel so genannte *Christbäume* und hatten dadurch gute Sicht. Die Flugabwehr der Wehrmacht konnte dem kaum noch was entgegensetzen. Die Zeiten wurden noch schlechter. Rosi Bachner bekam jetzt immer weniger Weißnäharbeiten. Und das wenige Geld wurde knapper und knapper. Wie sie es trotz allem immer wieder schaffte, etwas Essbares auf den Tisch zu bekommen, war schon ein kleines Wunder.

Die Wende

Es wäre noch so viel aus dieser *Zeit* zu berichten.

Das Frühjahr 1944 begann mit immer größeren Schwierigkeiten. In Hüttersdorf erzählte man sich hinter vorgehaltener Hand, die Juden hätten im besetzten Polen einen Aufstand gewagt. So etwas zu denken, geschweige denn zu erzählen, war lebensgefährlich.

Die Meldungen über Bombenangriffe auf deutsche Städte häuften sich. Man konnte sogar tagsüber große Bomberverbände über Hüttersdorf sehen. Das bedeutete, die Alliierten hatten keinen Respekt mehr vor der deutschen Luftabwehr.

Die Bachners und ihre Nachbarn mussten nun öfters nachts in die »Keller« oder in den »Wald«. Rosi Bachner zog es vor, mit ihrer Familie in den Wald zu gehen. Heute war es wieder einmal so weit. Um 22 Uhr konnte man das Brummen der Flugzeuge hören und so machte man sich auf, um in den Wald zu gelangen. Lisa hatte Reinhard an der Hand und die Mutter hatte ein Bündel mit einigen Sachen dabei, die man brauchen konnte oder auch nicht. Es waren fast immer die *gleichen* Leute, die sich da trafen. In einer tiefen Mulde saßen schon einige da und lauschten auf die Flugzeuggeräusche am Himmel. Für Reinhard war dies immer ein Abenteuer, er konnte ja den *vollen* Ernst der Lage nicht einschätzen. So blieb man oft bis zum Morgen da. Die Freude war dann immer groß, dass Hüttersdorf wieder einmal verschont blieb. Diese Prozedur wiederholte sich jetzt wöchentlich bis zu zwei oder drei Mal.

Zur Freude von Reinhard wollte die Mutter nach Elbach ins

Bayerische gehen, um bei Bauern Kartoffeln oder irgendwas Essbares zu bekommen. Als Reinhard von der Schule kam, wartete die Mutter schon, um sich sofort auf den Weg zu machen. Die Strecke nach Elbach war im Frühling sehr gut zu gehen. Sie führte immer durch den Wald, weil das der kürzeste Weg war. Die 5 bis 6 Kilometer waren schnell zurückgelegt. Wenn man nach ca. 3 Kilometern aus dem Wald kam, sah man schon die Ortschaft. Elbach hatte ungefähr die Größe wie Hüttersdorf und war ebenso eine Marktgemeinde. Vorteilhaft für den Ort war seine Bahnstation. Sie war der Ausgangspunkt, um Regensburg, München und Nürnberg zu erreichen. Diese Städte einmal zu sehen, war in dieser Zeit kaum möglich. Woher sollte denn auch für Reisen das nötige Geld kommen?
Endlich hatten die Bachners die Ortschaft erreicht. Die Mutter versuchte, etwas ohne *Lebensmittelkarte* zu bekommen, hatte aber heute kein Glück. Überall, wo sie es probierte, stieß sie nur auf ein Kopfschütteln der Ladeninhaber. Also musste sie ihr Glück bei den Bauern versuchen. Vier *Höfe* hatten sie bereits abgeklappert, alles Fehlanzeige. Einen Versuch wollte sie noch machen, um dann, wie so oft, unverrichteter Dinge den Heimweg anzutreten. Beim letzten Hof bekam sie doch noch etwas: eine Tasche voll Kartoffeln und zwei Runkelrüben.
Die Bäuerin, so vermutete Frau Bachner, gab ihr die Sachen wohl aus Mitleid für ihren Sohn. Dieser hatte sich vor Müdigkeit auf die Stufen des Hauseingangs gesetzt und somit vermutlich das Herz der Bäuerin erweicht.
Es war schon dunkel, als sie zu Hause ankamen. Alle drei, Mutter, Sohn und Tochter, waren todmüde und trotzdem kam etwas Freude auf. Für drei bis vier Mahlzeiten sollte das Mitgebrachte ausreichen.

Solche *Exkursionen* wurden auch auf der »Böhmerwaldseite« unternommen. Aber auch da war der Erfolg nicht viel besser. Am nächsten Morgen gab es *Dorschenkraut*, so nannte man das Kraut, das aus *Runkelrüben* hergestellt wurde. Waren die Rüben auch als Futtermittel für Tiere gedacht - den Bachners hat es trotzdem gut geschmeckt.

Onkel Georg und Tante Resl hatten wieder einmal vor, den *Schwarzsender London* zu hören. Also mussten Lisa und Reinhard auf die Straße, um Schmiere zu stehen.

Als die Nachrichten, die zum Teil in deutscher Sprache gesendet wurden, vorüber waren, wurden diese diskutiert. Georg meinte: »Der Krieg dauert nicht mehr allzu lange.« Resl pflichtete ihm bei und fügte hinzu, dass es »an allen Fronten rückwärts gehe«. Das *tausendjährige Reich* schien sich dem Ende zu nähern.

Manche Hüttersdorfer Bürger verhielten sich der Familie Bachner gegenüber plötzlich ganz anders. Waren sie noch vor Monaten, was den Ausgang des Kriegs anbetraf, zuversichtlich, so schien das jetzt nicht mehr der Fall zu sein. Vor allem merkte dies Rosi Bachner. Als sie noch vor einem Jahr ein »Bettgestell« für Lisa beantragt hatte, wurde ihr trocken mitgeteilt: »Lass dir eines von deinen Söhnen kaufen!.« Heute kam der gleiche »Herr«, der sich damals so äußerte, bei ihr vorbei und meinte: »Rosi, du kannst ein Bett haben, ich lasse es dir vorbeibringen.« Diese aber sprach: »Nein danke, ich brauche jetzt keines mehr!« Er zuckte etwas hilflos mit den Schultern und sie merkte, dass er mit einer solchen Antwort nicht gerechnet hatte. »Ist recht, Rosi«, sprach er, drehte sich aber noch mal um und versicherte: »Hab‹s gut gemeint. Auf Wiedersehen.« Auch das war sehr ungewöhnlich: Ein leutseliges »Auf Wiedersehen« hatte offensichtlich das »Heil Hitler« abgelöst.

Lisa wusste zu berichten, dass ihr Vorgesetzter sie angesprochen habe, sie möge doch der Mutter ausrichten, dass bei ihren Brüdern noch eine *Nachzahlung* fällig sei. »Da ist damals in der Buchhaltung ein Fehler unterlaufen«, teilte er ihr mit. »Ich muss noch einmal alles nachprüfen und gebe dir dann das Geld mit«. Das war ebenfalls sehr aufschlussreich. Karl und Willi Bachner waren bereits über zwei Jahre beim Militär (Karl vermisst). Wieso kam man erst jetzt und überhaupt auf diesen Rechenfehler? Irgendwie bekam Lisa das Gefühl nicht los, dass dies mit der jetzigen *allgemeinen Kriegslage* zu tun hatte.

Auch ihre Mutter dachte in die gleiche Richtung. Ihre Vermutung war, man wolle damit andeuten: »Wir sind ja gar nicht so!« Oder – was sie nicht zu hoffen wagte – »dachten diese Leute schon, was wohl nach Kriegsende sein würde?« Ganz geheuer kam ihr dies alles nicht vor.

Für den nun schon neunjährigen Reinhard hatte sich noch nichts geändert. Nach wie vor waren viele Kinder zu ihm unfreundlich, um es human auszudrücken. Gerne hätte er manchmal beim großen »Haufen« mitgemacht und wenn er einmal durfte, war das eine Ausnahme.

Oft sah man ihn bei den »Großen« mitspielen. Diese waren 3 bis 4 Jahre älter. Und die ließen ihn gerne mitmachen, weil er alles machte, was sie wollten. Nur bei den Mädchen aus der Nachbarschaft durfte er übrigens gleichberechtigt mitspielen und wurde von anderen Jungen dafür ausgelacht.

Rosi Bachner wollte in die Kreisstadt Teichnitz fahren, um für Lisa und Reinhard Schuhe zu kaufen, was in dieser Zeit nicht problemlos war. Die Strecke nach Teichnitz konnte man beim besten Willen nicht zu Fuß gehen (ca. 50 Kilometer). Der erste Autobus fuhr um 7 Uhr in Hüttersdorf ab. Die Fahrt in die Stadt

war für Reinhard eine *große Reise* und die Freude war grenzenlos. Kaum angekommen, ging das Suchen in den Läden los. Bereits nach einer Stunde wusste Mutter Bachner, Schuhe würde es keine geben. Was ihr mit viel Geduld doch noch gelang, war der Kauf von ein Paar *Sandalen* für Reinhard.
Beide, Mutter und Sohn, machten einen Spaziergang durch die Stadt. Das war wohl das Schönste an diesem Tag. Denn Reinhard bekam so vieles zu sehen, von dem man in Hüttersdorf nur träumen konnte. Heute wollte die Mutter ihren Sohn noch eine Freude machen, indem sie versuchte – in der ihr schon bekannten Bäckerei – eine oder zwei *Semmeln* (Brötchen) zu bekommen. Die Bäckersfrau war anfangs sehr freundlich. Als sie aber gefragt wurde, ob sie für den Jungen *eine Semmel* übrig habe, natürlich ohne *Lebensmittelmarken*, schüttelte sie mit dem Kopf und sprach: »Sie sind heute bereits die *Zwanzigste*, tut mir Leid!« Es wurde also nichts mit einem Brötchen. Sie setzten sich auf eine Parkbank und die Enttäuschung war dem Jungen deutlich anzusehen. Ganz gab die Mutter aber immer noch nicht auf, um ihrem *Buben* eine –wenn auch noch so kleine – Freude zu machen. Als sie beide schon auf dem Weg zum Autobus waren, versuchte die Mutter es nochmals in einer Metzgerei. Fleischmarken hatte sie keine mehr, der Monat war schon fast zu Ende, also musste es *ohne* gehen. Im Laden waren keine Kunden, als der Metzger sie fragte: »Was möchten Sie?« »Wenn Sie für meinen Buben vielleicht eine *Kleinigkeit* hätten ...« - «Haben Sie *Marken?*«, unterbrach sie der Mann. »Nein«, antwortete Frau Bachner. »Ich dachte nur für meinen kleinen ...« - «Was Sie denken, gute Frau, ist mir egal«, unterbrach er sie abermals. «Ohne Lebensmittelmarken gibt es nichts!«

Der Metzger wandte sich wieder seiner Arbeit zu, ohne noch einen Blick auf seine Kundschaft zu werfen. Und Frau Bachner schämte sich für *ihr* Verhalten. Nicht für das des Metzgers, dessen Gemüt wahrhaftig mit dem eines Fleischerhundes vergleichbar war. Betteln ist demütigend, selbst wenn es aus der Not geboren ist.

An der Bushaltestelle standen schon einige Leute. Rosi und Reinhard waren froh, als der Bus kam und sie Teichnitz verlassen konnten. Heute war es kein guter Tag gewesen.

Zu Hause angekommen, teilte Resl eine Neuigkeit mit: Über den *Volksempfänger* hatte sie gehört, dass zum *ersten Mal* die Reichshauptstadt Berlin bombardiert worden war. »Heute Abend müssen wir unbedingt *London* hören!«, sagte sie aufgeregt. Reinhard wusste, ohne dass die Tante ein weiteres Wort zu sagen brauchte – er musste wieder einmal »Schmiere« stehen.

Bald aber gehörten solcherlei Nachrichten schon zum Alltag. Immer wieder konnte man nachts die lauten Motorengeräusche der *Bomberverbände* hören, die über Hüttersdorf zu den Großstädten und Industrieanlagen flogen. Auch in der Straße, wo die Bachners wohnten, gab es jetzt einen Luftschutzwart. Der hatte dafür zu sorgen, dass die Leute bei Fliegeralarm in die Keller gingen. Viele allerdings zogen es immer noch vor, im Wald Schutz zu suchen. Rosi Bachner war nicht mehr dabei. Sie ging jetzt mit ihren Kindern in den Keller. Es war schlicht und einfach bequemer.

Die Heimkehr

Der 19.4. 1944 war ein sehr warmer Frühlingstag. Rosi Bachner war wieder unterwegs zum *Essentragen*. Sie war froh, dass Lisa Arbeit hatte und nahm den Weg gerne in Kauf. Sie konnte ja Brennholz mit nach Hause nehmen und der weite Weg war nicht umsonst.

Heute hatte sie Hilfe dabei, denn Reinhard musste an diesem Nachmittag nicht zur Schule. Als das Essen abgegeben war, wurde auf dem Rückweg fleißig Holz gesammelt. Dicke Äste waren gefragt. Sie mussten trocken und leicht sein, um sofort verheizt werden zu können. Reinhard kannte die Stellen genau, er war ein richtiger *Spezialist* für »dicke Äste«. Wenn Mutter ihre Rast am *Mausbach* bei der Steinbrücke hielt, war seine Freude perfekt.

Endlich konnte er spielen, mit der Hand Fische fangen, Schiffchen aus Baumrinde im Bach fahren lassen und im Wald rumtoben.

Mutter stellte ihren schwer beladenen *Buckelkorb* auf der Steinbrücke ab, um sich zu erholen. Beide tranken aus der hohlen Hand Wasser aus dem Bach und die trockene Scheibe Brot schmeckte vorzüglich.

Wie so oft hing Rosi Bachner an dieser Brücke am *Mausbach* ihren Gedanken nach. Wenn Reinhard beim Spielen war, hatte sie endlich Zeit dazu. Selten sah sie ihren Sohn so glücklich wie hier. Er hatte ja weiß Gott keine schöne Zeit bis jetzt erlebt. Ihre Erinnerung an die Tage, wo sie mit ihrem Mann und der Familie glücklich war, hatte heute merkwürdigerweise eine besondere Bedeutung.

Sie verlängerte die Rast deutlich, das war sonst nicht der Fall. Immer wieder musste sie an die Zeit vor der Inhaftierung ihres Gatten denken.
Erschrocken fuhr sie zusammen, als die Sirene vom Sägewerk zu hören war. Es war bereits 17 Uhr und somit allerhöchste Zeit zum Aufbruch. Reinhard hatte noch einen ganz starken Ast gefunden und der Mutter auf den Korb gelegt. Dann gingen beide mit schnellen Schritten – so weit dies die schwere Last zuließ – in Richtung Hüttersdorf.
Nach dem Abendbrot befiel Rosi wieder so ein eigenartiges Gefühl. Was war nur los mit ihr? Sie konnte sich auf keine Arbeit konzentrieren und ertappte sich dabei, wie sie immer wieder an frühere Zeiten dachte, wo die Familie zusammen war. Als Reinhard eingeschlafen war, setzte sich dieser Zustand fort. Beim Weißnähen machte sie so viele Fehler, wie sonst das ganze Jahr über nicht. Wütend über sich selber legte sie das Nähzeug weg und schaute bei Großvater vorbei. Dieser kam gerade aus dem Stall, als sie den Flur betrat. »Ich wollte gerade zu dir«, sprach Rosi. »Hast du einen Augenblick Zeit?« - »Natürlich«, antwortete der Großvater, »komm nur herein.«
Beide setzten sich an den großen Küchentisch. »Was gibt es, Rosi, du hast doch was auf dem Herzen?« - »Wenn ich das wüsste«, sagte sie und erzählte ihm von ihren Gedanken, von denen sie heute einfach nicht los kam.
Ihr Schwiegervater hörte aufmerksam zu, nahm ihre Hand und sagte leise: »Ich kann dich sehr wohl verstehen. Das ist einfach alles zu viel, was in unserer Familie geschehen ist. Aber glaube mir, auch das Schlimmste geht einmal vorüber.«
»Wir haben schon so viel durchgemacht, aber eine solche Unruhe habe ich noch nie verspürt.«

Der Großvater ging zur »Kredenz« (Küchenschrank), holte seinen Geldbeutel und nahm einen Geldschein heraus: »Kauf dir und den Kindern etwas, dann kommst du auf andere Gedanken.« Rosi Bachner wusste, der Großvater meinte es gut mit ihr. Die Unruhe aber blieb. Sie befolgte den Ratschlag ihres Schwiegervaters und packte das Nähzeug weg. Um sich abzulenken, holte sie die Schachtel mit den alten Fotos hervor. Viele waren es nicht; ein Fotoapparat war schon ein kleiner Luxus, den sich nicht alle Leute leisten konnten. Innerhalb der Verwandtschaft hatte nur ihr Neffe Franz einen solchen Apparat. Die Aufnahmen waren zum Teil abgegriffen und von schlechter Qualität. Rosi schaute auf ein Foto, das ihren Ehemann als jungen Burschen zeigte. Schnell legte sie die Bilder in den Karton zurück. Die Unruhe kehrte vehement zurück und sie beschloss, schlafen zu gehen.

Am Morgen des 20. April 1944 konnte man im Radio hören, wie dem *Führer Adolf Hitler* zum Geburtstag gratuliert wurde und dass der »Endsieg«, von dem immer häufiger die Rede war, unmittelbar bevorstehe.

Andächtig lauschten die Menschen der Volksverhetzung des Josef Goebbels, seines Zeichens *Minister für Propaganda* und Befürworter des *totalen Kriegs*. Rosi Bachner hatte keine Lust, sich solche Märchen anzuhören. Sie ging in den Ort, um ihren Sohn Reinhard von der Schule abzuholen. Später machten sich die beiden auf den Weg, um eine Kusine im Nachbarort zu besuchen.

Diese wohnte etwas außerhalb vom Ort und besaß einen kleinen Obstgarten. Reinhard ging gerne dort hin, konnte er doch mit den Tieren spielen und sie füttern. Hasen, Hühner und Ziegen waren im Garten untergebracht. Was aber noch wichtiger war:

Die Kusine hatte immer etwas »Selbstgebackenes« zu Hause. Wo sie das Mehl und die Zutaten herbekam, war ein Geheimnis, das niemand kannte.
Am Spätnachmittag machte sich Rosi mit ihrem Sohn auf den Heimweg und wieder kamen die Gedanken vom vergangenen Tag zurück. Am Abend, bei der Näharbeit, fand sie etwas Ruhe, konnte sich aber nicht richtig konzentrieren. Sie beschloss daher, noch eine Stunde zur Schwägerin Resl zu gehen, um ein bisschen zu plaudern.
Um ca. 22 Uhr beendeten sie ihre Plauderstunde, in der es hauptsächlich darum ging, was man noch unternehmen könnte, um Kurt aus dem Konzentrationslager raus zu bekommen.
Beide mussten letztendlich einsehen, alles, was in ihrer Macht stand, bereits versucht zu haben. Und sie wussten, ohne es offen auszusprechen, dass ihnen jetzt niemand mehr helfen konnte.
Wieder in ihrer Wohnung, holte Rosi Papier und Bleistift, um einen Brief an ihren Mann zu schreiben. Ihm ihre Sorgen mitzuteilen, war ja nicht möglich. Der Brief wäre nicht durch die Zensur gekommen. Also verwendete sie den üblichen Text.
Es musste schon weit nach Mitternacht gewesen sein, als sie schlafen ging. Kaum eingeschlummert, schreckte sie ein Geräusch auf. Am Fenster zur Straßenseite musste es gewesen sein. Schnell war sie aus ihrem Bett, um nachzusehen, ob da jemand war. Ohne Licht zu machen, schob sie Vorhang und »Verdunklung« zur Seite. Doch draußen konnte sie nichts Verdächtiges wahrnehmen. Keine Minute später hörte sie ganz deutlich, dass jemand ans Fenster klopfte. »Ich muss Großvater holen«, schoss es ihr durch den Kopf, als eine Stimme leise ihren Namen rief: »Rosi! *Ich bin es,* mach bitte auf!«

Rosi Bachner glaubte, ihren Verstand zu verlieren. Wie gelähmt stand sie da, nicht in der Lage, irgendetwas zu tun.
Diese Stimme hätte sie unter tausend anderen sofort erkannt – *das war* Kurts *Stimme!!* Vorsichtig öffnete sie die Tür, immer mit der Angst, dies alles nur zu träumen.
»Ich bin es wirklich, Rosi!«
Was sich in den darauf folgenden Minuten ereignete, kann man mit Worten nicht beschreiben. Nach fast fünf Jahren Haft in der *Hölle eines Konzentrationslagers* wieder zu Hause zu sein, dieses Gefühl ist nicht darstellbar.
Immer noch stand Kurt Bachner in der Tür. Er wollte sprechen, doch seine Stimme gehorchte ihm nicht. Rosi Bachner streckte ihre Arme aus und lange dauerte die Umarmung. Keiner der beiden wollte loslassen, als hätten sie Angst, dies alles nur zu träumen.
Es war kein Traum! Kurt Bachner wurde an *Hitlers* Geburtstag, den 20. April 1944, aus dem Konzentrationslager entlassen.
Beide saßen am frühen Morgen noch immer am Tisch, hielten ihre Hände und konnten auch nach Stunden noch nicht glauben, was geschehen war. Als Reinhard Bachner mir (dem Autor) das Wiedersehen mit seinem Vater schilderte, glaubte ich, es mitzuerleben. Obwohl so viele Jahre dazwischen lagen, erzählte er mir dieses Ereignis so intensiv, als wäre es erst vor einigen Tagen geschehen.
Die nun folgende Zeit war für die ganze Familie eine Umstellung. Alle Verwandten wollten wissen, wie es in einem »solchen Lager« zuging. Aber das Thema war für Kurt Bachner ein Tabu. Er hatte jetzt andere Sorgen. Er musste sich auf dem »Gemeindeamt« melden und weitere Auflagen erfüllen, die ihm bei seiner Entlassung auferlegt wurden.

Auch sein Gesundheitszustand war miserabel. Machte ihm der physische Zustand auch zu schaffen, der psychische aber war zum Teil noch viel schlimmer.
Nur Rosi Bachner erfuhr von ihrem Mann, wie der Tag der Entlassung vor sich gegangen war.
Nach dem Morgenappell des 20. April wurden vom ersten Rapportführer aus einer Liste Namen vorgelesen, unter andern auch der von Kurt Bachner. Alle die genannt wurden, mussten aus der Reihe treten. Mit einem SS-Blockführer wurde dann zum Tor marschiert. Nach einer Stunde *Stehen* wurde zur Kommandantur marschiert. Als Bachner an der Reihe war, riss er seine Mütze vom Kopf und machte strammstehend seine Meldung. Der Lagerführer empfing ihn mit der Frage: »Weißt du *Drecksau* überhaupt, dass unser *Führer* heute Geburtstag hat?« - »Jawohl!«, antwortete Bachner. Ein zweiter anwesender SS-Mann gab ihm einen Fußtritt, so dass er zu Boden stürzte. Der andere, welcher hinter seinem Schreibtisch saß, fuhr fort: »Aus diesem Anlass schicken wir dich *Schwein* nach Hause – kapiert?« Vom Sturz noch benommen, stammelte Bachner: »Jawohl!«
»Wie du dich zu verhalten hast, steht in deinem Entlassungspapier!«, dabei stand er auf und kam in drohender Haltung auf den Häftling zu.
»Eines sage ich dir, du *verkommenes Subjekt*: Schrei mir ja nicht zu viel das »Heil Hitler« *draußen* herum! Sonst bist du schneller wieder hier, als du denken kannst!« Um seinen Worten Nachtruck zu verleihen, gab er ihm einen Faustschlag in den Magen, der so heftig war, dass sich Bachner übergeben musste.
Schikane und Folter waren Alltag im Lager. Heute aber waren ihm die Tritte und Schläge fast egal. Dass er zur Entlassung

hierher bestellt war, hätte er in seinen kühnsten Träumen nicht erwartet. Er konnte dem auch jetzt noch keinen Glauben schenken. Seine Vermutung, die Frucht langer Lager-Erfahrung, ging eher dahin, dass »die sich mal wieder eine besonders üble *Schweinerei* ausgedacht haben«. Inzwischen versetzte ihm der zweite SS-Mann einen Stoß in Richtung zur Tür, wobei er nochmals eine weitere *Verhaltensregel* mit auf den Weg bekam: »Hör zu, du Verbrecher! Mich kostet es nur einen Wimpernschlag und du bist wieder bei uns – solltest du vergessen, was zu tun ist in der *Freiheit,* die du eigentlich gar nicht verdient hast.«

Endlich brachte man ihn zur Effektenkammer. Der Kalfaktor händigte ihm einen Papiersack aus, in dem sich seine Sachen befanden. Die bei der Einlieferung mit einem chemischen Mittel behandelten Kleider waren dermaßen zerknittert, dass ihn jeder unfehlbar als einen entlassenen KZler identifizieren konnte.

Natürlich musste er seine Fahrtkosten nach Hause selber bezahlen. An seinem »Aufenthalt« im «Schutzhaftlager« war er nach Meinung der Lagerleitung selber Schuld. All das aber war heute nicht wichtig, Er hatte seine Familie vom 2.6. 1939 bis zum 20. April 1944 nicht gesehen. Und jetzt konnte er zu *ihr* zurück. Nur das zählte.

Noch zwanzig Jahre später, wenn Kurt Bachner den Augenblick beschrieb, wie er durch dass Tor des Konzentrationslagers in die *Freiheit* gebracht wurde, konnte jeder Zuhörer miterleben, was diesen Menschen damals bewegte.

Aussagen solchen Inhalts vertraute er nur seiner Frau an. Ein falsches Wort in der Öffentlichkeit oder die kleinste Andeutung und die Geheime Staatspolizei (Gestapo) hätte ihn sofort abgeholt.

Weil Kurt Bachner ein hervorragender Waldfacharbeiter war, bekam er eine Stellung in der Staatswaldung beim Forstamt

Teichnitz. In der Familie war jetzt endlich so etwas wie Normalität eingekehrt

Dinge, die noch vor kurzer Zeit alleine auf den Schultern von Rosi Bachner lasteten, wurden jetzt zum Teil von ihrem Mann übernommen. Die größte Freude hatte Reinhard. Keiner, in der Schule oder sonst wo, konnte jetzt noch sagen: »Du hast ja gar keinen Vater!«

»Mein Vater war unschuldig, darum *mussten* sie ihn nach Hause lassen!« Das sagte er all denen, die ihm ständig vorgeworfen haben: »Dein Vater ist ein Verbrecher, sonst wäre er nicht im *Gefängnis.*« Stolz und selbstbewusst ging er nun in die Schule. Und viele seiner Mitschüler hatten zumindest keine *so großen* Vorurteile mehr.

Kurt Bachner selbst war charakterlich so geblieben, wie er vor seiner Verhaftung war: Ehrlichkeit und eine eigene Meinung ließ er sich auch jetzt nicht nehmen. Zu politischen Äußerungen nahm er aus den bekannten Gründen keine Stellung. Er nahm die Drohungen des »SS-Offiziers« aus *Sachsenhausen* wörtlich. Auch mit dem »Hitlergruß« hielt er sich zurück – was ihm als Verhöhnung des Führers ausgelegt werden könnte – verständlicherweise fiel ihm dieses Verbot nicht schwer.

Natürlich gab es Leute in Hüttersdorf, die ständig versuchten, Kurt Bachner durch ihre Äußerungen zu provozieren. Was ihnen aber nicht gelang.

Vielen Menschen war es auch nicht recht, dass er wieder zu Hause war.

Richtig bösartig waren die Konsorten *Ortsgruppenleiter* und *Bauernführer*. Diese machten keinen Hehl daraus, ihn auch weiterhin zu verachten. War es Wut, dass Bachner trotz ihrem Veto aus dem »KZ« entlassen wurde? Die Erkenntnis, dass *andere* in ihrer Partei doch mehr zu sagen hatten als sie selber, mochte ihnen schon zu schaffen machen. Kurt Bachner aber hatte andere Probleme, als Spekulationen darüber anzustellen, was diese Leute für Beweggründe hatten. Am allermeisten machte ihm sein Gesundheitszustand zu schaffen. Körperlich durch die Folgen der Haft am Ende, war der psychische Zustand noch viel schlimmer als der physische.

Trotz allem war das Wichtigste für ihn, bei seiner Familie zu sein und die *Hölle Konzentrationslager* überlebt zu haben.

Dem Ende entgegen

Im Mai 1944 bekam die Familie Bachner Nachricht, dass ihr Sohn Willi in amerikanische Gefangenschaft geraten war. Vorerst waren die Eltern einmal froh, dass er überhaupt noch lebte. Die Sorge, in welches Lager er gebracht wurde und wie die »Behandlung« dort war, machte ihnen doch Kopfschmerzen. Sohn Josef hatte sich zum letzten Mal aus *Narvig* (norw. Hafenstadt) gemeldet. Wo er sich aber zur Zeit befand, wusste die Familie nicht. Überhaupt traten im täglichen Leben immer häufiger Unregelmäßigkeiten auf. Was gestern noch Gültigkeit hatte, war heute nicht mehr gefragt oder erlaubt. Schulunterricht gab es zwar noch. Was aber an Lehrstoff übermittelt wurde, war gleich Null. Reinhard Bachner bekam immer mehr das Gefühl, dass seine Schulkameraden freundlicher zu ihm waren als früher. Einige in Hüttersdorf versuchten, Kontakt zu den Bachners aufzunehmen, obwohl diese Leute noch vor Monaten es nicht für nötig gehalten hatten, einen »Gruß« zu erwidern.
Auch Nachrichten, dass wieder ein junger Mann aus Hüttersdorf *gefallen* oder *vermisst* wurde, häuften sich. Die Kriegsgefangenen, die auf den Feldern arbeiteten, beobachteten heimlich die Alliiertenflugzeuge, die ohne große Scheu auch tagsüber am Himmel zu sehen waren.
Hätte man die Gedanken der Gefangenen lesen können, wäre das für manchen in Hüttersdorf sehr *unangenehm* gewesen. Heute war aus dem »Volksempfänger« zu hören, dass *Terrorangriffe* auf deutsche Städte und ihre Bevölkerung stattgefunden haben. Nachrichten dieser Art waren leider keine Seltenheit. Trotz aller

Propaganda: Die Bombenangriffe zu verheimlichen war nicht mehr möglich.
Immer häufiger wurde von Leuten, die aus der Oberpfalz zu Besuch in Hüttersdorf waren, Gerüchte verbreitet. Einige davon hielten sich hartnäckig. Wenn diese auch von verschiedenen Personen erzählt wurden, inhaltsmäßig waren sie alle identisch. Am meisten wurde über ein Konzentrationslager in der Nähe von Elbach berichtet. Ein Mann aus Elbach erzählte, dass er ca. dreißig bis vierzig Kilometer von Elbach entfernt Männer gesehen hatte, die in Steinbrüchen arbeiteten. Kriegsgefangene konnten es nicht sein, denn diese trugen keine Sträflingskleidung (schwarze und weiße Streifen). Die Bewachung wurde von Angehörigen der »SS« übernommen, was darauf hindeutete, dass es sich um KZ-Häftlinge handeln musste. Natürlich waren Andeutungen, dass es sich um ein Konzentrationslager handeln könnte, eine äußerst gefährliche Sache.
Kurt Bachner wurde des öfteren gefragt, wie es ihm in der Haft ergangen sei. Die Antwort darauf war immer die gleiche: »Schön ist es in einem solchen Lager nicht; man muss es eben aushalten.« Wenn jedoch Fragen über die Behandlung oder den Tagesablauf gestellt wurden, fügte er hinzu: »Seid froh, dass ihr keines von innen gesehen habt.« Zu weiteren Auskünften war er jedoch nicht bereit.
Kurt Bachners Fachwissen im Forstbetrieb wussten seine Vorgesetzten zu schätzen und er hatte, zumindest in dieser Hinsicht, im Moment keine Probleme.
Rosi Bachner konnte aufatmen. Sie bekam erneut Nachricht von ihrem Sohn Willi. Als dieser in Italien ins Gefangenenlager gebracht wurde, war er fest im Glauben, in Europa zu bleiben. Das war ein Irrtum. Die meisten der Gefangenen mussten

die Reise über den *Großen Teich* antreten. Willi Bachner kam nach »Georgia« (USA) in das *Camp-Whiler,* wo es ihm, den Umständen entsprechend, relativ gut ging. Die nächst größere Stadt hieß »Macom«.

Über Josef Bachner wusste die Familie nun auch Bescheid. Er war in Norwegen in amerikanische Gefangenschaft gekommen. Weitere Einzelheiten konnten sie nicht erfahren. Heute freute sich Reinhard schon den ganzen Tag. Die Mutter hatte versprochen, ihn zum »Hutscherabend« zur Tante Barbara mitzunehmen. Weil er aber morgens um 8 Uhr zur Schule musste und die Abende manchmal von langer Dauer waren, nahm sie ihn nicht mehr so oft mit. Heute machte die Mutter aber eine Ausnahme. Früher war er *immer* dabei, alleine konnte und wollte sie ihn nicht zu Hause lassen. Jetzt, wo sein Vater da war, durfte er nicht mehr so oft dabei sein.

Reinhard interessierten vor allem die gruseligen Geschichten, die dort erzählt wurden. Tante Barbara sowie Tante Katharina wussten die besten Geschichten. Wenn ihm auch die Angst manchmal das Herz in die Hose rutschen ließ, hören wollte er sie doch.

Heute saßen noch einige Nachbarn um den Tisch und das war gut so. Je mehr Leute nämlich da waren, um so gruseliger wurden auch die Geschichten.

Es dauerte auch nicht lange, da fragte Barbara: »Habt ihr schon von der *Sache mit den Irrlichtern gehört?*« Obwohl *alle* die Geschichten um diese *Irrlichter* kannten, kam ein lautes »Nein!«

»Gestern habe ich den alten Förster getroffen«, fuhr Barbara fort. »Ich kann euch sagen, was der mir anvertraute – heute habe ich noch eine Gänsehaut!« Langsam konnte man unter den Anwesenden die Spannung schon spüren.

»Jetzt erzähl doch schon!«, sprach ihre Schwester Katharina ärgerlich. Barbara hatte sich Flickzeug zurechtgelegt, um einige Kleidungsstücke auszubessern. »Ich sollte eigentlich nichts erzählen«, sprach sie und ihr Blick ging dabei in Richtung Katharina. »Warum?«, fragten einige am Tisch. »Weil ich dem alten Förster versprochen habe, niemandem etwas zu sagen.« Von der Runde um den Tisch waren ärgerliche Worte zu hören und Frau Bachner meinte: »Warum hast du dieses Thema überhaupt erwähnt?« Barbara sah für einen Augenblick von ihrer Arbeit auf, fuhr dann aber fort: »Ihr müsst mir versprechen, niemandem, hört ihr, *niemandem* etwas weiter zu erzählen.« Dabei schaute sie über ihre Brille, um festzustellen, ob Zustimmung kam, das Versprechen zu beherzigen. Alle Anwesenden nickten kräftig mit ihren Köpfen und forderten sie auf, endlich mit der Geschichte zu beginnen.

»Ihr wisst doch, dass der alte Förster mit seiner Schwester Martha zusammen lebt, die ihm den Haushalt versorgt.« Und dann begann sie zu erzählen. »Dass Martha weder Tod noch Teufel fürchtet, ist weit über die Ortsgrenze hinaus bekannt. Heuer, kurz vor Ostern, trat sie nachts den Heimweg von Rudolfstein nach Hüttersdorf an. Dort hatte sie eine Bekannte besucht. Wenn Martha einmal im Monat zu ihrer Freundin kam, nutzte sie das weidlich aus. Mit ihrem Bruder hatte sie keinen guten Gesprächspartner, denn der sprach lieber vom Wald und seinen Tieren, vor allem aber viel ›Jägerlatein‹. An diesem Tag vor dem Osterfest ist es sehr spät geworden; immerhin hatte sie gute zwei Stunden Fußweg bis nach Hüttersdorf. Davon führte der größte Teil durch den Wald. An dem Abend ist die Geschichte passiert und der Förster hat sie mir anvertraut.

Martha erreichte über die Hauptstraße den Wald. Wenn jemand

dachte, sie habe Angst, der täuschte sich gewaltig.

Sie war bereits eine Stunde unterwegs und bald musste die Abzweigung nach Hüttersdorf kommen. Angestrengt schaute sie auf alle kleinen Nebenwege, doch der Weg, der ins Dorf führte, war nicht zu finden. ›Zum Teufel‹, fluchte Martha, ›sollte ich mich doch verlaufen haben?‹ Sie besaß nämlich hervorragende Ortskenntnisse und hatte sich noch nie verirrt.

Langsam wurde es nun auch ihr etwas bange. Entweder sie hatte nicht aufgepasst oder der Teufel hatte seine Hand im Spiel.

Martha entschloss sich, auf dem breiten Weg zu bleiben. Irgendwann musste der ja aus dem Wald führen. Da sie keine Uhr bei sich hatte (die trug man nur sonntags, wenn man überhaupt eine besaß), konnte sie nicht feststellen, wie spät es mittlerweile war. Endlich sah sie in der Ferne ein *Licht*. ›Das muss Hüttersdorf sein!‹, freute sich Martha. ›Es kann doch auch gar nicht sein, dass ich mich verlaufe‹.

Sie fing jetzt an, schneller zu gehen und ließ das Licht nicht mehr aus den Augen. Doch so schnell sie auf das Licht auch zuging, die Entfernung blieb immer gleich. Keinen Meter kam sie dem hellen Schein näher. ›Bin ich denn verrückt geworden?‹, dachte Martha und die Angst kam in ihr hoch. Ein Gefühl, das sie bisher nicht gekannt hatte. Was sollte sie tun? Eine seltsame Müdigkeit überkam sie, daher beschloss sie, eine kleine Rast zu machen. Die Angst einzuschlafen ließ sie aber wieder weitergehen und wie gebannt schaute sie auf das Licht, das noch keinen Meter näher gekommen war.

Plötzlich – nun glaubte sie dem Wahnsinn nahe zu sein – sah sie ein *halbes Dutzend* dieser Lichter und hörte ein fürchterliches Geheul; das kam genau von der Stelle, wo erst nur das *eine* Licht zu sehen war.

Martha war keine gläubige Christin. Trotzdem fiel sie auf die Knie und fing an, laut zu beten. Als sie dabei einmal kurz aufsah, waren die Lichter so hell, dass sie nichts mehr erkennen konnte. Eine Stimme, die so grauenvoll klang, als ob sie direkt aus der Hölle kam, rief: ›Komm, ich zeige dir den richtigen Weg!!‹ Ein schauerliches Lachen folgte und Martha glaubte, eine eiskalte Hand zu spüren, die sie mitreißen wollte.
Marthas Überlebenswille war größer als ihre Angst. Sie stieß einen gellenden Schrei aus und schlug mit der anderen Hand einfach zu. Im selben Moment wurde ihr schwarz vor den Augen und dann verlor sie das Bewusstsein.
Als sie aufwachte, war es heller Tag. Wo sie gelegen hatte, befand sich ein riesiges Sumpfgebiet. Hätte sie nur einen Schritt zu viel gemacht, wäre sie im Moor verschwunden.
Zu Hause angekommen, erzählte sie die schreckliche Geschichte ihrem Bruder. Dieser legte ihr nahe, niemandem von ihrem Erlebnis zu erzählen. Tagelang ging Martha nicht mehr unter die Menschen«.
Die »Hutscherleute« waren sichtlich mitgenommen und das Verlangen nach einer weiteren Geschichte war für heute gestillt.
Rosi Bachner erlaubte sich noch die Bemerkung, aber nur leise, dass Martha dies womöglich geträumt oder erfunden habe. Barbara aber blieb bei ihrer Behauptung, die Geschichte habe sich so zugetragen.
Reinhard war müde und wollte, wie so oft, auf dem Nachhauseweg auf Mutters Rücken getragen werden. Die Mutter blieb heute aber hart, und er musste gehen.
Noch am anderen Morgen auf dem Schulweg beschäftigten Reinhard die *Irrlichter* vom Vorabend. Er nahm sich vor, eine

Zeit lang nicht mehr alleine in den Wald zu gehen und nachts schon gar nicht.

Immer öfter flogen jetzt Alliierte Bomberverbände, auch am Tag, über Hüttersdorf hinweg. Reinhard und seinen Altersgenossen machte es richtig Spaß, auf dem Rücken im Gras zu liegen und *Luftkämpfe* zu beobachten. Bei klarem Wetter war nämlich zu sehen, dass hin und wieder ein paar *Deutsche Jäger* versuchten, die *Begleitung* der Bomber anzugreifen. Doch die *Abwehrjäger* der Alliierten waren in der Überzahl. Manchmal kam es vor, dass ein *Duell* zu beobachten war, zumeist eine aussichtslose Situation für die deutsche Abwehr. Natürlich »hofften« die Kinder, einmal zu sehen, dass eine der Maschinen abgeschossen würde. Ein solches »Schauspiel« wurde ihnen *Gott sei Dank* erspart.

Der Krieg war im Sommer 1944 immer allgegenwärtig. Alles was der »Kriegführung« diente, wurde beschlagnahmt und eingesammelt. Dem Regime war nichts heilig, auch in Hüttersdorf wurden die Kirchenglocken, bis auf die kleinste, vom Turm geholt und eingeschmolzen. Damit konnten Waffen und Munition hergestellt werden. Spenden jeder Art wurden gebraucht. Zum Beispiel Metall, Knochen, Altpapier. Es gab kaum etwas, was nicht gebraucht wurde. Somit war die Schule nicht damit beschäftigt, den Schülern Deutsch und Mathematik beizubringen, sondern »Sammelngehen« hieß die Devise, auf Teufel komm raus. Manchmal sah man Kinder und Jugendliche in Gruppen mit dem Handwagen durch das Dorf ziehen, um alles einzusammeln, was nicht »niet- und nagelfest« war.

Georg, der ältere Bruder von Kurt Bachner, konnte seine Leidenschaft, *feindliche Sender* zu hören, nicht zügeln. Jetzt, wo im Westen die Amerikaner und im Osten die Russen im-

mer weiter in Richtung »Deutsches Reich« vordrangen, machte es ihm sichtlich Spaß, dies über *Radio-London* zu hören. Kurt Bachner beteiligte sich nicht als *Schwarzhörer,* was man verstehen konnte. Wäre er dabei erwischt worden, hätte ihn das *Konzentrationslager in Sachsenhausen* sofort wieder in Empfang genommen. Er musste sich dieser Gefahr auch nicht aussetzen. Er wurde bestens von Georg und Schwester Resl informiert. Öfters wurde er jetzt auch von Familienangehörigen bedrängt, von seiner »KZ-Haft« zu berichten. Wie nicht anders zu erwarten, lehnte er dies strikt ab. Seine Antwort war: »Es kommt die Zeit, wo ich euch was erzählen werde. Ich bin noch nicht in der Lage, dies zu tun.«
Es war an einem herrlichen Sommermorgen, als Reinhard Bachner sich auf den Weg zur Schule machte. Kaum auf der Straße, merkte er, dass es nach was »Verbranntem« roch. Der Geruch war so stark, dass er glaubte, im Ort müsste es irgendwo ein Feuer gegeben haben. In der Schule angekommen, hörte er auch von Mitschülern, dass sie ebenfalls glaubten, es müsste ein Brand stattgefunden haben. Noch vor Unterrichtsbeginn fragten sie ihren Lehrer, was dieser Brandgeruch zu bedeuten hätte. Dieser meinte: »Vielleicht habe es in einem Nachbarort ein größeres Feuer gegeben, das würde man ja bald erfahren.«
Als Reinhard am späten Nachmittag nach Hause kam – er war noch eine Stunde zum *Sammeln* unterwegs gewesen – erfuhr er die Wahrheit: Die Stadt Nürnberg war in der vergangenen Nacht bombardiert worden. Später erfuhr man, dass die halbe Stadt den Bomben zum Opfer gefallen war. Wie groß der Schaden sein mochte, konnte man noch nicht genau sagen. Wenn man in Betracht zog, dass Nürnberg ca. 130 Kilometer von Hüttersdorf entfernt lag und einige Leute sogar verkohl-

tes Papier oder Ähnliches gefunden hatten, musste es dort zu gewaltigen Schäden gekommen sein. Vielen Einwohnern wurde jetzt bewusst, dass die Bomben nicht nur materiellen Schaden verursachten. Die Menschen in den Ballungsgebieten der Städte wurden buchstäblich in ihren Häusern begraben. Nach jedem Angriff gab es zahlreiche Tote unter der Zivilbevölkerung. Die Alliierten Flugzeuge warfen auch Phosphor- und Brandbomben ab, die verheerende Folgen hatten. Die *Flugabwehr* der deutschen Wehrmacht konnte diesen massiven Angriffen kaum etwas, beziehungsweise fast nichts mehr entgegensetzen.

Die »Flak« (Flugabwehrkanonen) und Munition, so weit noch vorhanden, wurden zum Schutz von kriegswichtigen Fabrikanlagen eingesetzt.

Der Krieg wurde immer härter; nicht nur für die Soldaten an der Front, sondern auch in der Heimat.

Rosi Bachner wollte wieder einmal nach Solau, um eine Verwandte ihres Mannes zu besuchen. Trotz des weiten Wegs – Reinhard wollte unbedingt dabei sein. Er bettelte so lange, bis die Mutter ihre Zustimmung gab. Immerhin waren 12 Kilometer Fußmarsch zu bewältigen, für die man mindestens zweieinhalb Stunden brauchte. Es waren also 24 Kilometer, die insgesamt zurückgelegt werden mussten. Zwischen vier und fünf Stunden Fußmarsch standen also bevor. Es war erneut ein schöner Sommermorgen, als sie um fünf Uhr früh aufbrachen. Als sie Hüttersdorf hinter sich gelassen hatten, führte die Straße viele Kilometer durch den Wald. Wie oft war Rosi Bachner diesen Weg schon gegangen? In den letzten beiden Jahren bestimmt ein dutzend Mal. Jetzt war es anders als sonst; und es lag nicht nur daran, dass die Vögel heute ganz besonders schön und idyllisch zwitscherten. Nein, noch vor einigen Wochen ging

sie alleine durch den Wald. Ihr Mann war zu diesem Zeitpunkt noch im Konzentrationslager – und dementsprechend war damals auch ihr Gemütszustand. Die Welt war für sie, wenn auch nur minimal, etwas leichter geworden. Jetzt, am Morgen, war es schon ziemlich warm und es schien ein heißer Tag zu werden. Reinhard war ein guter *Wanderer* und sehr neugierig. Immer musste er alles ganz genau wissen, mit fadenscheinigen Erklärungen gab er sich nicht zufrieden. Sie hatten vielleicht die Hälfte der Wegstrecke zurückgelegt, als sie zu einer sehr schönen Kapelle kamen, die links am Waldrand stand. Eine kleine Bank lud förmlich zu einer kurzen Rast ein. Beide waren froh, ein bisschen die Beine auszustrecken. In eine Limonadenflasche hatte die Mutter Wasser gefüllt, das sie sich jetzt schmecken ließen. Reinhard wollte wissen, warum gerade hier eine Kapelle gebaut wurde. »Genau weiß ich das auch nicht«, antwortete die Mutter. »Ich habe gehört, dass sie jemand zu Ehren der *Mutter Gottes* errichtet hatte, die ihm aus einer großen Notlage befreit haben soll.« Am Eingang zum Altar war ein schmiedeeiserner Zaun, der verschlossen war. Viele Menschen, die hier vorbeikamen, sprachen an der Kapelle ein kurzes Gebet. Manchmal warfen sie auch ein Geldstück hinter die Absperrung auf den Boden.
»Ich habe auch gehört«, sprach die Mutter weiter, »dass es Leute gibt, die versuchen, durch die Gitterstäbe Geldstücke herauszuholen.« - »Das geht doch gar nicht, die Stäbe sind doch viel zu eng«, sagte Reinhard. »Und Diebstahl ist es obendrein!« Sie hatten die Kapelle schon ein Stück hinter sich gelassen, als er nochmals die Mutter fragte: »Wie machen die *Diebe* es, um an das Geld zu kommen?« Die Mutter überlegte, ob sie überhaupt antworten sollte, sprach dann aber doch: »Die nehmen einen Stock, holen sich von den Bäumen *Harz*, das sehr klebrig

ist, und befestigen es vorne am Stock.« - »Ich verstehe«, rief Reinhard aufgeregt, »damit kommen sie durch die Gitterstäbe und das Geld bleibt an dem Harz kleben.« Noch lange beschäftigte ihn die Geschichte. Er konnte sich nicht vorstellen, dass es Menschen gab, die Geld stehlen, das für die *Mutter Gottes* gespendet wurde.

Inzwischen hatten sie die Ortschaft Solau erreicht. Da es noch früher Morgen war, schlenderten sie langsam durch das Dorf, weil die »Base« (Cousine) sie nicht so früh erwartete. Die stand aber schon am Gartentor und winkte ihnen zu.

Was die beiden zu besprechen hatten, interessierte Reinhard nicht. Nachdem er ein Butterbrot und zu trinken bekommen hatte, wollte er die nähere Umgebung erkunden. Obwohl er nach diesem langen Fußmarsch müde war, ging er durch den ganzen Ort in Richtung zum Steinbruch. Den kannte er noch, durch einen früheren Besuch. Heute waren Arbeiter da, die »brachen« große Steine und luden sie auf einen Lastwagen. Reinhard ging nicht zu nahe hin, denn er wusste vom letzten Mal noch, dass die *Aufseher* dies nicht duldeten. Zwei Buben aus dem Ort kamen vorbei und schauten Reinhard neugierig an: »Wo kommst du her?«, fragte einer von ihnen. »Ich bin aus Hüttersdorf und zu Besuch bei meiner Base«, antwortete er. - »Und wer seid ihr?« - »Mein Vater ist Wachmann im Steinbruch, ich gehe ihn besuchen.« »Wen muss er den bewachen?«, fragte Reinhard. »Die da unten arbeiten! Das sind nämlich gefährliche *Verbrecher*!« - »Ja, das stimmt!«, bestätigte der andere Junge. »Das sind alles *KZler*, die darf man nicht aus den Augen lassen!« Reinhard wollte so schnell wie möglich gehen, als der größere von den beiden Jungen fragte: »Willst du mitkommen? Wir steigen den Hang hinunter, das geht viel schneller als auf der Straße.« - »Nein, es

ist verboten«, sprach Reinhard, drehte sich um und wollte gehen. »Wenn du mit *mir* kommst«, ließ dieser nicht locker, »ist nichts verboten. Ich bringe öfters jemand mit, das hat mir Vater erlaubt.« - »Hast du etwa Angst vor den Verbrechern?«, hakte der andere nach. Reinhard ging nun doch mit. Er wollte nicht, dass die beiden ihn einen Angsthasen nannten. Sie stiegen alle drei den steilen Hang hinunter und gingen auf die Wachsoldaten zu. »Hallo Papa!«, rief der ältere Junge und ging auf einen der Soldaten zu. Der hob seine Hand und fragte: »Wen bringst du da mit?« - »Den haben wir zufällig getroffen. Er besucht in Solau seine Base. Ich habe ihm erlaubt mitzukommen.«
Der Mann wandte sich Reinhard zu und fragte: »Ist dein Vater auch Soldat?« Reinhard wusste im Moment nicht, was er sagen sollte, raffte sich aber auf und erwiderte: »Nein, er arbeitet im *Staatswald*, in der Nähe von Teichnitz, und hat da wichtige Aufgaben zu verrichten.«
»Kannst es ruhig sagen«, meinte der Wachmann und lachte. »Dein Vater hat also den *Heimatschein.*« (So nannte man Männer, die an der *Heimatfront* unabkömmlich waren.)
Reinhard war froh, dass der Mann dieses Gespräch nicht vertiefte und keine weiteren Fragen – was seinen Vater betraf – mehr stellte. Die Häftlinge arbeiteten ohne Unterbrechung und hatten Mühe, die schweren Gesteinsbrocken auf den Lastwagen zu bekommen. Ihre Körper waren ausgemergelt und ihre Augen wirkten in den mageren Gesichtern wie große »Glasmurmeln«. Reinhard versuchte, so schnell es nur eben ging, aus dem Steinbruch zu kommen. Nach einer Entschuldigung bei den beiden Buben kletterte er zur Straße hoch und ging zurück. Er war noch sehr aufgeregt durch das Erlebnis im Steinbruch, als er seine Mutter rufen hörte: »Zum Mittagessen kommen!«

Die Base hatte *Böhmische-Knödel* mit Sauerkraut gekocht, was in dieser Zeit schon fast ein Festessen war – wenn noch Fleisch dabei gewesen wäre. Dem Appetit tat dies keinen Abbruch. Das Kraut war mit gebräunten Zwiebeln zubereitet und ersetzte somit den Geschmack von gebratenem Fleisch. Nach einer kleinen Mittagspause versprach man der Base, bald wiederzukommen und trat den Heimweg an. Für Reinhard war der Rückweg nicht mehr so interessant wie am Morgen. Da war er noch voller Tatendrang gewesen.

Anna, eine Schwester von Rosi Bachner, hatte geheiratet und wohnte schon längere Zeit in Elbach in der Oberpfalz. Rosi nutzte jede Möglichkeit, ihr einen Besuch abzustatten. Am Wochenende wollte sie nach Elbach zum *Einkaufen* und bei dieser Gelegenheit Anna besuchen. Lisa brauchte an diesem Samstag nicht zur Arbeit. Die Heuernte war vorbei, somit konnte sie die Mutter beim Einkauf unterstützen.

Das Päckchen *Kunsthonig* oder die 50 Gramm *Margarine* hätte natürlich Frau Bachner in Hüttersdorf auch bekommen. Wenn sie also den weiteren Weg nach Elbach machte, so hauptsächlich deshalb, um ihre Schwester zu besuchen. Jetzt, da ihr Mann aus dem »KZ« entlassen war, hatten sie sich weit mehr zu erzählen als früher. Der Weg führte fast nur durch Wald und über Wiesen. Da man wie immer die Abkürzungen nahm, konnten ca. 2 Kilometer der Strecke eingespart werden. Es war ein heißer Spätsommertag und die drei waren froh, in der Ferne den Zwiebelturm der Elbacher Kirche zu sehen. Sie verließen den schmalen Fußweg und erreichten die Straße, die in die Ortschaft führte. Dort kam ihnen eine Kolonne von Männern entgegen, die kaum noch in der Lage waren, sich auf den Beinen zu halten. Sie hatten zerlumpte Kleidung an und es war nicht schwer zu erkennen, dass es sich um *Sträflinge* handelte. Auf beiden Seiten gingen im Abstand von einigen Metern bewaffnete Soldaten in SS-Uniformen. Diese sorgten dafür, dass die erbärmlichen Gestalten auf den Beinen blieben. Rosi Bachner musste mit ihren Kindern in den Straßengraben ausweichen, um die Männer vorbeizulassen, die in Viererreihen gingen. Einer der »Bewacher« sagte in barschem Ton: »Stehen Sie hier nicht rum! Gehen Sie weiter! Da gibt es nichts zu sehen!« Frau Bachner nahm Reinhard an die Hand und setzte ihren Weg fort. Die Kolonne war ziemlich lang und die *Häftlinge* konnten kaum noch gehen. Ihre Körper waren abgemagert, ihre Augen traten aus den Höhlen und ihre Wangen waren eingefallen. Dadurch wirkten ihre Köpfe irgendwie zu klein. Es war ein makaberer Anblick. Als einige vor Erschöpfung zusammenbrachen, wurden diese auf *Befehl* von anderen – die sich selber nur mit großer Anstrengung noch auf den Beinen halten konnten – aufgehoben. Wenn dies ihnen nicht gelang, wurden sie mit der Waffe bedroht und geschlagen. Half das auch nicht, wurden sie in den Straßengraben gestoßen. Nie wird Rosi Bachner diese *Augen* vergessen, die verzweifelt zu ihr rübersahen. Diese Blicke waren schlimmer als die lautesten Hilferufe. Endlich war das Ende der Kolonne erreicht. Ein großer zweirädriger Karren bildete den Schluss. Dieser Karren wurde von einigen *Häftlingen* gezogen, andere mussten hinten schieben. Diejenigen, die vorne zogen, hatten ein Seil um den Hals, das am Wagen befestigt war. Die hinten Anschiebenden sammelten die im Straßengraben liegenden Leidensgenossen auf und stapelten sie auf den Karren. Ob nun einer schon tot war oder noch am Leben - alle kamen auf den Karren. Den endgültigen Abschluss bildeten wieder zwei Soldaten. Die sorgten mit Schlägen dafür, dass keiner zurückgelassen wurde. Das Entsetzen stand der Familie Bachner im Gesicht, als sie ihren Weg nach Elbach fortsetzte. Lisa fragte ihre Mutter, was das denn zu bedeuten habe? Die sagte: »Später – ich kann jetzt nicht!« Schweigend gingen sie nebeneinander her. Nicht einmal Reinhard stellte Fragen, obwohl er doch immer alles ganz genau wissen wollte. Endlich war Elbach erreicht. Und noch vor dem Einkaufen gingen sie Anna besuchen. Diese war erstaunt, dass ihre Schwester schon so früh am Morgen zu ihr kam. »Bist du mit deinem Einkauf schon fertig oder seid ihr mitten in der Nacht aufgebrochen?« - »Keines von beiden«, antwortete Rosi. »Ich muss dir was erzählen, das mir keine Ruhe lässt.« Anna bat alle, Platz zu nehmen und forderte die Schwester auf, ihr mitzuteilen, was sie so Wichtiges zu sagen hat. »Uns begegnete heute Morgen eine Gruppe von Häftlingen, die von SS-Soldaten bewacht war.« Rosi Bachner schaute dabei ängstlich zum Fenster, das weit geöffnet war. »Mach bitte das Fenster zu«, forderte sie ihre Schwester auf, »man kann nicht genug vorsichtig sein.« Anna kam der Bitte sofort nach und erklärte ihrer Schwester: »Das waren bestimmt Häftlinge aus einem Straf- oder Konzentrationslager. Das ist nichts Neues«, versicherte Anna. »In letzter Zeit häufen sich solche ›Transporte‹.« Erstaunt fragte Rosi, woher sie solche Informationen habe. »Ich kenne einen Mann aus Elbach, der hat mir erzählt, dass diese Trupps auf den Straßen KZ-Häftlinge sind und aus einem Lager kommen, dass sich in der näheren Umgebung befindet.« Nach einer kurzen Pause fuhr sie fort: »Dieses Konzentrationslager hat viele Außenstellen. Und auf solche werden sie dann verteilt.« - »Die waren doch schon halb verhungert«, sagte Rosi Bachner empört. »Ich werde diese ausgemergelten Körper und die Hoffnungslosigkeit in ihren Augen niemals vergessen.« Die

Schwester versuchte nun, das Gespräch auf ein anderes Thema zu bringen. Sie wollte wissen, wie es Kurt ging und der übrigen Verwandtschaft. Da auch der Einkauf noch erledigt werden musste, verabschiedete sich Rosi Bachner von ihrer Schwester. In der Metzgerei war die Familie schon viele Jahre Kundschaft. Somit bekam man manchmal auch etwas *unter der Hand*. Heute war es ein größeres Stück Fleischwurst. Lisa und Reinhard bekamen noch eine Kleinigkeit zum sofortigen Verzehr. Gott sei Dank begegnete ihnen auf dem Rückweg keine *Häftlingskolonne* mehr. Am Abend, als ihr Mann von der Arbeit kam, erzählte Rosi ihm von ihrer Begegnung. »Der Krieg nähert sich langsam dem Ende«, meinte er. Kurt Bachner sprach dies mehr zu sich selber als zu seiner Frau; erklärte ihr aber schließlich doch: »Die Lager im Osten Deutschlands werden aufgelöst, weil die *Rote Armee* immer näher rückt. Also müssen sie dort geräumt werden.« Damit war für ihn das Gespräch beendet. Immer noch war er sehr vorsichtig mit Äußerungen, die im Zusammenhang mit *Konzentrationslagern* gemacht wurden. Selbst der Familie gegenüber.

Rosi Bachner hätte noch viele Fragen an ihren Mann gehabt, merkte aber, dass er über dieses Thema keine weiteren Auskünfte geben wollte. Sie war froh, dass ihre Schwester Barbara zu einem kurzen Besuch vorbeikam. Aber auch sie hatte keine gute Nachricht. Sie berichtete, der Vater sei ernsthaft krank geworden. Und Rosi versprach, ihn noch heute Abend zu besuchen. Er lebte schon längere Zeit bei Barbara, die ihn auch versorgte. Obwohl sie alle Geschwister unterstützten, hatte sie die Hauptlast zu bewältigen.

Warum ich (der Autor) jetzt erst auf Reinhards Großvater mütterlicherseits zu sprechen komme, hat folgenden Grund:

Reinhard hatte kaum eine engere Beziehung zu ihm, was an seinem hohen Alter und seinem schlechten Gesundheitszustand lag. Mit dem anderen Großvater aber wohnte er unter einem Dach. Täglich sahen sie sich. Und durch die kleine Landwirtschaft war für Reinhard alles viel interessanter. Er versicherte mir jedoch, dass er ihn trotz allem gemocht hatte. Das Verhältnis war eben ein völlig anderes. Die Großmutter ist sehr jung an einer schweren Grippe gestorben. Diese kannte er nur aus Erzählungen seiner Mutter.

Kriegsende in Hüttersdorf

Immer noch gab es in Hüttersdorf Leute, die zum Jahresbeginn 1944 unverbesserlich optimistisch waren. Viele von ihnen glaubten, dass dieser Krieg eventuell doch noch zu gewinnen sei. Als man erfuhr, dass auch die »Reichshauptstadt Berlin« heftig bombardiert wurde, war der Glaube nicht mehr so groß. Hinzu kam, dass der Aufstand im *Warschauer Getto* und die andauernde *Frontbegradigung,* wie man den ständigen Rückzug der Wehrmacht schönfärberisch nannte, nicht mehr verheimlicht werden konnten. Der letzte Glaube an einen Sieg wurde am 20 Juli zerstört, als Offiziere der *Deutschen Wehrmacht* auf den »Führer« ein Attentat verübten. Obwohl der Anschlag misslang und Hitler leider überlebte, glaubten nur noch ganz wenige – Parteibonzen etwa – an die *Wunderwaffe V1* und den *Endsieg.* Derlei Propaganda und Phrasen waren täglich über den Volksempfänger zu hören. Andere wieder hatten schon lange ihren Glauben an einen Sieg verloren, spätestens als im Juni die Alliierten in der Normandie landeten.

Jetzt, zum Herbstbeginn, kamen noch weitere Umstände hinzu, die nicht an eine »Wende« glauben ließen. Trotz strenger Rationierung reichten Lebensmittel, Kleidung und überhaupt alles, was zum täglichen Überleben notwendig war, *hinten* und *vorne* nicht aus. Wer in dieser Zeit kein Überlebenskünstler war, der auch aus »Nichts« etwas machen konnte, hatte kaum Chancen, einigermaßen über die Runden zu kommen. *Organisieren* hieß die Zauberformel. Wer dies nicht beherrschte, der hatte schlicht und ergreifend nichts zu beißen. Die Erntezeit war schon fast vorüber, doch Reinhard und einige seiner Freunde hielten immer noch Ausschau nach was Essbarem oder sonst Brauchbarem. Da wurden auch keine Verwandten verschont, wenn in irgendeinem Garten noch Obst auf den Bäumen war. Einer stand *Schmiere*, die anderen holten das Obst oder Gemüse aus den Gärten. Diese Unternehmungen waren nicht einfach, weil die Besitzer oft in einem Versteck auf der Lauer lagen. Nur ihrer Schnelligkeit hatten es die Jungs zu verdanken, dass sie nicht erwischt wurden. Das Überwinden der Zäune war oft eine artistische Meisterleistung. Waren es Holzzäune, wurde eine Latte herausgerissen und für die schmalen Körper – dicke gab es kaum – war es ein Leichtes, hindurchzuschlüpfen.

Trotzdem wurde Reinhard fast erwischt. Ein Bauer hatte ihn ertappt, als er Äpfel vom Baum pflückte. Aufgrund seiner enormen Schnelligkeit kam er mit ein paar Peitschenschlägen um seine Waden davon. Wurden die Eltern vom »Geschädigten« informiert, gab es auch noch Schwierigkeiten zu Hause. Trotz aller Not und aller schlechten Zeiten: »Stehlen tut man nicht«, das war der Inhalt einer Strafpredigt, die Reinhard über sich ergehen lassen musste.

Die älteren Jungen in Hüttersdorf hatten anderes zu tun. Sie übten aus eigener Initiative, wie man Panzersperren errichten konnte. Reinhard war heute dabei, als ein »Schützengraben« ausgehoben wurde. Sein Cousin Fritz und einige ältere Jungs waren damit beschäftigt, in der Nähe des Waldes eine tiefe Rinne zu graben. Einer von ihnen versuchte, mit einem Pickel die Erde aufzugraben. Die Anderen schaufelten wie besessen, um einen möglichst breiten und tiefen Graben zu errichten. Reinhard durfte mit einer alten Blechschüssel das Erdreich wegbringen. Fritz erklärte ihm: »Man darf nicht erkennen, dass hier ein Schützengraben ist, vor allem nicht aus der Luft, alleine schon wegen der Tiefflieger.« Als die Dunkelheit anbrach, versprachen alle, morgen nach der Schule weiterzumachen. Am nächsten Tag kamen noch einige Jungen aus der Hitlerjugend dazu, die sofort das Kommando übernahmen. Fritz passte es natürlich nicht, dass die jetzt den Ton angaben. Schließlich hatte er die Idee gehabt, einen »Schützengraben« zu bauen. Es kam auch prompt zu Reibereien zwischen den Freunden um Fritz und den Hitlerjungen. Diese wollten nur Anweisungen geben, wie ein solcher Graben gemacht wird. Eine Schaufel oder Pickel in die Hand nehmen und arbeiten, das wollte keiner. Nach langer Diskussion einigte man sich letztendlich doch. Sie versprachen, morgen ohne Uniform zu kommen, weil diese ja schmutzig werden könnte. Mit Handschlag sagten sie zu, auch schmutzige Arbeiten zu übernehmen. Am nächsten Tag kamen nach dem Schulunterricht zwei von ihnen vorbei, um mitzuarbeiten. Schon nach kurzer Zeit aber teilten sie Fritz mit, heute früher wegzumüssen. Ihr »Scharführer« hatte kurzfristig eine wichtige Übung angeordnet und diese war natürlich eine unbedingte Pflicht. Fritz erklärte den anderen später: »Ich wusste, dass die nur kamen, um ihr Gesicht zu wahren. Morgen sehen wir von denen keinen mehr.« Nach drei Tagen war der Graben fertig. Nun wurde er mit Stroh ausgelegt und mit Tannenzweigen so gut wie möglich getarnt. Einer aus der Gruppe hatte Brot und ein großes Stück Schweinespeck mitgebracht. Alle mussten ihm aber versprechen, niemandem etwas zu erzählen. Auch zu Hause nicht. Die Sachen waren natürlich heimlich den Eltern *entwendet* worden, um es gelinde auszudrücken. Alle gaben ihr Ehrenwort, zu schweigen wie ein Grab, wusste doch jeder, dass er aus einem Bauernhof stammte und der Verlust für seine Familie zu verschmerzen war. Sie saßen in *ihrem Graben* nun zusammen und vertilgten diese Köstlichkeit. Für Reinhard und viele andere war es ein richtiges Festessen. Stolz waren sie auch auf die geleistete Arbeit. Und Fritz machte einen Vorschlag: »Hört zu«, sprach er. »Am Wochenende übernachten wir in unserem Graben!« Die Begeisterung war groß. Sofort wurden Pläne gemacht, was alles mitzunehmen sei, um im Freien zu übernachten. Im Herbst waren die Nächte manchmal sehr kühl. Es musste alles genau besprochen werden; vor allem aber mussten die Eltern überzeugt werden, um ihre Zustimmung zu erhalten.

Als Reinhard daheim sein Anliegen zwecks der »Übernachtung« vorbrachte, stieß er zunächst auf massiven Widerstand. Die Mutter lehnte es kategorisch ab, mit der Begründung, er, Reinhard, sei noch zu *klein* für solche Dinge. Der Vater dagegen stellte erst mal einige Fragen. Zum Beispiel, wer denn alles dabei sei und wie sie sich die Sache vorstellten. Reinhard erzählte mit all seiner Überzeugungskraft, dass alles hervorragend geplant wäre und der Fritz ja dabei sei. Nach kurzem Überlegen versuchte nun der Vater seinerseits, die Mutter zu überzeugen, ihren Sohn doch teilnehmen zu lassen. Diese hatte zwar noch einige Einwände, die sich aber schon mehr wie Ratschläge anhörten. Nun konnte Reinhard es nicht mehr erwarten, bis der Samstag kam.

In der Schule wurde immer häufiger Fliegeralarm geübt. Heute gab es schon vor Unterrichtsbeginn Alarm. Da die einzige Sirene im Ort auf dem Dach der Gemeindeverwaltung installiert war, stand ein Schüler mit einer Glocke im Flur. Als er damit zu läuten begann, stürzten alle aus ihren Klassenzimmern und rannten in den Luftschutzkeller, als ob der Teufel hinter ihnen her wäre. Für die Buben war es immer ein riesiger Spaß. Schulranzen und dergleichen blieben im Zimmer. Wer noch dazu kam, sein Pausenbrot (wenn vorhanden) mitzunehmen, konnte dieses im Keller verzehren. Nach etwa zehn Minuten ertönte die Glocke abermals, was »Entwarnung« bedeutete. Der Rückzug aus dem Keller verlief etwas geordneter, weil nach jedem Alarm erst auf eventuelle *Bombenschäden* geachtet werden musste. Wehe die Schüler nahmen die Übung nicht ernst genug! Dies konnte unter Umständen für die ganze Klasse eine deftige Strafarbeit bedeuten.

In der großen Pause versuchte Reinhard, Kontakt zu den Schülern aufzunehmen, die am Samstag mit im »Graben« übernachten wollten. Da er sein Margarinebrot mit etwas Kunsthonig bereits im Luftschutzkeller gegessen hatte, blieb genug Zeit, noch einige wichtige Dinge mit seinen Kameraden zu besprechen.

Endlich war es so weit. Reinhard packte alles, was zur »Übernachtung« nötig war, in seine Schlafdecke, schnürte diese zu einem Bündel und wartete auf Fritz. Der kam etwas verspätet, weil er noch was organisiert hatte. Als sie zum Graben kamen, waren die anderen schon alle da. Das Wetter schien gut zu werden. Für Ende September war es ziemlich warm, was die Stimmung wesentlich steigerte. Fritz gab nun seine Anweisungen, wie der Tag und vor allem die Nacht ablaufen sollte. Jeder, so ordnete er an, hatte sein Nachtlager selbst zu richten. Da der Boden des Grabens gut mit Stroh ausgelegt war, konnten alle einen Platz finden und eine Schlafstelle vorbereiten. Reinhard durfte neben Fritz schlafen, weil er mit zu den Jüngsten gehörte. Feuer konnte wegen der hohen Brandgefahr durch Stroh und Zweige nicht gemacht werden. Und auch außerhalb des Schützengrabens war ein offene Feuer völlig undenkbar: Ein Verstoß gegen die »Verdunklungs-Vorschrift« war keine Bagatelle. Nur Fritz hatte eine Taschenlampe, die bis auf einen kleinen Schlitz mit schwarzem Isolierband abgedunkelt war. Kurz vor Einbruch der Nacht kamen die Jungs von der HJ (Hitlerjugend) vorbei, um nachzuschauen, ob sie auch wirklich die Nacht im Graben verbringen würden.

Fritz machte ihnen unmissverständlich klar, dass sie nicht erwünscht seien, weil sie sich nicht an der Arbeit beteiligt hatten. Mit abfälligen Bemerkungen, wie etwa »das sei ja nur Kinderkram«, machten sie kehrt und verschwanden im gegenüberliegenden Wald. Mittlerweile war es bereits so dunkel geworden, dass man die Umwelt auch aus nächster Nähe nur noch schemenhaft erkennen konnte. Mit dem kleinen Lichtstrahl seiner abgedunkelten Taschenlampe wies Fritz nun seine fünf Kameraden auf ihre Lager im Graben ein. Ein eigenartiges Gefühl war es schon, bei dieser Dunkelheit in einem engen Graben zu sitzen, in dem es jetzt sehr leise geworden war. Herrschte noch vor einigen Stunden rege Betriebsamkeit, war es jetzt totenstill. Und keiner der sechs Freunde hatte Lust auf Unterhaltung. Nach einer längeren Pause meldete sich Fritz zu Wort: »Hört zu«, sprach er. »Wir müssen die Batterie der Taschenlampe schonen, damit wir für den Notfall Licht haben.«

Reinhards Euphorie von heute Morgen war gänzlich dahin. Er hatte sich in seiner Phantasie alles etwas anders vorgestellt. Nun saß er auf seinem Strohlager im Finstern und fand es plötzlich gar nicht mehr so abenteuerlich. Der Gedanke, dass es zu Hause in der Stube warm und hell war, ging ihm durch den Kopf. Sein Gefühl sagte ihm, dass die anderen genauso dachten, aber keiner würde das zugeben. Endlich ergriff Fritz erneut das Wort: »Wenn wir etwas Glück haben, sehen wir die *Bomberverbände* am Himmel, zumindest aber sind die Motorengeräusche zu hören.« Nach einer Weile fuhr er fort: »Im Graben können die uns nicht sehen, wir haben ihn gut getarnt.« Zaghafte Zustimmung war zu hören und Fritz gab den Befehl, Wachen aufzustellen. Am Vortag hatte man beschlossen, dass immer einer Wache halten sollte. Fritz hatte aber gemerkt, dass die Stimmung nicht gerade gut war und so ordnete er an, vier sollten sich schlafen legen und zwei Wache halten. Die ersten zwei von 22°° Uhr bis 24°° Uhr usw. Fritz teilte die Wachen ein und Reinhard hatte mit ihm zusammen von 2°° Uhr bis 4°° Uhr anzutreten. Die Einteilung wurde ohne Widerrede zur Kenntnis genommen. Im Graben selber war es reichlich kalt geworden, zu schlafen gedachte aber keiner. Es musste so gegen Mitternacht gewesen sein, als ein lautes Grollen zu hören war und jeder wusste: Da kamen sie - die schweren *Bomberverbände.* Angst hatte zwar keiner von ihnen, wusste doch jeder, dass die unterwegs waren, um die *Skoda-Werke* in der Tschechoslowakei zu bombardieren. Reinhard lag auf dem Rücken seiner Schlafstelle und starrte in den Nachthimmel. Wie viel Bomben die wohl an Bord hatten? Seine Augen konnten die Dunkelheit nicht durchdringen, nur das monotone Geräusch der Flugzeugmotoren war zu hören. Irgendwann musste er aber eingeschlafen sein, als ihn jemand rüttelte. Vor Schreck fuhr er hoch und sah über sich das Gesicht von Fritz. »Auf!«, sagte dieser. »Wir müssen unsere Wache antreten.« Reinhard schlüpfte aus seiner Decke. Ihm war kalt und so nahm er sie gleich mit, um sie als Umhang gegen die Kälte zu nutzen. Beide bezogen in einer kleinen Mulde Posten, direkt neben dem Graben. Von dieser Stelle konnten sie Straße und Wald gut überblicken. Fritz hatte ein großes Stück Filz dabei, dass er Reinhard unter den Hintern schob. Er fühlte sich für den vier Jahre Jüngeren verantwortlich. Lange saßen sie schweigend nebeneinander. Das Dröhnen der Flugzeuge war inzwischen verstummt und die Ruhe irgendwie beklemmend. Beide hingen ihren Gedanken nach und eine Unterhaltung wollte nicht recht in Gang kommen. Fritz hüllte sich noch enger in seine Decke und fing endlich an zu reden: »Wo die ihre Bomben abwerfen, wächst kein Gras mehr!« Nach einer kurzen Pause fragte Reinhard: »Glaubst du auch, dass der Krieg verloren ist?« Fritz zuckte mit den Schultern und murrte: »Du solltest mit solchen Fragen sehr vorsichtig sein. Wenn die an falsche Ohren dringen, könnte es für dich und deine Familie fatale Folgen haben.« Reinhard ärgerte sich über seine Unvorsichtigkeit. Eigentlich wollte er mit seiner Frage nur sicher gehen, ob er Fritz vertrauen konnte. Dieser sprach jetzt leise weiter: »Du solltest doch wissen, dass derlei Fragen höchst gefährlich sind!« Kleinlaut nickte Reinhard. Er war in solchen Dingen immer vorsichtig, wurde er doch durch sein Elternhaus immer wieder darauf hingewiesen. Er war erleichtert, als ihm Fritz auf die Schulter klopfte und sagte: »Unter vier Augen können wir über solche Dinge reden. Aber niemals, wenn ein Dritter dabei ist!« Reinhard versprach, auf keinen Fall mit anderen solche Themen zu besprechen. Fritz schälte sich aus seiner Decke, erhob sich und ging zum Graben, um nachzusehen, was die Jungs machten. Diese waren alle noch in ihre Decken gehüllt und schliefen. Er setzte sich wieder, holte ein Stück Brot aus seiner Tasche, reichte die Hälfte Reinhard und meinte: »Unsere Zeit ist zwar um, aber wir machen weiter bis zum Morgen«.

Oft musste Reinhard später, als Erwachsener, an diese Nacht im *Schützengraben* denken. Er, der Neunjährige, durfte dabei sein und wurde nicht abgewiesen, wie so oft die Jahre zuvor. Fritz, der vier Jahre älter war, hatte ihn wie einen Freund behandelt. Die Unterhaltung mit ihm während der *Nachtwache* bei *ihrem Graben* ist ihm bis heute in guter Erinnerung. Erst zehn Jahre später sollte Reinhard den Fritz zum ersten Mal wieder sehen. Dabei kam unter anderem auch die Geschichte vom *Schützengraben* zur Sprache.

In jenen Tagen des Herbst 1944 gingen viele Gerüchte in Hüttersdorf um. Einige erzählten, es gäbe neue Wunderwaffen und der »Endsieg« sei nicht mehr fern. Andere wieder wollten wissen, es sei nur eine Frage der Zeit, bis Russen oder Amerikaner in den Ort einmarschieren. Solche Nachrichten wurden natürlich nicht in der Öffentlichkeit ausgesprochen. Fritz hatte vollkommen Recht gehabt: Derlei Dinge konnte man nur im engsten Familienkreis besprechen, und selbst da musste man höllisch aufpassen. Es war keine Seltenheit, dass die eigenen Geschwister, ja die eigenen Eltern zur Anzeige gebracht wurden. Die Erziehung in der Schule wurde vom Staat komplett übernommen. Über die HJ (Hitlerjugend) und den BDM (Bund Deutscher Mädchen) bis hin zum Lehrpersonal und der Schulleitung war der Einfluss der Nazis ungeheuer groß. Nur wer die damalige Zeit erlebt hat, kann verstehen, dass der Sohn den Vater wegen abfälliger Bemerkungen über den geliebten *Führer* denunzierte. Waren in den Familien politisch nicht alle einer Meinung, kam es oft zu explosiven emotionalen Spannungen. Solange solche Meinungsverschiedenheiten innerhalb der Familie ausgetragen wurden, war das nicht weiter schlimm. Kam jedoch persönlicher Streit hinzu, wie zum Beispiel Erbschaftsfragen oder auch Eheprobleme, – dann waren Anzeigen aus Rache durchaus keine Seltenheit. Vor allem aber die Kinder und Jugendlichen liefen durch die fanatische Indoktrination des Naziregimes Gefahr, eigene Familienmitglieder zu verraten. Im engeren Familienkreis der Bachners konnte man in diesem Punkt allerdings sicher sein: Die KZ-Haft des Vaters und die dadurch allgemein gewordene Isolation und Verachtung der ganzen Familie hatte sie innerlich lückenlos zusammengeschweißt.

Die »Gerüchteküche« brodelte munter weiter in Hüttersdorf. Wer in dieser Zeit einigermaßen realistisch war, konnte nicht übersehen, dass der Krieg für Deutschland verloren war. Natürlich klammerten sich die Leute, die in der Partei Funktionen innehatten, an jeden Strohhalm. Für sie stand natürlich sehr viel auf dem Spiel. Nicht nur deshalb, weil ihre gute Stellung und Macht bei einer Niederlage unwiederbringlich verloren wäre. Auch die Angst vor den Menschen, denen sie Unrecht angetan hatten, war sichtlich groß. Kurt Bachner war oft erstaunt, dass ihn Leute aus Hüttersdorf grüßten – ja sogar ein Gespräch suchten – die noch vor ein paar Monaten offen ihre Verachtung gezeigt hatten. Wenn er auch jeden Gruß aus Höflichkeit erwiderte, zeigte er jedoch deutlich seine Abneigung, wenn man ihn in ein Gespräch verwickeln wollte. Oft rätselte seine Familie, wieso er sich so gelassen gab. Nie kam eine Bemerkung über seine Lippen, was den Kriegsverlauf anbetraf. Er wusste freilich nur zu gut, dass dieser Krieg noch eine ganze Weile dauern würde.

Allmählich wurden die Tage kürzer. Und wer sich in der Natur auskannte, konnte bereits die *Schneeluft* förmlich riechen. Für Kurt Bachner kam nun der erste Winter nach seiner Entlassung aus dem Konzentrationslager. Er war wieder in seinem Element. Wenn ihm die Arbeit Zeit ließ, ging er in seinen über alles geliebten Wald. Die Weihnachtsbäume mussten »ausgeschaut« werden. Kurt Bachner hatte nämlich seine eigene Methode, Christbäume auszusuchen. Da er für die engere Verwandtschaft ebenfalls Bäume besorgen sollte, ging er bereits vor Wintereinbruch auf die Suche. Bei seinen vielen Streifzügen durch den Wald waren seine Augen immer offen. Und ihnen entging nichts: In seiner Eigenschaft als Facharbeiter im Staatsforst waren seine Sinne so ausgeprägt, dass ihm jede Kleinigkeit oder Veränderung im Wald sofort auffiel. Die Weihnachtsbäume waren längst »ausgeschaut«, wie er zu sagen pflegte, bevor der erste Schnee fiel. Wie schon einmal erwähnt, musste jeder Baum *drei Reihen plus Gipfel* haben. Der Wuchs der Astreihen musste auf dass i-Tüpfelchen stimmen. Und war das nicht der Fall, korrigierte er so lange, bis alles, auch das kleinste Detail, stimmte.

Das Weihnachtsfest 1944 war für die Familie Bachner ein ganz besonderes. Zum ersten Mal nach so viel sorgenvollen Jahren war der Vater wieder zu Hause. Für den neunjährigen Reinhard war das allein schon die größte *Bescherung*. Egal, was für ein Geschenk dieses Jahr unter dem Weihnachtsbaum lag. Trotz der allergrößten Anstrengung war es heuer so schwierig wie noch nie, die nötigsten Lebensmittel für das Fest zu besorgen. Selbst für Rosi Bachner, die immer etwas auftreiben konnte und fast aus nichts eine Mahlzeit zubereitete, war die Lage mehr als prekär. Wer nichts Brauchbares zum Tauschen hatte, konnte kaum etwas bekommen. Drei Tage vor Heiligabend wusste Rosi Bachner immer noch nicht, was sie ihrer Familie über die Feiertage auf den Tisch bringen könnte. Außer ein paar Kartoffeln, die sie von ihrer Schwester Katharina bekommen hatte, und etwas Mehl, das aus dem *eisernen Vorrat* stammte, war absolut nichts da. Die Reserven waren dermaßen geschrumpft, weil sie ihren Mann nach so vielen Entbehrungen – bedingt durch die Haft – wieder aufpäppeln musste. Wenn er manchmal schimpfte, wenn sie etwas mehr Fett zum Kochen nahm, meinte sie: »Wir haben noch!«

Nun plagte sie das Gewissen, alles *verschwendet* zu haben. Dass sie von ihrem Grundsatz abgewichen war, immer für den äußersten Notfall etwas zu haben, machte ihr am meisten zu schaffen. Obwohl sie wusste, dass das Überleben ihres Mannes ja gewiss ein äußerster Notfall war, machte sie sich Vorwürfe. Die eiserne Ration konnte eben bei weitem nicht alle »äußersten Notfälle« abdecken. Es gab einfach zu viele davon.

Es half alles nichts, es musste aus dem, was noch da war, etwas gemacht werden. Rosi Bachner besuchte einen Tag vor Heiligabend ihre beiden Schwestern Katharina und Barbara, um zu hören, was die beiden ihren Familien auf dem Weihnachtstisch servieren wollten. Katharina hatte wie immer gute Ratschläge parat, aber Barbara wusste auch noch nicht, was sie machen sollte. Am späten Nachmittag war Rosi Bachner wieder zu Hause. Sie ging noch einen Moment zu Großvater. Der saß in seinem Sessel mit der Pfeife im Mund und schaute seine Schwiegertochter erwartungsvoll an. »Du hast doch etwas auf dem Herzen?«, sprach er und klopfte seine Pfeife aus. Rosi rückte nur zögerlich mit ihren Nöten heraus. Großvater hörte ihr geduldig zu, ja er ermunterte sie mit einem leisen *weiter*, alles auszusprechen, was ihr so viel Kummer machte. Als sie das Gespräch beendet hatte, stand Großvater auf, nahm ihre Hand und sagte: »Wir kriegen das hin, Rosi.« Dabei huschte ein leichtes Lächeln über sein Gesicht. »Ich bin ja schließlich auch noch da«, ermutigte er sie und schlug vor, einen kleinen *Plan* für die Feiertage zu machen.

Rosi Bachner hatte schon immer ein sehr gutes Verhältnis zu ihrem Schwiegervater, das sich auch jetzt wieder bewährte. Großvater suchte alles Essbare zusammen. Von Butter bis Mehl - es war nicht gerade viel, was zusammenkam. Aber für ein bescheidenes Weihnachtsmahl würde es reichen.

Zwar hatte Großvater immer kleine Reserven durch die Landwirtschaft, was Grundnahrungsmittel anbetraf. Aber die Familie Bachner war groß. Der Zusammenhalt innerhalb der erweiterten Verwandtschaft funktionierte auf das beste. Dadurch reichten die Mittel der kleinen Landwirtschaft natürlich bei weitem nicht aus, um alle voll zu versorgen. In der damaligen Zeit waren ein Ei oder eine »Handvoll Mehl« schon was ganz Besonderes. Rosi Bachner war überglücklich, überhaupt *etwas* auf den Tisch stellen zu können.

Heiligabend 1944. Eine richtige Weihnachtsstimmung wollte einfach nicht aufkommen. Die Söhne Josef und Willi waren in der Gefangenschaft. Karl wurde nach wie vor vermisst. In dieser so trübseligen Lage begann für die Familie Bachner das Weihnachtsfest. Der Vater hatte schon am frühen Morgen die Weihnachtsbäume zu der Verwandtschaft gebracht. Denn für *seinen Baum* wollte er Zeit haben. Diese Prozedur dauerte oft Stunden. Lisa musste der Mutter mit zur Hand gehen und Reinhard war natürlich bei seinem Vater, der ihm immer wieder versicherte, dass seine Methode, einen Christbaum aufzustellen, die beste sei.

In vielen Gegenden des Böhmerwalds, aber ganz besonders in dem Landstrich um Hüttersdorf, war es Brauch, an Heiligabend bis zum Abendessen zu fasten. So gab es mittags *Zwetschgenbrühe* (Pflaumensoße) mit *Wuchta,* eine Art *Germknödel,* die wiederum eine »Spezialität« von Rosi Bachner waren. Noch zu erwähnen ist, dass die besagte *Zwetschgenbrühe,* obschon gekocht, kalt dazu gegessen wurde. Weihnachtsgebäck, so genannte *Plätzchen,* waren eine Rarität. Weiße Mehlsorten waren so gut wie nicht zu bekommen. Ein *Kriegskuchen,* wie man das dunkle Gebäck nannte, das aus undefinierbaren Zutaten bestand, war schon etwas, das für damalige Verhältnisse auch noch gut schmeckte. Der Name *Kriegskuchen* ist mit einen Wort erklärt: Es war eine Erfindung der Hausfrauen in der Kriegszeit, weil es nichts anderes gab, um einen *normalen* Kuchen herzustellen. Viele Dinge, die heute das Selbstverständlichste der Welt sind, gab es damals nicht.

Trotz dieser Widrigkeiten und der Sorgen um die Kinder an der Front war dieses Weihnachten 1944 etwas Außergewöhnliches. Kurt Bachner hatte die *Hölle des Konzentrationslagers* überlebt. Natürlich wusste er nicht, ob die *Gestapo* nicht erneut vorbeikam, um ihn »abzuholen«, wie das damals in der Umgangssprache hieß. Einen Grund für eine Verhaftung brauchten die nicht anzugeben. Die konnten jeden zu jeder Zeit *abholen.* Ein falsches Wort, selbst wenn dies heute nicht vorstellbar ist, genügte, um verhaftet zu werden. Jetzt, wo selbst eingefleischten Nazis dämmerte, dass dieser Krieg verloren war, scheuten sich diese trotzdem nicht, jeden zu denunzieren, der es wagte, das Offensichtliche auch offen auszusprechen.

Die Familie Bachner hatte allerdings Übung darin, dies alles zu verdrängen. Und so war es auch an diesem Heiligabend.

In den vielen Vorgesprächen, die ich (der Autor) mit Reinhard Bachner führte, kam immer wieder der Weihnachtsabend 1944 vor. Die Gespräche schließlich, die ich als junger Mann mit Kurt Bachner selber führen konnte, waren mit ein Antrieb, überhaupt ein Buch zu schreiben. Er ermunterte mich, alles »aufzuschreiben«, wie er zu sagen pflegte. «Das müsst *ihr* machen«, sagte er. »Ich habe nicht mehr die Kraft dazu.« Ich konnte damals zum ersten Mal erkennen, dass dieser so zähe Mensch nicht nur physisch, sondern auch in seiner Seele das Konzentrationslager noch lange nicht überstanden hatte.

An diesem Heiligabend war alles anders, als an vielen vorher. Rosi Bachner machte alle Anstrengungen dieser Welt, um ihrem Mann die ersten Weihnachten nach seiner Haft so angenehm wie möglich zu machen.
Am frühen Morgen bekam die Familie schon Besuch von Rosi Bachners Schwestern Katharina und Barbara. Auch Kurt Bachners Bruder Georg kam kurz vorbei, um nach der Familie zu sehen. Geschenke gab es keine. Jeder hatte gerade so viel, dass er überleben konnte. Jede Familie war froh, wenn für die kleineren Kinder irgendetwas aufzutreiben war. Oftmals war es altes Spielzeug, das frisch angestrichen oder etwas überarbeitet wurde. Dieses war möglich, weil die meisten Spielsachen aus Holz waren. Natürlich gab es auch *Kriegsspielsachen* wie zum Beispiel Panzer aus Blech, die sogar durch eingebaute Feuerzeugsteine aus ihren Kanonen Funken sprühten, wenn man sie anschob. Auch Soldaten aus Blei waren sehr beliebt. Doch derlei Spielsachen waren teuer. Ohnehin waren Dinge, die mit dem *Krieg* zu tun hatten, bei den Bachners tabu. Reinhard war also das einzige Familienmitglied, das ein Geschenk zu erwarten hatte. Für ihn war dieses Weihnachtsfest wohl das schönste überhaupt. Der Vater war endlich da.
Wenn der Baum geschmückt wurde, musste Reinhard, obwohl er bereits neun Jahre alt war, mit Lisa spazieren gehen und durfte nicht dabei sein. Nur hatte er keine Angst mehr, wenn Lisa versuchte, ihm schaurige Geschichten zu erzählen. Ans »Christkindl« wollte er nicht mehr recht glauben, obwohl noch leise Zweifel ihn unsicher machten. Lisa unterließ es, vom »Krampus« (Knecht Ruprecht) zu erzählen. Um 17.00 Uhr, es war bereits dunkel, klopften sie an die Haustüre und die Mutter machte, wie all die Jahre zuvor, auf und sprach: »Reinhard, das

Christkindl war schon da, ihr könnt hereinkommen.« Der Baum war dieses Jahr besonders schön. Und wäre er es auch nicht gewesen - für Reinhard war es jedenfalls der schönste überhaupt. Er hatte ihn doch mit Vater in den Christbaumständer gestellt und *alle* Reihen und Zweige waren wie aus einem Bilderbuch. Stolz betrachtete er den Baum und erst dann holte er sein Geschenk darunter hervor.

Schon im April hatte es sein Vater aus Sachsenhausen mitgebracht. Es war eine Art Spieluhr, die ein Mithäftling im Konzentrationslager gemacht hatte. Aus welchen Gründen auch immer: Sie wurde ihm bei seiner Entlassung nicht abgenommen. Die »Uhr« war aus Holz und hatte an der Seite eine kleine Kurbel. Drehte man an dieser, so ertönte die Melodie: »Üb immer Treu und Redlichkeit...«. Für Reinhard war es das schönste Geschenk, das er je bekam. Natürlich musste man gut hinhören, um die Melodie zu erkennen. Die Konstruktion war aus verständlichen Gründen primitiv. Nur der Pferdewagen aus dem Koffer, den Vater aus der Untersuchungshaft in Fürth/Bayern nach Hause geschickt hatte, war damit vergleichbar. Das Geschenk von damals brachte auch eine schlechte Nachricht mit sich: *Vater war ins Konzentrationslager Sachsenhausen überstellt worden.* Jetzt nahm er ihn in den Arm und sprach: »Wenn du einmal groß bist, mein Junge, erzähle ich dir die Geschichte über diese *Spieluhr.*« Nach der *Bescherung* setzten sich alle an den Tisch, um das Abendessen einzunehmen. Dank Großvaters Hilfe konnte sich jeder einigermaßen satt essen.

An diesem 24.12. 1944 schienen alle mit ihren Gedanken woanders zu sein. Vor allem Kurt Bachner war dermaßen in sich gekehrt, dass er anfangs gar nicht merkte, wie seiner Frau Tränen über das Gesicht rollten. Erschrocken fuhr er hoch, als er es entdeckte: »Was hast du, Rosi?«, fragte er, obwohl es ihm nicht schwer fiel zu erraten, was sie bedrückte. Die Söhne Josef und Willi waren ihre große Sorge. Wie es ihnen wohl in der Gefangenschaft gehen würde? Vom vermissten Sohn Karl wusste sie gar nichts. Lisa verließ als erste den Tisch, um mit Reinhard zu spielen. Die Eltern blieben sitzen und versuchten, sich gegenseitig zu trösten. Vor allem Kurt Bachner beruhigte seine Frau, indem er geschickt ein anderes Thema in ihre Unterhaltung brachte.

»Lass uns froh sein, Rosi«, sagte er. »Wenn ich an die vergangenen Weihnachten denke, ist es sowieso ein Wunder, dass ich heute bei euch sein kann.« Die Mutter erzählte erst viele Jahre später, dass an diesem Weihnachtsabend der Vater das erste Mal über seinen ersten Heiligabend 1939 in Sachsenhausen berichtete. Reinhard sagte in späteren Gesprächen mit mir (dem Autor), dass er das Gehörte bis zum heutigen Tag in bester Erinnerung hatte. Und solange er lebe, werde er das nie vergessen können.

Für den neunjährigen Reinhard aber gab es nichts Schöneres, als Schlitten zu fahren und mit seinen Schulkameraden Schneeballschlachten zu machen. In den letzten Wochen waren oft die Geschwister der Bachners zu Besuch. Besonders Georg, der ältere Bruder von Kurt Bachner, war noch immer einer der aktivsten beim *Feindsenderhören*, obwohl er die größte Angst von allen hatte. Für alle Beteiligten war das Risiko, erwischt zu werden, immer noch sehr hoch. Kurt Bachner beteiligte sich nach wie vor nicht daran. Wusste er doch genau, dass der Krieg in der Endphase war. Die Alliierten im Westen und die Rote Armee im Osten standen praktisch vor der Haustür. Aber es war gefährlicher denn je, eine Äußerung zu machen, was die Kriegslage anging. Auch eine positive Einschätzung war gefährlich, weil diese jederzeit auch als Hohn über das Regime gewertet werden konnte. Zumal, wenn das aus dem Mund eines ehemaligen *KZ-Insassen* kam.

Die Amerikaner kommen

Endlich lag dieser Winter in seinen letzten Zügen. Die meisten Menschen in Hüttersdorf hatten mit ständigen Sorgen und Nöten zu kämpfen. So war man also heilfroh, dass diese eiskalten Tage vorbei waren.

Es war etwa Anfang März 1945, als Reinhard mit Erwin und Fritz nach Elbach gehen wollte. Dort sollten sich Militärfahrzeuge befinden, und, wenn man den Gerüchten glauben konnte, sogar Panzer. Soldaten hatten angeblich den Befehl erhalten, die Männer des *Volkssturms* an den Waffen auszubilden. Nach einer Stunde Fußmarsch hatten die drei Buben den Ort erreicht. Die Enttäuschung war groß: Die militärischen Fahrzeuge bestanden aus zwei Lastwagen und einem alten Schützenpanzer. Um die Wagen standen einige Soldaten herum und machten lustlose Gesichter. Sie warteten auf die *Volkssturmmänner*. Diese sollten schon längst da sein – als ein Mann, der zwischen 65 und 70 Jahre alt sein mochte, zu den Landsern trat. Es hatte schon etwas Komisches an sich, als er die Hacken zusammenschlug und Meldung machte: »Komme von d
und melde mich zum Dienst! « D
große Stahlhelm auf seinem Kop
nur mit Mühe das Lachen unter
tesk aus: Der Mann trug viel zu
seinen Beinen und eine braune
Jacke wiederum war ziviler An
Kopf, wie schon erwähnt, tat s
abzurunden: »Wo sind die an

du die ganze Abteilung?« Hier brachen die Soldaten endgültig in Gelächter aus. »Nein«, sprach der alte Kauz und nahm unbeeindruckt Haltung an: »Die anderen kommen noch. Sie konnten keine Stahlhelme auftreiben, Herr Oberleutnant!« - »Feldwebel, Kamerad«, korrigierte ihn sein Gegenüber. Nach ca. 20 Minuten kamen endlich noch fünf Männer dazu, die sich nicht wesentlich von ihrem Vorgänger unterschieden: Zwei von ihnen hatten keinen Stahlhelm »auftreiben« können und trugen einfach ihren Hut. Der Feldwebel befahl nun, auf die Autos zu steigen, was den älteren Herren nur mit großer Anstrengung gelang. Auch der Schützenpanzer setzte sich in Bewegung und die Lastwagen folgten ihm.

Fritz fragte einen Mann, der die Szene ebenfalls beobachtet hatte: »Wo fahren die hin?« - »Zum Steinbruch, Junge; da wird eine Panzerfaust abgeschossen.« - »Auf«, rief Erwin begeistert, »ich weiß, wo der ist!« Alle drei machten sich wieder auf den Weg, um ja nicht den Abschuss der Panzerfaust zu verpassen. Schwer atmend erreichten die Freunde den Steinbruch. Dort war schon eine Art Panzerattrappe aufgestellt. Die Soldaten versuchten den Volkssturmleuten zu erklären, wie man eine Panzerfaust *scharf* macht. Der Feldwebel nahm die Waffe schulgerecht in die Hand, kniete sich nieder und legte sie auf seine Schulter. Dann visierte er die Panzerattrappe an und unter den Zuschauern stieg die Spannung. Mittlerweile hatte sich nämlich halb Elbach eingefunden. Einige Leute gingen auf Distanz, den die meisten wuss[illegible] dass ein *Feuerstrahl* hinten aus dem Rohr der Panzerfaust [illegible] wenn sie abgefeuert wird. Zwei anwesende Gendarmen [illegible]on, um der Menge einzuschärfen, nicht zu nahe an [illegible]eranzutreten. Reinhard hatte noch nie erlebt, [illegible] abgefeuert wurde.

Als die Spannung nicht mehr zu überbieten war, ging der Feldwebel aus der Hockestellung hoch und winkte die Volkssturmleute heran. Sie bildeten einen Halbkreis um ihn und lauschten seinen Ausführungen. Als der Soldat mit den Erklärungen fertig war, übergab er einem der Männer die Waffe. Dieser kniete sich ebenfalls hin, legte die Panzerfaust an und nahm die Attrappe ins Visier. Einer der Männer, der nahe bei Reinhard stand, ging noch einige Meter zurück und sagte: »Die werden doch den alten Mann nicht schießen lassen!« Er konnte beruhigt sein, denn dieser stand ebenfalls auf und gab die Waffe an seinen Kameraden weiter. Als alle sie in der Hand gehabt hatten, nahm sie der Unteroffizier wieder in Gewahrsam. Er stieg auf eine kleine Erhöhung und wurde »dienstlich«. Laut, so dass es alle hören konnten, schrie er: »Alles hinter unsere Fahrzeuge treten! Der feindliche Panzer wird nun abgeschossen!« Reinhard und seine Freunde nahmen hinter einem riesigen Haufen Kiessand Deckung. »Die Panzerfaust wird nun doch abgeschossen!«, rief Erwin. »Ich dachte schon, das wird nichts mehr!« Der Schützenpanzerwagen setzte sich auf einmal in Bewegung, drehte sich fast um die eigene Achse und richtete die Bordkanone auf den »feindlichen« Panzer. Mit einem gezielten Schuss putzte er die Attrappe weg.

Enttäuscht traten Reinhard und seine Begleiter den Rückweg an. Nur zu gerne hätten sie erlebt, dass die Panzerfaust tatsächlich abgeschossen wurde. Auf dem Nachhauseweg trafen sie einen der Volkssturmleute und Fritz fragte ihn, warum denn die Panzerfaust nicht abgeschossen wurde. Der lachte, als er dem Jungen erklärte: »Das war keine echte, war nur eine Attrappe!« Als er sah, dass die Buben ungläubig den Kopf schüttelten, sagte er: »Der Offizier hat uns gesagt, dass man für Übungszwecke

keine echte Waffe brauche. Die wird an der Front benötigt.« Nach so viel Enttäuschungen wollte man endgültig wieder nach Hause. Fritz schlug vor, die Abkürzung durch den Wald zu nehmen. Nach einer Dreiviertelstunde etwa erreichten sie die große Waldlichtung. Hier wollten sie eine kleine Rast einlegen. Das machten sie immer an dieser Stelle, wenn sie von Elbach kamen. Heute aber war auf der Lichtung einiges los: Deutsche Militärfahrzeuge und Soldaten hatten die Wiesen belagert. Die Jungs konnten es kaum fassen – was machten die hier? Fritz fand als erster seine Sprache wieder und fragte einen der Landser, was sie hier wollten. »Wir warten auf den Feind, Junge«, meinte der Soldat und lächelte. Erwin gab sich mit der Antwort des Mannes nicht zufrieden. »Auf den Feind wartet ihr *hier?*«, fragte er. Der Soldat, der gerade noch gelächelt hatte, wurde nun ärgerlich: »Davon verstehst du nichts, Bubi, bist noch zu klein!« Er ließ die Jungen stehen und ging zu seinen Kameraden. Die drei schauten sich nun ein bisschen um und entdeckten einen großen Kessel, aus dem es nach was Essbarem roch. Neugierig näherten sie sich, um zu sehen, was in dem Behälter war. Zwei Männer in Uniform rührten mit einem großen Holzstück in dem Kessel herum. Fritz traute sich als erster, die Männer zu fragen, was in dem riesigen Topf gekocht wurde. Einer der Soldaten entgegnete: »Was es ist oder wie es heißt, weiß ich nicht; aber es schmeckt gut.« Unter dem Kessel hatten die Männer ein ordentliches Feuer gemacht. Fritz bot sich sofort an, trockenes Holz zu sammeln, in der Hoffnung, vielleicht für sich und seine beiden Freunde von dem Inhalt des Kessels etwas abzubekommen.
»Das ist keine schlechte Idee«, sagte einer der Männer. Sofort machten sich die drei an die Arbeit. Erst durch das Suchen

nach Feuerholz sahen die Buben, dass sich im etwas dichteren Unterholz noch viele Soldaten und Fahrzeuge befanden.
Als sie nach einiger Zeit mit dem Holz zurückkamen, waren einige der Soldaten schon beim Essen und die Jungs durften sich dazusetzen. Nach der großen Pleite in Elbach schien der Tag doch noch was Gutes parat zu haben. Irgendwie hatte das Essen aus dem großen Kessel besser gerochen, als es nun tatsächlich schmeckte. Die drei Freunde waren ja nicht gerade verwöhnt, aber diesen »Eintopf« konnte man nur *hinunterkriegen*, weil eben der Hunger sehr groß war. Reinhard bemerkte, dass einige der Soldaten ohne jedes Engagement ihre Arbeit verrichteten. Trotzdem wagte er es in seiner Naivität, einen der Männer zu fragen: »Warum wartet ihr gerade hier auf den Feind?« Der Soldat, vielleicht nicht mal 18 Jahre alt, antwortete: »Weißt du überhaupt, was ein *Befehl* ist?« - »Ja«, entgegnete Reinhard. »Na siehst du«, sagte dieser: »Wir haben den *Befehl*, genau hier auf die ›Amis‹ zu warten!« Erwin versuchte ihm auf dem Rückweg klar zu machen, dass es hier im Wald am günstigsten wäre, den Gegner zu erwarten. Reinhard machte nicht gerade den Eindruck, als ob er der gleichen Meinung wäre. Er fragte sich, warum die nicht einfach dem Feind entgegengingen, um ihn aufzuhalten, damit er gar nicht erst nach Elbach oder Hüttersdorf kommen konnte. Fritz sah, wie ungläubig er dreinschaute und versuchte, ihn zu trösten: »Da haben wir keine Ahnung, die Offiziere werden wohl wissen, was sie zu machen haben.« So sehr sich Reinhard auch anstrengte, er konnte nicht verstehen, dass die hier mit einigen älteren *Last-* und *Kübelwagen* auf die Amerikaner warteten.
Er schob seine Bedenken beiseite. Es wurde höchste Zeit, nach Hause zu gehen. Die Jungen verabredeten sich für morgen, um

wieder die Soldaten zu besuchen. Und sollte die Schule ausfallen, wollte man schon am Vormittag zur Waldlichtung marschieren. Fritz ging die letzten Schritte noch mit Reinhard, er hatte es noch ein Stück weiter als dieser. »Ich hoffe, dass die Schule ausfällt, ist ja in den letzten Monaten nichts Neues«, sagte Fritz und rief Reinhard noch ein »Servus« zu.

Als er in die Stube kam, war Vater schon daheim. Dieser empfing ihn gleich mit der Frage, wo er denn so lange gewesen sei, Mutter habe sich schon Sorgen gemacht. Er erzählte dem Vater von seinen Erlebnissen am heutigen Tag. Seine erste Frage an den Vater aber war, warum die Soldaten im *Deutschen Wald* – so nannte man das Waldgebiet auf der bayerischen Seite –nicht dem Feind entgegengingen, um ihn aufzuhalten. »Die Männer dort im Wald sind auf dem *Rückzug*, mein Junge, die haben kein Interesse, aber auch keine Möglichkeit, die Alliierten aufzuhalten.« Der Vater ermahnte Reinhard, das Gespräch nicht in der Öffentlichkeit zu erwähnen. »Du weißt doch Bescheid?«, fragte er seinen Sohn. »Bin doch kein kleines Kind mehr!«, meinte Reinhard und schaute seinen Vater vorwurfsvoll an. Die Mutter wollte von ihm wissen, ob er Tante Anna in Elbach besucht habe. »Dazu hatte ich keine Zeit«, erklärte er der Mutter, er wollte doch unbedingt dabei sein, wenn die Panzerfaust abgeschossen wurde, was ja dann doch nicht der Fall war. Die Mutter winkte ab und bat zum Abendessen.

Am nächsten Tag fiel wie erhofft die Schule aus und Reinhard machte sich auf den Weg zur Lichtung im *Deutschen Wald.* Erwin und Fritz hatten noch einige Kameraden mitgebracht. Was sie aber auf dem Weg zur Waldwiese sahen, verschlug ihnen den Atem. Aus Richtung Elbach waren an die hundert oder mehr Soldaten auf der Straße nach Hüttersdorf unterwegs. Es war ein trauriger Haufen. Viele hatten zerrissene Uniformen an und machten einen müden Eindruck. Eine Frau am Straßenrand fragte einen der Soldaten, wohin sie denn gingen. Er antwortete: »Am besten wäre es, wenn *sie* uns nach Hause ließen!« Die Truppe bestand aus lauter jungen Burschen, die kaum älter als 15 oder 16 Jahre waren. Einige alte *Landser* waren auch dabei, die meisten waren aber fast noch Kinder. Reinhard und seine Begleitung wollten gerade in Richtung Waldlichtung, als ein lautes Motorengeheul zu hören war. Jeder von den Jungen und den Soldaten kannte diese Geräusche – es waren *Tiefflieger!* Und das bedeutete äußerste Lebensgefahr! Die ganze Menschenmenge auf der Straße warf sich links und rechts in den Straßengraben. Reinhard und seine Freunde liefen in den Wald und warfen sich in die nächstbeste Mulde oder hinter die Büsche und steckten den Kopf ins Gras. Dabei pressten sie ihre Körper fest auf den Boden. Im Tiefflug rasten die Flugzeuge über die Baumwipfel hinweg und schossen dabei aus ihren Bordwaffen. Wurden die Fluggeräusche leiser, so bedeutete dies auf keinen Fall, dass die Gefahr vorüber war. In der Regel machten die Maschinen einen großen Bogen und kehrten dann wieder zurück. Da war man gut beraten, liegen zu bleiben. Sie schossen nämlich auf alles, was sich bewegte. Reinhard lag hinter einem kleinen, aber sehr breiten Busch. Von den anderen war nichts zu sehen. Nur die Straßengräben waren voll von Menschenleibern. Reinhard erlebte das nicht zum ersten Mal und trotzdem kam er fast um vor Angst. Plötzlich, wie befürchtet, kamen sie zurück und abermals beschossen sie die Straße. Wie an einer Schnur gezogen schlugen die Geschosse ein. Reinhard hörte hinter sich ein Geräusch. Langsam drehte er seinen Kopf zur Seite und sah Fritz, der sich dicht an den Boden gepresst neben ihn schob. »Bleib unten und bewege dich nicht«, sagte er leise, als ob die Flugzeugpiloten ihn hören könnten. Abermals drehten die Maschinen ab. Die Jungs blieben aber noch eine Weile liegen, bis Erwin bemerkte: »Die kommen nicht mehr zurück, weil sie sofort steil nach oben abgedreht haben.« Erwin hatte wohl Recht mit seiner Feststellung. Die Flugzeuge waren verschwunden. In den Straßengräben kam wieder Bewegung in die Menschenmenge und nach kurzer Zeit setzten die Soldaten ihren Marsch in Richtung Hüttersdorf fort. Die Jungs strebten über eine Abkürzung den Nachhauseweg an, um zum Mittagessen daheim zu sein. Wenn es die Eltern erlaubten, wollte man sich am Nachmittag abermals treffen.

Reinhards Mutter hatte sich schon Sorgen gemacht, denn sie wusste, dass sich die Buben immer an der Hauptstraße aufhielten, um alles zu sehen, was sich dort abspielte. Reinhard versuchte, die Mutter zu beruhigen, indem er ihr erklärte, dass die Tiefflieger es nur auf das Militär abgesehen hätten. Er selber wusste nur zu gut, dass dieses nicht stimmte. In den letzten Tagen schossen sie wahllos auf alles, was ihnen ins Visier geriet. Die Mutter ließ sich nicht täuschen und machte ihrem Sohn klar, dass er heute nicht mehr in die Nähe der Hauptstraßse durfte. Reinhard war enttäuscht, er wollte unbedingt dort sein, um sich mit seinen Freunden zu treffen. Er beschloss, trotz Verbot zur Straße zu gehen.

Es mochte gegen sechzehn Uhr gewesen sein, als Tante Resl ihre Schwägerin aufsuchte, um mit ihr die allerneuesten Nachrichten auszutauschen. Reinhard nutzte die Gelegenheit, um sich aus dem *Staub* zu machen. Als er an die Hauptstraße kam, sah er, dass sich die Situation nicht geändert hatte. Immer noch zogen Menschen scharenweise durch Hüttersdorf. Die meisten von ihnen waren Soldaten und Flüchtlinge. Reinhard suchte nach seinen Freunden, konnte aber keinen finden. Er machte sich also auf in Richtung Wald zur bayerischen Seite, in den schon erwähnten *Deutschen Wald*. Er wollte zu den Soldaten auf die *Lichtung*. Vielleicht waren seine Kumpels schon da und warteten da auf ihn.

Als er zu der großen Wiese kam, war diese wie leergefegt. Kein Mensch war zu sehen, nur Unrat lag überall herum. Er fand sogar eine Uniformjacke, die noch gut erhalten war. Es sah alles nach einem schnellen Aufbruch aus. Reinhard kannte sich in diesem Wald sehr gut aus und so nahm er die Jacke und ging auf einem schmalen Waldweg in Richtung Elbach. Er hatte ein genaues Ziel vor Augen, einen *Steinbruch*, der hier ganz in der Nähe war. Dort war er oft mit Schulkameraden gewesen. Ein idealer Spielplatz für Jungen in seinem Alter. Nach zwanzig Minuten war der Steinbruch erreicht. Reinhard stieg an einer geeigneten Stelle hinunter, was nicht ganz ungefährlich war. Es war nämlich zum größten Teil Sandstein, was hier abgebaut wurde. In den letzten Jahren wurden die kleineren Straßen und Wege mit diesem groben Sandsteinschotter ausgelegt, der sich bei Regen und Schnee gut bewährte. In der riesigen Mulde stand ein großes Wasserloch. Da gab es *Molche* und *Salamander*, die konnte man fangen und in einem Glas einsperren. Wer den größten Salamander hatte, wurde von den anderen bewundert. Reinhard war »Spezialist« im Fangen dieser Tiere. Hinter einem *Wassertümpel* standen einige Weidenstauden. Er suchte sich einen geraden schlanken Stock aus, nahm sein Taschenmesser und schnitt ihn ab. An einem Ende schnitt er ihn in der Mitte ein, zwängte ein kleines, schmales Stückchen Weidenholz dazwischen, damit der Einschnitt vorne am Stock etwas auseinander klaffte. Er ging damit zum Wasserloch und umrundete es, bis er einen Molch oder Salamander sah. Hatte er einen ausgespäht, ging er vorsichtig ran. Immer darauf bedacht, keinen Schatten auf das Wasser zu werfen, führte er den Stock vorsichtig ein, genau hinter den Kopf des Tieres, und stieß blitzschnell zu. Manchmal war der Salamander oder Molch schneller und verkroch sich im Schlamm oder unter einem Stein. Obwohl Reinhard im Fangen geübt war, hatte er heute kein Glück. Missmutig verließ er den Steinbruch und ging auf Hüttersdorf zu, in der Hoffnung, Erwin und Fritz doch noch zu finden. Nach 30 Minuten erreichte er das an den Ort grenzende Waldgebiet und sah, dass viele Menschen unter freiem Himmel ihr Nachtlager aufschlugen. Es waren viele Kinder und auch Babys dabei. Alles deutete darauf hin, dass es sich um Flüchtlinge aus dem Osten handelte. Ein Blick zum Himmel ließ Reinhard sofort den Heimweg antreten, es braute sich nämlich ein Gewitter zusammen. Schwarze Wolken hingen schon tief hinter dem Wald und es konnte jeden Augenblick losgehen. Gerade als er zum Laufen anfangen wollte, sah er Fritz und Erwin aus Richtung Elbach kommen. »Halt ein!«, rief Fritz. »Lass uns auch mit!« Reinhard blieb stehen und wartete auf die beiden. »Habe euch gesucht«, sagte er verärgert, war aber im gleichen Atemzug froh, die beiden doch noch gefunden zu haben. Als Erwin erzählen wollte, wo sie am Nachmittag waren, fing es zu regnen und zu donnern an und alle drei konnten sich noch schnell hinter eine Futterhütte für Tiere retten, bevor es wie aus Kübeln zu schütten anfing.

Die Jungs krochen unter das Dach der Hütte und zuckten bei jedem Blitz erschrocken zusammen. Aus dem Flüchtlingscamp im Wald hörte man Schreie und das Weinen von Kindern. Ein gespenstisches Szenario, das durch die Blitze und das Donnergrollen noch gesteigert wurde. Zu allem Überfluss war es auch noch empfindlich kalt geworden, obwohl es tagsüber recht frühlingshaft war. Anfang April konnte es in der Grenzregion zwischen Bayrischem Wald und Böhmerwald eben immer noch raues Wetter geben. Reinhard fing regelrecht zu schlottern an und war froh, als Fritz sagte: »Wir gehen jetzt nach Hause. Das Gewitter zieht ab und der Regen macht nichts.« Da sie alle schon bis auf die Haut nass waren, mussten sie ihm Recht geben. Reinhard hatte sowieso ein mulmiges Gefühl in der Magengegend, weil er ja praktisch ohne Erlaubnis unterwegs war.

Er hatte sich schon auf ein *Donnerwetter* vorbereitet, als er in die Stube trat. Zu seiner Überraschung gab es keine »Schelte«, denn die Stube war voll. Die halbe Verwandtschaft war anwesend. Onkel Georg hatte es wieder einmal ganz wichtig. Er hatte Radio London gehört und war gerade im Begriff, die Neuigkeiten an den Mann (oder die Frau) zu bringen. Großvater war auf dem Feld gewesen, um nach dem Rechten zu sehen. Dabei hatte er von einem fliehenden Soldaten erfahren, dass die amerikanischen Panzerspitzen bereits in Richtung Elbach unterwegs waren. Kurt Bachner dagegen meinte, man sollte nicht alles glauben, was die Leute erzählten. Reinhard konnte dieses Durcheinander recht sein, kam er doch um eine Strafpredigt herum.

Er ging zu Bett, einschlafen konnte er aber nicht. Die Erlebnisse der letzten Tage waren zu viel für ihn und die laute Unterhaltung der Erwachsenen aus der Stube trug nicht dazu bei, zur Ruhe zu kommen.

Am nächsten Morgen versuchte Rosi Bachner, wieder Ordnung in den Alltag zu bekommen. Lisa musste zur Arbeit und Reinhard zur Schule. Obwohl er lautstark beteuerte, es sei doch gar kein Unterricht, blieb die Mutter hart. Er sollte aber doch Recht behalten. Nach einer Stunde war Reinhard wieder zu

Hause. Er erzählte seiner Mutter, dass der »Herr Lehrer« sichtlich nervös und aufgeregt war. Die wenigen Schüler, die anwesend waren, wurden kurzerhand heimgeschickt. Als Reinhard die Mutter fragte, ob er zum Spielen dürfe, trat Lisa in die Stube. Sie sah aus, als ob ihr der Teufel begegnet wäre. »Was ist denn los?«, fragte die Mutter. »Warum bist du nicht in der Arbeit?« Lisa hatte sich inzwischen auf einen Stuhl gesetzt und sagte ganz verstört: »Wir waren kaum an unserer Arbeitsstelle, als sie kamen!« - »Wer kam?«, fragte die Mutter. »Die Tiefflieger«, stammelte sie. Ihr Gesicht sah aus wie ein Leichentuch. Rosi Bachner nahm ihre Tochter in den Arm und setzte sich zu ihr: »Ganz ruhig, Lisa. Was um Gottes willen ist passiert?« Reinhard hatte ebenfalls neben Lisa Platz genommen und streichelte mit seiner Hand über ihren Rücken. Langsam kam wieder Farbe in ihr Gesicht, als sie zu sprechen anfing: »Wir wollten in einer *Schonung* Bäume pflanzen, als die Flieger kamen!« Sie hielt eine Weile inne, als ob sie unschlüssig wäre weiterzureden.
»Wir hörten zuerst nur das Heulen der Flugzeugmotoren und dann tauchten sie hinter einer Bergkuppe auf. Sie flogen ganz knapp über die Baumwipfel hin.« Man konnte Lisa ansehen, was sie erlebt hatte, als sie fortfuhr: »Ich warf mich instinktiv zu Boden und nahm die Arme über meinen Kopf. Die Geschosse mussten direkt neben mir eingeschlagen haben. Ich spürte sogar kleine Erdklumpen in meinem Gesicht.«
»Es ist doch aber nichts passiert?«, fragte die Mutter besorgt.
»Doch«, sagte Lisa, »zwei Frauen wurden schwer verletzt und eine andere am Bein getroffen.«
Sie versuchte, die Tränen aus ihrem Gesicht zu wischen und fuhr fort: »Der Aufseher schickte uns sofort nach Hause und wir brauchen bis auf weiteres nicht mehr zur Arbeit kommen.«

Rosi Bachner stand langsam von ihrem Platz auf und sprach mehr zu sich selbst als zu ihren Kindern: »Bald ist es vorbei, lange dauert das nicht mehr!« Sie zog ihre Schürze aus und schlüpfte in eine Jacke, die sie immer anzog, um dem Schwiegervater im Stall zu helfen. Das Melken und die Tierpflege wurden in letzter Zeit immer mehr zu ihrer Arbeit. Großvater war jetzt häufig krank und hatte Mühe, die kleine Landwirtschaft in Ordnung zu halten. Obwohl Resl, seine Tochter, tatkräftig mithalf, konnten nicht mehr alle anfallenden Arbeiten bewältigt werden.
Den ganzen Nachmittag verbrachte Reinhard auf der Straße. Alle Kinder und Jugendliche waren unterwegs. Die Erwachsenen erzählten sich von Nachbar zu Nachbar die aktuellen Nachrichten über diese *Amerikaner*. Und alle waren sich sicher, dass nur die eigenen Informationen die zuverlässigsten und allerneusten seien. Die Kinder gesellten sich nur allzu gerne dazu, um ja alles mitzubekommen. Als Reinhard sich der Hauptstraße näherte, die in den letzten Wochen sein Lieblingsplatz war, hörte er, wie eine Frau zu ihrer Nachbarin sprach: «Ich habe soeben erfahren, dass die Russen schon in unserer Kreisstadt Teichnitz sind!« Dabei fuchtelte sie wild gestikulierend mit den Armen in der Luft herum. Die Nachbarin prophezeite lautstark: »Wenn sich die Amerikaner nicht beeilen, sind die Russen vor ihnen in Hüttersdorf!« Reinhard schüttelte den Kopf. Er, der Schulbub, wusste es besser als diese beiden erwachsenen Frauen: Onkel Georg hatte erst gestern Abend seinem Vater berichtet, wo die Amerikaner *standen*, – wie er sich auszudrücken pflegte. Es konnte noch Tage dauern, so meinte er, bis diese in Hüttersdorf *einmarschieren* würden. Und seine Kenntnisse stammten aus der einzig kompetenten Quelle: »Radio London«. Er konnte es immer noch nicht lassen, diese *Schwarzhörerei*. Verschiedene

Leute im Ort waren, trotz der unausweichlichen Niederlage, blindwütig überzeugte Nazis und konnten Menschen wie die Bachners und auch andere in Gefahr bringen.
Reinhard hatte seinen Lieblingsplatz, die Hauptstraße, erreicht. Es war wie erwartet sehr viel los. Da gab es Flüchtlinge, die nicht wussten, *wohin* sie eigentlich fliehen sollten. Dann Soldaten, deren Disziplin und Ordnung Auflösungserscheinungen zeigten; und schließlich neugierig herumstehende Ortsbewohner. Schulunterricht gab es nicht mehr und so tummelten sich auch hier viele Kinder und Jugendliche auf der Straße herum. Reinhard hielt sich fast immer dort auf, wo der Weg nach Elbach führte. Den eines war sicher: Nur aus dieser Richtung konnten die Amerikaner kommen. Wenn man ein Stück des Weges nach Elbach ging, kam schon das Waldgebiet und man hatte in beide Richtungen, also nach Hüttersdorf und Elbach gute Sicht. Die war nach Ansicht von Reinhard wichtig, denn er wollte auf keinen Fall den *Einmarsch* der amerikanischen Truppen versäumen.
Doch den genauen Zeitpunkt wusste niemand. Es gab sogar noch Dorfbewohner, die unbedingt ihren Ort verteidigen wollten. Reinhard hatte bald einen Platz erreicht, von dem er überzeugt war, dass er die beste Aussicht bot. Trotz höchster Aufmerksamkeit konnte er keine Militärfahrzeuge aus Richtung Elbach sehen, – amerikanische schon überhaupt nicht. Langsam wurde ihm die Warterei zu dumm und er machte sich auf die Suche nach einem seiner engeren Freunde, wie etwa Fritz oder Erwin. So sehr er auch umherspähte, er fand keinen, mit dem er etwas hätte unternehmen können. Er beschloss, nach Hause zu gehen, um vielleicht noch mit Nachbarskindern zu spielen. Als er von der Hauptstraße in den Seitenweg einbog und schon fast daheim war, begegnete er seinem Klassenlehrer.

»Was machst du denn noch auf der Straße?«, fragte er Reinhard. »Ich war im Ort«, antwortete dieser. »Ich habe geglaubt, die Amerikaner kommen!« Der *Herr Lehrer* setzte seine bekannte strenge Miene auf und erklärte entschieden: »Da wartest du vergebens, mein Junge. Die kommen so schnell nicht!«

»Ich habe aber gehört, dass sie schon in der Nähe von Elbach sind«, erwiderte Reinhard etwas trotzig. »Von wem hast du das gehört?«, fragte der Lehrer heimtückisch. »Von einem Soldaten, vorne auf der Hauptstraße«, erwiderte Reinhard, geschickt ausweichend. Ungläubig schaute der Lehrer auf seinen Schüler herab und sagte unwirsch: »Dies hätten einige Leute wohl gerne, aber die werden sich noch wundern!« Er drehte sich um. Und ohne Reinhard noch mit einem Blick zu würdigen, verschwand er. Der Junge war froh, dass er seinen Lehrer so schnell los war und dass er kein Wort über den Schulunterricht hatte verlauten lassen. Als er zu Hause von dieser Begegnung erzählte, schimpfte seine Mutter mit ihm. Sie konnte das immer wiederkehrende Gerede - *die Amerikaner kommen* - nicht mehr hören. Wahrscheinlich wäre die Standpauke größer ausgefallen, wären da nicht gerade der Vater und Onkel Georg gekommen. Wie immer hatte es der Onkel wichtig, seinem Bruder den neuesten Stand der Dinge zu erzählen. Kurt Bachner schien aber heute nicht sonderlich daran interessiert zu sein. Es musste etwas bei seiner Arbeit vorgefallen sein, denn er machte einen sehr nachdenklichen Eindruck. Rosi Bachner war dies sofort aufgefallen.

Als Georg merkte, dass mit seinem Bruder etwas nicht stimmen konnte, verließ er eilig das Haus. Die Probleme, die Kurt Bachner in diesen Zeiten hatte, waren in der Regel schwerwiegend. Und Georg war in solchen Dingen wahrlich kein Held. Als Reinhard und seine Schwester Lisa im Bett waren, gingen Kurt

Bachner und seine Frau zum Großvater und seiner Schwester Resl. Dann erfuhren alle, dass die Arbeiten im Staatsforst Teichnitz eingestellt werden mussten. Somit hatte Kurt Bachner keinen Arbeitsplatz mehr. Resl hatte sich wie gewöhnlich als Erste gefasst und tröstete beide: »Wir werden schon *durchkommen;* bis jetzt haben wir noch immer eine Lösung gefunden.« Rosi Bachner dagegen wurde noch blasser im Gesicht. »Du hast doch auch was auf dem Herzen«, sprach ihre Schwägerin und nahm ihre Hand. Nach kurzem Zögern teilte ihnen Rosi mit: »Ich bin schwanger. Wir bekommen im November *Zuwachs.*« Mit allem hatten sie gerechnet, nur nicht mit einer solchen Nachricht. Kurt Bachner nahm seine Frau in den Arm und sagte: »Ich freue mich, wenn ihr es auch nicht glauben wollt!« Der Schwiegervater ging auf Rosi zu, strich ihr übers Haar und sagte mit großer Bestimmtheit: »Das bekommen wir schon hin. Brauchst dir keine Sorgen zu machen!«

Die große Erleichterung war Rosi anzusehen, als sie wie entschuldigend sagte: »Ich bin 43 Jahre alt und die Geburt könnte Probleme machen.« Die drei verstanden es, sie, was das Alter anging, zu beruhigen. Rosi Bachners Gedanken waren in dieser Nacht bei ihren Söhnen, von denen sie immer noch nicht wusste, wie es ihnen in der Gefangenschaft erging. Sie machte sich und ihrem Mann Vorwürfe, in dieser schlechten Zeit auch noch ein Kind zur Welt zu bringen. Nun war es aber einmal geschehen und so musste man auch damit fertig werden. Das Kind nicht zu bekommen oder es gar verbotenerweise *wegzumachen,* wäre ihr niemals in den Sinn gekommen. Und selbst, wenn sie das gewollt hätte: Zur damaligen Zeit gab es fast keine Möglichkeit dazu. Rosi Bachner wusste, dass die Worte ihres Schwiegervaters nicht nur so dahergesagt waren. Er meinte es ehrlich und dies machte ihr wiederum Mut. Als nach einigen Tagen die ganze Verwandtschaft über die *Neuigkeit* Bescheid wusste und alle beteuerten, dass sie sich freuten, wurde es wieder ruhiger in der Familie. Reinhards Freude war ganz bestimmt echt. Er freute sich am meisten auf ein »Schwesterchen« – denn er war davon überzeugt, dass er keinen Bruder bekommen würde.

Am nächsten Morgen war die Wohnstube bei den Bachners voll. Die Geschwister von Rosi und Kurt Bachner waren fast alle gekommen. Georg wusste wie immer das Neueste und brachte die Nachricht mit, die Amerikaner würden kurz vor Elbach *stehen*. Auch Kurt widersprach dieses Mal seinem Bruder nicht. Es war ruhig geworden auf den Straßen in Hüttersdorf. Sah man noch vor einigen Tagen deutsches Militär und allerlei Flüchtlinge durch den Ort ziehen, so war er heute wie ausgestorben. Nur wenige Leute waren unterwegs und man hatte den Eindruck, dass sie es alle irgendwie eilig hatten. Katharina, die Schwester von Rosi Bachner, war schon sehr früh draußen gewesen. Sie hatte im Nachbarort einer Bekannten geholfen, die schon längere Zeit krank war. Als sie die Hauptstraße verlassen hatte, um eine Nebenstraße zu benutzen, die wesentlich schneller in den Ort führte, hatte sie eine seltsame Beobachtung gemacht.

Auf einem *Fuhrweg*, wo in der Regel nur bäuerliche Fahrzeuge unterwegs waren, sah sie eine Kolonne, bestehend aus Männern in zerlumpten Kleidern. Da um diese Uhrzeit die Sicht noch etwas schlecht war, konnte sie Genaueres erst erkennen, als diese näher kamen. An der Spitze des seltsamen Zuges gingen bewaffnete Männer in *SS Uniformen*, links und rechts der Kolonne ebenso. Viele der Männer stützten sich gegenseitig oder halfen sich auf die Beine, wenn einer stürzte. Die Männer waren in einem erbärmlichen Zustand. Abgemagert bis auf die Knochen.

Viele konnten kaum mehr gehen. Als Katharina näher an die Kolonne herankam, machte einer der Uniformierten ihr durch Zeichen klar, dass sie in dieser Richtung nicht weitergehen sollte. Sie drehte sofort um und ging wieder auf den Weg, der zur Hauptstraße führte. Die Gesten, die der Soldat machte, waren *eindeutig*. Katharina bekam es mit der Angst zu tun und war froh, als sie einigen Abstand zu der Kolonne hergestellt hatte. In Hüttersdorf wieder angekommen, ging sie sogleich zu ihrer Schwester, wo inzwischen die halbe Verwandtschaft anwesend war. Als Katharina mit ihrem *Bericht* fertig war, erklärte Georg allen, was es mit der Kolonne auf sich hatte.

»Das sind bestimmt *KZ-Häftlinge* gewesen, die aus einem Lager in der Nähe von Elbach weggebracht wurden.« Und er lag wahrscheinlich nicht einmal falsch mit seiner Behauptung. Noch bis zum Mittag wurde diskutiert, dann kehrte wieder Ruhe in die Stube der Bachners ein. Reinhard hörte seinen Vater sagen: »Wenn es stimmt, was Katharina gesehen hat, haben sie das Lager aufgelöst; und somit können die amerikanischen Truppen nicht mehr fern sein.« Reinhard durfte nicht mehr alleine in den Ort gehen, auch nicht zum Spielen. Deshalb hielt er sich meistens vor dem Haus auf, damit ihn seine Mutter im Auge behalten konnte. Für ihn war die Enttäuschung groß – wieder waren die *Amerikaner* nicht gekommen. Am Abend kam die Verwandtschaft erneut zusammen. Dieses Mal bei Bachner sen. in der großen Stube. Reinhard musste heute nicht gleich ins Bett, er durfte mit dabei sein, weil Großvater ein gutes Wort für ihn eingelegt hatte. Er hörte aufmerksam zu, was die Erwachsenen zu bereden hatten und er hoffte zu erfahren, wann endlich diese *Amerikaner* in Hüttersdorf eintreffen würden. Ein Vetter von Kurt Bachner wusste zu berichten, dass im Ort die Männer im Gemeindeamt mit dem Bürgermeister zu einer Sitzung zusammengetreten waren. Sie wollten darüber beraten, wie man bei der *Verteidigung* (oder *Übergabe?)* von Hüttersdorf vorgehen sollte. Er habe unter anderem erfahren, dass einige Gemeindemitglieder auf keinen Fall die *Weiße Flagge* am Kirchturm gehisst haben wollten. »Wenn sie kein weißes Tuch hissen, schießen die (gemeint waren die Alliierten) unser Dorf zusammen«, sprach Georg. Kurt Bachner gab seinem Bruder Recht, machte aber zugleich darauf aufmerksam, dass sich noch genug *Scharfmacher* und, was noch schlimmer war, SS-Leute im Ort aufhielten. Sie waren schon halb auf der Flucht. Und Ihnen war alles zuzutrauen. Irgendjemand fragte: »Wer soll denn das weiße Tuch zum Zeichen der friedlichen Übergabe am Kirchturm anbringen?« - »Da gibt es noch genug Verrückte, die dich ohne mit der Wimper zu zucken über den Haufen schießen«, antwortete Kurt. Und keiner im Raum widersprach ihm. »Ich werde mich morgen früh mal umsehen, wie die Lage aussieht«, meinte er; was seiner Frau einen großen Schrecken einjagte. »Keine Angst, Rosi. Ich werde nichts riskieren, aber vielleicht kann man doch was Vernünftiges tun.«

Schon in aller Herrgottsfrühe machte sich Kurt Bachner auf den Weg, um auf dem Kirchplatz in Hüttersdorf mit anderen Dorfbewohnern zu sprechen. Der Kirchplatz mit seinen weit ausladenden Kastanienbäumen war seit jeher der Ort, an dem sich Alt und Jung trafen. Er befand sich direkt vor dem Kircheneingang. Zu seinem Erstaunen stellte Kurt fest, dass nur wenige Menschen anwesend waren. Darunter auch zwei SS-Leute. Und er hatte den Eindruck, als hielten diese Wache vor dem Turmeingang. Er zuckte immer noch zusammen, wenn er diese schwarzen Uniformen sah. So blieb er auch nicht stehen, sondern ging auf die Hauptstraße weiter. Er war froh, dass ihn keiner ansprach. Es hätte unter Umständen unangenehm für ihn werden können. - Ein ehemaliger KZler, daraus ließ sich leicht ein Volksverräter machen, den man ohne Skrupel liquidieren konnte. Als er schon beinah das Ortsende erreicht hatte, sah er einige Soldaten am Straßenrand herumsitzen, die mit den Hausbewohnern diskutierten. Die Leute verlangten, dass die Soldaten, von denen kaum einer älter als 17 Jahre war, die weiße Fahne auf dem Kirchturm hissen und sich den Amerikanern ergeben sollten. Natürlich reagierten diese auf ein solches Ansinnen nicht. Die hatten keine Lust, sich mit den SS-Leuten anzulegen. Und einer von ihnen meinte: »Wenn ihr wollt, dass euer Ort nicht beschossen wird, dann hängt die *Fahne* doch selber auf!« Einige der Anwohner forderten daraufhin die Soldaten auf, schleunigst zu verschwinden. Sie sollten sich doch im Wald verstecken und nicht die Zivilbevölkerung gefährden. Einer von ihnen stand auf, es musste der Führer der Gruppe gewesen sein, und sagte: »Es reicht jetzt! Wir gehen, wenn es uns passt – verstanden? Sonst lasse ich euch von der Gestapo abholen!« Im Nu waren die Leute in ihren Häusern verschwunden. Das Wort *Gestapo* flößte nach wie vor noch Angst und Schrecken ein.

Bachner ging noch einige Schritte und drehte dann wieder um. Er wollte auf keinen Fall in eine dumme Situation geraten. Als er abermals am Kirchplatz vorbeikam, war bis auf die zwei SS-Leute niemand mehr da. Er bog von der Hauptstraße ab, um nach Hause zu gehen. Da kam ihm der Bürgermeister entgegen. »Guten Morgen Kurt!«, grüßte dieser. »Bist du auch schon unterwegs?«

»Ja, wollte sehen, was sich im Ort so tut.«

»Da wird sich bald eine Menge tun«, meinte der Bürgermeister und sah dabei nicht glücklich aus.

»Schon möglich«, antwortete Kurt Bachner und wollte weitergehen, als ihn sein Gegenüber mit der Frage überraschte: »Was wirst du machen, Kurt?«
Von der Frage etwas verwirrt, sprach der: »Wann soll ich was machen?« - »Du weißt, was ich meine!«, sagte der Bürgermeister.
»Was meine ich denn?«, fragte Bachner, erneut ganz verblüfft.
»Kurt, unter vier Augen, bald ist es so weit - und du kannst sie dir alle schnappen!«
Bachner trat einen Schritt näher an den Bürgermeister heran und sprach: »Ich glaube, du kennst mich gut genug. Du hast ja auch die Gesuche meiner Familie mit beurteilt, als es darum ging, mich vorzeitig aus dem KZ zu entlassen. Also weißt du doch, was ich für einer bin.« - »Kurt, so...«, doch Bachner unterbrach ihn: »Ich habe eine Bitte an dich. Sorge mit deiner ganzen Autorität dafür, dass die *weiße Fahne* auf den Kirchturm kommt.«
Noch ehe der Bürgermeister antworten konnte, drehte sich Bachner um und ging. Zu Hause angekommen, erzählte er seiner Frau von der Begegnung. »Die haben alle die Hosen voll«, meinte Rosi, »und wollen ausloten, wie du dich ihnen gegenüber verhalten wirst, wenn die Amerikaner hier sind.«
Ihr Mann nickte, schien aber mit seinen Gedanken ganz woanders zu sein. Er hatte nämlich erhebliche Zweifel, ob der Bürgermeister was unternehmen würde. Da waren verschiedene Personen, die sich ihm in den Weg stellen konnten. Zum Beispiel der Ortsgruppenleiter oder andere Mitglieder in der Gemeinde. Wenn die anrückenden Truppen nicht erkennen konnten, dass der Ort ohne Wiederstand zur Übergabe bereit war, bestand die Gefahr, dass sie die Ortschaft in Schutt und Asche legten. Das würde bedeuten, dass es unter den Bewohnern Verletzte oder

gar Tote geben könnte. Kurt Bachner war nicht wohl bei diesen Überlegungen und er beschloss, nochmals in den Ort zu gehen. Er griff nach seiner Jacke und wollte gerade los, als sein Vater ins Zimmer kam und aufgeregt zu ihm sagte: »Kurt! Sie kommen! Ich glaube, ich habe Geschützfeuer gehört!« Im gleichen Augenblick kam Reinhard in die Stube gerannt und rief: »Vater, ich habe die Kanonen schießen hören, – komm mal!« Alle verließen das Haus und eilten auf die Straße. In kurzen Abständen konnte man Schüsse hören, die aus Panzerkanonen abgefeuert wurden. Obwohl die Granaten über Hüttersdorf hinweggingen, erzeugten sie ein pfeifendes Geräusch, das durch Mark und Bein fuhr. Die Familie Bachner zog sich nun in den Hof ihres Hauses zurück. Die Nachbarn waren alle in ihre Wohnungen geflüchtet und die Straße war mit einem Schlag wie leergefegt.
Reinhard hörte, wie sein Vater sagte, dass die Panzer auf der *Gerberbrücke* stehen müssten und diese war nur 3 Kilometer von Hüttersdorf entfernt. Immer wenn ein Geschoss über die Dächer der Häuser hinwegpfiff, duckten sich alle automatisch und pressten sich an die Hauswand. Das ganze Schauspiel dauerte jetzt schon eine gute Stunde. Das Kanonenfeuer nahm plötzlich zu und wurde noch lauter. Ein fürchterlichen Knall war zu hören. Und dann war es für kurze Zeit still. Eine Rauchwolke wurde sichtbar, nicht direkt im Ort, aber doch ganz in der Nähe. Plötzlich schrie einer der Nachbarn aus einem Giebelfenster zu den Bachners herüber, dass eine Granate auf einem Acker eingeschlagen hat. Keine Minute später meldete sich der Nachbar erneut: »Die weiße Fahne hängt auf dem Kirchturm!«, schrie er, klappte das Fenster zu und war verschwunden. Kurt Bachner war erleichtert. Es dauerte nur noch kurze Zeit, als auch das Schießen aufhörte.

Jetzt waren auf einmal andere Geräusche zu hören. Ein fürchterliches Gerassel und dumpfes Dröhnen war aus Richtung Elbach zu hören. Rasch waren wieder Menschen aus allen Häusern geströmt. Sie bewegten sich geschlossen zur Hauptstraße hin. Auch die Bachners eilten herbei, um zu sehen, woher das fürchterliche Gerassel kam. Angekommen, stellten sie sich ganz nahe an den Straßenrand, um eine gute Sicht zu haben. Genau dort, wo das Ortsschild von Hüttersdorf stand und der Wald endete, tauchte ein Ungetüm von einem Panzer auf und blieb stehen. Das lange Rohr der Panzerkanone fing an, sich im Kreise zu drehen und blieb dann in drohender Haltung auf Hüttersdorf gerichtet. Die Menschen an der Straße wagten kaum zu atmen. Das ganze dauerte nur wenige Sekunden, dann setzte sich das Ungetüm wieder in Bewegung. Das weitere Geschehen blieb Reinhard Bachner bis zum heutigen Tag exakt in Erinnerung: Dem ersten Panzer folgten weitere. Dann kamen Lastwagen mit aufgebauten Maschinengewehren, hinter denen Soldaten standen; in Uniformen, die Reinhard noch nie gesehen hatte. Da waren sie nun, – diese *Amerikaner*, auf die er so neugierig gewartet hatte. Den Lastwagen folgten schließlich Jeeps mit Soldaten und dann sah Reinhard seinen ersten *Neger.* Einer dieser farbigen Soldaten hatte die Beine über das umgeklappte Frontfenster hängen und lachte, so dass man seine weißen Zähne deutlich sehen konnte. Reinhard wusste nicht, wo er zuerst hinschauen sollte. So viel gab es zu sehen. Die Militärkolonne schien kein Ende zu nehmen. Immer wieder kamen Panzerspähwagen und Kettenfahrzeuge, dazwischen Jeeps und Lastwagen. Einige Leute aus Hüttersdof winkten den Soldaten zu und viele von ihnen winkten zurück. Reinhard konnte sich später nicht mehr erinnern, wie lange er und seine Familie an der Straße standen.

Keiner ging, bis auch das letzte Fahrzeug vorbei war. Lisa nahm ihn auf einmal bei der Hand und zog ihn von der Straße weg. Die Eltern hatten es eilig, wieder in ihre Häuser zu kommen. Denn niemand wusste genau, was nun auf sie zukam, wenn die Soldaten den Ort besetzten. Reinhard und Lisa schauten aus dem Fenster der Wohnstube, das zur Straße hinaus ging. Großvater und Tante Resl standen auf der Hausstaffel vor der Tür, wo sich alle anderen auch aufhielten. Im Moment war die Straße wie ausgestorben. Die Leute schauten aus den Fenstern oder standen wie die Bachners vor der Tür. Plötzlich hörte man lautes Motorengeräusch und auch Kettengerassel die Straße herunterkommen. Ein Panzer, ein Spähwagen und ein Lastwagen mit mindestens zehn Soldaten auf der Ladefläche hielten direkt vor dem Haus der Familie Bachner. Einige der Soldaten sprangen von dem Lastwagen und gingen zum Hauseingang, wo sich natürlich alle Bewohner längst in die Wohnungen zurückgezogen hatten. Da die Haustüre nicht verschlossen war, standen die Soldaten auf einmal in der Stube der Bachners. Die Familie war dermaßen erschrocken, dass keiner fähig war, auch nur ein Wort zu sagen. Das brauchten sie auch nicht. Das taten die Soldaten. Einer von ihnen, er trug auf der Uniformjacke aufgenäht den Namen »J. Smith«, warf seinen Stahlhelm auf den Tisch und machte die Tür zum Schlafzimmer auf. Er schaute sich im Raum kurz um, stellte sein Gewehr an die Bettkante und warf seine Handschuhe auf die beiden Betten. Kurt Bachner war ihm ins Zimmer gefolgt, um zu sehen, was er denn da wollte. In gebrochenem Deutsch forderte der Soldat Bachner auf, das Haus mit seiner Familie zu verlassen. Es werde von ihnen, den Militärs, gebraucht. »Wo sollen wir hin?«, fragte Bachner. Der Soldat zuckte mit den Schultern und sagte in einem jetzt schärferen

Ton: »Das ist ein Befehl, raus jetzt!« Bachner bedeutete seiner Familie, schnell etwas mitzunehmen und das Haus zu verlassen. Mitnehmen konnten sie jedoch nichts. Die Soldaten drängten die Familie förmlich zur Tür hinaus. Es war ungefähr 17.30 Uhr, als sich die Bachners also plötzlich auf der Straße wiederfanden. Um 14.00 Uhr waren die Amerikaner einmarschiert und 3½ Stunden später hatten sie kein Zuhause mehr.

Natürlich mussten sie nicht auf der Straße übernachten. Sie konnten zu Bachners Bruder Georg gehen, der in der gleichen Straße sein Haus hatte. Georg hatte sie vom Fenster aus kommen sehen, denn er stand bereits vor der Haustüre, um sie zu begrüßen. »Was ist los?«, fragte er seinen Bruder. - »Die haben uns rausgeschmissen und unser Haus besetzt«, antwortete dieser und Georg konnte es einfach nicht fassen, dass man ausgerechnet seinen Bruder Kurt aus dem Haus gejagt hatte. Er meinte, es gäbe doch genug Nazis im Ort! Warum ihn? Kurt beruhigte seinen Bruder, indem er erklärte, dass diese *Kampftruppe* andere Sorgen hätte und auch nicht wissen könne, wer *ein* Nazi und wer *kein* Nazi sei. Reinhard trat sofort ans Fenster, um zu sehen, was diese Amerikaner weiter vorhatten. Langsam brach auch die Abenddämmerung an und man konnte gerade noch einigermaßen erkennen, dass die Truppen dabei waren, Hüttersdorf zu *säubern*. Was nichts anderes hieß, als dass sie in jedem Keller und auf jedem Dachboden usw. nach versteckten Wehrmachtsangehörigen suchten. Die Soldaten der amerikanischen Streitkräfte gingen kein unnötiges Risiko ein. Sie wollten so kurz vor dem Sieg über Hitlerdeutschland kein Menschenleben in ihren Reihen aufs Spiel setzen. Viele deutsche Soldaten, die sich auf einem meist chaotisch verlaufenden Rückzug befanden, flüchteten in den Wald, um sich zu verstecken. Einige hatten sich in dichtem Gestrüpp an einem Bach versteckt. Die Bachners konnten vom Fenster aus beobachten, wie sich amerikanische Infanterie diesem Gestrüpp näherte. Aus welchem Grund auch immer, muss einer der Soldaten im Versteck einen Schuss abgegeben haben, worauf sich die Amerikaner sofort zurückzogen und aus einer gesicherten Position heraus das Gestrüpp unter Beschuss nahmen. Die Soldaten rannten aus ihrem Versteck, nahmen die Hände über den Kopf, was allerdings für einige von ihnen zu spät war. Georg konnte in der Abenddämmerung nicht genau erkennen, wie viele Verletzte und Tote weggebracht wurden. Zweimal kamen in dieser Nacht amerikanische Soldaten ins Haus von Georg Bachner, um alle Räume zu durchsuchen. An Schlaf war also nicht zu denken. Alle Gedanken drehten sich in der Hauptsache darum, wie es nun weitergehen sollte. Am nächsten Morgen, nach einer Tasse Zichoriekaffee und einem Stück Brot, verließ Kurt Bachner das Haus seines Bruders, um zu sehen, was in seiner eigenen Wohnung los war. Dort hatte sich nichts geändert. Nach wie vor stand der Panzer am Straßenrand. Und in einem Lastwagen waren Funker beschäftigt, die in englischer Sprache durcheinander redeten. Vor der Haustüre war ein Posten aufgestellt, der Kurt Bachner unmissverständlich klar machte, dass er verschwinden möge. Im selben Moment verließ ein Soldat das Haus. Er sah Bachner kurz an und fragte ihn auf Deutsch, was er hier wolle. Dieser entgegnete, dass er hier wohne und für seine Kinder einige Sachen brauche. Der Soldat forderte Bachner auf zu warten und ging zu den Funkern über die Straße, wo er einige Zeit lautstark mit ihnen sprach. Als er zurückkam, nahm er Bachner mit in die Wohnung und erlaubte ihm, Sachen aus dem Schrank zu holen. Bachner merkte sofort, dass er es mit einem

Offizier zu tun hatte. Der Posten an der Tür machte ein Zeichen, das deutlich besagte, Bachner solle nun wieder gehen. Er konnte zumindest einige Sachen, die dringend benötigt wurden, mitnehmen. Auch Großvater hielt es nicht mehr in Georgs Haus. Er folgte seinem Sohn und erreichte, dass er im Stall alle Tiere versorgen durfte. Kurt Bachner wartete auf seinen Vater, um mit ihm gemeinsam zurückzugehen. Ihm war aufgefallen, dass die Soldaten im Schlafzimmer das Bettzeug nicht benutzt hatten, erst jetzt fiel ihm dies ein. Sie hatten Planen aus Leinen über die Betten gelegt, um nichts schmutzig zu machen.
Plötzlich kam einer der Funker mit einem Zettel in der Hand über die Straße und lief ins Haus. Was dann geschah, ging so schnell, dass Bachner und sein Vater es kaum verfolgen konnten. Die Soldaten stürmten aus dem Haus, setzten im Laufen ihre Stahlhelme auf, sprangen auf die Fahrzeuge und rasten mit aufheulenden Motoren davon. Der Panzer drehte sich einmal um die eigene Achse und ackerte das Erdreich auf, um dann mit hoher Geschwindigkeit wegzufahren. Erdklumpen und Rasenstücke wirbelten durch die Luft. Und bis Kurt Bachner einen klaren Gedanken fassen konnte, war von den Amerikanern nichts mehr zu sehen. Er lief in den Stall, um seinem Vater mitzuteilen: »Sie sind weg!« Verdutzt schaute dieser ihn an. »Wer ist weg?« - »Die Amerikaner haben unser Haus verlassen!«, antwortete der Sohn. »Dann geh du gleich in die Wohnung und bleibe da«, meinte der Vater, »ich hole die anderen zurück!« Als er ins Haus kam, stand er mitten in einem Chaos. Stühle lagen am Boden, auf dem Tisch standen Pfannen, Töpfe und geöffnete Konservendosen; andere angebrochene Speisereste lagen überall herum. Auf dem Ofen stand ebenfalls eine Pfanne. Aus ihr stieg Qualm auf und es roch nach Verbranntem. Das Feuer im

Ofen loderte noch. Daran konnte man sehen, dass der Befehl zum Aufbruch überraschend kam. Das ganze Durcheinander hatte natürlich einen riesigen Vorteil für die Familie Bachner: Durch den überstürzten Abmarsch hatten die Amerikaner einiges zurückgelassen. Nicht nur angebrochene Sachen, sondern auch verschlossene Dosen, Pakete und vieles andere mehr. Den amerikanischen Truppen schien es, was die Verpflegung betraf, an nichts zu mangeln.

Am Nachmittag war die Familie wieder in ihrer Wohnung und heilfroh, dass alles so glimpflich abgelaufen war. Die zurückgelassenen Lebensmittel reichten einige Zeit für alle aus. Und es waren Sachen dabei, die der reine Luxus waren. Am Abend kam es wiederholt vor, dass einige amerikanische Soldaten in die Häuser gingen und vorwiegend bei bäuerlichen Anwesen nach frischen Hühnereiern und Fleisch verlangten. Natürlich hatten kleine Landwirte und viele andere Haushalte keine Reserven mehr. Im letzten Kriegsjahr wurde alles Essbare aufgebraucht und jeder Tag war ein neuer Tag im Kampf ums Überleben. Bekamen die Soldaten die Auskunft, dass keine Eier oder Frischfleisch mehr vorhanden waren, konnte es schon passieren, dass sie ihrer Forderung mit der Pistole in der Hand Nachdruck verliehen: *Eggs! Eggs!* Inwieweit diese Drohungen ernst gemeint waren oder nur Angst machen sollten, um die *letzten Eier* zu bekommen, lässt sich nicht sagen. Zu ernstlichen Zwischenfällen kam es jedoch nicht. Die amerikanischen Truppen besetzten wichtige Gebäude. An der *Reichsgrenze* nach Elbach das alte Grenzgebäude, einige hundert Meter weiter das Zollgebäude in Hüttersdorf. Es wurde auch sofort versucht, wieder etwas Ordnung im Ort zu schaffen.

Die Besatzer

Hüttersdorf und die dazugehörigen Gemeinden waren nun von den Amerikanern besetzt. Die Kampftruppen zogen weiter, während nachrückende Einheiten das Gemeindeamt und andere größere Häuser besetzten. Die Offiziere befragten verschiedene Personen, um Parteifunktionäre der NSDAP ausfindig zu machen. Der Bürgermeister und andere Nazigrößen, soweit auffindbar, waren bereits in Haft genommen. Nach den ersten Tagen des Einmarschs der Amerikaner machten sich Rosi und Kurt Bachner vermehrt Sorgen um ihre Söhne Josef und Willi. Sie hatten schon lange keine Nachricht mehr von den beiden erhalten. Die Familie von Josef wohnte übrigens auch seit einigen Monaten in Hüttersdorf.

Eines Morgens hielt vor dem Haus der Bachners ein Jeep. Zwei Soldaten wollten Kurt Bachner sprechen. Er wurde gebeten, sie zur Kommandantur zu begleiten. Dort angekommen, wurde er einem Offizier vorgestellt, der ihn auf seine KZ-Haft ansprach. Woher dieser die Information hatte, sagte er nicht. Der Offizier wollte wissen, ob Bachner ihm Namen von Nazifunktionären nennen könnte, die sich im Ort oder in der näheren Umgebung aufhielten. Dabei griff er nach einer Liste und las ihm die Namen der bereits Inhaftierten vor. Kurt Bachner erklärte ihm, dass er außer denen, die auf der Liste standen, sonst niemand anderen wisse. Als er merkte, dass ihm der Offizier das nicht glaubte, fügte er schnell hinzu: «Sicher gibt es noch einige *Mitläufer* hier in Hüttersdorf, die aber im Gegensatz zu den bereits Festgenommenen eher harmlos sind.« Der Amerikaner erklärte ihm, dass jetzt »Ausgangssperren« angeordnet würden, die es der Zivilbevölkerung strikt verboten, nach 17:00 Uhr noch auf der Straße zu sein. Jeder hatte seinen Tagesablauf so einzurichten, dass er um diese Uhrzeit zu Hause war. Ohne weitere Erklärungen überreichte ihm der Offizier eine weiße Armbinde mit der Aufschrift *Police.* Auf die Frage von Kurt Bachner, was er damit bezwecke, antwortete der Soldat im Befehlston: »Sie sind mit einigen anderen beauftragt, unter ihren Landsleuten dafür Sorge zu tragen, dass die Ausgangsbestimmungen eingehalten werden!« Die Binde in der Hand haltend, schaute Bachner etwas verduzt den Offizier an. Dieser lachte und sprach: »Solange Sie die weiße Binde tragen, können Sie gehen, wohin Sie wollen und bleiben, solange Sie wollen.« Bachner verließ die Kommandantur, steckte die Binde in seine Tasche und trat den Heimweg an. Der Jeep, der ihn hergebracht hatte, war verschwunden. Am anderen Morgen wurde bekannt gegeben, dass ab heute Abend, um genau 17:00 Uhr, die *Ausgangssperre* in Kraft treten sollte. Wer gegen diese Anordnung verstoße, komme ins Militärgefängnis und werde bestraft. Wie sich später erst herausstellte, hatten sich einige nicht daran gehalten und wurden für ihr Vergehen tagelang eingesperrt. Wenn es schlimm kam, gab es als Zugabe noch einige deftige Ohrfeigen.

Für Reinhard Bachner war der Tag trotz seiner Vorteile als »Bindenträger«, viel zu kurz. Zusammen mit seinem Cousin und einigen Freunden hatte er alle Hände voll zu tun. Eine große Leidenschaft war inzwischen unter den Kindern ausgebrochen: das *Kippensammeln.* Sobald ein Soldat sich eine Zigarette ansteckte, gingen Buben und manchmal sogar Mädchen hinter ihm her, bis er den Stummel wegwarf. Manche der Soldaten zeigten Mitgefühl. Sie machten nur ein paar Züge, dann warfen sie die *Kippe* weg. Und je länger eine Kippe war, desto höher stieg natürlich ihr Wert. Mit gut erhaltenen und langen Exemplaren ließen sich die besten Tauschgeschäfte machen. Es gab aber auch einige Soldaten, die sich einen sadistischen Spaß aus dieser Sammelleidenschaft machten und die Zigarette bis auf einen winzigen Rest zu Ende rauchten. Noch fieser war, wenn einer der Jungen schon zehn Minuten hinterherlief und der Soldat die Kippe mit dem Fuß am Boden zermalmte. Wieder andere hatten die schlechte Angewohnheit, die angerauchte Zigarette zwischen die Finger zu nehmen und in hohem Bogen über einen Gartenzaun oder tief in einen Graben zu schnipsen. Reinhard hatte Übung, was das Zigarettenkippen-Sammeln anbetraf. Nach einigen Tagen kannte er schon viele Soldaten, bei denen es sich lohnte hinterherzulaufen. Die Schule war übrigens mit US-Militär belegt. Alle Jungs im Ort hatten also jede Menge Zeit, Kippen zu sammeln.

Es war etwa eine Woche nach dem Einmarsch der Amerikaner, als Reinhard wieder unterwegs war, um etwas zu *organisieren,* wie man dies damals nannte. Er stand mit Vorliebe beim Grenzgebäude an der Straße nach Elbach. Vor diesem Gebäude gab es die besten Gelegenheiten, etwas *abzustauben* – das Wort »klauen« oder »stehlen« wurde in diesen Notzeiten nicht verwendet. Auch standen dort die Chancen nicht schlecht, etwas geschenkt zu bekommen. Hin und wieder kam es durchaus vor, dass die Soldaten Kaugummis oder ein Stück Schokolade verteilten. Solcherlei wertvolle Dinge warfen manche von ihnen einfach unter die Kinder. Als Reinhard wieder Posten bezogen hatte, kam ein Soldat aus dem Haus und fragte ihn, ob er mit ihm mitfahren wolle. Als er noch zögernd nach einer Antwort suchte, hob er ihn schon in seinen Jeep und los ging die Fahrt.

Einerseits hatte Reinhard Angst, andererseits machte ihm die Fahrt aber auch Spaß, so dass er die Angst schnell vergaß. Der Soldat hielt erst an, als sie den Wald am Ortsende erreicht hatten.

Was nun geschah, war für den Jungen unfassbar. Der Amerikaner holte sein Gewehr, eine Schnellfeuerwaffe, und ging damit in den Wald. Reinhard bekam es mit der Angst zu tun. Was hatte dieser Kerl vor? Der Soldat aber nahm ihn bei der Hand und er musste mitgehen, ob er wollte oder nicht. Unterwegs fragte er den Jungen in gebrochenem Deutsch, ob er wüsste, wo hier im Wald Tiere, wie etwa Rehe oder Hirsche, am besten zu finden wären. Reinhard brachte vor Schrecken kein Wort heraus. Der Amerikaner schien das zu bemerken und deutete auf seine Uniformjacke, wo auf der Brusttasche der Name »Jack Cameron« aufgenäht war. Und zur Beruhigung des Jungen sagte er: »Ich heiße Jack. Und du?« - »Reinhard«, stotterte dieser. Jack holte eine Tafel Schokolade und ein Päckchen Kaugummi aus seiner Hosentasche, drückte sie dem Buben in die Hand und steckte sich eine Zigarette an. Dann wiederholte er seine Frage nach Plätzen, wo sich Wild finden lasse. Reinhard wusste von seinem Vater, dass die Tiere des Waldes sich nicht um diese Zeit hier aufhielten. Eifrig versuchte er, dem Soldaten klarzumachen, wann man die Tiere am besten zu Gesicht bekomme; nämlich am frühen Morgen oder in der Abenddämmerung. Als Jack nicht gerade ein freundliches Gesicht schnitt, fügte Reinhard noch eilig hinzu, dass die Tiere kleine Lichtungen oder Waldsäume bevorzugen würden. Es sah aber eher danach aus, als ob Jack die Ausführungen des Jungen gar nicht verstanden hatte. Plötzlich nahm er sein Gewehr und schoss wahllos in den Wald hinein, wenn sich irgendwo auch nur das Geringste bewegte. Dann schimpfte oder fluchte er lautstark auf Englisch vor sich hin, nahm Reinhard wieder an die Hand und ging mit ihm zum Jeep zurück. Die Rückfahrt war der helle Wahnsinn. Jack fuhr, was das Fahrzeug hergab, und Reinhard war froh, als sie am Grenzgebäude ankamen und er aussteigen konnte. Der Soldat strich ihm über die Haare und sagte: »Morgen früh kommen, OK?« Bevor er antworten konnte, war »Jack« im Gebäude verschwunden. Reinhard hatte heute genug von den Amerikanern und machte sich auf den Nachhauseweg. Ob er sich am nächsten Morgen bei Jack sehen lassen würde, musste noch gut überlegt werden.

Am nächsten Tag war bei der Familie Bachner einiges los. Der Vater war ständig damit beschäftigt, alles in die richtige Reihe zu bekommen. Einige Leute aus Hüttersdorf bestürmten ihn förmlich, er möge bei den Amerikanern ein gutes Wort für den Ehemann, Bruder oder Sohn einlegen. Manch verhaftete Ortsbewohner waren zwischenzeitlich der tschechischen Justiz übergeben worden. Seit Mitte Mai sah man auch in Hüttersdorf hin und wieder uniformierte Tschechen, die mit den Offizieren der amerikanischen Kommandantur Kontakt aufnahmen. Kurt Bachner konnte nur in wenigen Fällen verhindern, dass Inhaftierte aus dem Ort ins Innere der Tschechei gebracht wurden, zum Beispiel nach Pilsen oder Prag. Es waren auch Leute unter den Hilfesuchenden, denen es nichts ausmachte, Kurt Bachner um Unterstützung zu bitten, obwohl sie für ihn und seine Familie während seiner Haft keinen Finger gerührt hatten. Rosi Bachner, die ein Kind erwartete, wurde es manchmal doch zu viel, wenn ihr Mann nur noch unterwegs war. Als er heute wieder zu spät zum Mittagessen nach Hause kam, machte sie ihm Vorwürfe: »Du setzt dich für Menschen ein, die mich und

deine Kinder verachtet haben und an dir kein gutes Haar ließen.« Sie war so erregt, dass sie aus dem Zimmer lief, um sich etwas abzureagieren. Als sie sich wieder beruhigt hatte, versuchte Kurt Bachner ihr zu erklären, warum er auf der Kommandantur für einige der Verhafteten vorsprach: »Wenn wir jetzt mit gleicher Münze heimzahlen wie die Nazis, sind wir doch auch nicht viel besser«, meinte er, »und viel kann ich sowieso nicht tun.«
»Frau Schlicker war auch schon bei mir«, antwortete seine Frau. »Ich habe sie gebeten, unsere Wohnung nicht zu betreten.« Bachner fasste sie mit beiden Händen zärtlich an den Schultern und sagte: »Das hast du richtig gemacht. Für ihren Mann kann ich gar nichts tun, den haben die Tschechen schon abgeholt.« Rosi nickte und erinnerte Kurt nochmals an die Worte, die Schlicker, vor gar nicht so langer Zeit, ihr gegenüber geäußert hatte: *»Der soll nur bleiben, wo er ist. Da ist er gut aufgehoben.«*
»Lass es gut sein, Rosi. Die bekommen ihre Strafe. Darauf kannst du dich verlassen.« Überzeugend klangen seine Worte aber nicht. Er wusste nur zu gut, dass diese Leute Ihren Mantel immer in die richtige Windrichtung hielten. Bachner musste an ein Gespräch mit einem Offizier der Kommandantur denken, der ihm ohne Umschweife erklärte: »Leute dieser Kategorie schwimmen bald wieder oben.« Er sträubte sich zwar gegen diese Ansicht, musste aber innerlich zugeben, dass die Argumente des Offiziers nicht von der Hand zu weisen waren. Mit einem unguten Gefühl begab sich Bachner abermals auf die Kommandantur.
Voller Zwiespalt verließ auch Reinhard nach dem Mittagessen das Haus. Er war am Morgen nicht zum Grenzgebäude gegangen, so wie es der Soldat Jack gewollt hatte. Als er sich nun vorsichtig seinem Lieblingsplatz näherte, sah er seine Freunde Fritz,

Erwin und einige andere. Erleichtert machte er sich ihnen bemerkbar. Von Jack war Gott sei Dank nichts zu sehen. Und so schloss sich Reinhard der Gruppe an. Ein Junge aus Elbach war dabei. Er sagte, dass in Kürze ein Lastwagen Proviant für die Soldaten anliefern würde. »Da haben wir doch nichts davon«, antwortete Fritz ihm. »Du hast keine Ahnung! Das bedeutet, wir können etwas abstauben, verstehst du?« Und ob Fritz verstand. Der »Elbacher« wollte klauen. »Das musst du schon alleine machen«, sagte Fritz. Und Erwin meinte: »Wenn die dich erwischen, schlagen sie dich windelweich.« - »Angsthasen!«, schimpfte der Junge aus Elbach und begab sich zu einer anderen Gruppe, die sich mittlerweile eingefunden hatte.
Gerade als Reinhard mit seinen Kameraden gehen wollte, raste ein aus Richtung Elbach kommender Jeep in die Einfahrt zum Grenzgebäude und kam gerade noch vor der Hausmauer zum Stehen. Der Fahrer des Wagens kam auf Reinhard zu, nahm ihn am Arm und zog ihn mit zu dem Fahrzeug. Vor Angst zitternd, stand er vor dem Jeep, in dem zwei tote Rehe lagen. Der Fahrer war niemand anderes als Jack. Der grinste und fragte Reinhard, warum er am Morgen nicht gekommen sei. Bevor er noch antworten konnte, war Jack im Grenzhaus verschwunden. Als er Fritz und den anderen von seiner gestrigen Begegnung mit dem Amerikaner erzählte, lachten sie und meinten, »der hat auch ohne dich die Rehe gefunden«. Reinhard wollte trotz allem so schnell wie möglich vom Grenzhaus wegkommen. Also machten sie sich auf den Weg zum »Deutschen Wald.« Dort hatten sie ein geheimes *Depot* angelegt, unter einer halb verfaulten Baumwurzel, wo sich schon starker Mooswuchs breit machte. Alles, was sie von den Soldaten geschenkt bekamen und nicht gleich verzehrt wurde, brachten sie hierher. Natürlich waren

auch Sachen dabei, die sie abgestaubt hatten. Und Reinhard war eifrig bestrebt, seinen etwas älteren Kameraden zu beweisen, dass er auch ohne ihre Mithilfe imstande war, etwas zu organisieren.

Am Nachmittag, wenn die Wachablösung am Grenzhaus stattfand, gab es immer eine gute Gelegenheit, aus einem unbeaufsichtigten Jeep etwas »abzustauben.« Reinhard verließ also das Versteck, um nicht zu spät zu kommen. Die anderen versprachen zu warten, bis er zurück sei. Er stellte sich in der Nähe des Postenhauses in eine unauffällige Position und lauerte auf einen günstigen Moment, um vielleicht aus einem Fahrzeug was zu »entnehmen.« Die Soldaten ließen oft ganze Packungen Zigaretten achtlos herumliegen, vor allem aber die begehrten Tagesrationen, die in einem eingewachsten Karton Verpflegung für einen Tag enthielten. Reinhard brauchte nicht lange zu warten, bis die erste Ablösung kam. Ein farbiger Soldat stieg aus seinem Jeep, nahm Gewehr und Stahlhelm vom Beifahrersitz und ging ins Postenhaus. Sofort schlenderte Reinhard möglichst unbeteiligt an dem Fahrzeug vorbei, um auszuspähen, ob etwas zu holen war. Was er sah, war ein angebrochener Karton mit großen Zigarren. Eine hervorragende *Beute,* mit der man im »Tausch« gute Lebensmittel bekam. Ein schneller Blick zum Postenhäuschen – die beiden Soldaten unterhielten sich gerade miteinander –jetzt oder nie, dachte sich Reinhard und griff in den Zigarrenkarton. Mit ein paar schnellen Griffen holte er einige Zigarren heraus, steckte sie unter seine Jacke, die mit einem Gummizug an der Hüfte ausgestattet war, und entfernte sich betont langsam vom Jeep. Als er bereits einige Meter hinter sich hatte und seine Schritte beschleunigen wollte, spürte er, wie ihn jemand im Nacken am Kragen fasste und mit gewaltiger Kraft vom Boden hochhob. Vor Schreck gelähmt, sah er in das Gesicht eines farbigen Soldaten. Dieser hielt ihn immer noch am »Nacken« fest und mit dem Zeigefinger seiner anderen Hand griff er unter den Gummizug von Reinhards Jacke. Die Zigarren fielen zu Boden und im selben Augenblick bekam Reinhard einen derartigen Schlag gegen seine Wange, dass er zu Boden stürzte. Die Ohrfeige, die ihm der Soldat verabreicht hatte, sollte ihm noch lange in Erinnerung bleiben.

Als Reinhard die Zigarren fein säuberlich aufgelesen und in den Karton zurückgesteckt hatte, nahm ihn der Amerikaner anschließend an die Hand und brachte ihn zum Grenzhaus. Er wurde einer Frau übergeben, die gerade aus der Küche kam. Da beide Englisch sprachen, konnte Reinhard nichts verstehen. Seine rechte Wange brannte wie Feuer und die Angst trieb ihn den Schweiß auf die Stirn. »Warum stiehlt ein kleiner Junge wie du Zigarren?«, fragte die Frau in schlechtem Deutsch. Reinhard fiel keine passende Antwort ein und zitterte am ganzen Körper. Plötzlich sah er Jack den Flur entlangkommen. Die Frau aus der Küche ging ihm entgegen und beide sprachen miteinander. Aus einem anderen Zimmer kam auch noch der Soldat hinzu, der Reinhard geohrfeigt hatte. Jacks Stimme wurde plötzlich etwas lauter und die beiden anderen verschwanden in Richtung Küche. Dann nahm er den Jungen bei der Hand und führte ihn zurück auf die Straße. Vor Aufregung konnte Reinhard nicht verstehen, was Jack zu ihm sagte. Aber er bekam mit, dass er gehen konnte. Ohne sich zu bedanken lief Reinhard weg, um so schell wie möglich zu seinen Freunden zu gelangen. Als er zum Depot kam, warteten die anderen schon ungeduldig auf ihn. »Wo bleibst du denn so lange?«, fragte Fritz. Er brauchte keine Antwort zu geben. Alle sahen seine geschwollene Backe, mit einem sauberen Abdruck von fünf Fingern. »Haben sie dich erwischt?«, kommentierte Erwin und konnte das Lachen kaum verbergen. Reinhard blieb nichts anderes übrig, als sein *Missgeschick* zu erzählen. Fritz bremste die spöttischen Bemerkungen von Erwin. Und zu Reinhard sagte er: »Für derartige Unternehmungen bist du noch zu jung.« Er vermied absichtlich das Wort »zu klein« und tröstete ihn. Er nahm eine Tafel Schokolade aus dem Versteck und drückte sie ihm in die Hand. Obwohl in diesen Zeiten eine Tafel Schokolade einen immensen Wert hatte, sah Reinhard nervös der Stunde entgegen, wo er seinen Eltern erklären musste, woher er die dicke Backe hatte. Er drängte darauf, das Donnerwetter so schnell wie möglich hinter sich zu bringen. Als das Moos wieder sauber über dem Versteck verteilt war, beschlossen sie heimzugehen. Je mehr sich Reinhard dem Elterhaus näherte, um so langsamer wurden seine Schritte. Noch bevor die Haustüre erreicht war, hörte er durch das geöffnete Fenster lautes Stimmengewirr. Dies konnte nur bedeuten, dass viel Verwandtschaft bei Bachners zu Besuch war.

Und so war es auch. Onkel Georg, die Tanten Katharina und Barbara sowie ein eher seltener Gast, der jüngste Bruder Kurt Bachners, hatten vorbeigeschaut. Ihn nannten alle »Peppe«, obwohl er eigentlich Josef hieß. Es war nicht ungewöhnlich in diesen unruhigen Zeiten, dass Verwandte und auch Bekannte regelmäßig zusammenkamen. Reinhard betrat leise die Stube, bestrebt, nicht aufzufallen. Er hoffte, einfach nicht beachtet zu werden. Das war ein Trugschluss. »Wie siehst du denn aus?«, fragte ihn seine Mutter. Nun blieb ihm nichts anderes übrig, als mit der Wahrheit herauszurücken. Reinhard erzählte (fast) wahrheitsgetreu, wie er zu seiner dick angeschwollenen Wange kam. Entrüsteten sich die Mutter und Tanten, so glaubte er, ein kurzes Lächeln auf Vaters Gesicht gesehen zu haben. Das war für ihn entscheidend. Ein Stein fiel Reinhard vom Herzen und so bemerkte er gar nicht, dass auch der Vater noch ein paar mahnende Worte an ihn richtete. Da er mit einer größeren Standpauke gerechnet hatte, war er froh, dass er so glimpflich davonkam.

Onkel Georg hatte mit seinen Neuigkeiten, die er – wie sollte es auch anders sein – immer zu berichten hatte, die Aufmerksamkeit von Reinhard abgelenkt. Ein Gerücht ging um in Hüttersdorf, dass Leute, die den Nazis nahe standen oder Funktionen in der NSDAP innehatten, weiße Armbinden tragen mussten. In den letzten Tagen waren immer mehr Tschechen in Uniform, aber auch Zivilisten in Hüttersdorf zu sehen. Kurt Bachner wusste durch seine Tätigkeit bei der Militärverwaltung, dass in Kürze ein Tschechisches Kommissariat eingerichtet werden sollte. Fast alle Bürger von Hüttersdorf hatten nach dem Einmarsch der Amerikaner noch an eine amerikanische Besetzung des Grenzgebiets geglaubt. Das sollte sich leider nicht erfüllen. Dass es anders kommen würde, konnte, wenn man die Augen nicht verschloss, jeder erkennen. Immer mehr Tschechen kamen nach Hüttersdorf. Und das wäre ohne Duldung der Amerikaner nicht möglich gewesen. Noch gaben die aber das Heft nicht aus der Hand. Nachdem im Hause der Bachners wieder etwas Ruhe herrschte und nur noch die beiden Brüder anwesend waren, lenkte Georg das Gespräch auf die Zeit im Konzentrationslager. Kurt Bachner war jedoch nicht gewillt, davon zu sprechen. Und somit kamen die Brüder wieder zum leidigen Thema: Wo waren und wie ging es ihren Söhnen? Von Josef Bachner, den ältesten Sohn von Kurt Bachner, war eine Nachricht aus Norwegen vor vier Monaten das letzte Lebenszeichen. Von Willi Bachner wusste man nur, dass er in amerikanische Gefangenschaft geraten war. Wie sich später herausstellte, wurde er in ein Camp nach Georgia in die Vereinigten Staaten gebracht. All diese Dinge beschäftigten die Brüder mehr als alles andere. Georg hatte auch einen Sohn, von dem er nicht wusste, ob er noch am Leben war. Sein Schwiegersohn war in Russland gefallen. Solche ungeheuerlichen Vorfälle waren in vielen Familien fast schon Alltag. Erst weit nach Mitternacht trennten sich die Brüder und die Sorgen waren nicht geringer geworden.

Am nächsten Morgen, es war für die Jahreszeit – Mitte Mai – empfindlich kühl, holten die Amerikaner Kurt Bachner mit einem Jeep ab, um ihn zur Kommandantur zu bringen. Dort erfuhr er, dass sich in Kürze im Ort einiges ändern würde. Der diensthabende Offizier nahm ihn mit in sein Büro, holte eine Flache Whiskey und zwei Gläser und bat Bachner, Platz zu nehmen. Nachdem sich beide eine Zigarette angesteckt hatten, äußerte sein Gegenüber die Bitte, er möge ihm von seiner KZ-Haft in Sachsenhausen berichten.

Kurt Bachner war erstaunt über das Anliegen des jungen Offiziers, der die deutsche Sprache hervorragend beherrschte. Bald stellte Bachner fest, dass er hauptsächlich über die Struktur und Hierarchie in den Lagern Fragen stellte. Das Gespräch dauerte viele Stunden und immer wenn Bachner es beenden wollte, kamen erneut präzise Fragen von dem jungen Offizier. Als die Flasche fast leer getrunken war und ein Berg von Zigarettenstummeln sich im Aschenbecher aufgetürmt hatte, erklärte der Amerikaner das Gespräch für beendet. Bachner, der keinen konzentrierten Alkohol gewohnt war, merkte, dass er Schwierigkeiten mit dem Gleichgewicht hatte. Zu Hause angekommen, wehrte er alle Fragen seiner Frau ab und versprach, am nächsten Tag Auskunft zu geben.

Die tschechische Verwaltung, die sich langsam konstituierte, setzte bei den Amerikanern durch, dass alle Deutschen im Ort weiße Armbinden tragen mussten. Von dieser Regelung waren die Familien oder Personen ausgenommen, die nachweislich während der Naziherrschaft eine antifaschistische Haltung eingenommen hatten. Unter anderen gehörte auch die Familie von Kurt Bachner dazu. Im Juni 1945 übernahmen die Tschechen in Hüttersdorf schließlich die gesamte Verwaltung. Die Amerikaner räumten nach und nach den Ort. Die Tschechen hatten nun alleine das Sagen.

Die letzten Monate in der Heimat

Nachdem nun feststand, dass die deutsche Bevölkerung im Sudetenland ihre Heimat verlieren sollte, verließen viele Hüttersdorfer, die Verwandte oder Bekannte in der amerikanisch besetzten Zone hatten, ihren Ort. Noch war es möglich, Teile der Wohnungseinrichtung und andere persönliche Sachen nachts über die Grenze nach *Elbach* zu schaffen. Wer damals rechtzeitig die Lage erkannte, konnte also einiges retten. Landwirte, die Äcker oder Wiesen auf der bayerischen Seite besaßen, durften mit ihrem Gespann (Ochsen, Kühe, Pferde usw.) diese bearbeiten und auch ernten. Viele konnten dadurch einen Teil ihrer Habe retten. Eine der gängigsten Arten der Schmuggelei bestand darin, mit Mist beladene Wagen zum Düngen über die Grenze zu fahren. Keinem der Grenzposten kam es in den Sinn, in der stinkenden Fracht nachzusehen, ob was darunter verborgen sei. Andere Grenzposten wiederum drückten absichtlich ein oder beide Augen zu, zumal sie zu vielen Hüttersdorfern ein persönliches Verhältnis hatten. Reinhard Bachner, der sich oft mit seinen Spielkameraden an der Grenze herumtrieb, war allseits, ob auf tschechischer oder bayerischen Seite, den Grenzposten bekannt. Da er während des Kriegs auch manchmal als Ministrant tätig gewesen war, nutzte der Pfarrer von Hüttersdorf diese Gelegenheit, ihm einige Bücher anzuvertrauen. Reinhard versteckte die zum Teil schweren Bücher unter der Jacke oder dem Hemd und ging zum »Spielen« auf die bayerische Seite. Dort musste er sie bei einer Familie abgeben, die direkt an der Grenze wohnte. Ihm machte das Spaß. Und er war stolz, dem Priester zu helfen. Natürlich hatte der Geistliche Reinhards Vater um Erlaubnis gefragt. Nur die Mutter durfte (noch) nichts erfahren. Das »Rübertragen«, wie das Schmuggeln auf die bayerische Seite damals genannt wurde, war gang und gäbe. Ganz ungefährlich war es aber trotzdem nicht. Wenn tschechische Grenzposten einen *erwischten*, konnte es unangenehm werden. Die deutschen »Grenzer« waren zwar etwas humaner, doch bei einigen musste man sich ebenfalls sehr in Acht nehmen.

Es war bereits Ende Juni und ein heißer Tag, als Reinhard wieder Bücher »rübertragen« musste. Da er nur mit einem leichten Hemd bekleidet war, konnten keine großen Exemplare untergebracht werden. Der Herr Pfarrer gab ihm heute vier kleinere mit. Zwei verstaute er am Rücken und zwei am Bauch unterm Hemd. Als er zum tschechischen Kontrollpunkt kam, war kein Beamter zu sehen. Automatisch beschleunigte Reinhard sein Tempo, um so schnell wie möglich vorbeizukommen. Er war froh, es ohne Kontrolle geschafft zu haben. Die Freude währte aber nur kurz, denn aus Richtung der bayerischen Grenze kamen ihm zwei Männer in tschechischer Uniform entgegen. Reinhard sah zu den Häusern auf der anderen Straßenseite hinüber, als ob er da jemanden suche. Es half ihm aber nichts. Einer der Männer ging direkt auf ihn zu und fragte, wo er hinwolle. »Nach Hause«, stotterte er, »ich wohne hier ganz in der Nähe«. Plötzlich rief der andere seinem Kollegen etwas in tschechischer Sprache zu; was, konnte Reinhard nicht verstehen. Dieser warf noch mal einen prüfenden Blick auf ihn und besonders auf die Stelle, wo die Bücher versteckt waren. Reinhard wusste, nun hatten sie ihn erwischt. »Du kannst gehen!«, hörte er den Mann sagen. Da er sich schon damit abgefunden hatte, mitgenommen zu werden, rührte sich Reinhard nicht von der Stelle. Erst als er bemerkte, dass die beiden weitergingen, setzte er sich ebenfalls in Bewegung. Nachdem er die Bücher abgegeben hatte, beschloss er, nie mehr geistliche Literatur »rüberzutragen.« Später erfuhr er dann noch, dass einer der Grenzbeamten seinen Vater angesprochen hatte, was denn sein Sohn unter dem Hemd wohl versteckt habe. Kurt Bachner sagte ihm die Wahrheit, nämlich dass dies nur religiöse Bücher waren.

Die schulfreie Zeit für Reinhard war jetzt wieder vorbei. Eine tschechische Lehrerin unterrichtete die vierte und fünfte Volksschulklasse. Es wurde alles von der deutschen auf die tschechische Sprache umgestellt. Die Lehrerin fanden alle Schüler nett. Vor allem konnte sie fast akzentfrei die deutsche Sprache. Obwohl er gerne zum Unterricht ging, trauerte Reinhard der schulfreien Zeit nach. Die tschechische Sprache zu erlernen, fiel anfangs allen Schülern schwer.

Auch in anderer Hinsicht hatte sich so manches verändert. Kurt Bachner bekam einen Arbeitsplatz bei der Gemeindeverwaltung. Da er politisch *unbelastet* war und die Gepflogenheiten im Ort kannte, schien er dem Kommissar für diesen Posten am besten geeignet. Auch Lisa bekam Arbeit. Der Besitzer eines Kolonialwarengeschäfts hatte Hüttersdorf mit seiner Familie verlassen und sich nach Westen in die amerikanische Zone abgesetzt. Der Laden wurde seither von der Frau eines tschechischen Kommissars geführt, der die Funktion als Bürgermeister übernommen hatte. Lisa musste den neuen Inhabern an die Hand gehen. Sie arbeitete meistens hinter der Ladentheke als Verkäuferin und seit einigen Monaten trat so etwas wie Normalität ein. Dieser Zustand hielt aber nicht lange an. Die tschechische Regierung hatte nun endgültig entschieden, die deutsche Bevölkerung aus dem Sudetenland zu vertreiben. Es war also nur eine Frage der Zeit, wer wann zum »Abtransport« aufgefordert wurde. Jeden Tag gab es neue Anordnungen, die am nächsten Tag wieder geändert oder ungültig wurden. Kurt Bachner konnte sich über Arbeitsmangel nicht beklagen. Meistens hatte er den Leuten unangenehme Nachrichten zu überbringen. Die tschechische Verwaltung begann jetzt Pläne auszuarbeiten, wie der »Abtransport« der Bevölkerung von Hüttersdorf ablaufen sollte.

Die Stimmung unter den Hüttersdorfer Einwohnern hatte einen absoluten Tiefpunkt erreicht. Die meisten von ihnen wussten, dass sie »Hab und Gut« verlieren würden. Manche aber konnten oder wollten es einfach nicht glauben. Haus und Hof sowie jeglicher Besitz musste zurückgelassen werden. Gerüchte, die wie Pilze aus der Erde schossen, besagten, dass nicht mehr als 25 kg pro »Kopf« mitgenommen werden durfte. Wieder andere klammerten sich an die Hoffnung, das sei alles Unsinn. Viele Bauern im Ort holten ihre Ernte ein und taten so, als hätte sich überhaupt nichts geändert. Kurt Bachner wurde von vielen gefragt, ob er denn mehr wisse, er sei ja an der Quelle. Natürlich erfuhr Bachner einiges auf dem Gemeindeamt. Über die Details der »Aussiedlung,« wie die Tschechen die Vertreibung nannten, oder gar über Entscheidungen wusste auch er nicht Bescheid. Oft hatte er den Eindruck, dass selbst der Kommissar nur spärlich von höherer Stelle informiert wurde. In der Zentrale war das Problem in Hüttersdorf nur eines unter vielen. Und mit der politischen Lage in der Tschechoslowakei waren die *Regierenden* auf der Prager Burg mehr als ausgelastet.

Bei der Familie Bachner rückte inzwischen der Tag immer näher, wo der »Zuwachs« erwartet wurde. Rosi Bachner sollte im November ihr sechstes Kind zur Welt bringen. Ihr fiel die

Hausarbeit immer schwerer. Lisa unterstützte ihre Mutter, wo sie nur konnte, obwohl auch ihre Arbeit im Laden nicht leicht war. Hinzu kamen noch die Sorgen um die Söhne, die immer noch in Kriegsgefangenschaft waren. Am heutigen Abend war alles wieder einmal beim Großvater versammelt. Tante Resl hatte wieder ihr »Butterfass« aufgestellt und *ausgebuttert*. Das Ergebnis konnte sich sehen lassen. Es gab frische Butter aufs Brot, in jenen Tagen ein *Festessen*. Wenn Reinhard Bachner mir (dem Autor) von diesen Abenden erzählte, hatte er einen besonderen Glanz in seinen Augen: »Hätte es diese Zusammenkünfte und den Zusammenhalt innerhalb der Verwandten und Bekannten damals nicht gegeben - die schweren Zeiten hätten viele alleine nicht überstehen können«, so versicherte er mir mehr als einmal. Während also bei dieser Zusammenkunft Tante Resl Brot und frische Butter auf dem großen Holztisch herrichtete, sorgte Großvater dafür, dass es warm in der Stube war. Seine Buchenscheite, die er in den Ofen schob, verbreiteten eine mollige Wärme im Raum. Da es jetzt im Herbst schon sehr bald dunkel wurde, machte er die Lampe mit der 25-Watt-Glühbirne an, die in dem großen Zimmer ein dämmriges Licht verbreitete. Als das Abendessen beendet war und Großvater seine Pfeife paffte, nahm Georg einen erneuten Anlauf, um seinen Bruder zu bewegen, etwas über das Konzentrationslager Sachsenhausen zu berichten. Kurt Bachner winkte ab. Wie immer. Er war nicht bereit, darüber zu sprechen. Als dann der Großvater seinen Sohn bat, jetzt, wo ihm keine Gefahr mehr drohe, wenigstens die »Einweisung« in das Lager zu schildern, sagte er nach kurzer Überlegung zu. Niemand außer seiner Frau hatte er vorher von der Überstellung aus dem Gefängnis in Fürth/Bayern nach Sachsenhausen erzählt. Obwohl Reinhard an diesem Abend

dabei war und die Erzählung seines Vaters gehört hatte, musste er viele Jahre später seine Schwester Lisa fragen, um mir (dem Autor) alles genau schildern zu können. Alle, die an diesem Abend dabei waren, als Bachner den Anfang seines langen Leidenswegs im Konzentrationslager erzählte, werden das niemals vergessen.
Er nahm, – und es sah aus, als ob er es sich doch noch mal überlegen wollte, etwas zu erzählen, – einen Schluck Zichoriekaffee aus seiner Tasse und mit leiser Stimme begann er zu sprechen.

Es war der 19 Dezember 1939, als man mir mitteilte, dass ich zur »Umerziehung« in ein Konzentrationslager verlegt werde. Ich erfuhr durch Mithäftlinge im Gefängnis, was das bedeutete. Ich hatte also meinen Koffer mit den wenigen Habseligkeiten gepackt, als man mich aufforderte, diesen nach Hause zu schicken; da, wo ich hinkäme, sei für alles gesorgt. Im Koffer befand sich unter anderem auch ein Weihnachtsgeschenk für meinen Reinhard‹l. Ich gab die Adresse meiner Familie an und konnte nur hoffen, dass er über die Gefängnisleitung auch abgeschickt wurde. Noch am gleichen Tag brachte man mich mit einem weiteren Mithäftling zum Bahnhof in Fürth. Wir mussten in einen gedeckten Güterwaggon (Viehwaggon) einsteigen. Im Inneren des Wagens waren bereits einige Häftlinge, die auf dem Boden saßen. Nach etwa zwei Stunden gab es plötzlich einen Ruck. Der Waggon wurde an eine Lokomotive angehängt. Und kurze Zeit später fuhren wir los. Ich kann nicht sagen, wo und auf welchen Bahnhöfen der Zug anhielt. Immer mehr Menschen wurden in die Waggons gepfercht. Es wurden auch noch weitere Wagen an den Zug gehängt. Dabei gab es immer einen heftigen Ruck. Manchmal hielt der Zug auch für längere Zeit; ob auf einem Bahnhof oder auf freier Strecke, konnte ich nicht erkennen. Bei jedem weiteren Halt wurden immer wieder Häftlinge in die Waggons gedrängt. Inzwischen waren es so viele, dass sie denen, die am Boden saßen, zwischen die Beine geschoben werden mussten. Durch die engen Schlitze der Wagenfenster kam nur wenig frische Luft ins Wageninnere. Dadurch wurde die Luft immer stickiger und der Gestank allmählich unerträglich. Auch ob es Tag oder Nacht war, konnte ich nur durch die Fensterschlitze erkennen. Manchmal war das Gedränge so schlimm, dass auch dies nicht möglich war. Zum Essen gab es seit der Abreise in Fürth nichts. Einmal wurde die Schiebetür des Waggons einen Spalt geöffnet und einige Eimer Wasser hineingeschoben. Wahrscheinlich stammte das von den großen Wassertanks, wo die Dampflokomotiven ihr Wasser aufnahmen. Durch das Gedränge einen Schluck zu bekommen, war schwierig. Das meiste von der kostbaren Flüssigkeit ging verloren. Ich hatte Glück, dass ich nicht zu weit von der Tür weg saß; somit bekam ich doch ein wenig ab.

Was weit schlimmer war als der Hunger, war der fürchterliche Gestank. Die Notdurft wurde da verrichtet, wo man eben saß oder stand. Es war einfach unmöglich, sich auch nur einige Zentimeter von seinem Vorder- oder Hintermann wegzubewegen. So waren wir alle von eigenem und fremdem Kot und Urin beschmutzt. Es mochte etwa gegen 16 oder 17 Uhr gewesen sein – es war schon ziemlich dunkel – als wir aus dem Waggon getrieben wurden. Wir mussten uns vor einem Gebäude mit großem Eingangstor aufstellen. Soweit ich durch die spärliche Beleuchtung erkennen konnte, waren wir von Wachleuten der SS umringt. Dann bekamen wir den Befehl, laut und deutlich zu rufen:

»Mensch werde aus Stein oder zerbreche!«

Während wir durch das Tor marschierten, musste immer wieder dieser eine Satz gebrüllt werden. Wer links oder rechts außen in der Reihe marschierte, wurde mit Fußtritten und Schlägen traktiert. Wir erreichten einen riesigen freien Platz, als das Kommando »Stillgestanden!« gegeben wurde. Obwohl wir uns in einem erbärmlichen Zustand befanden und vor Hunger kaum noch aufrecht halten konnten, ließen sie uns in der Dezemberkälte auf dem Platz stehen. Ich kann nicht genau sagen wie lange. Für mich war es eine Ewigkeit. Dass es erst der Anfang einer langjährigen Folter auf diesem Platz sein würde, konnte ich nicht ahnen. Wir standen nämlich auf dem »Appellplatz des KZ- Sachsenhausen!« Ich sollte noch manches auf diesem Platz ertragen müssen. In die Kartei der Lagerverwaltung kam der Eintrag: »Neuzugang Kurt Bachner, am 23.12. 1939, 18 Uhr«.

Langsam erhob sich Bachner von seinem Stuhl und sagte: »Für heute reicht‹s, ich mag nicht mehr!« Es war ruhig im Zimmer geworden. Auch Georg, der sonst immer neugierig war und Fragen stellte, blieb auffällig still. Reinhard lief spontan zu seinem Vater. Der lächelte, nahm ihn bei der Hand und sagte: »Komm Reinhard‹l, wir gehen schlafen!« Das war ein eindeutiges Zeichen für die anderen, dass die heutige »Zusammenkunft« beendet war. Als Großvaters Stube sich geleert hatte, setzte er sich in seinen Stuhl und zündete noch mal seine Pfeife an. Er war lange in sich gekehrt und erwog die Aussagen seines Sohnes. Obwohl er schon vieles über die Konzentrationslager der Nazis gehört hatte, war er zutiefst erschüttert. Erst als ihn seine Tochter Resl ermahnte, doch endlich ins Bett zu gehen,

ließ er von diesen üblen Gedanken ab, – die ihm aber noch die halbe Nacht keine Ruhe ließen.
Es war der Morgen des 30. November 1945, als Rosi Bachner Besuch von ihren Schwestern bekam. Endlich war es so weit. Die Geburt ihres sechsten Kindes stand bevor. Das Bett in der Stube war vorbereitet, die Hebamme benachrichtigt. Lisa hatte sich schon fertig gemacht, um mit Reinhard einen Spaziergang zu machen, wenn der Ernstfall eintreten sollte. Zur damaligen Zeit wurden die Kinder zu Hause geboren, egal, ob es eine einfache oder komplizierte Entbindung war. Jetzt, so kurz nach Kriegsende, gab es ohnehin keine Alternative. Kurt Bachner hatte, auf Anordnung der Hebamme, alles unternommen, um ein Stück Wurst und eine Flasche Bier für seine Frau parat zu haben. »Das muss sein«, meinte die Geburtshelferin, »das Gebären kostet der Frau unendlich Kraft.« Die Hebamme wusste natürlich ganz genau, dass die Frauen gar keinen Appetit mehr hatten, wenn die »Wehen« einsetzten. Die Mahlzeit für die werdenden Mütter verzehrte sie selbst. Das war auch den Eheleuten Bachner bekannt; doch es war halt der *Brauch,* dass eine Stärkung für die Gebärende auf alle Fälle vorhanden sein musste. Während also Rosi Bachner in den Wehen lag, ließ sich die Hebamme Wurst und Bier schmecken und gab allen Anwesenden ihre Befehle, was bei der Geburt zu tun sei. Endlich war es dann so weit. Am späten Nachmittag brachte Rosi Bachner eine Tochter zur Welt. Dass es ein Mädchen war, begeisterte nicht nur die Mutter; auch Lisa und Reinhard freuten sich sehr. Ganz unkompliziert war die Geburt allerdings nicht. Immerhin war Rosi Bachner bereits 43 Jahre alt. Trotz allem steckte sie die Geburt überraschend gut weg. Sie war ja einiges gewohnt und in ihrem Leben wahrlich nicht auf Rosen gebettet.

Im Hause Bachner musste der Tagesablauf umgestellt werden. Denn die kleine Ingeborg, auf diesen Namen sollte sie in einigen Tagen getauft werden, nahm jetzt eine Sonderstellung ein. Georgs Tochter, die von allen nur »Nane« (Anna) gerufen wurde, wollte die Patenschaft für die kleine Ingeborg übernehmen. Die Taufe wurde vom Hüttersdorfer Pfarrer durchgeführt und aus Dankbarkeit, dass Reinhard für ihn Bücher über die Grenze geschmuggelt hatte, waren die üblichen Kosten nicht zu entrichten. Eine Tauffeier war zu dieser Zeit übrigens keine große Sache. Das Kind wurde in die Kirche gebracht und getauft. Das war alles. Heute werden anlässlich einer Kindstaufe richtiggehende Feste gefeiert. Ein Restaurantbesuch mit einem guten Essen und nachfolgender Kaffeetafel für alle Verwandten und Bekannten ist das Mindeste. Natürlich gab es seinerzeit, in den so genannten *besseren Kreisen,* die das nötige Kleingeld zur Verfügung hatten, auch Tauf-Feiern. In Hüttersdorf jedoch und insbesondere bei den Bachners existierte so etwas nicht. Dort war man froh, wenn für die Familie eine Mahlzeit auf den Tisch kam. Manchmal reichte diese nicht einmal für alle Familienmitglieder. Die Portionen fielen dann eben kleiner aus.
In Hüttersdorf war es »gang und gäbe«, dass die weibliche Jugend sich einen Amerikaner als »Freund« zulegte. Natürlich taten dies nicht alle Mädchen, aber einige schon. Sie hatten einfach erkannt, dass es große Vorteile hatte. In einer Familie, wo ein amerikanischer Freund vorhanden war, gab es keine Not. Von Lebensmitteln über Zigaretten bis hin zu Seidenstrümpfen war dann für alles gesorgt. Doch in diesen Zeiten war absolut nichts von Dauer: Die Amerikaner hatten sich aus Hüttersdorf schon gänzlich zurückgezogen. Nur noch selten sah man einen Jeep im Ort. Die tschechische Verwaltung arbeitete jetzt schon

gezielt an Plänen, wie die Vertreibung der Deutschen aus dem Sudetenland durchzuführen sei. Die Verunsicherung unter der Bevölkerung war dementsprechend groß. Wenn Kurt Bachner abends vom Gemeindeamt heimkam, brachte er immer öfter Nachrichten mit, die darauf hindeuteten, dass es auch bald in Hüttersdorf die ersten Abtransporte geben würde.

Im Hause Bachner wurden dennoch Vorbereitungen getroffen, um das erste Weihnachtsfest nach Kriegsende zu feiern. Zum zweiten Mal nach seiner Haftentlassung konnte Bachner seine Familie und Verwandten mit Weihnachtsbäumen versorgen. Wie immer waren seine »Bäume« die schönsten. Rosi Bachner war mehr als ausgelastet mit der kleinen Ingeborg, was sie aber nicht davon abhielt, das Fest für die Familie so schön wie möglich zu gestalten. Was die Versorgung mit den nötigen Lebensmitteln betraf, hatte es in den vergangenen Jahren schon größere Schwierigkeiten gegeben. Lisa konnte durch ihre Arbeit im Kolonialwarengeschäft für das Weihnachtsfest einen kleinen Beitrag leisten. Die neuen Besitzer sorgten dafür, dass etwas Mehl und Margarine auch für sie abfiel. Angesichts der allgemeinen Lage waren manche Bauern im Ort bereit, Kartoffeln, Milch und manchmal sogar ein Stück Butter abzugeben. Doch auch solche Kleinigkeiten mussten heimlich erledigt werden. Die tschechische »Obrigkeit« hatte schon viele Bauernhöfe und anderes Eigentum unter ihre Verwaltung gestellt. Mit anderen Worten: Die ehemaligen Besitzer waren nur noch Angestellte, die die Arbeiten zu verrichten hatten. Die Tschechen wussten natürlich, dass die Bauern *ihr* ehemaliges Vieh gut versorgen würden. Die Erträge mussten genau angegeben und vieles sofort abgeliefert werden. Im Allgemeinen herrschte aber trotz Kontrolle ein großes Durcheinander. Der Verwaltungsapparat konnte zu diesem Zeitpunkt ja noch nicht funktionieren.

Die Lage, vor allem für die deutschen Bewohner in Hüttersdorf, war in jeder Hinsicht deprimierend. Die Sorge, wann der Befehl zum Abtransport kommen und wohin die Reise gehen würde, war allgegenwärtig. All diese Dinge ließen die Menschen nicht mehr ruhig schlafen. Der Zustand war fast unerträglich. Es gab keinen Tag, wo nicht davon gesprochen wurde und die Existenzangst war aus jedem Wort herauszuhören. Da waren Landwirte und Gewerbetreibende sowie auch Leute, die sich ein Leben lang ihr Haus vom Mund abgespart hatten, nur um jetzt alles zurückzulassen. Mancher Grund und Boden war schon seit Generationen in Familienbesitz. Viele alte Leute begriffen gar nicht, warum sie aus ihrer Heimat wegmussten. Für die Familienmitglieder war es schwierig, ihnen klar zu machen, dass der Krieg, den Hitler vom Zaun gebrochen hatte, an diesem Dilemma die Hauptschuld trug. Einige von ihnen konnten bis zur Stunde noch nicht glauben, dass sich ihr allseits geliebter »Führer« durch Selbstmord aus der Verantwortung gestohlen hatte. Natürlich konnte man von den Tschechen jetzt nicht erwarten, dass sie die Deutschen gut behandeln würden. Dass viele Unschuldige, die in ihrem Leben keinen Tschechen etwas zu Leide getan und selbst unter der Naziherrschaft gelitten hatten, genauso schlecht behandelt wurden, ist eine Binsenweisheit. Nach einem Krieg haben immer die Gewinner das Sagen. Das Schlimme dabei ist, dass sie glauben, auch noch im Recht zu sein. In vielen Gesprächen versuchte Kurt Bachner manchen Dorfbewohnern klar zu machen, dass die Vertreibung letztendlich die Folge von Hitlers Gewaltherrschaft war. Viele waren es nicht, die seinen Argumenten Glauben schenkten. Es waren immer »die anderen«, die Schuld hatten. Damit konnte man besser sein eigenes Gewissen beruhigen. Oft musste den Leuten in Erinnerung gerufen werden, wie sie auf der Straße gejubelt hatten, als Hitler nicht *nur* das Sudetenland »*Heim ins Reich*« holte. Bachner wusste noch sehr genau, wie die Menschen öffentlich gerufen hatten: »*Wir wollen heim ins Reich!*« Und »*Ein Volk, ein Reich, ein Führer! Wir danken unserem Führer!*« Aber jeder versicherte, damals nicht dabei gewesen zu sein. Bachner konnte es sich bei einigen Zeitgenossen nicht verkneifen zu sagen: »Auf meine Augen kann ich mich heute noch verlassen. Und damals waren sie sogar noch besser.«

Weihnachten 1945 war für die Familie Bachner wieder einmal kein Fest der Freude. Es gab immer noch keine Nachricht von den Söhnen Josef und Willi. Man wusste nur, dass sie irgendwo in einem Kriegsgefangenenlager waren. Am 24.12. 1945, in aller Herrgottsfrühe, kam Rosis Bachner Schwester Katharina, um nach der kleinen Ingeborg zu sehen. Wie immer in all den vergangenen Jahren hatte sie *etwas* dabei. Dieses Mal war es frische Milch für die Kleine und Handschuhe für Reinhard. Sie hatte einen alten Wehrmachtspullover »aufgetrennt« und die Wolle für die Handschuhe verwendet. Reinhard bekam die »*Fäustlinge*« natürlich erst am Abend. Rosi Bachner bat ihre Schwester, nachmittags wiederzukommen und Barbara auch mitzubringen. Es hatte sich in all den Jahren, und insbesondere in den Kriegsjahren so ergeben, dass man am Nachmittag des Heiligabends zusammenkam. Es musste nicht immer bei der gleichen Familie sein. Heute traf man sich bei Kurt und Rosi Bachner. Der Weihnachtsabend selber wurde dann im trauten Kreis der eigenen Familie gefeiert.

So war auch an diesem Nachmittag die Wohnstube der Familie Bachner voll. Da Georg verwitwet war, brachte er seine Tochter mit; auch Großvater und Tante Resl sowie alle anderen Geschwister waren gekommen. Resl musste noch Stühle aus ihrer Wohnung holen, damit alle eine Sitzgelegenheit hatten. Es waren am Ende mehr als ein Dutzend Leute, die um den großen Holztisch saßen. Die Unterhaltung an diesem 24.12. 1945 drehte sich ausschließlich um ein Thema - natürlich die Vertreibung aus der Heimat. Wann war wer an der Reihe, wohin würde man kommen und was sollte mit der zurückgelassenen Habe geschehen? Würden die Tschechen auf Familien, wie etwa Geschwister und Eltern, Rücksicht nehmen, sie zusammen lassen und mit dem gleichen Transport wegschicken? Es gab also Gesprächsstoff genug. Weihnachtsstimmung wollte unter diesen Umständen nicht aufkommen. Georg wechselte schließlich das Thema und fragte seinen Bruder, wie es denn im Konzentrationslager an den Weihnachtstagen zugegangen sei. Kurt Bachner schaute seinen Bruder nicht gerade freundlich an und erklärte ihm, er wolle heute nicht darüber sprechen. Wie so oft hatte Rosi Bachner auch an diesem Nachmittag irgendwie einige Weihnachtsplätzchen auf den Tisch gezaubert. Woher sie das *weiße* Mehl hatte, verriet sie nicht. Obwohl es in diesen Zeiten eine Rarität war, wurden die Plätzchen allen angeboten, die um den Tisch saßen. Großvater hatte eine Zigarre geschenkt bekommen. Er verzichtete auf das Süße und ließ sich seine vermeintliche »Havanna« schmecken.

Als am Abend die meisten gegangen waren, außer natürlich Großvater und Resl, setzte man sich im engsten Kreis zusammen. Trotz der schlechten Zeit und der noch schlechteren Zukunftsaussichten kam so etwas wie eine feierliche Stimmung auf. Rosi hatte ihre kleine Ingeborg im Arm, Reinhard spielte mit seinem Pferdegespann aus Holz, das zum wiederholten Male repariert und wieder als Geschenk verwendet wurde. Für Kurt

Bachner waren es die zweiten Weihnachten, die er in Freiheit bei seiner Familie verbringen konnte. Dieses war für ihn das größte Geschenk. Als um Mitternacht auch Großvater und Tante Resl gingen, war die Familie nun alleine. Die Gedanken waren bei den Söhnen, die immer noch in Kriegsgefangenschaft waren.

Es war der 29. Februar 1946, als Josef Bachner aus dem Lager »Motol« in der Nähe von Prag aus der Gefangenschaft entlassen wurde. Am späten Abend traf er in Hüttersdorf bei seiner Familie ein. Im Großen und Ganzen hatte er die Gefangenschaft heil überstanden. Im Lager »Motol« halfen ihm seine tschechischen Sprachkenntnisse über die Runden. Josef Bachner hatte ja vor seiner Einberufung zur Deutschen Wehrmacht in Prag eine Metzgerlehre gemacht und die tschechische Schule besucht. Ein tschechischer Mithäftling von Kurt Bachner, der mit ihm im Konzentrationslager Sachsenhausen interniert war, hatte die vorzeitige Entlassung von Josef Bachner erwirkt. Kurt Bachner hatte sich mit dem inzwischen prominenten Politiker über den Kommissar in Hüttersdorf in Verbindung gesetzt. Josefs Ankunft löste bei der Familie große Erleichterung aus, endlich ein freudiges Ereignis in dieser schlechten Zeit. Josef war natürlich überrascht von der Nachricht, eine kleine Schwester zu haben. Seine Frau Barbara lebte schon längere Zeit mit ihren Kindern in Hüttersdorf. Obwohl die Vertreibung aus der Heimat beschlossene Sache war, wollten Rosi und Kurt Bachner ihren Sohn mit Familie in Hüttersdorf haben. Josef hatte viele Neuigkeiten aus Prag mitgebracht. Nicht überall im Sudetenland, und vor allem im Innern der Tschechei, war der Einmarsch der Alliierten und Tschechen so glimpflich abgelaufen, wie in Hüttersdorf und Umgebung. Er berichtete über schwere Übergriffe der tschechischen Bevölkerung auf die dort lebenden Deutschen. Aus Erzählungen von Mitgefangenen hatte er erfahren, dass es zu Misshandlungen an Personen deutscher Herkunft kam. Auch bekam er auf der Heimreise einiges zu sehen und zu hören, wie in manchen Ortschaften mit der deutschen Bevölkerung umgegangen wurde. Aus manchen Gebieten wurde sogar von Gräueltaten berichtet, die viele Deutsche über sich ergehen lassen mussten. Schon nach einigen Tagen konnte Josef mit seiner Familie in Hüttersdorf eine größere Wohnung beziehen. Der Vater hatte sie besorgt. Wie schon erwähnt, hatten einige Familien aus dem Ort sich illegal in die amerikanisch besetzte Zone abgesetzt. Dadurch gab es immer mehr leer stehende Wohnungen.

Nach Hüttersdorf kamen jetzt überwiegend tschechische Familien, die auf Anweisung der Behörden in die verwaisten Häuser einzogen. Im Ort entwickelte sich ein Zustand, der viele Bewohner in schwere Konflikte brachte. In den meisten Fällen kannte man seine Nachbarn schon viele Jahre und kam gut miteinander aus. Und auf einmal waren da Fremde. Die meisten konnten kaum oder überhaupt nicht Deutsch sprechen. Einige ließen die Deutschen schon spüren, dass jetzt *sie* am Drücker waren. Reinhard Bachner hatte die wenigsten Schwierigkeiten mit den neuen Schulkameraden. Kinder in seinem Alter lernten schnell, sich zu verstehen. Wenn es dennoch Probleme gab, waren sie ausschließlich sprachlich bedingt. Obwohl Reinhard ja in die tschechische Schule ging, reichte das Erlernte bei weitem noch nicht aus. Lisa war immer noch im Laden tätig und die neuen Besitzer behandelten sie gut. Kurt Bachner hatte ebenfalls keine größeren Probleme im Gemeindeamt. Er suchte nach einem Weg, seinem Sohn Josef eine Arbeit zu verschaffen, was keine leichte Aufgabe war. Rosi Bachner dagegen hatte gar keine Zeit, sich Gedanken zu machen. Sie musste für die Familie was auf den Tisch bringen und die kleine Ingeborg wollte auch versorgt sein.

Abschied von Hüttersdorf

Das waren Rosi Bachners kleinste Probleme. Schlimmer war, dass die kleine Ingeborg an einer hartnäckigen Augenerkrankung litt. Eine Krankenschwester – die Frau eines Schulkameraden von Rosi Bachner – kümmerte sich um die medizinische Behandlung. Die Mittel, die sie anwendete, waren bescheiden. Kamillentee wurde gebrüht. Mit dem lauwarmen Sud wusch man die Augen und bedeckte sie dann mit kleinen Leinentüchlein, wenn das Kind schlief. Es trat aber keine Besserung ein. Die Augen waren ständig mit Eiter verklebt. Wenn das vier Monate alte Kind aufwachte, musste die Mutter ihr den verkrusteten Eiter aus den Augen entfernen. Die Familie Bachner war nun gezwungen zu handeln. Es bestand die akute Gefahr einer Erblindung, falls das Kind nicht in augenärztliche Behandlung kam. Man beschloss, Ingeborg nach Prag zu bringen, um sie in einer Klinik untersuchen zu lassen. Dass dieses Unternehmen mit immensen Schwierigkeiten verbunden war, wusste die ganze Familie. Josef, der älteste Sohn der Bachners, sollte die Mutter nach Prag begleiten. Er sprach ausgezeichnet Tschechisch, was in dieser Situation von großer Wichtigkeit war. Ein Bauer aus Hüttersdorf brachte die drei mit seinem Pferdefuhrwerk zum Bahnhof. In Prag angekommen, setzte sich Josef erst einmal mit seinem ehemaligen Lehrherren in Verbindung. Dieser erklärte sich bereit, die Mutter aufzunehmen, bis ihr Kind die Klinik wieder verlassen konnte. Er wollte auch in die Universitätsklinik mitgehen, um mit den Ärzten zu verhandeln. Die Aufnahme der kleinen Ingeborg in die Augenklinik ging also dank der Mithilfe von Familie *Wandalic,* (so hieß der Lehrherr von Josef), relativ problemlos vonstatten. Frau Bachner bekam die Erlaubnis, ihre Tochter Tag und Nacht im Krankenhaus zu versorgen. Sie konnte das Kind stillen und auch eine festere Nahrung verabreichen. Zwei Tage später kam ein Arzt an Frau Bachners Bett, sagte einige Sätze auf Tschechisch und bevor sie ihm klar machen konnte, dass sie nichts verstanden hatte, war er schon wieder gegangen. Verzweifelt wandte sie sich an eine Krankenschwester, die bei einem Kind am Nachbarbettchen stand. Diese zuckte mit den Schultern und verließ den Raum. Eine ältere Frau, die wahrscheinlich eines der Kinder besuchte, kam zu ihr ans Bett. »Sie sind Deutsche?«, fragte sie. Rosi Bachner nickte und fragte die Frau: »Können Sie mir erklären, was der Arzt gesagt hat?« Für einen Moment war die alte Dame still; dann sagte sie leise: »Ihrer Tochter muss das linke Auge entfernt werden.« Rosi Bachner hatte schon manchen Schicksalsschlag hinnehmen müssen, diese Nachricht aber traf sie hart. Die Frau, die ihr diese schreckliche Mitteilung übersetzt hatte, legte den Arm auf ihre Schulter und tröstete sie, indem sie in ihrem holperigen Deutsch sagte: »Ihr Kind hat doch zwei Augen; sie kann auch mit einem sehen.« Irgendwie war Rosi Bachner über die Worte der Frau erleichtert. Sie hatte Recht. Ein Auge zu haben war besser, als blind zu sein. Bevor sie ihre Gedanken richtig ordnen konnte, kam ihr Sohn Josef in das Zimmer. Dieser wollte natürlich gleich mit dem Arzt sprechen, um Genaueres zu erfahren. Lange musste sie warten, bis er zurückkam. Er hatte Glück und konnte mit dem *Primarius* (dem leitenden Arzt der Krankenhausabteilung) sprechen. Leider musste er die schlimme Diagnose bestätigen. Der Arzt hatte ihm erklärt, dass das linke Auge nicht mehr zu retten sei. Um das andere zu erhalten, sei diese Operation dringend nötig. Bei der Erkrankung handle es sich um eine aggressive Infektion beider Augen. Am nächsten Morgen wurde die kleine Ingeborg operiert. Noch bevor Rosi Bachner ihr Kind wieder in den Armen halten konnte, kam Besuch von einem entfernten Verwandten, der in der Nähe von Prag zu tun hatte. Die Familie hatte ihn benachrichtigt und sofort stellte er sich und seine Sprachkenntnisse zur Verfügung. Als man Frau Bachner ihr Kind nach der Operation wieder brachte, verlangte Ernst (so hieß der Verwandte), mit dem behandelnden Arzt zu sprechen. Er konnte daraufhin der Mutter mitteilen, dass dem Kind das rechte Augenlicht erhalten bleibe. Frau Bachner hielt sich noch in der Klinik auf, solange man es ihr erlaubte. Josef war bei der Familie *Wandalic* untergebracht. Er wollte, nachdem im Krankenhaus die Formalitäten geregelt waren, nach Hüttersdorf zurück. Er musste Geld verdienen, um seine Familie durchzubringen. Die restlichen Tage, die Frau Bachner noch in Prag blieb, waren schwierig für sie. Die Ärzte sprachen nur tschechisch mit ihr, obwohl sie genau wussten, dass sie nichts verstand. Auch einige Schwestern begegneten ihr ablehnend, ja sogar feindselig und ließen sie spüren, dass sie für eine Deutsche nichts übrig hatten. Eine der Schwestern kam manchmal heimlich zu ihr und sagte auf Deutsch, was sie tun müsste oder übersetzte, was der Arzt gesagt hatte. Das alles nahm Rosi Bachner aber gerne in Kauf. Die Hauptsache war, ihrer kleinen Ingeborg wurde geholfen. Am Tag der Entlassung aus der Klinik kam der *Primarius* zu ihr und erklärte, was weiterhin zu tun sei. Leider in tschechischer Sprache. Als Frau Bachner ihm mitzuteilen versuchte, dass sie ihn nicht verstehen könne, schaute er sie kurz an und eröffnete ihr in bestem Deutsch: »Lernen Sie unsere Sprache. Ich musste Ihre auch lernen und zwar auf Befehl, wenn

Sie wissen, was ich meine.« Nach einer kurzen Pause erklärte er ihr im dienstlichen Ton, dass sie in zwei oder drei Wochen noch mal kommen müsste, um dem Kind eine Augenprothese anfertigen zu lassen. Das sei erforderlich, um zu verhindern, dass die Augenhöhle sich verkleinere. Bevor sie sich bei ihm bedanken konnte, war er ohne ein weiteres Wort weggegangen. Am nächsten Tag kam Josef, um Mutter und Schwesterchen abzuholen. Die tschechische Familie Wandalic bot ihnen erneut Unterkunft an, sobald der nächste Klinikaufenthalt nötig sei. Das Glasauge, das drei Wochen später der kleinen Ingeborg in Prag angefertigt und eingesetzt wurde, war nicht gerade ein »Meisterwerk.« Allerdings muss man bedenken – man schrieb das Jahr 1946!

Es war ungefähr Mitte Juni 1946, als sich die Ereignisse förmlich überschlugen. Die ersten Transporte wurden in Hüttersdorf zusammengestellt. Und es galt Abschied zu nehmen. Als der erste Transport den Ort verließ, standen die Zurückgebliebenen am Straßenrand und winkten ihren Geschwistern, Freunden und Verwandten ein letztes Mal zu. Der Tag, an dem der Lastwagen die Leute abholte und diese sich noch einmal umarmten, bevor sie dann mit ihrem armseligen Gepäck auf die Ladefläche stiegen, war fürchterlich. 25 kg »pro Kopf« durfte mitgenommen werden. Von dieser Regelung wurde nur in den wenigsten Fällen eine Ausnahme gemacht. Die Sachen wurden meistens in Kisten oder ähnlichem Verpackungsmaterial verstaut. Die Tschechen achteten genau darauf, dass nicht mehr mitgenommen wurde. Gelegentlich wurden die Sachen gewogen. Und wenn eine Familie auch nur einige Kilo zu viel hatte, musste die Kiste geöffnet werden. Die Leute hatten sich dann unverzüglich zu entscheiden, was sie zurücklassen wollten, damit das Gewicht stimmte.

War die Kontrolle beendet, durfte das Gepäck nicht mehr geöffnet werden. Mit Lastwagen wurden die Menschen samt ihren Siebensachen zur nächsten Bahnstation oder zum Lager gebracht. Dort wurden sie in Güterwaggons (genauer Viehwaggons) *verfrachtet.* Ich möchte darauf hinweisen, auch wenn ich mich wiederhole, dass bei der Annektierung des Sudetenlands 1938 und Böhmen und Mähren 1939 durch Hitler das tschechoslowakische Volk gedemütigt und gepeinigt wurde. Die tschechoslowakische Bevölkerung nahm jetzt an den Sudetendeutschen Rache. Die Milizen, aber auch kriminelle Banden zogen plündernd und mordend durch Städte und Dörfer. Betroffen waren wieder einmal, wie so oft, viele unschuldige Menschen. Manche waren im ersten Moment sogar froh, dass sie die Heimat verlassen mussten. Bis heute hat es jedenfalls niemand geschafft, nach einem Krieg Derartiges zu verhindern. Immer fallen die so genannten *Sieger* über die *Besiegten* her. Ich möchte mich aber nicht weiter in die Sache vertiefen. Das gäbe Stoff für ein anderes Buch. Und es gibt ohnehin viele Bücher, die über die Vertreibung aus dem Sudetenland berichten: Gute und sachlich recherchierte, aber auch weniger gute, die nur eine Seite an den Pranger stellen. Der Leser muss sich erst einmal aus verschiedenen Quellen informieren, um sich einigermaßen ein Bild zu machen - was der Wahrheit wohl am nächsten kommt. Selbst unmittelbare Zeitzeugen neigen dazu, die Vertreibung nicht immer wahrheitsgetreu wiederzugeben. Ich hatte bei vielen Schilderungen unterschiedlichster Personen selbst den Eindruck gewonnen, dass diese einem Hang zur Verharmlosung oder Übertreibung folgten.

Es war ein schöner Frühsommertag, als Reinhard bereits nach einer Stunde wieder von der Schule nach Hause kam. Als die

Mutter ihn fragte, warum er schon zurück sei, erfuhr sie, dass ab heute keine deutschen Schüler mehr am Unterricht teilnehmen durften. Die Lehrerin, die sonst eigentlich sehr nett war, teilte es den Schülern mit, ohne Angabe von Gründen und mit einer bei ihr sonst nicht bekannten Teilnahmslosigkeit. Kein Schüler fand den Mut, Fragen zu stellen. Obwohl Reinhard gerne zur Schule ging, war er dieser Regelung aber nicht abgeneigt. Er konnte sich wieder im Ort herumtreiben und musste an keine Hausaufgaben denken. Immer wenn ein Transport Hüttersdorf verließ, war es für die Kinder von großem Interesse zu sehen, wie die Menschen voneinander Abschied nahmen. Natürlich war den Elf- und Zwölfjährigen nicht ganz bewusst, was sich da vor ihren Augen abspielte.
Jeden Tag mussten die Hüttersdorfer mit neuen Anordnungen fertig werden. Und das Warten auf den Abtransport war eine schlimme Sache. Einige Tage nach Reinhards erzwungenem Schulabgang kam Kurt Bachner von der Arbeit nach Hause und erklärte seiner Familie, dass alle Häuser, die direkt an der Grenze standen, zu räumen seien. Rosi Bachner schaute ihren Mann verständnislos an: »Was bedeutet das?«, fragte sie. »Das heißt«, antwortete er, »alle noch bewohnten Häuser, die an der Grenze zur amerikanischen Zone stehen, werden komplett geräumt!« Dann versuchte er, allen zu verdeutlichen, wie das vor sich gehen sollte. Die Leute mussten in die leer stehenden Häuser in der Ortsmitte beziehungsweise am Ortsende einziehen. Natürlich fragten sich die Menschen, wozu das gut sein sollte. Warum noch einmal umziehen, wo doch feststand, dass in Kürze alle Hüttersdorf verlassen mussten? Die Antwort darauf war einfach: Die Tschechen wollten verhindern, dass die Leute Wertsachen über die Grenze befördern konnten. Im Innern der

Ortschaft war dies nicht möglich, zumindest war es schwieriger und man hatte alle besser unter Kontrolle. Schon zwei Tage später ging es los. Die betroffenen Familien wurden in Häuser oder Wohnungen eingewiesen, die leer standen.

Groteskes spielte sich bei diesem Umzug ab. Man wurde aus den eigenen vier Wänden, von Haus und Hof rausgeschmissen und musste in ein fremdes Haus einziehen. Die Möbel blieben zurück, ebenso das Vieh in den Ställen. Man zog in eine neue Bleibe, wo gute Bekannte oder Freunde über Jahrzehnte gelebt hatten. Vieles kannte man noch von einem Besuch, wo man zusammensaß und so manche schöne Stunden verbrachte. Der Schmerz, den eigenen Besitz zu verlassen, um in einen fremden einzudringen, verursachte zudem noch ein schlechtes Gewissen. Nichts war mehr *normal.* Die Metzgerei hatte inzwischen auch ein Tscheche übernommen – nicht nur den Laden, sondern das ganze Anwesen. Die Vorbesitzer waren schon beim ersten »Transport« dabei gewesen. Josef Bachner bekam sogar Arbeit bei dem *Neuen.* Er hatte ja den Metzgerberuf erlernt. Der neue *Besitzer* schien froh zu sein, eine junge Arbeitskraft aus dem Ort zu haben, der dazu noch beide Sprachen beherrschte.

Es war ein Mittwoch, als der Großvater und Tante Resl ihr Haus verlassen mussten. Großvater hatte noch eine Kuh und ein Kalb im Stall stehen. Von den anderen Dingen, Möbel etc. mal ganz abgesehen. Am Tag zuvor war Großvater länger im Stall als sonst. Als ihn sein Sohn zurückkommen sah, bemerkte er, dass ihm die Tränen über die Wangen liefen. »Wer versorgt die Tiere?«, fragte er. Kurt Bachner versprach mit dem Kommissar zu reden, um die Erlaubnis zu erhalten, weiter nach den Tieren zu sehen. Der Großvater nickte. Und mit schweren Schritten ging er in seine Stube. Reinhard lief im Hof umher, um die wenigen Dinge zu retten, die er zum Spielen hatte. All diese Schwierigkeiten waren von der ständigen Sorge begleitet, genügend Lebensmittel für die Familie aufzutreiben. Das Umziehen in ein fremdes Haus sowie die bevorstehende Vertreibung hing wie ein Damoklesschwert über den Häuptern der armen Hüttersdorfer.

Die Bachners wurden in ein großes, leer stehendes Haus eingewiesen. Nebenan befand sich ein stattlicher Bauernhof, dessen Eigentümer bereits vertrieben waren. Die erste Nacht im neuen »Heim« war fürchterlich. Im Stall vom Nachbarhof brüllte das Vieh ohne Unterlass. Noch vor Tagesanbruch ging Kurt Bachner hinüber, um festzustellen, was los war. Was er im Stall sah, war eine Katastrophe: 15 bis 20 Kühe standen festgebunden am Futterborn. Die Euter waren zum Platzen prall mit Milch gefüllt. Die Tiere mussten wahnsinnige Schmerzen erleiden. Entsetzt verließ Bachner den Stall, um seine Frau zu holen. Wie immer ging Rosi Bachner die Sache sofort an. Erst wurden einige Behälter, die sich im Stall fanden, herbeigeholt. Dann fingen beide an zu melken. Als die Gefäße voll waren, ließen sie die Milch einfach auf den Boden laufen. Nach einer Weile war der ganze Stall ein »Meer« aus weißer Flüssigkeit. Wie man weiß, ist das Melken nicht ganz einfach und kostet ganz schön Kraft. Kurt und Rosi Bachner konnten die prall gefüllten Euter nicht alle leer melken. So versuchten sie, jedes Tier zumindest um einige Liter zu erleichtern. Um 8 Uhr musste Rosi wieder ein Frühstück auf den Tisch bringen und die kleine Ingeborg versorgen. Am nächsten Morgen traf schon wieder eine schlechte Nachricht ein: Großvater und Tante Resl standen auf der Transportliste. Kurt Bachner und Bruder Georg halfen ihrem Vater und der Schwester, die Sachen, die mitgenommen werden durften, zu packen. Am Morgen, als der Lastwagen kommen sollte, war die Stimmung in der Familie auf dem Nullpunkt. Erst gegen Mittag kam er und holte Großvater, Resl und noch drei weitere Familien ab. Am Abend vorher ging der alte Bachner noch mal in den Stall, um Abschied von seinen Tieren zu nehmen. Das vertraute Schnattern der Gänse hatte er noch nie so wahrgenommen wie heute. Als er den Stall betrat, drehte sich die »Liesel« (Kuh) zu ihm um und ihr Schnaufen durch die Nasenlöcher kam ihm heute besonders laut vor.

Lange stand er bei seinen Tieren. Er hatte viel mehr Futter aufgelegt als sonst. Und immer wieder fuhr seine Hand über den Rücken der Tiere. Was war er immer Stolz auf seine kleine Landwirtschaft gewesen! Viele Nächte hatte er bei seinen Tieren verbracht, wenn ein Kälbchen erwartet wurde. Langsam schloss er die Stalltür hinter sich zu. Sein Blick streifte den Hühner- und Gänsestall. Dann verließ er die Scheune. Mit wackligen Knien betrat er die »Gute Stube«, wo seine Tochter weinend am Tisch saß. Der Vater legte seinen Arm um ihre Schultern und mahnte zum Aufbruch. Er war froh, dass man ihm erlaubt hatte, in seinem Haus noch mal nach dem Rechten zu sehen. Die letzte Nacht in der Heimat wollte er im Kreise der Familie verbringen. Alle, Georg, seine Tochter, die Geschwister von Rosi und die übrigen Verwandten, die noch in Hüttersdorf waren, trafen sich bei Kurt Bachner. Es war schon eine eigenartige Situation. Morgen musste Großvater auf einem Lastwagen seinen Heimatort verlassen, – in eine ungewisse Zukunft. Wenn einer versuchte, den kommenden Dingen auch eine gute Seite abzugewinnen, hatte er keinen Erfolg. Das Gespräch kam immer und immer wieder auf den einen Punkt zurück - wird man sich nochmals wiedersehen? Es war schon sehr spät, als man sich endgültig verabschiedete. Diese Stunden sollte keiner von ihnen jemals vergessen. Reinhard Bachner erzählte mir (dem Autor) später, dass er niemals in seinem Leben den Augenblick vergessen wird, wie sein Großvater auf den Lastwagen *geschoben* wurde und seine Hand zu einem letzten Gruß hob. Reinhard konnte die Tränen nicht mehr verbergen und ließ ihnen freien Lauf. Nun stand er, wie so oft in den letzten Wochen, auf der Straße und musste mit ansehen, wie sein Großvater auf einem Fuhrwerk wie ein Stück Vieh abtransportiert wurde. Er bemerkte nicht einmal, dass ihn Lisa bei der Hand nahm und ihn sanft wegzog. Im fremden Haus, ohne Großvater und Tante Resl, wollte er auch nicht bleiben. So musste Lisa alle Autorität aufbieten, um ihren Bruder zu beruhigen.

Am nächsten Morgen, Kurt Bachner wollte gerade zur Arbeit, sah er seinen Sohn Reinhard schon angezogen die Treppe herunterkommen. Erstaunt fragte er ihn, wohin er denn schon so früh gehen wolle. Reinhard standen die Tränen in den Augen, als er seinem Vater zu erklären versuchte, dass er nicht mehr zum Großvater und Tante Resl gehen könne. Der Vater nahm ihn bei der Hand und fragte, ob er mit auf das Gemeindeamt komme. Voller Freude und Erleichterung nahm er das Angebot des Vaters an. Zum Glück musste Kurt Bachner im Auftrag des Kommissars heute Sachen erledigen, die den Aufenthalt im Amt nicht notwendig machten. Reinhard blieb somit den ganzen Tag bei seinem Vater. Am Abend erfuhren beide, dass die Tanten Barbara und Katharina mit ihren Familien auf der Liste für den nächsten Transport standen. Kurt Bachner hatte zuvor schon auf dem Gemeindeamt gehört, dass der Termin für diesen Transport in drei Tagen war. Es wollte kein Ende nehmen: Immer wieder musste man sich von Verwandten und Freunden verabschieden.

Am anderen Morgen war, wie so oft in letzter Zeit, der Teufel los. Tschechische Zivilisten und Männer in Uniform trieben das Vieh aus den verlassenen Bauernhöfen durch den Ort. Die Tiere brüllten. Die meisten konnten wegen der gefüllten Euter kaum laufen.
Das alles geschah planlos. Nichts schien organisiert zu sein. Jeder machte, was er wollte. In den darauf folgenden Tagen irrte das Vieh im Wald umher und niemand kümmerte sich darum. Die Rinder, die noch im Stall waren, wurden zum Teil von den noch verbliebenen Bewohnern in Hüttersdorf gemolken. Aber es war einfach unmöglich, allen Tieren zu helfen. Und so hörte man das Brüllen der armen Kreaturen Tag und Nacht.
Reinhard wollte noch mal zu Erwin und Fritz, um mit ihnen zu spielen. Sie waren zwar älter als er, aber doch seine besten Freunde. In zwei Tagen mussten auch sie Hüttersdorf verlassen und diese zwei Tage wollten sie noch so oft wie möglich zusammen sein. Da er erst bei Fritz vorbeischauen wollte, musste er bis an das Ortsende gehen. Die Familie hatte bis vor kurzem noch in ihrem Haus am Bach gewohnt. Dort konnte man wunderbar spielen und zum Fischen gehen. Jetzt wohnten sie ebenfalls in einem fremden Haus direkt am Ortsende. Fritz war noch nicht da. Seine Mutter bat Reinhard ins Haus, wo er auf ihn warten konnte. »Was habt ihr denn schon wieder vor?«, fragte sie Reinhard. Dieser wusste nicht, wie er es erklären sollte. Er sah nämlich die gepackten Sachen im Zimmer stehen. Bevor er antworten konnte, kam sie ihm zuvor: »Ihr werdet noch ein bisschen zusammen sein wollen, habe ich Recht?« Reinhard nickte und ihm wurde erst jetzt richtig bewusst, dass sein Freund ihn schon in wenigen Stunden für immer verlassen musste. Er war froh, als Fritz endlich nach Hause kam. Nachdem er kurz mit seiner

Mutter gesprochen hatte, klopfte er Reinhard auf die Schulter und sagte: »Komm, lass uns gehen!« Langsam schlenderten sie die Dorfstraße hoch. Da Erwin jetzt auch nicht mehr oben an der Grenze wohnte, brauchten beide nicht weit zu gehen. Dieser erwartete sie schon am Hauseingang. Wortlos schloss er sich ihnen an. Sie nahmen den Weg am Weiher vorbei, um die Kontrolle an der Hauptstraße zu umgehen. Sie wollten noch mal zu ihrem »Lager« im »Deutschen Wald« auf der bayerischen Seite, wo sie noch einige Sachen versteckt hatten. Vieles stammte noch aus der Zeit, als die Amerikaner in Hüttersdorf waren. Da waren zum Beispiel noch »Tagesrationen« versteckt, die sie bei den Soldaten *abgestaubt* hatten. Gewehrmunition, die deutsche Soldaten einfach zurückgelassen hatten, war auch dabei; und vieles mehr. Die Sachen waren allesamt in Überseekartons gut verpackt, die die amerikanische Armee verwendete. Erwin hatte sogar Bergamenpapier aufgetrieben und mit Öl getränkt, um die Munition darin einzuwickeln. Das Versteck befand sich unterhalb eines kleinen Hügels, wo nur zwei Meter entfernt eine riesige Tanne stand. Der Boden bestand zum größten Teil aus Moos. Und so konnten die Freunde, wie schon geschildert, das Versteck gut tarnen. Fritz, der an alles dachte, hatte das Depot mit Holzbrettern ausgetäfelt und zusätzlich mit Holzwolle ausgelegt. Er hatte das Lager bewusst auf der *deutschen*, beziehungsweise bayerischen Seite angelegt. Er vertrat die Meinung, dass schon in kürzester Zeit die Grenze dicht gemacht würde, spätestens aber, wenn alle Deutschen Hüttersdorf verlassen hatten. Er sollte Recht behalten. Der »Eiserne Vorhang« wurde die bestbewachte Grenze in Europa. Nachdem alles gut verstaut war, wandte sich Fritz an Reinhard: »Wenn ihr auf ›Transport‹ geht, kannst du noch was verstecken, dass du nicht mitnehmen darfst.« Reinhard nickte nur. Er war überzeugt, dass er alleine das Versteck nicht aufsuchen würde. Es war weiß Gott nicht ungefährlich, auf die bayerische Seite zu gehen. Wer dabei von den Tschechen erwischt wurde, musste mit einer saftigen Strafe rechnen. Sorgfältig wie nie zuvor wurde nun das Versteck getarnt. Denn zumindest Erwin und Fritz waren wohl das letzte Mal hier. Dann machten sich die drei Freunde auf den Heimweg. Angst, von den tschechischen Grenzbeamten erwischt zu werden, hatten sie nicht. Sie kannten alle Schleichwege, um ihnen aus dem Weg zu gehen.

Als sie den Weiher in Hüttersdorf erreicht hatten, suchten sie *ihre* Stelle auf, wo immer gebadet wurde. Hier hatte Reinhard das Schwimmen gelernt und viele lustige Stunden verbracht. »Lasst uns noch mal zusammen schwimmen gehen!«, rief Fritz plötzlich. Da keiner eine Badehose dabei hatte, badeten alle drei nackt. Apropos Badehose: Reinhard hatte noch nie eine besessen. Seine »Badehose« war eine *Unterhose*, wenn er hier am Weiher zum Baden ging. Heute war es egal, heute wurde nackt gebadet, denn obwohl bestes Badewetter war, waren sie an dieser Stelle alleine. Zwei Drittel der Bewohner von Hüttersdorf waren schon weg, somit gab es auch fast keine Badegäste mehr. Für einen Augenblick hatten die Jungs vergessen, dass es ihr letztes Badevergnügen war, das sie zusammen erleben durften. Als sie dann dicht beieinander im Gras lagen, um sich in der warmen Sonne trocknen zu lassen, waren die Abschiedsgedanken wieder da. Fritz merkte, dass Reinhard traurig war und klopfte ihm mit seiner Hand auf den nackten Rücken. »Kopf hoch, Junge«, sagte er – »wir sind doch nicht zum Tode verurteilt.« Reinhard nickte. Sein Versuch zu lachen scheiterte aber kläglich. »Wir schreiben uns«, mischte sich Erwin in das Gespräch ein, »und ihr werdet sehen, irgendwann treffen wir uns wieder.« So machten sie sich gegenseitig Mut. Die bedrückte Stimmung hielt aber weiter an. Und so gingen sie schließlich nach Hause. Auf dem Kirchplatz blieben sie stehen. Es wurde beschlossen, sich morgen gegen Mittag nochmals zu sehen. Reinhard hatte sein Zuhause erreicht; Fritz musste noch einige hundert Meter gehen. Er klopfte Reinhard abermals auf die Schulter. »Also bis morgen!«, sagte er. Dann ging er mit schnellen Schritten davon. Reinhard setzte sich auf die Hausstaffel und blickte Fritz nach, bis dieser nicht mehr zu sehen war.

Am nächsten Tag kam alles anders. Schon gegen acht Uhr kamen Barbara und Katharina zu den Bachners. Rosi Bachner war überrascht, ihre Schwestern schon jetzt zu sehen; man wollte sich doch erst am Nachmittag treffen, um Abschied zu nehmen. Der Grund ihres Kommens klärte sich jedoch schnell. Barbara berichtete, dass heute früh um sechs Uhr zwei tschechische Beamte in die Wohnung gekommen waren, um ihnen mitzuteilen, dass der Transport vorverlegt wurde. Nicht morgen erst, sondern schon heute, am Nachmittag, würde der Lastwagen kommen, um sie abzuholen. Da die Familien bereits ihre Kisten gepackt und das Gewicht kontrolliert hatten, war es eigentlich kein Problem. Dass kaum noch Zeit blieb, um sich zu verabschieden, war das wirkliche Übel. Reinhard lief sofort in Richtung Ortsende, um Fritz noch mal zu treffen. Als er in die Wohnung trat, saß die Familie bei ihrem letzten Frühstück in der Heimat. Es herrschte große Niedergeschlagenheit. Reinhard wurde gebeten, sich mit an den Tisch zu setzen. Die Mutter von Fritz machte ihm ein Butterbrot und stellte eine Tasse mit heißer Milch dazu. Reinhard bedankte sich, war aber nicht in der Lage, auch nur einen Bissen zu essen. Fritz stand auf und sagte: »Komm, wir gehen noch auf einen

Sprung zu Erwin!« Reinhard war froh, dass Fritz zu Erwin wollte. Er wäre sonst alleine gegangen. Das vereinbarte Treffen von gestern war ja nicht mehr zu realisieren. Hastig verabschiedete sich Reinhard von den Eltern und der Schwester des Freundes – wie er doch dieses Verabschieden hasste!
Erwin kam den beiden bereits auf halbem Weg entgegen. Er wollte zu Fritz, da er Reinhard bei ihm vermutete. Auf dem Weg dahin wollte er sich noch von Erich, einem guten Bekannten, verabschieden. Nachdem sie sich alle drei von ihm verabschiedet hatten, gingen sie mit schnellen Schritten zum Weiher. Dort, auf der Brücke, wo der Heilige Nepomuk auf einem riesigen Granitsockel thronte, hielten sie inne. Hier hatte man sich oft getroffen, mit Schulkameraden und Freunden. So mancher Streich war ausgeheckt worden. Heute freilich war es ein trauriger Anlass. In wenigen Stunden mussten Erwin und Fritz Hüttersdorf verlassen. Wann und ob es überhaupt ein Wiedersehen geben würde, das wusste niemand. Erwin gab Reinhard noch einige Hinweise, in welchen verlassenen Häusern noch brauchbare Spielsachen zu finden waren. Und Fritz hatte in der »alten« Wohnung am Bach (sein Elternhaus) im Schuppen ein Versteck angelegt. Einige Sachen, wie zum Beispiel den kleinen handgemachten Leiterwagen, hatte er dort sorgfältig versteckt. Reinhard kannte ihn gut. Er musste oft das Pferd sein und den Wagen beim Spielen ziehen. Fritz gab ihm noch Ratschläge, wie er die tschechischen Kontrollen umgehen konnte: »Du weißt ja, wenn sie dich erwischen, ist eine gehörige Tracht Prügel das Mindeste.« Fritz legte Reinhard noch dringend nahe, niemanden mitzunehmen, den er nicht genau kannte. Er meinte wohl in der Hauptsache tschechische Kinder, die es mittlerweile ja ebenfalls in Hüttersdorf gab. Sie standen noch

eine ganze Zeit lang stumm an *ihrem* Weiher. Reinhard konnte erkennen, dass Fritz seinen Blick immer wieder über den Teich schweifen ließ; besonders in die Richtung, wo der Bach in den Weiher mündete. Nur einige hundert Meter am Bach entlang stand sein Elternhaus. Würde er es noch einmal sehen? So traurig hatten Reinhard und Erwin den Fritz noch nie gesehen. Doch plötzlich gab er sich einen Ruck. Seine Stimme war belegt, als er zu Reinhard sagte: »Wir müssen los, Kleiner«, - Kleiner hatte er schon lange nicht mehr gesagt – , »sonst lassen die uns womöglich noch hier.« Keiner mochte über die Worte lachen. Fritz und Erwin reichten Reinhard die Hand. Dann gingen sie mit eiligen Schritten fort. Reinhard blicke ihnen nach. Die beiden waren schon ein ganzes Stück gegangen, als sich Fritz noch einmal umdrehte. Er hielt einen Augenblick inne, dann lief er plötzlich noch mal zurück und nahm Reinhard in die Arme. Eine Zeit lang verharrten sie in der Umarmung. Dann riss sich Fritz los und rannte zu Erwin, ohne sich nochmals umzusehen. Er wollte nicht, dass ihn der »Kleine« weinen sah. Reinhard wusste nicht, wie lange er am Weiher stand. Er blickte immer noch starr in die Richtung, wo die beiden Freunde schon eine ganze Weile verschwunden waren. Als er sich auf den Rückweg machte, kam er sich so einsam vor, wie nie zuvor in seinem Leben. Immer wieder drehte er sich dabei um, in der Hoffnung, die beiden noch mal zu sehen. Doch er konnte kaum was erkennen vor lauter Tränen, die über seine Wangen liefen.

Zu Hause angekommen, wartete die Mutter schon auf ihn. Er bekam Ablenkung, indem er auf seine kleine Schwester aufpassen musste. Aber heute konnte ihn auch die neun Monate alte Ingeborg nicht zum Lachen bringen. Immer wieder musste er an Fritz und Erwin denken. Hoffentlich kam die Mutter bald zu-

rück. Er wollte auf die Straße und auf den Lastwagen warten. Wenn er etwas Glück hatte, würde er seine Freunde vielleicht noch einmal sehen und ihnen zuwinken können.
Endlich kam die Mutter zurück. Sofort verließ Reinhard das Haus und ging zur Hauptstraße. Er wusste nicht, welche Familien als Erste *abgeholt* wurden. Er musste also warten, um festzustellen, aus welcher Richtung der Lastwagen kam.
Es dauerte nicht lange. Nach etwa zwanzig Minuten kam das Fahrzeug die Hauptstraße herauf. Langsam fuhr es an Reinhard vorbei. Die Ladefläche war voll mit Menschen, wie Heringe aneinander gepresst. Mit einem letzten Blick nahmen sie von ihrem Heimatort Abschied. Erwin und Fritz waren nicht zu sehen. Auch Tante Barbara oder andere Verwandte erkannte er nicht. Der Wagen fuhr nicht sehr schnell; somit konnte Reinhard ohne größere Schwierigkeiten neben ihm herlaufen. Nach einigen Hundert Metern verschärfte der Fahrer das Tempo und Reinhard fiel immer weiter zurück. Plötzlich sah er, wie sich die Seitenplane öffnete und der Kopf von Fritz zum Vorschein kam. Reinhard lief nun so schnell er konnte hinter dem Auto her und winkte mit beiden Armen. Doch der Wagen wurde immer schneller. Reinhard konnte das Tempo nicht mehr halten. Bevor er aber in der langgezogenen Kurve am Ortsausgang verschwand, konnte Reinhard sehen – oder glaubte er zu erkennen – wie Fritz ihm noch mal zuwinkte. Dann war der Lastwagen außer Sichtweite.
Reinhard wollte jetzt nicht gleich nach Hause gehen und so machte er sich auf den Weg zur Grenze. Die Kontrolle zu umgehen war für ihn nicht schwer. Schließlich gelangte er ohne Probleme hinunter zum Bach. Sein Ziel war das Elternhaus von Fritz. Er näherte sich sehr vorsichtig. Denn oft hielten sich tschechische »Grenzer« in den verlassenen Häusern auf, um nach brauchba-

ren Sachen zu suchen. Denen in die Hände zu fallen konnte unangenehme Folgen haben. Reinhard machte also einen Umweg und schlich sich von der bayerischen Seite an das Gebäude heran. Da konnte er im Schutz des Waldes erst mal alles beobachten. Er hatte von seinen älteren Freunden gelernt, sich in Geduld zu üben. Geschützt durch das niedrige Unterholz am Rande des Waldes, beobachtete er das Haus. Es war schon ein seltsames Gefühl, hier in den Büschen zu liegen und wie ein Einbrecher auf eine Gelegenheit zu warten, nur um in das Elternhaus seines Freundes zu gelangen. Wie oft war er bei den Eltern von Fritz zu Gast gewesen! Was hatte er mit Fritz im Garten rumgetobt! Plötzlich wurde er durch laute Geräusche aus seinen Gedanken gerissen. Im Hof des Hauses sah er einige Gestalten, die aus der Scheune kamen. Es waren teils Jungs in seinem Alter, teils ältere. Einer von ihnen hatte einen kleinen Leiterwagen, auf dem Gegenstände geladen waren. Reinhard kannte den Wagen nur zu gut. Das war genau der, den er holen wollte und den Fritz so gut versteckt hatte. Die Jungen waren laut, lachten und unterhielten sich in tschechischer Sprache. Wut stieg in Reinhard auf, als sie, nur wenige Meter von ihm entfernt, mit persönlichen Sachen der Familie Eckhard (Familienname von Fritz.) auf dem Wagen vorbeifuhren. Vieles, was auf dem Leiterwagen geladen war, kam ihm bekannt vor. Da nun alles entwendet war, was er auf Anweisung von Fritz holen wollte, gab er den Plan, ins Haus zu gehen, frustriert auf. Auch die Angst, dass sich auf dem Grundstück weitere Personen aufhalten könnten, veranlasste ihn dazu, den »Rückzug« anzutreten.
Auf dem Rückweg war er durch das soeben Erlebte dermaßen aufgeregt, dass er beinahe einer Kontrolle in die Arme gelaufen wäre.

In den vielen Gesprächen, die ich (der Autor) mit Reinhard Bachner geführt habe, kam er oft auf diese letzten Tage in Hüttersdorf zu sprechen. Als er mir erzählte, wie er sich mehrfach in das Haus seines Großvaters geschlichen hatte, um nachzusehen, ob noch persönliche Dinge vorhanden waren, hatte er jedes Mal, auch nach so langer Zeit, mit den Tränen zu kämpfen. Häufig brach er dann abrupt das Gespräch ab, entschuldigte sich und sprach dann einfach über andere Dinge. Als ich einmal – es muss etwa in den sechziger Jahren gewesen sein – seinen Vater Kurt Bachner auf diese *letzten* Tage ansprach, antwortete dieser: »Wie du weißt, habe ich viele schlimme Dinge erlebt. Aber dieser Abschied auf Raten gehört mit zu meinen bittersten Erfahrungen.« Wenn ich manchmal hartnäckig nachfragte, wie er denn die Dinge heute sehe, hüllte sich Kurt in tiefes Schweigen oder gab sich äußerst wortkarg.

Als Reinhard seiner Mutter erzählte, was er beim Anwesen der Eckhards beobachtet hatte, gab es als Erstes eine kräftige Schellte. Rosi Bachner wollte nicht, dass sich ihr Sohn im »Grenzbereich« herumtrieb. Im Ort selber gab es jetzt für Reinhard kaum noch Spielkameraden. Deutsche Familien waren schon deutlich in der Minderheit. Es gab kaum noch Kinder in seinem Alter. Also freundete er sich mit einem tschechischen Jungen an. Er zog mit ihm durch den Ort. Die einzige Schwierigkeit war die Sprache. Doch mit dem erlernten Wortschatz aus der tschechischen Schule konnte sich Reinhard leidlich verständigen. Sie drangen in verlassenen Gärten ein. Es war Ende August. Viele Obstsorten, wie zum Beispiel Äpfel und dergleichen, waren schon herangereift. Einmal schlug Reinhard Jaroslav (so hieß der Junge) vor, an die *Grenze* zu gehen. Er wollte ihm dort *seinen*

Garten zeigen. Jaroslav war einverstanden. Obwohl Reinhard sorgfältig darauf achtete, keinem »Grenzer« zu begegnen, war er heute nicht sonderlich ängstlich. Ihn beruhigte die Tatsache, einen tschechischen Jungen dabeizuhaben. Sollten sie erwischt werden, würden die Tschechen nicht viel unternehmen, allein schon wegen Jaroslav.

Als sie beim Grundstück ankamen, erklärte Reinhard Jaroslav stolz, dass dies hier alles seiner Familie gehört hatte. Sie holten sich einige Früchte von den Bäumen und Reinhard schaute sich nochmals genau um. Da lagen immer noch die Ziegel und Steine, die zum Hausbau angeschafft worden waren, unter dem großen, massiven und überdachten Unterstand. Auf der linken Seite sah man den gepflegten Obst- und Gemüsegarten, auf den seine Mutter so stolz war. Der übrige große Platz auf der rechten Seite war für das Wohnhaus gedacht. Jaroslav wartete bereits auf der Straße, als Reinhard noch tief in Gedanken versunken im Garten stand. Erst als der tschechische Junge nachdrücklich zur Eile mahnte, verließ Reinhard das Grundstück. Schweigend traten sie den Rückweg an. Als sie schon fast die Kirche erreicht hatten, legte Jaroslav seine Hand auf Reinhards Schulter und sagte: »Wirst du sehen, kommst bald zurück, rozumite mi?«(Auf Deutsch: »Verstehst du mich?«) »Ano« (ja), antwortete Reinhard; doch wusste er nur zu gut, dass dies nicht stimmte. Er war schon einige Schritte gegangen, als er Jaroslav rufen hörte: »Na shledanou!« (Auf Wiedersehen.) Ohne sich nochmals umzudrehen, ging Reinhard weiter. Er war traurig und wollte so schnell wie möglich heim.

Beim Abendessen erklärte Kurt Bachner seiner Familie, dass es nun nicht mehr lange dauern würde, bis der nächste und wohl letzte Transport zusammengestellt würde. Es mochten, außer den Bachners, noch sechs oder sieben deutsche Familien sein, die sich im Ort befanden. Kurt Bachner hatte auch schon einige Vorbereitungen getroffen. Er hatte eine Kiste aus trockenen Brettern angefertigt und genau überlegt, was man mitnehmen sollte. Da die »Verpackung« mit zum Gesamtgewicht gerechnet wurde, war es wichtig, dass sie möglichst leicht war. Lisa, die ja immer noch im Laden des Kommissars arbeitete, hörte manches, was andere erst Tage später erfuhren. So konnten Kurt Bachner und sein ältester Sohn Josef alles Nötige für den Abtransport ihrer Familien planen. Viel Kopfzerbrechen brauchten sie sich allerdings nicht zu machen. 25 kg pro Person war beileibe nicht viel; entscheidend war also nur eine umsichtige Auswahl. Besonders für die 10 Monate alte Ingeborg musste vorgesorgt werden. Sohn Josef hatte drei kleine Kinder, darunter den erst dreijährigen Werner. So saß man am Abend oft zusammen, um sich eingehend zu beraten.

Eine gute Nachricht erreichte die Familie Bachner Ende August. Sohn Willi war aus der amerikanischen Gefangenschaft in ein Lager nach Marburg gebracht worden. Wann er von dort nach Hause entlassen werden sollte, war allerdings nicht abzusehen. Wie Willi später berichtete, hatte ihn ein Angestellter der Lagerleitung auf der Schreibstube gewarnt, ja nicht das Sudetenland als Entlassungsziel anzugeben. Eine tschechische Kommission war bestrebt, alle Kriegsgefangenen, die im Sudetenland beheimatet waren, zu erfassen. Es bestand der Plan, sie im Inneren der Tschechei im Kohlebergbau einzusetzen. Dass dort mit ehemaligen Wehrmachtsangehörigen nicht gerade sanft umgegangen wurde, war kein Geheimnis. So mancher hatte die schwere Arbeit und die Schikanen in den Bergwerken nicht überlebt. Willi überlegte nicht lange. Er ließ sich ins bayerische Elbach, das ja nur fünf Kilometer von Hüttersdorf entfernt war, entlassen. Er gab die Adresse von seiner Tante Anna an, die in Elbach lebte und wo er vorübergehend wohnen konnte. Die Angaben wurden durch die Lagerleitung, soweit dies möglich war, auf ihre Richtigkeit überprüft. Wer falsche Angaben machte und dabei ertappt wurde, kam sofort in eines der Bergwerke. Nun aber konnte Kurt Bachner auch die 25 kg für seinen Sohn Willi mit einplanen: Würde dieser erst einmal in Elbach sein, so ergab sich auch die Möglichkeit, ihn nach Hüttersdorf zu bekommen. Rosi Bachner drängte darauf, dass ihr Mann alles Menschenmögliche versuchen sollte, Willi im gleichen Transport wie die übrigen Familienmitglieder unterzubringen.

Reinhard war in dieser Zeit fast jeden Tag unterwegs. Entweder alleine oder mit Jaroslav, seinem tschechischen Freund. Sie streiften durch die leeren Straßen, die verlassenen Häuser und die Bauernhöfe. An die Grenze zu gelangen wurde jetzt immer schwieriger und gefährlicher. Die tschechischen Zöllner nahmen auch auf Kinder keine Rücksicht mehr. Kurt Bachner hatte seinem Sohn streng untersagt, das Haus von Großvater oder den Garten auf ihrem Grundstück aufzusuchen. So mussten sie sich im Ortsinneren oder am Ortsende aufhalten. Manchmal war Reinhard auch nahe daran, das Verbot seines Vaters zu missachten. Ihn zog es nach wie vor an die Grenze zu Großvaters Haus. Er wagte aber nicht, es alleine zu probieren und Jaroslav war nicht dazu zu bewegen mitzukommen. Sie blieben im Ort, wo es natürlich auch vieles zu erkunden gab. Alles war irgendwie abnormal in diesen letzten Augusttagen 1946 in Hüttersdorf. Manchmal gingen Lisa und Reinhard zusammen durch ihren Heimatort. Oft sprachen sie lange kein Wort miteinander, denn beide hingen ihren Gedanken nach. Immer wieder besuchten sie

Plätze, wo sie gespielt und auch frohe Stunden verbracht hatten. So eine Stelle war der Weiher. Hier hatten sie das Schwimmen gelernt, in der Sonne gelegen und ihren Träumen nachgehangen. Als sie an den naturbelassenen Wiesen und Rasenflächen vorbeikamen, blieben beide stehen und blickten auf die große Wasserfläche hinaus: »Weißt du überhaupt noch, wie oft ich dich hier holen musste?«, fragte Lisa ihren Bruder. Dieser nickte und der Anflug eines Lächelns war in seinem Gesicht zu sehen. »Manchmal hast du auch ganz schön mit mir geschimpft, wenn du mich zum Abendessen holen musstest«, erwiderte Reinhard. Und ganz beiläufig ließ er die Bemerkung fallen, dass er auch hin und wieder eine Ohrfeige von ihr bekommen hatte. »Du musst doch zugeben, dass jede berechtigt war, die ich dir verabreicht habe«, sprach Lisa und schaute ihren Bruder dabei streng an. Plötzlich fingen beide zu lachen an und Reinhard konnte sich den Hinweis nicht verkneifen, dass die ein oder andere Schikane, die zu den Ohrfeigen noch hinzugekommen war, nicht immer berechtigt war.

Lisa antwortete nicht auf die Anspielung ihres Bruders. Ihr Gesicht war plötzlich sehr ernst geworden. Sie setzte sich auf die Uferböschung und blickte unentwegt auf den Weiher. Reinhard setzte sich zu ihr, legte seinen Arm um ihre Schultern und fuhr mit seinen Fingern durch ihre Haare. Er bemerkte, dass sie versuchte, ihre Tränen vor ihm zu verbergen. Reinhard wusste nicht recht, wie er sich verhalten sollte. Er kannte seine Schwester nur zu gut. Sie konnte es nämlich absolut nicht ausstehen, wenn man sie bemitleidete. Gerade weil der Bruder sie so gut kannte, tat er so, als bemerkte er ihren Gemütszustand nicht. Lisa hatte sich auch ganz schnell wieder in der Gewalt. »Komm, wir schauen noch auf die anderen Seite hinüber«, sprach sie mit fester Stimme, »vielleicht ist es das letzte Mal.« Da es in den letzten Tagen kaum geregnet hatte, konnten sie den Trampelpfad benutzten, der auf die andere Seite des Weihers führte. Wieder gingen sie schweigend nebeneinander her. Als sie an der Stelle vorbeikamen, wo Reinhard mit Erwin, Fritz und Erich oft Karpfen, die sich hier gerne aufhielten, mit der Hand gefangen hatten, blieb Reinhard stehen. »Was gibt es?«, fragte Lisa. »Nichts!«, entgegnete Reinhard. »Hier habe ich oft mit Erwin und Fritz auf Karpfen Jagd gemacht.« Lisa sagte kein Wort und so hing Reinhard weiter seinen Gedanken nach. Ihm kam es so vor, als ob seine Freunde schon Monate weg wären. Dabei waren noch keine sechs Wochen vergangen. Als sie das andere Ufer erreicht hatten, setzten sie sich wieder auf die Böschung, um eine kurze Rast zu machen. Von dieser Seite hatte man eine herrliche Sicht über den Teich und seine angrenzenden Wiesen und Baumflächen. Lisa kam, was sonst nicht ihre Art war, ins Philosophieren. »Diesen Weiher wird es noch geben, wenn unsere Eltern und auch wir schon lange tot sind!« Leise fügte sie noch hinzu: »Den Weiher können die Tschechen nicht vertreiben, der bleibt in Hüttersdorf!«

Als sie nach Hause kamen, war es schon später Nachmittag. Die kleine Ingeborg war wieder unruhig. Sie plagte immer noch das operierte Auge. Die Medikamente waren in diesen Zeiten knapp und oft von minderer Qualität. Lisa holte Ingeborg aus dem Stubenwagen und nahm sie auf den Arm. Immer wenn Lisa sie herumtrug, beruhigte sich Ingeborg schnell. Am Abend kam Josef mit der ganzen Familie vorbei. Und wieder einmal war die anstehende »*Aussiedlung*« das Thema, um das sich alles drehte. Josef arbeitete immer noch in der Metzgerei, die ein Tscheche übernommen hatte. Manchmal brachte er etwas Wurst und

Fleisch mit, was immer in der Familie aufgeteilt wurde. Nachdem das Thema »*Aussiedlung*« ausführlich und lange diskutiert worden war, wollte Josef mit seinem Vater beratschlagen, wie man Willi aus Elbach nach Hüttersdorf holen könnte. Kurt Bachner wusste nur zu genau, dass es ohne Hilfe der tschechischen Behörde nicht möglich war, Willi über die Grenze zu bringen. Er schlug vor, morgen eine günstige Gelegenheit abzuwarten, um den Kommissar unter vier Augen zu sprechen. Wenn er ohne die Zustimmung des Kommissars handelte, bestand die Gefahr einer Festnahme. Es wäre dann durchaus möglich gewesen, dass man ihn doch noch in ein Bergwerk überstellen würde. Josef war einverstanden, blieb aber skeptisch, ob dies der Kommissar alleine zu entscheiden hatte. Er, der die tschechische Sprache sehr gut beherrschte, bot seine Hilfe an, wenn eventuell eine weitere behördliche Stelle eingeschaltet werden musste. Barbara, die Frau von Josef, drängte zum Aufbruch. Die Kinder mussten ins Bett. Rosi Bachner, bei der die Hausarbeiten immer auf das i-Tüpfelchen stimmen mussten, räumte das Zimmer auf. In der fremden Wohnung, wo sie ja nun schon einige Wochen leben mussten, verrichtete sie ihre Arbeit so gewissenhaft wie eh und je. Und obwohl sie wusste, dass ihre Tage in diesem Haus gezählt waren und bald eine tschechische Familie einziehen würde, war alles in einem Topzustand. Da Reinhard keine Schule besuchen durfte und morgens nicht so früh aus den Federn musste, ging er erst ins Bett, wenn Lisa sich schlafen legte. Er bekam also alle Gespräche und auch die anstehenden Probleme mit, die innerhalb der Familie besprochen wurden. Die Kinder, die in den Kriegs- beziehungsweise Nachkriegsjahren aufwuchsen, waren mit dramatischen Ereignissen gut vertraut und konnten damit einigermaßen umgehen. Obwohl die Möglichkeiten zu lernen oder sich anderweitig zu entfalten in dieser Zeit kaum gegeben waren, wurden sie mit den vielen Schwierigkeiten meistens besser fertig, als Gleichaltrige in der heutigen Spaß- und Wohlstandsgesellschaft sich das vorstellen können. Die Kinder und Jugendlichen hatten »gelernt« zu hungern und schwierige, zum Teil auch lebensgefährliche Situationen zu überstehen. Viele Zwölfjährige und noch Jüngere mussten innerhalb der Familie über die Kriegs- und Nachkriegsjahre hinweg schlicht ums nackte Überleben kämpfen.

Kurt Bachner fand schon am nächsten Morgen eine Gelegenheit, mit dem Kommissar zu sprechen. Dieser meinte, es wäre besser, ein paar Tage zu warten. Bis dahin wolle er überlegen, wie man die Sache angehen könnte, um das Risiko einer Verhaftung so gering wie möglich zu halten. Bachner hatte kein gutes Gefühl bei diesem Gespräch. Er meinte verstanden zu haben, dass der Kommissar sich an höherer Stelle absichern wollte. Dennoch willigte er ein, noch zwei oder drei zu Tage warten, um erneut in dieser Sache vorstellig zu werden.

An einem sonnigen Septembermorgen entschloss sich Reinhard Bachner, alleine auf »Exkursion« in Hüttersdorf zu gehen. Jaroslav hatte er schon einige Tage nicht mehr gesehen. Er vermutete, dass ihm seine Eltern den Umgang mit einem »Nemecky« (Deutschen) verboten hatten. Er war schon fast am Ende der Ortschaft angelangt, da fiel sein Blick auf ein offenes Scheunentor. Das Anwesen war bis zur Vertreibung der Besitzer ein großer Bauernhof gewesen. Reinhard beschloss, sich ein bisschen in der Scheune umzusehen. Er stellte fest, dass hier noch die gesamten bäuerlichen Geräte vorhanden waren, was ansonsten nur noch selten der Fall war. Reinhard hatte bereits Übung im Auffinden von Spielzeug. Die Kinder, die aus größeren

Bauernhöfen stammten, hatten zum Teil auch bessere Sachen. Er stöberte in allen Ecken herum, denn er wusste genau, welche Art von Versteck die Kinder wählten , bevor sie »auf Transport« gingen. Die meisten der Kinder glaubten nämlich, dass sie bald wieder nach Hüttersdorf zurückkehren würden. Oft hatte Reinhard von Gleichaltrigen gehört, dass die Tschechen nach einiger Zeit wieder abziehen und alle wieder in die Heimat zurück dürften. Auch Reinhard hätte nur zu gerne daran geglaubt. Aber die Gespräche seiner Eltern mit Onkel Georg – der wie immer bestens informiert war – hörten sich ganz anders an.
Er hatte sich nicht getäuscht. In einer Ecke der Scheune wurde er unter einigen Strohballen fündig. Ein *Tretauto* kam zum Vorschein – und was für eines: Ein großes, aus stabilem Blech gefertigt, und mit grüner Farbe angestrichenen. Nach einer kurzen Überprüfung stellte Reinhard fest, dass es voll funktionsfähig war. Es hatte ein *richtiges* Lenkrad, eine Hupe und zur Fortbewegung einen Tretmechanismus. Reinhard war fest entschlossen, das herrliche »Ding« mit nach Hause zu nehmen. Er drehte sofort ein paar Proberunden im Hof des Anwesens. Noch nie in seinem Leben hatte er so etwas Schönes besessen. Immer wieder fuhr er von einer Ecke im Hof zur anderen. Langsam wurde er müde vom vielen Fahren. Er machte eine Pause, blieb aber im »Auto« sitzen. Er überlegte lange, was er machen sollte und kam zu dem Entschluss, das Tretauto nicht mit heim zu nehmen. Wenn auch der Junge, dem das Auto gehörte, nicht mehr damit spielen konnte, war es trotzdem sein Eigentum. Zwar kämpfte Reinhard noch geraume Zeit mit seinem Gewissen, doch dann entschied er sich endgültig dagegen, es mitzunehmen. Er fuhr noch eine Weile im Hof herum und versteckte es dann wieder in der Scheune. Beim Abendessen erzählte er Lisa

und seiner Mutter von dem großartigen Fund. Beide lobten ihn, dass er das Auto nicht mitgenommen hatte. Reinhard konnte in dieser Nacht nicht gut schlafen. Immer wieder musste er an das Auto denken. Am nächsten Morgen nach dem Frühstück brach er sofort wieder zur Scheune auf. Auf dem Weg dorthin begegnete er Jaroslav, dem tschechischen Jungen. Reinhard bemerkte sofort, dass ihm die Begegnung peinlich war. »Dobrý jitro« (Guten Morgen) sagte Reinhard und fragte, warum er sich so lange nicht sehen ließ. Jaroslav stotterte halb deutsch, halb tschechisch, er sei krank gewesen. Reinhard tat so, als glaubte er ihm und sagte: »Ich habe heute keine Zeit. Muss dringend was erledigen, bis morgen!« Jaroslav konnte man die Erleichterung ansehen, er verabschiedete sich hastig mit einem leisen »Tak zitra!« (Bis morgen!) und verschwand.
Als Reinhard sicher war, dass Jaroslav ihn nicht mehr sehen konnte, machte er sich auf den Weg zur Scheune. Er ging erst einmal am Anwesen vorbei, um sicher zu sein, dass niemand auf dem Grundstück ist. Nach einigen Metern kehrte er um und ging in den Hof. In der Scheune waren keine Veränderungen festzustellen. Das Tretauto war noch in seinem Versteck. Von der Straße her aber waren plötzlich Motorengeräusche zu hören und so blieb Reinhard in der Scheune. Auf der großen Tenne war Platz genug zum Herumfahren. Irgendwie machte ihm dies heute aber keinen Spaß. Schon nach einer halben Stunde schob er das Auto wieder in sein Versteck und verließ den Stadel. Kaum hatte er das Grundstück verlassen, sah er, wie zwei tschechische Zöllner auf den Bauernhof zugingen. Die beiden betraten den Hof und gingen in das Wohnhaus. Reinhard hatte Glück gehabt. Hätte er nur drei Minuten später das Anwesen verlassen, wäre er ihnen direkt in die Arme gelaufen. Er spazierte noch bis zum

Ortsende, dann drehte er um, um nach Hause zu gehen. Als er wieder am Bauernhof vorbei kam, sah er, wie die Beamten in die Scheune gingen. Was suchten die Zöllner da? Wahrscheinlich vermuteten sie, dass die Besitzer dort Wertsachen versteckt hatten. Seine Mutter war überrascht, dass er schon so früh heim kam. Er sagte ihr aber nicht, warum er schon zurück war. Womöglich würde die Mutter ihm weitere »Ausflüge« verbieten.

Kurt Bachner kam spät am Abend nach Hause. Er war schweigsamer als sonst. Rosi Bachner vermutete deshalb richtig, dass er schlechte Nachrichten mitbrachte. »Was ist los mit dir?«, fragte sie ihren Mann. »Wenn ich den Kommissar heute Abend richtig verstanden habe, geht in Kürze der letzte Transport«, antwortete er. Obwohl das keine unerwartete Neuigkeit war, wurde Rosi Bachner blass im Gesicht. Dass sie ihre Heimat verlassen mussten, wussten sie ja schon lange. Aber solange es keinen genauen Termin gab, wurde es von der ganzen Familie einfach verdrängt. »Wann wird es losgehen?«, fragte sie. »Ich weiß es nicht genau; aber länger als zwei Wochen dauert das nicht mehr«, entgegnete Kurt. Rosi Bachner ging zum Stubenwagen, worin die kleine Ingeborg schlief. Während sie dem Kind über die Wange streichelte, tropften Tränen auf das Kissen im Bettchen. Kurt Bachner beauftragte Reinhard, seinen Bruder Josef und Onkel Georg zu holen. Es mussten die letzten Vorbereitungen besprochen werden. Willi musste ebenfalls benachrichtigt werden, um sich mit dem Vater zu treffen, – was allerdings nicht so einfach war. Kurt Bachner wollte unbedingt einen deutschen Zöllner an der Grenze erreichen, der seinem Sohn in Elbach eine Nachricht zukommen lassen konnte. Es war wichtig, einen genauen Zeitpunkt zu vereinbaren, um sich an einer Stelle auf bayerischer Seite zu treffen. Kurt Bachner kannte sich freilich in den Wäldern um Hüttersdorf und Elbach aus wie kein anderer. Er musste nur auf eine Gelegenheit warten - wie etwa einen Auftrag vom Kommissar, der ihm erlauben würde, sich gefahrlos der Grenze zu nähern. Mittlerweile waren Josef und Georg mit Familie eingetroffen. Georg war heute besonders aufgeregt. Er malte die Zukunft in den düstersten Farben. »Egal, wo die uns hinbringen - niemand will uns haben!« Das waren nicht nur an diesem Abend seine ständigen Worte. Der Bruder versuchte, ihn zu beruhigen, was aber nur teilweise gelang. Natürlich wussten Bachner und sein Sohn Josef, was auf sie zukam. Doch Josef hatte im Krieg noch ganz andere Dinge zu überstehen gehabt. Und Bachner selbst hatte fast fünf Jahre Konzentrationslager überlebt. Diese Männer waren nicht so schnell außer Fassung zu bringen.

Irgendwie hatte es Kurt Bachner dann doch noch geschafft, seinen Sohn Willi zu treffen. Wie so oft sprach er über derartige Wagnisse zu niemandem ein Wort. Wenn überhaupt jemand in seine Pläne eingeweiht wurde, war es seine Frau. Er hatte sich entschieden, Willi nach Hüttersdorf zu holen, sobald der Termin zum Abtransport feststand. Er wollte damit unbedingt verhindern, dass die Familie getrennt wurde. Bis dahin musste alles bis ins letzte Detail geplant werden. Vor allem – was war wichtig, um die ersten Monate in dieser chaotischen Zeit zu überleben? Es war auch noch ein Bruder von Rosi Bachner im Ort, der sich ebenfalls Ratschläge von Kurt Bachner holte. An manchen Abenden, wenn er mit seiner Frau alleine war, äußerte er sich ihr gegenüber nicht so optimistisch. Hatte er sich letztendlich richtig entschieden, auf den letzten Transport zu warten? Es wäre ein Leichtes gewesen, als die Amerikaner noch hier waren, über die Grenze zu gehen. Damals war es auch noch nicht so schwierig, sein Hab und Gut auf die deutsche Seite nach Elbach zu schaffen. Er hatte sich nun einmal entschieden, erst mit den restlichen Verwandten und Freunden zu gehen. Es sollte sich später als großer Fehler herausstellen.

An einem Montag, so um den zehnten September 1946 herum, war es dann soweit: In fünf Tagen sollte der letzte Transport Hüttersdorf verlassen. Jetzt, wo der entgültige Termin feststand, spürten viele trotz allem eine gewisse Erleichterung. Dies mag manchem unverständlich sein. Aber man muss bedenken, wie lange die Ungewissheit die Menschen schon geplagt hatte. Wo sollte es überhaupt hingehen? Was würde die nahe Zukunft bringen? Diese Ängste, dann die Sorge um die Kinder und vor allem um die Säuglinge, waren ständig präsent. In vielen schlaflosen Nächten wurde weiter diskutiert. Viel Positives kam dabei auch nicht heraus. Diese enorme Anspannung führte dazu, dass der endgültige Termin auch ein wenig befreiend wirkte. Nun hatte man auch gar keine Zeit mehr, über die Zukunft zu grübeln. Es galt, das Nächstliegende zu tun. Die Kisten waren schon seit längerer Zeit gepackt. Die entscheidende Frage bestand darin, ob deren Inhalt zum Überleben reichte. Das »Reisegepäck«, wie es Rosi Bachner nannte, durfte ja keinesfalls zu schwer sein. Sie hatte auch die Sachen für Willi mit eingepackt, der ja heute noch aus Elbach eintreffen sollte.

Es war schon spät am Abend, als Willi in Hüttersdorf ankam. Endlich war die Familie wieder zusammen. Alle noch verbliebenen Verwandten trafen sich am nächsten Spätnachmittag bei Kurt Bachner. Willi musste natürlich viele Fragen beantworten; vor allem wie es ihm in der Gefangenschaft und in Amerika ergangen war. Der Gesprächstoff hätte gut und gerne für einige Tage aus-

gereicht. Doch Willi Bachner verstand es, sich auf das Wesentliche zu beschränken. Nur von Amerika musste er ausführlicher berichten; doch da wäre auch noch von Italien und Frankreich zu erzählen gewesen. Er lenkte aber geschickt das Thema auf die Gegenwart. Die war düster. Und die Zukunft wahrscheinlich noch schlimmer. So ging man erst weit nach Mitternacht auseinander. Die Sorge, was in den nächsten Tagen auf sie zukommen würde, lastete schwer auf allen. Am nächsten Morgen musste Kurt Bachner beim Kommissar vorstellig werden, um die weitere Vorgehensweise, was seinen Sohn betraf, zu regeln.
Reinhard versuchte zwischenzeitlich immer wieder, heimlich zur Grenze zu gelangen. Es war vergeblich. Er wollte unbedingt noch mal in Großvaters Haus und im elterlichen Garten nach dem Rechten sehen. Die tschechischen Grenzbeamten sowie die Polizei hatten im Laufe der Zeit die Überwachung der Grenze erheblich verschärft und ihre Kontrollgänge ausgeweitet. Das Personal der Zöllner hatte sich in kürzester Zeit verdoppelt und sogar Soldaten wurden zur Bewachung der Grenze herangezogen. In einem leer stehenden Gebäude nahe der Kirche wurde ein Gendarmerieposten eingerichtet. Nach einigen gescheiterten Versuchen gab Reinhard sein Vorhaben schließlich auf. Sein Wunsch, noch ein letztes Mal das Haus zu betreten, in dem er geboren wurde, blieb unerfüllt. Dafür ging er immer öfter zur Scheune, wo er *sein* Tretauto versteckt hatte. Er wagte es manchmal sogar, auf der Straße zu fahren. Letztendlich war es ihm auch egal, damit gesehen zu werden. In drei Tagen ging der Transport los und er konnte dieses tolle Spielzeug ja doch nicht mitnehmen.
Kurt Bachner wartete immer noch auf die Zusage der tschechischen Verwaltung, seinen Sohn Willi auf die Transportliste zu

setzen. Er wusste nur so viel, dass der Kommissar darüber nicht alleine entscheiden konnte. Die Familie Bachner hatte nun endgültig beschlossen, weniger Hausrat und Kleidung mitzunehmen. Dafür sollten zwei größere Töpfe mit Schmalz und zwei Sack Kartoffeln verstaut werden, um über die erste schwierige Zeit hinwegzuhelfen. Diese Entscheidung sollte sich später als überlebenswichtig herausstellen. Einen Tag vor dem Abtransport mussten die Kisten zur Gemeinde, um sie zu wiegen. Danach durften sie nicht mehr geöffnet werden. Diese Anordnung führte bei den Bachners zu einem großen Problem: Am Nachmittag des letzten Tages wurde Kurt Bachner mitgeteilt, dass Willi nicht mitkommen durfte. Er musste auf Anordnung der Tschechen in Hüttersdorf bleiben und bekam eine Unterkunft zugewiesen. Was weiter mit ihm geschehen sollte, konnte oder wollte ihm keiner sagen. Kurt Bachner intervenierte noch mal beim Kommissar – es war zwecklos. Da seine Sachen, vor allem die Kleidung, bereits in der Kiste waren, besaß Willi nur das, was er am Leib trug. Die Kisten mussten verschlossen bleiben, obwohl die Familie die tschechische Verwaltung auf die besonderen Umstände hinwies. Es gab sogar noch ein weiteres Problem: Eine der zwei Kisten war zu schwer! Und zwar die, worin die Lebensmittel, Kartoffeln, Schmalztöpfe usw. verpackt waren. Sie sollte noch mal geöffnet und erleichtert werden. Zum wiederholten Male beschwerte sich Kurt Bachner beim Kommissar. Und nach einem längeren Gespräch konnte er durchsetzten, dass diese Kiste nicht mehr geöffnet wurde. Für Rosi Bachner war es besonders schlimm, dass sie ihren Sohn Willi in Hüttersdorf zurücklassen musste. Dieser versuchte seine Mutter zu trösten. »Ich komme bald nach«, versicherte er der Mutter. Und dabei wirkte er so überzeugend, dass sich alle Familienmitglieder doch wieder etwas beruhigten. Der Vater freilich ließ sich seine Sorgen nicht anmerken. Er befürchtete, dass die Tschechen seinen Sohn doch noch in eines der Kohlebergwerke verschleppen könnten. Obwohl ihm der Kommissar versichert hatte, Willi könne nachreisen, wenn alle Formalitäten, welcher Art die auch immer sein mochten, geklärt waren.

Sollte sich die Befürchtung des Vaters bewahrheiten, dass Willi ins Innere der Tschechei zur Arbeit in ein Bergwerk musste, sollte er sich sofort nach Elbach zur Tante Anna absetzen. Kurt Bachner hatte ihm genau erklärt, wo er einigermaßen sicher über die Grenze kam. Der 21-jährige Willi, der den Krieg erlebt und die Gefangenschaft in Amerika überstanden hatte, nahm es erstaunlich gelassen, dass er alleine zurückbleiben musste.

Reinhard trieb es aber am späten Nachmittag noch mal zum Weiher. Lange stand er neben der Statue des *Heiligen Nepomuk* und starrte auf das Wasser. Auf dem Rückweg schaute er noch in einige Höfe und Gebäude. Da war die Schmiede. Oft hatte er sich mit dem Sohn des Schmieds hier herumgetrieben und beim Beschlagen der Pferde zugeschaut. Als er die Werkstatt betrat und den Ambos sah, musste er daran denken, wie oft er versucht hatte, mit dem großen Hammer zurechtzukommen. Er glaubte die Schläge zu hören, die der Schmied und sein Geselle im genauen Rhythmus auf dem Amboss erzeugten. Langsam verließ er die Schmiede und ging noch mal um das Gebäude herum. Er war schon ein gutes Stück entfernt. Und obwohl Stille herrschte, glaubte er erneut, das Geräusch der Hämmer deutlich zu hören. Die Dämmerung hatte bereits eingesetzt, als er spontan beschloss, noch einmal zu dem Haus zu gehen, wo er das Tretauto versteckt hatte. Er holte es aus der Scheune und fuhr noch einige Male über den Hof. Da es schließlich dunkel wurde und er nach Hause musste, nahm er das Tretauto und versteckte es. Heute aber ganz besonders gut, denn niemand sollte es finden. Etwas trauriger als sonst trat er den Nachhauseweg an. Dieser letzte Tag in seinem Heimatort Hüttersdorf ist Reinhard heute noch gegenwärtig. Bis ins kleinste Detail.

Zu Hause angekommen, fand er die Stube voller Leute. Es wurde alles noch mal besprochen. Vor allem, wie man sich gegenseitig helfen und unterstützen konnte. Dann gingen sie mit den bedeutungsvollen Worten «Bis morgen am Lastwagen« auseinander. Jeder hatte noch irgend etwas zu tun oder nahm Abschied von Plätzen und Dingen, die in vielen Jahren eine besondere Bedeutung gewonnen hatten. Rosi Bachner hatte alle Hände voll zu tun, um das Allernotwendigste für die kleine Ingeborg mitzunehmen. Auf Erfahrungswerte konnte sie nicht zurückgreifen. Dieses Mal war alles ganz anders als damals, wo man für kurze Zeit nach Klattau vor den Nazis geflüchtet war. Wie man morgen die Nacht verbringen würde, wusste niemand. Es konnte in einem Eisenbahnwaggon sein oder unter freiem Himmel. Die Ungewissheit, wo und wann man wieder Fuß fassen könnte und ein Dach über dem Kopf haben würde, lastete zentnerschwer auf allen Familien. Zu alledem kam für die Familie Bachner noch die Sorge um Willi hinzu, der wie gesagt nicht auf der Transportliste stand und – so kurz nach dem Wiedersehen - in Hüttersdorf zurückbleiben musste.

Am nächsten Tag, etwa gegen 9.00 Uhr, fuhr der Lastwagen vor dem Haus der Bachners vor. Auf der Ladefläche, zusammengepfercht mit zwei weiteren Familien, fand Kurt Bachner mit seiner Familie einen Platz. Reinhard, der neben seiner Schwester Lisa saß, zog sich an der Bordwand hoch, um nach draußen zu sehen. Willi stand unter einigen uniformierten Tschechen und winkte

Reinhard und Lisa zu, als sich der Lastwagen in Bewegung setzte. Das Winken des Bruders und die allerletzten Blicke auf den Heimatort haben sich mit der Schärfe eines Alptraums in das Gedächtnis von Reinhard eingebrannt. Unauslöschlich.

Im Lager Spremberg

Die ersten zehn bis fünfzehn Minuten fuhr der Lastwagen in ein für Reinhard gut bekanntes Gebiet. Er sah die Abzweigung, wo er mit der Mutter immer zum »Essentragen« ging. Dann kam die Steigung, die einige Kilometer durch Waldgebiet führte. Das Auto kam nur langsam voran. Und so sah Reinhard ganz deutlich die Waldkapelle auf der linken Straßenseite. Hier hatten die Mutter und er oft eine Rast eingelegt, wenn sie in die Nachbarorte unterwegs waren. Der LKW hatte nun die Bergkuppe erreicht und erhöhte wieder die Geschwindigkeit. Auf einem Verkehrsschild konnte man kurz lesen: »Nach Rainberg 20 km.« Rainberg war die Bahnstation; von da an sollte es mit dem Zug weitergehen. Reinhard Bachner sollte noch Jahre später von dieser *Fahrt* erzählen. Er war einfach neugierig: Wusste er doch, dass er lange »Zugfahren« durfte. In seinem Alter plagten ihn keine Zukunftsängste. Es waren ja Vater und Mutter dabei, da konnte ihm nichts passieren.

Der Lastwagen hatte jetzt Rainberg erreicht und hielt an einem größeren Gebäude, auf dem mit großen Buchstaben »Güterbahnhof« stand. Kurt Bachner und Sohn Josef luden nun das Gepäck und die Kisten ab wie alle anderen auch. Jede Familie suchte eine geeignete Stelle, um die Sachen abzustellen. Der Lastwagen fuhr sofort und ohne einen Kommentar der Begleiter weg. Auf dem Bahnhofsgelände herrschte Hochbetrieb. Überall wo ein Platz frei war, standen Kisten und anderes Gepäck herum und es wimmelte nur so von Menschen. Die Hüttersdorfer hatten schnell begriffen, dass sie nicht die *Einzigen* hier waren.

Immer wieder kamen Lkws angefahren, von denen Menschen kletterten und Fracht abgeladen wurde. Erst am späten Nachmittag nahm die »Anlieferung« von Menschen langsam ab. Kurt Bachner machte sich mit einigen Männern auf, um zu erfahren, wann und wie es weitergehen sollte. Nach einer Stunde kamen sie unverrichteter Dinge zurück. Niemand, weder die Bahnangestellten noch die tschechische Polizei, die sich in großer Zahl im Bahnhof aufhielt, konnte eine Auskunft geben. Einige Frauen in Zivil, mit einer Rotkreuzbinde am Arm, irrten durch die ratlose Menschenmenge. Lisa versorgte die kleine Ingeborg. Überhaupt entpuppte sich Lisa immer mehr als eine große Stütze, nicht nur für die Schwester, sondern für die ganze Familie. Reinhard hatte auf einer der großen Kisten Platz genommen und konnte so dem regen Treiben zuschauen. Von der Beschaffenheit der Kisten muss unbedingt erwähnt werden, dass die Familienväter sie gut präpariert hatten. Da die Mitnahme von Möbeln jeglicher Art verboten war, waren Ideen gefragt: Kurt Bachner hatte eine Art Schalung um seine Kisten gemacht. Sie bestand aus einem zerlegten Tisch, einem kleinen Schrank und Stühlen. Diese Dinge wurden als »Verpackungsmaterial« an den Kisten befestigt. Das sollte also für einen Neuanfang genügen - ein Tisch, Stühle sowie ein kleiner Küchenschrank. Dazu etwas Geschirr aus leichtem Material. Das war der ganze Familienbesitz. Reinhard saß immer noch auf der Kiste. So viele Menschen und einen so großen Bahnhof hatte er noch nicht gesehen.

Am Abend kam die Anweisung, sich bereit zu halten. Ein Güterzug mit einigen G-Wagen, – das »G« stand für »Gedeckte-Wagen« (Viehtransporte) –, wurde bereitgestellt. Die Gepäckstücke mussten umgehend verladen werden und die Familie Bachner mit Sohn Josef und Onkel Georg versuchten, ihre Kisten immer im gleichen Waggon unterzubringen. Georg hatte nach dem Tod seiner ersten Frau wieder geheiratet. Sie erwartete nun ihr erstes Kind. Nachdem alles in die Waggons verstaut war, wurde ein Personenwagen an den Güterzug gehängt und die Familien, die auf der Liste gemeldet waren, konnten einsteigen. Der angehängte Personenwagen war mit Holzbänken ausgestattet und ziemlich verschmutzt. Der Boden des Wagens war mit einer undefinierbaren Flüssigkeit eingelassen, die nach Schmieröl und Petroleum stank. Die Menschen im Wagen nahmen dies aber nur am Rande wahr. Sie waren froh, erst einmal für die Nacht ein Dach über dem Kopf zu haben. Herrschte am Anfang im Wagen noch rege Betriebsamkeit, wurde es nach und nach still. Nur die Kinder, vor allem die kleinsten, waren unruhig und weinten. Die meisten der Mütter hatten, was die Versorgung der Kinder im Babyalter anging, gut vorgesorgt. Die größte Anzahl der Kleinstkinder wurde von ihren Müttern gestillt. Die etwas größeren oder jene, die von der Mutter nicht gestillt werden konnten, mussten festere Nahrung zu sich nehmen. Die Mütter entwickelten oft einfallsreiche Varianten: Einige weichten Brot oder Zwieback im Wasser auf, damit es auch den Kleinsten möglich war, es zu schlucken. Überhaupt war Improvisieren und Organisieren das Wichtigste, um in diesen Zeiten zu überleben. Der Zug mit den *Umsiedlern,* wie die Vertriebenen offiziell genannt wurden, legte oft nur kurze Strecken zurück. Er stand länger auf freier Strecke, als er tatsächlich fuhr. Die »Reichsbahn«, wie sie immer noch hieß, hatte erhebliche Schwierigkeiten, ihren Betrieb in geordnete Bahnen zu lenken. Viele Bahnhöfe waren durch die Bombenangriffe zerstört und das Schienennetz war in einem sehr schlechten Zustand. Auch die Signalanlagen funktionierten nur mit Einschränkung. Oft mussten Bahnbedienstete schriftliche Befehle der Fahrdienstleiter dem Lokführer persönlich überbringen, weil wieder ein Fahrsignal ausgefallen war. Zu den fahrplanmäßigen Zügen kamen noch Militär-, Gefangenen- und die Vertriebenentransporte hinzu. Es fehlte einfach an allen Ecken und Enden. Einen funktionierenden Betrieb aufrechtzuerhalten, war der Bahn also nicht möglich. Auch hier war Improvisation gefragt. Die Züge fuhren einfach los, wenn die Gleise beziehungsweise die Strecken frei waren.

Am nächsten Morgen erfuhr Kurt Bachner von einem Eisenbahner, dass für ihren Zug in Adorf – eine Kleinstadt in Vogtland/Sachsen – ein erster Verpflegungshalt vorgesehen war. Erst am Nachmittag erreichten sie den Ort. Es war tatsächlich eine Art »Feldküche« in der Nähe der Gleise errichtet worden; und es gab eine Suppe. Lisa ging mit Reinhard, um ihre Portionen abzuholen. Es war mehr oder weniger gekochtes Wasser mit einigen Steckrübenstückchen darin. Immerhin, es war etwas Warmes. Nach etwa drei Stunden Wartezeit kam eine Lokomotive, um den am Zugschluss angehängten Personenwagen abzuholen. Also mussten die Sachen aus dem Wagen raus und in einen Güterwaggon geschafft werden. Die Leute wurden ebenfalls auf Güterwagen verteilt. Ein Personenwagen konnte im Moment nicht gestellt werden.

Die Bachners hatten es geschafft, zusammen in einem der Wagen unterzukommen. Im Waggon stank es erneut, diesmal aber nach Jauche. Georg hatte eine passende Erklärung parat: »In diesem Waggon sind Tiere befördert worden«, stellte er fest. Kurt Bachner beruhigte ihn und auch die anderen mit der Bemerkung: »In maximal zwei Tagen haben wir unseren Bestimmungsort erreicht.« Leider kam alles anders, als Bachner annahm. Nach weiteren drei bis vier Stunden Wartezeit setzte sich der Zug endlich in Bewegung. In den Waggons wurden die Plätze zum Sitzen beziehungsweise zum Schlafen eingeteilt. Für die Kinder wurden aus Gepäck- und Bekleidungsstücken Schlafplätze hergerichtet. Die Erwachsenen und größeren Kinder mussten mit dem schmutzigen Boden vorlieb nehmen. Reinhard hatte sich neben der Mutter einen Platz gesucht. Die saß mit dem Rücken an die Waggonwand gelehnt und hielt die kleine Ingeborg im Arm. Lisa saß zwischen zwei Kisten. Das hatte den Vorteil, dass sie im Schlaf nicht zur Seite kippen konnte. Der Zug fuhr nur mit einer mäßigen Geschwindigkeit; schneller zu fahren war auf dem zum Teil miserablen Unterbau des Schienennetzes nicht möglich. Durch das Schaukeln der Wagen und das monotone Geräusch der Räder waren die Kinder fast alle eingeschlafen. In den Waggons wurde es nun aber zunehmend ungemütlicher. Die Nächte wurden jetzt, Ende September, schon empfindlich kalt. Durch die schlecht schließenden Schiebetüren und andere Schadstellen an den Waggons pfiff der Fahrtwind herein. Nach einigen Stunden Fahrt ohne Unterbrechung blieb der Zug jetzt wieder öfters auf freier Strecke stehen. Die ruckartigen Bewegungen beim Halten und Wiederanfahren sowie das Quietschen der Bremsen schreckte die Insassen jedes Mal aus dem Schlaf. Vor allem die Kinder, einmal wach, weinten und waren kaum noch zu beruhigen. Dieses unfreiwillige Anhalten des Zuges hatte für die Menschen in den Waggons auch eine gute Seite. Konnten sie doch aussteigen und im nahen Gestrüpp des Bahndamms ihre Notdurft verrichten. Oft hatten sie den Eindruck, der Lokführer lege absichtlich einen Halt ein, um den Leuten diese Möglichkeit zu verschaffen. Das gellende Pfeifsignal, das er kurz vor der Weiterfahrt gab und die zwei oder drei Minuten, die er dann noch wartete, bis er losfuhr, bestärkten diese Annahme. Für die Eltern der Kleinkinder, die noch gewindelt werden mussten, waren diese Pausen ebenfalls willkommen. Sie konnten die Windeln im Freien säubern und so die »Luftqualität« in den Waggons erträglicher gestalten. Für die Buben in Reinhards Alter waren die Fahrtunterbrechungen ebenfalls eine kleine Abwechslung. Wenn da nur nicht die extreme Kälte gewesen wäre!

Am frühen Morgen des nächsten Tags gab es erneut einen längeren Halt. Ein Gerücht machte die Runde, dass am nächsten Bahnhof wieder ein oder gar zwei Personenwagen angehängt würden. Tatsächlich: Gegen Mittag fuhr der Zug in einen kleinen Bahnhof ein. Und nach etwa einer weiteren Stunde wurden die Wagen von einer Rangiergruppe an den Zug gekoppelt. Nun wurde das »Handgepäck« wieder umgeladen. Und alle waren froh, eine Sitzgelegenheit zu bekommen. Auch wenn es nur eine harte Holzbank war.

Ausnahmsweise dauerte dieser Aufenthalt nicht allzu lange. Nach kurzer Zeit setzte sich der Zug wieder in Bewegung und Kurt Bachner hatte auch noch eine gute Nachricht zu überbringen. Er hatte während des Aufenthalts Gelegenheit, mit dem Lokführer zu sprechen. Nach seinen Informationen sollte der Transport in der Lausitzer Gegend zu Ende sein. Er hatte gerade seinen Kollegen auf der kleinen Station abgelöst und die Nachricht von einem Vorgesetzten übermittelt bekommen. Bis zum späten Nachmittag fuhr der Zug ohne anzuhalten. Doch dann blieb er plötzlich stehen und alle glaubten an eine der üblichen Unterbrechungen. Doch um Mitternacht standen sie immer noch an der gleichen Stelle. Die Menschen wurden allmählich unruhig und fragten sich, was das zu bedeuten hatte. Einige der Männer nahmen nun Kontakt mit dem Lokpersonal auf, um zu erfahren, warum es nicht weiterging. Der Lokführer erklärte, das Signal stehe auf »Halt«. Und somit war eine Weiterfahrt nicht möglich. Da man aber auf *freier Strecke* stand und weit und breit nur Wiesen und Wald zu sehen war, musste man wohl oder übel warten, bis von der nächst gelegenen Bahnstation ein schriftlicher *Fahrauftrag* kam oder das Signal wieder grün anzeigen würde. Nichts von beidem geschah. Am nächsten Morgen schickte der Lokführer seinen Heizer los, um Kontakt mit dem Fahrdienstleiter aufzunehmen. Dieser kam am späten Abend mit der Nachricht zurück, dass es in einigen Stunden weitergehe und zwar in Richtung Finsterwalde in der Niederlausitz. Georg war schon extrem nervös. Bei seiner hochschwangeren Frau konnten stündlich die Wehen einsetzen. Die Ungewissheit hatte die Menschen in den beiden Personenwagen mürbe gemacht. Auf den Holzbänken war ein Ausruhen oder richtiges Schlafen undenkbar. Außerdem waren diese Plätze für die Kleinsten reserviert. Die hygienischen Verhältnisse waren ebenfalls miserabel. In den beiden Waggons war nur eine Toilette vorhanden. Nach mehr als zwei Tagen konnte die Fahrt dann fortgesetzt werden. Sie zog sich noch einen weiteren Tag in die Länge und war ebenfalls nicht frei von zusätzlichen Unterbrechungen. Schließlich erreichte der Transport aber die Bahnstation Finsterwalde. Unter den geplagten Menschen herrschte wieder ein Funken Zuversicht: Hatte man es endlich geschafft? War man nun an Ort und Stelle? Doch schon nach einigen Stunden waren alle wieder am Boden zerstört. Aus Finsterwalde kam die Nachricht, dass man hier keine »Umsiedler« aufnehmen könne. Wegen einer ansteckenden Krankheit, die angeblich in der Stadt herrschte. Nun hieß es, erneut zu warten und in den Waggons zu bleiben, bis ein neues Ziel bekannt gegeben wurde. In diesem heillosen Durcheinander setzten bei Georgs Frau die Wehen ein. Zwei Rot-Kreuzhelferinnen holten sie aus dem Zug. Sie wurde in ein Krankenhaus nach Finsterwalde gebracht. Georg bekam die Zusage, dass seine Frau, sobald sie das Kind geboren habe, nachreisen könne; ganz egal, wohin der Transport ging. Georg, der sie natürlich nach Finsterwalde begleiten wollte, musste einsehen, dass dies nicht ging. Der Transport konnte jeden Augenblick weitergehen und die *ansteckende Krankheit* wurde als weiteres Argument gebraucht, um ihn zu überzeugen. Nachdem Georgs Frau relativ schnell und unkompliziert in einem Krankenhaus untergebracht worden war, gelangte Kurt Bachner allerdings zu der Schlussfolgerung, dass die »ansteckende Krankheit« mehr oder weniger eine Ausrede war. Ob man in Finsterwalde nicht in der Lage war, die Vertriebenen aufzunehmen oder ob man dies einfach nicht wollte, konnte mit Sicherheit nicht behauptet werden.

Georg sah nach einem Gespräch mit seinem Bruder ein, dass es besser war, bei seinen Habseligkeiten zu bleiben, um sie am endgültigen Zielort auch zur Verfügung zu haben. Und wie so oft, nach unendlich langer Wartezeit, fuhr der Zug wieder ab. Irgend jemand brachte die Nachricht, dass das Ziel wohl ein Flüchtlingslager in der Nähe der Stadt Spremberg sei. Andere wieder wollten wissen, dass es nach Berlin gehen sollte und alle dort verteilt würden. Den meisten der Heimatvertriebenen war es egal, wohin sie gebracht wurden. Wenn sie nur diesen Zug verlassen durften und ein richtiges Dach über den Kopf bekamen!

Der Zug fuhr erfreulicherweise ohne weiteren Zwischenhalt die ganze Nacht hindurch. Für die Jahreszeit eine eiskalte Nacht. Da die Personenwagen ganz ans Ende des Zuges gekoppelt waren, erreichte der heiße Dampf der Zugheizung die Insassen nicht. Es konnte auch an den Heizungsschläuchen liegen, die durchweg in einem schlechten Zustand waren. In den Wagen herrschte deshalb enorme Kälte. Soweit Kleidungsstücke vorhanden waren, wurden diese zum Schutz gegen die Kälte verwendet. In erster Linie mussten aber die Kinder damit versorgt werden. Reinhard kauerte zwischen der Mutter und Lisa auf der Holzbank. Die kleine Ingeborg lag in den Armen der Mutter. Die meisten Erwachsenen legten sich auf den Boden. Josef, der schräg gegenüber mit seiner Familie einen Platz gefunden hatte, versuchte so gut wie möglich seine drei Kinder vor der Kälte zu schützten. Georg saß mit den Geschwistern von Rosi Bachner und anderen Verwandten zusammen. Er machte sich große Sorgen um seine Frau. Er wusste nicht, ob er schon Vater war und ob alles ohne Komplikationen geklappt hatte. Obwohl ihm alle versicherten, dass seine Frau im Krankenhaus bestens aufgehoben sei, war er kaum zu beruhigen. Gegen Morgen fuhr der Zug langsam in einen größeren Güterbahnhof ein und blieb da auch stehen. Der morgendliche Himmel war wolkenlos und dicker Reif lag auf dem kaputten Kriegsgerät, das links und rechts der Ladestraße in großen, hoch aufgetürmten Mengen herumlag: Panzer- und Kanonenteile, zerschossene Militärfahrzeuge und vieles mehr. Ein gigantischer Kriegsschrottplatz. Die Morgensonne gab kaum Wärme ab; es war auch im Freien bitterkalt. Die Personenwagen mussten sofort geräumt werden, weil sie anderweitig dringend gebraucht wurden. Die Güterwagen mit den Kisten und anderem Gepäck wurden auf ein Abstellgleis geschoben. Nun standen die Menschen mit ihren wenigen Habseligkeiten auf der Güterstraße herum. Umgeben von diesen aberwitzigen Kriegsschrotthaufen. Und schlotternd vor

Kälte. Kurt Bachner, der während der KZ-Haft noch ganz andere Extremsituationen überlebt hatte, behielt den Überblick. Er versuchte im Personenbahnhof über das Rote Kreuz zu erreichen, dass zumindest die Kinder in einem geheizten Raum untergebracht wurden. Nach etwa hundert Metern sah er eine Tafel, auf der in großen schwarzen Lettern »Spremberg« stand. Es hatte sich also bestätigt: Der Zielbahnhof war *Spremberg*. Im Verwaltungsgebäude am Bahnhof brachte er in Erfahrung, dass alles unternommen wurde, um die »Umsiedler« (das Wort »Vertriebene« wurde tunlichst vermieden) mit Lastwagen in ein »Umsiedlerlager« nach Spremberg zu bringen.

Die Frauen und Kinder wurden schließlich in das Bahnhofsgebäude gebracht, das fast völlig zerstört war. Später erfuhren die Flüchtlinge, dass die Stadt Spremberg zu 70% zerbombt war und ca. 10.000 Einwohner hatte. Diese hausten mehr schlecht als recht in den äußerst knapp gewordenen Unterkünften. Nun mussten also auch noch Flüchtlinge beziehungsweise »Umsiedler« aufgenommen werden.

Die Mütter mit ihren Kindern wurden vorerst in einem großen Raum untergebracht, über dessen Eingang das Wort *Wartesaal* stand. Er war aber nicht geheizt und somit ging das Frieren weiter. Die meisten Familienväter blieben im Freien bei den abgestellten Waggons. Das war notwendig, um das Gepäck zu bewachen. Denn es kam nicht selten vor, dass aus den Eisenbahnwaggons alles gestohlen wurde, was nicht niet- und nagelfest war. Väter und Söhne wechselten sich bei der »Bewachung« ab, was bei diesen Außentemperaturen vonnöten war. Kurt Bachner und zwei weitere Männer aus der Gruppe versuchten in dem ehemaligen Warteraum einen alten gusseisernen Ofen in Gang zu bringen. Das erwies sich aber als ein schwieriges Unterfangen.

Es gab kein Brennholz! Und auf dem Bahnhofsgelände Holz zu finden, war in diesen Tagen ungefähr so Erfolg versprechend wie das Graben nach purem Gold. Einige Männer durchforschten das ganze Areal, um vielleicht einige Kohlen im Gleisbereich aufzuspüren. Vergeblich. Nach etwa zwei Stunden kamen sie unverrichteter Dinge zurück. Die Ausbeute bestand aus einigen kleinen Stücken Holz, die gerade mal zum Feueranmachen reichten. Kurt Bachner und ein weiterer Mann entschlossen sich, die im Raum befindlichen drei Holzstühle und einen größeren Tisch, der nur noch drei »Beine« hatte, zu Feuerholz zu machen. Die beiden Männer machten sich unverzüglich daran, ihr Vorhaben in die Tat umzusetzen. Während dieser Tätigkeit erfuhr Bachner, dass sein Helfer Sepp hieß und von Beruf Schmied war. Als er das zum Teil aus massivem Holz bestehende Mobiliar mit bloßen Händen auseinander nahm, konnte man erahnen, welche Kraft in seinen gewaltigen Oberarmen steckte. Der Krach, der beim Zertrümmern der Gegenstände entstand, alarmierte einen diensteifrigen Bahnbeamten, der sofort herbeieilte. Er drohte dem Sepp mit der Bahnpolizei, wenn er nicht unverzüglich aufhöre. Der »Schmied«, ein sonst wohl friedlicher und umgänglicher Mensch, baute sich mit seinem gewaltigen Körper vor dem Beamten auf, so dass dieser einige Schritte zurückwich. »Ich mache hier jetzt Feuer für unsere Kinder und rate niemandem, mich daran zu hindern!«, sagte der Sepp in einem absolut entschlossenen Tonfall. Der Bedienstete wich einen weiteren Schritt zurück. drehte sich um und verließ den Raum. Der Sepp aber machte sich umgehend an dem Ofen zu schaffen. Nach etwa einer halben Stunde wurde es in dem Raum tatsächlich ein bisschen warm. Die Frauen mit den Kindern scharten sich im Halbkreis um den riesigen Ofen. Den durchgefrorenen

Menschen konnte man ansehen, wie erleichtert sie waren. Nach einiger Zeit kam der Bahnbeamte mit einem weiteren Mann in dem Warteraum und teilte Folgendes mit: »Sie werden heute noch abgeholt und in ein Lager gebracht, das in der Nähe von Spremberg liegt!« Ohne ein weiteres Wort zu verlieren, verließen die beiden den Raum. Es war wohl so gegen 20 Uhr, als ein Mann und eine Frau, die eine Rotkreuzbinde am Arm trugen, anordneten, sich bereitzuhalten. Nur wenig später fuhren auch schon die Lastwagen vor.

Erst als die Familienväter die Zusage erhielten, dass die Güterwagen mit den Kisten verschlossen und verplombt würden, stiegen sie auf die Fahrzeuge. Die Fahrt dauerte nicht lange, aber wie sich bald herausstellte, fuhren sie nicht direkt zum Lager. Die Aufnahme konnte nämlich erst am nächsten Tag stattfinden. Das hatte zur Folge, dass die Menschen für die heutige Nacht anderweitig untergebracht werden mussten. Diese Nacht, so erzählte Reinhard Bachner später, war ihm noch gut in Erinnerung geblieben: Der Lastwagen, auf dem sich die Bachners befanden, wurde einige Male abgewiesen. Niemand wollte die »Umsiedler« zur Unterbringung haben. Der Fahrer und sein Begleiter fuhren nach weiteren Absagen einen Gasthof an. Der Inhaber versuchte abermals, sie abzuwimmeln, was der Chauffeur aber energisch ablehnte. Nur unter starkem Protest ließ er die Menschen in die Gaststube. Der Raum war groß und mit dem üblichen Mobiliar ausgestattet. Es herrschten mittlerweile fast chaotische Zustände. Die kleinsten der Kinder, immer wieder aus dem Schlaf gerissen, weinten. Und durch die Fahrt auf dem zugigen Lastwagen waren die Menschen erneut bis auf die Knochen durchgefroren. Die Gaststube war nicht geheizt und alle hatten schon lange nichts mehr gegessen. Reinhard saß auf einem Tisch und konnte sich vor Müdigkeit kaum noch geradehalten. Die Familienväter bedrängten den Wirt, er möge doch Feuer im Gastzimmer machen. Der aber lehnte dies entschieden ab: »Ich habe euch keine Einladung geschickt!«, schrie er und machte aus seiner Abneigung gegen die Flüchtlinge keinen Hehl. Kurt Bachner versuchte mit ruhigen Worten den Wirt umzustimmen, indem er ihn bat, was Brennbares zu holen. Er wurde jedoch immer lauter und drohte mit den Worten, die ganze *Bagage* raus zu werfen. Reinhard war durch das Gebrüll des Hausherren, trotz seiner Müdigkeit, wieder hellwach. Er konnte sehen, wie der Sepp (der Schmied) sich mit seinem Vater unterhielt. Indessen tobte der Wirt weiter. Er nahm auch auf die Kinder keine Rücksicht, die sich ängstlich an ihre Mütter drückten. Kurt Bachner und sein Sohn Josef umzingelten mit einigen anderen Männern den Gastwirt und forderten ihn auf, den Raum zu verlassen. Reinhard konnte, weil er sich auf den Tisch stellte, deutlich erkennen, wie sein Vater und Bruder versuchten, den Mann aus dem Gastzimmer zu drängen. Der aber zeigte keine Angst und setzte sich vehement zur Wehr. Die Sache artete tatsächlich zu einer Handgreiflichkeit aus, die Bachner und sein Sohn kurzerhand für sich entschieden. Hinter den beiden hatte sich auch noch der Sepp bereitgehalten, um einzugreifen, falls die Bachners es nicht schaffen sollten. Diese hatten ihn aber bereits auf den Flur gedrängt und die Tür hinter sich zugemacht. Reinhard konnte zwar nichts mehr sehen, aber er ahnte, was draußen auf dem Flur geschah. Nach einigen Minuten kamen Vater und Sohn wieder zurück und erklärten, dass sich der Wirt in ein Zimmer eingeschlossen habe. Einige Männer durchsuchten das Haus und auch den Hof; etwas Brennbares konnten sie aber nicht finden. Da es schon nach Mitternacht war, beschloss

man, alles, was gegen die Kälte half, um den Körper zu wickeln, um ein bisschen Schlaf zu finden. Die Erwachsenen lagen, nur eine Jacke oder Mantel unter sich, auf dem Fußboden. Die Mütter saßen auf den Stühlen und drückten die Kleinsten an ihre Körper, um sie zu wärmen. Reinhard legte sich auf den Tisch und Lisa setzte sich auf einem Stuhl zu ihm.
Reinhard erzählte noch viele Jahre danach von *dieser* Nacht in der Gaststätte. Damals, auf dem Tisch in dem Gasthof, habe er erfahren, was das Sprichwort *«Mich hat es vor Kälte aufgehoben«* bedeutete. Ihn hatte es dermaßen gefroren, dass es ihm tatsächlich so vorkam, als schwebte er über dem Tisch. Dazu kam noch eine Art Schüttelfrost. Lisa musste mit ansehen, wie es ihren Bruder regelrecht hin und her warf. Wenn irgendwo noch etwas Essbares vorhanden war, wurde es in dieser Nacht aufgebraucht. Kurt Bachner widerstrebte die Sache mit dem Wirtaber wo hätten sie mit den Kindern bleiben sollen?
In aller Herrgottsfrühe war der Lastwagen zur Stelle, um die vor Kälte schlotternden Menschen abzuholen. Die Fahrt auf dem Wagen dauerte Gott sei Dank nicht sehr lange. Endlich wurde das *»Umsiedler-Lager Spremberg«* erreicht. Es war an einem Vormittag Anfang Oktober 1946, gegen 9.00 Uhr, als die Familie Bachner, Sohn Josef mit Familie, Bruder Georg und ein Bruder von Rosi Bachner in einen großen Saal eingewiesen wurden. In der Mitte des Raumes standen Tische und Stühle aus Holz und an den Wänden entlang fanden sich durch Bretter abgeteilte Plätze, die als Schlafstellen dienten. Diese waren mit Stroh ausgelegt. Und auf den ersten Blick konnte man erkennen, dass hier schon viele Menschen gelegen hatten, ohne dass es jemals ausgewechselt wurde. Einige graue Decken lagen darauf; aus Wehrmachtsbeständen, die auch schon bessere Tage gesehen

hatten. Die Menschen waren aber erst einmal froh, ein Dach über dem Kopf zu haben. Nachdem die Einteilung der Plätze, die sich nach der Größe der jeweiligen Familie richtete, erledigt war, setzte man sich ins Stroh, um endlich etwas auszuruhen. Als Erstes wurden die Kleinkinder versorgt. Für die Mütter war es schon eine wesentliche Erleichterung, die Kleinen auf einer dieser Decken zum Schlafen hinzulegen. In den letzten Tagen und Nächten war man kaum zur Ruhe gekommen.

Reinhard belegte einen Platz – wie konnte es anders sein – neben seiner Schwester Lisa. Die Mutter hatte alle Hände voll zu tun, die kleine Ingeborg zu beruhigen. Links daneben hatte Josef einen Platz bekommen und rechts Onkel Georg. Dieser war natürlich in großer Sorge um seine Frau, die er zur Entbindung in Finsterwalde hatte zurücklassen müssen. Auf der oberen Seite des Saals, wo die Bachners ihren Platz hatten, waren bis auf wenige Ausnahmen alle Leute aus Hüttersdorf untergebracht. Kurt Bachner und die anderen Familienväter machten sich auf den Weg, um sicherzustellen, dass die Kisten und das weitere Gepäck der Umsiedler an den richtigen Ort gebracht wurden. Die Buben und Mädchen in Reinhards Alter entdeckten in der Mitte des Saales gleich einen Spielplatz. Die vielen Holztische und Stühle waren hierfür bestens geeignet. Eine Frau, die mitverantwortlich für die Einteilung der Flüchtlinge war, kündigte eine Abordnung der Lagerleitung an. Als Kurt Bachner zurückkam und berichtete, dass die Waggons mit dem Begleitgut am Rangierbahnhof abgestellt waren, kehrte endlich wieder etwas Ruhe ein. Er holte seinen Sohn und Bruder Georg an einen der Tische und machte ihnen deutlich, dass man die Waggons im Bahnhof bewachen müsse. Auch sein jüngerer Bruder und die Brüder von Rosi Bachner waren bereit sich zu beteiligen.

Nachdem die Wachablösungen ausgehandelt waren, ging Kurt Bachner los, um die erste Wache zu übernehmen. Etwas später erschienen eine Frau und zwei Männer, um den »Umsiedlern« Anweisungen zu geben. Eine richtige »Lagerordnung« gab es eigentlich nicht, aber sie wurden gebeten, sich an gewisse Spielregeln zu halten. Rosi Bachner machte als Erste die Feststellung, dass das Stroh der Schlafplätze total mit Wanzen verseucht war. Als die anderen dann genau hinsahen, konnten auch sie sehen, wie sich an manchen Stellen die Strohhalme bewegten, wenn die *Tierchen* zu grabbeln anfingen. Es blieb aber nichts anderes übrig: Wollte man sich schlafen legen, so musste man in das Stroh. Nur Lisa wehrte sich heftig dagegen, in dem Stroh zu schlafen; was wiederum Reinhard veranlasste zu schimpfen. Hatte er sich doch schon den Platz neben Lisa reserviert. Trotz allem Zureden der Mutter war Lisa nicht zu bewegen, ihren Schlafplatz einzunehmen. Zwischenzeitlich kam jemand von der Lagerleitung mit der Mitteilung, dass es in einer halben Stunde eine warme Suppe geben würde. Jeder habe aber ein entsprechendes Gefäß mitzubringen. Da die meisten in ihrem Handgepäck kleinere Töpfe und Trinkgefäße dabeihatten, war dies kein Problem. Alle freuten sich natürlich auf was Warmes. Lisa nahm Reinhard mit, um die Suppe zu holen. Rosi Bachner machte sich ebenfalls auf, um mit der kleinen Ingeborg den viertel Liter Magermilch abzuholen, der für die Kleinkinder ausgegeben wurde.

Lisa und Reinhard kamen schon nach wenigen Minuten wieder zurück und setzten sich mit ihrem Suppentopf an den Tisch. Was sich da in ihren Gefäßen befand, hatte den Namen *Suppe* wahrlich nicht verdient. Es war mehr oder weniger warmes Wasser, in dem vereinzelt zerkleinerte Rübenblätter schwammen. Trotzdem war es besser als gar nichts. Als Reinhard sogar nach mehrmaligem Umrühren ein Stückchen fand, das aussah wie Fleisch, zeigte er es Lisa auf seinem Löffel. Obwohl diese nun ebenfalls in ihrem Topf heftig umrührte, blieb ihr der Erfolg versagt, auch Fleischstückchen zu finden. Als die Mutter zurückkam, setzte sie Ingeborg auf Lisas Schoß, um ebenfalls ihre Suppe zu holen. So ganz nebenbei erwähnte sie, dass sie keine Mich bekommen hatte. Als Lisa sie verständnislos anblickte, sagte sie nur: »Als ich an der Reihe war, gab es einfach keine mehr!« Nachdem auch Rosi Bachner ihr w*armes Wasser* zu sich genommen hatte, holte sie den letzten Rest des Milchpulvers aus der großen Tasche, in der sich ausschließlich Sachen für die Kleine befanden. Es war sogar schwierig, abgekochtes Wasser zu bekommen, um das Milchpulver für Ingeborgs Fläschchen aufzulösen. Lisa hatte es dann doch geschafft, welches zu besorgen und Reinhard war ihr nicht von der Seite gewichen. Josef brach schließlich mit Onkel Georg auf, um den Vater abzulösen, der im Güterbahnhof Hab und Gut bewachte. Rosi Bachner hatte sich, wenn auch widerwillig, mit Ingeborg auf dem Strohlager hingelegt; und Reinhard gesellte sich dazu. Lisa blieb trotz aller Bitten der Mutter eisern auf dem Stuhl sitzen. Auch Reinhard forderte sie hartnäckig dazu auf, sie möchte sich doch bitte zu ihm legen. Es half nichts. Lisa nahm eine der Decken und machte sich dann ihren Schlafplatz auf einem der Tische zurecht.

Es war schon weit nach Mitternacht, als Kurt Bachner zurückkam. Als er Lisa auf dem Tisch liegen sah, ging er zu ihr, um sie zur Schlafstelle zu bringen. Doch sie wollte einfach nicht in das Stroh. Erst als der Vater wütend wurde und ein deutliches Machtwort sprach, ging Lisa, wenn auch immer noch mit großem Wiederwillen, auf ihren Platz ins Stroh. Reinhard hatte es nicht mehr mitbekommen, dass Lisa nun doch neben ihm lag. Er war längst eingeschlafen. Lisa aber hatte sich bis zum Kopf in die Decke gehüllt, um ja nicht mit dem Stroh in Berührung zu kommen. Barbara, die Ehefrau von Josef Bachner, hatte nebenan ebenfalls ihre drei Kinder zur Ruhe gebracht; und somit wurde es allmählich still in dem großen Saal.

Am nächsten Morgen sprang Reinhard als Erster aus dem Stroh – und war zu Tode erschrocken: Seine Hände waren mit unzähligen roten Flecken übersäht. Er machte sein Hemd auf, um nachzusehen, ob er am Körper ebenfalls diese Flecken hatte. Die fingen jetzt höllisch zu jucken an. Was er dann auf Brust und Bauch zu sehen bekam, erschreckte ihn dermaßen, dass er einen lauten Schrei ausstieß und zur Mutter lief. Die saß noch auf ihrem Lager, die kleine Ingeborg im Arm, und fragte, was denn los sei und warum er so ein Geschrei vollbringe. Doch gerade als Reinhard seiner Mutter die ekligen Flecken zeigen wollte, fuhr er erschrocken einen Schritt zurück: Die Mutter war ebenso mit diesen Dingern im Gesicht übersäht. Durch den Krach aufgeweckt, schälte sich Lisa aus ihrer Decke und schimpfte mit Reinhard wegen dessen Geschrei. Als sie ihren Bruder sah, dachte sie im ersten Moment, dieser habe über Nacht die Röteln bekommen. »Wie siehst du denn aus?«, fragte sie. Als er sah, dass seine Schwester auch was von diesen Dingern – wenn auch nicht so viel - abbekommen hatte, konnte er ein leichtes Grinsen nicht unterdrücken. »Schau dich nur einmal selber an«, meinte Reinhard und lachte. Lisa fing sofort an, ihren Körper zu inspizieren und musste zu ihrem Leidwesen feststellen, dass sie nicht viel besser aussah.

Natürlich waren die rötlichen Punkte nichts anderes als Wanzenbisse! Und die Bachners waren nicht die Einzigen im

Saal, die diese Tätowierung, wie Kurt Bachner es nannte, auf verschiedenen Körperteilen trugen. All diese Dinge waren aber schnell vergessen. Sie sollten in den nächsten Stunden gar nicht dazukommen, groß über Wanzenbisse nachzudenken. Natürlich beschwerte man sich über die schlechten hygienische Verhältnisse bei der Lagerleitung. Diese aber beteuerte im Brustton der Überzeugung, es sei alles *entwanzt* worden. Es wurden Zettel verteilt, wann man sich bei dem Lagerarzt einzufinden hatte, um festzustellen, ob man in Quarantäne musste. Was bedeuten würde, dass man das Lager für einige Zeit nicht verlassen durfte.

Im Lager selber waren nicht nur Flüchtlinge und Heimatvertriebene, sondern auch Soldaten. Sie kamen frisch entlassen aus der russischen Gefangenschaft und wurden hier ebenfalls durchgeschleust. Zwar blieben sie nicht allzu lange. Aber es kamen immer wieder neue im Lager an. Für solch eine große Masse an Menschen waren die sanitären Anlagen höchst unzulänglich. Die Toiletteneinrichtung bestand aus einer Baracke, in der Bretter mit Balken, die durch den ganzen Raum reichten, aufgestellt waren. Darunter befand sich eine Grube und das war es auch schon. Für die Frauen wurde in einer gegenüberliegenden Baracke die gleiche *Bauweise* verwendet.

Die Kriegsgefangenen saßen bei der Ankunft im Lager die ersten Tage fast nur auf diesen Balken. Die meisten von ihnen hatten ständig Durchfall. Aber auch schwere Darmerkrankungen waren an der Tagesordnung. Diese Umstände und die katastrophalen hygienischen Verhältnisse veranlassten die Lagerleitung sofort, alle gegen Typhus und Paratyphus zu impfen. Reinhards Impfbescheinigung trägt das Datum 15. Oktober 1946. Die Verpflegung blieb äußerst schlecht. Die meisten Mahlzeiten bestanden aus *Suppen* und *Eintopf*. Die Suppen waren jeden Tag gleich; gab es einmal eine Abweichung, bestand sie darin, dass mal einige Mohrrüben und Kartoffelstückchen in der Flüssigkeit schwammen. Der Eintopf unterschied sich kaum von der Suppe. Nur dass eben ein paar Rübenscheibchen mehr drinnen waren. Reinhard hatte bald einen passenden Namen für diese Art von Mahlzeiten, nämlich: »Bloda-Suppe«. Damit meinte er die Blätter der Steckrüben, die als Ersatz für Petersilie verwendet wurden. (*Bloda* steht für »Blätter« in der Hüttersdorfer Mundart.)

Diesen Ausdruck erwähne ich deshalb, weil er von allen Familienmitgliedern bis zum heutigen Tag verwendet wird, wenn es eine *dünne Gemüsesuppe* gibt.

Das »Umzugsgut«, wie die Lagerleitung die Habseligkeiten der Vertriebenen nannte, musste weiterhin permanent bewacht werden. Kurt Bachner, Sohn Josef, Bruder Georg und Sepp lösten sich mit anderen Männern ständig ab. So war eine »Rund-um-die-Uhr-Bewachung« möglich. Schon nach wenigen Tagen sahen sich auch viele der Flüchtlinge gezwungen, auf die Vorräte in ihren Kisten zurückzugreifen. Kurt Bachner brachte eines Abends ein Säckchen Mehl und einige Kartoffeln mit, die sich als eiserne Reserve in den Kisten befanden. Das Mehl trug er zu einem Bäcker in Spremberg, um etwas Brot davon backen zu lassen. Der Bäcker war dazu erst bereit, als er die Hälfte des Mehls für sich verwenden durfte. Kurt Bachner blieb unter den gegebenen Umständen nichts anderes übrig, als auf diesen Handel einzugehen. Rosi Bachner holte ihren Wassertopf aus dem Rucksack, um die mitgebrachten Kartoffeln zu kochen. Im Lager selber war dies natürlich nicht möglich; und so nahm sie ihren Topf, um auf einer großen Rasenfläche, die sich vor dem Lager befand, die Kartoffeln zuzubereiten. Reinhard begleitete sie, denn für ihn war es interessant, wenn die Mutter unter zwei Ziegelsteinen Feuer machte, um das Wasser zum Kochen zu bringen. Sie waren natürlich nicht die Einzigen, die eine Zusatzmahlzeit zu der dünnen Lagersuppe brauchten. Auf der gesamten Fläche waren schon von vielen Vorgängern Feuerstellen errichtet worden. Auch einige der entlassenen Kriegsgefangenen, die ständig Kohldampf hatten, kochten in ihrem Essgeschirr Sachen, die einen Geruch verbreiteten, den man beim besten Willen keinem Gericht zuordnen konnte. Da der Hunger ständig präsent war, konnte mancher nicht widerstehen, gleich während der Zubereitung einen Teil zu essen. Rosi Bachner war in diesen Dingen aber streng. Reinhard bekam schon mal vorab eine Kartoffel zum *Probieren,* ansonsten wurde mit den Familienmitgliedern geteilt. Wenn das Gespräch auf das damalige »Kartoffelkochen« kommt, berichtet Reinhard noch heute davon, wie gut diese geschmeckt haben mitsamt der Pelle - auf den Luxus, die Schalen zu entfernen, kam in jenen Tagen niemand.

Am nächsten Morgen, gegen Mittag, konnte Bachner das Brot abholen. Zwei mittelgroße Laibe waren es, die er in Empfang nehmen konnte. Noch heute, wenn Reinhard und Lisa sich zu irgendeinem Anlass treffen, erzählen sie die Geschichte mit dem Brot. Reinhard meint, an ihrem Gesichtsaudruck – auch nach so langer Zeit noch - zu erkennen, wie ihr die erste Scheibe von diesem Brot geschmeckt haben musste. Da er sich selbst nicht mehr so genau erinnern kann, wird Lisa nicht müde zu schildern, wie auch ihm das Brot geschmeckt habe. Wenn Reinhard zurückdenkt, was er ständig für einen Hunger hatte in jenen Tagen, kann er sich auch ohne Erinnerung vorstellen, was dieses frisch gebackene Brot für ihn bedeutet haben musste.

Schon nach einigen Tagen wurde das Lagerleben zum Alltag. Nur an den Hunger und die Wanzen konnte sich keiner gewöhnen. Nach massivem Protest der Flüchtlinge wurde endlich das Stroh des Schlaflagers ausgewechselt. Wer geglaubt hatte, mit dem alten Stroh seien nun auch die Wanzen verschwunden, erlag einem großen Irrtum. Zwar gab es nun weniger von diesen Viechern. Aber bereits nach wenigen Tagen hatten sie sich wieder vermehrt und ihren alten Bestand erreicht. Trotz allem war das Stroh frisch und roch etwas angenehmer als das alte. Zum dritten Mal kam nun schon der Befehl, das Gepäck und die Kisten auszuladen. Kurt Bachner machte sich mit seinem Sohn und Bruder erneut auf den Weg, um die Sachen aus dem Güterwagen auszuladen. Doch noch am selben Abend kam die Anordnung, alles wieder einzuladen. Wahrscheinlich hatten die Behörden vor, die Flüchtlinge in Spremberg unterzubringen, was ihnen, wie sich später herausstellte, aber nicht gelang. Also musste das Hab und Gut zum dritten Male aus- und eingeladen werden. Diese Prozedur hatten die Menschen schon in Finsterwalde mitgemacht. Und die Familienväter hatten das Gefühl, schikaniert zu werden. Reinhard trieb sich derweilen viel im Lager herum. Vor allem hielt er sich oft bei den entlassenen deutschen Kriegsgefangenen auf. Dort erfuhr er auch, dass es in der Stadt eine Gaststätte gab, wo es für eine oder zwei Mark eine Tasse »Brühe« gab, die sogar gut schmecken sollte. Reinhard ließ sich vom Vater also zwei Mark geben, um diese »Brühe« zu probieren. Da nun die Quarantänezeit vorbei war – die ersten Tage im Lager wurden unter Quarantäne verbracht – konnte Reinhard mit einem Passierschein das Lager verlassen. Er wollte unbedingt die *Brühe* ausprobieren, die es in einer Gaststätte mit Namen *Hoffmann* geben sollte. Nach einem ca. 30 Minuten langen Marsch erreichte er die Innenstadt. Auf dem Weg dahin musste er feststellen, dass es in Spremberg nur wenige unversehrte Gebäude gab. An den Straßenrändern, manchmal sogar auf beiden Seiten, türmte sich Kriegsschrott auf. Das gleiche Bild, das Reinhard schon bei der Ankunft auf dem Güterbahnhof gesehen hatte. Erstaunlicherweise fand er schnell die Gaststätte. Die Soldaten im Lager hatten ihm den Weg ganz gut beschrieben. Die Außenfassade des Lokals sah zwar sehr mitgenommen aus, innen aber war alles sauber. Ein älterer Mann fragte ihn freundlich, was er denn wolle. Reinhard brachte seinen Wunsch vor und er bekam tatsächlich in einer Henkeltasse seine lang ersehnte *Brühe.* Wenn diese auch nach gar nichts schmeckte und die Schalen der Haferkleie in den Zähnen stecken blieben, kaufte er sich noch eine zweite Tasse. Der süßliche Geschmack der Haferkleiesuppe hatte es Reinhard einfach angetan.

Auf dem Rückweg freute er sich schon wieder auf die »Lagersuppe«, die als Mittagessen verabreicht wurde. Im Lager selbst aber gab es obendrein noch eine frohe Nachricht: Resi, Georg Bachners Frau, hatte in Finsterwalde einen Sohn zur Welt gebracht. Sie war vor einer Stunde im Lager Spremberg eingetroffen und bekam sogar eine separate Kammer, wo sie das Baby stillen und versorgen konnte. Der neue Erdenbürger wurde von der ganzen Verwandtschaft freudig zur Kenntnis genommen.

Rosi Bachner *kochte* auf der Wiese vor dem Lager, mochte das Wetter auch noch so schlecht sein, ihre Kartoffeln. Sie hatte auch versucht, in ihrem Universalkochtopf eine Mehlsuppe zuzubereiten; was ihr gelang. Aber diese konnte mit der *Brühe* aus dem Spremberger Lokal nicht mithalten. Weil sie mit dem Mehl sparsam umgehen musste, war ihre Suppe ständig zu dünn. Und als einzige Würze kam nur Salz in Frage. Die *Brühe* aber war

wenigstens süß! Das war zumindest die Meinung des elfjährigen Reinhard.
Die größte Sorge bereitete der Familie Bachner, wie es wohl Willi gehen würde, den sie ja in Hüttersdorf zurücklassen mussten. Wann würde er wieder zur Familie stoßen? Diese seelische Last trat zu den eben erwähnten »Unannehmlichkeiten« noch hinzu.

Willi wusste zum damaligen Zeitpunkt nicht, wo sich seine Familie aufhielt. Er selbst war in einem verlassenen Haus in Hüttersdorf untergebracht. Für seinen Unterhalt, das hieß für Essen und Trinken, musste er für die tschechische Schule Holz hacken und weitere anfallende Arbeiten verrichten. Der Verbleib von Willi in Hüttersdorf sollte sich noch bis zum 28.10. 1946 verzögern. Davon aber später.
Lisa wurde von der Lagerleitung zum *Arbeitsdienst* herangezogen. Obwohl es für diese Arbeiten kein Entgelt gab, ja nicht einmal eine zusätzliche Mahlzeit, wurden die Mädchen ab 18 Jahren zur Arbeit eingesetzt. Natürlich waren das Tätigkeiten, die freiwillig niemand verrichten wollte. Lisa war unter anderem in den Baracken, wo die Kriegsheimkehrer untergebracht waren, eingeteilt. Dieser Einsatz war immer dann erforderlich, wenn diese heim durften oder verlegt wurden. Da meistens schon am nächsten Tag ein neuer Transport mit Heimkehrern ankam, mussten die Unterkünfte sofort gereinigt werden. Wie schon erwähnt, waren die Latrinen durch die Durchfallerkrankungen so hoch frequentiert, dass die Männer zum Pinkeln nicht auf die Toilette gingen. Sie hatten sich aus verschiedenen Materialien, zum Beispiel aus leeren Konservenbüchsen, Behälter gefertigt, die sie als Uringefäße benutzten. Viele der Barackenbewohner ließen

bei der *Abreise* die mit Urin gefüllten »Eimerchen« einfach an den eisernen Bettgestellen hängen. Diese zu leeren gehörte mit zu den Arbeiten, die Lisa und ihre Kolleginnen zu verrichten hatten. Den Fußboden zu säubern war auch nicht viel besser, da dieser durch Erbrochenes und anderen Unrat verschmutzt war. Zigarettenkippen, das sollte erwähnt werden, waren absolut keine zu sehen. Dafür gab es eine plausible Erklärung: Zur damaligen Zeit wäre niemand auf die Idee gekommen, eine wertvolle Kippe wegzuwerfen und wenn, wäre diese keine Minute auf dem Boden gelegen. Denn *jeder*, der sie sah, hätte sie sofort aufgehoben. Eine Kippe, und war sie noch so klein, wurde geöffnet, der Tabak entnommen und wieder für die nächste Zigarette verwendet. Es war auch egal, von wem diese stammte oder wer sie im Mund hatte. Das war in jenen Tagen kein Thema.
Es nutzte Lisa nichts, wenn sie am Abend in den Saal zurückkam und schimpfte. Jede Woche war diese Arbeit ein bis zweimal zu verrichten.
Barbara Bachner, die Frau von Kurt Bachners Sohn Josef, hatte zur Zeit alle Hände voll zu tun. Werner, der jüngste von drei Kindern, war erkrankt. Und den beiden Mädchen ging es auch nicht gut. Josef wurde von der Nachtwache bei den Güterwagen befreit, um seine Frau zu unterstützen. Der Vater und Onkel Georg übernahmen Josefs Anteil bei der Bewachung. An manchen Abenden, wenn die meisten Kinder schon im Stroh lagen, setzten sich die Erwachsenen an die langen Tische im Saal, um über ihre weitere Zukunft zu diskutieren. Manchmal holte der »Kumschier-Sepp«, wie er im allgemeinen genannt wurde, seine Gitarre hervor und spielte. Dazu sang er bekannte Volkslieder, aber auch Melodien, die unmittelbar aus der Heimat - dem Böhmerwald - stammten. Reinhard, den jede Art von Musik

interessierte, lauschte auf seinem Strohlager den Liedern des »Kumschier-Sepp« und war bestrebt, sich die Texte zu merken. Der Sepp war als *Interpret* eine Kanone. Der höchstens 1,60 Meter große Mann brachte es sogar fertig, die leidgeprüften Menschen zum Lachen zu bringen.

Solche Augenblicke der Fröhlichkeit, wo die Flüchtlinge sich nicht an die momentane Lage, den Hunger und die Wanzen erinnern mussten, waren äußerst selten. Am nächsten Morgen kam eine weitere schlechte Nachricht: In Spremberg selber gab es nach Meinung der zuständigen Behörden – das waren unter anderem die russische Besatzungsmacht – keine Möglichkeit, die »Umsiedler« unterzubringen. Es würde aber alles getan, so versicherte die Lagerleitung, um zu einer baldigen Lösung zu kommen. Kurt Bachner brachte am Abend den Kinderwagen mit, der noch im Güterwaggon untergestellt war. Denn niemand wusste, wie lange der Aufenthalt im Lager noch dauern konnte. Die kleine Ingeborg ließ sich am liebsten von Lisa versorgen. Die verstand es ausgezeichnet, mit ihr umzugehen. Auf den Kinderwagen, den man erst mal nicht ins Lager mitgenommen hatte, konnte nicht länger verzichtet werden. Im Wagen konnte Ingeborg zwar besser schlafen, aber vor den Wanzen war das Kind auch dort nicht sicher. Es gehörte schon zum täglichen Ablauf, ihn nach Wanzen abzusuchen, bevor man Ingeborg hineinlegen konnte. Reinhard, aber auch Lisa waren besorgt um ihre kleine Schwester. Immer wieder wurden der Strohsack und die Kissen nach diesen hartnäckigen *Tierchen* durchsucht. Lisa fuhr, wenn es das triste Herbstwetter zuließ, mit Ingeborg im Lagerhof spazieren. Es musste höllisch aufgepasst werden, dass sich niemand und vor allem die Kinder keine Erkältung holten. Für die geschwächten Körper konnte eine Grippe höchst gefährlich werden. Es war Anfang November, als das Gerücht umging, die Leute aus Hüttersdorf sollten bald das Lager verlassen können. Obwohl einige Männer die Lagerleitung hartnäckig bedrängten, konnte oder wollte ihnen niemand Auskunft über das Wann und das Wohin geben. Kurt Bachner hatte am Güterbahnhof erfahren, dass sie eventuell nahe bei Berlin untergebracht werden sollten. Eine Frau, die für das Rote Kreuz tätig war, konnte kaum glauben, dass in der Nähe des zerstörten Berlin Flüchtlinge aufgenommen würden. Aber nach zwei Tagen wurde es dennoch bestätigt: Ein Teil der »Umsiedler« werde nach Berlin gebracht und dort auf die umliegende Gemeinden verteilt.

In Grünheide

Hatten sie erst vor einigen Tagen das »Umzugsgut,« wie die Behälter der Flüchtlinge von der Behörde großzügig genannt wurden, ausgeladen, musste nun alles wieder rein in die Waggons. Seit der Ankunft in Finsterwalde und Spremberg war es schon das fünfte oder sogar das sechste Mal, dass die Männer ihre Habseeligkeiten ein- und ausgeladen hatten. Wieder einmal wurden die Wagen verplombt, um an einen Güterzug, in dem auch die Vertriebenen mitreisen mussten, angehängt zu werden.

Rosi Bachner ging mit ihrem »Universalkochtopf« noch mal zum Kartoffelkochen vor das Lager. Die restlichen Kartoffeln mussten verbraucht werden, da Kurt Bachner nicht mehr bereit war, nochmals eine Kiste zu öffnen. Es hielt fast kein Nagel mehr im Holz der Behälter und es bestand die Gefahr, dass beim nächsten Ausladen alles auseinander brach. Niemand konnte sicher sein, dass es dieses Mal das letzte Umladen war; in dieser Hinsicht war man skeptisch geworden. Reinhard begleitete seine Mutter auf die ihm mittlerweile vertraute Wiese vor dem Lager. Lisa musste auf die kleine Ingeborg aufpassen, was ihr nicht schwer fiel. Diese hatte sich schon an die große Schwester gewöhnt und wollte auch nur noch von ihr gefüttert werden. »So, Reinhard«, sprach die Mutter, »das war wohl das letzte Mal, dass wir unter freiem Himmel auf offenem Feuer gekocht haben.« Dabei strich sie Reinhard über die Haare und reichte ihm wie immer eine von den gekochten Kartoffeln. Er verzehrte sie mit einer solchen Schnelligkeit, dass die Mutter ihn ermahnte, doch bitte langsamer zu essen. »Wenn sie aber so gut schmeckt!«, antwortete Reinhard und schob den Rest mitsamt der Schale in den Mund. Wieder im Lagersaal angekommen, wurden die Kartoffeln verteilt. Und Reinhard war erneut der Erste, der fertig war. Zum Abendessen gab es dann »Eintopf«, der, so empfand es wenigstens Reinhard, noch *dünner* war als die Mittagssuppe. Dabei hatte Lisa ganz besonders Pech: Sie fand in ihrem Eintopf nur zwei Kartoffelwürfel, bei ihrem Bruder waren zumindest vier drin. Die Erwachsenen nahmen später wieder ihre Plätze an den Tischen ein und die Unterhaltung drehte sich ausschließlich um ein Thema: Wohin ging es morgen? Welcher Ort würde sie wohl aufnehmen? Kurt Bachner versuchte, den anderen etwas Mut zu machen: Vielleicht würden sie ja doch direkt in Berlin untergebracht werden. Georg hatte wie üblich eine andere Meinung. Er wolle gar nicht nach Berlin. Ihm wäre es auf dem Land lieber. Am heutigen Abend dauerte die Zusammenkunft am Tisch allerdings nicht so lange wie sonst. Auch der »Kumschier-Sepp« mochte seine Gitarre nicht auspacken. Er sei müde und wolle ins »Stroh«, denn der morgige Tag werde bestimmt anstrengend. So löste sich die Tischgesellschaft zügig auf und es herrschte eine Ruhe im Saal wie selten zuvor. Reinhard hatte noch einige Probleme mit den Wanzen, die ihm, sobald es dunkel war, über sein Gesicht spazierten. Doch auch er hörte bald nichts mehr von den üblichen Geräuschen, wie etwa das Schnarchen der Mitbewohner, das in den verschiedensten Tonlagen erklang. Nur kurz noch hörte er die kleine Ingeborg weinen, dann schlief er ein.

Am Morgen wurde es im Saal sofort hektisch. In der Erwartung, wann der Abtransport aus Spremberg wohl losgehen würde, liefen die Menschen unruhig hin und her. Nur kurze Zeit später kamen zwei Herren von der Lagerleitung und es wurde schlagartig ruhig im Raum. Einer der zwei Männer verkündete nicht ohne Stolz, dass es gelungen war, die Güterwaggons an einen planmäßigen Zug anzuhängen. Nach einer Kunstpause, die er sichtlich genoss, fuhr er fort: »Nach energischen Verhandlungen mit der Reichsbahn ist es uns trotz großem Widerstand gelungen, einen Personenwagen mit einem Extra-Abteil für *Mutter und Kind* zu bekommen!« Einige der im Halbkreis um die zwei Männer stehenden Menschen klatschten Beifall. Reinhard konnte sehen, wie sich Onkel Georg aus dem Kreis löste und vor sich hinmurmelte: »Das glaube ich erst, wenn ich es sehe!« Die Männer der Lagerleitung legten den Leuten jetzt nahe, sich so schnell wie möglich zum Bahnhof zu begeben. Es war nicht genau zu erfahren, wann der Zug abfahren sollte. Es wurde also eingepackt, viel war es ja nicht, und alles nach unten zum Lagerhof gebracht. Schon nach einer Stunde ging es los. Ein so genannter »Dreiräder«, ein *Opel-Blitz,* der vorne nur ein Rad hatte, brachte die Umsiedler zum Bahnhof. Diese Prozedur zog sich in die Länge, weil das Auto nur eine geringe Ladefläche hatte. Kurt Bachner hatte mit Reinhard noch einen Platz bei der ersten Fuhre bekommen. Sie bildeten also das Vorkommando. Als der Wagen das Lager verließ, streifte Reinhards Blick noch mal über das Lagergelände, hinunter zur Wiese, wo er mit Mutter Kartoffeln gekocht hatte. Mit der schnellen Anpassungsfähigkeit eines Kindes hatte er sich schon an das Lagerleben gewöhnt. Schwer fiel ihm der Abschied dennoch nicht, vor allem wenn er an die Wanzen und die »Bloda-Suppe« dachte. Hätte der Vater kein Mehl und keine Kartoffeln aus der Kiste geholt, wäre der Hunger noch bedeutend größer ausgefallen, als er sowieso schon war. Wenn er an das frisch gebackene Brot zurückdachte, wurde ihm erst so richtig bewusst, was für einen kolossalen Hunger er doch schon wieder hatte. Am Güterbahnhof angekommen, kontrollierte Kurt Bachner noch mal das ganze Gepäck. Die Kisten und der große Holzkoffer waren verschlossen und unversehrt. Nachdem alle eingetroffen waren, wurden die Wagen von einer Rangierlok abgeholt und an einen Personenzug in Richtung Berlin angehängt. Georgs Frau und Rosi Bachner kamen tatsächlich in einem Abteil »für Mutter und Kind« unter; so auch Barbara mit ihren Kindern. Reinhard war stolz, zu den *Großen* zu gehören. Er setzte sich neben Lisa und stellte unentwegt Fragen. Die meistgestellte Frage war: »Wann bekommen wir eine Wohnung und wo?« Da Lisa das natürlich selber nicht wusste, versuchte sie, ihren Bruder abzulenken. Nach einer Stunde fuhr der Zug endlich los. Lisa sorgte dafür, dass Reinhard einen Platz am Fenster bekam. Er möge gut aufpassen, riet sie ihm, damit er, wenn die Stadt Berlin in Sicht kam, auch alles sehen konnte. Am Anfang der Reise schaute Reinhard noch interessiert aus dem Fenster. Doch bald machte ihm das keinen Spaß mehr. Der Novembertag hüllte die Landschaft in ein tristes Grau. Und kam man durch eine Stadt oder einen Ort, sah man nur Häuserruinen und aufgetürmte Schutthaufen. Reinhard zog es deshalb vor, durch die Wagen zu laufen, um zu sehen, was die anderen Kinder so machten. Er hoffte auch, dass es bald etwas zum Essen geben würde; sein Hunger war unbeschreiblich.

Am Abend erreichte der Zug Berlin. Die Flüchtlinge fanden in einem ehemaligen Luftschutzbunker direkt im Bahnhof Unterschlupf. Im Bunker selber wurde sogar Bier ausgeschenkt. Nachdem die Männer wie immer erst nach ihrem »Umzugsgut« Ausschau gehalten hatten und sicher waren, dass es abgestellt und bewacht wurde, kamen sie ebenfalls in den Bunker. Die Freude, dass es hier Bier zum Kaufen gab, währte nicht lange.

Kurt Bachner hatte sofort erkannt: Es war *»Dünnbier!«* Was nichts anderes bedeutete, als dass es zwar von der Farbe her eine Ähnlichkeit mit Bier hatte, aber wie abgestandenes Wasser schmeckte. Die Männer hätten ein ganzes Fass trinken können, betrunken wäre dadurch keiner geworden.

Reinhard, der ganz in der Ecke am Tisch Platz genommen hatte, machte als Erster die Entdeckung: An der gewölbten Bunkerdecke sah er, wie kleine *Käfer* hin und her krochen. Sofort erkannte er, um welche *Tiere* es sich handelte. Er hatte im Lager Spremberg zur Genüge Bekanntschaft mit ihnen gemacht. Es waren natürlich Wanzen, die dort um die Wette liefen. Nach dieser Feststellung sah er sich noch etwas genauer um. Die Wanzen gingen nicht nur auf der Decke spazieren; sie rannten auch emsig an den Wänden auf und ab. Er zog seinen Stuhl etwas von der Wand weg, um mit den Tierchen nicht in Berührung zu kommen – doch es war bereits zu spät! Auf seiner Jacke hatten sich einige festgesetzt. Er stand auf und streifte mit den Händen einige Male über das gesamte Kleidungsstück, um sie zu verjagen. Kaum damit fertig, sah er, wie die Wanzen auch auf den Biergläsern Stellung bezogen hatten. Er wollte gerade Vaters Glas in Sicherheit bringen, als er entsetzt zum Kinderwagen lief, wo seine kleine Schwester schlief. Er hatte beobachtet, wie einige der Biester wortwörtlich von der Decke abstürzten und gezielt auf den Kinderwagen fielen. Er nahm die Wolldecke vom Wagen und versuchte, die Tiere zu entfernen. Er schrie dabei nach Lisa, um einen weiteren Helfer zu bekommen. Lisa übernahm von dieser Stunde an die Bewachung der kleinen Ingeborg. Reinhard nahm wieder seinen Platz ein und wünschte sich nichts sehnlicher, als diesen Bunker zu verlassen. Es stellte sich schon nach kurzer Zeit heraus, dass sie wohl die Nacht hier verbringen mussten. Kurt Bachner hatte über die Rot-Kreuzstelle im Bahnhof erfahren, dass es auf keinen Fall vor morgen zu einer »Verteilung der Umsiedler« komme. Auf dem Bahnhof herrschte übrigens das reinste Chaos: Die Bahnsteige waren voll von Menschen, trotz fortgeschrittener Stunde. Alte Leute saßen in der zerbombten Bahnhofshalle auf dem Fußboden, Kinder weinten oder schliefen auf aufgetürmten Gepäckstücken. Andere wieder schrieen laut irgendwelche Namen. Wenn ein Zug den Bahnhof verließ oder einer ankam, hingen die Menschen förmlich an den Trittbrettern und hielten sich an den Einstieghilfen fest. Wo immer auch nur die geringste Möglichkeit bestand, einen festen Halt zu bekommen, wurde das ausgenutzt. Es war ein seltsamer Anblick, wenn die Züge abfuhren und immer aufs Neue noch jemand versuchte aufzuspringen. Was einen aber wundern musste, war das Verhalten der meisten Menschen. Keiner schimpfte, wenn er, schon selbst eingeengt, für einen weiteren »Fahrgast« Platz machen musste. Es herrschte trotz Chaos und Hunger eine abnorme Gelassenheit. Auch eine besondere Art der Hilfsbereitschaft war deutlich zu erkennen. Wenigstens in den meisten Fällen.

Reinhard erhielt die Erlaubnis, dem Treiben in der Bahnhofshalle zuzusehen. Er war froh, der stickigen schlechten Luft im Bunker für eine Weile zu entkommen. Lisa kam alle paar Minuten, um nach ihrem Bruder zu sehen. Sie schärfte ihm dabei immer wieder ein, in der Nähe des Bunkers zu bleiben. Gerne wäre Lisa bei Reinhard geblieben, um sicher zu sein, dass dieser keine Dummheiten machte. Sie konnte aber ihre Mutter nicht alleine lassen. Denn ständig musste man den Kinderwagen im Auge behalten. Die Wanzen hätten sich sonst womöglich im Kinderwagen eingenistet. Lisas Aufgabe war, dies zu verhindern.

Indessen hatte sich Reinhard etwas weiter vom Bunker entfernt. Er ging durch die von Fliegerbomben zerstörte Bahnhofshalle, die auch noch um diese Uhrzeit voller Menschen war.
Er kam an eine Stelle, die provisorisch mit einigen Brettern eingeschalt war und somit das Weitergehen blockierte. Was mochte sich wohl hinter den Brettern verbergen? Neugierig versuchte er, durch eine schmale Ritze zu schauen. Da es in diesem Teil der Halle ziemlich dunkel war, konnte er nichts erkennen. Nach einem Versuch, eines der Bretter etwas zur Seite zu schieben, rutschte er aus und fiel mit den Beinen voraus gegen die Begrenzung. Dabei löste sich eines der großen Bretter und fiel auf seinen Körper. Nur mühsam kam er wieder auf die Beine, indem er das Brett beiseite schob und sich hochrappelte. Neugierig schaute er durch die nun entstandene Lücke und zuckte erschrocken zurück: Vor ihm tat sich ein Riesenloch auf. Wäre er nur einen Meter weiter nach vorne gerutscht, hätte es ihn mit hoher Wahrscheinlichkeit das Leben gekostet. Ein riesiger Bombenkrater verbarg sich hinter den Bretterbohlen. Der ganze Teil hinter der Absperrung war ein einziger Abgrund. Mit einer kräftigen Beule am Kopf und Prellungen im Brustbereich verließ Reinhard den schrecklichen Ort. Am Bunkereingang lief Lisa schon aufgeregt umher. Als sie ihren Bruder kommen sah, setzte sie zu einer Schimpfkanonade an, unterbrach sie aber gleich wieder, als sie die Beule an seiner Stirn sah. Als Lisa feststellte, dass die Verletzung nicht so schlimm war, setzte sie ihre Vorwürfe gegen Reinhard fort. Beide jedoch einigten sich, den Eltern nichts von dem Bombentrichter zu sagen. Lisa begründete die Verletzungen ihres Bruders mit einem Sturz auf den Boden der Bahnhofshalle. Nun musste, nachdem die Mutter die Platzwunde mit einer Stoffwindel versorgt hatte, Reinhard

wieder auf seinem Stuhl am Tisch Platz nehmen. Da es bereits zwei Uhr morgens war, legte er den schmerzenden Kopf in seine Arme auf der Tischplatte und versuchte, etwas zu schlafen. Ein nutzloses Unterfangen! Die stinkige Luft, die Wanzenplage und das Geschrei der Kleinstkinder – und nicht zuletzt der Hunger machten die Hoffnung auf ein bisschen Schlaf zunichte. Rosi Bachner übernahm wieder die *Bewachung* des Kinderwagens, um die Attacken der Wanzen abzuwehren. Durch das trübe Licht im Raum, das die 15- bis 25-Wattbirnen verbreiteten, waren die Plagegeister ständig auf Achse. Lisa und die Mutter lösten sich gegenseitig ab, um die kleine Ingeborg so gut wie möglich vor den Biestern zu bewahren. Lisa setzte sich zu Reinhard und versuchte ebenfalls, ein bisschen zu schlafen. Obwohl beiden vor Übermüdung immer wieder die Augen zufielen, reichte es nicht für eine längere Schlafphase. Rosi Bachner musste in dieser Nacht ständig an ihren Sohn Willi denken. Wie lange musste er noch in Hüttersdorf bei den Tschechen bleiben? Überhaupt, was hatten diese mit ihm vor? Die Kleidungsstücke, die er am Leib trug, waren alles, was er besaß. Alles andere war in den Kisten verpackt und durfte beim Abtransport aus der Heimat nicht mehr geöffnet werden. Ihr einziger Trost war - Willi hatte Krieg und Gefangenschaft überstanden. Er war stark und zäh. Sie glaubte fest daran, dass er trotz seiner 21 Jahre auch dieses Hindernis überwinden würde. Josefs Kinder hatten an einem separat stehenden Tisch Platz gefunden und waren alle drei schnell eingeschlafen. Georgs Frau hatte die gleichen Probleme zu bewältigen wie Rosi Bachner, nämlich die Grabbeltiere vom kleinen Heinz fernzuhalten. Reinhard hatte nur einen Wunsch, wenn er nach einem kurzen Nickerchen seinen Kopf hob: dass dieser nicht mehr schmerzen und dass es endlich Tag würde.

Als der triste Novembermorgen anbrach, musste Lisa ihren Bruder wecken. Was diesem die ganze Nacht nicht gelungen war, nämlich richtig einzuschlafen, war ihm in der letzten Stunde vor Tagesanbruch doch noch geglückt. Erschrocken fuhr er vom Tisch hoch und brauchte eine ganze Weile, um zu begreifen, wo er sich befand.
Kurt Bachner hatte einige Tassen Trinkbrühe aufgetrieben. Obwohl sie abscheulich schmeckte, verbreitete sie doch ein wohliges Gefühl im Bauch. Im Laufe des Vormittags erfuhren die bis zum Umfallen müde gewordenen Menschen, dass sie in Ortschaften außerhalb Berlins untergebracht werden sollten. Den Müttern mit Kleinstkindern war es egal, wohin sie gebracht wurden. Sie hatten nur den Wunsch, endlich irgendwo in eine warme Stube mit einem Dach über dem Kopf zu kommen Es dauerte noch etwa bis Mittag, als sich herausstellte, dass der größte Teil der »Umsiedler« in der Nähe der Stadt Erkner untergebracht würde. Erfreulich war, dass das *Umzugsgut* auf zwei Lastwagen gleich mitgenommen wurde. Der Transport auf den zugigen Ladeflächen war für die Flüchtlinge längst schon Routine. Mit der Aussicht, endlich bald in einem richtigen Haus zu wohnen, nahmen die Menschen diese Fahrt gerne in Kauf. Reinhard kam ohne Hilfe eines Erwachsenen mit einem Satz auf den Wagen und suchte sofort die Nähe seiner Schwester. Ja, Lisa und Reinhard, das war schon ein Gespann. Reinhard war seit frühester Kindheit an seine Schwester gewohnt. Ob im Kinderwagen oder später, als er laufen konnte; er war immer bei der Schwester. Natürlich mochte Lisa ihn nicht immer um sich haben, vor allem wenn sie mit Freundinnen etwas unternehmen wollte. Aber auf Anordnung der Mutter musste sie ihn meistens doch mitnehmen. Reinhard bekam das dann natürlich

zu spüren. Dieses äußerte sich zum Beispiel durch Schikanen, wie etwa: »Du setzt dich jetzt hierhin und rührst dich nicht vom Fleck!« Was Reinhard natürlich nicht lange aushielt und das Verbot einfach ignorierte. Das konnte wiederum dazu führen, dass er eine durchaus kräftige Ohrfeige bekam. Reinhards einzige Gegenwehr bestand darin, dass er seiner Schwester drohte, es zu Hause zu erzählen. Leider half das nur bedingt. Wenn Lisa in Rage war, konnte es sein, dass weitere Ohrfeigen fällig waren.

Die Lastwagen hatten schon geraume Zeit das zerbombte Berlin hinter sich gelassen und das Häusermeer oder besser gesagt die Ruinen bekamen durch einige Wiesen und Felder immer größere Lücken. Es war schon Nachmittag, der Novembernebel erweckte den Eindruck, dass es schon viel später sein müsste, – als der Lastkraftwagen Grünheide erreichte. Langsam fuhr er in die Ortschaft ein. Reinhard sah sofort, dass hier zwar einige Häuser beschädigt waren, aber die meisten befanden sich doch in einem relativ guten Zustand. Neugierig beobachtete er die Menschen, die auf der Straße erstaunt stehen blieben und etwas misstrauisch auf die Autos blickten. Vielleicht ahnten schon einige von ihnen, dass die Leute auf den Wagen hier untergebracht wurden. Von den Gesichtern der Flüchtlinge konnte man sehr leicht vollkommene Ratlosigkeit ablesen; jedoch auch ein wenig Hoffnung, bald eine Bleibe zu bekommen. Auf einem größeren Platz in der Ortsmitte hielten die Fahrzeuge endlich an. Doch niemand machte den Versuch abzusteigen.

Es mochten etwa zehn Minuten vergangen sein, als auf der gegenüberliegenden Seite des Platzes sich einige Personen den Fahrzeugen näherten. Wie sich später herausstellen sollte, waren das Vertreter der Gemeinde und der Bürgermeister. Diese Szene hat sich tief in das Gedächtnis von Reinhard eingebrannt:

Der triste Novembertag, die näher kommenden Einwohner und die heimatlosen Menschen auf den Lastkraftwagen, die immer noch davor zurückschreckten, fremden Grund und Boden zu betreten. Einige der Familienväter stiegen dann doch ab, um mit den Ortsvertretern zu sprechen. Der Bürgermeister ließ wissen, dass er die Ankunft der Flüchtlinge aus Berlin gemeldet bekommen hatte. Er kam dann auch sofort zur Sache, um vor Anbruch der Dunkelheit die Menschen noch einzuquartieren. Kurt Bachner bekam einen Zettel, auf dem die Adresse der *Vermieter* angegeben war, wo sie einziehen konnten. Auch Sohn Josef mit Familie und Bruder Georg bekamen ihre Adressen. Es mochte Zufall sein oder auch nicht, auf alle Fälle lagen die zugewiesenen Wohnungen im gleichen Ortsteil der Gemeinde Grünheide. Er hieß *Alt-Buchhorst* und war nur wenige Autominuten vom Ortszentrum entfernt. Das »Umzugsgut« wurde nun umgeladen und die Fahrer hatten es eilig, die Familien zu ihren zugewiesenen Wohnungen zu bringen. Reinhard erzählte später noch oft von dieser Fahrt zu der ersten richtigen Wohnung, seit man Hüttersdorf verlassen hatte. Endlich hielt der Wagen vor einem Haus, das einen kleinen, aber schönen Vorgarten hatte. Kurt Bachners Familie war die letzte, die ankam. Die anderen waren schon an Ort und Stelle bei ihren Unterkünften angelangt. Die Straße schien auch zu Ende zu sein. Nur ein etwas breiterer Feldweg führte in den angrenzenden Wald hinein. Das Haus mit dem Vorgarten stand ganz am Ende auf der rechten Straßenseite. Die Eigentümerin kam Rosi Bachner auf halbem Weg am Eingang der Gartentür entgegen. Es war eine schlanke große Frau, die einen gepflegten Eindruck machte. Mit einem »Guten Tag« begrüßte sie die Ankömmlinge und war Frau Bachner sofort behilflich, den Kinderwagen mit der klei-

nen Ingeborg die Treppen zum Hauseingang hoch zu tragen. Es war eine reichlich abstrakte Situation: Kurt Bachner stand mit dem Zuweisungszettel in der Hand am Gartentor, während die Hauseigentümerin half, den Kinderwagen zu transportieren. Außer dem »Guten Tag« war zwischen ihnen noch kein Wort gesprochen worden. Die Frau öffnete die Haustür und sagte: »Wir sind durch den Bürgermeister bereits informiert!« Irgendwie standen die Bachners dann in einem Zimmer, das leergeräumt war. Kurt Bachner kümmerte sich inzwischen um die Kisten, die immer noch auf dem Bürgersteig vor dem Haus abgestellt waren. Es war schnell dunkel geworden und da das Außenlicht am Haus defekt war, gestaltete sich das Hereinbringen der Kisten und des weiteren Gepäcks nicht gerade einfach. Alle mussten mit anpacken, um die Sachen über die Treppe ins Haus zu bringen. Derweil Lisa und die Mutter dem Vater halfen, die schweren Dinge in die Wohnung zu schaffen, trug Reinhard die leichteren Gegenstände hinein. Endlich war es dann so weit. Alles war in dem Zimmer verstaut. Die 25-Watbirne, die an einem kurzen Kabel von der Decke herunterhing, spendete ein befremdendes Licht. Kurt Bachner saß auf einer der Kisten, die mitten im Raum abgestellt waren, und starrte gedankenverloren vor sich hin. Jeder suchte sich todmüde einen Platz zum Sitzen.
Die Lethargie, die die Familie erfasst hatte, war nur von kurzer Dauer. Kurt Bachner entdeckte eine Verbindungstür, die in einen weiteren Raum führte, der wohl als Schlafzimmer gedacht war. Er öffnete die Kiste, die unter anderem auch das Bettzeug enthielt, und richtete mit seiner Frau ein provisorisches Nachtlager her. Lisa, Reinhard, die Mutter und die kleine Ingeborg schliefen am Fußboden, auf den zwei Matratzen ausgelegt wurden. Der Vater blieb in der Stube, die ja in Zukunft auch als Küche ge-

nutzt werden sollte, wo das ganze Transportgut abgestellt war. Er hatte nur eine Decke ausgebreitet, in die er sich einfach einrollte, um sofort einzuschlafen. Reinhard, der neben Lisa lag, schlief ebenfalls sofort ein. Ihn hätte man wegtragen können, er hätte es wohl nicht gemerkt. Rosi Bachner konnte trotz großer Müdigkeit nicht sofort einschlafen. Ihre Gedanken drehten sich immer um die gleiche Frage. Wie sollte es jetzt weitergehen? Der Winter stand vor der Tür. Würden die mitgebrachten Lebensmittel reichen, um zu überleben? Endlich aber war auch sie eingeschlafen. Der Körper forderte einfach sein Recht.
Am nächsten Morgen wurde mit vereinten Kräften ausgepackt und so viel wie möglich eingeräumt. Am Nachmittag ging Kurt Bachner zum Bürgermeisteramt. Es waren einige Formalitäten zu erledigen. Die Familie musste angemeldet werden, damit jeder seine »Kennkarte« (Personalausweis) und Lebensmittelkarte bekam. Auf dem Gemeindeamt war reger Verkehr und es herrschte ein großes Durcheinander. Das Wichtigste von allem war, dass die Familienväter eine Arbeit erhielten, um das wenige, was es zu kaufen gab, auch bezahlen zu können. Der Bürgermeister machte den Flüchtlingen klar, dass er an die Bevölkerung appelliert habe, es möge jeder einen kleinen Beitrag leisten. Das könnten zum Beispiel Kartoffeln, Mohrrüben oder anderes Gemüse sein, das sie eingekellert hatten. Ein großes Problem war nämlich, dass die sogenannte *Einkellerungszeit,* die damals zu den wichtigsten Dingen überhaupt zählte, um diese Jahreszeit längst vorbei war. In den ersten Jahren nach dem Krieg war es für die Menschen überlebensnotwendig, sich in der Erntezeit mit dem Gemüse, wie etwa Weiskraut, Rüben aller Art und vor allem Kartoffeln, einzudecken. Man ging *Hamstern* aufs Land, um bei den Bauern etwas zu ergattern. Das Tauschgeschäft, zum Beispiel einen

Anzug oder Bettwäsche für Kartoffeln, hatte Hochkonjunktur. Für die Umsiedler in Grünheide war das Einkellern also nicht mehr möglich. Bald würde es zu schneien beginnen und der Winter mit all seinen Nachteilen hereinbrechen. Der Bürgermeister hatte sich Mühe gegeben, das stand außer Zweifel. Ob aber die Einwohner, die zum größten Teil selber nur das Notwendigste hatten, und manchmal auch das nicht, noch was abgeben konnten, war äußerst fraglich. Man musste auch bedenken, dass die Wohnungen für die Flüchtlinge von den Behörden zum Teil konfisziert wurden, was die Eigentümer nicht gerade freundlich stimmte. Im Großen und Ganzen jedoch waren die Menschen bis auf einige Ausnahmen hilfsbereit. Wie sagte doch Rosi Bachner, die im Krieg mit ihrer Kunst, aus wenig viel zu machen, ja große Erfahrung hatte: »Wenn wir die kommenden Wintermonate überstehen, haben wir es wieder einmal geschafft!« Das sagte sie mit einer Überzeugung, die keinen Widerspruch duldete. Die Anmeldung auf dem Gemeindeamt ging nicht ohne Schwierigkeiten vonstatten. Die Familienpapiere, die in aller Hektik im Reisegepäck untergebracht worden waren, mussten erst mal gefunden werden. Eine große Hilfe für die Familie war wieder einmal Lisa. Sie war ständig unterwegs, um sich irgendwo anzustellen. Ob auf einem Amt oder bei der Kohlenausgabe: Lisa war immer präsent. Dass bei diesen Aktivitäten Reinhard fast immer dabei war, braucht man nicht besonders zu erwähnen. Sie wechselten sich auch ab, was das *Anstehen* betraf. Es kam durchaus vor, dass man für ein paar Kilo Kohlen oder gar Kartoffeln mehr als einen halben Tag Schlange stehen musste. Es konnte auch sein, dass man durch eine »Bekanntmachung« oder durch Mundpropaganda erfuhr, wo es etwas Nützliches und vor allem etwas Essbares zu holen gab.

Auch am dritten Tag nach der Ankunft verlief für die Familie Bachner immer noch alles ziemlich durcheinander. Frau Bührer, die Hauseigentümerin, war so freundlich, eine kleine Abstellkammer, die sich auf dem gemeinsamen Flur befand, freiwillig der Familie zur Verfügung zu stellen. Überhaupt war Frau Bührer zu den Umsiedlern nett. Sie redete zwar nicht viel, war aber hilfsbereit und freundlich. Sie bewohnte bis zur Ankunft der Flüchtlinge das Haus in der Burgwallstraße mit ihrer zwölf Jahre alten Tochter alleine. Wie die Familie Bachner später erfuhr, musste sie bei der Besatzung durch die Russische Armee Schlimmes erlebt haben. Seither war sie großen psychischen Belastungen ausgesetzt.
Am Abend kam Kurt Bachner mit einer guten Nachricht nach Hause. Er hatte Arbeit bekommen! Er, sein jüngerer Bruder Josef (der ebenfalls aus Hüttersdorf stammte und zu dem er wenig Kontakt hatte) sowie Sohn Josef und Bruder Georg konnten in den nächsten Tagen als Waldarbeiter beim Forstamt Grünheide in Lohn und Brot kommen. Diese Nachricht war eine der wenigen positiven Dinge in diesen wirren Tagen. Durch die gute Botschaft angespornt, machte sich Kurt Bachner daran, aus den Brettern und Schalungen der Umzugskisten so etwas Ähnliches wie ein Bett zu fabrizieren. Schon nach kurzer Zeit konnten die Familienmitglieder das *Werk* bestaunen. Der Vater hatte wieder einmal unter Beweis gestellt, dass er im Improvisieren einfach unschlagbar war. Reinhard und Lisa hatten nun im *Schlafzimmer* jedes ein Bett und die Eltern mit der kleinen Ingeborg hatten Platz in der Wohnküche. Als äußerst nützlich stellte sich der Abstellraum heraus, den Frau Bührer ihnen freundlicherweise überlassen hatte. Dort konnte man die Gegenstände, die man aus der Heimat mitgenommen hatte und

zum Überleben einfach notwendig waren, gut unterbringen. Lisa hatte nicht nur mit Besorgungen und *Anstellen* zu tun. Die kleine Schwester Ingeborg hing nämlich sehr an ihr und ließ sich am liebsten die Mahlzeiten von ihr verabreichen. War Lisa in ihrer Nähe, konnte es durchaus sein, dass sie sich nur von ihr die Flasche geben ließ. Die Leute aus der Nachbarschaft waren sowieso der Meinung, Lisa sei die Mutter. Die neunzehnjährige Lisa war aber bestrebt, dass diese Annahme immer sofort korrigiert wurde. Rosi Bachner hatte in diesen trüben Novembertagen des Öfteren Heimweh nach Hüttersdorf. Vom Fenster der Wohnküche konnte man die Straße sehen und die gegenüberliegenden Häuser. Mehr als einmal stand sie in diesen Tagen am Fenster und schaute in den wolkenverhangenen Himmel.

Es war einfach eine schlechte Jahreszeit, um sich in einer völlig fremden Umgebung einzugewöhnen. An einem nebligen Nachmittag, als sie wieder einmal am Fenster stand, hörte sie, wie jemand auf der gegenüberliegenden Straßenseite zu pfeifen anfing. Wer es auch immer sein mochte, dieser Jemand konnte wunderbar pfeifen. Es war ein bekanntes altes Volkslied, was an Rosi Bachners Ohr drang. Sie versuchte durch den Nebel auf der gegenüberliegenden Seite zu erkennen, wer die Person war, die die Pfeifkunst so exzellent beherrschte. Doch alle Anstrengung half nichts. Sie konnte nichts wahrnehmen. Noch während sie den wunderbaren Tönen lauschte, fühlte sie zum ersten Mal so etwas wie Erleichterung: Dass es hier in der Nachbarschaft Menschen mit solchem Humor gab, war für sie ein großer Trost.

Als Lisa die Stube betrat, konnte sie zum ersten Mal seit vielen Tagen die Mutter lächeln sehen. Die Tochter brachte aber keine gute Nachricht mit. Lisa war nämlich unterwegs gewesen, um für Ingeborg etwas Milch aufzutreiben. Ein vergeblicher Versuch. Doch die Mutter tröstete sie und erklärte, dass sie aus dem Mehlvorrat einen Brei mit Wasser zubereiten werde. Es zahlte sich nun aus, weniger Gebrauchsgegenstände und mehr Kartoffeln aus der Heimat mitgebracht zu haben. Diese zwei Zentner Kartoffeln, die man heimlich in eine der Kisten verpackt hatte, waren Gold wert. Es war dem Kommissar in Hüttersdorf zu verdanken, dass diese Kiste nicht gewogen wurde. Auch der große Keramiktopf mit Schmalz sollte sich noch als unbezahlbar erweisen.

Nach einigen Tagen begann, wenn auch langsam, für die Familien so etwas wie der Alltag. Reinhard musste nach Grünheide zur Schule. Kurt Bachner, Sohn Josef sowie Bruder Georg arbeiteten gemeinsam in einer Gruppe als Waldarbeiter. Da nur Kurt Bachner gelernter Waldfacharbeiter war, kam es unter den dreien zu manchen Differenzen. Georg, der älteste, musste mit Josef öfters die Sägearbeiten verrichten. Natürlich war, was die Kraft anbetraf, Josef seinem Onkel überlegen. Dieser wiederum wollte das auf keinen Fall zugeben. So kam es nicht selten zwischen den beiden zu Streitigkeiten: »Leg dich doch nicht so auf die Säge, sondern ziehe besser an!«, sprach Georg zu Josef. Obwohl das Gegenteil der Fall war, sagte Josef nichts! In Wirklichkeit legte sich Georg auf die Zugsäge, wenn dicke Bäume bearbeitet wurden. Oft musste Kurt Bachner als Schlichter eingreifen, um die Kontrahenten zu beruhigen.

Reinhards erster Schultag war alles andere als erfreulich. Die Lehrerin war zwar freundlich, die Mitschüler jedoch weniger. Reinhard gab sich Mühe, Hochdeutsch zu sprechen. Doch wenn er sich über die Schulkameraden ärgerte, konnte es leicht

passieren, dass er in seinen Böhmerwalddialekt verfiel. Seine Mitschüler dagegen kümmerten sich nicht im Geringsten um das Schriftdeutsch. Für Reinhard redeten die alle viel zu schnell, was durch die Nähe zu Berlin ja kein Wunder war. Es wurde also fast nur Berliner Dialekt gesprochen. Lisa hatte keine Arbeit bekommen, was im Moment nicht allzu schlimm war; sie wurde innerhalb der Familie ja dringend gebraucht. Wie gesagt: Ob Kohlen oder Brennholz, Lebensmittel und vieles andere mehr, Lisa stand immer Schlange. Rosi Bachner konnte zwar aus sehr wenig was zum Essen zuzubereiten. Im »Anstehen« war sie weniger gut.
Willi, wie schon erwähnt, hatte ja in Hüttersdorf zurückbleiben müssen. Wie er wieder zu seiner Familie stieß und unter welchen Umständen das geschah, möchte ich auf keinen Fall unerwähnt lassen.

Willi musste für die Tschechen alle Arbeiten verrichten, die diese nicht machen wollten. Unter anderem Holzhacken. Die Schule, aber auch die Verwaltungsstellen brauchten dringend Holz für den Winter und so wurde er von jedem angefordert, wo minderwertige Arbeiten zu verrichten waren. Hätte es den Kommissar nicht gegeben, die Schikanen wären wohl noch stärker ausgefallen. Am 27.10. 1946 wurde ihm schließlich mitgeteilt, dass er am darauf folgenden Tag um 10 Uhr Hüttersdorf verlassen musste. Die Kleidung, die er am Körper trug, und etwas Unterwäsche zum Wechseln war alles, was er besaß. Er hatte nur wenig Zeit, sich noch einige Lebensmittel zu besorgen. Im Laden, der ja dem Kommissar gehörte, bekam er von dessen Frau einige Konserven, die zum Teil noch aus der Besatzungszeit der Amerikaner stammten. Pünktlich um 10 Uhr fand er sich auf dem Kirchplatz ein. Der Platz war bis auf einen Mann, der unter den großen Kastanienbäumen stand, vollkommen leer. Willi kannte den Mann nur vom Sehen. Auf keinen Fall war es ein Hüttersdorfer. Es stellte sich nach einem kurzen Gespräch heraus, dass auch er den Ort verlassen musste. Wenig später hielt vor dem Platz ein PKW, aus dem ein Mann ausstieg und nach ihren Namen fragte. Als sich beide ausgewiesen hatten, forderte er sie auf, ins Auto einzusteigen. Der Fahrer war nicht gerade redselig. Der Wagen verließ Hüttersdorf in Richtung Teichnitz. Nach etwa einer halben Stunde Fahrt wurde es Willi zu dumm. Er sprach den Fahrer an, um herauszufinden, wohin die Reise ging. Der antwortete, ohne den Blick von der Straße zu wenden: »Nach HoLisov!« Willi wusste nun, dass sie nach *Holleischen*, so hieß der Ort auf Deutsch, gebracht wurden. Mehr war nicht aus dem Wagenlenker herauszubekommen. In Holleischen war tatsächlich Endstation. Der Wagen hielt vor einem verwahrlosten Gebäude, das sich als ein Sammellager für Deutsche und Angehörige anderer Nationalitäten erwies, die ebenso die Tschechei verlassen mussten. Willi wurde in einem großen Raum untergebracht, dessen einziges Mobiliar aus ein paar zerschlissenen Matratzen bestand, die auf dem Boden herumlagen. Eine davon bekam er ausdrücklich zugewiesen. Sie war so vergammelt, dass man die Ursprungsfarbe nicht mehr erkennen konnte. Willi beschloss, die Nacht nicht auf diesem *Ding* zu verbringen. Auf keinen Fall wollte er sich eine Infektionskrankheit und lästiges Ungeziefer einhandeln. So schlief er also auf dem Holzfußboden, was ihm nicht viel ausmachte, denn im Krieg hatte er oft auf noch weit schlechteren Unterlagen gelegen. Was negativ zu Buche schlug, war die Kälte. Der große Raum war nur schlecht geheizt und Willi hatte auch noch das Pech, dass sein Schlafplatz fast am Eingang war. Die Eingangstüre war die ganze Nacht über hochfrequentiert. Durch Zufall bekam er von einem Landsmann eine uralte Schlafdecke, die trotz einiger Löcher doch noch einigermaßen wärmte. Als er, eingewickelt in die löcherige Decke, etwas Schlaf zu finden versuchte, gingen ihm viele Gedanken durch den Kopf: Wo war seine Familie untergekommen? Wie ging es den Eltern und Geschwistern? Es fiel ihm schwer einzuschlafen. Die schlechte Luft und den zweifelhaften *Duft,* den die Schlafdecke verbreitete, hatte er ständig in der Nase. Es war wohl schon gegen morgen, als er endlich einnickte.

Am nächsten Tag wachte er wie gerädert auf. Alle Knochen am Körper taten ihm weh. Doch er hatte nicht viel Zeit, darüber nachzudenken. Ein tschechischer Polizist ordnete an, dass alle, die gestern angekommen waren, in die Stadt Taus gebracht würden. Willi war froh, den unangenehmen Ort verlassen zu können. Er kannte die Stadt Taus, er war ein oder zweimal mit der Mutter dort gewesen. Das war allerdings noch vor dem Krieg.

Zwei zivile Polizeibeamte, die draußen bei den Lastwagen standen, erklärten dann in tschechischer und deutscher Sprache, dass sie an die Grenze zur amerikanisch besetzten Zone gelangen sollten. Dort würden sie den zuständigen Behörden übergeben. Für Willi war dies eine gute Nachricht. War er erst einmal jenseits der Grenze, konnte er über die dortigen Meldestellen nach Verwandten suchen. Er wusste, dass auch die Tanten Katharina, Barbara und Tante Resl in die amerikanische Zone ausgesiedelt wurden. Im amerikanisch besetzten Gebiet angekommen, ging es ohne großen Aufenthalt weiter nach Bad-Brambach. Dort musste Willi in einem Lager eine zwei Wochen dauernde Quarantäne überstehen. Nach der Quarantänezeit wurde er nach Württemberg in die Stadt Göppingen gebracht. Dort war er einige Tage in einer alten Fabrik untergebracht, dann ging es weiter nach »Zell unterm Eichelberg.« Von hier wurde er dann wieder nach Ludwigsburg vermittelt, um in der »Frank-Kaffee-Fabrik« eine Arbeitsstelle anzutreten. Willi wusste zu diesem Zeitpunkt noch nicht, dass es ein glücklicher Umstand war, ausgerechnet nach Ludwigsburg zu kommen. Schon beim ersten Versuch auf der Meldestelle wurde er fündig. Ihm wurde mitgeteilt, dass seine Tanten Katharina und Barbara ebenfalls nach Ludwigsburg ausgesiedelt worden waren. Noch am selben Abend besuchte er Tante Barbara. Diese konnte ihm mitteilen, dass seine Familie in Grünheide bei Berlin wohnte. Willi blieb die ganze Nacht bei seiner Tante. Von diesem Tag an setzte er alles daran, um zu seiner Familie nach Grünheide zu kommen. Als bei den Bachners die Nachricht eintraf, dass Willi in Ludwigsburg war, setzten auch sie alle Hebel in Bewegung, um auf der Basis der Familienzusammenführung ihren Sohn nach Grünheide zu holen.

Für Willi begann die mühsame Lauferei von einer Behörde zur anderen. Bei der Militärregierung in Ludwigsburg bekam er dann endlich die Genehmigung, in die russisch besetzte Zone ausreisen zu können. Nachdem er sich von seinen Verwandten verabschiedet hatte, fuhr er mit der Bahn nach »Hof-Moschendorf«. Die Amerikaner hatten ihm einen Berechtigungsschein ausgehändigt, womit er bis Bahnhof Hof den Zug benutzen durfte. Dort erwarteten ihn nochmals einige Schwierigkeiten. Die Militärpolizei in Moschendorf war anfangs nicht bereit, Willi ausreisen zu lassen. Erst nach einigen Telefonaten mit ihrer Dienststelle in Ludwigsburg bequemten sie sich, Willi die Ausreise zu genehmigen. Er musste seine Kennkarte

(Personalausweis), die ihm in Ludwigsburg ausgestellt wurde, den amerikanischen Grenzposten vorlegen. Die brachten auf der Rückseite der Kennkarte den Vermerk an: «*Wiedereinreise in die Amerikanische Zone verboten.*« Willi durfte nicht mehr zurück! Dieser Eintrag sollte ihm später noch erhebliche Probleme bereiten. Wenn ich die *Heimreise* von Willi übrigens genau beschreiben wollte, so würde das eine Geschichte für sich. Nur so viel sei erwähnt: Er hatte große Probleme mit den russischen Militärbehörden. Und sein Berechtigungsschein, die Züge zu benutzen, war in der russische Besatzungszone reine Makulatur. Es dauerte mehr als eine Woche, bis er Grünheide erreichte. Da er kaum Winterkleidung hatte und es auch sonst an allen Ecken und Enden fehlte, kann man sich ohne große Fantasie vorstellen, was der 21-Jährige durchzustehen hatte.

Willi fuhr trotz Verbot mit einem Zug, der in Richtung Berlin unterwegs war. Er kam nur zwei Stationen weit. Obwohl die Züge voll und ein Durchkommen in den Gängen kaum möglich war – die Kontrolleure bahnten sich immer einen Weg. Willi hatte keine Möglichkeit, in diesem Gedränge dem Schaffner auszuweichen. Wer ohne Fahrausweis und Berechtigung zur Nutzung eines Schnellzugs angetroffen wurde, musste beim nächsten Halt den Zug verlassen. Willi hatte beides nicht. Wie oft er erwischt wurde, wusste er am Schluss selber nicht, aber ein Dutzend Mal mochte es schon gewesen sein. Als er in Erkner ankam, hatte er endlich mal Glück: Ein so genannter »*Holzgaser*« (Lastauto) mit einem riesigen Kessel hinter dem Führerhaus nahm ihn die letzten Kilometer bis Grünheide mit. Er fand Platz auf der Ladefläche, die mit leeren Kohlesäcken überfüllt war. Im Führerhaus des Wagens waren außer dem Fahrer zwei Erwachsene und ein Kind, da passte keine Maus mehr hinein. Willi fror sprichwörtlich wie ein Schneider auf der Ladepritsche. Seine Kleidung war ja nicht gerade für die jetzige Jahreszeit geeignet (es war November). Und als er endlich in Grünheide ankam, war er bis ins Knochenmark hinein durchgefroren. Egal, er hatte es geschafft! Der Fahrer hatte ihn in der Ortsmitte abgesetzt und somit musste er die Strecke nach Alt-Buchhorst zu Fuß gehen. Da er keine Ortskenntnisse besaß, benutzte er die Hauptstraße. Trotzdem es zu regnen anfing, war Willi guten Mutes. Er freute sich, endlich wieder bei der Familie zu sein, die ihm in den zurückliegenden Wochen so gefehlt hatte. Als er nach etwa einer halben Stunde in die Burgwallstraße einbog, die er ohne zu fragen gefunden hatte, wurden seine Schritte plötzlich immer schneller. Einen Mann, der ihm entgegenkam, fragte er, wo die Familie Bührer wohne. Dieser musterte ihn, ob seiner leichten Kleidung, etwas skeptisch und gab ihm dann freundlich Auskunft: »Da oben auf der rechten Seite, das graugrüne Haus«, antwortete der ältere Herr. Willi bedankte sich und ging die letzten Meter etwas langsamer als vorher. Als er vorsichtig das Gartentor aufmachte, sah er, dass jemand in der Parterrewohnung aus dem Fenster guckte. Es war seine Mutter! Er hatte noch nicht einmal die Haustüre erreicht, als sie ihm auch schon entgegenkam. Dann lagen sie sich in den Armen und weinten. Rosi Bachner nahm Willi an die Hand, als ob sie Angst hätte, er könnte wieder verloren gehen. Es sah schon etwas komisch aus, Willi, mehr als einen Kopf größer als die Mutter, wurde von ihr an der Hand geführt. Lisa kam nun aus der Wohnung gestürmt, um ihren Bruder zu begrüßen. Als sie dann in der Stube saßen, bemerkte Willi erst die kleine Ingeborg. Er nahm sie auf seinen Arm und streichelte ihr über die Haare. »Wo sind die anderen?«, fragte Willi die beiden.

»Vater ist zur Arbeit und Reinhard in der Schule«, erwiderte die Mutter. Im selben Moment kam der Letztgenannte zur Tür herein.
Reinhard war so überrascht, dass es ihm die Sprache verschlug. Willi setzte die kleine Ingeborg wieder auf den Boden, nahm den Bruder und setzte ihn mit einem kräftigen Schwung über seinen Kopf hinweg auf die Schultern. Rosi Bachner drängte ihren Sohn, die nasse Kleidung auszuziehen und was Warmes zu essen. Sie war ja vor der Ankunft ihres Sohnes mit dem Zubereiten des Abendessens beschäftigt. Viel Arbeit erforderte das ja nicht; es gab Kartoffelsuppe und das war es auch schon. Willi, der in den vergangenen Tagen kaum etwas zu essen bekommen hatte, leerte gleich drei Teller. Erst als auch der Vater nach Hause kam und alle um den Tisch saßen, wurde ihm bewusst, dass die Suppe nicht mehr für alle reichte. Es ärgerte Willi mächtig, dass er keine Rücksicht auf die anderen genommen hatte. Obwohl die Mutter die Suppe heimlich *verlängert* hatte, reichte es diesmal nicht. Rosi Bachner blieb nichts anderes übrig, als von der eisernen Reserve einige Kartoffeln aus dem Keller zu holen. Dem heimgekehrten Sohn wurde jetzt in vollem Umfang bewusst, wie schlecht es um die Lebensmittelversorgung stand. Vater und Sohn hatten sich an den selbst gezimmerten Tisch zurückgezogen. Kurt Bachner wollte erfahren, was Willi so alles durchgemacht hatte, der wiederum wollte wissen, wie die Lage hier in Grünheide war. Rosi kochte derweil einige Pellkartoffeln, um sie an Lisa, Reinhard und den Vater zu verteilen. Sie selber behauptete, keinen Hunger zu haben, sie hätte sich ja an der Kartoffelsuppe satt gegessen. Somit gab sie ihren »Anteil« an ihren Mann weiter, der ihn aber wiederum an Willi weiterreichte. Der hatte noch ein schlechtes Gewissen, weil er so viel

von der Suppe gegessen hatte, und wollte das »Angebot« ablehnen. Kurt Bachner sprach letztendlich ein Machtwort und befahl: «Iss die *Dinger,* du brauchst morgen Kraft, ich nehme dich mit zur Arbeit und regle das mit dem Förster gleich vor Ort.« Dann erklärte ihm der Vater, dass er als Waldarbeiter mit seinem Bruder Josef und Onkel Georg in einer Arbeitskolonne mitarbeiten sollte.

Reinhard wollte von seinem Bruder wissen, ob er in Hüttersdorf seinen tschechischen Freund Jaroslav noch mal gesehen habe. Willi wusste zu berichten, dass er ihn zwar des Öfteren gesehen, aber nicht mit ihm gesprochen hatte. Er wollte seinem kleinen Bruder nicht sagen, dass es nicht gerne gesehen wurde, wenn Tschechen mit Deutschen engeren Kontakt pflegten. Lange saß die Familie an diesem Abend noch zusammen, um ihre Erlebnisse auszutauschen.

Am nächsten Tag erfuhren die Bachners, dass es für die Umsiedler auf der Gemeinde Lebensmittel geben sollte. Lisa musste also wie immer schon in aller Herrgottsfrühe los, um ja nicht zu spät zu kommen. Wenn man, egal wo, um Lebensmittel anstehen musste, konnte es passieren, dass man an der Reihe war und es einfach nichts mehr gab. Reinhard bekam indes schon Order, nach der Schule beim Gemeindeamt vorbeizuschauen, um, wenn nötig, Lisa abzulösen. Reinhard hatte sich nun doch etwas eingelebt in seiner Klasse. Er lernte einen Mitschüler kennen, der auch in der Burgwallstraße wohnte. Rüdiger, so hieß er, war ein Jahr älter als er und beide trafen sich auch immer öfter nach der Schule. Fragte man Reinhard, was ihm am besten in der Schule gefiel, sagte er ohne auch nur eine Sekunde zu überlegen: »Die Schulspeisung!« In der Regel bestand diese aus zwei Brötchen. Nur die Größe eines solchen erreichten sie bei weitem nicht. Sie hatten maximal einen Durchmesser von 6 cm und erreichten in der Höhe kaum die 2 cm. Sie bestanden aus einem undefinierbaren Teig, der dunkel und klebrig war. Reinhard meinte, dass es sich dabei um Haferkleie handeln müsse, denn es blieben beim Verzehr Reste von Haferschalen in den Zähnen stecken. Trotz solch einer Qualität konnte es Reinhard kaum erwarten, bis diese Klumpen verteilt wurden. War er auch sonst ein schneller Esser, die *Kleietaler,* wie sie von einigen Mitschülern genannt wurden, aß er mit Bedacht. Für ihn persönlich waren es die besten »Brötchen« der Welt. Der Schulweg musste zu Fuß zurückgelegt werden. Eine gute halbe Stunde und mehr war man unterwegs, wenn man die Abkürzung durch ein kleines Waldstück nahm. Nur selten, wie etwa im Winter, benutzte Reinhard die Hauptstraße. Sein Lieblingsweg aber war der Trampelpfad, der über eine größere Grünfläche und ein Waldstück führte. Auf diesem Weg begegnete er oft einem Mann, den alle Leute nur »*Herrn Schneegas*« nannten. Bei jeder Begegnung mit ihm kam es zu folgendem Dialog: »Juden Tach Herr Schneejas, – wat jieb es heute?« (Gemeint war die Schulspeisung.) Und meistens gab dieser folgende Antwort: »Kleene Jungs mit Holzpantinen!« In Grünheide und Umgebung wurde wie gesagt fast nur im Berliner Dialekt gesprochen. Wenn *Schneegas* schlechte Laune hatte - und die hatte er oft - war es nicht gut, ihm zu nahe zu kommen. Reinhard hatte aber bald gemerkt, dass er die Kinder nur erschrecken wollte und er nicht wirklich böse war. *Schneegas* hatte keine Familie. Er lebte in einem Gartenhaus und eigentlich wusste niemand so recht, wo er herkam. In letzter Zeit begegnete Reinhard auf dem Weg zur Schule noch einem anderen Mann. Dieser saß oft da, wo das kleine Waldstück anfing, auf einer Baumwurzel. Er mochte vielleicht zwischen 50 und 60 Jahre alt sein. Reinhard

hatte von Rüdiger erfahren, dass er im Ortsteil Reiherhorst wohnte. Herr Süß, so war sein Name, war erst vor kurzem aus der russischen Gefangenschaft heimgekehrt. Manchmal hatte ihn Reinhard auch beim *Anstehen* nach Lebensmitteln gesehen. Er war ein wortkarger Mensch, aber er lächelte Reinhard immer freundlich zu, wenn er ihm begegnete.
Inzwischen hatte Willi einen Arbeitsplatz als Waldarbeiter in der Kolonne seines Vaters bekommen. Es war eine Woche vor Weihnachten 1946, als Rosi Bachner feststellen musste, dass die mitgebrachten Vorräte aus der Heimat bis auf einen kleinen Rest zusammengeschmolzen waren. Etwas Schmalz und Mehl war alles, was noch da war. Und das wollte sie für die Feiertage verwenden. Sie kam gerade aus dem Keller, wo sie den Kartoffelbestand geprüft hatte, als sie den Nachbarn wieder pfeifen hörte. Sie öffnete das Fenster und lauschte gedankenverloren der Melodie. Inzwischen wusste sie natürlich, wer der *Künstler* war. Es war der Nachbar von gegenüber, der Herr Klee. Noch im hohen Alter erzählte sie immer wieder die Anekdote vom *Herrn Klee*, der so herrlich pfeifen konnte. Das Pfeifen dieses Mannes, so versicherte sie immer wieder, habe ihr das damalige große Heimweh erleichtert. Lisa, die vom Gemeindeamt zurückkam, riss die Mutter aus ihren Gedanken. Ein Kilo Kartoffeln war alles, was sie in der Tasche hatte. So nebenbei erzählte sie der Mutter von ihrer Begegnung mit zwei älteren Damen, die sie auf dem Nachhauseweg getroffen hatte. Die beiden waren Geschwister und lebten auch im Ortsteil Alt-Buchhorst. Sie bewohnten ein kleines Haus mit einem Anbau, der ihnen als Stall diente. Dann erzählten sie Lisa, dass sie sich eine Kuh hielten und wenn sie Küchenabfälle hätte, so solle sie diese vorbeibringen. Lisa erzählte ihnen von ihrer kleinen Schwester und fragte,

ob sie vielleicht gelegentlich etwas Milch bekommen könnte. Die beiden versprachen, wenn Lisa Küchenabfälle oder auch anderes Futter bringe, bekomme sie auch etwas Milch.
Rosi Bachner schaute ihre Tochter an. Dabei lächelte sie traurig und meinte, es gäbe doch kaum Küchenabfälle. Die Teller waren stets feinsäuberlich leer gegessen und Kartoffelschalen gab es auch nicht viel, weil die Pellkartoffeln mit der Schale verzehrt wurden. Lisa ließ sich dennoch nicht entmutigen. Sie würde schon Futter für die Kuh auftreiben und somit auch Milch bekommen.
Das erste Weihnachtsfest in der *neuen* Heimat war, was das Lebensmittelangebot anbetraf, noch ärmlicher als die Feiern während der Kriegsjahre. Am Heiligen Abend und am ersten Weihnachtsfeiertag wurden die letzten Gramm Fett und das wenige Mehl, das noch vorhanden war, verbraucht. Nun lebte man von einem Tag auf den anderen, gleichsam von der »Hand in den Mund«. Erst jetzt stellte sich heraus, dass Lisa heimlich in das *Umzugsgut* Fotos und das alte Grammophon eingepackt hatte. Hätte der Vater das gewusst, nie und nimmer wären diese Dinge in die Kiste gekommen. Nun waren sie da. Von den Fotos einmal abgesehen, die ja keinen Platz in Anspruch nahmen, war das Grammophon eine andere Sache. Kurt Bachner äußerte sich dahingehend, es wäre besser gewesen, etwas Essbares mitzunehmen als ausgerechnet diesen Apparat. Natürlich waren auch zwei Schallplatten dabei und Lisa meinte etwas trotzig, solcherlei Dinge wären auch wichtig. Irgendwie waren alle Familienmitglieder froh, dass die Feiertage vorüber waren, ohne dass dies jemand offen ausgesprochen hätte.
Schon im Januar hatte Lisa erfahren, dass sie in Kürze in einer Strickerei Arbeit bekommen sollte. Sie konnte die

Strickereiarbeiten in Heimarbeit machen, was sich für alle als großer Vorteil herausstellte. Lisa konnte weiterhin um lebensnotwendige Dinge *anstehen* und auch sonst der Mutter helfen. Als es endlich wärmer wurde und sich das Frühjahr ankündigte, stellte sich wieder etwas Hoffnung in der Familie ein. Rosi Bachner hatte sich vorgenommen, auf dem Nachbargrundstück Gemüse anzupflanzen. Es war herrenloses Gut, weil das Wohnhaus einem Bombenangriff zum Opfer gefallen war. Reinhard konnte es kaum erwarten, fischen zu gehen. Hinter dem Haus ging es durch den Garten direkt zum Möllensee. Vor und während dem Krieg waren hier Restaurants direkt am See angesiedelt. Jetzt waren sie zum größten Teil zerstört, die Fensterscheiben durchweg kaputt und das Innere ohne Mobiliar. Diese leeren Hallen und der See waren Reinhards beliebtester Aufenthaltsort. Der See war um diese Jahreszeit in der Mitte noch mit einer Eisschicht bedeckt, nur am Uferrand war er frei. Obwohl die Frühjahrssonne schon ganz schön stark war, würde es noch einige Zeit dauern, bis der See ganz von den Eisschollen frei war. Es gab noch weitere Seen in der Gegend um Grünheide, was die Landschaft sehr reizvoll machte. Wäre da nicht das Jahr 1947 und die schwere Nachkriegszeit gewesen, man hätte hier schon leben können. So aber war jeder Tag ein Kampf gegen den Hunger. Lisa war dermaßen abgemagert, dass ihr kein Kleid und Rock mehr passte. Sie wusste sich aber mit einem besonderen Trick zu helfen: Sie nahm leere Kartoffelsäcke und band sich diese um die Taille, damit der Rock nicht rutschen konnte. Somit brauchte sie keinerlei Änderungen vornehmen, was in diesen Zeiten auch nicht ganz einfach war. Denn es fehlte natürlich auch an Zwirn und Garn. Eitel durfte die damals schon fast 20-Jährige nicht sein. Die Figur, die sie mit den umgewickelten

Kartoffelsäcken abgab, entsprach auf keinen Fall einer hübschen jungen Frau. Und niemand konnte Lisa absprechen, dass sie hübsch war. Heute war sie unterwegs, um Fische abzuholen, die in einem Geschäft jeder Familie zugeteilt wurden. Wie viel man bekam, hing nicht zuletzt von der Zahl der Familienmitglieder ab. Es waren flache breite Fische, die Lisa nach Hause brachte und sie rochen fürchterlich, um es vornehm auszudrücken. Die Mutter nahm all ihren Mut zusammen und machte sie für die Bratpfanne zurecht. Da kein einziges Gramm Fett mehr im Haus war, gab sie etwas Wasser in die Pfanne, um ein Anbrennen zu verhindern. Als Reinhard aus der Schule kam, schlug ihm schon am Gartentor ein fürchterlicher Gestank entgegen. Im kleinen Vorraum zur Haustür begegnete ihm Lisa, die sich ihr Taschentuch vor die Nase hielt. »Was stinkt denn da so fürchterlich?«, fragte er Lisa. »Es gibt Fisch heute und meine Portion kannst du haben!«, antwortete sie und verschwand in Richtung zum See. Reinhard ging mutig in die Stube, wo Mutter am geöffneten Fenster stand und sich die Nase zuhielt. Noch bevor er etwas sagen konnte, hatte die Mutter eine Entscheidung getroffen: »Die Fische kommen in den Abfall!«, und der Ton in ihrer Stimme duldete keinen Widerspruch. Obwohl der Hunger mehr als groß war, legte Reinhard keinen Protest ein. Rosi Bachner schimpfte über so viel Frechheit, verdorbene Ware zu verkaufen, ohne Rücksicht auf gesundheitliche Gefahren, die dabei leicht entstehen konnten. Als Lisa vom See zurückkam, war sie erleichtert zu hören, dass die Fische bereits im Mülleimer waren. Es dauerte drei Tage bis der ekelhafte Geruch in der Wohnung nicht mehr wahrnehmbar war. Reinhard versuchte inzwischen mit allen Mitteln, eine Angel zu fertigen. Einen gut gewachsenen Haselnussstock zu finden war kein Problem. Aber Schur

und Angelhacken schon ein größeres. Er hörte sich gezielt in der Schule nach einer Angelschnur um. Ein Mitschüler, dessen Vater eine Genehmigung hatte, im Möllensee zu fischen, versprach, eine zu besorgen. Schon am nächsten Tag brachte er das begehrte Objekt mit zur Schule. Natürlich war es keine Angelschnur, die er da Reinhard stolz präsentierte, es handelte sich nämlich um ein langes Stück Fallschirmseide. Bei Reinhard aber war die Freude groß. Doch er erhielt sofort einen Dämpfer. In diesen Zeiten war es nun mal so, dass es nichts umsonst gab. Der Schulkamerad verlangte von ihm seine heutige Schulspeisung als Preis für die Schnur. Ausgerechnet heute, wo es zu den zwei *Kleietalern* noch etwas Griesbrei gab! Trotz allem - Reinhard war einverstanden. Er verstaute die Schnur sorgfältig in seiner Schultasche und betrachtete etwas wehmütig seinen kleinen Blechtopf, in dem er seinen Griesbrei holen wollte. In der großen Pause, wo auch die Schulspeisung verteilt wurde, stand er heute abseits seiner Kameraden. Es war ja nicht gerade schön, ihnen beim Essen zuschauen zu müssen. Ein Pausenbrot oder dergleichen hatten nur wenige der Schüler dabei. Reinhard gehörte nicht zu ihnen. Die Mutter musste alles einteilen, dass jeder in der Familie etwas bekam. Ansonsten war er mit den *Kleietalern* ja zufrieden und er brauchte auch kein Pausenbrot. Nur heute, wo es wie gesagt den Luxuszuschlag in Form eines Griesbreis gab, musste er, der Angelschnur wegen, auf alles verzichten.
Seine Lehrerin, die Frau Mehnert, merkte, dass Reinhard heute seine Schulspeisung abgegeben hatte, konnte sich aber denken, dass irgendein Tauschgeschäft dahinter steckte. Es war in dieser Zeit nichts Außergewöhnliches.
Nach der Schule überredete er seine Mutter, dass er eine Sicherheitsnadel von mittlerer Größe brauchte. Aus dieser

wollte er sich einen Angelhaken fertigen. Er machte ihr glaubhaft, dass er damit spielend leicht im See Fische fangen könnte. Nachdem er seine Hausaufgaben erledigt hatte, investierte er seine ganze freie Zeit, um die Angel fertig zu kriegen. Jetzt, wo die Tage wieder länger wurden, reichte das Licht auch noch, um sein Werkzeug auszuprobieren. Er ging zum See hinunter, wo ein langer Steg aus Holz weit ins Wasser hinausragte. Stolz betrachtete er sein *Meisterwerk.* Er hatte aus den Sicherheitsnadeln geschickt einen kleinen und größeren Haken geformt. Er wollte zuerst mal den kleinen ausprobieren. Er brauchte jetzt nur noch Regenwürmer, die er leicht am feuchten Seeufer unter den Steinen fand, die dort zuhauf vorhanden waren. Es war nicht leicht, den Wurm am Haken zu befestigen, denn die aus Sicherheitsnadeln bestehenden Angelhaken hatten keinen Widerhaken! Man musste auch schnell reagieren, wenn ein Fisch an der Angel hing. Denn ohne Widerhaken schnappte sich dieser leicht den Wurm, machte sich davon und der Angler hatte das Nachsehen. Reinhard hatte den Dreh aber schnell raus, wie der Fisch am Haken blieb: Wenn der auf der Wasseroberfläche treibende *Schwimmer,* – der aus einem mit einem Federkiel durchbohrten Flaschenkorken bestand – , zuckte, war höchste Konzentration gefragt. Sobald der *Schwimmer* ins Wasser eintauchte, musste sofort mit einem kurzen kräftigen Ruck die Angel nach oben gerissen werden. Dadurch bestand die Möglichkeit, dass der Haken in die Kiemen der Fische oder anderswo eindringen konnte. Dann ließ sich fette Beute an Land ziehen. Natürlich gelang dieses nicht immer und so mancher Fisch fiel wieder ins Wasser zurück. Der Möllensee hatte im Jahr 1947 übrigens einen ausgezeichneten Fischbestand. Wenn man zudem noch die »Plätze« wusste, konnte man schon damit rechnen, etwas zu fangen. Am Bootssteg unterhalb vom Haus gab es so genannte »Rotfedern« und Weißfische. Im Schilf, das sich in unmittelbarer Nähe befand, wurde Reinhard auch des Öfteren fündig. Am besten, so erklärte er seiner Schwester Lisa, bissen die Fische, wenn schwüles Wetter war, das meist ein Gewitter nach sich zog. Auch seine Premiere mit der selbst konstruierten Angel hatte Erfolg. Er hatte vier »Rotfedern« gefangen und das in einer halben Stunde. Da es zu Hause immer noch nach dem verdorbenen Fisch roch, war es eine Wohltat, die frisch gefangenen Fische zu braten. Es war nun ein wesentlich besserer Duft, der sich in der Wohnstube verbreitete. Stolz war Reinhard, dass er die Fische selber ausnehmen konnte und sauber machte. Er hatte oft in Hüttersdorf am Weiher zugeschaut, wie die damals älteren Buben die Fische hergerichtet haben. Am heutigen Abend bekam er sogar vom Vater und Bruder Willi ein dickes Lob für seinen *Fang*. Es hatte sich gelohnt, auf die Schulspeisung zu verzichten. Die Fallschirmseide war von bester Qualität. Am nächsten Tag gab es auch für Lisa ein Erfolgserlebnis. Sie bekam von den beiden Geschwistern, denen sie Futter für ihre Kuh brachte, einen viertel Liter frische Milch. Die Küchenabfälle hatte sie zusammengetragen, indem sie bei Bruder Josef, Onkel Georg und Anton (ein Bruder von Rosi Bachner) gebettelt hatte, ja nichts wegzuwerfen. Sie wusste nun auch, dass die beiden Damen auf die Namen Sofie und Hermine hörten. Ihre Kuh nannten die beiden liebevoll »Lidia«. Wenn Lisa mit in den Stall durfte, hörte sie oft, wie Hermine sie zärtlich »Li« nannte und sie dabei streichelte. Nach einigen Wochen kannten sich die drei schon ziemlich gut. Wenn Lisa das Grundstück betrat, rief eine von den beiden: »Das Fräulein von der Burgwallstraße ist da!« Nicht immer fielen die Abfälle üppig aus, was natürlich immer zur Folge hatte, dass die Milchmenge ebenfalls spärlich ausfiel. Heute mag man darüber lächeln, wenn es nämlich einmal ein paar Abfälle mehr waren und eine der Schwestern *einen Esslöffel* mehr Milch in das Gefäß von Lisa gab. Damals aber war ein Löffel voll Milch ein rares Gut, denn man konnte, wenn man noch etwas Wasser dazugab, einen Mehlbrei für die kleine Ingeborg zubereiten. Es schmeckte dann immer noch besser als mit reinem Wasser angemachter Brei. Immer wenn Lisa etwas mehr im Milchtopf hatte, war sie voller Stolz. Das Stricken machte ihr auch Spaß. Die Heimarbeit wurde zwar miserabel bezahlt, doch ein kleines Zubrot war es dennoch. Wenn in Grünheide irgendwo ein Tanzfest oder dergleichen stattfand, waren Willi und Lisa dabei. Oftmals schlichen sie sich nachts ins Schlafzimmer, das Fenster war so eingestellt, dass es sich von außen öffnen ließ. Da die Eltern in der Wohnstube schliefen, bekamen diese in der Regel nicht mit, dass die beiden so manches Mal erst sehr spät nach Hause kamen. Reinhard, wenn er überhaupt was merkte, verriet die beiden nicht. Das wäre auch nicht gut für ihn gewesen, denn Lisa konnte ganz schön ungemütlich werden, wenn man petzte.

Reinhard war wieder einmal am See, als er sah, wie eine Limousine langsam in die Waldschneise zum Ufer einbog und dort anhielt. Ein Mann mit einer Schirmmütze auf dem Kopf stieg aus und öffnete die Beifahrertür. Eine Person in Uniform wurde jetzt sichtbar und machte sich auf den Weg zum See. Der andere holte inzwischen eine große Tasche aus dem Kofferraum und folgte ihm. Reinhard versteckte sofort seine Angel, denn offizielles Angeln im See war natürlich streng verboten. Er setzte sich schnell auf die Holzplanken des Stegs und versuchte, so harmlos wie möglich auszusehen. Der Uniformierte war zwar noch ein ganzes Stück vom Steg entfernt, trotzdem stand Reinhard auf und sagte artig »Guten Tag«. Der Mann in Uniform nickte leicht mit dem Kopf; der mit der Schirmmütze murmelte etwas in seinen Bart hinein. «Was machst du hier?«, fragte er schließlich. Reinhard erwiderte, dass er gleich da oben im Haus wohne und immer zum Spielen an den See gehe. »Weißt du, wo man hier fette Würmer zum Angeln findet?«, fragte der andere weiter. Reinhard erklärte sich bereit, für die beiden Würmer zu suchen. Er wusste nur zu gut, wo man die dicksten fand. Der Mann gab ihm eine Blechdose mit, wo man sie verstauen konnte. Es stellte sich heraus, dass der eine von den beiden ein russischer Offizier war und der andere sein Chauffeur. Der Russe hatte eine tolle Angelausrüstung dabei und ebensolches Zubehör. Er stellte einen Eimer und Kescher am Steg ab und setzte sich auf einen Klappstuhl, den der Chauffeur eifrig bereitgestellt hatte. Als Reinhard mit einer gefüllten Dose Würmer zurückkam, bestaunte er die Angelausrüstung und musste dabei an seine armselige Angelrute denken. Der Offizier hatte aber auch alles, was man zum Angeln brauchte. Reinhard bekam Stielaugen, als er die große Auswahl an Angelhacken und die in allen Größen vorhandenen Angelruten sah. Aus gebührender Entfernung beobachtete er, was die beiden wohl fangen würden. Der Russe ging fast bis zum Ende des Stegs und warf dort gleich zwei Angeln aus. Reinhard hatte es an dieser Stelle auch schon versucht, aber nur ganz selten was gefangen. Da dort das Schilf zu Ende ging, bildeten sich öfter leichte Wellen, wenn der Wind aus nördlicher Richtung kam. Auch die Wassertiefe war da schon ganz ordentlich und Reinhard glaubte, dass dies die Ursache war, warum die Fische nicht an den Köder gingen. Nach etwa einer halben Stunde bestätigte sich seine Vermutung. Die beiden Männer hatten noch nichts gefangen. Gerne hätte er den beiden erklärt, nicht so weit da draußen zu angeln, um zu beweisen, dass er vom Angeln auch etwas verstand. Er wusste aber genau, dass dies nicht ging. Die würden womöglich Fragen stellen, woher er denn das wüsste und vielleicht Verdacht schöpfen, dass er ein *Schwarzangler* sein könnte. So beobachtete er im gebührenden Abstand das weitere Geschehen.

Nach einer halben Stunde verlagerten die beiden ihren Standort doch und legten ihre Angeln im ruhigen Wasser in Schilfnähe aus. Ihre Ausbeute war zwar nicht gerade toll, aber einige Fische konnten sie jetzt doch an Land ziehen. Es mochten sich vielleicht fünf bis sechs Fische in dem Eimer befinden, als sie ihre Angelsachen zusammenpackten und zum Auto gingen. Als sie an Reinhard vorbeikamen, blieb der Russe stehen und holte aus seiner Hosentasche ein kleines Päckchen und drückte es Reinhard in die Hand. »Das ist für die Würmersuche!«, sagte der Chauffeur und der Offizier winkte ihm noch einmal kurz zu, bevor sie in das Auto stiegen.

Reinhard öffnete das Päckchen, der Inhalt entpuppte sich als vier weiße Stangen, die etwa zehn Zentimeter lang waren. Um was es sich genau handelte, konnte er nicht feststellen. Er steckte alles in die Hosentasche und ging heim. Dort stellte die Mutter fest, dass der Inhalt des Päckchens wohl Marzipan war. Woher sollte Reinhard wissen, wie Marzipan aussah? Er hatte noch nie welches gesehen. Er beschloss, zwei von diesen Stangen zu behalten und die beiden restlichen Lisa zu schenken. Die Mutter erklärte ihm, dass Marzipan etwas Köstliches war und so schmeckte es auch, als Reinhard es probierte. Lisa versuchte die Köstlichkeit zwar auch, gab aber ihrem Bruder den größten Teil davon wieder zurück. »Den hast du dir verdient«, erklärte sie.

Natürlich protestierte Reinhard nicht lange und verzehrte alles auf der Stelle. In den nächsten Tagen hielt er sich noch öfter als sonst am See auf. Er hoffte, die beiden Männer würden wieder zum Angeln kommen und seine Dienste als *Würmersucher* in Anspruch nehmen. Er musste lange warten, aber es sollte sich lohnen. Tatsächlich kamen die zwei noch einmal an den See. Reinhard holte die dicksten Würmer, die er finden konnte, und die Ausbeute der beiden beim Angeln war auch zufriedenstellend. Als sie an Reinhard vorbeigingen, um zum Auto zu gelangen, grüßte der Chauffeur wieder freundlich und der Offizier nickte ihm zu. Aber dieses Mal holte der Russe nichts aus seiner Tasche. Die Enttäuschung für Reinhard war groß. Er nahm all seinen Mut zusammen, lief den beiden nach und ging mit zum Auto. Der Chauffeur schaute ihn fragend an und meinte: »Haben wir was vergessen?« »Nein!«, stotterte Reinhard. »Ich wollte nur fragen, ob Sie einen Angelhaken übrig hätten.« Nun war es raus! Er war über sich selbst erstaunt und bevor er noch einen klaren Gedanken fassen konnte, holte der Uniformierte eine Schachtel hervor. Er suchte etwas herum und gab Reinhard schließlich einen echten Angelhaken. Erst jetzt wurde ihm bewusst, dass er sich verraten hatte. Wozu brauchte man wohl einen Angelhaken, – natürlich zum Angeln. Erschrocken schaute Reinhard den Offizier an und bemerkte, wie ein Lächeln über das Gesicht des Russen huschte. Dieser stieg ins Auto und der Chauffeur schloss dienstbeflissenen die Tür, dann ging er auf die Fahrerseite und stieg ebenfalls ein. Bevor er die Autotür hinter sich schloss, rief er Reinhard ein lautes »Petri Heil« zu und fuhr weg. Verdutzt stand dieser noch eine Zeit lang da. Er konnte immer noch nicht begreifen, dass er Besitzer eines richtigen Angelhakens war. Wie ein Goldstück verstaute er ihn in seiner

Tasche und machte sich auf den Weg zum See, wo er seine Angel aus dem Versteck holte. Als er den neuen Hacken an der Schnur befestigt hatte, um ihn auszuprobieren, kamen ihm Zweifel, ob er an der Fallschirmspringerschnur auch halten würde. Die Vorstellung, dass ein größerer Fisch anbeißen könnte und mitsamt dem Haken verschwand, ging ihm nicht aus dem Kopf. Nach langer Überlegung entschloss er sich doch, es zu riskieren. Er ging an einen Platz, den er für die Tageszeit angemessen hielt, und warf die Angel aus. Der Korken mit dem Federkiel lag nicht lange ruhig auf dem Wasser. Der »Schwimmer« fing an sich zu bewegen, erst zuckte er zwei, dreimal leicht, um mit einem Ruck unter der Wasseroberfläche zu verschwinden. Reinhard hätte mit seinem Sicherheitsnadelhaken an der Schnur wohl mit einem Ruck die Angel aus dem Wasser gerissen. So wartete er noch einige Sekunden, dann zog er langsam an der Angel. Die Rute aus Haselnussholz bog sich gewaltig, was bedeutete, dass er etwas *Größeres* am Haken hatte. Gekonnt gab er immer wieder etwas nach, um nicht zu riskieren, dass die Angelrute brach. Er zog den Stock immer näher zu sich heran, so dass er die Schnur greifen konnte. Die Fallschirmseide würde die Belastung aushalten – wenn nur der Haken dran blieb. Trotz großer Gegenwehr zog er nun den Fisch aufs Trockene. Es war ein prächtiger Seehecht, der gut und gerne sechs Pfund auf die Waage brachte. Gegen seine Gepflogenheit nahm er das Tier nicht sofort aus, er wollte es zu Hause in seiner ganzen Pracht zeigen. Lisa und Willi waren schon daheim, als Reinhard seinen *Fang* stolz präsentierte. Die Mutter hatte eine Sorge weniger: Das heutige Abendessen würde einmal nicht so ärmlich ausfallen wie sonst. Als auch noch der Vater am Abend Reinhard seine Anerkennung aussprach, war dieser glücklich wie schon lange nicht mehr.

Es war kurz vor Ostern 1947. Reinhard nahm die Abkürzung über das Waldstück zur Schule. Als er den Waldsaum erreichte, sah er Herrn Süß auf einem Baumstumpf sitzen. Es war nichts Besonderes, Herrn Süß hier anzutreffen; schon oft war ihm Reinhard auf dem Schulweg begegnet. Manchmal wechselten sie ein paar Worte, weil Reinhard immer freundlich grüßte und schon einige Male von dem Mann mit folgenden Worten gelobt wurde: »Bist ein guter Junge!« Heute antwortete er auf Reinhards Gruß nur mit einem Kopfnicken. Überhaupt sah er nicht gut aus. Sein Gesicht war blass und eingefallen. »Geht es Ihnen nicht gut?«, fragte Reinhard. »Doch, doch«, antwortete er, »ich bin nur etwas müde.« Da Reinhard schon etwas Zeit verbummelt hatte, musste er sich beeilen, um nicht zu spät zum Unterricht zu kommen. In der zweiten Stunde war Erdkunde angesagt. Frau Mehnert, Reinhards Klassenlehrerin, bemerkte, dass er nicht wie sonst mitarbeitete, obwohl Geographie (neben Deutsch und Geschichte) eines seiner Lieblingsfächer war. Er war abwesend und konnte auf Fragen der Lehrerin nicht immer die richtige Antwort geben. Da er gewöhnlich fleißig bei der Sache war, fiel es Frau Mehnert sofort auf. In der großen Pause fragte Reinhard seinen Freund Rüdiger, ob er denn auch heute Morgen Herrn Süß gesehen hatte. Rüdiger bejahte und bestätigte dessen komisches Verhalten. Doch nach Schulschluss hatten beide die Sache schon wieder vergessen. Beide wollten sich am Nachmittag am See treffen, um Reinhards neuen Angelhaken auszuprobieren. Auf dem Rückweg trafen beide auf Herrn Schneegas, der schon wieder in Richtung Grünheide unterwegs war. »Guten Tag Herr Schneegas!«, grüßten die beiden artig. Mürrisch grüßte dieser mit einem knappen »Tach auch« zurück. Reinhard fragte ihn trotzdem, ob er heute schon Herrn

Süß gesehen habe. Schneegas drehte sich kurz um und sagte: »Ja, der scheint nicht richtig im Kopf zu sein, der hat zwar auf meinen Gruß nicht geantwortet, aber gesagt, ich soll mich zum Teufel scheren.« Ohne ein weiteres Wort zu verlieren, ging er weiter. Rüdiger meinte, die hätten doch beide eine *Macke* und morgen wären die bestimmt wieder ein »Herz und eine Seele.« Aus dem Treffen mit Rüdiger am See wurde leider nichts. Reinhard musste mit Lisa nach Erkner, um nach Mais anzustehen. Er versuchte zwar, seine Schwester zu veranlassen alleine nach Erkner zu fahren, was diese aber kategorisch ablehnte. Wie so oft war die Fahrt umsonst und das Fahrgeld nicht wert. Der Mais war bereits mittags ausverkauft und wann es wieder welchen gab, konnte niemand sagen. Reinhard schimpfte. Wie gerne wäre er mit Rüdiger zum See gegangen. Lisa meinte, dass dies niemand wissen konnte, dass es keinen Mais mehr gab und ärgerlich fügte sie hinzu: »Du machst, was ich dir sage, verstanden!« Diesen Ton kannte Reinhard zur Genüge und es war ratsam, das Thema zu beenden. Am Abend wurde beschlossen, dass Kurt Bachner am Samstag mit seinen Söhnen Josef und Willi aufs Land gehen sollte, um bei einem Bauern oder anderweitig etwas Essbares aufzutreiben. Es war zwar nicht das erste Mal, dass man Unternehmungen diese Art machte. Aber keiner der drei machte es gerne. »Hamstern gehen«, wie man dies damals nannte, war nicht jedermanns Sache. Wenn man was zum *Tauschen* hatte, wie etwa Seife, Schmuck, Textilien oder Stoffe, konnte man fast sicher sein, mit Kartoffeln und anderen Lebensmitteln heimzukommen. Die Bachners hatten aber derlei Dinge nicht anzubieten. Somit war es äußert schwierig, etwas Essbares zu erhalten. Es war jedes Mal ein Lotteriespiel! Oft kam Kurt Bachner mit seinem Bruder und den Söhnen unverrichteter Dinge zurück. Es war auch nicht selten, dass sie als »verdammtes Bettelvolk« gar nicht auf das Grundstück gelassen wurden. Wollte man nicht verhungern, musste dies alles in Kauf genommen werden.

Es mochte etwa zwei Wochen nach Ostern 1947 gewesen sein, als Reinhard, wie schon so oft, die Abkürzung über das Waldstück nahm, um in die Schule zu gehen. Als er den schmalen Weg über die Wiese schlenderte, sah er, dass da jemand auf dem Boden lag. Als er nach wenigen Schritten an die Stelle kam, konnte er erkennen, dass es sich um Herrn Süß handelte, der da quer über dem Weg auf der Erde lag.

Eine ganze Weile starrte Reinhard auf die Gestalt, die da vor ihm lag. Es gab keinen Zweifel, es war eindeutig Herr Süß. Im ersten Moment glaubte Reinhard, er würde schlafen. Der Kopf lag zum Teil in der Wiese, der Körper war ausgestreckt und die Beine leicht angewinkelt, so dass sie auf der anderen Seite ins Gras ragten. Neben dem Körper lag mitten auf dem Weg eine Pillendose, die geöffnet war. Einige kleine weiße Pillen lagen verstreut neben der Dose. Der 12-jährige Reinhard wusste nicht, wie er sich verhalten sollte. Es kostete ihn einige Überwindung, als er sich zu dem Mann hinunterbeugte und leise rief – so als ob er ihn nicht wecken wollte: »Herr Süß, stehen sie doch bitte auf!« Doch der gab keine Antwort. Erst jetzt bemerkte Reinhard die weit aufgerissenen Augen und die nach oben gerichteten Pupillen. Fast nur das Weiße im Auge konnte er erkennen. Er nahm nun all seinen Mut zusammen, fasste dem Mann an die Schulter und schüttelte ihn. Nun erst merkte Reinhard, dass der Man tot war. Der Körper war bereits ganz steif. Noch immer fassungslos, sah er eine Gestalt, die sich aus Richtung Grünheide auf dem schmalen Weg näherte. Am liebsten hätte Reinhard ei-

nen Freudenschrei ausgestoßen. Die Person, die inzwischen nähergekommen war, war niemand anders als Herr Schneegas.
»Was ist hier los?«, fragte er und schaute dabei auf den Mann am Boden.
»Mit Herrn Süß stimmt etwas nicht!«, antwortete Reinhard aufgeregt.
Schneegas kniete sich neben den Mann auf den Boden, legte seine Hand an den Hals und ließ sie einige Sekunden dort. Dann erhob er sich, schaute Reinhard kurz an und strich ihm dabei sacht über die Haare. In seiner schnodderigen Art sagte er dann: »Da ist nischt mehr zu machen, der hat seinen Löffel abjejeben, mein Junge!« Als ihn Reinhard verständnislos anschaute, sagte er in barschem Ton zu ihm: »Nun hau ab, sonst kommst du zu spät zur Schule. Womöglich bekommst du keine Schulspeisung mehr!« Als Reinhard immer noch wie gelähmt dastand, fügte er hinzu: «Ick kümmere mir um Herrn Süß, nun mach schon!«
Reinhard nahm seine Schultasche, machte einen Bogen um den am Boden liegenden Mann und ging. Bis er das Waldstück erreicht hatte, drehte er sich noch einige Male um. Schneegas ging eilig in Richtung Alt-Buchhorst, um den Todesfall zu melden. Die Lehrerin wollte natürlich wissen, warum Reinhard fast eine Stunde zu spät zum Unterricht kam. Still wurde es im Klassenzimmer, als er sein Erlebnis schilderte. In der großen Pause war der Tod des Herrn Süß immer noch Gesprächsstoff Nummer eins. Rüdiger war heute Morgen vor Reinhard zur Schule gegangen, was eigentlich selten vorkam. Er nahm in der Regel auch die Abkürzung über das Waldstück. Als er den schmalen Weg über die Wiese ging, war niemand zu sehen. Herr Süß musste also, nachdem Rüdiger den Weg passierte, dort verstorben sein. Als die beiden am Nachmittag auf dem Heimweg von der Schule wa-

ren, begegneten sie noch im Ort Herrn Schneegas. »Liegt Herr Süß noch auf der Wiese?«, fragte Reinhard. »Nee, dem haben sie schon abjeholt, der arme Kerl ist wohl verhungert.« Ohne ein weiteres Wort zu verlieren, stapfte er in seiner typischen Gangart weiter. Rüdiger meinte: »Der Schneegas spinnt doch. Der hat sich bestimmt das Leben genommen.« Daheim aber wusste die Mutter schon von dem Ereignis. Sie hatte mit Frau Bührer darüber gesprochen und auch sie behauptete, dass der Mann verhungert sei. Reinhard konnte diese Theorie nicht glauben. Ihm ging die Pillendose, die neben der Leiche gelegen hatte, nicht aus dem Kopf. Er glaubte fest daran, dass sich Herr Süß mit den Pillen umgebracht hatte. Erst zwei Wochen später erzählte eine Frau aus der Nachbarschaft, dass der Mann tatsächlich den Hungertod gestorben war. Sie arbeitete in Erkner auf der Stadtverwaltung und es bestand kein Zweifel an der Richtigkeit ihrer Aussage. Auch die Sache mit der Pillendose klärte sich auf. Der Inhalt entpuppte sich als harmloses Sacharin. Dieser Süßstoff war damals ein gutes Tauschmittel, um dafür Lebensmittel und auch andere Dinge einzuhandeln. Leider war in diesem zweiten Nachkriegsjahr der Hungertod keine Seltenheit. Vor allem älteren Menschen, die sich auf dem *Schwarzmarkt* nicht durchsetzten konnten oder keine Tauschobjekte besaßen, ging es miserabel. Die einheimische Bevölkerung, die oft Verwandte auf dem Land besaß, hatte da bessere Möglichkeiten, etwas Essbares zu beschaffen. Flüchtlinge, Umsiedler oder allein stehende Menschen, die keine Angehörigen in der näheren Umgebung hatten, waren arm dran. Selbst Kurt Bachner, der im Konzentrationslager Erfahrung gesammelt hatte, wie man unter schlimmsten Bedingungen überleben konnte, bezeichnete die gegenwärtige Situation als einen katastrophalen Zustand.

Reinhard kam gar nicht dazu, sich weitere Gedanken zu machen. Der Kampf gegen den Hunger war allgegenwärtig. So musste er wieder einmal mit Lisa nach Lebensmitteln anstehen. Heute ging die Fahrt mit der Bahn nach Fürstenwalde. Lisa hatte in Erfahrung gebracht, dass man dort Haferflocken bekam. Natürlich war es für Reinhard trotz knurrenden Magens immer ein kleines Abenteuer, andere Orte kennen zu lernen. Später sollte Lisa ihrem Bruder gestehen, dass sie ihn zum Anstehen in die Läden mitgenommen hatte, um die Verkäufer oder auch die Menschen in den Warteschlangen vor dem Laden freundlich zu stimmen. Reinhard war damals nur ein *Strich in der Landschaft*, wie Bruder Willi zu sagen pflegte. In Fürstenwalde angekommen, hatte Lisa schnell den Laden gefunden, wo es die Haferflocken geben sollte. Es war übrigens nicht schwer, das Geschäft ausfindig zu machen. Dort, wo eine große Menschenmenge artig, einer hinter dem anderen, in der Reihe stand, gab es auch was zu holen. Natürlich wusste man nicht sofort, was genau es da gab. Das spielte aber keine Rolle, man konnte eben alles brauchen, was irgend essbar war oder eventuell als Tauschobjekt in Frage kam. Lisa reihte sich in die Menschenschlange ein und Reinhard durfte sich etwas umsehen. Er musste aber unbedingt da sein, wenn Lisa an der Reihe war und das hatte seinen guten Grund. Besonders am heutigen Tag sollte es sich lohnen. Als die beiden vor dem Ladentisch standen, blickten sie erwartungsvoll den Mann an, der eine Metallschaufel in der Hand hatte und aus einer Holzlade die Haferflocken herausholte. Er nahm eine Tüte und gab eine volle Schaufel hinein; dabei blickte er auf Reinhard, lächelte ihn freundlich an und gab noch eine halbe Schaufel in die Tüte. Lisa sagte auf der Heimfahrt zu ihrem Bruder: »Wärst du nicht dabei gewesen, wäre die Tüte nur halb voll!« Als

Reinhard etwas verduzt dreinschaute, lachte die Schwester und erklärte ihm: »Mit Kindern hat man eben mehr Mitleid als mit Erwachsenen!«

Die Strickwaren, die Lisa in Heimarbeit fertigte, wurden immer weniger. Auf der Gemeinde hatte sie erfahren, dass eine Klöppelschule eröffnet werde. Sie meldete sich auch sogleich an, damit sie ein zweites Standbein hatte. Sollte es mit der Heimarbeit vorbei sein, so konnte sie mit Klöppelarbeiten auch etwas verdienen. In Gesprächen mit dem Autor betont heute Reinhard immer wieder: »Lisa war für die Familie eine große Hilfe, vor allem aber eine immense Entlastung für die Mutter. Sie war mit ihren 20 Jahren noch sehr jung. An Lebenserfahrung, Disziplin und Arbeit jedoch war sie schon wesentlich älter und weiterentwickelt.« Lisa kümmerte sich nicht nur um die kleine Ingeborg oder um Reinhard, sondern auch zum Teil um Bruder Josefs Kinder. Willi nannte sie nur »unseren Treibauf«.
Jetzt, wo die Tage immer länger wurden und es schon ganz schön warm war, hielt sich Reinhard immer öfter am See auf. Er hatte in der Nähe des nördlichen Ufers ein unbewohntes Haus entdeckt. Es war im Krieg schwer beschädigt worden. Es zu betreten, schien nicht ganz ungefährlich. In den Fenstern fehlten die Scheiben ganz, zum größten Teil auch die Rahmen. Es musste mal reichen Leuten gehört haben, denn es stand direkt am See, ohne ein weiteres Haus in der Umgebung. An der Hinterfront schloss sich ein verwilderter Garten an. Reinhard inspizierte das Anwesen von außen und innen. Im Garten, der sich schon nahtlos mit den Pflanzen und Sträuchern in der Umgebung vereint hatte, war der Umriss eines Pavillons noch deutlich zu erkennen. Das Haus hatte bestimmt schon bessere Zeiten erlebt. Noch

ganz in Gedanken versunken, hörte Reinhard plötzlich Stimmen von der Seeseite her. Er war bereits im Begriff zu schauen, wer da kam, als er hörte, wie jemand sagte: »Ich mache das nicht mehr mit!« Jetzt sah Reinhard, dass es sich um zwei Männer handelte. Beide hatten einen Rucksack auf dem Rücken und sie waren noch sehr jung. »Es ist das letzte Mal, das habe ich dir doch schon mehrmals gesagt!«, antwortete der zweite. Reinhard hatte nun Mühe, sich hinter den Sträuchern zu verstecken. Die beiden gingen zum Garten und stellten ihre Rucksäcke ab. »Wir nehmen das Versteck vom letzten Mal«, sagte einer von ihnen; dann versteckten sie die Säcke hinter dem Pavillon unter einer dichten Hecke. Eilig verließen sie den Garten und verschwanden im Wald. Eine ganze Weile verharrte Reinhard noch in seinem Schlupfwinkel. Schließlich ging er vorsichtig zu dem Platz, wo die Männer die Rucksäcke deponiert hatten. Immer wieder hielt er inne, um sich zu vergewissern, ob die beiden nicht doch noch mal zurückkamen. Er kämpfte mit seinem Gewissen und der Neugier. Sollte er den Innhalt der Säcke anschauen? Die Neugier siegte! Er zog einen von ihnen unter dem Gebüsch hervor, was sich überraschend mühsam gestaltete. Denn er war schwer wie Blei. Als er ihn öffnete, verschlug es ihm fast den Atem! Es waren Konservendosen in verschieden Größen. Sie mussten aus Beständen der ehemaligen deutschen Wehrmacht stammen, das konnte Reinhard an der Aufschrift auf den Dosen erkennen. Er wusste auch sofort, dass es sich um Diebesgut handelte, das hier für jemanden zwischengelagert wurde. Trotz seiner knapp 12 Jahre war ihm klar, dass er sich augenblicklich in großer Gefahr befand. Jede Sekunde konnten die Leute auftauchen, für die diese Sachen bestimmt waren. Einen Moment kämpfte er erneut mit seinem »inneren Schweinehund«: Sollte er sich etwas von dem Inhalt nehmen? Mehr automatisch als bewusst nahm er eine Dose an sich, machte so schnell es ging den Rucksack zu und wuchtete ihn wieder unter die Sträucher. Dann verließ er eilends das Grundstück und ging den Waldweg zurück zur Burgwallstraße. Ihm wurde erst jetzt bewusst, dass er einen Diebstahl begangen hatte. Trotz aller Not: »Man darf nicht stehlen«, hörte er schon jetzt die Mutter sagen. Noch bevor er das Wohnhaus erreichte, traf er Rüdiger, der schon auf ihn gewartet haben musste. »Wo treibst du dich denn rum?«, meinte er aufgeregt. Reinhard sagte so ruhig wie möglich – dabei war er bestrebt, die Konservendose unter dem Hemd zu verbergen – »Ich war fischen!« Verdutzt schaute ihn Rüdiger an und meinte verwundert: »Wo hast du denn deine Angel?« Reinhard antwortete, ohne auch nur einen Moment zu zögern: »Die habe ich versteckt!« Der Freund zuckte mit den Schultern und es war ihm anzusehen, dass er die Geschichte zumindest sehr merkwürdig fand. Mit den Worten: »Wir treffen uns morgen in der Schule!« verabschiedete sich Reinhard eilig und verschwand durch das Gartentor. Im Hausflur versteckte er die Konservendose hinter einem Regal und war fest entschlossen, vorerst nicht über sein Erlebnis zu sprechen.

Lisa hatte die Zusage bekommen, dass in der Klöppelschule eine Lehrstelle für sie frei war. Durch dieses Ereignis verdrängte Reinhard vorerst die Sache mit der »Dose«. Lisa konnte den morgigen Tag kaum noch erwarten. Sie erläuterte ihrer Mutter bis ins letzte Detail, was sie durch das Erlernen der Klöppelarbeit später verdienen könne. Obwohl die Mutter wusste, wie fleißig und geschickt ihre Tochter war, bremste sie ihre Erwartungen mit dem Hinweis, dass »Klöppeln« nicht so einfach sei und viel Übung verlange.

Rosi Bachner hatte auf dem brachen Nachbargrundstück einige Beete angelegt, um etwas Gemüse anzubauen. Der Lehmboden, der in dieser Gegend sehr verbreitet war, eignete sich nicht besonders gut für ihr Vorhaben. Durch mühsames Zusammentragen der nur wenige Zentimeter dicken oberen Humusschicht, gelang es ihr dennoch, Mohrrüben und Erbsenschoten zum Wachsen zu bringen. Ein Kartoffelbeet hätte sie auch gerne angelegt. Das war aber nicht möglich. Es fehlten einfach die Saatkartoffeln. Auch Samen für das übliche Gartengemüse war äußerst schwer zu bekommen. Rosi Bachners Einfallsreichtum, ihre Küche aufzubessern, war allerdings unerschöpflich. Auf den leer stehenden und vom Krieg zerbombten Grundstücken und überall dort, wo es sonst noch möglich war, suchte sie nach Brennnesseln oder Brunnenkresse. Daraus bereitete sie Mahlzeiten zu. Brennnesselspinat war schon fast ein Luxus. Besonders wenn es *junge,* beziehungsweise frische Pflanzen waren, schmeckte es sehr gut. Am Rande sei bemerkt, dass Krankheiten wie zum Beispiel Bluthochdruck, hohe Cholesterin- und Blutfettwerte oder gar Übergewicht unbekannt waren. Unterernährung, Tuberkulose und deren Begleiterscheinungen waren dagegen alltäglich. Die medizinische Betreuung war gleich null. Was sollte da ein Arzt schon machen? Um Abhilfe zu schaffen, hätte er Lebensmittel verschreiben müssen, die es einfach nicht gab. Es war also sinnlos, wegen Untergewichts einen Arzt zu konsultieren. Wer sich in diesen Zeiten nicht selber helfen konnte, sei es wegen einer Krankheit oder aus Altersgründen, der hatte schlechte Karten. Es konnte – wie im Fall des Herrn Süß – sogar bis zum Hungertod führen.

Im Spätsommer 1947 kam es immer öfter vor, dass sich die gesamte Verwandtschaft in der Burgwallstraße bei Kurt Bachner traf. Es war fast wie vor der Ausweisung aus Hüttersdorf. Auch da wurde alles bei den Bachners besprochen. Die Notlage aller Familien war dermaßen groß, dass man sich was einfallen lassen musste, um das Schlimmste zu verhindern. Kurt Bachner führte oft Gespräche mit den Forstleuten. Dadurch erfuhr er so manches, was die zukünftige politische Lage in der sowjetischen Besatzungszone betraf. Kurt Bachner zog sogar die Möglichkeit in Betracht, eventuell in den »Oderbruch« zu ziehen. Bad Freienwalde wurde in die engere Wahl einbezogen. Eine berufliche Verbesserung stand in Aussicht - die Möglichkeit, eine richtige Försterstelle zu bekommen. Auch weitere aktuelle Geschehnisse wurden diskutiert. Immer häufiger überlegte man, in die amerikanisch besetzte Zone zu wechseln. Bei Kurt Bachner mehrte sich der Verdacht, eine falsche Entscheidung getroffen zu haben. Im Gespräch fiel oft der Satz: »Wir haben womöglich einen großen Fehler gemacht!« Warum hatte man nicht freiwillig Hüttersdorf in Richtung Westen (nach Elbach) verlassen? Die Gelegenheit, fast alles über die Grenze zu schmuggeln und sogar die Möbel und vieles andere mehr in Sicherheit zu bringen, wurde damals leichtfertig vertan. Es ist nun mal im Leben so: Hinterher ist man immer klüger! Sohn Josef und seine Frau Barbara hatten große Schwierigkeiten, mit drei kleinen Kindern halbwegs über die größte Not zu kommen. Rosi Bachners Bruder Toni und auch Kurt Bachners Brüder Georg und Josef wollten aber von einem Umzug nichts wissen. Schon gar nicht in die Amerikanische Zone. So wurde eine Entscheidung verschoben; man wollte noch etwas abwarten.

Reinhard waren derartige Dinge schlichtweg egal. Er hatte einen neuen Bekannten, der im Ortsteil Reiherhorst wohnte und auf den Namen Franz Theurer hörte. Der war bereits 14 Jahre alt

und ebenso ein »Aussiedler« wie er selbst. Was die beiden noch miteinander verband, war die Tatsache, dass beide *Ministranten* in der Heimat waren. Franz war schon eine Weile auf der Suche nach einer katholischen Kirche, wo man eventuell noch einen Ministranten brauchen konnte. Er versprach Reinhard, sollte er fündig werden, ihn ebenfalls zu empfehlen. Es muss erwähnt werden, dass Reinhard in Hüttersdorf mit Leib und Seele Ministrant gewesen war. Zwischen Reiherhorst und Alt-Buchhorst gab es zwar ein Gebäude, das mit einigen Holzbänken und einem kleinen Altar eingerichtet war. Auch wurde dort sonntags meistens eine katholische Messe gehalten. Der Pfarrer aber brachte immer seinen Messdiener mit. Franz hatte schon mehrmals den Versuch gemacht, seine Dienste anzubieten, was der Priester aber ebenso oft ablehnte.
Zu dieser Zeit studierte Reinhard oft die Bibel, die ihm Franz geliehen hatte. Oft verlor er beim Lesen das Zeitgefühl, was bei Mutter und Schwester auf harte Kritik stieß. Einmal saß er am Bootssteg unten am See und war vertieft in seine Lektüre. Durch Geräusche wurde er auf ein Ruderboot aufmerksam, das von zwei Männern, die sich mächtig in die Riemen legten, gesteuert wurde. Reinhard wollte schon wieder weiterlesen, als er nochmals genau zum Boot blickte. »Die beiden kenn ich doch!!«, schoss es ihm durch den Kopf. Es gab keine Zweifel mehr, das waren die Männer, die die Lebensmittelkonserven im alten Haus am See versteckt hatten. Er konnte auch erkennen, dass sich die schweren Rucksäcke im Boot befanden. Noch bevor er einen klaren Gedanken fassen konnte, war das Ruderboot hinter einer Schilfinsel verschwunden. Nun fiel ihm auch die Dose wieder ein, die er im Flur versteckt hatte. Heute wollte er sich Lisa anvertrauen. Obwohl er mit einer Schelte gerechnet hatte,

musste er feststellen, dass Lisa wieder einmal praktisch dachte. Ohne auch nur ein einziges Schimpfwort zu verlieren, nahm sie die Konservenbüchse und brachte sie der Mutter. In Anbetracht der Not, die jeden Tag allgegenwärtig war, verzichtete auch sie auf eine Rüge. Reinhard war froh, dass die Geschichte so glimpflich ausging und nun war er neugierig auf den Inhalt der Dose. Die Mutter definierte ihn als Schweinefleisch mit viel Schmalz. Das war in den letzten Monaten große Mangelware. Wenn man sparsam damit umging, erläuterte Frau Bachner, konnte man über einen längeren Zeitraum die sonst so spärlichen Mahlzeiten mit Kalorien und Geschmack aufwerten. Das größte Lob bekam Reinhard von Willi, der als Einziger den Dosenklau für richtig hielt und das Verhalten des Bruders verteidigte.
Reinhard begab sich nach der Mahlzeit nochmals zum See. Er setzte sich auf die Balken des Stegs, was er gerne tat. Er saß manchmal lange da und oft gingen dabei seine Gedanken zurück nach Hüttersdorf. Ihm kam es so vor, als ob er schon eine Ewigkeit von zu Hause weg sei. Wer würde wohl mit dem tollen Tretauto fahren, dass er im Schuppen gut versteckt hatte? Oder wer fing jetzt die Molche und Salamander in der Kiesgrube im *Deutschen Wald*? Viele Gedanken dieser Art gingen ihm durch den Kopf. Ein wenig Trost verschaffte ihm die Erkenntnis, dass die Familie nun wusste, wo seine Freunde Fritz und Erwin waren. Dank Willi hatten sie die Adressen bekommen und es entwickelte sich ein reger Schriftverkehr. Erwin hatte sogar ein Foto geschickt, wenn es auch nur auf dünnem schlechtem Papier war. Sein spitzbübisches Lächeln war trotzdem gut zu erkennen. Der Großvater mütterlicherseits war nach Mitteilung von Tante Barbara verstorben und Reinhard konnte beobachten, wie die Mutter heimlich um ihren Vater weinte, wenn sie sich

unbeobachtet wähnte. Barbara gab in ihrem Brief zu verstehen, dass Vater sich an die neue Heimat nicht gewöhnen konnte, vielleicht auch nicht wollte und jedenfalls keinen Lebenswillen mehr hatte. Onkel Georg hatte in Erfahrung gebracht, dass sich Tante Resl und Großvater in Oberbayern nahe München aufhielten. Langsam lichtete sich das Chaos um die Familien und Verwandten und man wusste zumindest die Adressen.

Rosi Bachner hatte alle Anstrengungen, die nur möglich waren, unternommen, in ihrem so genannten *Garten* etwas Gemüse anzupflanzen. Hatte sie den ganzen Frühsommer über nur etwas Suppengrün geerntet, wollte sie jetzt im August nach den Rüben gucken. Ihre Enttäuschung war groß! Die Rüben waren klein geraten. Dies hätte sie in Kauf genommen, der Lehmboden gab eben nicht mehr her. Nachdem sie aber die erste herausgezogen hatte, musste sie feststellen, dass die Würmer am unteren Teil der Rübe ganze Arbeit geleistet hatten. Neunzig Prozent von dem Beet war Ausfall! Rosi Bachner aber wäre nicht Rosi Bachner gewesen, wenn sie diesem Umstand nicht noch etwas Gutes hätte abgewinnen können. Mit dem Küchenmesser entfernte sie fein säuberlich die angefressenen Stellen. Ihr Prinzip war wie immer, auch aus »wenig etwas zu machen«.

Lisa konnte nun schon sehr gut mit dem Klöppelsack umgehen. Was sie da mit vielen bunten Nadeln und Fäden, an denen ein Gewirr von Holzklöppeln hing, herstellte, war schon bewundernswert. Reinhard war fasziniert, wenn seine Schwester mit beiden Händen die Klöppel scheinbar wahllos hin und her warf und immer die kleinen Nadeln mit verschieden farbigen Köpfen in eine andere Position brachte. Oft saß sie stundenlang an dem selbst gemachten Holztisch, der genau unter dem Fenster stand und klöppelte. Es war eine Arbeit, die höchste Konzentration erforderte. Die fertigen Produkte waren in der Regel runde Deckchen in verschiedenen Größen. Die Muster sahen wunderschön aus und die Spitzen an den Rändern gaben dem Erzeugnis ein edles Aussehen. Meisterin, was die Klöppelarbeit anging, war Barbara. Josefs Frau beherrschte dieses Handwerk wie wohl so schnell keine Zweite. Ihr zuzuschauen war ein Genuss. Die Klöppel an den Fäden flogen so rasch hin und her, dass man aus dem Staunen nicht herauskam. Lisa holte sich von Barbara oft Ratschläge. Und wenn sie mal mit einem Muster nicht zurechtkam, war sie die beste Adresse, um Abhilfe zu schaffen. Wie man ja weiß, sind Klöppelspitzen nicht gerade billig. Die, die sie herstellten, erzielten mit ihrer Arbeit nur wenig Lohn. Trotz allem musste man froh sein, überhaupt Arbeit zu bekommen. Da Barbara mit ihrem Können auch große Decken herzustellen wusste und auch die schwierigsten Muster beherrschte, verdiente sie wesentlich mehr als Lisa. Reinhard versuchte sich mit Unterstützung seiner Schwester ebenfalls in der Klöppelkunst. »Dabei«, so Lisas Aussage, »stellt sich der Kerl nicht mal ungeschickt an.« Nur die Geduld war nicht gerade Reinhards Stärke. Er ging lieber zum Fischen oder trieb sich mit Rüdiger herum. In der Schule hatte Reinhard übrigens keine Probleme. Nur Mathematik mochte er nicht. Trotzdem zog er sich mit der Note »Befriedigend« noch gut aus der Affäre. Seine Lieblingsfächer blieben Deutsch, Geschichte, Erdkunde und Musik. Seine Aufsätze musste er meistens der ganzen Klasse vortragen. Sein Freund Rüdiger half ihm bei den Rechenaufgaben. Dadurch kam er bei Klassenarbeiten auch meistens glimpflich davon.

Es war im Spätsommer, an einem Freitagabend. Die enge Stube platzte mal wieder aus allen Nähten bei den Bachners. Die Geschwister von Rosi und Kurt Bachner waren gekommen und

Sohn Josef. Eigentlich wollte man darüber diskutieren, ob man in Grünheide bleiben oder in die amerikanisch besetzte Zone gehen sollte. In den vergangene Tagen war das Thema immer häufiger Grundlage der Diskussion. An diesem Freitagabend aber verlagerte sich das Gespräch nach einer kurzen Debatte auf ein ganz anderes Thema.

Georg wollte von seinem Bruder Kurt wissen, ob er denn nicht mal das Konzentrationslager Sachsenhausen besuchen wolle. Diese Frage überraschte Kurt Bachner. Obwohl die Stätte des Grauens nicht allzu weit von Grünheide entfernt war – er hätte Oranienburg/Sachsenhausen in ca. 1,5 Stunden mit dem Zug erreichen können - lehnte er einen Besuch strikt ab. Das Thema war absolut tabu für ihn: »Ich gehe da nicht hin!«, sprach er und seine Stimme ließ keinen Zweifel aufkommen, dass er es ernst meinte. Für einen kurzen Moment war auch Georg still. »Eigentlich«, sprach Sohn Josef, »hast du uns überhaupt noch nichts erzählt. Du könntest doch wenigstens uns gegenüber mal Auskunft geben, was sich im Lager alles abgespielt hat.« - Kurt Bachner richtete den Blick fest auf seinen Sohn. Seine Augen, so schien es Josef, waren für einen Moment starr, ja sogar kalt: »Wenn ihr unbedingt was hören wollt, werde ich euch ein Erlebnis erzählen; und vielleicht habt ihr dann die Nase voll, Weiteres wissen zu wollen. « Kurt Bachner drehte sich eine Zigarette, *Marke Eigenbau,* setzte sich auf sein selbstgebasteltes Bett und zündete sie an. Nach außen ruhig, innerlich aber angespannt, begann er seinen Bericht:

Zwei Monate nach meiner Einlieferung in Sachsenhausen, also etwa Ende Februar 1940, war ich im Block 44 untergebracht. Ich war dem Arbeitskommando »Wald« zugeordnet. Dieses Arbeitskommando war Knochenarbeit und forderte täglich einige Opfer. Viele aus meinem Kommando starben an den Folgen übermenschlicher Anstrengung und den Schikanen der SS-Wachleute. Die Verpflegung tat ein Übriges.

Die Verpflegungsmenge für einen Häftling ist fast in allen Dokumentationen der KZ-Gedenkstätten bis ins Detail nachzulesen. Ich werde in den Schilderungen des Kurt Bachner nicht genauer auf diese Dinge eingehen. Seine Berichte über die persönlich erlebten und erduldeten Leiden im Lager schienen mir wichtiger (der Autor).

Soweit ich mich erinnern kann, war es ein Freitag, als ich vom Arbeitskommando zurück ins Lager gebracht wurde. Der Rapportführer teilte uns beim obligatorischen Zählappell am Eingangstor zum Lager mit, dass wir uns alle – das ganze Kommando – auf dem Appellplatz aufzustellen hatten. Müde von der Schinderei war ich gespannt, was sie heute für eine Teufelei ausgeheckt hatten. Die Scheinwerfer beleuchteten gespenstisch das Terrain des Appellplatzes. Wir standen ca. eine Stunde, ohne dass sich irgend etwas tat. Das war nichts Besonderes, es gehörte zu den kleinen Schikanen der Wachleute. Dann kam der Lagerführer, ein SS-Hauptsturmführer, sein Name war wohl Forster (oder so ähnlich), soweit ich mich noch erinnern kann. Der schritt erst einmal die vordere Reihe ab und dann legte er los: »Ihr faulen Schweine habt nicht verdient, heute etwas zum Essen zu bekommen! Wie ich gehört habe, hat euer Kommando das Arbeitssoll nicht erfüllt!«
Ich wusste natürlich, dass dies nur ein Vorwand war, um uns zu schikanieren. Das Arbeitskommando hatte gearbeitet wie an jedem anderen Tag auch. Die Wachleute wollten einfach

ihren Spaß haben. Der 1. Rapportführer, Gustav Sorge, auch »der eiserne Gustav« genannt, war eine besonders sadistische Ausgeburt der SS. Er ließ gleich einige Häftlinge aus der ersten Reihe vortreten und schlug sie mit der Faust ins Gesicht. Als einer zu Boden stürzte, traktierte er ihn mit den Füßen, indem er dem wehrlosen Mann mit seinen Stiefeln Tritte in den Unterleib verpasste. Überhaupt war es gefährlich, zusammenzubrechen. Wer am Boden lag, aus welchen Gründen auch immer, bekam wahllos Fußtritte von den SS-Leuten. Als sie sich an den Häftlingen ausgetobt hatten, ließ uns der Arbeitsdienstführer, ein SS-Oberscharführer, wegtreten. Wer nun gedacht hatte, seine Ruhe zu bekommen, erlag einem schweren Irrtum. Als ich unseren Block betrat, stellte sich mir ein SS-Blockführer in den Weg. »He du da!«, brüllte er mich an, »Herkommen!« Ich schlug die Hacken zusammen und nahm Haltung an. »Dein Grinsen wird dir bald vergehen!«, schrie er mich an. Dabei verpasste er mir einen Tritt in den Unterleib. »Jawohl!«, sagte ich, bestrebt, die irrsinnigen Schmerzen zu unterdrücken, die der Stoß in den Genitalbereich verursachte. »Mit dem Gesicht zur Wand und Hände auf den Rücken!«, schrie er wütend. So stand ich etwa 20 Minuten, dann wurde ich von zwei SS-Männern abgeholt. Ich ahnte, was mir bevorstand. Und so war es denn auch. Ich kam zur Strafe auf den «Bock«! Das ging wie folgt vor sich: Ich musste mich über einen Holzbock legen und bekam 20 Hiebe mit einem Stock auf Rücken und Gesäß. Nach etwa 8 bis 10 Schlägen spritzte das Blut aus der aufgeplatzten Haut. Nach dieser Tortur wurde ich wieder in den Block gebracht. Ich kroch auf meine Pritsche und wickelte mich in die Decke. Meine letzte Mahlzeit, eine Scheibe Brot und etwas Malzkaffee, hatte ich am Mittag beim Arbeitseinsatz. Und das Abendessen war ja wegen der

Strafmaßnahme ausgefallen. Natürlich habe ich beim Betreten des Blocks nicht gegrinst. Ich hatte einfach das Pech, dem SS-Blockführer in die Quere zu kommen. Dieser wollte sich zum Abendvergnügen einen Häftling zur Brust nehmen und dieses Mal war eben ich an der Reihe. Am nächsten Morgen wurde ich einem anderen Waldkommando zugeteilt. Wir mussten ein abgeholztes Waldgelände einebnen, damit für die SS Einstellräume und dergleichen gebaut werden konnten. Ich hatte noch wahnsinnige Schmerzen von den Schlägen gestern Abend. Als wir die Arbeitsstelle erreicht hatten, ging es sofort los. Es mussten Holzstumpen entfernt und eine Menge Erdmassen abgetragen werden. Ein Häftlingsvorarbeiter bewachte die etwa 20 bis 30 Mann starke Gruppe. Er schrie ohne Pause immer wieder: »Auf, auf, Bewegung, Tempo ihr lahmen Enten!«, und trieb uns unaufhörlich an. Die ersten zwanzig Minuten waren die Hölle. Mein Rücken schmerzte und ich hatte das Gefühl, als ob die Haut vom Nacken bis zum Gesäß platzen würde. Es sollte aber noch schlimmer kommen! Von der Lagerseite her näherte sich ein SS-Mann. Er kam auffallend langsam auf unser Kommando zu. »Ich will euch mal zeigen, wie man richtig arbeitet!«, sagte er und dann wurde seine Stimme lauter: »Schaufeln nach meinem Kommando! Eins-zwei, eins-zwei!« Das brüllte er erst noch im normalen Tempo, dann aber immer schneller. Wir schaufelten, was das Zeug hielt. Die ganze Arbeit hatte kein System mehr. Jeder schaufelte, um den Zähltakt einzuhalten. Das Erdreich wurde sinnlos hin und her geworfen und die zuvor geleistete Arbeit war umsonst. »Eins-zwei, eins-zwei...,« das war alles, was ich noch wahrnehmen konnte. Dabei ging er wahllos auf einige der Häftlinge los und versetze ihnen Fußtritte und Faustschläge. Dann plötzlich ein neuer Befehl: »Auf-nieder! Auf-nieder!« Wir

warfen uns zu Boden, sprangen wieder auf, das ging so einige Minuten, darauf folgte das Kommando: »Achtung!« Alle standen still. Dann wieder der Befehl: »Schaufeln auf mein Kommando! Eins-zwei!...«, und alles ging von vorne los.
All dieses Unsinnige passierte, weil irgend ein SS-Mann das so wollte. Völlig kaputt kamen wir in unserer Baracke an, die Kleidung völlig durchnässt und verschmutzt. Ersatzkleidung gab es nicht! So musste man sehen, wie man die Klamotten trocken bekam – ein vergebliches Unternehmen. Ein Ofen an jedem Ende der Barackenwand reichte nicht aus. Ich musste also am nächsten Morgen wieder in die feuchte und verschmutzte Kleidung.
Ich könnte noch stundenlang von diesem Waldkommando erzählen - wie zum Beispiel viele meiner Leidensgenossen beim Baumstämmetragen oder Loreschieben, durch Unfälle und Schikanen der Wachleute schwerste Verletzungen erlitten; ich kann aber nicht mehr. Nur noch so viel zum Schluss: Aus welchen Gründen auch immer - plötzlich kam ich zu einem anderen Kommando, doch davon vielleicht mal später.
In der Stube war es noch lange still. Kurt Bachner sah man an, dass es ihm schwer fiel, über seine KZ-Haft zu berichten. Georg stand auf, legte seine Hand auf die Schulter des Bruders und meinte: »Wie hast du das bloß ausgehalten? Ich hätte dort keinen Monat überlebt!« »Georg«, sagte der Bruder, »du hast keine Ahnung, was ein Mensch alles aushalten kann und muss.«
Niemand im Zimmer mochte noch weitere Fragen stellen. Mit nachdenklichen Gesichtern löste sich die Zusammenkunft auf.
Dieser Bericht ist Reinhard für immer im Gedächtnis geblieben. Er ahnte damals noch nicht, dass es für seinen Vater noch viel schlimmere Erlebnisse während seiner Haftzeit gab.

Am nächsten Tag, gleich nach der Schule, ging Reinhard ohne seine Hausaufgaben zu erledigen zum See, zu *seinem* Steg. Es war sonst nicht seine Art, die Schularbeiten auf die lange Bank zu schieben. Der Möllensee war heute ruhig, kein Wind, ja nicht einmal eine leichte Brise war zu spüren. Sein Lieblingsplatz war ganz vorne an der Spitze des Stegs. Dort konnte er die Beine über dem Wasser baumeln lassen und seinen Gedanken nachhängen. Eine Weile beobachtete er den alten Fischer, der oft mit seinem Boot über den See ruderte. Reinhard erkannte ihn an seiner Kleidung, die gar nicht zu einem Fischer passte. Grüne Hose, grüne Jacke, grüner Hut, das war sein Markenzeichen. Heute legte er seine Angel ziemlich weit draußen im See aus. Er konnte manchmal stundenlang mit seinem Boot an der gleichen Stelle stehen. Obwohl Reinhard ihm oft am See begegnete, wusste er nicht viel über ihn. Ja er kannte nicht einmal seinen Namen. Da er immer mit seinem Boot in Richtung Reiherhorst ruderte, wenn er vom Angeln genug hatte, musste er dort wohl in Seeufernähe wohnen.
Reinhards Gedanken gingen heute weite Wege. Als er so über die ruhige Wasseroberfläche hinweg sah, musste er an Hüttersdorf denken. Vor allem aber an jenen Tag, als er mit seiner Schwester Lisa von seinem geliebten Weiher Abschied nahm. Er konnte sich noch genau an ihre Worte erinnern, als sie zu ihm sagte: »Wenn alles mal wieder in geordneten Bahnen läuft, können wir bestimmt wieder nach Hause.« Obwohl er nicht wirklich glaubte, je wieder in die alte Heimat zurückzukehren - ein klein wenig Hoffnung wollte er sich trotzdem bewahren. Er saß noch lange da und hing seinen Gedanken nach, als sich Rüdiger bemerkbar machte und ihn aus seinen Träumen riss. Dieser hatte ihn schon überall gesucht. »Mensch, wo bleibst du?«, sagte

Rüdiger ärgerlich, »Du hast doch versprochen, dass wir zusammen nach Grünheide gehen!« Reinhard entschuldigte sich, er hatte es wirklich vergessen. »Bitte sei mir nicht böse, wir holen das morgen nach.« Rüdiger merkte, dass sein Freund heute nicht in bester Verfassung war und erklärte sich einverstanden, die Sache auf den nächsten Tag zu verschieben.
Reinhard setzte sich in der Stube an den Tisch unter dem Fenster, um seine Schulaufgaben nachzuholen. Er war unkonzentriert und machte Fehler, die ihm normalerweise nicht passierten. Immer wieder ging sein Blick zum Fenster auf die Straße hinaus. Er musste, ob er wollte oder nicht, ständig an Hüttersdorf denken. Als die Mutter, die ihn schon eine Weile beobachtet hatte, fragte, was er denn hätte, gab er unumwunden zu, was ihn bedrückte. Sie strich ihm übers Haar und meinte: »Das ist das Heimweh, mein Junge. Das geht mir manchmal genauso.«
Am Abend kam Barbara mit den Kindern vorbei, um mit ihrer Schwiegermutter ein bisschen zu plaudern. Sonst spielte Reinhard gerne mit Marianne, Gisela und dem kleinen Werner. Heute aber hatte er keine Lust. Als Mutter die kleine Ingeborg ins Bettchen brachte, nahm Reinhard die Gelegenheit wahr und legte sich ebenfalls schlafen. Lange lag er noch wach in seinem Bett. Die Stimmen von Barbara und Mutter aus der Wohnstube drangen wie aus weiter Ferne zu ihm. Als sei er abwesend. Und das war er im Grunde genommen auch: Seine Gedanken blieben bis zum Einschlafen in seinem Heimatort Hüttersdorf.
Heimweh mag ja schlimm sein. Aber der ständige Hunger war noch schlimmer. Er war allgegenwärtig. Und in den letzten Wochen machte er sich immer intensiver bemerkbar. Was nutzten die Lebensmittelmarken, wenn man im Laden nicht bekam, was auf den einzelnen Marken vermerkt war? Hatte man noch

eine Marke, mit der man Anspruch auf 200 Gramm Brot hatte, so half das herzlich wenig, wenn der Bäcker keines hatte oder schon alles weg war. Die letzten Reserven waren nun endgültig aufgebraucht. Auch Rosi Bachner wusste nicht mehr weiter. Eines Abends kamen Sohn Josef und Onkel Georg zu Kurt Bachner, um sich zu beraten, wie es überhaupt noch weitergehen sollte. Josefs Kinder, drei an der Zahl, waren schon ziemlich abgemagert. Im ganzen Haus war nichts Essbares mehr zu finden. Wurden die paar Fische, die Reinhard manchmal fing, auch aufgeteilt und vorwiegend den Kindern verabreicht, so langte dies bei weitem nicht. Es war ein Tropfen auf den heißen Stein. Die Männer mussten tagsüber ja zur Arbeit und konnten nicht auch noch die Geschäfte nach Lebensmitteln abklappern. Rosi Bachner hatte mit Ingeborg zu tun und war ständig damit beschäftigt, irgendetwas auf den Tisch zu bekommen. Was ihr in letzter Zeit immer weniger gelang. Und Lisa, die als Einzige Erfahrung hatte, wie man in den Läden etwas »auf Karte« (Lebensmittelkarte) bekam, musste ja auch noch in der Klöppelschule ihre Pflicht tun.

Nachdem er mit Josef und Georg lange überlegt hatte, was man gegen den Hungertod tun könnte, sagte Kurt Bachner entschieden: »Wir müssen uns einfach etwas nehmen, wenn uns keiner was gibt!« Josef stimmte ihm zu. Georg hatte Bedenken und meinte: »Wir können doch nicht stehlen gehen!« In Kurt Bachners hagerem Gesicht konnte man erkennen, dass er zu allem entschlossen war, um die Familie nicht verhungern zu lassen: »Wenn du meinst, auf andere Weise an Lebensmittel zu kommen, dann lass es uns wissen!« Georg hatte schlicht und einfach Angst. »Ich kann das nicht, Kurt«, sagte er ratlos. »Auch wenn ich es wollte, ich kann nicht!« Bachner kannte seinen

Bruder. Er war nun einmal alles andere als ein Held. »Fakt ist - wenn wir nicht bald was unternehmen, sind die Felder abgeerntet und dann frag ich dich, wie wir über den Winter kommen sollen!« Erwartungsvoll schaute er Georg an, ob er vielleicht einen anderen Vorschlag hatte. Lange sprach keiner der drei Männer auch nur ein Wort. Josef, der unter der jetzigen Lage ganz besonders litt, weil er seinen Kinder kaum mehr was zu essen geben konnte, antwortete entschlossen: «Ich bin dabei, Vater. Auf mich kannst du zählen!« Georg aber saß zusammengesunken auf dem Stuhl. Kurt Bachner fühlte Mitleid mit ihm. Wie ein Häufchen Elend saß er vor ihm und schaute ratlos zu ihm auf. »Gut«, sagte Bachner, »du kommst mit, du brauchst nichts weiter zu tun als aufzupassen, dass uns niemand in die Quere kommt. Einverstanden?« Georg nickte und bewunderte seinen Bruder, wie gelassen er von solchen Dingen reden konnte. Doch wenn es ums nackte Überleben ging, war Kurt Bachner bereit, das Äußerste zu riskieren. Diese Kaltblütigkeit hatte er sicher im KZ gelernt. Und so wurde also beschlossen, am Abend des nächsten Tages die Sache durchzuführen. Auf dem Heimweg war Georg immer noch aufgeregt; und der Gedanke an den bevorstehenden Tag bereitete ihm eine schlaflose Nacht.
Lisa hatte in der Klöppelschule erfahren, dass es in den nächsten Tagen Einkellerungskartoffeln geben sollte. Wann und wo stand noch nicht fest. Sicher war nur eines: Um die Kartoffeln musste man »anstehen.« Lisa hatte schon seit geraumer Zeit kein Brot mehr zur Arbeit mitgenommen. Der Grund war sehr einfach – es war keines da! In der Nachbarschaft zur Klöppelschule befand sich eine Gärtnerei und in den Pausen gingen einige der Frauen hinüber, um eine Mohrrübe zu erbetteln. Unter den Frauen galt es als ausgemachte Sache, dem Gärtner die Mohrrüben zu steh-

len, wenn er nichts freiwillig herausrückte. Zwei gingen vorne rein und fragten, ob sie was bekommen könnten. War das nicht der Fall, holten sich die andern aus dem Gewächshaus einfach welche raus. Natürlich musste man dem Gärtner zugute halten, dass er selbst nicht viel zu verschenken hatte, wenn er nichts abgab. Heute aber hatte Lisa Glück. Sie bekam gleich zwei Mohrrüben von ihm. Und das war dann auch die letzte *Mahlzeit* bis zum Abend. Es konnte aber für den heutigen Tag auch leicht die letzte sein. Denn ob es ein Abendbrot gab, war auf keinen Fall sicher.

Heute Abend war es also so weit! Vater, Sohn und Bruder machten sich auf den Weg. Ein Ort auf dem »Lande« war ihr Ziel. Es war ihnen egal, was genau sie auf den Feldern finden würden. Sie waren jedenfalls fest entschlossen, etwas zu organisieren. Sie hatten ihre Rucksäcke dabei. Mit solch einem Gepäckstück auf dem Buckel fiel man in jenen Tagen nicht auf. Kurt Bachner hatte sich bereits eine Strategie zurechtgelegt. Sein Plan war, die Felder noch bei Tageslicht zu inspizieren, um zu sehen, was da eventuell zu holen war. Wenn man fündig wurde, wollte er warten bis zum Einbruch der Dunkelheit. Und dann gezielt zur Aktion schreiten. Vor Ort sah es leider anders aus. Die Besitzer der Felder quälten sich zur Zeit mit einer Wildschweinplage herum. Sie erwehrten sich der Tiere, indem sie mit Glocken und Schellen am Abend durch die Äcker gingen und einen Heidenlärm veranstalteten. Mit dieser Taktik versuchten sie, die Schweine von den Feldern fernzuhalten, was ihnen zum Teil auch gelang. Diese so genannte *Wildschweinabwehr* dauerte oft – mit einigen Pausen dazwischen - bis weit nach Mitternacht. Für die drei Männer hieß es also, diese Pausen zu nutzten, um etwas von den Feldern zu ergattern. Kurt Bachner und seine

Begleiter warteten im nahe gelegenen Wald, wo man eine gute Übersicht über die Äcker hatte, um im geeigneten Augenblick zuzuschlagen. Heute schien das Spektakel kein Ende nehmen zu wollen. Unaufhörlich schepperten die Bauern mit ihren Schellen. Die drei hatten es sich zwischenzeitlich etwas bequem gemacht. Sie saßen etwas abseits vom Waldrand auf einem Haufen aus Reisig und Tannenzweigen und verfolgten aufmerksam die Wildschweinabwehr. Gerade als Georg vorsichtig seinem Bruder den Vorschlag unterbreiten wollte, die Aktion lieber abzubrechen, weil ihm das Risiko zu hoch schien, kam der Reisighaufen ins Wanken. Mit einem Ruck brach der Stoß ein und alle drei fanden sich plötzlich in einer Art Mulde wieder. Josef Bachner war als Erster wieder auf den Beinen und traute seinen Augen nicht: In der Vertiefung unter den Ästen und dem Reisig lag eine riesige Menge Kartoffeln! Natürlich wurde ihnen sofort klar, dass hier jemand ein Versteck angelegt hatte. Aber ebenso klar war, dass es sich um Diebesgut handelte. »Da hat uns einer die Arbeit abgenommen«, stellte Kurt Bachner lakonisch fest. Mit großer Eile wurden die Rucksäcke gefüllt. Dann verteilten sie wieder rasch die Äste und das Gesträuch über die Fundstelle, schulterten ihr prallgefülltes Gepäck und gingen. Kurt Bachner ärgerte sich, weil er Willi nicht mitgenommen hatte. Mit diesem kräftigen Burschen hätten sie leicht die doppelte Menge transportieren können. Sie waren schon etwas mehr als hundert Meter gegangen, als Bachner plötzlich innehielt. Er stellte seinen Rucksack ab und forderte die anderen auf, dasselbe zu tun. »Du bleibst hier bei den Sachen und passt auf!«, schärfte er seinem Bruder ein. »Ich gehe mit Josef zurück!« Er wollte so viel wie möglich von den Kartoffeln aus dem Versteck holen und in ein anderes auslagern. Der, der die Kartoffel beiseite geschafft hatte, konnte jeden Augenblick zur Stelle sein, um diese zu holen. Sie hatten schon einiges herausgeholt und wollten gerade ihre Tätigkeit beenden, als sie in der Nähe Schritte vernahmen. Der Vater zog seinen Sohn an der Jacke und bedeutete ihm, stehen zu bleiben. Als sie hinter einem Gebüsch Schutz gefunden hatten, wollten sie sehen, wer sich da näherte. Es waren zwei Männer. Als diese schon fast an der Mulde waren, blieb einer von ihnen plötzlich stehen, hielt den anderen am Arm fest und sagte überrascht: »Vorsicht, unser Versteck muss jemand entdeckt haben!« Wachsam näherten sie sich der Bodenvertiefung. Als sie sicher waren, dass niemand zu sehen war, sprang einer in die Bodensenke und holte mit den Händen die Kartoffeln heraus. Der andere verstaute sie in einem Sack. Bachner und sein Sohn verließen leise ihre Stellung hinter dem Gehölz und gingen zu Georg zurück.

»Wo bleibt ihr!«, rief Georg aufgeregt. »Ich dachte schon, ihr kommt überhaupt nicht mehr!« »Mach dir nicht in die Hose«, meinte Kurt Bachner und schulterte seinen Rucksack. Er unterließ es, seinem Bruder die Beobachtung, die sie eben gemacht hatten, mitzuteilen. Seine Nerven waren sowieso schon am Tiefpunkt angelangt. Der Heimweg war zwar anstrengend, aber ihnen begegnete zum Glück niemand. Und was am wichtigsten war: Sie kamen nicht mit leeren Händen nach Hause.

Rosi Bachner war noch wach. Sie wartete voller Angst auf die Rückkehr ihres Mannes. Sie stand am Fenster, als er durch das Gartentor kam. Sie lief ihm entgegen, öffnete die Tür und war froh, dass ihm nichts passiert war. Natürlich war die Freude groß, als sie den Rucksack mit Inhalt sah. Endlich konnte sie wieder etwas »auf den Tisch« bringen. Doch diese Freude war nicht ganz ungetrübt. Sie war von ihren Eltern so erzogen worden: Etwas nehmen, was einem nicht gehört, so etwas tut man nicht und stehlen schon gar nicht. Kurt Bachner kannte seine Frau und ihre Einstellung nur zu gut, um nicht zu wissen, was jetzt in ihrem Kopf vor sich ging. Seine Argumente waren aber auch nicht von der Hand zu weisen: »Ich mache so etwas auch nicht gerne, aber sollen wir und die Kinder verhungern?« Seine Stimme klang etwas vorwurfsvoll, als er ihr erklärte: »In solchen Zeiten gelten andere Regeln, Rosi. Wenn du dir nicht selber hilfst, bist du verloren und glaube mir, wir sind nicht die Einzigen, die sich so über Wasser halten.« Rosi nickte zaghaft; überzeugt von dem, was ihr Mann sagte, war sie nicht. Sie musste aber zugeben: Ohne die Kartoffeln wäre sie nicht länger in der Lage gewesen, ihre Familie mit einem Essen zu versorgen. Bis vor wenigen Tagen noch hatte sie auf eiserne Reserven zurückgreifen können – die waren nun aber gänzlich versiegt. Und auf Lebensmittelkarten war wie gesagt fast nichts mehr zu bekommen. Brot? Fett? Margarine? Kunsthonig? Alles Fehlanzeige. Die allgemeine Versorgung der Bevölkerung befand sich auf dem Nullpunkt. Reinhard hatte oft am Fenster gestanden und auf seine Schwester gewartet und gehofft, dass sie etwas Brot mitbringen möge. Die Enttäuschung war groß, wenn sie nichts in der Einkaufstasche hatte. An manchen Tagen ging er ohne einen Bissen zu essen in die Schule und konnte sich vor Hunger kaum noch auf den Unterricht konzentrieren. Reinhard wartete sehnsüchtig auf die große Pause, wo es endlich die zwei klebrigen *Gleietaler* gab. Obwohl der Hunger riesig war, hatte er gelernt, sich in der Gewalt zu haben. Er aß seine Brötchen langsam, um länger etwas davon zu haben. Er war Hunger gewohnt und in seinem bisherigen Leben noch nie verwöhnt worden, aber die letzten Wochen waren zu schlimm. Am nächsten Morgen gab es zum Frühstück Kartoffelsuppe.

Die Mutter hatte noch etwas Petersilie von ihrem Beet auf dem Ruinengrundstück geholt und in die Suppe getan. Reinhard fand, dass diese einfach wunderbar schmecke und freute sich, als ihm die Mutter nachschöpfte. Außer heißem Wasser, Kartoffeln, etwas Petersilie sowie Salz war nichts drin. Ein »Fettauge« hätte man auch mit der Lupe nicht gefunden. Reinhard war aber mehr als zufrieden, weil er auf dem Schulweg endlich mal seinen ständigen Begleiter los war – den Hunger! Am Nachmittag ging er mit Rüdiger zum See, um zu angeln. Nach gut zwei Stunden gaben beide auf. Nichts, aber auch gar nichts hatte angebissen. Rüdiger ging verärgert nach Hause und Reinhard setzte sich auf seinen Lieblingsplatz vorne auf dem Holzsteg. Die Wasseroberfläche war warm. Er hielt seine Füße ins Wasser und sehnte sich, wieder einmal, nach Hüttersdorf.

Der Möllensee war ja ein schönes Gewässer, aber gegen den Teich in seinem Heimatort kam er in seinen Augen nicht an. Gestern hatte er Post von seinem Cousin Erwin bekommen, den es ja bekanntlich in die Württembergische Stadt Ludwigsburg verschlagen hatte. Auch ihn plagte das Heimweh und er schrieb, er müsse ständig an die schönen Tage in der Heimat denken, vor allem an Fritz und die vielen anderen Freunde. Die Nachricht von Erwin trug dazu bei, dass das Heimweh nur noch schlimmer wurde. Sogar an das Versteck im »Deutschen Wald« musste er heute denken, das die drei Freunde noch kurz vor der Vertreibung aus Hüttersdorf dort angelegt hatten. Überhaupt – was war mit Fritz? Von ihm wusste er nur durch seinen Bruder Willi, dass dieser irgendwo in Oberbayern sein musste. Er gab aber die Hoffnung nicht auf, über Erwin doch noch was Genaueres zu erfahren. Langsamer als sonst schlenderte er über den Steg zurück zum Wohnhaus.

Zu Hause hatten die Mutter und Lisa gehofft, dass er einige Fische mitbringen würde. Auf ihre Frage, ob er was gefangen habe, antwortete er ärgerlich: »Immer klappt das nicht, aber davon habt ihr ja keine Ahnung.« Er ärgerte sich nicht deshalb, weil er keinen Fisch gefangen hatte. Ihm war vor Heimweh zum Heulen zumute. Und das wollte er auf keinen Fall zeigen oder zugeben.

Rosi Bachner überhörte die pampige Antwort ihres Sohnes. Sie war aufgeregt und nervös. Wegen heute Abend. Willi wollte mit Vater und Josef die restlichen Kartoffeln aus dem Versteck holen. Georg lehnte es ab, ein zweites Mal mitzugehen. Er teilte seinem Bruder mit, für solche Unternehmungen zukünftig nicht mehr zur Verfügung zu stehen. Da Kurt Bachner seinen Bruder kannte, nahm er ihm dies auch nicht übel. Georg war zwar kein Held, aber wenn es um seine Familie ging, auch kein Feigling.

Spät, es war schon weit nach Mitternacht, kam Bachner mit seinen Söhnen zurück. Drei große Rucksäcke Kartoffeln und einige Maiskolben waren ihre Ausbeute. Das Kartoffellager in der Bodensenke war restlos ausgeräumt. Hätte Bachner nicht einen Teil des Fundes in ein anderes Versteck in Sicherheit gebracht, wären sie heute leer ausgegangen. Es wäre in der heutigen Nacht auch nicht möglich gewesen, etwas von einem Feld zu holen. Die Eigentümer der Äcker waren jetzt die ganze Nacht unterwegs, um die Wildschweine zu vertreiben und ihren Besitz gegen Diebstahl zu sichern. Auf dem Heimweg mussten sie des Öfteren hinter Büschen und Sträuchern Schutz suchen, um irgendwelchen Leuten auszuweichen, die (vielleicht aus den gleichen Gründen wie sie?) zu solch später Stunde noch unterwegs waren. Dieses Versteckspiel hatte auch einen Nutzen. Man konnte nämlich für einige Minuten die schwere Last vom

Rücken nehmen. Dem 22-jährigen Willi schienen die Strapazen nichts auszumachen. Trotz mehrerer Kilo Untergewicht wuchtete er seinen Rucksack immer alleine auf den Rücken. Willi begleitete seinen Bruder Josef noch ein Stück, damit er seine kostbare Fracht auch sicher nach Hause brachte. Als Willi zurückkam, hatte der Vater schon eine große Stofftasche mit Kartoffeln gefüllt. »Die bringst du gleich morgen zur Resi (Georgs Frau)«, sagte er zu seinem Sohn. »Die stehen ihm zu; er hat ja auch mitgeholfen, dass wir sie verstecken konnten.« Rosi Bachner war froh, dass ihr Mann so entschieden hatte, denn Resi hatte ihr schon vor Tagen anvertraut, dass sie nicht mehr wusste, was sie dem kleinen Heinz zu essen geben sollte. Jetzt konnte, dank der Kartoffeln, wieder etwas Brei für den Kleinen zubereitet werden. Wie schon erwähnt, hatten die Familien die erste Zeit immer noch etwas auf Reserve. Nun war von dem Mitgebrachten aus der Heimat nichts mehr da. Vor allem die Kinder hatten ständig Hunger und die Jüngsten von ihnen auch kein Verständnis dafür, dass rein gar nichts zum Essen da war. Obwohl Lisa – wenn sie nicht in der Klöppelschule war – und Barbara (Josefs Frau) ständig unterwegs waren, um in irgendeinem Laden noch etwas auf Lebensmittelmarken zu bekommen, waren sie meistens erfolglos. Rosi Bachner war ständig auf der Suche nach Pflanzen und Gräser, die genießbar waren, um sie klein zu hacken und zu kochen. Das Ergebnis war dann immer so etwas, das *wie Spinat aussah,* wenn es auch zum Teil furchtbar schmeckte. Vor allem die Brennnessel war ein gefragtes Gewächs; und dergleichen mehr. Jetzt wo wenigstens ein paar Kartoffeln vorhanden waren, konnte die größte Not doch etwas gelindert werden. Wenn es endlich wieder mal Bratkartoffeln gab, konnten die Familienmitglieder es kaum erwarten, bis das

Essen auf den Tisch kam. Da kein Gramm Fett mehr vorhanden war, wurde als Ersatz Zichorie-Kaffee verwendet. Um ein Anbrennen der Kartoffeln zu verhindern, nahm man etwas von der dunklen Brühe, gab es in die Pfanne und musste ständig umrühren. Kartoffelbrei wurde mit heißem Wasser zubereitet. Milch, wenn es einmal einen viertel Liter für Kleinstkinder gab, musste natürlich auch für die Kleinen verwendet werden. Die aus Kartoffeln zubereiteten Mahlzeiten, ob nun mit Zichorie-Kaffee oder Wasser, wurden wie ein Festessen empfunden. Der erste und auch der zweite Aufguss mit Zichorie wurde zum Frühstück getrunken; die weiteren Aufgüsse dienten dann zum Kochen.

Von der Gemeindeverwaltung wurde bekannt gegeben, dass es in Kürze für jeden Haushalt Einkellerungskartoffeln geben sollte. Der genaue Zeitpunkt und Ausgabeort werde noch mitgeteilt. Festgesetzt waren ein *halber Zentner* pro Familienmitglied, was aber über den Winter reichen musste. Entsprechend der vorgegebenen Menge bekam die Familie Bachner mit einem Sechs-Personen-Haushalt also 150 kg Einkellerungskartoffeln. Kurt Bachner wusste, dass er wohl oder übel noch Rüben, Grünkohl und auch noch weitere Kartoffeln *organisieren* musste, um diesen Winter zu überstehen. Noch am selben Abend wurde besprochen, was zu tun sei. Willi und der Vater leisteten die nötige Überzeugungsarbeit, um der Mutter klar zu machen, dass ein erneuter Gang auf die Felder überlebensnotwendig war. Die Mutter versuchte die beiden zu überreden, doch mit den Bauern erst einmal zu sprechen. Bestimmt würde der eine oder andere etwas für die »Aussiedler« abgeben. »Wenn die jedem auch nur eine geringe Menge von ihrer Ernte abgeben würden, hätten sie bei einer solch großen Nachfrage bald selber nichts mehr«, erklärte Kurt Bachner seiner Frau. Es sei schon enorm schwierig mit Wertgegenständen, die zum Tausch für Lebensmittel angeboten wurden, etwas zu bekommen. »Da wir solche nicht haben, müssen wir uns eben mit anderen Mitteln behelfen.« Sie wusste nur zu gut, dass ihr Mann Recht hatte. Ihr schlechtes Gewissen aber blieb. Wenn Sohn und Vater von solchen *Unternehmungen* zurückkamen, konnte man die Erleichterung in der ganzen Familie spüren. Natürlich waren derlei Bemühungen auch oft erfolglos. Entweder hatten die Landwirte Wachen aufgestellt oder das Feld war bereits abgeerntet. Bachner und seine Söhne hatten es schwer, noch etwas aufzutreiben.

Als Reinhard aus der Schule kam, wurde er schon von Lisa erwartet. Morgen sollte es in Alt-Buchhorst die Einkellerungskartoffeln geben, was nichts anderes bedeutete, als sich auf das *Anstehen* einzurichten. Schon um 6 Uhr morgens machte sich Lisa auf den Weg zu der bekannt gegebenen Stelle, wo es die Kartoffeln geben sollte. Reinhard musste seinem Freund Rüdiger absagen – der wollte zum Fischen – weil er Lisa beim *Anstehen* ablösen musste. Doch als er die Stube betrat, sah er seine Schwester am Tisch sitzen. Sie war fleißig bei der Klöppelarbeit. Erstaunt fragte er, warum sie denn schon zu Hause war. »Hast du die Kartoffeln schon bekommen?« Lisa schaute kurz von ihrer Arbeit auf und erklärte ihm, dass diese erst morgen zur Verteilung kamen. Reinhard war es recht. Er hasste die Anstellerei wie die Pest. Am nächsten Tag der gleiche Ablauf: Lisa verließ um 6 Uhr das Haus und forderte ihren Bruder auf, gleich nach der Schule zur Stelle zu sein, um sie abzulösen. Dieser versprach, sein Bestes zu tun. Am Nachmittag war es dann so weit. Reinhard reihte sich in die Warteschlange ein und die Schwester ging, um schnell etwas zu essen. Es war bereits 15 Uhr und die Kartoffellieferung

war immer noch nicht eingetroffen. Um 18 Uhr, gerade als Willi Reinhard ablösen wollte, wurde den Wartenden mitgeteilt, dass die Lieferung heute nicht mehr möglich sei. Die ganze Ansteherei war also umsonst. Missmutig und schimpfend löste sich die Menschenschlange auf. Willi und Vater wollten die Nacht über anstehen, weil sie am Tag zur Arbeit mussten. Es war übrigens nicht ungewöhnlich, dass man in diesen Zeiten auch die Nacht hindurch anstehen musste, um etwas zu bekommen. Am nächsten Tag wurde ein anderer Ort bekannt gegeben. Nun sollten nämlich die Kartoffeln auf einem größeren Platz in Grünheide ausgeteilt werden. Um es kurz zu machen: Auch an diesem Tag wurde gegen 16 Uhr bekannt gegeben, dass eine Anlieferung nicht möglich sei, weil angeblich der Lastwagen mit einer Panne liegen geblieben war. Die Geschichte mit der Panne wollte kaum jemand glauben. Es bestand bei den wartenden Menschen eher der Verdacht, dass es einfach zu wenig von den begehrten Kartoffeln gab.
Als neuer Termin für die Abholung wurde, wie schon die letzten Tage auch, der nächste Morgen angegeben. Nach drei endlos langen Tagen *Anstehen* bekam Willi gegen 22 Uhr abends die begehrten *Knollen.* Diese 150 kg sollten nun der sechsköpfigen Familie den ganzen Winter reichen. Vorerst aber freute man sich, überhaupt etwas bekommen zu haben. Immerhin konnte man für einige Wochen etwas essen.

So häufig wie nie zuvor wurde jetzt innerhalb der Familie darüber gesprochen, ob man in Grünheide bleiben oder nicht doch vielleicht versuchen sollte, in die amerikanisch besetzte Zone zu gelangen. Kurt Bachner äußerte wiederholt den Verdacht, dass in absehbarer Zeit die Grenze nach Westberlin dicht gemacht werden sollte. Die politische Lage deutete darauf hin, dass es wohl bald ein geteiltes Deutschland geben würde. Eines unter russischer und ein zweites unter amerikanischer beziehungsweise westlicher Verwaltung. Ein ehemaliger politischer Häftling, der ebenso wie Bachner in Sachsenhausen inhaftiert war, erzählte ihm, dass es solche Pläne gab. Der hatte einen guten Draht zur russischen Militärregierung, wo er als Dolmetscher tätig war. Georg wollte von einer Übersiedlung in den *Westen* nichts wissen. Auch der Bruder von Rosi Bachner lehnte dies entschieden ab. Kurt Bachner hatte sich noch nicht entschieden, äußerte sich aber seiner Familie gegenüber sehr skeptisch, was die sowjetischen Besatzer betraf. Seine Bedenken untermauerte er immer öfter mit dem Satz: »Ich war lange genug eingesperrt. Und wenn mich nicht alles täuscht, könnte das – sollte die Grenze nach Westen zugemacht werden – bald schon wieder der Fall sein.« Bachner wollte unter keinen Umständen wieder in einer Diktatur leben.

Nun war er wieder da, dieser trostlose November. Es verging kaum ein Tag, wo nicht dichter Nebel über Alt-Buchhorst lag. Rosi Bachner hatte jetzt einen schlechten Gemütszustand. Und Herr Klee, der Nachbar von gegenüber, war auch nicht in Stimmung. Sein Pfeifen war jetzt nur noch selten zu hören. Überhaupt dieser Herr Klee! Er entpuppte sich immer mehr als ein Mensch, der für die »Umsiedler« ein offenes Ohr hatte und er bot auch gelegentlich seine Hilfe an. Schon im Spätsommer hatte Herr Klee Lisa und Reinhard einen Hasen geschenkt. Er hatte hinter seinem Haus so eine Art Schuppen, wo er für seine Hasenzucht das Futter aufbewahrte. Die Hasen aber hatte er aus Sicherheitsgründen im Keller untergebracht. Einen Hasenstall im Hof oder Schuppen aufzustellen war unmöglich. Die Hasen hätten keine Nacht darin verbracht. Hasenbraten war in dieser Zeit etwas, von dem die meisten Menschen nur träumen konnten. Herr Klee wusste das nur zu gut und darum hatte er seinen Stall in den Keller verlegt. Lisa hatte ihren Hasen tagsüber im Garten, aber nur *unter Aufsicht.* Nachts wurde er in einem Karton im Hausflur untergebracht. Weihnachten sollte er als Festtagsbraten auf den Tisch. Noch war es aber nicht so weit.

Die Novembertage wollten in diesem Jahr einfach kein Ende nehmen. Zumindest kam es Rosi Bachner so vor. Willi und Lisa hatten sich inzwischen mit gleichaltrigen Jungen und Mädchen angefreundet. Die Geschwister gingen jetzt auch öfters zu einer Tanzveranstaltung und trotz aller wirtschaftlichen Not hatten sie mächtigen Spaß bei ihren Unternehmungen. Willi hatte sogar Aufnahme in einem Sportverein gefunden. Er war ein sehr guter Fußballspieler, vor allem ein ausgezeichneter Torwart. Manchmal durfte Reinhard zu einem Spiel mitfahren, wenn dieses in einer etwas weiter entfernten Ortschaft stattfand. Ein Spieler, dessen Vater einen *Holzgaser* (Lastwagen) besaß, durfte dieses Gefährt manchmal für Auswärtsspiele benutzen. Um die Fußballspiele in den Nachbarorten zu erreichen, musste per Fahrrad – ein Luxus – oder eben zu Fuß angereist werden. Auf dem *Holzgaser* herrschte demzufolge immer Platzmangel. Es wurden ein paar alte Sitzbänke auf die Ladefläche gestellt, was zum Teil nicht ungefährlich war. Ging der Fahrer des Wagens mal etwas forsch in eine Kurve, verrutschten die Bänke auf der Ladepritsche und mancher holte sich dabei schon mal blaue Flecken noch vor dem Fußballspiel. Reinhard aber war es egal, ob er einige Beulen abbekam. Die Hauptsache war, dass er mitfahren durfte und seinen »Großen Bruder« im Tor bewundern konnte.

An einem Freitag im Dezember 1947 ereignete sich etwas, wovon Reinhard später noch oft erzählen sollte. Nach der Schule kam Rüdiger, sein Freund und Nachbar, zu Reinhard und berichtete ihm, dass seine Mutter heute Weihnachtsgepäck zubereiten würde. »Da habe ich doch nichts davon«, sagte Reinhard etwas ärgerlich zu seinem Freund. Mit dieser Annahme lag er aber falsch. Rüdiger erklärte ihm, dass er sehr wohl *etwas davon habe,* wenn seine Mutter Weihnachtsplätzchen backe. »In den vergangenen Jahren hatte sie das fertiggestellte Gepäck immer gut versteckt«, lachte Rüdiger – »und ich habe es trotzdem immer gefunden!« Reinhard sah seinen Kameraden skeptisch an. Was hatte das alles mit ihm zu tun? Reinhard ging erst ein Licht auf, als Rüdiger ihm zu verstehen gab, dass er natürlich mitsuchen müsse. Als Lohn bekomme er einen Anteil am Weihnachtsgebäck.

»Das ist Diebstahl, da mache ich nicht mit!« Reinhard schüttelte dabei heftig mit dem Kopf, um seinem Freund deutlich zu machen, dass dies mit ihm nicht zu machen sei. Doch der tippte mit dem Zeigefinger an seine Stirn und erwiderte: »Du hast sie doch nicht mehr alle!« Nun versuchte er ihm zu beweisen, dass, wenn er der eigenen Mutter etwas wegnehme, dies niemals ein Diebstahl sein könne. Reinhard winkte ab und erklärte, dass es trotzdem Diebstahl sei und er es nur noch schlimmer fand, die eigene Mutter zu bestehlen. Rüdiger merkte nun doch, dass er so nicht weiterkam, und machte ihm den Vorschlag, eben alleine das Versteck ausfindig zu machen. »Wenn es so weit ist, sage ich dir Bescheid!« Dann drehte er sich um und ging eilig davon.

Am nächsten Tag wartete Rüdiger schon ungeduldig auf Reinhard. Gleich auf dem Weg zur Schule erzählte er ihm, dass er das Versteck schon gefunden hatte. Am Abend wollte er es mit

Reinhard aufsuchen, um von den himmlischen Süßigkeiten zu naschen. Er gab erst Ruhe, als Reinhard versprach, zumindest mitzukommen. Er brauche ja nichts davon zu essen, beteuerte Rüdiger. Im Unterricht war Reinhard dermaßen unkonzentriert, dass ihn Frau Mehnert, seine Lehrerin, einige Male rügen musste. Immer wieder schaute er verstohlen zu Rüdiger hinüber, der in der gleichen Reihe saß, nur durch den Mittelgang getrennt. Der war sich selbst gleich wie immer. Nichts deutete auf Nervosität hin. Nach der Schule machten beide eine Uhrzeit für ein Treffen aus. Rüdiger betonte, dass es dunkel sein müsse, um zum Versteck zu gelangen. Reinhard tat es bereits Leid, zugesagt zu haben. Und er war froh, dass er noch für die Mutter was erledigen musste. Es war schon dunkel, als er mit seinen Hausaufgaben fertig war. Mit ungutem Gefühl machte er sich auf den Weg zum Treffpunkt. Der Freund wartete schon ungeduldig auf ihn. »Wo bleibst du?«, fragte er ärgerlich. »Du bist fast eine halbe Stunde zu spät!« - »Ging nicht früher«, antwortete Reinhard. Mit einer kurzen Handbewegung beendete Rüdiger den Disput und forderte ihn auf mitzukommen. Zu Reinhards Verwunderung ging dieser auf das Haus zu, in dem er wohnte. »Was soll das?«, fragte Reinhard verdutzt. »Wo zum Teufel willst du hin?« Rüdiger lachte leise und stellte seinerseits die Frage: »Glaubst du denn, meine Mutter hat das Weihnachtsgebäck im Wald versteckt?« Bevor Reinhard noch etwas sagen konnte, bedeutete ihm Rüdiger, nun absolut ruhig zu sein. Er folgte ihm erst einmal zum Hintereingang. Und von da aus schlichen sie sich zur Vorderfront des Hauses. Dort befand sich ein Balkon, der fast ebenerdig war. Der Abstand zum Boden betrug höchstens einen Meter. Rüdiger kroch bäuchlings unter den Balkon und flüsterte Reinhard zu, ihm so leise wie möglich zu folgen. Unter dem Balkon befanden sich zwei kleine Fenster, die beide zum Keller gehörten. Rüdiger öffnete eines der Fenster und holte eine große Schüssel heraus, die wohl dort auf dem Fenstersims deponiert war. Reinhard konnte nicht sehen, was sich in dem Behältnis befand. Er war nicht in der Lage, seinen Kopf mehr als ein paar Zentimeter zu heben, ohne oben anzustoßen. Rüdiger zog nun die Schüssel zwischen sich und seinen Freund und nahm das Küchentuch ab, das bis jetzt den Einblick verwehrt hatte. Ein Geruch drang in Reinhards Nase, den er schon nicht mehr zu kennen glaubte: Es roch nach Weihnachtsgebäck! Diesen Duft hatte er zum letzten Mal während der Weihnachtszeit in Hüttersdorf genossen. Rüdiger holte sich nun eine Hand voll dieser Köstlichkeit aus dem Gefäß und ermutigte Reinhard, ebenfalls zuzugreifen. Einen Moment zögerte Reinhard noch. Doch welcher zwölfjährige Junge, der dazu ständig unter Hunger litt, hätte dem wiederstehen können? Zuerst kommt das Fressen, dann kommt die Moral. Reinhard langte zu.

Fast andächtig kaute er diese Leckerbissen, was man von Rüdiger nicht sagen konnte. Der mampfte die Plätzchen in sich hinein so schnell er nur konnte. »Du musst schneller essen«, ermahnte er Reinhard, »jeden Augenblick kann meine Mutter im Keller auftauchen!« Der ließ sich das nicht zweimal sagen und verschlang mit Heißhunger, was er nur reinbringen konnte. Obwohl die Schüssel gut gefüllt war, hatte sie in kürzester Zeit verdächtig viel an Substanz verloren. Einen kleinen traurigen Rest ließen sie übrig. Rüdiger breitete wieder das Tuch darüber aus und stellte die Schüssel auf den Fenstersims zurück. Dann zog er das Kellerfenster zu und beide krochen unter dem Balkon hervor. Rüdiger begleitete seinen Freund noch über die Straße vor dessen Wohnung. Reinhard war still geworden – ihm war speiübel.

»Ich gehe noch zum See hinunter«, sprach Reinhard und hatte es plötzlich sehr eilig. Rüdiger folgte ihm wortlos. Kaum hatten beide den Steg erreicht, musste sich Reinhard auch schon übergeben. Und Rüdiger ebenso. So standen sie nebeneinander über das Geländer gebeugt und das gute Weihnachtsgebäck wurde zu Fischfutter. Es war zuviel des Guten, was sie ihrem Magen zugemutet hatten. Der war solcherlei *Essen* schon lange nicht mehr gewohnt. Von kurzen Pausen abgesehen, mussten sie sich endlos übergeben. Nach etwa einer halben Stunde wurde es etwas besser. Sie beugten sich über die Brüstung, schöpften mit den Händen Wasser, wuschen und kühlten ihre Gesichter. Sie verspürten eine Hitze, die vom Kopf bis zu den Füßen reichte.
Schließlich legten sie sich erschöpft auf den harten Boden des Stegs und bemerkten nicht einmal den eiskalten Wind, der jetzt vom See herüberwehte. Sie hatten immer noch kein Wort miteinander gewechselt. Beide lagen auf dem Rücken und starrten in den kalten Nachthimmel. Obwohl die Übelkeit langsam nachließ, fühlten sie sich hundeelend. Zudem gesellte sich bei Reinhard noch das schlechte Gewissen dazu. Er hätte so gerne alles rückgängig gemacht und dafür lieber den größten Hunger in Kauf genommen. Schon der Gedanke, dass Mutter davon erfahren würde, brachte die Übelkeit zurück.
Rüdiger war als Erster wieder auf den Beinen. Er nahm Reinhard das Versprechen ab, niemandem auch nur ein Wort über die Sache mit dem Weihnachtsgebäck zu erzählen. Eilig verließ er dann den Steg und Reinhard war mit seinem schlechten Gewissen alleine.
Als er zu Hause in die Stube trat, konnte jeder sofort erkennen, dass irgendetwas mit ihm nicht in Ordnung war. Er hing seine Jacke im Vorraum an das große Brett, wo der Vater Hacken angebracht hatte. Und plötzlich stand Lisa hinter ihm.

»Was ist mit dir?«, fragte sie leise.
»Nichts!«, war seine Antwort.
»Erzähl mir keine Märchen, du siehst ja aus wie der Tod!« Dabei nahm sie ihn am Arm und zog ihn in die Abstellkammer.
»Heraus mit der Sprache jetzt: Was hast du angestellt?«
Reinhard wusste, wenn Lisa diesen beharrlichen Ton anschlug, hatte es keinen Zweck mehr zu lügen. Außerdem war ihm schon wieder speiübel. Schweißperlen standen ihm auf der Stirn und jeden Augenblick konnte es ihm den Magen umdrehen. Mit leiser Stimme gestand er ihr die ganze Geschichte. Zweimal musste das Gespräch durch eine Brechattacke unterbrochen werden; nur gut, dass die Toilette keine drei Schritte entfernt war. Lisa strich ihrem Bruder übers Haar und erklärte, wieder mit jenem entschiedenen Tonfall in der Stimme, dass er alles sofort dem Vater beichten müsse.
Da die ganze Familie in der Stube war, fiel es Reinhard schwer, sein Vergehen vorzutragen. Das Gesicht zum Vater gewandt, erzählte er dann doch alles genau so, wie es sich zugetragen hatte. Er wusste: Den Vater zu belügen konnte die Sache nur noch schlimmer machen. Und Verständnis konnte er am ehesten von ihm erwarten. Er vermied bewusst den Blick zur Mutter. Diese meldete sich auch gleich als Erste zu Wort. Es war eine vernichtende Anklage, die ein Staatsanwalt nicht schärfer hätte formulieren können. Nachdem die Mutter zu Ende gesprochen hatte, konnte sich Willi nicht verkneifen, Reinhard zu fragen, ob denn das Gebäck wenigstens gut geschmeckt habe. Er brauchte die Frage nicht zu beantworten, weil er zum wiederholten Male die Toilette aufsuchen musste. Als er nach einiger Zeit wieder in die Stube kam, erwartete er nun die Zurechtweisung des Vaters. Mit gesenktem Haupt blieb er mitten im Zimmer stehen,

um das Strafgericht über sich ergehen zu lassen. Nach einigen Sekunden des Schweigens sagte der Vater: »Du wirst dich wohl bei Rüdigers Eltern entschuldigen müssen, mein Lieber!« Zu seiner Frau gewandt meinte er: »Geh nicht so hart mit ihm ins Gericht. Not kennt kein Gebot. Den Jungen möchte ich erst mal sehen, der da ohne weiteres verzichtet hätte! Es war allerdings nicht recht von ihm – und auch reichlich dumm – dass er sich dieser Versuchung ausgesetzt hat!« Dann schickte er Reinhard zu Bett und die Mutter beeilte sich, einen Eimer in seine Griffnähe zu stellen, sollte er denn nochmals brechen müssen.
Reinhard war froh, sein Gewissen wieder etwas zur Ruhe zu bringen. Nur wenn er an Morgen dachte, bekam er erneut Magenkrämpfe. Wie würde Rüdigers Mutter reagieren? Und was würde wohl sein Freund sagen, wenn er erfuhr, dass er sein Wort nicht gehalten und alles verraten hatte?
Es waren nur noch wenige Tage bis zu den Weihnachtsferien, was Reinhard ansonsten wohl froh gestimmt hätte, wären da nicht die Geschehnisse vom Vortag gewesen. Obwohl er heute etwas früher zur Schule ging, um auf keinen Fall Rüdiger zu verpassen, konnte er diesen nicht ausfindig machen. Der musste heute also noch früher als Reinhard gegangen sein, was eigentlich noch nie der Fall war. Rüdiger kam in der Regel immer erst kurz vor Unterrichtsbeginn in die Schule. Daher konnte Reinhard nicht glauben, dass er ausgerechnet am heutigen Tag schon vor ihm unterwegs war. Außerdem konnte er nicht länger warten, ohne selber zu riskieren, zu spät zum Unterricht zu kommen. Als er das Klassenzimmer betrat, saß Rüdiger schon auf seinem Platz. Als er im Vorbeigehen etwas zu ihm sagen wollte, legte dieser die Finger auf seine Lippen. Das bedeutete – jetzt nicht! Endlich schrillte die Flurglocke zur großen Pause. Rüdiger nahm sofort

seinen Freund zur Seite und dann erzählte er ihm, seine Mutter habe noch gar nicht gemerkt, dass es nur noch einen lächerlich kleinen Rest vom Weihnachtsgebäck gab. Mit der Begründung, es gehe ihm nicht gut – was ja der Wahrheit entsprach – habe er sich gestern sofort ins Bett gelegt. Reinhard erzählte nun seinerseits, dass seine Eltern alles wüssten und er vom Vater den Auftrag bekommen habe, sich zu entschuldigen. »Einen Teufel wirst du tun!!«, empörte sich Rüdiger. »Meine Mutter glaubt bestimmt, dass jemand durch das Kellerfenster eingestiegen ist und das Gebäck gestohlen hat.«

Reinhard schüttelte den Kopf: »Das geht nicht mehr. Meine Eltern wissen Bescheid. Ich werde auf keinen Fall lügen.« Die Pause war zu Ende und Rüdiger ging wortlos ins Klassenzimmer zurück. Er war böse auf seinen Freund, weil dieser sich nicht an die Abmachung gehalten hatte. Nach Schulschluss verließ er eilig das Klassenzimmer. Und bis Reinhard mit dem Einpacken der Hefte fertig war, war er schon nicht mehr einzuholen. Als er wie gewohnt die Abkürzung durch das kleine Waldstück nahm, sah er Rüdiger auf einem Baumstumpf sitzen. Noch bevor er etwas sagen konnte, sprach Reinhard zu ihm: »Tut mir Leid, aber ich kann es nicht mehr ändern!« - »Du entschuldigst dich! – Aber ich bin doch derjenige, der seine eigene Mutter bestohlen hat!«

Reinhard unterbreitete ihm nun Folgendes. »Ich gehe nachher gleich zu deiner Mutter und sage ihr, dass der Diebstahl meine Idee war und ich dich überredet hätte mitzumachen.« Rüdiger schaute seinem Freund fest in die Augen, dabei huschte sogar ein Lächeln um seine Mundwinkel. »Brich dir bloß keinen ab, Mann! Du sollst mich zu einem Diebstahl überredet haben? Dass glaubt dir kein Mensch und schon gar nicht meine Mutter!« - »Was machen wir dann?«, fragte Reinhard. »Du gar nichts, verstehst du?« Er stand auf, nahm seine Schultasche über die Schulter, klopfte seinem Kameraden auf den Rücken und meinte: »Ich werde die Sache regeln, klar?« Als er merkte, dass Reinhard zögerte, beeilte er sich zu sagen: »Ich hatte ja die Idee. Du wolltest ja erst gar nicht mitmachen. Also trage ich alleine die Schuld.« Schweigend legten sie den Rest des Weges bis zur Burgwallstraße zurück. Als sie ihr Zuhause schon fast erreicht hatten, sahen sie Rüdigers Mutter mit Rosi Bachner auf dem Gehsteig stehen. Beide schienen sich angeregt zu unterhalten. Als die Frauen die Buben bemerkten, winkten sie die beiden zu sich. Reinhard ahnte nichts Gutes, und er ließ sich einige Schritte hinter Rüdiger zurückfallen. Rüdiger ging ohne Zögern auf die beiden zu. Die Frauen verabschiedeten sich höflich voneinander und forderten ihre Söhne auf mitzukommen. Reinhards Mutter verlor kein Wort. Erst als sie in der Stube waren, ging das Donnerwetter los. Ohne auch nur den geringsten Versuch der Rechtfertigung ließ Reinhard die Vorwürfe über sich ergehen: »Was hast du dir dabei gedacht?«, fragte ihn die Mutter.

»Wenn ich ehrlich bin nichts, – gar nichts!«, entgegnete er.

»Weißt du überhaupt, dass du und dein *sauberer* Freund der ganzen Familie das Weihnachtsgebäck weggegessen habt?«

»Tut mir Leid, Mutter. Wenn ich es wieder ungeschehen machen könnte, wäre mir auch wohler.«

Dann bekam Reinhard von seiner Mutter noch gehörig die Leviten gelesen. Ja, wenn sie sich einige Stücke aus der Schüssel genommen hätten, wäre das noch zu verstehen. Aber alles in sich hineinstopfen bis einem schlecht wurde, das war schon der Gipfel, wetterte die Mutter weiter. »Das ist purer Egoismus, verstehst du? Und ich werde mit Vater darüber sprechen, wie du das

wieder gutmachen kannst!« Reinhard hatte die Mutter schon lange nicht mehr so wütend erlebt. Aber was sollte er machen? Es war kein ernsthaftes Problem für ihn, eine äußerst harte Strafe zu bekommen und sie zu ertragen. Aber mit keiner noch so großen Buße konnte die Untat rückgängig gemacht werden. Die Drohung der Mutter, mit Vater darüber zu sprechen, flößte Reinhard nicht allzu große Angst ein. Der Vater würde natürlich die Tat als solche auch verwerflich finden; aber bestimmt nicht so arg wie die Mutter. Wie war doch Vaters aktueller Leitspruch? »In diesen schlechten Zeiten gelten einfach andere Maßstäbe!« So sah Reinhard seiner Strafe schon etwas gelassener entgegen. Am Abend – Kurt Bachner hatte sich die Beschwerden über seinen Sohn ohne eine Zwischenfrage angehört – erklärte sich der Vater bereit, mit Rüdigers Eltern zu sprechen. Er wollte sich für seinen Sohn entschuldigen; und wenn es ihm möglich war, auch den Schaden irgendwie gutmachen. Für ihn war die Sache erledigt. Rosi Bachner war es nicht ganz recht, dass Reinhard so glimpflich davonkam, schloss sich aber letztendlich doch dem Vorschlag ihres Mannes an. Die Alltagssorgen ließen dann bald Gras über die Geschichte wachsen. Weihnachten stand vor der Türe. Und die Versorgungslage für die Familie wurde auch nicht besser. Kurt Bachner sprach jetzt immer überzeugter davon, Grünheide in Richtung Westen wieder zu verlassen. Die Familienmitglieder, einschließlich Sohn Josef, stimmten dieser Meinung zu. Mit Ausnahme Georgs, der strikt dagegen war.
Es war auch nicht so einfach, dieses Vorhaben zu realisieren – und äußerst gefährlich. Kurz vor Heiligabend fand sich mal wieder alles bei den Bachners in der Burgwallstraße zusammen. Beinah die gesamte Verwandtschaft war an diesem Abend versammelt. Auf dem selbstgefertigten Sofa in der Stube saßen

alle dichtgedrängt beisammen. Und auch sonst gab es keinen freien Platz mehr im Zimmer. Für Reinhard war das immer ein besonderes Erlebnis, wenn die Erwachsenen sich unterhielten. Da wurde über Gott und die Welt geredet und manche interessante Geschichte zum Besten gegeben. Onkel Georg ließ oft nicht eher locker, bis Kurt Bachner eines seiner Erlebnisse aus dem Konzentrationslager preisgab. Er konnte so hartnäckig sein, dass der Bruder schon mal ärgerlich wurde und ihm antwortete: »Sei froh Georg, dass du davon nichts weißt!« Dieser meinte aber, es sei seine Pflicht, der Nachwelt zu erzählen, was in diesen Lagern passiert war. Man sah Kurt Bachner an, dass es ihm schwer fiel, die Dinge, die er selber bewusst verdrängen wollte, mit grellen Farben in die Erinnerung zurückzurufen. Wie waren die Weihnachtsfeste im KZ? Wie wurden sie im Lager gefeiert? Solche oder ähnliche Fragen wurden an diesem Abend an Kurt Bachner herangetragen. Inzwischen zog Rosi Bachners Bruder Toni seine »Knobelbecher« (Stiefel) aus, die ihm eine Nummer zu klein waren und furchtbar drückten. Als Toni seine gestauchten Zehen massierte, fiel Kurt Bachners Blick auf die Stiefel. »Was ist los? Hast du noch keine Stiefel gesehen?«, fragte der Schwager. »Doch«, antwortete er. »Aber dazu fällt mir eine Geschichte ein. Und wenn ihr unbedingt was aus Sachsenhausen hören wollt, so will ich sie euch erzählen!« Mit einem Mal war es ruhig in der überfüllten Stube geworden. Alle warteten nun, was Bachner zu berichten hatte. Dieser ließ kurz seinen Blick über die Runde schweifen und dann begann er zu sprechen:

Es war im Sommer 1940, als im Halbrund auf dem Appellplatz im Lager eine so genannte »Schuhprüfstrecke« eingerichtet wurde. Ich bekam jetzt über die Vorgänge im Lager allmählich einiges mit, war ich doch schon fast acht Monate hier.

In ca. 50 bis 60 Meter Abstand von den Baracken entfernt wurde eine breite Straße angelegt, die eine Besonderheit aufwies: Die Oberfläche war in verschiedene Abschnitte eingeteilt. Der erste war, soweit ich mich noch erinnern kann, betoniert. Dann kam ein Stück Kiesweg, ein weiterer Teil lockeres Ackerland sowie Splitt und schmieriger Lehmboden und zum Schluss Kopfsteinpflaster. Der Sinn der Sache war folgender: Man wollte für die Wehrmacht das Besohlungsmaterial für Schuhe und Stiefel prüfen.
Die Strecke mochte gut und gerne 600 bis 800 Meter lang sein. Eine Häftlingskolonne musste auf dieser »Straße« am Tag so zwischen 25 bis maximal 40 km marschieren. Die Kolonne bestand meistens aus Häftlingen, die aus einem Strafkommando kamen. Man erkannte sie daran, dass sie noch zusätzlich einen mit Sand gefüllten Rucksack auf dem Rücken trugen. Die SS-Lagerführer sowie Rapport- und Blockführer hatten aus ihren angrenzenden Räumen die Marschkolonne bequem im Blickfeld. Hatte einer von denen etwas zu beanstanden, musste die Kolonne sofort »Laufschritt« machen. Das Tempo wurde durch das Antreiben der SS-Leute ständig gesteigert. Eine weitere Strafmaßnahme bestand darin, das Gewicht der Rucksäcke zu erhöhen. Man muss sich dabei vorstellen, dass die Schuhe neu waren und zum größten Teil nicht passten. Schon am ersten Tag hatten sich viele der Häftlinge die Füße wundgelaufen. Die Blasen und Wunden machten das Marschieren zur unvorstellbaren Qual. Trotz dieser Blessuren musste weiter marschiert werden, bis zum Zusammenbruch. Fußkranke, die nicht mehr in der Lage waren, sich auf den Beinen zu halten, wurden durch andere Häftlinge ersetzt. Sobald sie aber nur einigermaßen wieder gehen konnten, begann die Quälerei von neuem. Natürlich

musste bei jedem Wetter marschiert werden, was zur Folge hatte, dass weitere Erkrankungen hinzukamen.
Ich war zur selben Zeit in die Häftlingsküche abkommandiert. Warum ich einige Tage später in eine Kolonne zur »Schuhversuchsstrecke« kam, weiß ich bis heute nicht. Ich vermute, dass ich es meinem SS-Blockführer zu verdanken hatte. Dieser hasste vor allem die »politischen« Insassen in seinem Block.
Ich trat also meine »Strafe« in der Kolonne an. Hatte ich am ersten Tag noch das Glück, keinen Rucksack tragen zu müssen, änderte sich dies am zweiten. Ich musste wie die Häftlinge aus dem Strafkommando einen Rucksack mit ca. 15 kg Sand mitschleppen. Ich hatte schon am ersten Tag so wunde Füße, dass die Stofflumpen, die ich um sie gewickelt hatte, mit Blut durchtränkt waren. Am zweiten Tag hatte ich schon in den ersten Stunden höllische Schmerzen. Meine Schuhe waren zu groß, so dass ich bei jedem Schritt an den nun offenen Blasen und wundgescheuerten Stellen gerieben wurde. Mein Blockältester sorgte am nächsten Morgen nach dem Appell dafür, dass ich in die Sanitätsbaracke kam. Nachdem man mir etwas Salbe auf die Wunden getan hatte, wurden meine verschmutzten Stofflumpen als Verband verwendet und ich musste sofort wieder zum Marschieren in die Kolonne. Ich kann euch nicht sagen, wie ich den Tag überstanden habe. Ich fiel am Abend todmüde auf meine Pritsche. Am Morgen, noch vor dem Appell, wurde mir durch den SS-Blockführer mitgeteilt, dass ich in ein anderes Arbeitskommando käme. Aus welchem Grund ich nicht mehr zur »Schuhprüfstrecke« musste, weiß ich nicht. Ich war heilfroh, dort vorerst nicht mehr antreten zu müssen. Die SS-Leute, vom Lagerführer über den Rapportführer bis herab zum Blockführer

machten sich einen Spaß daraus, die Häftlinge zu schikanieren, was alles noch schlimmer machte, als es ohnehin schon war. Es herrschte absolute Unberechenbarkeit und Willkür.
Ich kam wieder zum Arbeitskommando »Häftlingsküche«! Wie gesagt: Warum ich zwei Tage in das Strafkommando musste, habe ich nie erfahren.
Kurt Bachner erhob sich von seinem Stuhl und beendete damit auch seine Geschichte. »Es reicht für heute«, sagte er leise und schien mit seinen Gedanken weit weg zu sein. Niemand gab zu dieser Erzählung einen Kommentar ab. Die heutige Zusammenkunft wurde stillschweigend beendet. Reinhard hatte seinem Vater aufmerksam zugehört. Es sollte nicht das letzte Erlebnis gewesen sein, dass er von ihm noch erfahren würde. Kurt Bachner aber war bekanntlich sehr sparsam, was seine Berichte aus dem KZ-Lager Sachsenhausen betraf. Durch seinen Vorgesetzten aus der Forstverwaltung hatte er erfahren, dass das Konzentrationslager Sachsenhausen jetzt erneut ein Straflager war. Eingerichtet von der sowjetischen Besatzungsmacht. Es sollten sich auch ehemalige Nazis unter den Inhaftierten befinden. Kurt Bachner interessierte dies eigentümlicherweise nicht besonders. Er hatte keinerlei Ambitionen, nach Oranienburg zu fahren und diesen furchtbaren Ort aufzusuchen. Er lehnte ein solches Ansinnen mehrfach kategorisch ab.
Die Weihnachtsfeiertage 1947 waren, was die Lebensmittelversorgung anging, mit Abstand die schlechtesten. Rosi Bachner konnte mit Unterstützung von Lisa trotzdem für Heiligabend und die folgenden zwei Feiertage etwas Essbares auf den Tisch bringen. Ohne die im Herbst »organisierten« Lebensmittel hätte man über die Feiertage schlicht und einfach gehungert. So konnte zumindest an den Festtagen ein Kartoffelgericht

mit Grünkohl zubereitet werden. Lisa hatte einen Tag vor Heiligabend von den Geschwistern Sofie und Hermine ein kleines Stück Butter als Weihnachtsgeschenk bekommen. Auf dem winzigen Päckchen stand mit Bleistift geschrieben: *»Für das Fräulein von der Burgwallstraße!«* Obwohl es bestimmt nicht mehr als vielleicht 50 Gramm waren, freute sich Lisa riesig über das Geschenk. Viele Leser können sich das vielleicht nicht vorstellen: Aber dieses kleine Stück Butter löste bei Rosi Bachner einen wahren Freudentaumel aus. Als am Weihnachtsabend die Familie zusammensaß, überraschte die Mutter sie mit frischen Pellkartoffeln. Und dazu gab es für jeden ein Stückchen von der frischen Butter. Als gegen später auch Sohn Josef mit seiner Familie vorbeikam, um ein frohes Fest zu wünschen, wurde der Rest der Butter und die Kartoffeln unter ihnen aufgeteilt. Rosis Schwiegertochter Barbara hatte für Reinhard in einer selbstgefertigten Tüte einige »Plätzchen« eingepackt. Sie hatte von ihrer Nachbarin etwas »dunkles« Mehl geschenkt bekommen und davon Weihnachtsplätzchen gebacken. Weizenmehl war in diesen Zeiten fast nicht zu bekommen und so war man mit der »dunklen« und schlechteren Qualität hoch zufrieden. Also kam Reinhard doch noch unvermutet zu einem kleinen Weihnachtsgeschenk. Denn die *Bescherung* fiel an diesem 24.12. 1947 aus.

Oft erinnerte später Rosi Bachner ihre Enkel an diese Weihnachtsfeiern während und nach dem Krieg - und insbesondere an die der Jahre 1946 und 1947. Manchmal konnte sie sogar zornig werden, wenn sie merkte, dass ein Geschenk an ihre Enkelkinder deren Geschmack nicht getroffen hatte: »Euch wünschte ich nur ein einziges Mal ein Weihnachtsfest, wie wir es 1947 erlebt haben!«, schimpfte sie erbost; was die Enkel aber

nur mit einem Lächeln und einer Bemerkung wie etwa: »Oma, du und deine alten Geschichten!« erledigten.
Die Feiertage waren vorbei. Man hatte die vergangenen Tage im Kreis der Familie und Verwandten verbracht und alles war irgendwie leichter gewesen. Doch der Alltag wurde zu einer ständigen Last. Rosi Bachner wusste nun wirklich nicht mehr, wie sie eine Mahlzeit für die Familie zubereiten sollte. Außer Kartoffeln und etwas Gemüse war nichts mehr im Haus. Wenn sie nun täglich davon Mahlzeiten zubereitete, würde auch dieser Vorrat bald aufgebraucht sein. Es musste also versucht werden, wieder etwas aufzutreiben. Und etwas »aufzutreiben« war Sache von Lisa. Reinhard musste sie jetzt beim »Anstehen« wieder unterstützen. Oft verteilten sie sich auf zwei verschiedenen Stellen. Wenn Reinhard fast an der Reihe war, übernahm Lisa wieder seine Position. War es manchmal auch nur ein halbes Brot oder einige Gramm Milchpulver für die kleine Ingeborg – Hauptsache, man kam nicht mit völlig leeren Händen nach Hause. Josefs Frau Barbara hatte es da schon schwerer. Sie konnte sich wegen ihrer drei Kinder nicht stundenlang anstellen. Der kleine Werner war kaum zwei Jahre alt. Lisa verstand sich mit ihrer Schwägerin bestens. Wenn Barbara etwas Dringendes vorhatte, passte Lisa auf die Kinder auf.

Kurt Bachner hatte inzwischen einen Mann kennen gelernt, der ebenfalls im Konzentrationslager war. Wiesinger, so lautete sein Name, war zwei Jahre im KZ Dachau interniert. Als ehemaliges Mitglied der Kommunistischen Partei hatte er einen guten Draht zu einer Berliner Gruppe, die sich für Verfolgte des Naziregimes einsetzte. Wiesinger versuchte Bachner zu überreden, in dieser Gruppe mitzumachen. Dieser versicherte ihm, dass er wohl mit seiner Unterstützung rechnen könne, aber er werde zum jetzigen Zeitpunkt in keine Gruppe oder Partei eintreten. Wiesinger versuchte, Bachner immer wieder für eine aktive Mitarbeit zu gewinnen, was dieser aber ebenso hartnäckig ablehnte. Kurt Bachner war mehr und mehr zu der Überzeugung gelangt, nicht für immer in Grünheide zu bleiben. Deshalb wollte er sich auch nicht in irgendwelchen politischen Gruppen betätigen. Er hatte Wiesinger – als ehemaligen Leidensgenossen – nicht vor den Kopf stoßen wollen und ihm deshalb seine eventuelle Unterstützung zugesichert.

Rosi Bachner und ihre Tochter Lisa kamen öfter mit einer Nachbarin aus der Burgwallstraße zusammen. Die hatte eine Tochter, die im Westsektor von Berlin wohnte, weshalb sie dort regelmäßig zu Besuch war. Bei diesen Stippvisiten im Westsektor hatte sie einiges über die politische Lage erfahren. Sie erzählte Rosi Bachner unter vorgehaltener Hand, dass es bald nicht mehr so einfach sein würde, die von Westalliierten besetzten Gebiete zu besuchen. Das war auch der Grund, warum Kurt Bachner auf eine Entscheidung drängte, ob man wirklich hier bleiben oder sich nicht doch in Richtung Westen absetzen sollte. Innerhalb der Verwandtschaft gab es zwei Lager. Der größere Teil plädierte dafür, in Grünheide zu bleiben oder aber in Richtung Oderbruch aufzubrechen, wo Bachner immer noch eine Stelle in einem Forstamt angeboten wurde.

Bachner und sein Sohn Josef waren die Wortführer des kleineren Teils, der in amerikanisch besetztes Gebiet wollte. Nach einer fruchtlosen Diskussion beschloss Kurt Bachner, dass man sich nächste Woche noch einmal treffen sollte, um dann eine Entscheidung herbeizuführen. Sohn Willi bestärkte seinen Vater ebenfalls, nicht in Grünheide zu bleiben. Er kam mit vielen jungen Männern zusammen, die er unter anderem beim Sport kennen gelernt hatte. Einige von ihnen waren schon politisch tätig und bekamen durch ihre jeweilige Partei einiges mit, was sich wohl in naher Zukunft ereignen würde. Wie lange die Grenze zwischen Ost und West noch passierbar war, schien mehr als zweifelhaft.

Zurück in den Westen

Kurt Bachner legte den Termin für die erneute Zusammenkunft auf Freitag kommende Woche fest. Es konnten nur Pläne für die Zukunft gemacht werden, wenn man wusste, was man wollte. So drängte er auf eine endgültige Entscheidung, zu der sich alle beteiligten Familien durchringen mussten. Einerseits fürchtete Rosi Bachner die Folgen eines erneuten Umzugs, vor allem wegen Reinhard und der kleinen Ingeborg. Anderseits musste sie zugeben, dass die wirtschaftliche Lage, vor allem aber die Versorgung der Familie mit Lebensmitteln mehr als schlecht war. Eine Perspektive, dass es mittelfristig besser werden könnte, war nicht in Sicht. Zur Zeit hungerte man sich von einem Tag zum andern durch.

Reinhard hatte inzwischen ein ständig nagendes Hungergefühl, egal zu welcher Tageszeit. Wenn er auch nicht alles verstand, was in den vielen Zusammenkünften diskutiert wurde, dennoch begriff er, was ein Umzug, egal wohin, für ihn bedeutete. Er musste – sollte sich Vater für einen Wegzug aus Grünheide entscheiden – wieder in eine andere Schule, sich andere Freunde und Spielgefährten suchen. Wenn es aber dafür keinen Hunger mehr gäbe, würde ihm ein Wegzug nicht allzu sehr Schmerz bereiten.

Reinhard hatte jetzt auch mehr Kontakt zu der 12-jährigen Erika Bührer, der Tochter der Hausbesitzerin. Obwohl er Mädchen eigentlich blöd fand, ausgenommen seine Schwester Lisa. Die war für ihn was Besonderes. Da beide so ziemlich gleich alt waren, verstanden sich Erika und Reinhard recht gut. Zum Angeln aber durfte Erika auf keinen Fall mit. Reinhard wollte sich nicht vor

Rüdiger blamieren, der Erika nicht ausstehen konnte. Heute war sie zu Gast bei den Bachners. Sie beschäftigte sich gerne mit der kleinen Ingeborg. Frau Bührer war froh, dass ihre Tochter für einige Stunden versorgt war. Denn sie selbst war gesundheitlich schwer angeschlagen. Wie schon erwähnt, musste sie beim Einmarsch der russischen Armee in Grünheide schlimme Misshandlungen über sich ergehen lassen. Vor allem psychisch hatte sie nach wie vor große Probleme. Die näheren Umstände, die zu der Erkrankung geführt hatten, kannte auch Rosi Bachner nicht genau, obwohl sie öfters Gespräche miteinander führten. Auch die Nachbarn wollten sich zu diesem Thema nicht äußern. Kam man bei einer Unterhaltung auf Frau Bührer zu sprechen, gingen die Leute auf Distanz. Vermutlich wollte sich niemand damit hervortun, die Besatzungsmacht zu kritisieren.
Erika, wenn man ihr etwas erzählte, hatte immer den gleichen Kommentar parat. Sie bestätigte die Ausführungen ihrer Gesprächspartner immer mit den Worten: »Ja, ja, das stimmt schon!« Reinhard konnte manchmal direkt ärgerlich werden, wenn sie seine Worte immer und immer wieder mit diesem Satz kommentierte. Wie gesagt: Gerne wäre Erika einmal mit Reinhard zum See gegangen, um ihm beim Angeln zuzusehen. Doch das lehnte dieser aus den oben genannten Gründen stets ab. Manchmal kam sie dann einige Tage nicht mehr zu den Bachners und drückte auf diese Weise ihren Unmut aus. Doch länger als vier bis fünf Tage dauerte ihr Schmollen nicht.
Es war ein Montag, als Lisa auf dem Weg zur Klöppelschule am Haus der beiden Schwestern Sofie und Hermine vorbeikam. Sie sah die beiden aufgeregt im Vorgarten umherlaufen. Dabei weinte Sofie unaufhörlich und Hermine schrie, als ob sie jemand umbringen wollte. Lisa lief zum Zaun und fragte, ob sie denn helfen

könnte. Sofie winkte sie zum Gartentor, nahm ihre Hand und zog sie förmlich auf das Grundstück. »Unsere *Li* ist weg, man hat sie uns gestohlen!« Es dauerte lange, bis Lisa begriff, was da passiert war. Es stellte sich heraus, dass die den Schwestern so lieb gewordene Kuh in der vergangenen Nacht gestohlen wurde. Die Tür zum Stall war gewaltsam geöffnet worden, obwohl diese immer gut verschlossen war. Fassungslos stand Lisa im leeren Stall. Die gute alte *Li* war weg. Jetzt würde es nicht mal mehr einen Tropfen Milch geben, war der erste Gedanke, der Lisa durch den Kopf ging. Sofie hielt immer noch Lisas Hand fest und Hermine – hatte sie bis jetzt geschrieen – wimmerte nur noch.

»Wie konnte das passieren?«, fragte Lisa. »Ich weiß es nicht, ich weiß es nicht«, jammerte Sofie. Lisa fragte, ob sie denn schon die Polizei verständigt hätten, was beide verneinten. Inzwischen waren durch das Geschrei auch Nachbarn und Passanten auf die Schwestern aufmerksam geworden. Jemand erklärte sich bereit, die Polizei in Grünheide zu informieren. Und Lisa musste auch schleunigst weiter, denn in der Klöppelschule wurde ein Zuspätkommen nicht gerne gesehen. Am nächsten Tag besuchte Lisa erneut die beiden Schwestern. Die Polizei hatte im Wald zwischen Alt-Buchhorst und Grünheide Spuren gefunden, die darauf hindeuteten, dass die Kuh dort geschlachtet worden war. Das Tier wurde offensichtlich mit einem Transporter weggebracht; das ermittelte die Polizei anhand der Spuren auf dem Waldweg. Die Täter mussten aus der näheren Umgebung stammen. Sie hatten gute Ortskenntnisse und kannten die Gepflogenheiten der beiden Geschwister gut. Einige Tage später wurden unter vorgehaltener Hand sogar verschiedene Namen mit dem Diebstahl in Verbindung gebracht. Ein schlüssiger Beweis konnte aber in keinem Fall präsentiert werden.

Die Polizei war in jenen Tagen einfach überfordert. Zahlreiche Eigentumsdelikte gehörten zum Alltag. Aber auch wesentlich üblere Vorkommnisse waren keine Seltenheit. Außerdem wurde die Rechtslage durch die Besatzungsmacht recht unsicher gehandhabt. Maßnahmen der deutschen Polizeiorgane, die ja durch Ernennung der Besatzer eingesetzt waren, wurden von den Militärs einfach ignoriert oder annulliert. Mit einem Wort: Das Militär machte, was es wollte! Lebensmitteldiebstahl war in jener Zeit keine Straftat, sondern überlebensnotwendiger Mundraub. Und wer nicht gerade auf frischer Tat ertappt wurde, musste nicht einmal mit einer Anzeige gegen »unbekannt« rechnen. Selbst die Bestohlenen wussten, dass dies Zeitverschwendung war. Wer nicht organisieren konnte oder keinen Tausch- und Schwarzhandel betrieb, wurde von der Mehrheit der Bevölkerung sogar als Idiot und Dummkopf bezeichnet, der nicht in der Lage war, seine Familie zu ernähren. Und doch gab es Menschen, die es nicht fertig brachten, »Unrecht« zu tun, obwohl dies ihre Überlebenschancen beträchtlich verminderte. Ein Beispiel war Georg, der Bruder von Kurt Bachner. Es hätte wohl schlecht um ihn und seine Familie gestanden, wäre er nicht von anderen Familienmitgliedern und Verwandten »mitgezogen« worden. Kurt Bachner redete oft auf seinen Bruder ein und machte ihm die Lage unmissverständlich klar. Seine Argumente überzeugten ihn wenigstens so weit, dass Georg hin und wieder mit auf »Tour« ging und Schmiere stand.

Lisa hatte erfahren, dass es morgen Kohlen geben sollte. Den begehrten »Bezugsschein« hatte sie sofort von der Gemeinde abgeholt. Auf dem Hof einer ehemaligen Holz- und Kohlenhandlung sollte die Verteilung stattfinden.

»Nach der Schule kommst du vorbei, es könnte nämlich sein, dass ich dich brauche!«, erklärte Lisa ihrem Bruder Reinhard. Wieder einmal spielte sich das gewohnte Ritual ab. Und obwohl Reinhard mit einem Bekannten vom Reiherhorst verabredet war, wagte er keine Widerrede. Der Ton, in dem Lisa das gesagt hatte, ließ in Reinhard keinen Zweifel aufkommen, dass jeglicher Protest nutzlos war. Am nächsten Morgen, Lisa hatte schon ihre Tasse Zichoriekaffee getrunken und eine Scheibe Brot gefrühstückt, bekam Reinhard nochmals den Hinweis, ja nicht nach dem Unterricht rumzutrödeln, sondern umgehend in der Kohlenhandlung zu erscheinen. Er gab ihr keine Antwort, was sie aber selbstverständlich für eine Zusage nahm. Als Lisa weg war, schimpfte Reinhard und beschwerte sich lautstark bei der Mutter: »Immer ich!«, ja er machte indirekt die Mutter verantwortlich, weil sie ihn gegenüber Lisa nicht verteidigte. Rosi Bachner versuchte, ihm sachlich zu erklären, dass dies eben notwendig sei, und sie ließ keinen Zweifel aufkommen, dass Lisa Recht hatte. Reinhard nahm sich vor, am Abend mit Vater zu sprechen. Er wollte sich bei ihm darüber beklagen, dass er sich nicht einmal mehr mit seinen Freunden treffen konnte. Vater sollte Lisa endlich in die Schranken weisen. Rüdiger wartete schon auf der Straße. Als Reinhard seinem Unmut Luft machen wollte, winkte er ab. »Was glaubst du, was ich heute machen muss?« Reinhard zuckte nur mit den Schultern. »Ich muss«, fuhr Rüdiger fort, »mit meiner *Ollen* (er meinte damit seine Mutter.) nach Fangschleuse, um dort irgendwelche Sachen abzuholen. Mir geht es doch keinen Deut besser als dir!« Obwohl Reinhard froh war, dass nicht nur er *schikaniert* wurde, war ihm das dennoch kein Trost.

Reinhard beeilte sich nach der Schule, so schnell wie möglich zur Kohlenhandlung zu kommen. Er wollte auf keinen Fall Lisas

Zorn auf sich ziehen. Als er dort ankam, musste er feststellen, dass der Hof menschenleer war. Er beschloss erst einmal, nach Hause zu gehen, um zu erfahren, was los sei. Von Mutter hörte er dann, dass Lisa 25 kg Kohlen und sogar ein Bündel Holz bekommen hatte. Eine Bekannte aus der Klöppelschule war ihr mit dem Handwagen behilflich gewesen, die Sachen nach Hause zu schaffen. Reinhard war zwar froh, nicht *anstehen* zu müssen, aber seine Verabredung war natürlich geplatzt. Er wollte trotzdem versuchen, seinen Freund am Reiherhorst zu treffen, vielleicht war dieser ja daheim. Doch seine Mühe war umsonst. Die Familie Theurer war auf Hamstertour. So ging er wieder einmal zum See hinunter, um in Ruhe nachzudenken. Lange blieb er auch da nicht. Es war schlechtes Wetter und ein unangenehmer kalter Wind wehte über den Steg. Er versuchte noch, Rüdiger zu erreichen, was ebenfalls misslang.

Am Abend kam Toni, ein Bruder von Rosi Bachner, um auszuloten, ob sich der Schwager schon entschieden hatte, was das Verbleiben in Grünheide anbetraf. Kurt Bachner war nicht zu Hause. Er war zu einer Unterredung bei Herrn Wiesinger. Der hatte seine Versuche immer noch nicht aufgegeben, Bachner eine politisch aktive Gruppenarbeit schmackhaft zu machen. Obwohl sich Wiesinger erneut eine Absage holte, erfuhr Kurt Bachner von ihm einige Neuigkeiten. Auf dem Nachhauseweg ließ er sich diese durch den Kopf gehen und kam zu der Überzeugung, dass es höchste Zeit für eine endgültige Entscheidung sei. Toni hatte inzwischen auf seinen Schwager gewartet und fragte bei dessen Ankunft ohne Umschweife, ob er nun in den *Westen* gehen wolle oder nicht. »Nur immer langsam mit den Pferden«, antwortete Bachner. »Ich weiß es selber noch nicht genau!« Toni legte nun seinerseits einige Argumente vor, was für Vorteile es gäbe, wenn man hier im Osten bliebe. Seine Gründe waren nicht so ohne weiteres von der Hand zu weißen. Er gab seinem Schwager zu bedenken, dass hier im Osten eine neue Demokratie entstehen würde, die später besser sein werde als die im Westen. Aber gerade das wollte Kurt Bachner nicht glauben. Er misstraute der Politik hier, weil sie für seine Begriffe zu viel in die persönlichen Freiheitsrechte der Bürger eingriff. An dieser Skepsis konnte übrigens auch Wiesinger nichts ändern. Der hatte Bachner im Brustton der Überzeugung mehrfach versichert, dass es im Osten bald schon einen neuen Staat geben werde, der besser sein sollte als alle Staaten, die es in Deutschland jemals gegeben habe.

Die Herren Wilhelm Pieck und Otto Grotewohl hatten es bereits am 22. April 1946 geschafft, gemeinsam den Vorsitz der »Sozialistischen Einheitspartei Deutschlands« (SED) zu übernehmen. Wilhelm Pieck war 1933 auf Beschluss des Zentralkomitees der KPD nach Paris ins Exil gegangen. 1935 wurde er nach der Verhaftung Ernst Thälmanns zum Vorsitzenden des Zentralkomitees der Kommunistischen Partei Deutschlands gewählt. Dann verlegte er sein Exil nach Moskau. 1945 kehrte er nach Berlin zurück.

Wilhelm Pieck beschleunigte den Prozess, der eine Vereinigung der KPD mit der SPD (Sozialistische Partei Deutschland) herbeiführte. Er nahm in der Folge auch entscheidenden Einfluss auf die Ziele der so genannten »Einheitspartei« und deren Parteistatus. Später, am 11. Oktober 1949, wurde er dann von der Provisorischen Volkskammer zum Präsidenten der Deutschen Demokratischen Republik (DDR) gewählt.

Gerade das Wort *Einheitspartei* machte aber auf Kurt Bachner keinen guten Eindruck. Er war seit dem *Tausendjährigen Reich* des Adolf Hitler allergisch gegen zu viel Einheit, gegen das diktatorische Vorherrschen eines Kollektivs, gegen unbedingte Treue zur Sowjetunion, gegen das abstrakte Genossen- und Kameradengeschwätz. All diese Schlagwörter bereiteten ihm Sorgen und Unbehagen. Gerne – daher war er ja nicht sofort von Hüttersdorf in den *Westen* gegangen - hätte er an eine andere »Republik« geglaubt. Doch mittlerweile fiel es ihm immer schwerer. War er anfangs beruhigt, dass Leute wie Wilhelm Pieck und Otto Grotewohl die Sache in die Hand nahmen, um eine »bessere Republik« aufzubauen, wurde er angesichts der im Osten herrschenden Realität immer misstrauischer. Natürlich wusste Kurt Bachner von der Herkunft der beiden führenden Politiker. Zum Beispiel Pieck: Der Sohn eines Kutschers, der eine Tischlerlehre absolvierte hatte und bereits 1895 in die SPD eintrat. Er besuchte auch die Parteischule der SPD in Berlin, seine Lehrer waren unter anderem Rosa Luxemburg und Franz Mehring. Auch dass er im Spartakusbund tätig war und am 30. Dezember 1918 auf dem Gründungsparteitag der KPD in die Parteizentrale gewählt wurde - all das wusste Bachner. Er hatte dies als junger Bursche ja selbst noch teilweise mitbekommen.

Über Otto Grotewohl ließ sich zunächst auch nichts Negatives sagen. Der war Sohn eines Schneidermeisters und hatte eine Ausbildung als Buchdrucker. Grotewohl trat 1912 in die SPD ein. Er war Soldat im Ersten Weltkrieg und von 1920-1925 Abgeordneter im braunschweigischen Landtag. Er wurde 1923-1924 sogar Minister für Justiz in Braunschweig. Er studierte an der Leibniz-Akademie in Hannover und wurde als Bezirksvorsitzender des SPD-Landesverbandes Braunschweig Mitglied im Reichstag. 1938/39 geriet er wegen »illegaler Umtriebe« und »Hochverrats« mehrere Male in Haft. Er arbeitete auch mit der Widerstandsgruppe »Heibacko« zusammen. Und nach dem Attentat auf Hitler am 20. Juli 1944 musste Grotewohl untertauchen, um einer erneuten Verhaftung zu entgehen. Die neueste Geschichte kannte Bachner auch: Am 10. Juni 1945 wurde Grotewohl vom Zentralausschuss der SPD zum Vorsitzenden gewählt. Aber dann, wenige Tage später, kam es zu einem Ereignis, das Kurt Bachner noch ganz frisch im Kopf hatte: Am 19. Juni war Grotewohl Mitunterzeichner des Aktionsabkommens mit der KPD! Und am 5./6. Oktober verweigerten ihm die Vertreter der amerikanischen und französischen Besatzungszone die Einreise zur Veröffentlichung der politischen Schrift *«Wo stehen wir – wohin gehen wir?«*. Im vergangenen Jahr schließlich wurde er Mitglied des Parteivorstandes der SED und zusammen mit Wilhelm Pieck Vorsitzender der SED. Trotz alledem glaubte Bachner nicht mehr so recht an einen *Demokratischen Staat.* Er war im KZ-Sachsenhausen eine Zeit lang mit dem Tschechen Antonin Zápotocký auf dem gleichen Block gewesen. Zápotocký, der später ja tschechischer Ministerpräsident und Staatspräsident wurde, hatte abends in der Lager-Baracke oft politischen Anschauungsunterricht und Ansprachen gehalten. Bachner konnte sich noch gut erinnern, als sie dabei einmal vom SS-Blockführer erwischt wurden, was eine fürchterliche Strafe nach sich zog. Doch Genaueres davon später. Antonin Zápotocký war jedenfalls voller Ideale und politischer Ideen. Er war seit 1921 Mitglied des ZK (Zentralkomitees) und seit 1925 im tschechoslowakischen Parlament. 1929 wurde er Sekretär der kommunistischen Gewerkschaften. 1939/40, etwa um die gleiche Zeit also wie Kurt Bachner, wurde Zápotocký ins KZ-Sachenhausen gebracht. Er blieb bis 1945 inhaftiert, unter anderem auch im Konzentrationslager Dachau. Bachner konnte sich noch genau daran erinnern, dass außer Zápotocký auch noch andere Mitglieder aus der Tschechoslowakischen KP nach Sachsenhausen gebracht wurden. Namen wie Dr. Jaromir Dolansky oder Jan Vodicka waren auch dabei.

Oft lag Kurt Bachner nachts wach und dachte an all die Namen und Ereignisse, die sein politisches Leben geprägt hatten. Das machte die Entscheidung – bleiben oder weggehen – nicht leichter. Toni aber wollte am heutigen Abend unbedingt wissen, was der Schwager vorhatte. Doch dieser hüllte sich in Schweigen und vertröstete ihn auf die nächsten Tage. Etwas verärgert verließ Toni die Wohnung. Bachner, was sonst gar nicht seine Art war, rechtfertigte sich gegenüber seiner Familie mit den Worten: »Ich möchte ja gar nicht Recht haben, aber ich werde einfach das Gefühl nicht los, dass sich in der *Sowjetischen Besatzungszone* die Dinge bald extrem verändern werden.« Obwohl es schon spät war, kam Bachner auf politische Themen zu sprechen, was ebenfalls selten vorkam.

Willi und Lisa hörten aufmerksam zu, was der Vater zu sagen hatte. Nur Reinhard war schon zu Bett gegangen. Rosi Bachner hatte dies ebenfalls vor, setzte sich aber wieder auf ihren Stuhl, als ihr Mann zu reden begann. Alle Familienmitglieder wussten, dass der Vater nicht gerne über die jüngste Vergangenheit sprach, um so überraschter waren sie, dass er ohne Aufforderung dazu bereit war. Er saß wie üblich auf dem selbstgezimmerten Bett, drehte sich eine Zigarette und erzählte:

Damit ihr mich richtig versteht, muss ich euch sagen, dass ich im Lager einiges über die Kommunisten gelernt habe. Häftlinge, die Kommunisten waren oder wegen »kommunistischer Umtriebe«, wie es damals hieß, ins Konzentrationslager kamen, waren alle weit besser organisiert als Häftlinge anderer politischer Richtungen.

Da war zum Beispiel Harry Naujoks, ein Kommunist, der schon 1936 nach Sachsenhausen kam. Er war bereits Erster Lagerältester, als ich eingeliefert wurde. Soweit ich mich erinnern kann, blieb er in dieser Position bis etwa 1942. Danach wurde er mit einigen Häftlingen, die auch in der Häftlingsse lbstverwaltung tätig waren, ins KZ-Lager Flossenbürg in der Oberpfalz gebracht.

Ihr müsst wissen, dass es im Lager eine »Häftlingsselbstve rwaltung« gab, die sich aus der Häftlingsschreibstube und Häftlingsfunktionären zusammensetzte. Die meisten (nicht alle) gehörten zu oder sympathisierten mit der Kommunistischen Partei. Sie waren diejenigen, die so etwas Ähnliches wie eine illegale Organisation im Lager unterhielten. Vor allem wir, die politischen Häftlinge, wussten davon. Wenn auch nur vage. Das ist nur zur Information für euch, mehr sage ich jetzt und auch in Zukunft nicht dazu!

Es waren vier oder fünf Tage nach seiner Einlieferung, als Antonin Zápotocký auf meinen Block kam. Man konnte ihm ansehen, dass er von den SS-Männern durch die Mangel gedreht worden war. Bereits einige Tage später, nachdem alle todmüde vom Arbeitskommando zurück waren und auf ihre Pritschen fielen, ergriff Zápotocký das Wort. Er sprach einigermaßen gut Deutsch und erzählte von seiner Verhaftung und Internierung. Er machte uns anderen Häftlingen Mut, durchzuhalten und nicht aufzugeben. Es würde auch wieder eine andere Zeit kommen. Jeder wusste: Was er da machte, konnte ihn unter Umständen sofort das Leben kosten. Obschon sich kein SS-Blockführer in der Baracke aufhielt und die Insassen alle »Politische« waren, konnte man nie sicher sein, ob die SS-Leute Spitzel unter den Häftlingen hatten. Einige Wochen spä-

ter wurde im kleineren Kreis in einer Baracke mit Zápotocký diskutiert. Eine solche heimliche Zusammenkunft war schon an sich äußerst gefährlich. Man durfte sich nicht erwischen lassen, wenn man den eigenen Block verließ.

Es ging leider nicht gut. Schon nach etwa zehn Minuten, nachdem er kaum mit seiner Rede begonnen hatte, flog plötzlich die Tür auf und mehrere SS-Wachleute kamen in den Raum. Ich will euch Einzelheiten ersparen. Die Folge für mich war, dass ich auf den »Bock« musste und 25 Schläge auf Rücken und Gesäß bekam. Nach einigen Schlägen platzte wie üblich die Haut. Dabei musste ich die Schläge laut und deutlich mitzählen. Wenn ich mich durch den Schmerz, den die Schläge verursachten, verzählt hätte, würde mit dem Zählen und natürlich mit den Schlägen von vorne angefangen. Da hatte man keine Zeit, an die Schmerzen zu denken. Wichtiger war, nicht falsch zu zählen.

Nach der Tortur hieß es »Hemd über« und abtreten! Als ich an einem der SS-Leute vorbeitaumelte, ließ dieser seine Streichholzschachtel fallen. Soweit ich mich noch erinnern kann, handelte es sich um Gustav Sorge, SS-Hauptscharführer und 2. Rapportführer, genannt der »Eiserne Gustav«, der die Schachtel fallen ließ. Er brüllte mich an und befahl mir, sie aufzuheben. Ich war nicht in der Lage mich zu bücken, weil ich kein Gefühl mehr im Rücken hatte. Natürlich versuchte ich es, aber es gelang mir nicht sofort. Sorge brüllte los: »Was? Du kannst das nicht? Dann will ich dir helfen!« Er winkte einen Wachmann zu sich und gab ihm den Befehl, mich erneut auf den Bock zu binden. »Noch zehn Schläge, damit die Blutzirkulation wieder stimmt und er sich bücken kann!«, schrie Sorge. Ich wurde von zwei Wachleuten zum Bock zurückgebracht, weil ich alleine nicht mehr in der Lage dazu war. Ich bekam weitere 10 Schläge. Mein Rücken war jetzt völlig taub, so dass ich nichts mehr spürte. Wie ich auf meinen Block zurückkam, weiß ich nicht mehr so genau. Ein Häftlingssanitäter war mir wohl behilflich. Er legte mich auf meine Pritsche und versuchte, mir das Hemd auszuziehen. Ich musste ohnmächtig geworden sein, denn erst beim Wecken zum Morgenappell wurde ich wach. Mein Hemd klebte an Kreuz und Gesäß. Ein Kamerad riet mir, es bis zum Abend so zu lassen. Sonst würde man die frischen Wunden sofort wieder aufreißen. Nach dem Appell meldete ich mich unverzüglich bei meinem Arbeitskommandoführer. Ich wusste – jetzt nur nicht auffallen! Womöglich wäre erneut eine Schikane fällig gewesen. Ich hatte noch Glück, dass ich beim Arbeitskommando »Küche« eingeteilt war und nicht auf ein Außenkommando musste.

Mein Rücken begann dann zu eitern und erst, als ich Fieber bekam, wurde ich kurz auf der Häftlingskrankenstation von einem Häftlingssanitäter mit einer Salbe behandelt. Auf die Krankenstation zur stationären Behandlung kam man nur, wenn man schon halb tot war.

Meinen Blockkameraden Zápotocký sah ich erst nach drei Tagen wieder. Er hatte sich im »Zellenbau« einer so genannten »Sonderbehandlung« unterziehen müssen. Das heißt: Er wurde dort auf das schwerste misshandelt. Er sah furchtbar aus. Zumindest mir hat er nie erzählt, was sie dort mit ihm gemacht hatten. Ich konnte mir aber vorstellen, was er auszuhalten hatte. Als er später auf einen anderen Block verlegt wurde, sagte er beim Abschied zu mir: »Kurt, sollten wir diese Hölle überleben, melde dich und lass von dir hören.«

Kurt Bachner erhob sich und betrachtete damit seinen Bericht als beendet! Immer, wenn er von seiner KZ-Haft erzählte, war er hinterher aufgewühlt und verfiel dabei in einen eigenartigen Zustand. Er gab auch auf etwaige Nachfragen seiner Zuhörer keinerlei Antwort mehr. Die Familienmitglieder wussten das und machten erst gar keinen Versuch, noch mehr in Erfahrung zu bringen.

Es war an einem Freitag, als Reinhard von der Schule nach Hause ging. Als er von der Hauptstraße in Richtung Burgwallstraße einbog, sah er, dass mit einer weißen Farbe in übergroßen Buchstaben etwas geschrieben stand: »*Ach wie geht es uns so wohl – mit Wilhelm Pieck und Grotewohl.*« Reinhard wusste erst gar nichts mit diesem Spruch anzufangen. Daheim klärte ihn der Vater auf, dass dieser Spruch mehr als Spott zu betrachten sei. Mit diesem ironischen Graffiti wollte jemand auf die schlechte Versorgungslage der Bevölkerung hinweisen. Reinhard verstand das zwar noch immer nicht ganz, wusste aber ungefähr, um was es da ging. Auch im Schulunterricht fiel auf, dass jetzt im Fach »Staatsbürgerkunde« viel von »unseren sowjetischen Befreiern und Freunden« die Rede war. Reinhard erinnerte das alles ein wenig an die tschechische Schule in Hüttersdorf. In den paar Monaten, die er als Deutscher diese besuchen durfte, sprach die tschechische Lehrerin ebenfalls gebetsmühlenhaft von »Sowjetischer Freundschaft« und dergleichen. Reinhards Aufmerksamkeit beschränkte sich darauf, dass es zu einer einigermaßen guten Note reichte. Ansonsten hatte er mit diesem Thema nichts am Hut. Rüdigers Vater kam beruflich oft nach Berlin, das ja zu dieser Zeit einen Sonderstatus besaß. Im Westteil der Stadt, den man zu diesem Zeitpunkt noch ungehindert betreten konnte, galten damals schon in vielen Dingen andere Richtlinien. Der Schwarzmarkt erlebte in jenen Tagen seinen Höhepunkt. Rüdigers Vater war ein Genie, was den

Handel mit Zigaretten und Spirituosen betraf. Wenn überhaupt einer an Tabak oder amerikanische Zigaretten kam, war er es. Davon konnte, wenn auch nur in einem bescheidenen Rahmen, Reinhards Vater profitieren. Rüdiger hatte in letzter Zeit öfters einige Zigaretten dabei, die er lose in einer kleinen Blechschachtel aufbewahrte. Meist nicht mehr als drei oder vier Stück, die er vermutlich seinem Vater stibitzt hatte. Zigaretten waren ein wertvolles Tauschmittel, ja die eigentliche Währung auf dem Schwarzmarkt. Rüdiger stand mit seinen Tauschgeschäften seinem Vater in nichts nach. Er feilschte, was das Zeug hielt, wenn es um etwas Essbares ging. Auch Reinhard profitierte von Rüdigers Verhandlungskunst. Denn er war gegenüber Reinhard immer ein Freund, wenn er auf dem Schwarzmarkt Lebensmittel für seine Zigaretten eingetauscht hatte. Da konnte manchmal sogar ein Stück Marzipan für Reinhard abfallen, das höchstwahrscheinlich aus russischen Armeebeständen stammte und natürlich sehr begehrt war. Reinhard hatte ja schon mal so eine Köstlichkeit probieren dürfen, als er am Möllensee für den russischen Offizier Würmer sammelte. Heute nun hatte Rüdiger wieder Marzipan gegen Zigaretten eingetauscht. Auf dem Nachhauseweg von der Schule rückte er, sobald beide das Wäldchen erreicht hatten, mit seiner Rarität heraus. Zwei Päckchen zu je vier Riegeln hatte er erstanden. Eines davon gab er seinem Freund, was in Zeiten, wo Hunger ein Dauergast war, wahrlich keine Selbstverständlichkeit darstellte. Genussvoll wurden die Süßigkeiten verzehrt. Reinhard kostete es viel Überwindung, nicht alles aufzuessen; denn zumindest einen Riegel wollte er mit seinen Schwestern Lisa und Ingeborg teilen. Als er nach Hause kam, war er ganz stolz, doch nicht alles selber gegessen zu haben. Lisa trat, wie nicht anders zu erwarten

war, ihren Teil für die kleine Ingeborg ab. Nur Mutter nervte etwas. Sie wollte Genaueres über die Herkunft des Marzipans wissen und Reinhard versicherte ihr, es sei alles legal zugegangen. Tauschgeschäfte waren die normalste Sache der Welt.
Die Tage wurden jetzt wieder länger. Und die Freude, den langen kalten Winter bald überstanden zu haben, ließ die Menschen spürbar aufatmen. Reinhard ging jetzt auch wieder regelmäßig zum See hinunter. Oft nahm er an warmen Tagen ein Buch mit zum Steg und ließ sich von allerlei Erzählungen und Geschichten in eine andere Welt versetzen. Ein Schulkamerad lieh ihm einmal ein Abenteuerbuch mit dem Titel *»Fernando der Elefantenjäger«* und das hatte es ihm besonders angetan. Die Geschichte handelte von einem Großwildjäger in Afrika. In seiner Phantasie ging er mit diesem in den weiten Steppen Afrikas zur Jagd und erlebte die wildesten Herausforderungen und Gefahren. Er war oft so vertieft beim Lesen, dass er die Mutter nicht hörte, wenn sie ihn zum Essen rief. So vergaß er für einen Moment selbst den Hunger, wenn *Fernando* sich kühn an eine Elefantenherde heranpirschte. Und er fieberte mit ihm, wenn ein riesiger Elefantenbulle auf den Jäger losging. Manchmal legte er sich rücklings auf die harten Holzbohlen am Steg und schaute zum Himmel empor. Stundenlang beobachtete er die majestätisch vorbeiziehenden Wolken und stellte sich vor, dass ihn das hohe Steppengras Afrikas umgab, wenn der Wind über das Schilf im See hinwegstrich. An dieser Stelle des Sees kam auch so gut wie niemand vorbei. Der Einzige, der die Idylle störte, war hin und wieder Rüdiger. Der hatte absolut nichts übrig für Bücher und schon gar nichts für Reinhards Träumereien. Was ihn am See interessierte, waren die Fische, weil man den Hunger damit vertreiben konnte. Einmal hatte Reinhard von

Herrn Klee ein Buch ausgeliehen, das schon sehr abgegriffen war. Einige Blätter waren lose. Und trotzdem war er von dessen Inhalt fasziniert. Es war Karl Mays »*Winnetou Band 1.*« Er hatte sich schon überall umgehört, wo man denn die Bände 2 und 3 oder andere Abenteuer von diesem Karl May bekommen konnte. Leider ohne Erfolg. Wenn sich die Erwachsenen am Abend zu einem Gedankenaustausch trafen und das Thema ihn nicht besonders interessierte, setzte Reinhard sich etwas abseits in eine Ecke der Stube, um zu lesen.

Als er wieder einmal vom See zurückkam, war die Wohnstube voll mit Gästen. Er war erstaunt, denn es war seines Wissen keine Zusammenkunft für diesen Tag geplant. Was ihm aber besonders auffiel, waren die betretenen Mienen von einigen der Anwesenden. Besonders Onkel Georg und Toni konnte man den Kummer regelrecht vom Gesicht ablesen. Reinhard brauchte allerdings nicht lange zu warten, um die Ursache zu erfahren: Sein Vater hatte sich entschieden. Er hatte ihnen mitgeteilt, dass er Grünheide verlassen werde. Und zwar in Richtung Westen. Wer Kurt Bachner kannte, der wusste, dass jeder Versuch ihn umzustimmen vergeblich war. Er hatte ja auch lange genug nachgedacht, jedes Für und Wider hundert Mal erwogen. Wie und unter welchen Voraussetzungen diese Rückkehr in den Westen erfolgen sollte, war jetzt Gegenstand eingehender Beratungen. Es gab viele gefährliche Hürden, die man dabei nehmen musste. Alles wollte gut geplant und gut überlegt sein.

An diesem denkwürdigen Abend entbrannte, nachdem Bachner seinen Entschluss bekannt gegeben hatte, eine lange und sehr hitzige Diskussion. Georg versuchte immer wieder, seinem Bruder alle nur erdenklichen Nachteile aufzuzählen, mit denen er im Westen konfrontiert sein würde. Toni aber kannte seinen

Schwager sehr gut. Er versuchte erst gar nicht, ihn zum Bleiben zu überreden. Kurt Bachner fand bei seinen Söhnen Josef und Willi große Unterstützung für sein Vorhaben. Sie waren beide der Ansicht, dass es in der amerikanisch besetzten Zone eine bessere Zukunft gab. Es war schon weit nach Mitternacht, als sich die Diskussionsrunde auflöste. Der Versuch, Bachner zum Bleiben zu bewegen, war restlos gescheitert. Georg konnte sich beim Gehen nicht verkneifen, seinem Bruder zu sagen: »Ich glaube, du machst einen großen Fehler!« Dieser legte ihm die Hand auf die Schulter und erwiderte: »Mag sein, aber ich kann nicht anders!« Rosi Bachner verabschiedete alle an der Haustür, verschloss sie und ging, selbst voller Zweifel, zurück in die Stube. Als sie eintrat, hörte sie ihren ältesten Sohn sagen: »Es ist richtig, was wir machen. Schlechter als hier kann es uns nirgendwo mehr gehen!« Willi und der Vater teilten diese Überzeugung. »Es ist schon spät«, sagte Kurt Bachner. »Lasst uns morgen weitere Einzelheiten besprechen. Wir müssen so schnell wie möglich einen Plan aufstellen. Die Sache duldet nun keinen weiteren Aufschub. – Gute Nacht!«

Schon am nächsten Spätnachmittag, kaum von der Arbeit nach Hause gekommen, setzten sie sich wieder zusammen. Kurt Bachner schlug vor, dass man am besten in die Gegend zurückkehren sollte, wo sie die besten Ortskenntnisse hatten. Nach langer und konstruktiver Diskussion war man einig, sich nach Elbach durchzuschlagen, das nur 5 Kilometer von der tschechischen Grenze und vom Heimatort *Hüttersdorf* entfernt lag. Reinhard Bachner hatte den Erwachsenen aufmerksam zugehört. Anfangs glaubte er, sich verhört zu haben: Wie? Vater und Bruder wollten nach Elbach zurückkehren? Erstaunt blickte er zu Lisa hinüber, die mit am Tisch saß. Doch diese reagierte nicht auf seinen Blick. Denn sie war selber ganz verblüfft. Am Ende wurde beschlossen, dass der älteste Sohn Josef den Vater begleiten sollte. Willis Aufgabe war es, bei der Familien zu bleiben und zur Arbeit zu gehen. Er hatte ja Einreiseverbot in die amerikanische Zone, was bekanntlich auch auf seiner Kennkarte vermerkt war. Kurt Bachner war es außerdem wichtig, dass mit Willi wenigstens *ein* Mann als Schutz bei den zwei Familien verblieb. Schließlich konnte etwas Unvorhersehbares passieren. Kurt Bachner und Sohn Josef wussten ganz genau, was auf sie zukam: Sie durften auf amerikanisch besetztem Gebiet auf gar keinen Fall als »Einreisende« aus Ostdeutschland (Grünheide) erkannt werden. Was im Klartext hieß: Sie mussten sich als Flüchtlinge ausgeben, die aus tschechisch besetztem Gebiet geflohen waren. Sollten die Behörden in der amerikanischen Zone davon Wind bekommen, dass sie *Aussiedler* waren und einen festen Wohnsitz in Grünheide hatten, würden sie vom Fleck weg verhaftet und sofort wieder abgeschoben werden. Mit unberechenbaren Folgen. Denn die russische Besatzung verstand in diesen Dingen absolut keinen Spaß. Ihre Kennkarten (Personalausweise) mussten sie also äußerst sorgfältig verstecken, so dass sie bei einer eventuellen Verhaftung nicht auffindbar waren. In fünf Tagen wollten sie aufbrechen, bis dahin mussten aber noch wichtige Absprachen getroffen werden. Bei einer eventuellen Verhaftung war es von größter Bedeutung, dass die Aussagen, die sie gegenüber der Polizei oder anderen Organen machten, nahtlos übereinstimmten. Kurt Bachner schärfte seinem Sohn ein, dass er im Verhör auf keinen Fall umfallen durfte: »Wir kommen aus der Tschechei, die tschechischen Behörden haben uns die Ausweispapiere abgenommen und in ein Lager gebracht, aus dem wir fliehen konnten!« Er machte Josef darauf aufmerksam, dass erfahrungsgemäß auch so genannte *Fangfragen* gestellt wurden und er ja nicht von seinen einmal gemachten Ausführungen abweichen durfte. Im Verhör war es außerdem eminent wichtig, ausschließlich auf die gestellten Fragen zu antworten; keinesfalls aber zusätzlich von sich aus irgendetwas zu erzählen. Bachner wusste Bescheid: Die Verhöre, die er bei der *Gestapo* (Geheime Staatspolizei) hatte durchmachen müssen, waren von einem ganz anderen Kaliber als die, die ihnen jetzt vielleicht bevorstanden. So nutzte er mit seinem Sohn die noch verbleibende Zeit, um für alle Eventualitäten gewappnet zu sein.

Am nächsten Tag – es fiel auch noch die Schulspeisung aus – konnte sich Reinhard im Unterricht nicht konzentrieren. Frau Mehnert, die Klassenlehrerin, erläuterte den Schülern, dass es heute nichts zum Essen gebe, weil nichts angeliefert wurde. Warum, wusste auch sie nicht. Die Lehrerin merkte sofort, dass Reinhard unaufmerksam war. Auf ihre Frage, was mit ihm los sei, antwortete er nur mit einem Achselzucken.

Reinhard musste ständig an den gestrigen Abend denken. Immer wieder gingen ihm die Worte seines Vaters durch den Kopf: »Wir müssen dorthin zurückkehren, wo wir die besten Ortskenntnisse haben!« Dieser Satz geisterte unentwegt in seinem Kopf herum. Nach Elbach wollte der Vater, um von dort aus die Rückkehr der Familien zu organisieren. Elbach – nur 5 Kilometer von Hüttersdorf entfernt – das war für Reinhard einfach unglaublich. Es kam sogar so etwas wie Freude auf, wäre da nicht der Hunger gewesen. Zum Frühstück gab es ausgerechnet heute nur eine halbe Scheibe Brot. Ohne »Belag«. Und eine Tasse Zweitaufguss Malzkaffee. »Bekommst ja noch deine Schulspeisung«, hatte die Mutter gemeint, als sie ihn in die Schule verabschiedete. Da er Hunger gewohnt war und der

Magen sich schon auf wenig Essen eingerichtet hatte, war es nicht ganz so schlimm wie früher. Aber eigentlich gewöhnt man sich an den Hunger nie. Auf dem Nachhauseweg stellte sich ein ihm schon bekanntes Symptom ein - nämlich weiche Knie zu kriegen. Dies ging meistens mit einem flauen Gefühl im Magen und Übelkeit einher. Einige Zeit später begannen die Beine zu zittern und die Knie wurden butterweich. Ein eigenartiges Beben ging dann durch den ganzen Körper, das sich mit Kälteschauern abwechselte. So schlimm wie heute war es schon lange nicht mehr gewesen. Als er die letzten Steinstufen der Treppe zur Haustür regelrecht hinaufwankte, öffnete sich die Tür und die Mutter kam ihm entgegen. Sie sah sofort, dass es ihrem Sohn schlecht ging. »Was ist los mit dir?«, fragte sie erschrocken. Reinhard ließ seinen Schulranzen fallen und setzte sich auf das Holzbett. »Mir ist nicht gut, ich bin so müde und schlapp, weiß selber nicht, wovon das kommt!«, antwortete er. Rosi Bachner wusste sofort, woher das kam. Als Reinhard ihr mitteilte, dass die Schulspeisung ausgefallen war, brauchte sie keine weiteren Erklärungen mehr. Sie ging zum Tisch, holte aus der Schublade den Brotlaib heraus und schnitt ein großes Stück davon ab. Dann holte sie den Rest von einem Päckchen Kunsthonig aus dem Schrank und schmierte es aufs Brot. Sie setzte sich zu Reinhard auf die Brettkante, strich ihm übers Haar und reichte ihm das Essen. Erstaunt nahm es dieser entgegen. Normalerweise gab es bis zum Abendbrot keine *Zwischenmahlzeit*. Obwohl Reinhard mühsam gelernt hatte, langsam zu essen, um einfach länger etwas davon zu haben, schlang er heute das Stück Brot gierig hinunter. Als er damit fertig war, legte er sich aufs Bett und ruhte etwas aus. Bevor er einschlief, sah er, wie sich die Mutter heimlich die Tränen aus den Augen wischte.

Erst als Vater und Willi nach Hause kamen, wachte Reinhard wieder auf. Es gab nun Abendessen, – Pellkartoffeln und *Wassersuppe*. Die Suppe trug ihren Namen nicht zu Unrecht. Sie bestand wirklich nur aus Wasser, ein paar Mohrrübenstückchen und einem Brühwürfel, der in dieser Zeit schon eine Rarität war. Mit etwas Salz und Pfeffer wurde das Ganze dann gewürzt. Hatte man eine Zwiebel, was nicht immer der Fall war, bekam das Ganze sogar so etwas Ähnliches wie Geschmack. Heute hatte Rosi Bachner außerdem noch kleine Brotstücke in die Suppe getan, was schon beinah einer Verschwendung gleichkam. Nach dem großen Stück Kunsthonigbrot hatte sich Reinhard wieder schnell erholt. Und nach der Wassersuppe und zwei Pellkartoffeln war die Welt für ihn wieder in Ordnung.
Lisa musste jetzt schon zwei Jutesäcke um ihre Taille binden, damit der Kleiderrock nicht über die Hüften rutschte. Wenn sie ihr schönes Kleid (Sonntagskleid) trug, das ihre Schwägerin Barbara schon dreimal enger gemacht hatte, sah man erst richtig, wie abgemagert sie war. Ging sie mit ihrem Bruder Willi mal aus, machte sie ihre Taille und Hüften etwas voller, indem sie ihr Werktagskleid anzog und dann das bessere einfach darüber.
Am nächsten Morgen nach der Schule versuchte Reinhard wieder einmal, dem Möllensee ein paar Fische zu entlocken. Jetzt im Vorfrühling, wo die Nächte noch ziemlich kalt waren, war nicht viel zu holen. Die Fische wollten einfach nicht *beißen*. Reinhard – mittlerweile ein erfahrener Angler – setzte all sein Können ein, um die zwei bis drei Pellkartoffeln, die es sonst als Mahlzeit gab, mit etwas Fisch aufzubessern. Nach einer Stunde gab er es auf. Nichts hatte angebissen. Missmutig wickelte er die Angelschnur auf und setzte sich auf seinen Lieblingsplatz vorne am Steg. Die Sonne schwächelte noch. Ihre Kraft reichte nicht aus, die kalte

Luft, die über den See wehte, zu erwärmen. Er wollte aber noch nicht heim, denn er hatte ja nichts gefangen und diese Blamage, so empfand er es, wollte er noch etwas hinausschieben. In letzter Zeit ertappte er sich immer wieder bei dem Gedanken, dass er womöglich Grünheide bald verlassen würde. Er kannte ja die Pläne des Vaters. Der wollte schon in einigen Tagen mit Josef die Reise in den Westen antreten, um dort alles für einen Umzug vorzubereiten. All das erinnerte ihn ein wenig an das Abschiednehmen von seinem Heimatort Hüttersdorf. Damals saß er mit seiner Schwester Lisa am Weiher, um Abschied zu nehmen. Zum wiederholten Mal erinnerte er sich an Lisas Worte: »Es ist vielleicht nur vorübergehend, dass wir die Heimat verlassen müssen. Wenn sich alles beruhigt hat, können wir womöglich wieder zurück!« Reinhard kam es so vor, als ob es schon eine Ewigkeit her sei, dass sie Hüttersdorf verlassen hatten. Sollte vielleicht auch der Vater daran glauben, wieder in den Heimatort zurückkehren zu dürfen? War dies nicht etwa der eigentliche Grund, warum er ausgerechnet nach Elbach zurück wollte, um eine Bleibe für die ganze Familie zu finden? Schnell verwarf er diesen Gedanken aber wieder, nie hatte der Vater auch nur ein einziges Wort über derartige Spekulationen verlauten lassen. Obwohl man in Grünheide hungern musste und vieles im Argen lag, hatte er sich doch gut eingewöhnt! Der See, sein Lieblingsplatz hier am Steg, sein Freund Rüdiger und andere gute Bekannte waren ihm mittlerweile ans Herz gewachsen. Aber ebenso wenig ließ ihn der Gedanke los, in die unmittelbare Nähe von Hüttersdorf zurückzukommen und den Heimatort vielleicht sogar besuchen zu können. Er nahm sich vor, noch heute mit Lisa über diese Angelegenheiten zu reden. Dann packte er sein Angelzeug zusammen, um den Heimweg anzutreten.

Zu Hause angekommen, konnte er das Gefühl nicht loswerden, dass die Mutter enttäuscht war, weil er nicht einen einzigen Fisch mitgebracht hatte. Er war aber froh, dass sie nicht einmal danach fragte, ob oder warum er nichts gefangen hatte. Zum Glück wurde er auch noch von Erika, der Tochter der Hauseigentümerin, abgelenkt. Die wollte mit der kleinen Ingeborg spielen und somit waren alle mit anderen Dingen beschäftigt. Als Lisa aus der Klöppelschule kam und noch nicht einmal ihre Jacke abgelegt hatte, begann Reinhard schon Fragen zu stellen, die sich allesamt um den Wegzug aus Grünheide drehten. Lisa reagierte nicht gerade freundlich auf Reinhards Fragerei. Mit dem Satz »Es ist überhaupt noch gar nichts entschieden!« betrachtete sie das Gespräch als beendet.

Missmutig verließ Reinhard das Haus, um mit Rüdiger noch etwas zu unternehmen. Dieser hielt sich zufällig im Vorgarten auf, weshalb er nicht lange nach ihm zu suchen brauchte. »Gehen wir zum See?«, fragte Reinhard. Doch Rüdiger hatte eine weitaus bessere Idee. Er wollte was zum Essen *organisieren*. Reinhard konnte das nur recht sein, Hunger hatte er allemal. Sie gingen in Richtung »Reiherhorst«. Und wie er seinen Freund kannte, hatte der bereits einen Plan. So war es denn auch. Rüdiger wusste, wo man Äpfel und Mohrrüben *abstauben* konnte. Diesmal hatte er es auf ein für damalige Verhältnisse sehr gepflegtes Grundstück mit Wohnhaus und einem schuppenähnlichen Anbau abgesehen. »Was hast du vor?«, fragte Reinhard, der leider nichts Gutes ahnte. »In diesem Anbau sind Obst- und Gemüsevorräte eingelagert; das weiß ich aus zuverlässiger Quelle!«, erläuterte Rüdiger. Reinhard beruhigte diese Auskunft nicht. Offenkundig wollte sich Rüdiger von diesen Sachen etwas holen, mit anderen Worten – etwas stehlen. »Du weißt genau, dass ich da nicht mitmache!«, sagte er. Doch Rüdiger schnitt ihm das Wort ab: »Weiß ich doch!!«, rief er. In einem barschen, aber bestimmten Ton fuhr er fort: »Das sollst du auch gar nicht. Das Einzige, was du zu tun hast, ist aufpassen, dass mich niemand überrascht!« Reinhard wusste nur zu gut, was für eine Rolle ihm Rüdiger zugedacht hatte. Es war ja nicht das erste Mal, dass er »Schmiere« stehen musste. »Ich werde jetzt hineingehen«, sagte Rüdiger entschlossen. »Wenn sich jemand dem Anbau nähert, pfeifst du zweimal schnell hintereinander.« Er mahnte Reinhard, mit den Fingern im Mund zu pfeifen, damit es laut und deutlich zu hören sei. »Du gehst dann sofort die Straße nach Grünheide zurück. Um mich brauchst du dich nicht weiter zu kümmern.« Sollte die Aktion schief gehen, wollten sie sich später auf dem Steg am Möllensee wieder treffen.

Reinhard steckte die Hände in die Hosentasche, um seine Finger für das eventuelle Pfeifen warm und geschmeidig zu halten. Rüdiger verschwand hinter dem Haus. Und für Reinhard fing nun ein banges Warten an. Er ging langsam die Straße in Richtung Reiherhorst weiter, um nicht aufzufallen. Sein Blick war ständig auf das Wohnhaus gerichtet, um zu sehen, ob sich jemand nähern wollte. Obwohl es nicht gerade warm war, fing er an, am ganzen Körper zu schwitzen. Um das Haus herum war alles friedlich und ruhig. Auch im Nebengebäude konnte man nichts Verdächtiges erkennen. Als Reinhard die Stelle erreicht hatte, wo man den Hauseingang nicht mehr einsehen konnte, drehte er wieder um und ging langsam in die entgegengesetzte Richtung zurück.. Plötzlich kam ihm aus Richtung Grünheide ein Mann entgegen. Schon aus großer Entfernung erkannte er, um wen es sich handelte. Es war Herr Schneegas, der mit riesigen Schritten näher kam. »Tach, Herr Schneegas!«, grüßte

Reinhard freundlich. »Auch nen juten Tach«, antwortete dieser und fragte: »Watt machste denn hier, haste kene Schule?« - »Nö, ick warte auf meinen Freund!« Schneegas murmelte etwas in seinen Bart, was sich so ähnlich wie »ihr Nichtsnutze« anhörte. Dann verlor er kein Wort mehr und ging zügig weiter.

Reinhard war froh, dass der alte Schneegas nicht stehen blieb. Gott sei Dank hatte er keinen Hang dazu, ein Schwätzchen zu halten. Nur wenige Minuten später kam auch schon Rüdiger zurück! Auf halbem Weg blieb er stehen und deutete Reinhard mit einem Handzeichen an, zu ihm zu kommen. Froh, ihn zu sehen, beeilte sich dieser, vom Haus wegzukommen. Rüdiger erklärte seinem Freund, dass der »Scheißkerl« seine Vorräte wie einen Geldtresor gesichert hatte und es unmöglich war, an diese heranzukommen. Irgendwie war Reinhard erleichtert, dass Rüdiger keinen Erfolg gehabt hatte. So konnte er mit gutem Gewissen heimgehen. Rüdiger aber fiel es schwer, sich zu beruhigen. Er schimpfte unentwegt über diesen Geizkragen von einem Hausbesitzer, der seinen Mitmenschen nichts gönne. Reinhard war ehrlich genug, um sich einzugestehen, dass auch er gerne was Essbares mit nach Hause gebracht hätte. Anderseits war er aber froh, sein Gewissen nicht belasten zu müssen. Rüdiger wollte die Sache nicht auf sich beruhen lassen. Er beabsichtigte nämlich, mit einem besseren Werkzeug das Vorratslager doch noch zu knacken. Als er Reinhards skeptisches Gesicht sah, huschte ein Lächeln über sein Antlitz; und dabei versicherte er ihm, auf keinen Fall auf seine Hilfe zu verzichten. »Ich gehe da nicht noch einmal hin!«, beteuerte Reinhard und wusste im gleichen Atemzug, dass ihn Rüdiger, wie so oft, wahrscheinlich herumkriegen würde.

Am Abend war bei der Familie Bachner wieder die Stube voll. Das Nachtmahl war für alle Familienmitglieder so spärlich ausgefallen, dass die Argumente für einen weiteren Aufenthalt in Grünheide bei Kurt Bachner kein Gehör fanden. Alle Einwände von Georg, vom jüngeren Bruder Josef sowie von Schwager Toni wies Bachner entschieden zurück: »Alle Tage muss ich mit ansehen, wie wir und vor allem die Kinder nach den Mahlzeiten noch Hunger haben. Und eine Besserung der Lage ist nicht in Sicht!« Er vermutete, dass es noch schlechter werden könnte. Und er bleibe auf keinen Fall hier. Er teilte ihnen mit, dass er zusammen mit Sohn Josef am kommenden Montag eine Sondierungsreise in den Westen antreten würde. Über die Details jedoch verriet er nichts. Er hatte schon beim Forstamt Urlaub beantragt. Denn sollte das Unternehmen nicht gelingen, konnten er und sein Sohn wieder an ihre Arbeitsstelle zurückkehren. Überhaupt ging Bachner die Aufgabe genau und überlegt an.

Die Stimmung unter den Anwesenden war gedrückt, ja sogar gereizt. Georg gab seinem Bruder zu bedenken, was für ein hohes Risiko er einging; und dass er sich ja selber keineswegs sicher war, dass alles gelingen würde. Er könne verhaftete werden und müsse unter Umständen eine längere Gefängnisstrafe in Kauf nehmen. Georg ging noch weiter in seinen pessimistischen Ausführungen und hielt Kurt vor Augen, was dann wohl seine Familie und die seines Sohnes machen sollten - ohne die Ernährer? Bachner erwiderte kühl: »Ich habe dir schon mal gesagt, dass du womöglich Recht hast, Georg; aber merke dir eines: Ohne Risiko kommst du in der momentanen Lage nicht weit! Es ist genauso gut denkbar, ja sogar höchst wahrscheinlich, dass du mit deiner Familie hier verhungerst oder auf Dauer gesundheitlich Schaden nimmst!« Georg konnte sich diesem Argument nicht wirklich verschließen und musste einsehen, dass sein Bruder von dem Vorhaben nicht ablassen würde. Man versprach sich gegenseitig, vor der Abreise noch mal zusammenzukommen. Gleichzeitig bat Kurt Bachner seine Brüder und den Schwager, sich während seiner Abwesenheit um die beiden Familien zu kümmern. Dies wurde ihm ohne Einschränkung fest zugesagt. Eilig löste sich dann die Zusammenkunft auf. Es hatte den Anschein, als ob jeder erst einmal mit sich ins Reine kommen wollte. Und trotz aller Entschlossenheit ging Kurt Bachner am heutigen Abend nachdenklich zu Bett. Er kannte das hohe Risiko, das sie eingingen. Der Familie gegenüber spielte er die Sache bewusst herunter und beharrte darauf, dass alles bald besser werde. Bevor er einschlafen konnte, ging er in Gedanken noch mal sorgfältig seinen Plan durch und kam zu der Ansicht, dass er richtig handelte. Darauf schlief er sofort ein. Diese unverwüstliche Ergebenheit in das Schicksal, die Fähigkeit, auch unter großer psychischer Belastung abschalten zu können – auch das war eine Lektion, die er im KZ erlernt hatte. Rosi Bachner dagegen machte in dieser Nacht kein Auge zu. Obwohl sie sehr darunter litt, ihre Kinder nicht ernähren zu können, machte ihr die ungewisse Zukunft schwer zu schaffen. Doch gab sie ihrem Mann innerlich Recht: Sie hatten, angesichts der allgegenwärtigen Not, nichts mehr zu verlieren. Inständig hoffte sie, dass beide Familien in der amerikanischen Zone eine Bleibe finden würden. Nur nicht mehr hungern müssen! Dafür würde sie auch einen weiteren schwierigen Umzug auf sich nehmen.

Das Wochenende war geprägt von intensiven Reise-Vorbereitungen. Jetzt, wo alles entschieden war und es kein Zurück mehr gab, kamen auch Bachners Sohn Josef Bedenken. Er, der seinen Vater immer wieder darin bestärkt hatte, die Sache »ohne Wenn und Aber« durchzuziehen, musste sich eingestehen, dass es nicht so einfach war, seine Frau mit den drei Kindern zurückzulassen. Wenn sie Pech hatten und noch vor der Grenze zum Westen von den Russen geschnappt würden, konnte das fatale Folgen haben. Auch Reinhard spürte an diesem Sonntag die angespannte Lage. Und wenn Mutter doch einmal lächelte, so war es leicht zu erkennen, dass sie sich verzweifelt Mut machen wollte. Vater war nach außen hin ruhig wie immer; doch auch er konnte eine gewisse innere Aufgewühltheit nicht ganz verbergen.

Reinhard und Lisa waren schon schlafen gegangen; nur Willi saß noch mit Vater und Mutter in der Wohnstube. Reinhard konnte lange nicht einschlafen und merkte, dass es Lisa genauso erging. Als sich nach einiger Zeit behutsam die Tür zum Schlafzimmer öffnete, stellte sich Reinhard einfach schlafend. Es war Vater, der leise ins Zimmer kam. Er strich Lisa sacht über die Haare und Reinhard konnte durch seine nur halb geöffneten Augen erkennen, dass sie sich etwas aufrichtete und leise mit Vater sprach. Auf Zehenspitzen kam er dann ans Bett zu Reinhard. Dieser schloss schnell seine Augen und stellte sich wieder schlafend. Er spürte Vaters Hand auf seinem Haar und der Wange. Die rauen, schwieligen Finger fuhren zwei oder dreimal zärtlich über seine Backe, dann verließ er leise das Zimmer. Reinhard lag immer noch reglos mit zugekniffenen Augen in seinem Bett. Er ärgerte sich im Nachhinein, nicht mehr mit Vater gesprochen zu haben. Und er begann leise zu weinen. Lisa hatte ihre Schlafstelle verlassen und setzte sich zu Reinhard ans Bett. Sie nahm seine Hand, zog seinen Kopf in ihren Schoß und streichelte ihn. Langsam beruhigte er sich und schlief nach einer Weile endlich ein. Lisa legte seinen Kopf sachte auf das Kissen zurück und versuchte ebenfalls, noch etwas zu schlafen. Erst gegen morgen kam sie zur Ruhe. Sie hörte noch ihren Bruder Josef kommen.

Und nach einigen Minuten verließen Vater und Sohn das Haus in der Burgwallstraße. Beim Frühstück war die Stimmung dann völlig auf dem Tiefpunkt angelangt. Die Mutter wirkte müde. Ihre Augen waren vom vielen Weinen geschwollen. Lisa verließ das Haus, noch bevor Reinhard zur Schule ging. Sie musste pünktlich in der Klöppelschule sein. Reinhard hatte also noch etwas Zeit. Er kam behutsam zur Mutter, die völlig übernächtigt auf ihrem Stuhl saß und nahm sie in die Arme. »Wirst schon sehen«, tröstete er sie, »Vater und Josef schaffen das leicht!« Rosi Bachner drückte lange ihren Sohn an sich und sagte: »Du hast Recht, die schaffen das. Vater hat es bis jetzt noch immer geschafft!« Eine Weile blieb Reinhard noch bei seiner Mutter, dann schulterte er seinen Schulranzen und ging. Er hatte durchs Fenster bereits Rüdiger gesehen; und wenn dieser wartete, dann war es höchste Zeit. »Bist aber heute spät dran!«, stellte Rüdiger mit Erstaunen fest. Reinhard erzählte ihm, dass er gestern ziemlich spät ins Bett gegangen sei und Mutter noch dazu verschlafen hätte. Er durfte ja nicht die volle Wahrheit sagen. Rüdiger aber war mit seinen Tauschgeschäften so beschäftigt, dass er nicht weiter über das merkwürdige Verhalten seines Freundes nachdachte. Auch im Unterricht fiel auf, dass Reinhard geistig völlig abwesend war. Wenn die Lehrerin eine Frage an ihn richtete, musste er sie bitten, sie zu wiederholen. Auf dem Nachhauseweg begegneten sie wieder einmal Herrn Schneegas, der ausnahmsweise bei ihnen stehen blieb.

»Na, habt ihr schon Schule aus, ihr Lausebengel?«, fragte er in seiner bekannt schnodderigen Art. »Ja! Ist auch jut so, wa!«, antwortete Rüdiger und fragte im gleichen Atemzug: »Ick hab Zigaretten, erstklassige Ware, vielleicht können wir ins Geschäft kommen?«

Schneegas schaute Rüdiger verächtlich an und meinte: »Du hastse wohl nicht alle, du Rotznese! Und was willste von mir als Gegenleistung?« - »Wes ick doch nicht, wat sie mir zu bieten haben!«, entgegenete Rüdiger schlagfertig. Es war schon fast zum Lachen, als sich die lange spindeldürre Gestalt von Schneegas vor Rüdiger drohend aufbaute. Vorsichtshalber machte dieser einen Schritt zurück, um einen größeren Abstand zu gewinnen. »Du bist wat janz schlimmet, dat sag ick dir! Bevor ick mit dir Jeschäfte mache, mache ick sie lieber mit dem Teufel!« Er drehte sich um zu Reinhard und sagte vorwurfsvoll zu ihm: »Det is ken Umjang für dich, Kleener! Der verdirb dir nur!« Mit einem bitterbösen Blick auf Rüdiger stapfte er in seiner unnachahmlichen Art in Richtung Grünheide weiter. Reinhard war es peinlich, dass sein Schulfreund ausgerechnet Herrn Schneegas zu einem Tauschgeschäft animieren wollte. Jeder wusste doch, dass dieser arme Schlucker nichts besaß. Als er Rüdiger zur Rede stellte, lachte dieser bloß. »Hast du im Ernst gedacht, ich wollte mit dem ein Geschäft machen?«, fragte er und fuhr schmunzelnd fort: »Ich wollte den langen Lulatsch bloß ein bisschen ärgern.« Reinhard war es nicht recht, den alten Mann zu ärgern; er wusste, dass Schneegas im Grunde ein armer Teufel war. Er hatte weder Verwandte noch irgendwelche Bekannte. Und so einen ärgerte man nicht unnötig. Das war Reinhards feste Meinung.
Rüdiger war erbost über Reinhards Vorhaltungen und machte Gegenargumente geltend: »Der braucht zu uns nicht sagen, dass wir Rotznasen und Lausebengel sind. Der Schmarotzer! Frisst er doch uns Schulkindern auch noch die Schulspeisung weg!« Damit war die Diskussion für ihn erledigt. Er forderte Reinhard auf, sich nach den Schularbeiten am See einzufinden. Der hatte es jetzt aber sehr eilig, nach Hause zu kommen. Vielleicht

wusste Mutter schon etwas Neues über Vater und Bruder Josef. Doch sie wusste natürlich nichts. Wie sollte sie auch? Sie waren ja noch nicht einmal einen Tag weg. Lisa war auch schon in der Wohnstube und Reinhard bekam sofort Arbeit zugeteilt. Nach den Hausaufgaben wollte seine Schwester, dass er mit ihr nach Grünheide ging, um in der Gärtnerei was abzuholen. Nicht gerade erfreut, aber ohne Widerrede nahm er zur Kenntnis, dass heute wohl nichts daraus wurde, Rüdiger am See zu treffen. So machte er sich an seine Hausaufgaben, damit er Lisa keine unnötige Handhabe zum Meckern gab.

Wieder einmal stellte sich auch diesmal heraus, dass der Weg nach Grünheide erfolglos war. Die Gärtnerei hatte nichts bereitgestellt. Und so konnte auch nichts abgeholt werden. Lisa und Reinhard kamen mit einer leeren Tasche zurück. Obwohl er diese Fehlschläge gewöhnt war, ärgerte sich Reinhard mächtig. Vor allem deshalb, weil er seine Verabredung mit Rüdiger nicht hatte einhalten können.

Ein gefährliches Unternehmen

Inzwischen hatte Kurt Bachner mit seinem Sohn die Grenze zur amerikanisch besetzten Zone erreicht. War es noch ein Leichtes gewesen, über Berlin nach Magdeburg zu kommen; - in Richtung Marienborn wurde es immer riskanter. Mit der Eisenbahn zu reisen war in diesen Zeiten alles andere als einfach. Wer mit dem Zug fahren wollte, brauchte eine Genehmigung. Denn die meisten Züge waren damals *genehmigungspflichtig*. Eine solche Erlaubnis zu bekommen war äußerst schwierig. Vater und Sohn blieb nichts anderes übrig, als »schwarz« zu fahren. Das war anstrengend und gefährlich. In der Regel wurde man zwar nur des Zuges verwiesen. Man konnte aber auch unangenehm auffallen und in die Passkontrollen der Militärpolizei geraten. Die Strecke nach Marienborn wäre, hätte man mit dem Zug fahren dürfen, an einem Tag zu schaffen gewesen – auch unter den damaligen Umständen. Für die beiden Bachners entpuppte sich diese Reise jedoch als richtige Odyssee. Auf einer Strecke von zehn Kilometern konnte es passieren, dass sie zweimal von Kontrolleuren aus dem Zug gewiesen wurden. Nicht immer funktionierte das Verstecken in der Toilette oder unter einer Sitzgelegenheit. Das russische Militär verstand in solchen Dingen einfach keinen Spaß. Immer wieder mussten sie, um sich nicht zu verlaufen, auf den Bahngleisen oder im Schutz des angrenzenden Waldes weitergehen, wenn sie wieder einmal aus dem Zug geschmissen wurden. Der größte Teil der Fußstrecke wurde nachts zurückgelegt. Einmal schliefen Vater und Sohn in einer parkähnlichen Anlage, auf zum Teil defekten

Holzbänken. Es war nicht immer ungefährlich, in solch einer einsamen Gegend zu nächtigen. Einer musste zumindest versuchen wach zu bleiben, wenn der andere schlief. Es war zu viel Gesindel unterwegs. Erst nach drei Tagen erreichten sie endlich ein Laubwaldstück, wo sie auf Gleichgesinnte trafen. Es war schon spät am Abend und es hatte den Anschein, als ob hier ein Treffpunkt sei. Schon ein gutes Dutzend Leute waren versammelt. Kurt Bachner kam mit einigen Männern ins Gespräch und erfuhr, dass man die letzten Kilometer bis zur amerikanischen Zone nur zu Fuß und unter größter Vorsicht zurücklegen konnte. Es war eine buntscheckige Gesellschaft, die sich da eingefunden hatte. Nicht alle wollten in die West-Zone, einige kamen von da und hatten Schmugglerware oder dergleichen dabei. Denn natürlich herrschte ein reger Schmuggel von Ost nach West und von West nach Ost. Josef hatte inzwischen eine kleine Gruppe entdeckt, die sich von den anderen etwas abgesondert hatte. Er sprach einen Jüngeren an, der in seinem Alter sein mochte. Was er hörte, war sehr aufschlussreich: Die Gruppe wartete auf einen so genannten *Führer,* der gute Ortskenntnisse besaß und die Menschen in größeren Gruppen zur Grenze brachte. Kurt Bachner beschloss, sich mit seinem Sohn einer solchen Gruppe anzuschließen. Schließlich näherte sich ein Mann der Gruppe, der sich Bachner angeschlossen hatte, und gab nach einer kurzen Begrüßung einige Ratschläge, was das Verhalten während des Marsches durch die gefährlichen Gebiete betraf. Der Mann sprach ein gepflegtes Hochdeutsch und schien die Ruhe in Person zu sein. Er erklärte der Gruppe, dass die ersten Kilometer wohl die riskantesten seien. In diesem Teilabschnitt kontrollierten die Russen sehr streng, erklärte er weiter; und es sei enorm wichtig, dass sich jeder in der Gruppe genau an seine Anordnungen halte. Sollte es zu einem unvorhersehbaren Zwischenfall, wie etwa ein Zusammentreffen mit einer russischen Patrouille kommen, seien alle auf sich selber gestellt. Es stehe dann jedem frei, ob er sich ergeben oder lieber fliehen wolle. Es sei auch nicht auszuschließen, dass die Russen von ihrer Schusswaffe Gebrauch machen könnten. Der Abmarsch sollte gegen 1 Uhr stattfinden; dies sei die günstigste Zeit, weil da der Postenwechsel bei den russischen Grenzsoldaten stattfinde.

Bachner und sein Sohn hatten noch einige Stunden Zeit und die wollten sie nutzen, um sich vor dem Marsch so gut wie möglich auszuruhen und etwas zu essen. Bachner sah, mit dem Rücken an einen Baum gelehnt, zu, wie Menschen kamen und gingen. Einer, der mit ziemlicher Sicherheit aus der West-Zone kam, trug ein lebendes Schwein auf seinem Rücken, andere wiederum schleppten Rucksäcke oder dergleichen mit sich. Gegen Mitternacht waren die meisten Leute verschwunden. Nur die Gruppe mit den Bachners war noch da. Der »Führer« rief nun die Gruppe zu sich und wiederholte mehr oder weniger die Verhaltensweisen, die er schon vor einigen Stunden erklärt hatte.

Dann brachen sie auf. Bachner hielt sich mit seinem Sohn ziemlich am Schluss der Gruppe auf. Er hatte die Absicht, sobald sie auch nur annähernd die Grenze erreicht hatten, sich vom großen Haufen zu trennen. Er glaubte nicht recht daran, dass die mehr als ein Dutzend Leute sich alle so verhalten würden, dass man ungesehen zur Grenze gelangen konnte. Mittlerweile gingen auch die mitgenommenen Brotvorräte zu Ende und Bachner wollte schleunigst die West-Zone erreichen. Nach etwa 1½ Stunden trat ein, was Kurt Bachner befürchtet hatte: Eine russische Streife hatte die Gruppe entdeckt. Bachner, der die ganze Zeit fast am Schluss ging, sah die Patrouille als erster. Die

Russen, vier an der Zahl, kamen auf der rechten Seite aus dem Unterholz und riefen »Stopp! Halt!« in gebrochenem Deutsch. Zugleich richteten sie die Waffen auf die Leute. Bachner riss seinen Sohn, der unmittelbar neben ihm ging, zu Boden. Die Menschen rannten trotz der Haltrufe in alle Richtungen auseinander. »Bleib liegen!«, flüsterte Bachner seinem Sohn zu. Je zwei der russischen Grenzsoldaten verfolgten einige der Fliehenden in verschiedene Richtungen. Bachner, den Körper eng auf den Boden gepresst, versuchte mit der rechten Hand nach seinem Sohn zu greifen, um ihm nochmals klar zu machen, ebenfalls flach am Boden liegen zu bleiben. Plötzlich war vor ihnen niemand mehr zu sehen. Und das war genau der Augenblick, auf den Kurt Bachner gewartet hatte.

»Jetzt!!«, rief er seinem Sohn zu, sprang auf und beide rannten, als ob der Teufel persönlich hinter ihnen her sei, einfach geradeaus. Sie liefen so schnell es nur ging, ohne nach hinten oder zur Seite zu blicken. Erst als sie völlig erschöpft waren und keine Luft mehr bekamen, hielten sie inne. Sie warfen sich wieder zu Boden und rangen nach Atem. Jetzt erst bemerkten beide, dass sie in einer seichten Mulde lagen und unmittelbar rechts daneben konnten sie trotz der Dunkelheit eine Straße erkennen. Nach einer kurzen Verschnaufpause kroch Bachner näher zur Straße hin, musste aber sofort wieder in die Mulde zurückkriechen, denn laute Stimmen waren plötzlich zu hören.

»Josef - hinter mir her!«, sagte er zu seinem Sohn. Und flach auf den Boden gepresst, robbten beide zu einigen Sträuchern, die am Rand der Bodenvertiefung standen. Zum Glück hatten sie in den Büschen Schutz gefunden. Denn laute Schritte und Stimmengewirr waren nun ganz deutlich zu hören. Es war wohl die russische Streife, die auf der nur einige Meter von der Senke entfernten Straße ein halbes Dutzend Menschen vorbeitrieb. Nach einigen Minuten herrschte wieder völliges Schweigen. Langsam hob Kurt Bachner seinen Kopf, um über die Bodenvertiefung zu schauen. Nichts war zu erkennen, keine Menschenseele war zu sehen. »Wir müssen sehen, dass wir vor Tagesanbruch die Grenze erreichen. Es wird nicht mehr lange dauern, bis es hell ist.« Die Orientierung war aber nicht allzu schwer, denn in östlicher Richtung war bereits ein leichter Schimmer zu erkennen, der den Sonnenaufgang ankündigte. Bachner hatte auch gut aufgepasst. Die Russen hatten die Leute, die sie eingefangen hatten, ja nahe an ihnen vorbeigetrieben. Sie wurden also wieder ins Hinterland der *Ost-Zone* gebracht. Bachner und sein Sohn brauchten also nur in entgegengesetzter Richtung der Straße zu folgen, um auf amerikanisch besetztes Gebiet zu gelangen. Doch keiner wusste, wie weit man noch entfernt war. Die Straße war menschenleer. Und da das spärliche Buschwerk auf beiden Seiten nicht gerade üppig war und somit wenig Schutz bot, blieben sie direkt auf dem Weg, um schneller voranzukommen. Sollte sich jemand nähern, konnte man sich immer noch in die Büsche schlagen. Nach etwa 20 Minuten kam nach einer scharfen Linkskurve ein kleines Anwesen in Sicht. Vorsichtig näherten sie sich dem Gebäude. Die Bewohner mussten zu Hause sein. Deutlich konnten sie den Rauch sehen, der aus dem Schornstein aufstieg.

»Bleib du mal hier, Josef«, sprach Bachner, »ich schau mich mal um. Sollte was schief laufen, dann versuche, dich allein in den Westen durchzuschlagen!« - »Ist es nicht besser, wenn ich nachsehe?«, fragte der Sohn. »Lass gut sein«, antwortete der Vater, »es bringt uns nichts, wenn sie uns beide erwischen!« Dann ging Kurt Bachner los.

Er näherte sich dem Gebäude von der Rückseite her. Eine kleine Scheune schloss sich unmittelbar dem Wohnhaus an. Als er nur noch wenige Meter entfernt war, bemerkte er, dass sich dort jemand aufhielt. Vorsichtig blickte er durch das halb geöffnete Tor. Er sah einen älteren Mann, der Heu auf einen Schubkarren lud. Nach kurzer Überlegung beschloss Kurt Bachner, sich dem Manne zu nähern. Dieser reagierte überrascht, aber nicht erschrocken über den plötzlichen Besuch. Es war noch nicht ganz Tag und die Lichtverhältnisse ließen zu wünschen übrig. Bachner grüßte freundlich und entschuldigte sich für sein unerlaubtes Eindringen. Obwohl der Mann anfangs verblüfft war, hatte er sich sofort wieder gefasst und forderte Bachner höflich auf, näher zu kommen. Dieser schloss daraus, dass der alte Herr schon öfter in einer ähnlichen Lage gewesen sein musste; und so war es auch. Er erzählte, dass regelmäßig Leute auf sein Anwesen kamen, die die Orientierung verloren hatten und nicht mehr wussten, wie sie die West-Zone erreichen konnten. Bachner erklärte, dass er seinen Sohn holen müsse, damit er sich nicht unnötig Sorgen mache. Als Kurt Bachner mit Josef zurückkam, wurden beide schon an der Haustür erwartet. Eine junge Frau begrüßte sie und bat sie einzutreten. Es stellte sich im Laufe des nachfolgenden Gesprächs heraus, dass die junge Frau die Schwiegertochter war und mit den Schwiegereltern alleine auf dem kleinen Hof lebte. Ihr Mann, der Sohn des Hauses, war in Stalingrad gefallen. Die Schwiegermutter lud die beiden ein, in der großen Wohnküche Platz zu nehmen und bereitete ohne viel Worte ein Frühstück zu. Es gab eine warme Milchsuppe mit Schwarzbrot. Für die Bachners war dies seit mehreren Tagen die erste warme Mahlzeit. Noch während des Frühstücks brachte Kurt Bachner sein Anliegen vor. Er berichtete, dass sie von

Berlin über Magdeburg hierher gekommen seien und natürlich gerne wüssten, wo sie sich eigentlich befanden. Herr Schwanek, so der Name des Eigentümers des Anwesens, merkte sofort, dass Bachner das Wort »West-Zone« vermied. »Ich verstehe Ihr Misstrauen«, sagte Schwanek, »aber Sie sind nicht der Erste, der rüber in den Westen will.« Erleichtert erzählte Bachner den dreien, dass er sich noch an den Namen der Ortschaft erinnere, nämlich Ummendorf oder so ähnlich, wo sie sich der *Gruppe* mit einem *Führer* angeschlossen hatten. Er wusste auch genau, dass sie zuvor die Bahnlinie überquert hatten. Der alte Mann nickte. »Das könnte stimmen«, meinte er und klärte die beiden auf, dass es bis zur Grenze Marienborn-Helmstedt nicht mehr weit sei. Sein Anwesen gehöre zu dem Ort Belsdorf, der nur zwei Kilometer rechts über der Bahnlinie liege. Er bot ihnen seine Hilfe an, wenn sie es denn wollten. Und ob die Bachners das wollten! Nach diesem aufschlussreichen Gespräch einigte sich Kurt Bachner mit Schwanek, dass er sie nach Marienborn und von da weiter nach Helmstedt begleiten würde und seine geographischen Kenntnisse zur Verfügung stelle. Schwanek erzählte den beiden noch, dass der Grenzkontrollpunk »Marienborn-Helmstedt« bereits im Sommer 1945 von den alliierten Siegermächten eingerichtet worden war. Dieser Grenzübergang sollte später einmal der bedeutendste Kontrollpunkt an der innerdeutschen Grenze werden.

Für Bachner und seinen Sohn war der heutige Tag etwas Besonderes. Es war wohltuend, in derart schlechten Zeiten Menschen zu treffen, die ohne viel Aufhebens ihr Weniges mit ihnen teilten und ohne einen Hintergedanken ihre Hilfe anboten. Dank der hervorragenden Ortskenntnisse des Herrn Schwanek erreichten Vater und Sohn ohne weitere Zwischenfälle

Marienborn. Schwanek wusste eine Stelle, wo man einigermaßen sicher Helmstedt erreichen konnte. Nach einigen guten Ratschlägen, die er den beiden noch mit auf den Weg gab, verabschiedete er sich. Obwohl man sich nur wenige Stunden kannte, war dieser Abschied so herzlich, als wenn sich gute alte Bekannte Lebewohl sagen würden. Die letzten Worte des alten Mannes waren an Kurt Bachner gerichtet: »Passen Sie gut auf Ihren Sohn auf. Ich konnte meinem Jungen in Stalingrad nicht beistehen!« Ohne sich nochmals umzudrehen – er wollte nicht, dass man die Tränen in seinen Augen sah – ging er davon.
Auf dem Weg zum Bahnhof Helmstedt sagte Josef zu seinem Vater: »Es ist schon eigenartig, da kennt man einen Menschen erst einige Stunden und es kommt einem vor, als ob man schon Jahre mit ihm vertraut ist.« - »Es ist einfach die Zeit, in der wir leben, die einem solche Gefühle eingibt«, antwortete der Vater. »Die Existenzangst, der Hunger und der tägliche Kampf ums Überleben lässt viele Menschen anders handeln als in normalen Zeiten.« Nach einer Weile fügte er hinzu: »Wenn man dann auf jemand wie diesen Schwanek und seine Familie trifft, sind solche Empfindungen durchaus möglich.« Eine Stunde später hatten sie den Bahnhof erreicht. Nun ging das Spiel von neuem los. »Schwarzfahren« und Fußmärsche waren ab jetzt wieder angesagt. Nicht auffallen, um jeder Ausweiskontrolle aus dem Weg zu gehen, war oberstes Gebot. Jetzt, wo man endlich die amerikanisch besetzte Zone erreicht hatte, mussten die Kennkarten (Personalausweise) gut versteckt werden, um nicht als Bürger der sowjetischen Besatzungszone identifiziert zu werden. Das hätte unweigerlich die erzwungene Rückkehr nach Grünheide zur Folge gehabt. Vater und Sohn sprachen sich zum wiederholten Mal ab, was sie bei einer Verhaftung zu sagen hatten.

Fast gebetsmühlenartig wiederholte Kurt Bachner die Worte: »Wir kommen aus der Tschechoslowakei!« Dies war für beide die einzige Chance, nicht in die russische Zone abgeschoben zu werden.
Kurt Bachner hatte in Erfahrung gebracht, dass um 19 Uhr ein Zug von Helmstedt nach Braunschweig fuhr. Das war genau in die gewünschte Richtung. Sie wollten über Braunschweig Hannover erreichen und dann über Würzburg nach Nürnberg. War man erst einmal in Nürnberg, so gab es mehrere Möglichkeiten, die Oberpfalz zu erreichen. In unmittelbarer Nähe des Helmstädter Bahnhofs gab es hinter einer Hausruine regen Schwarzhandel. Kurt Bachner tauschte für Zigaretten, die noch aus Beständen von Rüdigers Vater in Grünheide stammten, etwas Brot und ein Stück fetten Speck (ca. 200 Gramm) ein. Wenn man sparsam damit umging, hatten beide für drei Tage wieder etwas zu essen. Endlich war es soweit, der Zug nach Braunschweig fuhr ein. Auf dem Bahnsteig sah man außer einigen Reisenden und Bahnbediensteten auch amerikanische Militärpolizei (MP), die bereits Kontrollen auf dem Bahnsteig durchführten. Bachner und Sohn hatten anderes vor. Sie hielten sich am Ende des Zugs auf und benahmen sich so, als ob sie jemand erwarteten. Sobald sich eine günstige Gelegenheit bot, sprangen sie hinter dem letzten Wagen über die Gleise, um den Waggon von der dem Bahnsteig abgewandten Seite zu besteigen. Manchmal mussten sie feststellen, dass sie nicht die Einzigen waren, die so in den Zug stiegen. Fahrkarten konnten sie nicht kaufen, die meisten Züge waren ja genehmigungspflichtig. Heute hatten sie etwas mehr Glück. Die erste Kontrolle konnten sie innerhalb des Zuges umgehen, bei der zweiten wurden sie durch den Schaffner und Zugführer gestellt, was zur Folge hatte, beim nächsten Halt aus dem Zug

gewiesen zu werden. Es war schon dunkel, als sie den kleinen Bahnhof betraten. Ein Mann bediente am Fahrkartenschalter, ein zweiter machte Dienst als Weichenwärter in einem hölzernen Anbau. Kurt Bachner steckte sich eine Zigarette an und versuchte mit dem Weichenwärter ins Gespräch zu kommen. Er wollte wissen, ob vielleicht doch noch am Abend oder in der Nacht ein Zug nach Braunschweig fuhr. Der Eisenbahner schaute Bachner kurz an. Ein leichtes Lächeln huschte über sein Gesicht, als er sagte: «Dürft ihr denn überhaupt fahren?« - »Natürlich nicht«, antwortete Bachner. »Aber wir fahren trotzdem!« - »Na ja, ist mir auch egal, ein Personenzug fährt erst wieder gegen morgen, aber um Mitternacht kommt ein Güterzug!« Dann erklärte er den beiden *Schwarzfahrern*, dass der Güterzug hier manchmal ein oder zwei Wagen abstellte. Da die Waggons erst einmal ausrangiert wurden, dauerte der Aufenthalt meistens eine halbe Stunde. Als *Schwarzfahrer* wussten sie natürlich, dass einige der Güterwagen mit Bremshäuschen ausgestattet waren. Diese waren das ideale Versteck, um Kontrolleuren und Bahnbediensteten aus dem Weg zu gehen. Der Weichenwärter ging, nachdem er einen Weichenhebel umgelegt hatte, zu seinem Kollegen am Fahrkartenschalter. Josef meinte, man sollte sich die nähere Umgebung des Bahnhofs anschauen, – als der Eisenbahner plötzlich zurückkam. Er winkte die beiden zu sich und bot ihnen an, bei ihm im Weichenwärterhäuschen auf den Güterzug zu warten. Die Bachners nahmen das Angebot dankend an. Auf die Frage, warum sie so spät noch unterwegs waren und was sie in Braunschweig zu tun hatten, antwortete Kurt Bachner ohne zu überlegen, dass sie eine Verwandte dort besuchen wollten. Josef beeilte sich, dies zu bestätigen. Bachner war ein vorsichtiger Mann, er wusste ja nicht, wen er vor sich hatte.

Kein Außenstehender, geschweige denn ein Fremder durfte erfahren, dass sie von Ost nach West unterwegs waren. Der skeptische Blick des Bahnbediensteten war nicht zu übersehen, was Bachner aber gleichgültig war. Das Wärterhäuschen war geheizt. Da die Nächte manchmal noch kalt waren, tat dies richtig gut. Manchmal klingelte das Telefon, das an der Holzwand befestigt war. Dann wechselte der Weichenwärter mit dem Anrufer ein paar Worte und bestätigte kurz, dass er verstanden habe. Darauf ging er zu einem der sechs Weichenhebel und legte diesen in die andere Richtung um. Bis zum Eintreffen des Güterzugs hatten sie kein Wort mehr miteinander gesprochen. Als der Zug im Bahnhof einfuhr, ging der Mann auf den Bahnsteig hinaus und wartete, bis dieser zum Stehen kam. Er wechselte ein paar Worte mit dem Lokführer und dem Heizer, dann stieg er aufs Trittbrett der Lok, hielt sich am Haltegriff fest und der Zug setzte sich wieder in Bewegung. Ein Stück weit vom Bahnhof hielt er an, dann legte einer der Männer eine Handweiche um und langsam fuhr der Güterzug, aber nun auf einem anderen Gleis, erneut in den Bahnhof ein. Vom Weichenwärterhaus aus beobachteten die Bachners die Rangiertätigkeit. Die zwei letzten Waggons wurden abgehängt. Noch einmal fuhr der Zug ein wenig aus dem Bahnhof hinaus und kam auf demselben Gleis zurück, auf dem er ursprünglich eingefahren war. Der Weichenwärter ging wieder in sein Häuschen und sagte zu den Wartenden, dass sich am vorletzten Wagen des Zugs ein Bremshäuschen befand. Die beiden hatten verstanden. Sie verließen den Raum, bedankten sich bei dem Eisenbahner und gingen ohne Hast in Richtung Zugende. Lokführer und Heizer hatten die Fenster der Lok bereits geschlossen; und nach einem gellenden Pfiff fuhr der Zug langsam an. Das war der Moment, wo Bachner und sein Sohn

auf den Zug sprangen und sich im Bremshäuschen versteckten. Der Güterzug bestand höchstens noch aus zwölf Waggons und trotzdem fuhr er ziemlich gemächlich. Der Qualm der Dampflok drang bis zu den hinteren Wagen und somit auch ins Bremshäuschen. Vater und Sohn hatten sich hinter dem eisernen Bremsrad auf das schmale Holzbrett gezwängt, dass ja nur für eine Person gedacht war. Der Fahrtwind pfiff durch ein kleines offenes Fenster und auch durch die Tür, die nicht richtig schloss. All diese Widrigkeiten schienen den Bachners nichts auszumachen. Für sie war nur eines wichtig: so schnell wie möglich ins Bayerische Elbach zu kommen. Aber bis dahin lag noch ein weiter Weg vor ihnen. Nach einer guten Stunde hielt der Zug an. Sie hatten einen kleinen Bahnhof erreicht. Schon wieder mussten einige Rangierfahrten durchgeführt werden, um einen Waggon anzuhängen. Dann ging die Fahrt ohne einen nochmaligen Halt weiter, abgesehen von Signalen auf offener Strecke, vor denen der Zug gelegentlich anhielt. Es wurde bereits Tag und Kurt Bachner konnte durch das kleine Fenster ein Straßenschild neben der Bahnstrecke erkennen: »Nach Braunschweig 15 km«. Es war höchste Zeit, beim nächsten Halt den Zug zu verlassen. Selbst auf die Gefahr hin, dass man wieder einmal einen längeren Fußmarsch in Kauf nehmen musste - Braunschweig war ihr nächstes Etappenziel. Heute hatten sie ausnahmsweise Glück. Der Güterzug hielt in einem Vorortbahnhof von Braunschweig. Noch während er langsam wieder anfuhr, sprangen Vater und Sohn ab und setzten ihre Reise zu Fuß fort.
Hunger und Durst meldeten sich jetzt vehement. Kurt Bachner wollte zum Hauptbahnhof, um etwas zu trinken. Vielleicht würden sie auch etwas Essbares bekommen. Die Bahnhöfe der größeren Städte sahen alle gleich aus: Ruinen und Schutthaufen,

das war alles, was im Umfeld zu erkennen war. Die Städte selber präsentierten sich um keinen Deut besser: Wasserrohre waren behelfsmäßig repariert und an dem Gemäuer einfach befestigt worden. Wo man hinsah – ein trostloser Anblick. In einer Ruine direkt am Braunschweiger Bahnhof hatte jemand mit alten Brettern die Seitenwände abgedichtet und ein größeres Brett einfach quer gelegt. Bei näherem Hinsehen entpuppte sich die Konstruktion als Verkaufstheke. Ein älterer Mann und seine Frau handelten mit vielerlei Gegenständen, unter anderem auch mit *Suppe*. Die Bachners kauften sich für einige Reichsmark einen Teller. Er war aus Blech geformt und der Inhalt bestand aus heißem Wasser, auf dem so etwas wie eine kleingeschnittene Karotte und undefinierbares Grünzeug schwammen. Den Beiden war dies aber egal. Hauptsache etwas Warmes, sie hatten ja noch etwas Brot, von dem sie sich ein kleines Stück erlaubten.

Nach diesem *Frühstück* sah die Welt schon etwas besser aus und Kurt Bachner war schon wieder auf Erkundung, wie man die Reise nach Hannover fortsetzten könnte. Er entschloss sich, einen Schnellzug zu benutzen, also eine erneute »Schwarzfahrt« in Kauf zu nehmen. Sie hatten großes Glück, sie wurden bis Hannover nicht ein einziges Mal kontrolliert. Und das Glück sollte ihnen an diesem Tag weiter zur Seite stehen. Durch Zufall kamen sie mit einem Mann ins Gespräch, der sie für ein paar Zigaretten, die Kurt Bachner schweren Herzens opferte, mit nach Würzburg nehmen wollte. Er hatte mit einem alten italienischen Lastwagen (einem OM) für seine Schwester Umzugsgut zu fahren. Es wurde also vereinbart, dass Manfred Köhler – so hieß der Mann – am nächsten Morgen gegen 7 Uhr die beiden am Hauptbahnhof abholen sollte. Die Nacht musste also im

Bahnhof verbracht werden. Für Kurt und Josef Bachner war das absolut nichts Neues. Seit der Vertreibung aus der Heimat hatten sie eine solche Situation schon Dutzende Male erlebt. So machten sie sich schon bald auf die Suche, um einen geeigneten Platz für die Nacht zu finden.

Es war damals nichts Besonderes, in Wartesälen der Dritten Klasse auf Bahnhöfen zu übernachten. Bahnhöfe ab einer gewissen Größenordnung wurden nachts nicht geschlossen. Hatten Reisende ihren Anschlusszug verpasst, so war der Wartesaal zur Dritten Klasse meistens geöffnet. Natürlich konnten die Fahrgäste nicht erwarten, dass der Saal auch geheizt oder sauber war; aber man hatte eine Bleibe für die Stunden bis zur Weiterfahrt. Das Mobiliar bestand lediglich aus bescheidenen Holztischen und ebensolchen Stühlen. Oft wurde auch tagelang nicht gereinigt. Und der baufällige Zustand infolge der Luftangriffe ließ alles noch trostloser erscheinen. So war es auch an diesem Abend in Hannover. Vater und Sohn setzten sich in eine Ecke des großen Wartesaals, um nicht der Zugluft durch die zum Teil kaputten Fenster und schlecht schließenden Türen ausgesetzt zu sein. Kurt Bachner konnte fast in jeder, wenn auch noch so unbequemen Lage schlafen. Josef sowieso, der hatte im Krieg in weit schlimmeren Situationen einschlafen können. Die ganze Nacht über herrschte im Saal ein reger Verkehr. Ein ewiges Kommen und Gehen.

Bereits um 6.30 Uhr hielten sich Vater und Sohn vor dem Bahnhof auf, um den Lastwagen nicht zu versäumen. Auf Manfred Köhler war Verlass. Noch vor der vereinbarten Zeit fand er sich mit seinem »OM« am Bahnhof ein. Kurt Bachner und Sohn mussten auf der Ladefläche, zwischen Kisten und Möbelstücken Platz nehmen. Im Führerhaus saßen Köhlers

Schwester und ihr zehnjähriger Sohn. Ohne Verzögerung ging die Fahrt los. Gut war, dass über der Ladefläche eine, wenn auch löcherige, Plane gespannt war. Die Bachners wurden kräftig durchgeschüttelt, waren aber trotzdem froh, nicht mit dem Zug fahren zu müssen. Hier brauchten sie keine Angst zu haben, auf die Straße gesetzt zu werden oder einer Passkontrolle aufzufallen. Nachdem der Wagen die Stadt verlassen hatte, wurde das Tempo wesentlich schneller. Dieser Köhler raste mit der alten »Kiste« wie der Teufel. Josef Bachner hob ab und zu mal die Plane, um sich zu orientieren, durch welche Gegend oder Ortschaften man gerade fuhr. Nach etwa drei Stunden hielt Köhler an. Er hatte in einem großen Kanister Dieselkraftstoff dabei, dessen Inhalt er in den Tank füllte. Obwohl bereits die Sonne schien, war es noch ziemlich frisch. Köhlers Schwester hatte zwei Thermosflaschen »Ersatzkaffee« mitgenommen, von dem sie auch den beiden Bachners anbot. Manfred Köhler hatte sogar einen ganzen Brotlaib aus dem Führerhaus geholt und gab jedem eine Scheibe davon ab. Josef Bachner sollte später noch oft erzählen, dass er diesen heißen Becher »Ersatzkaffee« sowie die Scheibe selbst gebackenes Brot nie vergessen würde. Köhler hatte es eilig, er drängte zur Weiterfahrt, was ja auch den Bachners entgegenkam. Die Fahrt war bis jetzt ohne Zwischenfälle verlaufen. Hannover lag schon ein ganzes Stück hinter ihnen, als der Lastwagen zum Ruckeln anfing. Plötzlich setzte der Motor ganz aus und Köhler musste anhalten.

»Was ist los?«, fragte Kurt Bachner, »Haben wir eine Panne?« - »Das nicht!«, antwortete Köhler, der inzwischen ausgestiegen war. »Aber ein Problem!«

Er zog seine Jacke aus, legte sich unter das Führerhaus und versuchte, dort die Ursache für das Schwächeln des Motors zu finden. Aber schon nach einigen Minuten kam er wieder hervor und fluchte: »Verdammt noch mal, das muss an der Treibstoffleitung liegen!« Er öffnete die Motorhaube und machte sich darunter zu schaffen. Schon nach wenigen Minuten schien es, als habe er den Fehler gefunden.

»Wie ich mir es dachte, die Treibstoffleitung ist verstopft!« Er musste wieder unter den Lastwagen kriechen, um an die Leitung heranzukommen. Köhler, der im Krieg in einer Fahrzeug-Instandsetzungseinheit Dienst gemacht hatte, wusste sich zu helfen. Er löste die Dieselzufuhr zum Motor und zum Erstaunen seiner Mitfahrer nahm er das Ende der Leitung in den Mund und fing an, aus Leibeskräften hineinzublasen. Dies wiederholte er einige Male. Bei jedem Versuch muss ihm wohl etwas Diesel in den Mund gelangt sein, denn er spuckte dazwischen immer Flüssigkeit aus. Endlich schien er zufrieden zu sein. Er kroch hervor, stand auf und spuckte noch mal kräftig aus.

»So! Nun wollen wir sehen, ob der Bock wieder läuft!« Er forderte alle auf einzusteigen, dann startete er den Motor und der lief tatsächlich. Weiter ging es nun in Richtung Würzburg, leider nicht ohne weitere Zwischenfälle. Die Dieselleitung musste bis Würzburg noch mehrfach genau auf gleiche Weise gereinigt werden. Manfred Köhler tat dies mit einer Engelsgeduld. Er versicherte seinen Mitreisenden, dies gerne zu machen, wenn es nur nicht zu einer ernsthaften Panne komme. Er war sogar zu Scherzen aufgelegt: »Eine Frau zu küssen wäre in der augenblicklichen Lage wohl nicht angebracht. Wenn es dann auch noch ein feuriger Kuss wäre, bestünde Explosionsgefahr!« Diese Bemerkung entlockte allen ein leichtes Schmunzeln.

Durch die vielen Unterbrechungen zog sich die Fahrt nach Würzbug reichlich in die Länge, was allen ganz schön auf die

Nerven ging. Kurt Bachner und seinem Sohn machte das noch am wenigsten aus. Sie waren froh, dass sie mitfahren konnten, denn mit dem Zug und den damit verbundenen Kontrollen hätte die Reise wesentlich unangenehmer werden können. Allerdings war es nicht gerade komfortabel auf der Ladefläche, wo sie enorm durchgeschüttelt wurden, weil Köhler nicht nur Hauptstraßen, sondern auch Nebenstraßen benutzte. Er war davon überzeugt, auf diese Weise vielen Kontrollen der Alliierten aus dem Weg zu gehen, durch die womöglich die Fahrt noch länger gedauert hätte. Von den Konsequenzen für die Bachners ganz abgesehen. Es war gegen Mittag, am nächsten Tag, als sie den Stadtrand von Würzburg endlich erreichten. Kurt Bachner und Sohn fuhren noch ein kurzes Stück mit, verabschiedeten sich dann aber von Köhler sowie dessen Schwester und ihrem Kind. Obwohl man nicht einmal zwei Tage zusammen war, fiel der Abschied doch allen schwer. Kurt Bachner gab noch drei Zigaretten mehr, als vereinbart waren, dann machten sie sich auf den Weg, um zum Bahnhof zu gelangen. Würzburg war, unmittelbar vor Kriegsende, durch einen fürchterlichen Luftangriff der Amerikaner völlig zerstört worden. Entsprechend trist war der Anblick.

Nürnberg war nun ihr nächstes Ziel und auch dieses Mal hatten sie Glück. Erst in einem Vorort von Nürnberg wurden sie aus dem Zug gewiesen; mit der Begründung, »Reisende ohne gültigen Fahrausweis« zu sein. Nur kostete es ihnen diesmal einige Reichsmark Strafe. Der Schaffner drohte im Falle einer Zahlungsverweigerung mit der Polizei. Eine Kontrolle aber war unter allen Umständen zu vermeiden. Unmittelbar darauf hatten sie noch einmal Glück: Ein so genannter »Dreiräder« (ein Auto mit nur einem Rad vorne und zwei hinten) nahm sie auf.

Der Fahrer hatte einige Säcke Getreide geladen, die er in eine nahe gelegene Mühle bei Sulzbach-Rosenberg bringen musste. Der Mann war sichtlich froh nicht alleine zu fahren. Es kam schon vor, dass eine solch wertvolle *Fracht* durch Zeitgenossen, die nur darauf warteten, dass sie sich derlei Dinge unter den Nagel reißen konnten, gefährdet war. Außer der Bekanntgabe seines Reiseziels hatte der Fahrer kein unnötiges Wort gesprochen. Bachner war dies nur recht, er hatte ebenso wenig Lust, seine Pläne bekannt zu geben. Zu dritt saßen sie nun in dem engen Führerhaus des »Dreiradlers«. Wenn einer von ihnen in die Hosentasche greifen wollte, musste der andere aufstehen. Das Fahrzeug, ein »Opel Blitz«, kam nur langsam voran. Der Fahrer rauchte Pfeife. Es musste getrocknetes Gras sein, es stank fürchterlich und im Fahrzeug wurde es unerträglich. Endlich bog der Wagen in eine Seitenstraße ein und blieb stehen. »Zur Mühle geht es da lang!«, sagte der Chauffeur und deutete mit der Pfeife in der Hand in die Richtung, wo die Nebenstraße verlief. Bachner bedankte sich fürs Mitnehmen und fragte, wie weit es denn noch bis Sulzbach-Rosenberg sei. »Wenn ihr auf der Hauptstraße weitergeht, noch etwa 6 Kilometer.« Sprach‹s, stieg in sein Fahrzeug und fuhr davon.

Es musste wohl etwas weiter als 6 Kilometer gewesen sein. Erst nach gut zwei Stunden erreichten sie den Bahnhof von Sulzbach-Rosenberg. Die Bahnstation lag nicht direkt im Ort, aber es gab eine Gaststätte, die geöffnet war. Eine Frau kam zu ihnen an den Tisch und fragte, ob sie was zum Trinken mochten. Die Auswahl war nicht groß. Es gab »Dünnbier« und Limonade. Vater und Sohn entschieden sich fürs Erste. An einem Tisch, nahe der Theke mit Zapfhahn, saßen drei Männer. Es waren wohl Stammgäste. Sie duzten die Wirtin und sprachen Oberpfälzer Dialekt. Als die drei merkten, dass die zwei Fremden sich in der gleichen Sprache unterhielten, wurden sie gebeten, am Stammtisch Platz zu nehmen. Die beiden Bachners erfuhren, dass sie sich die Reisekosten sparen könnten, wenn sie zeitlich nicht gebunden seien. Um Mitternacht fuhr ein Güterzug nach Weiden/Oberpfalz, mit dem sie bestimmt mitfahren könnten. Die Männer versicherten, den Lokführer gut zu kennen, so dass er ihnen die Mitfahrt bestimmt nicht verweigern würde. Kurt Bachner nahm das Angebot der Männer an. Es war allemal besser, als mit dem Personenzug zu fahren. Denn weitere Geldstrafen konnten sie sich nicht mehr leisten. Das Geld, das sie noch zur Verfügung hatten, brauchten sie für einen anderen Zweck. Der ältere der drei Stammtischbrüder versprach, am Abend wieder in die Bahnhofsgaststätte zu kommen. Er wollte mit dem Lokführer, den er schon viele Jahre kannte, sprechen und ein gutes Wort für die beiden einlegen. Unbedingt erwähnt werden sollte, dass die Wirtsleute Vater und Sohn zum Abendbrot einluden; und beide hatten seit langer Zeit nicht mehr so eine gute »Brotzeit« – wie die Oberpfälzer zu sagen pflegen – auf dem Teller.

Der Mann hatte Wort gehalten. Er kam gegen 22 Uhr wieder in die Bahnhofsgaststätte und wartete mit den Bachners auf den Güterzug, der, aus Nürnberg kommend, nach Weiden fuhr. Die Wartezeit wurde mit einer anregender Unterhaltung überbrückt. Kurt Bachner gab seinem Gegenüber bereitwillig Auskunft, was das Ziel anbetraf. Woher sie kamen, verschwieg er ihm aus den schon bekannten Gründen. In den Zeiten unmittelbar nach dem Zweiten Weltkrieg war übrigens niemand sonderlich überrascht, dass Menschen *Reisen* unter solch abenteuerlichen Umständen unternahmen.

Es war kurz vor Mitternacht, als der Zug eintraf. Drei Männer betraten die Gaststätte. Es handelte sich ohne Zweifel um das Zugpersonal. Sie nahmen ohne Umschweife am Stammtisch Platz. Der ältere von den dreien fragte erstaunt: »Was machst du denn noch hier - hat dich deine *Alte* rausgeschmissen?« Dabei lachte er und klopfte seinem Bekannten auf die Schulter. »Mir geht es doch nicht so wie dir!«, antwortete der und lachte ebenfalls. Das musste der Lokomotivführer sein. So war es dann auch. Bei seinen Begleitern handelte es sich um den Heizer und den Zugführer. Ohne viel Umstände kam man schließlich zur Sache. Die drei hörten sich in aller Ruhe an, was ihnen ihr Bekannter mitteilen wollte. »Klare Sache: Ihr könnt mitkommen!«, sagte der, den Bachner für den Lokführer hielt und die anderen zwei nickten zustimmend. »Ich setze euch ein Stück vor dem Weidner Bahnhof ab, dort könntet ihr nämlich gesehen werden.« Er hatte Recht. Wenn sie beim Aussteigen aus dem Zug beobachtet würden, könnten allen Beteiligten unangenehme Fragen gestellt werden. »In der Regel muss ich sowieso vor dem Einfahrsignal halten, um zu warten, bis ich die Einfahrerlaubnis bekomme«, erläuterte der Lokführer. Dann fügte er hinzu: »Wenn nicht, fahre ich einfach langsamer, so dass ihr ohne Gefahr abspringen könnt!« Mit etwa zwanzig Minuten Verspätung verließ der Güterzug den Bahnhof Sulzbach-Rosenberg. Zuvor hatten sich die beiden Bachners von dem Mann am Stammtisch und den Wirtsleuten verabschiedet und sich herzlich bedankt.
Der Zugführer nahm sie mit zu sich in den Packwagen, der sich am Schluss des Zuges befand. Im Packwagen selber war ein richtiger Kohleofen, der kräftig Wärme abstrahlte. Auf der linken Seite befand sich eine Holzbank, wo gerade mal zwei Personen Platz hatten. Auf der rechten Seite war ein festsitzender Stuhl

und ein Tisch, über dem ein Regal mit vielen Fächern angebracht war. Der Zugführer sortierte die Frachtpapiere und verteilte sie in die verschiedenen Fächer im Regal. Er war ein schweigsamer Geselle, der, wenn man ihn nicht ansprach, keinen Ton von sich gab. Das war erneut ganz im Sinne Kurt Bachners. Auf einigen Bahnhöfen wurde angehalten und rangiert. Bei solchen Anlässen verließ der Zugführer den Packwagen, denn er hatte dafür zu sorgen, dass die richtigen Waggons abgehängt und andere mitgenommen wurden. Diese Abwesenheit des Bahnbeamten nutzten Kurt Bachner und sein Sohn, um Dinge zu besprechen, die für fremde Ohren nicht geeignet waren. Als sich ein neuer Morgen ankündigte, konnte man bereits einige beleuchtete Häuser der Stadt Weiden erkennen. Der Güterzug wurde jetzt immer langsamer und kam letztendlich zum Stillstand. »Wir bekommen noch keine Einfahrt zum Bahnhof. Das Signal steht auf Rot«, sagte der Zugführer zu Kurt Bachner. »Das ist die beste Gelegenheit, den Zug zu verlassen!« - Nachdem sich die beiden fürs Mitnehmen bedankt hatten, stiegen sie aus und standen auf Schottersteinen mitten in einem Wirrwarr von Bahngleisen. Sie winkten noch einmal dem Lokführer zu, der sich vergewisserte, ob seine *blinden Passagiere* den Zug verlassen hatten. Der winkte zurück und wies mit seiner Hand auf die linke Seite, um ihnen anzudeuten, dass sie auf diesem Weg das Bahngelände verlassen sollten. Der Zugführer, der während der ganzen Fahrt keine zehn Wörter gesprochen hatte, rief ihnen zu, ja vorsichtig zu sein, um nicht unter die Räder eines Zuges zu kommen. Kurt Bachner und Sohn überquerten eilig die Schienen, um dann endlich auf einen Weg zu gelangen, der direkt am Bahndamm entlang verlief . Nach etwa hundert Metern führte er auf eine größere Straße, wo auch schon Wohnhäuser zu sehen waren. Sie hatten »Weiden in der Oberpfalz« ohne große Schwierigkeiten erreicht. Und nun hatten sie auch keine Orientierungsprobleme mehr. Sie wussten, nach *Straußlach* oder *Elbach* waren es 20 beziehungsweise 40 Kilometer. Ihr Hauptziel war vorerst einmal Elbach, von da aus wollte man versuchen – illegal versteht sich – *Hüttersdorf* zu erreichen. Der Grund, warum sie nach Hüttersdorf wollten, war einfach der, dass Josef Bachner seinen Chef, bei dem er als Metzger gearbeitet hatte, aufsuchen wollte. Sie erhofften sich, von ihm Fleisch und Schweinefett zu bekommen, um damit die Familien in Grünheide zu versorgen. Zugleich wollte man sich in Straußlach um eine Aufenthaltsgenehmigung für die amerikanische Zone bemühen und einen Arbeitsplatz suchen. Noch am selben Tag erreichten sie Straußlach und versteckten sich in der Nähe der Kleinstadt im Wald. Hier, im waldreichen Gebiet der Oberpfalz, gab es genug Plätze, um sich zu verbergen. Kurt Bachner kannte die Wälder zwischen Straußlach und Elbach aus seiner früheren Tätigkeit als Waldfacharbeiter. Die Nächte waren jetzt nicht mehr kalt und so war das Schlafen unter freiem Himmel auch kein Problem. Schon am frühen Morgen des nächsten Tages wollten sie die letzen 20 Kilometer nach Elbach in Angriff nehmen. Sie fanden in einem halb verfallenen Holzschuppen, in dem Heu für die Wildfütterung im Winter gelagert war, einen geeigneten Schlafplatz. Aus ihren Rucksäcken holten sie die letzten Vorräte hervor. Viel war es nicht mehr. Für jeden ein Stück Brot und ein kümmerlicher Rest von dem Schweinespeck, den sie sich teilten. Kurt Bachner war der Überzeugung, in Elbach, wo es viele Bauernhöfe gab, was Essbares auftreiben zu können. In einer Ecke der Scheune, wo das Dach noch einigermaßen dicht war, trugen sie die Reste des Heus zusammen und benutzten es als Unterlage für die Schlafstelle. Es brauchte nicht lange und beide fielen in einen tiefen Schlaf. Die letzten Tage hatten ihnen viel an Substanz abverlangt. Am nächsten Morgen, noch vor dem ersten Tageslicht, brachen sie auf, um so früh wie möglich Elbach zu erreichen. Das Wetter versprach schön zu werden. Der Himmel war wie leer gefegt, was einen warmen, wenn nicht sogar heißen Tag versprach. Wenn es ging, versuchte Kurt Bachner Wald- oder Nebenstraßen zu benutzten. Sie taten alles, was nur eben möglich war, um einer amerikanischen Streife oder dergleichen auszuweichen. Nachdem sie einige kleinere Ortschaften, die hier alle hauptsächlich von der Landwirtschaft lebten, hinter sich gelassen hatten, konnten sie am Horizont einen Kirchturm erkennen: »Weißt du, zu welchem Ort dieser Zwiebelkirchturm da vor uns gehört?«, fragte Kurt Bachner seinen Sohn. »Nicht genau. Aber es könnte die Kirche von Elbach sein«, antwortete Josef. »Erraten, mein Junge, das ist sie!«, versicherte Bachner und meinte, dass sie in einer guten Stunde die Ortschaft erreichen würden. Überhaupt war Kurt Bachner jetzt in seinem Element. In dieser Gegend kannte er sich aus wie kaum ein Zweiter. Sogleich nutzte er gut geschützte Abkürzungen und sie konnten sich einen großen Teil der Strecke sparen.

Es war Spätnachmittag, als sie Elbach erreichten. Zu seiner Schwägerin Anna, die ja bekanntlich hier wohnte, ging Kurt Bachner nicht. Mit ihrem Mann wollte er nichts zu tun haben. Schon seit jeher war dieser nicht gut auf die »Böhmischen« – wie er die Bachners nannte –zu sprechen. Was er in der jetzigen Situation auf keinen Fall gebrauchen konnte, war ein Streit unter Verwandten. Er wollte lieber einen ehemaligen Bekannten aufsuchen und ihn fragen, ob er und sein Sohn für ein oder zwei Tage in

seiner Scheune schlafen könnten. In Elbach selbst hatte sich nicht viel geändert. Als die Bachners das letzte Mal hier waren, konnte man mehr Besatzungssoldaten auf den Straßen sehen. Jetzt war hin und wieder ein von amerikanischen Soldaten gesteuerter Jeep zu erkennen, der an die Grenze zur Tschechoslowakei fuhr. Diese Kontrollfahrten fanden ausschließlich auf der Straße von Straußlach über Elbach bis nach Hüttersdorf statt. Ja – Hüttersdorf!! Nur knappe fünf Kilometer trennten Kurt Bachner und Sohn von ihrem Heimatort. Und der Plan, nach Hüttersdorf zu gehen und Lebensmittel (Überlebensmittel) zu holen, war für Kurt Bachner unumstößlich.
Problemlos erhielten sie die Erlaubnis, in der Scheune, wo sich noch eine Menge Heu befand, zu übernachten. Kurt Bachner setzte sich noch am selben Abend mit der Schwester seiner Frau in Verbindung, ohne dass der Schwager davon wusste. Anna war erfreut zu erfahren, dass es ihrer Schwester in Grünheide zumindest gesundheitlich gut ging, vom Hunger mal abgesehen. Sie versprach, noch am späten Abend in der Scheune vorbeizuschauen. Sie würde schon einen Vorwand finden, ohne dass ihr Mann etwas davon erfahre. Die beiden hatten es sich in der Scheune bequem gemacht. Der Hausherr brachte ihnen etwas zum Trinken und sogar einen halben Laib Brot. Anna kam erst nach 22 Uhr vorbei, es ging nicht früher. Sie brachte etwas Brot und Rauchfleisch mit, was ja schon fast an Luxus grenzte. Für eine ausgiebige Unterhaltung war leider keine Zeit, Anna befürchtete nämlich, dass ihr Mann misstrauisch werden könnte. Sie wollte auch ihren Schwager und Neffen nicht in Gefahr bringen, indem ihr Mann von ihrer Anwesenheit erfuhr. Nach dem langen Fußmarsch, sowohl an diesem als auch an den vergangenen Tagen, fielen Vater und Sohn erschöpft auf ihr Schlaflager

und schliefen auch sofort ein. Erst gegen zehn Uhr Vormittag wurden sie wach. Es hatte ja auch keine große Eile. Bachner wollte erst um die Mittagszeit die Grenze nach Hüttersdorf überschreiten und hatte sich schon einen Plan zurechtgelegt. Er lieh sich von seinem Bekannten in Elbach zwei Holzrechen aus, die sie einfach über die Schulter legten. Es sollte so aussehen, als ob sie zur Heuernte gingen. Kurt Bachner wusste eine geeignete Stelle, um über die Grenze zu gelangen. Dort würde man mit ziemlicher Sicherheit nicht in eine tschechische Grenzkontrolle geraten. Beide fühlten sich heute etwas wohler. Sie hatten sich wieder einmal gründlich waschen können, wenn auch nur mit kaltem Wasser. Sie durften die Wasserpumpe, die gleich neben ihrer Schlafstelle mitten im Hof stand, benutzen. Kurt Bachner hatte vorsorglich sein Reservehemd und die Unterwäsche gewaschen und riet seinem Sohn, dies ebenfalls zu tun. Man wusste ja nicht, ob man so bald wieder eine Waschgelegenheit fand. Sie gingen jetzt fast ausschließlich durch den Wald und nach etwa einer halben Stunde konnte man schon den Kirchturm von Hüttersdorf sehen. Endlich war die Stelle erreicht, wo sie die Grenze zur Tschechoslowakei überschreiten wollten. Bachner hatte eine gute Wahl getroffen. Von hier konnten sie die Ortsmitte von Hüttersdorf über einen Feldweg erreichen und von dort waren es nur wenige Schritte bis zur Metzgerei. Sie betraten das Anwesen von der hinteren Seite und gingen, ohne von jemanden gesehen zu werden, durch den Hintereingang ins Haus. Die Frau des Metzgers sah die beiden zuerst. Sie fing an zu schreien, weil sie im ersten Moment an Einbrecher dachte. Josef rief ihr in tschechischer Sprache etwas zu. Erst jetzt erkannte sie die Eindringlinge. Worauf sie sich beruhigte und ihren Mann holte. Sie wurden in die gute Stube gebeten und Josef Bachner erzählte, wo sie herkamen und was sie vorhatten. Die Frau bereitete ihnen ein Essen zu – und was für eines: Schweinebraten und böhmische Knödel, die noch vom Mittagessen übrig waren. Nach dem Essen brachte der Metzger eine Flasche »Magenbitter« und schenke sich und den Gästen ein. Für Vater und Sohn war es ein besonderes Gefühl, nach den Strapazen der letzten Tage. Bei einer Zigarette wurde nun beraten, wie den beiden geholfen werden sollte. Letztendlich beschloss der Metzger, ihnen in gut verschlossenen Eimern Schweinefett mitzugeben und geräuchertes Fleisch, das nicht so schnell verderben würde. Bis alles hergerichtet war, erkundigten sie sich, was sich denn nun alles verändert hatte. Josefs ehemaliger Chef winkte ab. Immer mehr Leute wurden aus dem Inneren der Tschechei geholt. Man verteilte sie auf die Häuser und Bauernhöfe, wo sie sich als neue Besitzer fühlen durften. Der Großteil wurde bis aus der Slowakei herbeigeschafft und nicht immer waren es Leute, die etwas von Landwirtschaft verstanden. Einige unter ihnen hielten auch nichts vom Arbeiten. Sie suchten nur in der Hinterlassenschaft der ehemaligen Bewohner nach Wertgegenständen und dergleichen. Zum damaligen Zeitpunkt konnte die Tschechoslowakische Bevölkerung nicht wissen, ja nicht einmal ahnen, was auf sie zukam. Es sollte eine Jahrzehnte lange kommunistische Diktatur folgen. Bachner und sein Sohn machten sich, die Rucksäcke bepackt, auf den Rückweg. Ihr Ziel war Straußlach, dort wohnte *Vetter Karl,* den es mit seiner Frau von Hüttersdorf nach Oberbühl, das nur eine Viertelstunde Fußweg von Straußlach entfernt war, verschlagen hatte. Den wollten sie besuchen und sich nach einer Arbeitsstelle umsehen. Sie hofften, auch für ein oder zwei Tage bei ihm unterzukommen. In unmittelbarer Nähe war eine größere Porzellanfabrik und das gab ihnen Hoffnung, vielleicht einen Arbeitsplatz zu bekommen. Ein Fuhrwerk nahm sie, nachdem sie ohne Zwischenfall die Tschechisch-Deutsche Grenze passiert hatten, mit bis Elbach. Nun galt es für Vater und Sohn, auf schnellstem Weg Straußlach zu erreichen. Mit ihren Rucksäcken auf dem Rücken versuchten sie, ihr Marschtempo zu forcieren, um bis zum Einbruch der Dunkelheit zumindest Straußlach zu erreichen.

Nach etwa einer Stunde Fußmarsch mussten sie die Hauptstraße benutzen, weil es nicht möglich war, den Wald als Deckung zu nutzen. Gerade aber dieses Stück Straße wurde ihnen zum Verhängnis. Ohne die geringste Chance sich zu verbergen, sahen sie einen Jeep der amerikanischen Militärpolizei, der ihnen entgegenkam. Erst sah es so aus, als ob diese von ihnen keine Notiz nahm, aber das Fahrzeug hielt dann doch an. Ein farbiger und ein weißer Soldat stiegen aus und riefen: »Stop!« Kurt Bachner wusste, Weglaufen war sinnlos. Sie blieben also stehen und warteten auf die zwei.

»Passport!«, rief einer von ihnen und machte eine unmissverständliche Bewegung mit seiner Hand. Kurt Bachner erklärte den Soldaten, dass sie keine Ausweispapiere hatten. Wie zuvor besprochen, beteuerten Vater und Sohn, aus der Tschechoslowakei zu kommen, die Behörden dort hätten sie einfach ausgewiesen. Die Soldaten sprachen kurz miteinander. Was sie sagten, konnten die Bachners nicht verstehen, beide waren der englischen Sprache nicht mächtig. Dann mussten sie in den Jeep einsteigen, was nichts anderes bedeutete, als dass sie festgenommen waren. Die Amerikaner wendeten und fuhren in die Richtung, aus der sie gekommen waren. Es war eng in dem Fahrzeug, da noch eine dritte Person auf dem Rücksitz saß. Josef Bachner musste mit den beiden Rucksäcken auf dem Boden sitzen. Der Soldat, der

mit seinem Vater auf der Rückbank saß, zog etwas die Beine an, damit Josef zumindest einigermaßen Platz hatte.
Die Fahrt führte über Straußlach nach Weiden, was wohl auch das Ziel der Militärpolizei war. Die Bachners wurden ins Militärgefängnis gebracht, wo sie auch sofort verhört wurden. – Getrennt, versteht sich. Für Kurt Bachner waren Vernehmungen nichts Neues. Er hatte gelernt, wie man sich in solchen Situationen verhielt. Was ihm Sorgen bereitete, war sein Sohn. Würde er durchhalten und sich an die Absprache halten, die sie ja bis ins kleinste Detail immer wieder geprobt hatten? Der Offizier, der das Verhör leitete und der deutschen Sprache mächtig schien, ließ keinen Zweifel daran, dass er der Aussage von Kurt Bachner keinen Glauben schenkte. Doch dieser wich keinen Zentimeter von ihr ab. Nach etwa einer Stunde wurde er mit Josef zusammen in eine Zelle gebracht. Sie bekamen noch ein Essen verabreicht, dann legten sie sich auf ihren »Pritschen« zum Schlafen. Am nächsten Morgen mussten beide noch einmal zu einer kurzen Befragung. Anschließend teilte man ihnen mit, dass sie nach Neukirchen bei Sulzbach-Rosenberg gebracht würden, um sich vor einem Militärgericht zu verantworten. Darauf folgte der Abtransport in einem Armeefahrzeug. In Neukirchen wurden sie mit anderen Häftlingen in einer alten Halle untergebracht. Da blieben sie zwei Tage. Nachdem man sie nochmals verhört hatte, kamen sie erneut nach Weiden. Dort wurden sie schließlich von einem amerikanischen Militär-Tribunal wegen illegalen Grenzübertritts zu zwei Jahren Gefängnis verurteilt. Vater und Sohn waren natürlich schockiert über diese Verurteilung. Alles, was sie sich vorgenommen hatten, war durch dieses Urteil reine Makulatur. Wie sollte es nun weitergehen? Die Familien in Grünheide warteten vor allem auf die Lebensmittel; und

auf die Nachricht, in die Westzone ausreisen zu können. Selbst Kurt Bachner hatte jetzt Schwierigkeiten, klaren Kopf zu behalten. Er versuchte, über die Gefängnisverwaltung Kontakt zu seinem Vetter in Oberbühl aufzunehmen. Der Soldat auf der Schreibstube machte sich zwar Notizen von dem, was Kurt Bachner ihm vortrug, ob er es weiterleiten würde, war eine andere Sache.

Derweil herrschte in Grünheide bei den Familien nur noch die nackte Angst. Keine Nachricht von den beiden - dabei hätten sie bereits zurück sein müssen. Natürlich hatte Kurt Bachner seiner Frau eingeschärft, nicht gleich nervös zu werden, sollte es länger dauern als vereinbart. Trotzdem hatte Rosi Bachner ein ungutes Gefühl. Sie versuchte aber, sich nichts ansehen zu lassen, Lisa und auch Reinhard merkten aber doch, dass etwas passiert sein musste. Georg war fast täglich bei seiner Schwägerin, um seine Unterstützung anzubieten. Einen kleinen Seitenhieb konnte er sich jedoch nicht verkneifen: »Ich habe schon gewusst, warum ich da nicht mitgemacht habe!«, sagte er zu Rosi Bachner. »Es war vorauszusehen, dass es schief geht.« Willi war da anderer Meinung. Er gab zu, dass es wohl zu Schwierigkeiten kommen könnte, aber dass Vater und Bruder das schaffen würden, daran ließ er keinen Zweifel aufkommen. Barbara, die Frau von Josef, machte sich naturgemäß die größten Sorgen. Saß sie doch mit ihren drei kleinen Kindern ganz alleine da. Alles, die Versorgung und die alltäglich anfallenden Probleme musste sie jetzt irgendwie bewältigen. Rosi Bachner, vor allem aber Lisa unterstützen Barbara, wo dies nur immer möglich war.

Inzwischen hatten Kurt Bachner und sein Sohn bereits einige Tage Gefängnis hinter sich gebracht. Zu ihrer Überraschung wurden sie urplötzlich auf die Kommandantur gebracht. Der Dienst habende Offizier ließ ihnen durch einen Dolmetscher mitteilen, dass sie aus dem Gefängnis entlassen würden. Die Bedingung war aber, dass die Angaben, die Kurt Bachner bei der Gefängnisverwaltung gemacht hatte, der Wahrheit entsprachen. Bachner hatte dort die Adresse seines Vetters angegeben, der in Altenried-Oberbühl wohnte, das zur Kreisstadt Straußlach gehörte. Sie mussten eine schriftliche Erklärung abgeben, dass der Vetter sie in seiner Wohnung aufnehmen würde. Sie bekamen eine *vorläufige Aufenthaltsgenehmigung,* die sie berechtigte, vier Wochen in der amerikanisch besetzten Zone zu bleiben. Es wurde ihnen dringlichst nahegelegt, für sich und die Familie eine unbefristete Aufenthaltsgenehmigung zu beantragen.

Der Offizier machte nun deutlich, dass die Sache für ihn erledigt war. Die Bachners bedankten sich, sie waren heilfroh, so glimpflich davongekommen zu sein. Als sie schon fast an der Tür waren, rief der Dolmetscher sie noch mal zurück. Er erklärte ihnen, dass sie ihre Rucksäcke mit Inhalt – er betonte besonders das Wort *Inhalt* – am Ausgang ausgehändigt bekommen würden. Als sie verdutzt den Offizier ansahen, konnte dieser ein Lächeln nicht verbergen und seine Handbewegung sagte ihnen, dass sie gehen konnten. Sie bekamen tatsächlich ihre Sachen zurück und es fehlte nichts. Mit der »Vorläufigen Aufenthaltsgenehmigung« in der Tasche strebten sie dem Bahnhof Weiden zu. Jetzt würde man sie wohl bis Straußlach mit dem Personenzug fahren lassen. Die Fahrt verlief friedlich. Vom Bahnhof Straußlach bis Oberbühl hatten sie gute zwanzig Minuten Fußweg zurückzulegen. Vetter Karl hatte schon damit gerechnet, dass die beiden demnächst wohl bei ihm auftauchen würden. Dass dies so schnell ging, hatte er nicht gedacht. Die Freude war groß. Und

während seine Frau das Essen zubereitete, zu dem Kurt Bachner Fleisch beisteuerte, schmiedete er schon Pläne: »Ich kenne in Altenried einen Mann, der war mit mir im Konzentrationslager Dachau inhaftiert«, erzählte er. Die Bachners wussten, dass Vetter Karl zwei Jahre wegen verbotener »Gewerkschaftlicher Tätigkeit« im KZ-Dachau einsaß. Er war dort mit einem Herrn Gerster auf dem gleichen Block untergebracht. Der wohnte jetzt in Altenried und hatte mit Vetter Karl eine Verabredung, zu der er Kurt Bachner mitnehmen wollte.
Kurt Bachner und Sohn lernten noch am selben Tag Herrn Gerster kennen. Es stellte sich heraus, dass dieser von der amerikanischen Kommandantur kommissarisch als Direktor der »Porzellanfabrik Straußlach« eingesetzt war. Der Empfang war herzlich und Gerster konnte nicht glauben, dass Kurt Bachner fast fünf Jahre »Sachsenhausen« überlebt hatte. Da Gerster einige Häftlinge in Dachau kennen gelernt hatte, die zuvor im Lager Sachsenhausen waren, erkundigte er sich bei Bachner, ob ihm einige Namen vielleicht geläufig waren. Tatsächlich war er mit einem der Genannten für einige Zeit dem gleichen Block zugeteilt worden. Gerster wurde plötzlich telefonisch in die Fabrik gerufen. So musste das Gespräch beendet werden und sie vereinbarten, sich am Abend zu einem Essen im Hause Gerster wieder zu treffen.
Nach einem für damalige Verhältnisse guten Essen machte Gerster dann folgenden Vorschlag: Kurt Bachner sollte mit seinem Sohn so schnell wie möglich zu ihren Familien nach Grünheide zurück. In der Zwischenzeit wollte er eine *Zuzugsgenehmigung* für die Familien erwirken. Weiter wollte er sich dafür einsetzten, in der Porzellanfabrik für alle männlichen Familienmitglieder einen Arbeitsplatz zu bekommen.

Kurt Bachner hatte keinen Zweifel an der Glaubwürdigkeit des Leidensgenossen Gerster. Mit einer neuen Perspektive für ihre Zukunft machte er sich mit seinem Sohn auf die Rückreise nach Grünheide.
Nun gingen die Reisestrapazen wieder los! Über Braunschweig, Helmstedt, Marienborn führte der Weg zurück über die Grenze; denn erst einmal war es erforderlich, wieder von West nach Ost zu kommen. Das ging ohne größere Schwierigkeiten vor sich. Das Problem waren die Zugfahrten, d.h. welche Züge auf welchen Strecken benutzt werden durften. Nur so viel sei erwähnt: Es musste wieder auf Güterzügen in den Bremshäuschen mitgefahren werden. Häufig wurden sie aus Personenzügen hinausgeschmissen und im Wiederholungsfall drohten erhebliche Strafen. Trotz aller Widrigkeiten erreichten sie Grünheide - mit ihrem Fleisch und den Fetteimern, die zum Glück unversehrt waren. Der Empfang war überschwänglich! In der Familie herrschte nun seit langer Zeit erstmals wieder Freude, ja fast eine ausgelassene Heiterkeit. Reinhard war stolz auf seinen Vater, er hatte nie daran gezweifelt, dass er es schaffen würde. Georg, der ewige Pessimist, musste zugeben, nicht an einen Erfolg geglaubt zu haben.
Noch am selben Abend machte Rosi Bachner ein Essen, das es in sich hatte. Ein Teil des gepökelten Fleisches wurde gebraten und jeder konnte sich seit langer Zeit mal wieder richtig satt essen. Auch bei Josef gab es zum Abendessen Fleisch. Barbara aber war überglücklich, dass ihr Mann wieder zu Hause war. Am nächsten Tag wurden Pläne gemacht, wie man den Umzug nach Straußlach beziehungsweise nach Altenried am besten bewältigen könnte. Kurt Bachner wollte mit Herrn Klee, dem Nachbarn, sprechen. Dieser hatte einen Lastwagen, mit dem er so etwas

Ähnliches wie ein kleines Transportgeschäft betrieb. Nach einem ausgiebigen Gespräch konnten sich Klee und Bachner einigen. Er versprach, die Möbelstücke, die man in den »Westen« mitnehmen wollte, nach Berlin zum Bahnhof zu bringen. Da man kaum richtige Möbel besaß, das meiste war zusammengebastelt, wurde eben nur das mitgenommen, was man als Anfang in der »Neuen Heimat« unbedingt brauchte. Unter Umständen würde wohl eine Fuhre für beide Familien reichen. Josef nahm ja auch nur das Allernotwendigste mit. Etwas anderes waren die persönlichen Dinge, Kleidung und dergleichen. Aber für diese Gegenstände hatte man auch schon einen Plan parat. Lisa und Reinhard sollten, sobald eine Adresse in Straußlach feststand, Pakete per Post an diese Anschrift schicken. Pakete aus der sowjetischen Besatzungszone in den »Westen« waren auf 1 Kilogramm begrenzt. Schickte man aber eine Sendung von West-Berlin ab, so durfte sie 10 Kilogramm schwer sein. Dieser Stadtteil genoss einen »Sonderstatus«, der viele abweichende Regelungen möglich machte.
Lisa hatte nun Order, so oft als möglich nach Berlin zu fahren, um von dort aus die Pakete abzuschicken. Dass Reinhard sie dabei unterstützen musste, war ja wohl klar. Die bürokratischen Gänge, die wegen der Abmeldung und Ausreisegenehmigung anfielen, hatten Lisa und Barbara übernommen. Eine wider Erwarten schwere Aufgabe.
Kurt Bachner und Sohn fuhren bereits einige Tage später von Berlin nach Straußlach zurück. Diesmal aber mit einer Genehmigung in der Tasche. Es sollte aber noch unbedingt erwähnt werden, was Reinhard und Lisa passierte: Als die Mutter wieder einmal einen Löffel Schweinefett dem Eimer entnahm, um Bratkartoffeln zu machen, lud sie die beiden ein, sich mal

richtig dick Fett auf ein Brot zu schmieren. Das ließen sich die nicht zweimal sagen. Fingerdick wurde das Fett aufs Brot gestrichen und mit Appetit verspeist. Reinhard stellte dabei wohl einen Rekord auf – er war schon nach wenigen Minuten mit seinem Brot fertig. Lisa hatte zu dieser Zeit noch nicht einmal die Hälfte gegessen. Reinhard war aber auch der Erste, der sich auf der Toilette übergeben musste. Bei Lisa war es kurz darauf ebenfalls soweit. Es konnte ja auch nicht anders sein! Ihre Körper, vor allem aber der Magen, waren solche Mengen an Fettstoff nicht gewohnt. Reinhard musste an das Weihnachtsgebäck denken, das er mit seinem Freund Rüdiger dessen Mutter gestohlen hatte. Damals war es ihm auch so übel ergangen. Erst am nächsten Tag hatte sich sein Magen wieder beruhigt und die Schulspeisung, die zwei »Kleietaler«, waren das Erste, was ordentlich verdaut werden konnte. Reinhard hatte natürlich seinem Freund Rüdiger mitgeteilt, dass er nicht mehr lange in Grünheide wohnen würde, was dieser gar nicht glauben wollte. Doch Reinhard versicherte ihm, sobald alles wieder in geordneten Bahnen lief, ihn zu besuchen. Leider muss erwähnt werden, dass es zu so einem Besuch nie gekommen ist.
Wegen der Umstellung auf etwas mehr Fett an den Speisen hatte Reinhard noch einige Tage Magenprobleme. Doch solche Kleinigkeiten waren jetzt nicht so wichtig. Vater hatte nämlich geschrieben, dass beide, Josef und er, in der Porzellanfabrik eine Anstellung gefunden hatten. Die Firmenleitung und die Gemeindeverwaltung hatten zugesagt, die Familien in einer Baracke unterzubringen, die noch erstellt werden musste. Herr Gerster hatte sich mächtig für Kurt Bachner in der Firma eingesetzt, ansonsten hätte es wohl mit einem Arbeitsplatz nicht geklappt. Gerster hatte überhaupt Wort gehalten. Denn schon nach

wenigen Tagen waren sie im Besitz der »Zuzugsgenehmigung« für ihre Familien. Sobald die Baracke fertiggestellt war, stand nichts mehr im Weg, die beiden Familien von Grünheide nach Straußlach nachzuholen. Die Baracke sollte mindestens für fünf Familien und für einige Alleinstehende Platz haben.

In Grünheide konnte man es immer noch nicht glauben, dass die Übersiedlung in die amerikanische Zone nun doch zustande kam. Einerseits waren alle froh, dass es in eine bessere Zukunft gehen sollte, anderseits kamen erneut erhebliche und unvorhersehbare Probleme auf sie zu. Für Willi stand fest: War er erst einmal »drüben«, würde er auch Arbeit bekommen. Und Lisa plante, in einem kaufmännischen Beruf zu arbeiten. Solcherlei Sorgen hatte Reinhard nicht! Er hatte schon so oft die Schule gewechselt, dass es auf einen Wechsel mehr oder weniger auch nicht mehr ankam. Trotz des Hungers, der in Grünheide ständiger Gast war, hatte er sich an die Schule, an Rüdiger und vor allem an den Möllensee gewöhnt. Für ihn war die ganze Übersiedlungsgeschichte einfach noch nicht aktuell. Lisa und Barbara hatten sich ständig um die Abmeldung zu kümmern. Und ein Ende war dabei noch lange nicht in Sicht.

Willi und Lisa stellten wieder einmal ihren gesamten Arbeitslohn in den Dienst der Familie. Bis nämlich Vater und Bruder in Straußlach ihren ersten Lohn bekamen, würde noch eine Weile dauern. Reinhard war jetzt nach der Schule noch öfter am See als sonst. Er trug mit seinem »Fischfang« wesentlich dazu bei, dass Mutter eine Mahlzeit zubereiten konnte, worauf er natürlich sehr stolz war.

In Kurt Bachners erstem Brief aus dem Westen, der in Grünheide sehnlichst erwartet wurde, war ein Schreiben an seinen Bruder

Georg beigefügt. Er fragte noch einmal nach, ob er sich die Sache nicht doch noch überlegen wollte, um eventuell noch mit in den Westen zu übersiedeln. Rosi Bachner überbrachte ihm das Schreiben persönlich. Georg aber lehnte erneut ab. Er war davon überzeugt, dass sein Bruder einen Fehler beging. Er erklärte seiner Schwägerin, dass es hier im Osten auch bald wesentlich besser werden würde und ein Umzug in den Westen nicht nötig sei. Er glaubte daran, dass hier ein besseren Staat entstehen würde als der im Westen. Es war Kurt Bachners letzter Versuch gewesen, seinen Bruder umzustimmen. Von nun an akzeptierte er, dass Georg anderer Auffassung war. Rosi Bachner hatte ihrerseits schon lange davon abgelassen, ihren Bruder Toni und dessen Familie zu überreden. Auch dieser teilte die Argumente von Georg.

Nachdem die Wohnbaracke in Oberbühl, einem Ortsteil von Altenried, der wiederum nur 2 Kilometer von Straußlach entfernt war, fertig gestellt war, konnte der Umzug stattfinden. Lisa und Reinhard waren nun hauptsächlich damit beschäftigt, Pakete nach Straußlach zu schicken. Zu diesem Zweck waren sie jetzt oft im Westteil von Berlin unterwegs, um, wie schon erwähnt, 10-Kilogramm-Päckchen verschicken zu können. Das ganze Hab und Gut, außer den Möbeln natürlich, wurde, soweit es sich in einem Karton unterbringen ließ, auf diese Weise in den Westen transportiert. Reinhard sollten diese Fahrten nach Berlin bis zum heutigen Tag in Erinnerung bleiben. Wenn sich viele Jahre später Lisa und Reinhard trafen, sei es bei einer Familienfeier oder was immer – von den Fahrten nach Berlin und an das Paketverschicken in die »Westzone« wurde fast immer gesprochen. Überhaupt lässt Lisa auch jetzt noch keine

Gelegenheit aus, darauf hinzuweisen, dass Ihr Bruder überall dabei war: »Er war wie eine Klette«, pflegt sie zu sagen und Reinhard schmunzelt, wenn er antwortet: »Es war deine Pflicht auf mich aufzupassen. Ich habe dafür auch manche Ohrfeige bekommen, wenn du mit deinen Freundinnen alleine sein wolltest.« Und so manches Mal folgen noch einige Erzählungen aus der damaligen Zeit. Sicher sind diese gemeinsamen Erlebnisse heute noch ausschlaggebend für die große Sympathie, die sich die beiden unverändert entgegenbringen.

Die ganze Vorbereitung auf den Umzug nach Straußlach, beziehungsweise nach Oberbühl, brachte für Lisa eine Menge an Unannehmlichkeiten. Mit Schwägerin Barbara wurde bei der Gemeindeverwaltung in Grünheide schon mehrfach die Abmeldung registriert und der Antrag auf eine Umzugsgenehmigung gestellt. Zwar versprachen die Sachbearbeiter, dies in die Wege zu leiten, aber immer wieder wurden sie auf einen späteren Zeitpunkt vertröstet.
In der Zeit um 1946/47 war Berlin ein jämmerlicher Anblick. Ruinen, Trümmer und Schutthaufen waren allgegenwärtig, so dass man oft den Überblick verlor und nicht mehr wusste, wo man sich befand. Reinhard hatte eine besondere Art sich zu orientieren. Die meisten Postämter waren provisorisch in einer Ruine eingerichtet. Nach dem Versenden der Päckchen trat er in Aktion. Um wieder zum Bahnhof zu gelangen - oder was davon noch übrig war - hatte er sich vorsorglich große Trümmerhaufen oder markante Ruinen eingeprägt, um zielsicher zurückzufinden. Es machte ihm Spaß, seiner Schwester sagen zu können, wo es langging. Oft kamen sie mit großem Hunger nach Hause, um von Mutter zu erfahren, dass es momentan nicht mög-

lich war, ein Abendbrot zuzubereiten, weil es die versprochene »Zuteilung« wieder einmal nicht gab. So mussten für jeden zwei oder drei Pellkartoffeln reichen. Es war an einem Mittwoch, als ein Brief von Vater aus Straußlach in der Burgwallstraße eintraf. Der Inhalt löste bei der Familie Bachner große Freude aus: Jetzt gab es die amtliche Zusage, dass sie in der neu errichteten Baracke in Oberbühl Wohnraum beanspruchen durfte. Die Familie konnte endlich in die West-Zone einreisen. Wichtig war jetzt nur noch die Abmeldung von der Gemeinde Grünheide. Diese zu besorgen, fiel bekanntlich in den Aufgabenbereich von Barbara und Lisa.

Aufbruch und Neuanfang im Westen

Kurt Bachner und Sohn Josef hatten einen Teilerfolg erreicht. Beide bekamen direkt einander gegenüber die Wohnungen zugeteilt. Wenn man heutige Maßstäbe anlegen würde, hätte man die zwei abgeteilten Räume in der Baracke wohl schwerlich als »Wohnung« bezeichnet. Die Baracke selbst bestand aus vier Eingangstüren, die zu jeweils zwei gegenüberliegenden Wohnungen führte. Der Vorraum war keine drei Quadratmeter groß. Seine Breite deckte sich exakt mit der Wohnungstür, die in die »Zimmer« führte. Durch die dünnen Bretterwände konnte man alles, was die Nachbarn machten, deutlich hören. Selbst ein Gespräch in vertraulicher und gedämpfter Tonlage war perfekt zu verstehen. Die beiden Wohnräume unterschieden sich in Grundriss und Größe kein Jota. Sie maßen ca. 12 Quadratmeter. Der erste Raum war »Küche«, »Wohnzimmer«, »Esszimmer« und »Kinderzimmer« in einem. Der zweite diente als Schlafzimmer und Vorratsraum. Für die Bachners entstand das Problem, vier eiserne Bettgestelle darin unterzubringen, während ein weiteres noch in einer Ecke im ersten Raum Platz finden musste. Auch die kleine Ingeborg musste ja einen Platz zum Schlafen haben. Die Toilette war in einem schuppenähnlichen Anbau installiert. Es handelte sich um eine Gemeinschaftstoilette. Für das weibliche Geschlecht war ein separater Raum eingerichtet. Auf der Männertoilette fanden sich gleich vier »Sitzgelegenheiten«, das heißt: vier Löcher in einem langen Holzbrett, die man mit einem Holzdeckel abdecken konnte. Der Kot fiel in eine Senkgrube, die ab und zu geleert wurde.

Es konnte also sein, dass sich auf der Männertoilette mehrere Personen zugleich aufhielten. Dies waren natürlich – so würde man heute sagen – unhaltbare Zustände. Doch im Jahr 1947 waren solcherlei Dinge nichts Ungewöhnliches. Die Flüchtlinge und Heimatvertriebenen konnte das nicht mehr erschüttern. Einige von ihnen hatten schon mehrere »Lageraufenthalte« hinter sich, so auch die Familie Bachner (z.B. das Lager Spremberg). Was hätte ein Protest über solch sanitäre Zustände bei der Gemeinde oder anderen Institutionen gebracht? – Nichts! Wurde doch mal jemand vorstellig, um einen menschenunwürdigen Zustand zu melden oder um Abhilfe zu bitten, bekam er zur Antwort: »Tut uns Leid, es geht nicht anders!« Es konnte aber auch passieren, dass dem Bittsteller gesagt wurde: »Wir haben euch nicht gerufen! Wenn es euch nicht passt, könnt ihr ja woanders hingehen!«

Reinhard hat mir, dem Autor, versichert, dass er keinen Gefallen daran finde, im Nachhinein aufzuzählen, was er persönlich an Demütigungen erfahren musste: »Das ist längst verziehen – vergessen kann ich es dennoch nicht! Heute, viele Jahrzehnte danach, ist alles ein wenig verblasst. Ich habe eine zweite Heimat gefunden, die mir ans Herz gewachsen ist. Durch meine vielen Wohnsitzwechsel, die ich auf der Suche nach Arbeit erlebt habe, musste ich natürlich oft und immer wieder von vorne beginnen. Wenn ich es recht bedenke, so war ich in meinem Leben sehr häufig der »Neue«. Ein so genannter »Zugereister« – die Schwaben nennen das »Reingeschmeckter« - und kann über so manche Intoleranz ein Lied singen. Aber die Alteingesessenen wissen ja nicht, was es bedeutet, seine Heimat zu verlieren. Das wünsche ich keinem. Und zum Glück kann man überall Freunde finden, wenn man sie ernsthaft sucht.«

Zurück zur Familie Bachner: In Grünheide freute man sich, bald umziehen zu können. Kurt Bachner hatte schon fleißig die Paketpost in der Baracke untergebracht, die Lisa und Reinhard verschickt hatten. Vater und Sohn hatten in ihrer »Wohnung« Strohsäcke auf den Fußboden gelegt, um sie als Bett zu nutzen. Da sie auch einen direkt vor der Baracke liegenden »Holzplatz« zugeteilt bekamen, konnten sie nach Feierabend schon Holz sammeln. Denn der Kochherd sowie ein »Kanonenofen« wurden ausschließlich mit Holz geheizt. Nun konnten die Familien kommen. Beide hatten allmählich von der Hausarbeit die »Schnauze voll«, wie Josef es nannte, zusätzlich zu der Arbeit in der Fabrik. Es wurde einfach Zeit, dass die Familien wieder zusammenkamen.

In Grünheide gab es derweil Sorgen wegen der Abmeldung. Barbara und Lisa waren inzwischen unzählige Male auf dem Bürgermeisteramt vorstellig geworden, aber immer wieder ohne Erfolg! Als niemand mehr daran glauben wollte und man schon in Erwägung zog, ohne Abmeldung Grünheide zu verlassen, wurde ihnen diese plötzlich ganz problemlos ausgehändigt. Nun stand die Übersiedlung nach Straußlach endgültig fest. Von jetzt ab liefen die Vorbereitungen auf Hochtouren.

Erst als der Abreisetag feststand, wurde es Reinhard so richtig bewusst, dass er seinen Freund Rüdiger und vor allem seinen geliebten Möllensee nun doch für immer verlassen musste. Anfangs hatte er das immer verdrängt, weil kein Datum festgelegt war. Nun aber hieß es, in zwei Wochen Abschied zu nehmen. Reinhard traf sich nun fast täglich mit Rüdiger und kein Tag verging, wo er nicht am See zu finden war. Er befand sich in einem ständigen Wechselbad der Gefühle. Einerseits freute er sich, wieder so nah bei seinem Heimatort Hüttersdorf zu

sein und dass die Familie wieder vereinigt wurde. Anderseits waren ihm in Grünheide trotz des vielen Hungers seine Schulkameraden und die Nachbarn in der Burgwallstraße schon sehr vertraut geworden. Doch diese Art von Depressionen hielt bei Reinhard nie lange an. Er malte sich in Gedanken aus, wie jetzt wohl Hüttersdorf aussehen würde und ob er sich wohl heimlich ins Haus vom Großvater schleichen könnte. All das erregte seine Neugier und milderte den Abschiedsschmerz. Wenn er, wie jetzt, jeden Tag am See auf den Stegplanken lag, ließ er seine Fantasie umherschweifen. Nicht, dass Reinhard ein ausgesprochener Träumer gewesen wäre. Er war sensibel, aber zugleich auch Realist. Lesen gehörte zu seinen Lieblingsbesch äftigungen. Er konnte aber auch länger als eine Stunde am See sitzen, ohne etwas zu tun. Oder er hörte einfach nur auf die Geräusche des Wassers oder das Rascheln im Schilf. Manchmal, wenn die Wellen an die großen Holzstämme des Stegs schlugen und außer diesem Geräusch nichts anderes zu hören war, schloss er seine Augen. In solchen Momenten träumte er dann von den Dingen, die für ihn nicht realisierbar waren. Gerne wäre er in seiner Fantasie schon älter gewesen, um der Mutter besser zu helfen oder seiner Schwester Lisa besser Paroli bieten zu können. Erst wenn Mutter oder Lisa laut hinunter zum See nach ihm riefen, kam er wieder in die Wirklichkeit zurück.
In der Schule wussten die meisten seiner Mitschüler bereits Bescheid, dass Reinhard nicht mehr lange unter ihnen sein würde. Einige beneideten Reinhard, die meisten aber ließen ihn wissen, dass sie auf keinen Fall in den Westen gehen würden. Wenn er ehrlich war, so lag ihm nicht viel an ihrer Meinung. Frau Mehnert, seine Klassenlehrerin, sagte, ihr täte es Leid, dass er die Schule verlasse. Für Sie war Reinhard ein angenehmer Schüler.

Er nahm sich vor, bis zum letzten Schultag im Unterricht mitzumachen und auch seine Hausaufgaben gewissenhaft zu erledigen. Frau Mehnert wollte sich bei der Schulverwaltung dafür einsetzen, dass Reinhard ein Zwischenzeugnis bekam. Es würde ihm in der neuen Schule von Nutzen sein.

Zwei Tage vor der Abreise wurden die noch einigermaßen brauchbaren Möbel von Herrn Klee nach Berlin gebracht. Mit Genehmigung der Gemeindeverwaltung konnten sie mit der Reichsbahn als Stückgut nach Straußlach verschickt werden. Reinhard verbrachte am Vortag der Abreise die meiste Zeit am See. Er setzte sich zum letzten Mal ganz vorne auf den Holzsteg und schaute über das Wasser. Der Möllensee war heute ruhig wie selten. Er lag glatt wie ein Spiegel vor ihm. Nicht einmal das sonst übliche, leise Klatschen der Wellen an die Holzbalken war zu hören. Abschiedsschmerz überkam Reinhard. Er drehte sich nicht um, als er Schritte hinter sich vernahm. Diese Gangart war ihm sehr gut bekannt. Nur Rüdiger konnte so laut über den Steg trampeln, das hatte er immer so gemacht und dabei oft Reinhard die Fische verjagt. Doch heute war ihm dieser nicht böse. »Komm her, du alter Gauner!«, sprach Reinhard lachend, ohne sich dabei umzudrehen. Rüdiger setzte sich zu ihm, legte die Hand um seine Schulter – was er übrigens noch nie gemacht hatte – und fragte: »Du willst mich nun wirklich verlassen?« Seinen Blick immer noch starr auf die Wasserfläche des Sees gerichtet antwortete Reinhard: »Ja. Mann! Mir tut es doch selber Leid!« Rüdiger klopfte ihm auf die Schulter: »Schon gut, ist ja gut!« Reinhard musste nun gehen, denn die Familien wollten das Handgebäck noch zu Onkel Josef (dem jüngeren Bruder von Kurt Bachner) auf den Reiherhorst bringen. Sie wollten die Nacht vor der Abreise dort verbringen. Man wollte bereits

um fünf Uhr früh zum Bahnhof nach Fangschleuse. Und vom Reiherhorst war es nicht mehr so weit wie von Altbuchhorst.
Rüdiger brachte Reinhard bis zur Tür, dann verabschiedeten sie sich. Beide kämpften mit den Tränen und nach einer letzten Umarmung versprach man, sich zu schreiben, um in Verbindung zu bleiben. Rüdiger verließ das Grundstück. Am Gartentor drehte er sich nochmals um und winkte seinem Freund zum letzten Mal zu. Reinhard wird später erzählen, dass er dieses Bild noch bis zum heutigen Tag nicht vergessen hat. Abschied zu nehmen war ihm seit frühester Kindheit vertraut. Und doch konnte er sich nie daran gewöhnen. Diese Szenen ließen ihn nie wieder los. Er hat Rüdiger bis heute nicht mehr gesehen. Auch der Briefkontakt riss nach wenigen Monaten ab. Mit verantwortlich war vielleicht auch die politische Entwicklung in der späteren DDR.
Am nächsten Morgen fuhr man von Fangschleuse nach Berlin. Bis spät in die Nacht hinein hatte man bei Onkel Josef diskutiert und geredet. Auch dieser Abschied sollte endgültig sein. Mit Josef sowie dessen Frau, die beide bis zu ihrem Tod in der DDR blieben, gab es kein Wiedersehen mehr.
Als der Zug in Berlin aus dem Bahnhof fuhr, vorbei an den Ruinen, die das Stadtbild prägten, sollte auch dies ein Abschied von dieser Stadt für einen langen Zeitraum sein. Die Familie Bachner sowie Josefs Frau Barbara mit ihren drei Kindern bekamen im gleichen Waggon einen Platz. Barbara und Rosi Bachner erhielten eine Sitzgelegenheit im Abteil »*Für Mutter und Kind.*« Reinhard blieb bei Bruder Willi und Schwester Lisa im *normalen* Zugabteil. Lisa hatte die Verantwortung für den Rucksack, der den Reiseproviant enthielt. Willi musste einen großen schweren Reisekoffer tragen, in dem sogar Hausrat (z.B. Kochtöpfe) un-

tergebracht waren. Es war gut, dass es die Einrichtung »*Abteil für Mutter und Kind*« bei der Reichsbahn gab. So waren zumindest die kleine Ingeborg und Barbaras Kinder – der kleinste war Werner, ihm folgten die schon größere Marianne und Gisela – einigermaßen untergebracht. Männer durften nicht in diese Abteile. Da viele Mütter ihre Kinder stillten, war dies mit der damaligen Moral nicht zu vereinbaren. Die Bachner-Familien konnten auch sehr froh sein, dass Willi dabei war. Der sorgte hin und wieder für Ordnung, wenn sich die Leute um die Sitzplätze im Zug stritten. In dieser Hinsicht und auch in vielen anderen Dingen konnte er sich bestens durchsetzten.
Am Abend kam der Zug im Bahnhof »Plauen im Vogtland« zum Stehen. Der Grund war leider kein normaler Stationshalt, sondern ein größerer Defekt an der Lokomotive. Nach zwei Stunden Wartezeit im Zug wurde letztendlich entschieden, dass die Reisenden aussteigen sollten. Nach einer weiteren Stunde Stehen auf dem Bahnsteig, mit Kind und Kegel, durften die Leute, die nicht in der nächsten Umgebung wohnten, im Wartesaal Platz nehmen. Familien mit Kleinkindern, vor allem aber mit Säuglingen konnten die Bahnhofsgaststätte benutzen. Eine kurze Zeit bestand Hoffnung auf einen Ersatzzug. Es wurde aber keiner eingesetzt. Die Bachners hatten in der Gaststätte an einem großen Tisch Platz bekommen, zu dem eine Sitzbank gehörte. Auf dieser konnte man die Kinder schlafen lassen. Der Kinderwagen war in Grünheide zurückgeblieben. Ingeborg konnte ja schon laufen. Wie später von Beamten der Reichsbahn mitgeteilt wurde, bestand die Gelegenheit zur Weiterfahrt erst am nächsten Morgen. Die Nacht in der Bahnhofsgaststätte war für alle Beteiligten alles andere als eine Erholung. Reinhard saß auf einem Stuhl. Zum Schlafen wurde der Kopf einfach auf den

harten Tisch gelegt. Überhaupt sahen alle sehr mitgenommen aus. Erst im Laufe des Vormittags, als endlich der Zug kam und alle wieder auf ihren Plätzen saßen, kam wieder etwas Freude auf. Die Erwartung, dass man in Kürze die »West-Zone« erreichen würde, gab jedem wieder etwas Hoffnung. Das »Frühstück« wurde im Zugabteil eingenommen und da war Lisas Rucksack gefragt. Rosi Bachner hatte alle Lebensmittel-Reserven, die noch vorhanden waren, in diesen Rucksack gepackt. Wie immer hatte sie also bestens vorgesorgt. In diesen Zeiten waren Reisen kleine Abenteuer. Nichts verlief normal.

Am Bahnhof in Gutenfürst mussten sie den Zug verlassen. Es war die letzte Station auf dem Gebiet der russischen Besatzungszone. Bei einem Gespräch mit Beamten der Grenzkontrolle stellte sich heraus, dass sie erst am nächsten Tag in die amerikanische Zone einreisen durften. Warum man sie nicht noch am selben Tag die Grenze passieren ließ, ist für die Familie Bachner bis zum heutigen Tag ein Geheimnis geblieben. Wieder wurde in einem, diesmal aber engen Warteraum übernachtet. Am Nachmittag schickte Rosi Bachner ihren Sohn Reinhard auf die Suche nach etwas warmem Wasser. Die kleine Ingeborg hatte eine Infektion an der Narbe, wo ihr das Auge entfernt worden war. Auch das »gesunde« Auge schien bereits in Mitleidenschaft gezogen zu sein. Lisa musste sie ständig beruhigen und auf dem Arm tragen. Willi wurde zum Grenzposten bestellt. Er hatte aufzuklären, warum er von der West-Zone nach Osten erst eingereist war und jetzt wieder zurück wollte. Der Eintrag auf seiner Kennkarte (Personalausweis), den die Amerikaner damals bei der Einreise nach Grünheide vorgenommen hatten, machte auch die Kontrolleure in Gutenfürst stutzig. Wie schon erzählt, stand da zu lesen: »*Nochmalige Einreise in die amerikanisch be-*

setzte Zone verboten!« Am Ende meinten die Kontrolleure in Gutenfürst, die Amerikaner in Hof-Moschendorf sollten selbst entscheiden, ob sie Willi passieren ließen.

Derweil war Reinhard auf der Suche nach warmem Wasser für seine kleine Schwester. Er hatte eine Weißblechkanne mit Deckel dabei, um eventuell das Wasser warm zu halten. Er ging in den Ort, wo er gleich ein Haus fand, das am Gartentor ein Schild mit der Aufschrift »Pfarrbüro« trug. Die Gartentür war offen. Reinhard nahm sich ein Herz und klopfte an die Haustür. Eine Frau öffnete ihm und fragte, was er denn wolle. Er brachte sein Anliegen vor, wobei ihm ein Duft in die Nase stieg, der unverwechselbar mit frisch gebackenem Kuchen zu tun hatte. Die Frau gab Reinhard zu verstehen, dass sie nicht gewillt war, seinem Wunsch zu entsprechen. Er hörte, wie sie empört schimpfte: »Immer diese Bettelei! Mach, dass du verschwindest!« Erschrocken über diesen barschen Ton ging Reinhard zum Ausgang, wobei er noch sehen konnte, dass im Flur auf einem Gestell mit Brett mehrere Kuchen lagen. Fluchtartig verließ er das Grundstück. Auf halbem Weg zum Gartentor begegnete ihm ein Mann. Er erkannte an dessen Kleidung, dass es sich um einen geistlichen Herren handelte. Er grüßte ihn mit: »Gelobt sei Jesus Christus!« Und er antwortete: »In Ewigkeit Amen!« So musste man einen Priester grüßen. So hatte es Reinhard gelernt. Der hatte nur kurz den Kopf gehoben, als er den Gruß erwiderte. Er las sofort wieder in seinem Buch. Ohne sich weiter um den Jungen zu kümmern, ging er in das Haus und Reinhard hörte noch, wie der Schlüssel von innen im Schloss umgedreht wurde.

Reinhard kam unverrichteter Dinge zum Bahnhof zurück. Nie hätte er geglaubt, dass es so schwierig sein könnte, etwas warmes

Wasser aufzutreiben. Etwa eine Stunde später bekamen sie es doch noch. Eine Reinigungsfrau hatte die Bahnhofsverwaltung verständigt. Am nächsten Morgen ging es weiter. Nächster Halt war Hof-Moschendorf. Kaum angekommen, wurde angeordnet, dass die Familien in einem Nebengebäude unterzubringen seien, um die letzen Auflagen zu erfüllen. Eine davon war die »Entlausung.« Auf Veranlassung der Amerikaner musste eine solche Prozedur durchgeführt werden. Das war nichts, was die Bachners hätte aufregen können; das alles hatte man ja schon mehrmals erlebt.

Im Übernachtungsraum waren einige stockwerkartig angeordnete Betten aufgestellt, wo die Familien noch mal eine Nacht verbringen mussten. Der Raum war zwar mit einem Ofen ausgestattet, aber Feuerholz war nicht vorhanden. Die Außentemperaturen waren an diesem Tag nicht gerade warm. Der Raum selber war bestimmt schon lange nicht mehr geheizt worden. Mit einem Wort: Das Zimmer war ein richtiger »Eiskeller«. Die dünnen Wolldecken waren nicht gerade geeignet, um Schutz vor der Kälte zu bieten. Eine Frau von der Bahnhofsmission oder dem Roten Kreuz, genau war das nicht zu erkennen, erklärte ihnen, dass sie am kommenden Morgen um 8 Uhr zur Entlausung in Baracke 2 erscheinen mussten. Todmüde suchte sich jede Familie diverse Pritschen aus. Seit Tagen hatten diese Reisenden nicht wirklich schlafen können. Doch niemand fand Ruhe. Es war einfach zu kalt! Willi ergriff wie immer die Initiative. Zwar waren die Bettgestelle aus Metall, an der Seite aber, da wo der Strohsack sich befand, waren Holzbretter. Willi zögerte nicht lange. Er beschaffte sich aus einem Lagerschuppen am Bahnhof eine Axt und machte aus den Brettern »Kleinholz«. In kürzester Zeit flackerte in dem Ofen ein Feuer und nur wenig später war der Raum

warm. Rosi Bachner war es nicht wohl bei der Sache. Sie meinte, das sei »Sachbeschädigung«. Willi aber war das vollkommen egal. Für ihn zählte nur, dass niemand mehr fror.
Am nächsten Tag ging alles sehr schnell. Nach der »Entlausung« musste Willi noch mal ins Bahnhofsbüro. Ein Amerikaner in Uniform und zwei Reichsbahnbeamte waren anwesend. Willi musste seine »Kennkarte« vorlegen, die von dem Uniformierten geprüft wurde. Anscheinend hatte er nichts auszusetzen. Er entließ Willi mit einem kurzem O.K.! Endlich saß man in dem Zug nach Marktredwitz-Weiden/Opf. Trotz aller Probleme, die die Reise bis zum jetzigen Zeitpunkt mit sich gebracht hatte, waren alle froh, endlich die »Sowjetische Besatzungszone« hinter sich zu haben. Schon um die Mittagszeit hatten sie Weiden erreicht. Es musste noch einmal umgestiegen werden, um ans Ziel zu gelangen. Und bereits nach einer Stunde Wartezeit fuhr ein Personenzug nach Straußlach. Der Zug war überbesetzt, sogar auf der Plattform der Waggons drängten sich die Menschen. Die Familie Bachner hatte mit dem Gepäck und den Kindern erneut um einen Platz zu kämpfen. Auf Willi war natürlich wieder Verlass. Er sorgte mehr oder weniger höflich dafür, dass zumindest die Kleinen und die Mütter so viel Platz hatten, dass sie Luft bekamen. Reinhard, was eigentlich unüblich für ihn war, stieg als Letzter ein. Er schaffte es nicht mehr, durch die Menschenmenge im Zug in die Nähe der Mutter oder Lisa zu kommen. So musste er die Fahrzeit von mehr als einer Stunde zwischen den fremden Menschen eingepfercht stehen. Da der Zug ja nicht nur bis Straußlach, sondern weiter bis nach Elbach fuhr, hatte Reinhard Angst, den Aussteigebahnhof zu verpassen. Zwischen all den Erwachsenen eingeklemmt war es ihm nicht möglich zu erkennen, wo gerade der Zug hielt. Sobald der Zug langsamer fuhr

und sich einer Haltestelle näherte, wurde Reinhard unruhig. Fragte er einen Mitreisenden, auf welchem Bahnhof man denn sei, bekam er meistens keine Antwort. Jeder hatte in diesem Wirrwarr mit sich selbst zu tun. Wieder wurde der Zug langsamer und Reinhard unruhiger. Da half ihm ein Zufall aus seiner misslichen Lage. Eine dicke Frau mit Rucksack, die unmittelbar vor ihm stand, rief einer anderen zu: »Ich muss in Straußlach raus! Bis zum nächsten Mal!« Nun wusste Reinhard, wann er aussteigen musste. Plötzlich quietschten die Räder, der Zug bremste ab und stand schließlich still. Die dicke Frau mit ihrem Rucksack setzte sich in Richtung Ausstieg in Bewegung. Das war leichter gesagt als getan. Die Frau aber verstand es erstaunlich gut, sich Platz zu schaffen. Mit einer Drehung ihrer massigen Figur und unter Einsatz des Rucksacks räumte sie alles und jeden beiseite, der ihr in den Weg geriet. So schlug sie eine breite Schneise bis zur Tür. Reinhard, nicht faul, hatte sich blitzschnell in das Kielwasser dieses Flaggschiffs begeben und schon war er mit am Ausstieg. Da mehrere Leute den Zug verließen, musste Reinhard erst mal schauen, ob seine Familie unter ihnen war. Am vorderen Ausstieg sah er, wie sein Bruder Willi die kleine Ingeborg und Werner über die Köpfe der Mitreisenden hinweg in seine Arme nahm. Ein Teil der Menschen war einfach zum Aussteigen gezwungen worden, damit die anderen raus konnten. Die drängten nun wieder in die Waggons zurück. Reinhard lief zu seinem Bruder und nun sah er auch Tante Barbara und die anderen. Obwohl es gar nicht warm war, war er ins Schwitzen gekommen. Am Bahnhofsausgang versammelten sich nun alle Familienmitglieder, denn man musste erst einmal richtig durchatmen. Nach einer kurzen Pause erkundigte sich Willi bei einem Bahnbeamten nach dem kürzesten Weg nach Oberbühl. Dann

brachen sie auf. Kurt Bachner und Sohn Josef mussten ja arbeiten und konnten ihre Familien nicht abholen.
In späteren Gesprächen hatte Reinhard Bachner mir (dem Autor) erzählt, dass er den Fußmarsch nach Oberbühl noch so gut in Erinnerung habe, als sei dies erst gestern gewesen. Auch die erste Begegnung mit der »Baracke«, in die eingezogen werden sollte, war für ihn unvergesslich.
Nach etwa einer halben Stunde war es dann soweit. Die Familie Bachner stand vor der Baracke, ihrem zukünftigen Domizil. Nachdem man von einem Mitbewohner erfahren hatte, welche Wohnungen den Bachners gehörten, machte man sich daran, diese zu besichtigen. Die Schlüssel waren bei einer Nachbarfamilie namens Stahl hinterlegt. Familie Stahl zeigte den Neuangekommenen, was und wo alles zu finden sei. Rosi Bachner stand in ihrer »Wohnung« mitten im Raum und konnte ihre Enttäuschung nicht verbergen. Die nackt und kalt wirkenden eisernen Bettgestelle mit Strohsack und Decke waren alles, was sich in den beiden Zimmern befand. Es war nicht schwer zu erkennen, dass hier ihr Mann die letzten Tage genächtigt hatte. Außer einem Kochherd, vor dem etwas Brennholz aufgestapelt war, das Willi sogleich zum Feuermachen nutzte, gab es rein gar nichts. Rosi Bachner war den Tränen nahe und am Boden zerstört. Sie sah in das Zimmer, das zum Schlafen gedacht war. Es hatte einen Durchgang, den man mangels einer Tür nicht schließen konnte. Von der Eingangstür aus konnte man ohne Sichtschutz in den Schlafraum schauen. Willi legte seinen Arm um ihre Schultern und tröstete sie: »Wenn morgen die Möbel kommen, sieht alles wieder ganz anders aus!«
Schon nach kurzer Zeit hatte sich die Mutter wieder gefangen. Sie machte sogar Pläne, wie die Möbelstücke aufgestellt

werden sollten. Schon nach wenigen Minuten kam die nächste Enttäuschung. Vergeblich suchte Rosi Bachner nach einem Wasserhahn. Die Baracke war nicht an die Wasserversorgung angeschlossen. Barbara war nicht minder enttäuscht. Sie rief die Schwiegermutter, um ihr mitzuteilen, dass in ihrer »Wohnung« auch nicht mehr vorhanden war als der Ofen und die Bettgestelle. Rosi Bachner holte aus dem großen Koffer einen Kochtopf, um Wasser warm zu machen. Sie glaubte, dass zumindest außerhalb der Baracke welches vorhanden wäre. Aber auch da war nichts zu finden. Frau Stahl, die Nachbarin, klärte sie endlich auf und half mit etwas Wasser aus. Trinkwasser musste von einem mehr als einen Kilometer entfernten Brunnen geholt werden. Er befand sich mitten auf einer Wiese, die zum Besitz eines Landwirts gehörte. Die Gemeindeverwaltung hatte angeordnet, dass den Bewohnern der Baracke erlaubt war, sich dort mit Trinkwasser zu versorgen. Barbaras Nachbarin holte einen Wassereimer und stellte diesen der Familie zur Verfügung. Willi ging sogleich mit einem ihrer Söhne los, um das wichtigste aller Lebensmittel aus dem Brunnen zu schöpfen.

Lisa musste unbedingt auf die Toilette. Sie suchte also den »Anbau« auf und glaubte sich plötzlich ins Vertriebenenlager Spremberg versetzt. Eine einzige »Damentoilette« für alle Bewohnerinnen der Baracke? – Das konnte ja heiter werden. Natürlich suchte sie, um ihre Hände zu waschen, vergeblich nach einer Waschgelegenheit. Es gab auch keine Wasserspülung, es war ein so genanntes »Plumpsklo«.

Das einzige Wohnhaus in unmittelbarer Nähe befand sich zur linken Seite. Es war von der Gemeinde einer zehnköpfigen Familie zur Miete überlassen worden. Alle weiteren angrenzenden Grundstücke waren Wiesen und Äcker, die den Bauern von Oberbühl gehörten. Etwas oberhalb verlief die Dorfstraße. Dazwischen lag ein braches, welliges Stück Land, das zum Teil mit Sträuchern bewachsen war. Ein Stück davon wurde den Bewohnern der Baracke, wie schon erwähnt, als ein so genannter »Holzplatz« zugeteilt. Die Wohnhäuser von Oberbühl befanden sich zum größten Teil weiter entfernt. In unmittelbarer Nähe verlief auch die Bahnstrecke Straußlach – Elbach. Mehrmals täglich konnte man einen Zug mit einer Dampflokomotive und zwei, manchmal auch drei Waggons vorbeifahren sehen. Reinhard fand dies richtig idyllisch. Das war aber auch die einzige Idylle, die Oberbühl zu diesem Zeitpunkt bieten konnte.

Um 17.30 Uhr kamen Kurt Bachner und Sohn Josef von der Arbeit aus der Porzellanfabrik nach Hause. Es kam an diesem Tag also doch noch Freude auf. Seit langer Zeit waren die Familien endlich wieder zusammen. Die beiden brachten auch noch eine gute Nachricht mit: Die Möbel waren auch schon angekommen und mussten nur noch vom Bahnhof in Straußlach abgeholt werden. Es war schon nach Mitternacht, als sie sich schlafen legten. Es wurde auch Zeit. Vater und Josef mussten um 7.00 Uhr schon wieder in der Firma sein. Die Schlafplätze wurden eingeteilt. Und wie konnte es auch anders sein: Reinhard bekam das Bett neben Lisa zugesprochen. Wenn es auch nur ein harter Strohsack und eine dünne Decke war, die zur Verfügung standen, so war das allemal besser als ein Wartesaal auf irgendeinem Bahnhof. Ein langer und ereignisreicher Tag war zu Ende.

Zunächst kam niemand in der Familie dazu, sich Gedanken über die weitere Zukunft zu machen. Schon am nächsten Tag mussten die Möbel und weitere Gepäckstücke von der Güterabfertigung am Bahnhof Straußlach abgeholt werden. Die Familie Eisen, Mitbewohner der Baracke, liehen den Bachners ihren

Handwagen. Zum Bahnhof waren es 2 Kilometer; und zweimal musste die Strecke zurückgelegt werden. Natürlich konnten mit dem Handwagen nur kleinere und mittlere Gepäckstücke befördert werden. Der selbstgebastelte Küchenschrank und die zwei großen Kisten konnten nicht so einfach transportiert werden. Ein Arbeitskollege von Kurt Bachner, der als Nebenerwerb eine kleine Landwirtschaft betrieb, hatte sich bereiterklärt, die Sachen zur Baracke zu bringen. Nach Feierabend spannte er zwei Kühe vor einen Heuwagen und fertig war die Möbelspedition. Viel zum Aufstellen hatte die Familie dann nicht. Den Küchenschrank hatte Kurt Bachner mit wenigen Handgriffen wiederhergestellt. Bis spät in die Nacht hinein wurde versucht, die Sachen aus den Kisten in den zwei engen Räumen sinnvoll unterzubringen. Eine der nun leeren Kisten wurde praktischerweise gleich als Tisch benutzt. Aus den Brettern der zweiten versuchte Bachner noch zwei Sitzgelegenheiten zu fabrizieren, was ihm auch gelang. Die drei Stühle, die man von Grünheide mitgebracht hatte, dazugezählt, ergab das für alle (die kleine Ingeborg nicht mitgerechnet) einen Sitzplatz. Rosi Bachner sorgte dafür, dass die Betttücher und Federbetten wieder zur Verfügung standen, damit man nicht mehr auf den blanken Strohsäcken schlafen musste. Überhaupt war sie nun wieder ganz die alte! Mit Lisa zusammen wurde erst einmal eine Grundreinigung der beiden Räume vorgenommen. Für das nötige Wasser hatte Willi zu sorgen. Er war einige Male gleich mit zwei Eimern unterwegs, um nicht zu oft den weiten Weg zum Brunnen bewältigen zu müssen.

Einige Tage später, es war beim Abendbrot, erfuhr Reinhard von seinem Vater, dass er am nächsten Morgen zur Schule nach Altenried musste. Er hatte ihn vor zwei Tagen auf dem Gemeindeamt angemeldet. Wieder einmal stand ihm also ein »erster« Schultag bevor. Seine aus dem Stoff eines Wehrmachtsmantels gefertigte Schultasche war schnell vorbereitet. Er wollte seine Hefte samt Lese- und Rechenbuch aus Grünheide mit zur neuen Schule nehmen. Obwohl er ja schon einige Schulwechsel überstanden hatte – in Hüttersdorf erst die deutsche, dann die tschechische Schule – beschlich ihn ein ungutes Gefühl: Er war abermals der »Neue«. Das kannte er noch zur Genüge aus Grünheide. Er lag die halbe Nacht wach, was auch Lisa bemerkte. »Kannst du nicht einschlafen?«, fragte sie leise, was Reinhard ebenso leise bejahte. »Ist es wegen der Schule morgen?«, fragte sie weiter und wieder kam vom Nachbarbett ein leises Ja. »Das schaffst du. Bist doch schon ein großer Junge. Mach dir also keine Sorgen!« Reinhard blieb jedoch weiter unruhig und wälzte sich ständig hin und her. Für ihn war es einfach zu überraschend gekommen, er konnte sich nicht darauf einstellen. Natürlich hatte er gewusst, dass er wieder zur Schule gehen musste, aber gleich morgen früh, das ging einfach zu schnell.

Die Volksschule Altenried um 7.45 Uhr an einem Dienstagmorgen. Reinhard stand auf den Steinstufen vor der Eingangstür. Es kostete ihn eine große Überwindung, das Gebäude zu betreten. Die Mutter wollte ihn begleiten, was er kategorisch ablehnte. Er wollte nicht gleich zum Gespött seiner neuen Mitschüler werden. Da die Schüler auf sein Kommen nicht vorbereitet waren, starrte ihn jeder, der vorbeiging, verwundert an. Ein etwas korpulenter Mann mit Halbglatze kam schließlich die Stufen hoch und fragte Reinhard, ob er jemanden suche. Er grüßte erst einmal höflich und gab dem Herrn die Auskunft, dass er zum ersten Mal zum Unterricht komme. Es stellte sich heraus, dass der Mann wohl sein zukünftiger Lehrer war. Er forderte Reinhard auf, mit ihm zu kommen. Das Klassenzimmer sah aus wie alle anderen auch, die Reinhard bisher kennen gelernt hatte. Klobige Tisch und Holzbänke waren in zwei Reihen aufgestellt. In die Tischplatte waren Tintenfässer eingelassen und eine Vertiefung zum Ablegen für Bleistift und Federhalter. Der Lehrer nahm ihn mit nach vorne zum Katheder, setzte sich auf seinen Stuhl und packte aus einer abgegriffenen Aktentasche einige Hefte und Bücher aus. Geduldig blieb Reinhard vor dem Pult stehen. Langsam füllte sich das Klassenzimmer. Es schien, als hätten die Schüler nicht allzu großen Respekt vor ihrem Lehrer. Sie waren laut und redeten durcheinander. Plötzlich sprang der Lehrer von seinem Stuhl hoch, so dass Reinhard erschrocken einen Schritt zur Seite machte: »Ruhe, ihr Figuren! Sonst könnt ihr mich kennen lernen!!«, brüllte er ins Klassenzimmer. Schlagartig wurde es still. Er verschränkte die Hände auf dem Rücken und ging durch den Mittelgang bis ans Ende des Zimmers. Reinhard hatte sich instinktiv umgedreht und stand nun vor der Klasse, wo sonst wohl der Lehrer stand. Er fühlte sich wie am Pranger. Fast an die Wand gelehnt stand der Pauker und wippte mit seinen Beinen nach vorne und hinten. »Wir haben einen neuen Mitschüler«, sprach er. Und ohne Übergang, nur mit etwas schärferer Stimme, fragte er: »Wie heißt du?« Erst nach einigen Sekunden hatte Reinhard kapiert, dass er ihn meinte. »Reinhard Bachner, Herr Lehrer!«, antwortete er. »Weiter, weiter, wo wohnst du - oder kommst du von einem anderen Stern?« - »Ich wohne in Oberbühl, Herr Lehrer!«, kam eingeschüchtert Reinhards Antwort. »Gibt es da auch eine Straße und Hausnummer?«, fragte er wieder und seine Stimme wurde noch um einiges lauter. »Jawohl, Herr Lehrer. Ich wohne in einer Baracke, den Straßennamen weiß ich nicht.« Ein Raunen ging durchs Klassenzimmer und Reinhard konnte in einigen Gesichtern eine deutliche Verachtung erkennen.

Reinhard bekam nun einen Platz in der ersten Bank zugewiesen, wo es drei Sitzplätze gab und einer noch frei war. Der Lehrer ging zum Katheder, setzte sich und nahm einen Zettel, der schon bei seiner Ankunft dort gelegen hatte. Es waren die Daten, die von dem Gemeindeamt an die Schule geschickt wurden. Alle Fragen, die der Lehrer Reinhard vor versammelten Klasse gestellt hatte, waren auf dem Formular beantwortet. Er musste noch weitere Fragen beantworten, vor allem wo und in welcher Schule er bisher war.
Um 10.30 Uhr, in der großen Pause, fand in einem ehemaligen Waschhaus neben der Schule die Ausgabe der Schulspeisung statt. Natürlich hatte Reinhard kein Gefäß dabei, er konnte ja nicht wissen, dass es eine solche Einrichtung auch hier in Altenried gab. In »Reih und Glied« standen die Schüler verschiedener Klassen an. Es gab Erbsensuppe. Da Reinhard keinen Topf dabei hatte, gab es für ihn nichts. Schon allein der Geruch ließ ihm das Wasser im Mund zusammenlaufen. Derweil die Schüler ihre Suppe löffelten, stand Reinhard abseits, alleine an den Zaun gelehnt und musste zusehen. Die meisten Gefäße waren aus blechernem Material und das Löffeln und Kratzen erreichte einen beträchtlichen Lärmpegel. Reinhard fiel auf, dass zwei Schüler sich keine Suppe geholt hatten. Sie hatten große doppelte Brote dabei, die mit einer dicken Schicht – was es genau war, konnte er nicht erkennen – belegt waren. Die beiden kamen auf ihn zu und wollten wissen, wo er denn herkomme, beziehungsweise wo er geboren wurde. Reinhard hatte eigentlich keine große Lust, ihnen Auskunft zu geben. Er war der Meinung, dass dies niemanden etwas anging und den beiden schon zweimal nicht. Die Schüler standen ihm nun direkt gegenüber. Jetzt konnte er auch sehen, womit ihr Pausenbrot belegt war: Es war exzellentes

Rauchfleisch, das einen appetitlichen Duft verströmte. Zudem war als Unterlage noch auffällig dick Butter aufgetragen. So etwas hatte Reinhard seines Wissens überhaupt noch nicht zum Essen bekommen. Um die beiden wieder loszuwerden, gab er ihnen die gewünschte Auskunft. »Ich bin in Hüttersdorf geboren, das ist nicht sehr weit von hier!« - »Ach so einer bist du! Ein *Böhmack*!« - So wurden die Heimatvertriebenen aus dem Sudetenland genannt. – »Habe ich mir doch gleich gedacht!« Reinhard hatte gelernt, mit dieser Art von Diskriminierung zu leben. Es war in diesen Nachkriegszeiten gang und gäbe, dass Flüchtlinge und Vertriebene von Einheimischen abwertend bezeichnet wurden. Reinhard wandte sich von den Schülern ab und ging zurück auf den Schulhof. Mutter hatte ihm ein Pausenbrot eingepackt, das er nun verspeiste. Ihm hätte es auch nichts ausgemacht, ohne etwas zu essen den Tag zu überstehen. Das war ihm in seinem noch jungen Leben schon viele Male widerfahren. Nach der Pause erfuhr er vom Lehrer, dass er demnächst auch Unterrichtsbücher bekomme. Als er auf dem Nachhauseweg über seinen ersten Tag in der neuen Schule nachdachte, fand er ihn gar nicht mehr so schlimm. Auf keinem Fall würde er die kommende Nacht so schlecht schlafen, wie in der letzten. Er hörte Schritte hinter sich und jemand rief seinen Namen. Er war schon etwas erstaunt, mit Namen gerufen zu werden. Es kannte ihn ja noch keiner. Als er sich umdrehte, stand er einem Jungen mit blonden Haaren gegenüber, der ihn fast um eine Kopflänge überragte. »Ich bin der Kurt«, sagte er. »Kurt Zöllner!« - »Reinhard Bachner heiße ich. Ich habe dich im Klassenzimmer gesehen«, erwiderte Reinhard. Dann erzählte ihm der Klassenkamerad, dass er auch in Oberbühl wohne und ebenfalls Heimatvertriebener sei. Er komme aus dem Egerland.

Nicht weit von Karlsbad entfernt sei er geboren. Reinhard lernte auch gleich die Abkürzung des Schulwegs von Altenried nach Oberbühl kennen. Kurt ging auf einem schmalen Trampelpfad, der über eine Wiese bis zum Bahnübergang führte. Von da waren es nur noch wenige Meter bis zur Baracke. Er erzählte, seine Eltern seien nicht weit von hier in einer Mietswohnung untergekommen. Als sie sich voneinander verabschiedeten, sagte er noch: »Wir können morgen zusammen zur Schule gehen!« Reinhard nahm das Angebot gerne an.

Zu Hause erzählte er der Mutter von seinem ersten Schultag, verschwieg aber, dass ihn zwei Klassenkameraden beschimpft hatten. Morgen würde er auf keinen Fall vergessen, einen Topf für die Schulspeisung mitzunehmen.

Am Abend gab es gute Nachrichten. Willi und Lisa bekamen in der Porzellanfabrik einen Arbeitsplatz. Langsam schien zumindest etwas Ordnung bei der Familie Bachner einzukehren. Barbara hatte sich mittlerweile ebenfalls dazu entschlossen, das Beste aus der momentanen Situation zu machen. Viel zum Nachdenken kam sie sowieso nicht. Die tägliche Versorgung der drei Kinder und das Einleben in eine neue Umgebung ließen kaum Gelegenheit zu anderen Dingen. Ein großer Vorteil war, dass Rosi Bachner mit ihrer Schwiegertochter Tür an Tür wohnte. Sie konnte helfen, wenn Barbara sie brauchte. Josef hatte zwar einen Versuch unternommen, um in seinem Beruf als Metzger wieder Fuß zu fassen. Doch das war im Moment nicht möglich. Alle selbstständigen Berufsgruppen hielten sich in dieser chaotischen Zeit hauptsächlich mit Improvisation über Wasser. Sie konnten noch keine festen Mitarbeiter brauchen.

Reinhard war indessen nach der Schule mit der Erkundung seiner näheren und auch weiteren Umwelt beschäftigt. Was ihm

Freude bereitete, war der Wald in unmittelbarer Nachbarschaft zur Wohnbaracke. Auch ein Weiher war in der Nähe, in dem man, wie Kurt Zöllner ihm versicherte, im Sommer baden konnte. Nur ein einziges Wohnhaus befand sich unmittelbar am Teich. Es gehörte dem Besitzer des Grundstücks. Der lebte aber nicht selber im Haus, sondern hatte es vermietet. Fische gab es allerdings nicht im Gewässer. Dafür aber eine Menge Frösche und anderes Getier. Interessant für Reinhard war auch die an der Baracke vorbeiführende Bahnlinie. Obwohl es verboten war, benutzten sowohl Kinder als auch Erwachsene die Gleise als abkürzenden Fußweg, sei es in Richtung Elbach oder Straußlach. Oberstes Gebot war, sich dabei nicht erwischen zu lassen. Und in der Zeit von 1947 auf 1948 hatten die Polizisten wie auch Bahnbeamten andere Sorgen, als solche Regelverstöße zu ahnden. Der einzige Kontrolleur auf den Schienen war der »Streckenläufer.« Dessen Aufgabe bestand ausschließlich darin, den technischen Zustand der Gleise zu überwachen und eventuelle Schienenbrüche zu melden.
Allmählich hatten sich die Bewohner der Baracke kennen gelernt. Inzwischen war auch jeglicher Wohnraum belegt. Die Familie Stahl waren die Nachbarn zur rechten Seite hin. Frau Stahl hatte ihren Mann im Krieg verloren. Seitdem lebte sie mit ihrer Tochter und den zwei Söhnen alleine. Sie stammte auch aus dem Sudetenland. Ebenso wie die Familie Pillmann, die zwei Türen weiter wohnte. Der Wohnraum in der Mitte war mit drei alleinstehenden Männern belegt. Auch sie waren aus ihrer Heimat vertrieben worden. Dann gab es noch die Familie Hellmann und Eisner. Die Hellmanns waren ausnahmsweise *Einheimische,* die aus einem Ort stammten, der nur 6 Kilometer von Oberbühl entfernt lag. Warum diese Familie in der Baracke

wohnte, war nicht bekannt. Die Eisners wiederum kamen aus Schlesien. Sie hatten schlimme Zeiten hinter sich: Monate lang waren sie auf der Flucht vor der nachrückenden »Roten Armee« durch unzählige Lager geschleust worden, bis sie endlich diese Bleibe gefunden hatten. Trotz des schlechten Wohnraums, der indiskutablen sanitären Anlagen und der zunehmend schwierigen Versorgungslage war der Zusammenhalt unter den Nachbarn außerordentlich gut.

Die beiden Söhne der Frau Stahl arbeiteten auch in der Porzellanfabrik. Die Tochter, ihr Name war Linda, ging mit Reinhard zur Schule. Obwohl sie gleichaltrig waren, ging Linda nicht in die gleiche Klasse. Sie war nämlich *evangelisch*, eine »Lutherische«, wie die katholische Bevölkerung von Straußlach und Altenried die Menschen nannte, die dieser Konfession angehörten. Sie waren zwar auch in einem der beiden Schulgebäude untergebracht, aber streng getrennt von den katholischen Schülern.

Reinhard begriff die wahren Zusammenhänge nicht. Er fand es nur merkwürdig, warum Linda, nur weil sie »lutherisch« war, in ein anderes Klassenzimmer zum Unterricht musste. In der Baracke lebten doch auch alle zusammen, egal ob evangelisch oder katholisch. In Grünheide war das anders gewesen. Der katholische Reinhard und der evangelische Rüdiger gingen in ein und dieselbe Klasse. Fragte er seinen Vater, warum das in Altenried nicht möglich war, bekam er zur Antwort: »Weißt, Bub: In Bayern gehen die Uhren halt anders!« Reinhard war mit dieser Auskunft nicht zufrieden, fand sich aber letztendlich damit ab. Es gab ja noch mehr Dinge, die weder in Hüttersdorf noch in Grünheide üblich waren. Zum Beispiel die Schulmesse. Sie fand an manchen Tagen noch vor Schulbeginn statt. Reinhard musste also bereits um 7.30 Uhr in Altenried in der Kirche sein. Nach der Messe ging es sofort zum Unterricht, der um Punkt 8.00 Uhr begann. Kirche und Schule waren nur etwa 150 Meter voneinander entfernt. Reinhard schwänzte diese Schülermessen häufig und bekam dadurch Schwierigkeiten mit seinem Lehrer und dem Herrn Pfarrer. Trotz einer Strafarbeit und Androhung weiterer Konsequenzen besuchte er die Schülermessen niemals regelmäßig. Kurt Zöllner war auch kein Freund dieser Einrichtung, ahmte Reinhard nach und glänzte ebenfalls durch Abwesenheit. Es kam sogar zum Streit in dieser Sache mit den Klassenkameraden. Trotzdem blieb Reinhard standhaft und verweigerte die regelmäßige Teilnahme. Für ihn hatte die Schulmesse keine besondere Bedeutung. Ihm missfiel einfach das heuchlerische Getue einiger Mitschüler. Ihr Verhalten stimmte nicht mit ihrem Glauben überein. Und in seiner Familie herrschte seit jeher eine kritische, auch politisch wachsame Distanz gegenüber marktschreierischen Bekenntnissen zum Christentum. Zudem hatten die Bachners in vielen Notlagen gelernt, dass es in Sachen Moral vor allem auf das Tun und weniger auf das Reden ankommt. Auch das Beispiel seines Vaters mochte Reinhard vor Augen stehen: Wahre Ideale konnten einen unter Umständen bis ins KZ bringen. Nicht so bewusst und nicht mit diesen Worten, wohl aber intuitiv bestimmten diese Gründe sein Verhalten.

Es blieb natürlich nicht aus, dass seitens der Schule die Eltern über sein Fehlverhalten informiert wurden. Doch Kurt Bachner übte keinen Zwang auf seinen Sohn aus, wenn es um religiöse Weltanschauungen ging. Einzig Rosi Bachner meinte, dass es Reinhard zumindest nichts geschadet hätte, an der Messe teilzunehmen. Auch im Religionsunterricht hatte der Pfarrer er-

neut und mit Nachdruck darauf hingewiesen, wie wichtig diese Schulmesse sei. Sie finde ja nicht täglich statt. Und deshalb war es doch nicht zuviel verlangt, anwesend zu sein. Als Reinhard dem Pfarrer auch noch erzählte, dass er schon Ministrant gewesen sei, nur um ihn davon zu überzeugen, dass er ja im eigentlichen Sinne überhaupt nichts gegen die *Kirche* einzuwenden habe, war die Empörung grenzenlos. Ein Junge, so der Herr Pfarrer, der schon ministriert habe, müsse ein Vorbild sein und deswegen unbedingt die Schülermesse besuchen. Reinhard musste vor versammelter Klasse eine Standpauke über sich ergehen lassen. Wenn er auch sonst recht sensibel war, machte ihm diese Maßregelung nur wenig aus.
Schon im Sommer 1947 war in den drei westlichen Besatzungszonen davon die Rede, dass der amerikanische Außenminister *George C. Marshall* Pläne erwog, die den Deutschen wirtschaftlich wieder auf die Beine helfen sollten. Zum ersten Mal hörte Reinhard das Wort »Marshallplan.« Er fragte seinen Vater, was das Wort im Einzelnen bedeute und erhielt die Antwort: »Genau weiß ich es auch noch nicht, was da geplant ist. Mit ausschlaggebend ist wohl auch, dass die Amerikaner eine Ausbreitung des Kommunismus verhindern wollen.« Als er sah, dass sein Sohn nicht alles verstanden hatte, lächelte er und erklärte ihm, dass er bald groß seine werde und dann bestimmt auch alles besser verstehen würde. Im April 1948 nahm der Marshallplan schon konkrete Formen an. Auch in Altenried sollten aus Mitteln dieses Finanzplanes Häuser gebaut werden, um die extreme Wohnungsnot zu lindern.
Immer öfter hörte man, dass über diesen Marshallplan nicht nur Kredite zum Wiederaufbau bereitgestellt wurden, sondern auch Waren und Lebensmittel für die westlichen Besatzungszonen.

Genaueres erfuhr der größte Teil der Bevölkerung damals nicht. Man wusste und merkte nur, dass die Amerikaner etwas für die hungernden Menschen tun wollten. Das sogenannte »Europäische Wiederaufbauprogramm« (»European Recovery Program« (ERP)), das George C. Marshall auf den Weg brachte, trat am 3. April 1948 offiziell in Kraft. Mit einer Laufzeit bis 1952. Nur die westlichen Staaten nahmen diese Unterstützung in Anspruch und bekamen Kredite, Maschinen und Rohstofflieferungen. Der kommunistische Osten sprach von »Dollarimperialismus«. Auf diese Weise erhielt die Bundesrepublik insgesamt 1,7 Milliarden Dollar Wirtschaftshilfe. Weitere 1,6 Milliarden Dollar flossen in Sonderprogramme zur Versorgung mit Nahrungsmitteln und anderen überlebenswichtigen Gütern. Nur 1951, während des Korea-Krieges (1950-53), wurden die Mittel gekürzt.
Diese Hilfsleistungen waren bitter nötig. Immer noch fehlte es an allem. Die Reichsmark war nicht einmal das Papier wert, auf dem sie gedruckt war. Wer nichts zum Tauschen hatte, hatte auch nichts zum Essen. Hamstern gehen war nach wie vor ein lebensnotwendiger Volkssport. Die Leute versuchten, bei den Bauern für Wertgegenstände Kartoffeln, Eier oder Butter zu bekommen. Ein Junggeselle, der auch in der Baracke wohnte, war auf den »Schwarzhandel« spezialisiert. Er erzählte Kurt Bachner, dass die größeren Bauern schon so viele Teppiche für Lebensmittel eingetauscht hätten, dass sie damit bequem den Kuhstall auslegen könnten. Die Familie Bachner hatte wenig bis nichts, was auf dem Schwarzmarkt etwas eingebracht hätte. Einige Stück »Feinseife«, die Kurt Bachner für ein paar Zigaretten eingetauscht hatte, waren alles, was sich dazu eignete. Reinhard nahm eine von diesen wohlriechenden Seifen, um bei einem Bauern in Oberbühl was Essbares aufzutreiben. Die Landwirte waren zwar

interessiert an dieser Seife, denn Feinseife war in dieser Zeit zweifellos ein purer Luxus. Doch niemand erhandelte so schnell eine Ware, die nicht unbedingt notwendig war. Waschen konnte man sich auch ohne Seife und gut riechen musste man bei der Arbeit auf einem Bauerhof ja auch nicht. Also ging Reinhard zu den größeren Landwirten, wo er sich mehr Chancen ausrechnete als bei einem kleinen. Das Unternehmen scheiterte. Butter oder gar ein Stück Fleisch wollte keiner für die Seife geben. Eine Frau bot ihm drei Äpfel. An anderer Stelle bot man ihm einen viertel Liter Milch. Aber Reinhard hatte schon in Grünheide gelernt zu feilschen. Auch beim letzten Versuch kam nicht mehr heraus als ein paar Mohrrüben. Reinhard lehnte auch dies dankend ab. Er ging mit seinem Stück Seife wieder heim. Die Mutter meinte, er hätte doch die Äpfel akzeptieren können, doch Reinhard sagte erbost: »Lieber hungere ich und wasch mich selber mit der Seife, dann rieche ich zumindest gut!« Auch Lisa startete noch einen Versuch – vergeblich, auch sie kam unverrichteter Dinge zurück. Lisa war noch giftiger, sie wollte das Stück Seife lieber in den Teich werfen, als es für ein Hühnerei tauschen. Rosi Bachners Improvisationstalent war mehr denn je gefragt. Die Versorgung mit Lebensmitteln riss ab. Und das hatte einen besonderen Grund.

Der Tag »X«

Im März 1948 wurden die drei Westzonen zu einem einheitlichen Wirtschaftsgebiet zusammengefasst. Um einen Aufschwung der Wirtschaft zu ermöglichen, mussten Tauschwirtschaft und Schwarzmarkt sowie die massive Entwertung der Reichsmark beendet werden. Die eigentliche Währung waren zu diesem Zeitpunkt Zigaretten. Für Zigaretten bekam man fast alles. Die Westalliierten planten, einen harten Schnitt zu machen und drängten auf die »Währungsreform«. Die Details für diese Umstellung wurden unter strengster Geheimhaltung von amerikanischer und britischer Seite bestimmt. Der Einfluss deutscher Wirtschaftsexperten war gering. In der Bevölkerung kursierten die wildesten Gerüchte. Vor allem wurde über die Konditionen dieser Reform und den Zeitpunkt spekuliert. Die Gerüchte und Vermutungen führten zu einem geradezu vernichtenden Vertrauensverlust gegenüber der Reichsmark.

Plötzlich gab es fast gar nichts mehr. Waren wurden zurückgehalten und die wirtschaftliche Lage verschärfte sich zusehends. Dieser Umstand erhöhte den Druck auf alle Verantwortlichen, den Termin für eine neue Währung bekannt zu geben. Kurt Bachner und seine Söhne brachten jeden Tag neue Nachrichten von ihrer Arbeitsstelle mit nach Hause. Reinhard hatte schon einige Bekanntschaften mit Jungen und Mädchen gemacht, teils unter den Mitbewohnern der Baracke, teils unter den Schulkameraden. Selbst die Kinder spekulierten, was man wohl, sollte ein neues Geld kommen, damit kaufen könnte. Das Zusammenleben in Oberbühl wurde nun auch mit den Einheimischen etwas besser.

Der Bürgermeister von Altenried ließ eine Wasserleitung vom Brunnen in der Wiese bis zur Baracke verlegen. Ein Granitstein, aus dem ein Rohr mit Wasserhahn ragte, diente als Wasserbecken. Sogar eine hölzerne Einschalung mit Überdachung wurde angebracht. Dieses »Wasserhäusel«, wie es von den Bewohnern der Baracke genannt wurde, diente nicht nur der Wasserversorgung. Es war von Anfang an ein Treffpunkt zu einem Gespräch oder Gedankenaustausch der Barackenbewohner.

Noch etwas Positives gab es zu vermelden: Reinhard hatte einen neuen Klassenlehrer bekommen! Er wurde, seinem Alter Rechnung tragend, in die 7. Klasse versetzt; und diese befand sich mit der 8. Klasse im Hauptgebäude der Schule. Beide Schulklassen teilten sich, wie damals üblich, einen Raum. Der neue Lehrer war von einem anderen Kaliber als der bisherige. Ein Glücksfall besonders für die Flüchtlings- und Vertriebenenkinder. Bei ihnen war, bedingt durch die Vielzahl der Ortswechsel, ein hoher Ausfall von Unterrichtsstunden zu verzeichnen. Der Lehrer Krug, so sein Name, war zwar sehr streng, aber sein Ehrgeiz als Pädagoge, den Schülern so viel Wissen wie möglich beizubringen, war enorm. Reinhard musste sich gewaltig anstrengen, den versäumten Stoff wettzumachen. Nicht nur das Lernen war schlimm, noch schlimmer war der Hunger, der ihn immer noch mit der Hartnäckigkeit eines Schattens verfolgte.

Die Familie Bachner hatte, nachdem man sich gezwungenermaßen mit dem Leben in der Baracke abgefunden hatte, intensiv damit begonnen, Kontakt mit den Verwandten in der Westzone aufzunehmen. Resl, die jüngste Schwester von Kurt Bachner, hatte den Vater zu sich genommen. Sie wohnten zur Zeit in Erling/Andechs. Erling lag am Fuße des heiligen Bergs mit seinem berühmten »Kloster Andechs«. Unterhalb des

»Klostergasthofs«, in einem Mehrfamilienhaus, hatten sie eine Unterkunft gefunden. Rosi Bachners Schwestern Katharina und Barbara waren, wie schon erwähnt, im württembergischen Ludwigsburg. Bruder Hermann dagegen hatte es nach Partenstein/bei Lohr am Main verschlagen. Man stand durch Briefwechsel in ständiger Verbindung. Man versprach sich, sobald es irgendwie möglich sei, einen Besuch abzustatten. Des Weiteren wurde versucht, auch mit weitläufigeren Verwandten und Bekannten den Kontakt wiederherzustellen.

Zwischenzeitlich hatte sich Reinhard mit seinem Schulkameraden Kurt Zöllner sehr gut angefreundet. Überhaupt hatte sich so etwas wie eine verschworene Gemeinschaft zwischen den Kindern der Barackenbewohner herausgebildet. Linda Stahl, Anneliese Pillmann, Gretel Hellmann und Arnold Eisner, der nur »Arno« gerufen wurde, gehörten dieser an. Und eben Kurt Zöllner, der einzige, der von Anfang an dabei war, obwohl er nicht in der Baracke wohnte. Der Weiher war ein begehrter Spielplatz. Und so schlossen sich der Gruppe im Laufe der Zeit der schon etwas ältere Adolf Friedinger und dessen Schwester Inge an. Diese Gemeinschaft hatte viele Jahre Bestand. Auch dann noch, als man später nicht mehr in direkter Nachbarschaft wohnte.

Noch vor den großen Schulferien im Sommer 1948 kam die mit ungeheuerlicher Spannung erwartete Währungsreform. Am 19. Juni gaben die Westalliierten das Währungsgesetz bekannt. Und schon am 20. Juni wurde die neue Währung ausgegeben: Es war die Geburtsstunde der Deutschen Mark. Jeder Einwohner der Trizone – so nannte man die drei Westzonen – erhielt 40 DM »Kopfgeld«. Sparguthaben wurden stark abgewertet. Viele kleine Sparer waren die Verlierer dieser Reform. Wie immer bei einer Währungsumstellung mit vorausgehender Geldentwertung. Gewinner der Reform waren dagegen die Besitzer von Sachwerten wie Betriebe, Häuser, auch Fahrzeuge oder Waren, die ihren Realwert auch in der neuen Währung behielten. Natürlich profitierten auch die Schuldenmacher davon. Ihre Verbindlichkeiten waren aufgrund der inflationären Reichsmark und ihrer dementsprechenden Abwertung gegen Null geschrumpft. Die Kleinen (nicht nur die Kleinsparer) bezahlten wie immer die Zeche.

Trotz aller Anfangsprobleme zeichnete sich schon bald die Erfolgsgeschichte der »D-Mark« ab. Bereits Ende 1948 entwickelte sich in den Westzonen die Wirtschaft immer besser. Das sollte der Anfang des viel gepriesenen und auch im Ausland bewunderten »deutschen Wirtschaftswunders« sein. Viele Menschen in den drei Westzonen kamen, wenn auch manchmal mit recht zweifelhaften Methoden, zu großem Reichtum. Andere, vor allem der »Lohnempfänger«, aber auch solche, die die Gunst der Stunde nicht erkannt hatten oder nicht nutzten, blieben auf der Strecke. Der so genannte »Vater des Wirtschaftswunders«, Ludwig Erhard, hätte wohl auch nichts machen können, wären da nicht die zahllosen Menschen gewesen, die für einen »Apfel und ein Ei« bis zum Umfallen schufteten. Darüber gerät Reinhard noch heute in Rage: »Natürlich musste einer die Weichen stellen«, sagt er, »und ich bestreite nicht, dass Ludwig Erhard der richtige Mann zur richtigen Zeit am richtigen Ort war. Nur - ohne die Menschen in dem völlig zerstörten Nachkriegsdeutschland hätte es kein Wirtschaftswunder gegeben. In der Wirtschaft gibt es keine Wunder. Selbst beim niedrigsten Stundenlohn und bei schwerster Arbeit muckte keiner auf. Die Arbeitsbedingungen waren miserabel und die Löhne eine Frechheit. Die Menschen wurden regelrecht ausgebeutet.

Ich bin mir bewusst, dass viele es heute nicht mehr hören oder wissen wollen, aber ich weiß, wovon ich rede. Ich begann meine Lehrzeit 1950 als Hohlglasmacher und habe Ausbeutung am eigenen Leib verspürt. Was man uns damals als Lehrlinge zugemutet hat, wäre heute strafbar. Es gab Ohrfeigen und Tritte. Was es nicht gab, war eine gerechte Entlohnung.« So Reinhard.

Bereits am 21. Juni war die Reichsmark als Zahlungsmittel abgeschafft. Das noch im Umlauf befindliche Bargeld wurde im Verhältnis 100 zu 5, Bank- und Sparguthaben im Verhältnis 100 zu 6,50 abgewertet. Löhne und Gehälter aber wurden in Zukunft 1 zu 1 ausbezahlt. Die Folgen der Währungsreform waren rasch spürbar: Über Nacht waren die Regale der Geschäfte plötzlich wieder gefüllt. Im Schaufenster waren Sachen ausgestellt, von denen man nicht wusste, wo sie denn so rasch herkamen. Ein Phänomen.

Reinhard hatte auch 40 DM »Kopfgeld« bekommen. Natürlich nicht persönlich, sondern die Familie. Der Vater hatte ihm schon wenige Tage später erlaubt, sich eine Kleinigkeit zu wünschen. Er hatte im Schaufenster eines Schuhgeschäfts in Straußlach Sandalen aus Leder gesehen. Und die wollte er haben. Der Wunsch wurde ihm erfüllt. Noch nie hatte er solch schöne Schuhe gesehen. Seine letzten Sandalen hatte er während des Kriegs bekommen, als er mit Mutter nach Teichnitz fahren durfte. Nur ließ die damalige »Kriegsqualität« gegenüber dem jetzigen Standard sehr zu wünschen übrig. Reinhard war überglücklich und konnte den Sonntag kaum noch erwarten. Denn am Sonntag durfte er zum ersten Mal die neuen Sandalen tragen. Lederschuhe, soweit sie überhaupt vorhanden waren, durften nur an Sonn- und Feiertagen getragen werden. Werktags wurden klobige Schuhe mit einer Holzsohle getragen. Und aus

Ersparnisgründen wurde ab Mitte März, wenn nicht gerade noch strenger Bodenfrost herrschte, barfuß gegangen. Mag dies heute unvorstellbar sein – Reinhard ist oft barfüßig zur Schule gegangen, als noch Reif auf den Wiesen lag. Die Hornhaut auf den Fußsohlen war der einzige Schutz gegen die Kälte. Das Barfußlaufen währte den ganzen Sommer, bis in den Spätherbst hinein. Die Hornhaut auf den Fußsohlen blieb auf diese Weise das ganze Jahr über erhalten.

Trotz des neuen Geldes wurde die Schulspeisung noch einige Zeit aufrechterhalten. Obwohl es jetzt wieder Lebensmittel gab, hieß das noch lange nicht, das man auch welche kaufen konnte. Die vierzig Mark Kopfgeld waren schnell aufgebraucht. Und viele Menschen hatten das Gefühl verloren, mit einer Währung umzugehen, die einen soliden Wert besaß. An das neue Geld musste man sich also erst einmal gewöhnen.

Wie gesagt – auf einen Schlag gab es wieder alles. Die Menschen drängten sich vor den Auslagen der Läden und bestaunten die ausgestellte Ware. Die am häufigsten gestellte Frage lautete, wo die ganzen schönen Dinge noch vor kurzer Zeit verborgen waren? Wahrscheinlich in Kellern und sonstigen versteckten Lagerhäusern. Clevere Geschäftsleute und andere Händler wussten , dass es in Zukunft wohl wieder einen Neuanfang geben würde.

Unterdessen eskalierten die Spannungen zwischen den Westalliierten und der Sowjetunion. Nachdem in den westlichen Besatzungszonen eine Währungsreform beschlossen und die Gründung eines westdeutschen Staates in Aussicht gestellt wurde, entbrannte ein heftiger Streit um Berlin. Auf Anordnung der Sowjetischen Militäradministration in Deutschland (SMAD) wurde der Eisenbahnverkehr zwischen

den Westsektoren Berlins und den westlichen Besatzungszonen unterbrochen. Mit diesen Sperrmaßnahmen waren Berlins Westsektoren vollständig blockiert. Der SMAD verfügte die Einstellung aller Stromlieferungen in den Westteil der Stadt und untersagte die Belieferung der Westsektoren mit Lebensmitteln aus der Ostzone. Als es Fakt war, dass die Westalliierten die Währungsreform einführten, verschärfte sich die Situation dramatisch. Kernpunkt des Konflikts war die Frage, in welches Währungsgebiet die Westsektoren Berlins einbezogen werden sollten. Und wer die alliierte Gesamtverantwortung für Berlin beanspruchen durfte.
Schon am 23. Juni 1948 wurde von der SMAD für die Ostzone und im Gebiet von Groß-Berlin die Durchführung einer Währungsreform angeordnet. Durch die Einführung der DM im Westen sah sich die UdSSR zu schnellem Handeln gezwungen. Auch die Amerikaner reagierten schnell: Am 26. Juni ordnete der US-Militärgouverneur in Deutschland, General Lucius D. Clay, an, die blockierten Westsektoren Berlins auf dem Luftweg zu versorgen. Das legendäre Unternehmen »Luftbrücke« lief an: 314 US-amerikanische Transportflugzeuge wurden zur Verfügung gestellt. Die Alliierten flogen in 462 Tagen nahezu 275 000 mal nach Berlin und zurück und legten 60 Millionen Kilometer zurück. 2 Millionen Tonnen Waren wurden somit nach West-Berlin transportiert.
Von der Berliner Bevölkerung wurden die Transportmaschinen liebevoll »Rosinenbomber« genannt. Der »Kalte Krieg« nahm seinen Lauf.
Kurt Bachner, der mit seinem Bruder Georg in stetigem Briefwechsel stand, gewann immer mehr die Überzeugung, dass er mit seiner Entscheidung, die Ostzone zu verlassen, richtig ge-

handelt hatte. Aus Georgs Briefen konnte er erfahren, dass sich die Versorgungslage in Grünheide um keinen Deut gebessert hatte.

In den drei Westzonen dagegen ging es, wenn auch langsam, Schritt für Schritt aufwärts. Wer Arbeit hatte und mit einem bestimmten Wochenlohn rechnen durfte, hatte es schon wesentlich leichter als noch vor wenigen Wochen. Zumindest konnte man sich mit den notwendigsten Grundnahrungsmitteln versorgen. Die Familien in der Baracke in Oberbühl hatten zwar mit vielen Widrigkeiten zu kämpfen. Großen Hunger brauchte man aber nicht mehr zu leiden. Nur Dinge wie etwa einen richtigen Fußball, den Reinhard gar zu gerne gehabt hätte, waren nicht zu bekommen und wenn, dann wären solche Artikel unbezahlbar gewesen. Aber die Jungs aus der Baracke und der Umgebung wussten sich zu helfen. Auf einer abgemähten Wiese durften sie Fußball spielen. Doch was tun, wenn man keinen Ball hatte? Die Fantasie der Buben kannte keine Grenzen. Reinhard hatte die Idee, aus alten Flicken und Lumpen einen Ball zu formen. Die Mutter und Lisa trugen mit ihren Nähkünsten dazu bei, dass die Flickenkugel zumindest die Form eines Balles annahm. Nach der Schule trafen sich alle auf der Wiese zu einem ersten Spiel. »Blau-Weiß« hieß die Spielregel, was bedeutete, dass auf ein Tor gespielt wurde. Es gab zwar zwei Mannschaften, aber nur einen Torwart. Der Tormann schlug den »Ball« hoch vom Tor ab und jeder versuchte, ihn zu bekommen. Hatte ihn einer erwischt, so versuchte er, ihn einem seiner Mitspieler zuzuspielen. Die Buben in Oberbühl bildeten meistens zwei Mannschaften und traten vier gegen vier an. Die einen waren die Weißen, die anderen die Blauen, daher auch der Name des Spiels: »Weiß-Blau«. Hatte der Gegner den Ball unter Kontrolle, musste einer von der Gegenpartei in die »Verteidigung«, damit ein Torschuss verhindert werden konnte. Das Schwierige an der ganzen Konstellation war wohl der Torwart. Dieser war zu unbedingter Neutralität verpflichtet! Er hatte zu versuchen, jeden Schuss abzuwehren. Ging ein Schuss ins Tor, wurde er von der Gegenmannschaft angegriffen und dem Verdacht ausgesetzt, absichtlich den Ball ins Tor gelassen zu haben. Mit einem Wort: Er konnte es keinem recht machen, auch wenn er das anstrebte. Die Folge waren natürlich endlose Streitigkeiten. Manchmal war keiner mehr dazu zu bewegen, sich als Torwart zur Verfügung zu stellen. Der Flickenball war natürlich äußerst schwer zu spielen und noch schwerer zu fangen. Solange die Wiese trocken war oder der »Ball« nicht in den angrenzenden Bach fiel, ging es noch. War dies aber der Fall, wurde er durch die Nässe dermaßen schwer, dass er kaum noch weiter als zwei Meter flog. Trotz dieser Umstände gehörte »Blau-Weiß« mit zu den beliebtesten Spielen. Einige Monate später entdeckte Reinhard in einem Laden in Straußlach einen Gummiball. Der war nur halb so groß wie ein richtiger Fußball – und musste her, kostete es, was es wollte. Zu Hause wurde nun um jeden Pfennig gebettelt, um diesen Ball zu erstehen. Alle verzichteten auf andere Dinge und legten ihr Geld auf die Seite. Als es endlich so weit war und Reinhard den Ball zum ersten Mal mit zum Spielen brachte, herrschte eine unvorstellbare Freude. Der Ball sprang ordentlich vom Boden ab und man konnte ihn mit dem Kopf spielen. Heute ist es einfach unfassbar, dass man sich über einen kleinen Gummiball so freuen konnte.

Ein weiteres Spiel stand hoch im Kurs: »Ausrufeles« (Ausrufen). Irgendjemand hatte einen abgeschabten Tennisball mitgebracht. Er war das ideale Objekt, um »Ausrufeles« damit zu spielen.

Ein Loch wurde im Boden neben der Straße gemacht, so groß, dass der Ball gut hineinpasste. Eine Mitspieler-Anzahl war nicht vorgeschrieben. Auf einem Blatt Papier wurden die Namen der Mitwirkenden aufgeschrieben. Es musste ein Ländername sein, wie etwa »Deutschland«, »Amerika«, »Russland« usw. Die wichtigste Rolle spielte der Ausrufer. Dieser hatte die Aufgabe, den Namen eines Landes aufzurufen. Es war der begehrteste Part aller Teilnehmer. Alle anderen hatten sich um das Loch mit ausgestreckter, beziehungsweise griffbereiter Hand zum Ball zu stellen. Die Spannung stieg. Was für ein »Land« würde der Ausrufer wohl benennen? Dieser steigerte die Spannung, indem er seinen Ruf hinauszögerte. Je nach Anzahl der Mitspieler standen die Buben und Mädchen dichtgedrängt um das Loch mit dem Ball herum. Dann schrie der Ausrufer zum Beispiel »Deutschland!« Der Aufgerufene musste nun den Ball aus dem Loch nehmen und versuchen, einen von den davonstürmenden Mitspielern zu treffen. War er erfolgreich, wurde dem Getroffenen hinter seinem Namen auf dem Zettel ein Strich verpasst. Traf er nicht, bekam er selber einen Strich. Wer mehr als zehn dieser Striche hatte, musste ausscheiden. Es wurde so lange gespielt, bis nur noch einer übrig war. Das war dann der Sieger. Als Siegerlohn war ihm erlaubt zu bestimmen, wer der nächste »Ausrufer« sein durfte. Da er sich auch selbst ernennen durfte, war wohl klar, auf wen die Wahl fiel.

Die meisten aber hatten oft keine Zeit zum Spielen. Waren die Hausaufgaben nach der Schule gemacht, konnte es sein, dass die Eltern schon weitere Arbeiten für sie geplant hatten. Eine davon war, aus dem Wald Brennholz zu holen. Meistens erledigte man solche Arbeiten alleine. Keiner wollte einen Konkurrenten dabeihaben, der ihm die dicksten Äste wegschnappte. Diese mussten trocken sein, damit sie sofort als Brennmaterial verwendet werden konnten. Trockenes Holz hatte auch den Vorteil leicht zu sein, was das *Nachhausetragen* wesentlich erleichterte. Auch Tannenzapfen waren begehrt. Die wurden in einem Jutesack gesammelt, über die Schulter gelegt und nach Hause getragen. Später, als Reinhards Vater einen Handwagen gebastelt hatte, brauchte man das Holz zwar nicht mehr tragen, dafür wurde der Wagen derart vollgepackt, dass es eine echte Schinderei war, ihn zu ziehen. Manchmal ging Reinhard doch mit Kurt und Arno zusammen los, um Holz zu holen. Hatten sie ein Bündel Äste gesammelt und mit einer Schnur zusammengebunden, musste dies reichen. Die verbleibende Zeit wurde dann zu allem möglichen Unfug genutzt. Wer wagte sich auf den höchsten Baum? Wer getraute sich, von einem Feld etwas zu holen, auch wenn der Bauer dort arbeitete? Solcherlei Mutproben waren an der Tagesordnung. Aber keiner wurde wirklich zu etwas gedrängt, was er nicht machen wollte. Grober Unfug dagegen wurde von den meisten abgelehnt. Das hätte unweigerlich saftige Strafen zur Folge gehabt, die vom Elternhaus verhängt wurden.

Reinhard wollte wieder mal an die »Grenze«. Schon öfter hatte er seinen ehemaligen Heimatort Hüttersdorf besucht. Wenn er die Möglichkeit hatte nach Elbach zu fahren, so nutzte er diese. Und jeder Besuch in Elbach war mit einer Stippvisite in Hüttersdorf verbunden. Den etwa vier Kilometer langen Fußweg von Elbach zu seinem Heimatort nahm er gerne auf sich. Hier war ihm noch vieles vertraut. Diesen Weg von Hüttersdorf nach Elbach und umgekehrt ist er oft mit Mutter und Lisa gegangen. Ob zu einem Besuch bei Tante Anna oder auch zur Kirchweih und zu anderen Anlässen. Seit 1945/46 hatte sich kaum etwas verändert. Die Birkenbäume am Ortsausgang von Elbach waren etwas größer geworden. Die Straße und auch die Wege, die als Abkürzung dienten, waren noch die gleichen. Auch der Wald unmittelbar an der Grenze, wo Reinhard mit Fritz, Erwin und anderen Freunden so oft gespielt hatte, war unverändert. Neu war nur die Grenze! Ein merkwürdiges Gefühl beschlich Reinhard, wenn er an den dicken, in die Erde gerammten Holzbohlen stand. Diese massiven Holzbalken verhinderten das Weitergehen auf der Straße, an der die ersten Häuser von Hüttersdorf lagen. Oft stand Reinhard lange vor diesen Holzbalken und schaute hinüber. Nur ein paar Schritte weiter bog die Straße ab – da, wo Großvaters Haus stand.

Einmal, als Reinhard sich alleine an der Grenze aufhielt, es war im Sommer 1948, wagte er sich zum Haus von Großvater. Es war wahrlich kein ungefährliches Unternehmen. Er ging auf bayerischer Seite vom Wald her zur Grenze. Als er sich Großvaters Garten näherte, musste er feststellen, dass dieser von Sträuchern überwuchert und verwildert war. Er befand sich schon auf der tschechischen Seite und blieb am schief hängenden Gartentor stehen. In der Ecke des Gartens sah er die ihm wohlbekannten Stachelbeersträucher. Unwillkürlich erinnerte er sich an Großmutter. Hatte sie doch oft mit ihm geschimpft, wenn er die noch unreifen Früchte heimlich zupfte und aß. Jetzt hingen die Stachelbeeren überreif an den Stauden. Viele lagen schon verfault am Boden. Vorsichtig näherte sich Reinhard den Sträuchern. Er zupfte einige der Stachelbeeren, um zu probieren. Süß schmeckten sie, nicht so sauer wie damals die unreifen, die er Großmutter gemopst hatte. In Gedanken an diese Zeit hatte er übersehen, dass sich jemand dem Gartenbereich näherte. Es war zu spät, durchs Gartentor auf die bayerische Seite zu flüchten. Ein Mann in Uniform stand direkt davor. Verwundert schaute er

Reinhard an. Dieser war so erschrocken, dass ihm nichts anderes einfiel, als den Uniformierten mit einem zaghaften »Grüß Gott« zu grüßen. Spätestens jetzt hatte der Mann in Uniform wohl gemerkt, dass es sich nicht um einen Tschechen handelte, der da vor ihm stand. Reinhard wagte nicht, sich von der Stelle zu bewegen. In gebrochenem Deutsch fragte ihn der Mann, was er hier zu suchen habe. Reinhard versuchte zu erklären, dass dieser Garten einmal seinem Großvater gehört hatte und er sich hier nur einmal etwas umsehen wollte. In einem nicht gerade freundlichen Ton erklärte er Reinhard, dass er sich auf tschechischem Hoheitsgebiet befinde und dass dies für einen Deutschen verboten sei. Er kündigte an, ihn mitzunehmen, um festzustellen, was er wirklich auf tschechischem Gebiet wolle. Reinhard bekam nun fürchterliche Angst und stotterte eine Entschuldigung mit der Bemerkung, nie mehr dieses Grundstück zu betreten. Reinhard wusste nicht, aus welchem Grund der Tscheche ihn plötzlich gehen ließ. Jedenfalls machte der ihm unmissverständlich klar, schleunigst zu verschwinden. Schnell verließ Reinhard Großvaters Garten und war froh, wieder auf bayerischem Boden zu stehen. Es war das erste und auch letzte Mal, dass er illegal die Grenze zur Tschechoslowakei überschritten hatte.
Die Begegnung mit dem tschechischen Grenzsoldaten hatte Reinhard lange verschwiegen. Erst viele Monate später vertraute er es seiner Schwester Lisa an. Dieser musste er versprechen, dass er solch einen »Unsinn« niemals wiederholen werde. Reinhard gab ihr sein »Ehrenwort«. Er wusste, Lisa würde zu niemandem auch nur ein Sterbenswörtchen sagen.
Reinhard hatte sich noch viel mit Schulkameraden herumzuschlagen. Die »Böhmacken« oder »Barackerer«, wie die Bewohner der Baracke in Oberbühl von den Einheimischen ge-

nannt wurden, waren noch lange nicht in die Dorfgemeinschaft integriert. Es waren wenige, die keine Vorurteile hatten und die Heimatvertriebenen wie ihresgleichen behandelten. Trotz allem war das Weihnachtsfest 1948 seit langem das schönste. Reinhard durfte sogar für seine Nichten und Neffen den Nikolaus machen. Auf seine Größe angesprochen, er war ja noch etwas klein für einen ausgewachsenen Weihnachtsmann, sagte er, er käme aus dem »Zwergenland«. Kurt Bachner war ebenfalls in seinem Element und versorgte nicht nur die eigene, sondern auch andere Familien mit Weihnachtsbäumen. Zum ersten Mal lernte Reinhard das Eishockeyspiel kennen. Kurt Zöllner, sein Schulfreund, brachte ihm die Spielregeln bei. Natürlich hatte keiner Schlittschuhe oder gar einen Eishockeyschläger, was der Freude am Spiel aber keinen Abbruch tat. Gelaufen wurde mit Straßenschuhen und der Schläger wurde aus einem passenden, stabilen Weidenstock gefertigt. Wichtig war die Krümmung am Ende des Stocks, damit der »Puck«, ein rundes Holzstück, gespielt werden konnte. Allmählich gesellten sich auch einige einheimische Kinder aus Oberbühl dazu. Somit konnten auch zwei Mannschaften gebildet werden. Diese Jungs brachten wiederum denen aus der Baracke das »Eisstockschießen« bei. Auch bei dieser Sportart fehlte es am geeigneten Gerät. Zwei der »Einheimischen« hatten einen richtigen Eisstock. Die anderen mussten wieder, wie so oft, ihren »Erfindergeist« mobilisieren. Reinhard ließ sich vom Vater ein größeres Stück Holz von einem dicken Baumstamm absägen, damit es zumindest in etwa eine Ähnlichkeit mit einem Eisstock hatte. In die Mitte der Holzscheibe wurde ein Loch gebohrt und ein Griff, ebenfalls aus Holz, eingesetzt. Natürlich hatte man mit solch einem »Gerät« keine Chance gegen einen richtigen Eisstock, aber egal: Man konnte mitspielen und nur das zählte. Wenn auch Reinhards viel zu leichte Holzscheibe oft stecken blieb und kaum die »Daube« – einen Holzwürfel, an den man so nahe wie möglich herankommen musste – erreichte; Spaß machte es allemal. Ein richtiger Eisstock war mit einem Eisenband umgeben und aus gutem Holz mit einem handlichen Stiel gemacht. Könner verstanden es, mit einem solchen Gerät auf den Zentimeter genau die »Daube« zu treffen. Später sollte Reinhard auch so einen Eisstock besitzen und zu den »Könnern« zählen. Bis auf weiteres hatte er sich mit seiner Marke »Eigenbau« zufrieden zu geben. Er war einfach glücklich, dabei zu sein.

Das letzte Schuljahr brach für Reinhard an. Im Juli 1949 sollte mit Beginn der Sommerferien Reinhards letzter Schultag sein. Wie es nach der Schule weitergehen würde, wusste zu diesem Zeitpunkt noch niemand. Der Klassenlehrer sowie der Pfarrer waren der Meinung, Reinhard könne eine weiterführende Schule besuchen. »Das Zeug dazu hat er«, stellte sein Klassenlehrer fest. In Straußlach gab es zu jener Zeit keine »Mittelschule« (Realschule), geschweige denn ein Gymnasium, das es ja bis zum heutigen Tag dort nicht gibt. Um die Mittelschule zu besuchen, war eine beträchtliche Strecke mit dem Zug zu fahren. Das wäre ja nicht schlimm gewesen. Nur die Hin- und Rückfahrt, die täglich anfiel, musste auch bezahlt werden. Hinzu kamen die Schulgebühr, Bücher, Hefte und dergleichen. Kurt Bachner sah sich nicht in der Lage, die finanziellen Mittel zum damaligen Zeitpunkt seinem Sohn zur Verfügung zu stellen. Sie waren schlicht und einfach nicht vorhanden. Der Schulbesuch hätte pro Monat einen ganzen Wochenlohn gekostet. Und das konnte die Familie unmöglich verkraften. Reinhard wurde nahegelegt, sich nach einer Lehrstelle umzusehen. Überdies war es

nicht üblich, dass der Sohn eines Waldfacharbeiters, respektive Fabrikarbeiters eine Mittelschule besuchte. Reinhard selber hätte nur zu gerne eine weiterführende Schule besucht. Er war aber trotz seiner knapp 14 Jahre einsichtig genug, um zu verstehen, dass sich seine Eltern das nicht leisten konnten. Somit hielt er schon mal Ausschau nach einem Lehrplatz. »Autoschlosser«, das wäre etwas gewesen, was er gerne gelernt hätte. Nur gab es für dieses Berufsziel eine ungewöhnlich große Bewerberzahl. Wer eine Autoschlosserlehre anstrebte, brauchte also Beziehungen und Fürsprecher. Woher sollte die Familie Bachner solche Kontakte haben? Ein Heimatvertriebener war der Letzte, den man als Lehrling eingestellt hätte. Außerdem hatte die Sache noch etwas Zeit und deshalb machte sich Reinhard vorläufig keine allzu großen Gedanken, was sein Berufsziel anging.
In den vergangenen Wochen hatte sich einiges ereignet, was die Familie betraf. Aus Ludwigsburg in Württemberg hatte sich die Schwester von Rosi Bachner zum Besuch angesagt. Barbara und ihr Mann, der inzwischen aus russischer Gefangenschaft entlassen war, hatten vor, in den nächsten Wochen nach Oberbühl zu kommen. Reinhards Freude kannte keine Grenzen. Kam doch auch sein Cousin Erwin mit. Seit der Vertreibung aus Hüttersdorf hatten sie sich nicht mehr gesehen. Wie überhaupt die ganze Familie dem Wiedersehen wochenlang entgegenfieberte. Endlich würde man aus erster Hand erfahren, wie es den anderen Geschwistern und Verwandten ging. Erst jetzt dachte Reinhard wieder an den letzten Tag, den er mit Erwin und Fritz in Hüttersdorf verbracht hatte. Er erinnerte sich noch gut daran, wie sie im so genannten »Deutschen-Wald« auf bayerischer Seite ihre Besitztümer vergraben hatten. Fritz hatte damals das Versteck ausgesucht. Und Reinhard war überzeugt, dass er es

mit Erwin zusammen bestimmt finden würde. Es dauerte fast bis Ostern 1949, als es endlich so weit war. Freudig hielt Rosi Bachner den Brief ihrer Schwester in der Hand und las Reinhard daraus vor: »Wir kommen am Gründonnerstag mit dem Zug um 18.30 Uhr in Straußlach an.« Da Reinhard Osterferien hatte, konnte er seine Tante nebst Onkel und Cousin vom Bahnhof abholen.

Bereits um 17.00 Uhr war Reinhard am Bahnhof in Straußlach. Lisa und Mutter hatten sich geweigert, schon so früh zum Bahnhof zu gehen. So ging Reinhard alleine los, denn er konnte das Warten zu Hause nicht mehr länger aushalten. Am Bahngelände angekommen, vertrieb er sich die Zeit bis zur Ankunft des Zuges damit, dass er die ganze Umgebung bis in den letzten Winkel untersuchte. Vom Warteraum bis zum Vorplatz, der durch eine Absperrung das Betreten der Gleise verhinderte, über den Vorraum bis zum Fahrkartenschalter nahm er alles unter die Lupe. Endlich kamen auch Mutter und Lisa. Alle drei standen nun an der Absperrung zum Bahnsteig und warteten auf das Eintreffen des Zugs. Die letzten zehn Minuten schienen einfach nicht vergehen zu wollen. Reinhard kam es so vor, als ob der Zeiger der großen Bahnhofsuhr immer langsamer weiterrücken würde. Die Minuten schienen doppelt so lange zu sein als vor einer halben Stunde. Der Zug war schon lange zu hören, weil er einige unbeschrankte Bahnübergänge mit lautstarkem Pfeifen und Läuten überqueren musste. Reinhard hatte ständig die Uhr im Auge. Und als der Zeiger endlich auf 17.30 Uhr sprang, bog der Zug pünktlich, eine langgezogene Kurve machend, mit einem gellenden Warnpfiff in den Bahnhof ein. Der Zug bestand aus ganzen zwei Waggons und Reinhards Augen schauten gebannt auf die sich nun öffnenden Türen. Da – das musste Erwin sein! Er war als Erster aus einer der Türen herausgekommen. Einen Koffer in der Hand, wartete er auf seine Eltern, die als Letzte ausstiegen. Ein Beamter hatte nun die Absperrung geöffnet, um die Fahrkarten der ankommenden Fahrgäste zu kontrollieren und diese dann passieren zu lassen. Reinhard hielt es nicht mehr auf seinem Platz. Obwohl verboten, lief er durch die geöffnete Tür und noch bevor ihn der Beamte daran hindern konnte, war er am Bahnsteig und lag wenige Sekunden später in Erwins Armen. Dann wurde er von Tante Barbara und Onkel Josef fast erdrückt. Er war so glücklich, dass er die mahnenden Worte des Bahnbeamten gar nicht wahrnahm, der natürlich sehr erbost war, dass sich Reinhard nicht an die Vorschrift gehalten hatte. Groß und deutlich stand an der Absperrung auf einem Schild: »Das Betreten des Bahnsteigs ist nur mit einer gültigen Bahnsteigkarte erlaubt!«

Doch niemand von der Familie hörte auf den schimpfenden Beamten. Die Wiedersehensfreude war viel zu groß, als dass man sich um so eine Kleinigkeit gekümmert hätte. Auf dem Weg nach Oberbühl kam man nur langsam voran. Immer wieder blieb man stehen, um Neuigkeiten auszutauschen und zu erzählen. Reinhard wich nicht von Erwins Seite.

Am Abend saßen alle, auch Sohn Josef mit Familie und Vetter Karl mit Frau, bei Kurt Bachner zusammen. Die Besucher aus Ludwigsburg hatten vieles zu berichten. Auch Reinhard durfte aufbleiben. Morgen war ja Karfreitag und damit Feiertag. Aus Erwin war mittlerweile ein junger Mann geworden. Reinhard war stolz, dass er sich zu ihm setzte und von seinen Freunden in Ludwigsburg erzählte. Er versprach Reinhard, sollte er in den großen Ferien nach Ludwigsburg kommen, ihn mit all seinen neuen Freunden bekannt zu machen. Erwin hatte bei einer bekannten Schuhfabrik Arbeit gefunden und verdiente schon eigenes Geld. Er versprach, mit Reinhard nach Elbach zu fahren, um dann zu Fuß bis zur Grenze nach Hüttersdorf zu gehen. Er war sich sicher, dass er das Versteck, das sie kurz vor der Vertreibung angelegt hatten, wieder finden würden.

Die Erwachsenen gingen erst zu Bett, als sich bereits der neue Morgen ankündigte. Barbara und Josef hatten einige Flaschen Württemberger Wein mitgebracht, dem alle ausgiebig zusprachen. Reinhard musste doch früher eingeschlafen sein. Als er wach wurde, lag er in seinem Bett; dafür hatte schon die Mutter gesorgt.

Sie war wohl die Erste, die aufgestanden war, denn es duftete nach Kaffee. Barbara hatte etwas Bohnenkaffee aufgetrieben und ihre Schwester damit überrascht. Gefrühstückt wurde in drei »Sitzungen«. Die Holzkiste, die als Tisch diente, war viel zu klein für alle. Auch an Sitzgelegenheiten fehlte es. Reinhard und Erwin nahmen ihr Frühstück auf der Bettkante sitzend ein. Für sie gab es auch keinen Bohnenkaffee, der, so sagte Tante Barbara, sei für Kinder ungesund und schädlich. Da Reinhard ein solches Getränk erst gar nicht kannte, war es ihm auch egal, dass er Ersatzkaffee zu trinken bekam. Erwin konnte ihm auch nichts Besonderes abgewinnen. Er mochte lieber Ersatzkaffee. An das Osterfest 1949 kann sich Reinhard auch noch heute gut erinnern. Am Ostermontag reisten die »Ludwigsburger«, wie Rosi Bachner in Zukunft ihre Verwandten aus Württemberg nennen würde, wieder ab. Erwähnt werden sollte unbedingt die Fahrt von Erwin und Reinhard nach Elbach. Sie gingen, wie vereinbart, die letzten Kilometer zu Fuß zur tschechoslowakischen Grenze. Für Erwin war es das erste Mal nach der Vertreibung, dass er an den dicken Grenzbohlen stand, die ein Weitergehen blockierten.

Reinhard stand ohne ein Wort zu sagen neben seinem Cousin. Dieser schaute, tief in Gedanken versunken, hinüber nach Hüttersdorf. Zu dieser Zeit standen fast noch alle Häuser. Und auch der Kirchturm war zu sehen. Lange noch stand Erwin in sich gekehrt da und schaute auf Hüttersdorf. Als er sich endlich umdrehte, legte er seinen Arm auf Reinhards Schulter und sagte leise: «Komm, wir suchen unser Versteck.« Dann gingen beide direkt auf dem Grenzstreifen entlang zum »Deutschen Wald«, um das Versteck zu suchen.
Leider war das nicht so einfach, wie sie sich das vorgestellt hatten. Obwohl kaum 3 Jahre her, sah doch alles etwas anders aus. Die Sträucher an dem Grenzstreifen entlang sowie die Weidenbäume und selbst die Nadelbäume des Waldes waren größer und alles machte einen recht verwilderten Eindruck. Die Weiher auf der Hüttersdorfer und damit auf tschechischer Seite waren bis auf wenige Ausnahmen zugewachsen. Erwin glaubte nun schon zum zehnten Male, die Stelle gefunden zu haben, was sich aber immer wieder als Irrtum herausstellte. Als sie die Suche bereits beenden wollten, entdeckte Reinhard einen Baum, der in einer kleinen Mulde stand, die mit Moos bewachsen war. Reinhard war sich sicher: Das musste die Stelle sein! Auch Erwin meinte, dass es die Stelle war, wo Fritz das Versteck angelegt hatte. Mit den Händen entfernten sie großflächig das Moos rund um den Baum. Doch so sehr sie sich auch bemühten, es war nichts zu finden. Enttäuscht versuchten sie das Moos wieder einigermaßen um den Baum herumzuplanieren, als Erwin ein Stück braunes Pergamentpapier zwischen dem Moos auffiel. Hatte nicht Fritz verschiedene Sachen damals in ein solches Papier eingewickelt? Reinhard schlug vor, sich einen Spaten oder eine Schaufel auszuleihen. Sie gingen bis zu dem ehemaligen Zollhaus zurück,

in dem jetzt zwei Familien wohnten, nachdem die Amerikaner abgezogen waren. Die beiden kannten die Familien, da eine von ihnen aus Hüttersdorf stammte. Erwin stellte sich und Reinhard mit dem Familiennamen vor und es entwickelte sich ein kurzes Gespräch, aus dem hervorging, dass die Leute ihre Eltern gut kannten.

Etwas erstaunt stellte man den zweien eine Schaufel zur Verfügung und die Frage, wofür sie eine solche denn bräuchten, kam natürlich sofort. Erwin antwortete schnell, um Reinhard zuvorzukommen: »Ich möchte einen Setzling (junger Baum) ausgraben und mit nach Ludwigsburg nehmen. Als Andenken an unsere alte Heimat!« Weiter führte Erwin aus: »Ich werde ihn in meinen Garten einpflanzen, so habe ich immer ein Stück Hüttersdorf vor meinen Augen!« Reinhard war beeindruckt von dieser klugen Ausrede. Ob die Zollhausbewohner das glaubten, war allerdings eine andere Frage.

Mit Eifer machten sie sich an die Arbeit und hoben rund um den Baum die Erde aus. Doch sie konnten, obwohl sie fast einen halben Meter tief gegraben hatten, nichts finden. Erwin beschloss dann, noch enger an den Baumwurzeln zu graben, sollte dort auch nichts zu finden sein, wollten sie die Sache auf sich beruhen lassen. Doch schon nach wenigen Minuten wurde er fündig. Plötzlich stieß er auf einen Hohlraum, der ohne Zweifel mit Holzbrettern ausgelegt worden war. Es war tatsächlich der Versteckplatz – nur leider war er leer! Einige Fetzen Pergamentpapier befanden sich noch in dem Loch. Das war aber auch schon alles. Fritz hatte immer gesagt: »Das findet keiner!« Er hatte sich getäuscht. Ärgerlich und nicht sehr sorgfältig schüttete Erwin die Stelle wieder zu. Dann setzten sie sich auf einen Baumstumpf und ließen ihrer Enttäuschung freien Lauf. Schon nach wenigen Minuten drängte Erwin zum Aufbruch. »Das Versteck war eben nicht gut genug«, stellte er fest. Reinhard war der Frust noch deutlich ins Gesicht geschrieben, als er sagte: »Da hat uns einer damals beobachtet. Die Erde und das Moos waren sehr gut verwachsen. Also muss es schon lange her sein, dass das Versteck geöffnet wurde.« - »So ist es«, bestätigte Erwin Reinhards Vermutung. »Komm, lass uns verschwinden!« Sie brachten die Schaufel den Eigentümern zurück und machten sich auf zum Bahnhof.

Die Tage waren im Nu vergangen und die »Ludwigsburger« fuhren wieder heim. Reinhard wäre gerne noch etwas länger mit Erwin zusammen gewesen, aber dieser musste wieder zur Arbeit. Noch am nächsten Tag erfuhr Reinhard, dass er in den großen Ferien, die seine letzten sein sollten, zwei Wochen bei Tante Resl und Großvater verbringen durfte. Eine Cousine, die in München mit ihrem Mann ein Fuhrunternehmen gegründet hatte, hatte im selben Zeitraum geschäftlich in Weiden zu tun und versprach, Reinhard mitzunehmen. Tante Resl wohnte, wie schon kurz erwähnt, mit Großvater in der Gemeinde Erling in Oberbayern, ganz in der Nähe von München. Da sie direkt am Fuße des Heiligen Berges mit dem berühmten Kloster Andechs lebte, konnte Reinhard es kaum noch erwarten, bis endlich der letzte Schultag war. Tante Resl hatte in einem Brief an Rosi Bachner hervorgehoben, dass man vom Biergarten des Klostergasthofs einen herrlicher Blick auf die Bayerischen Alpen hätte. Reinhard hatte noch nie ein richtig großes Gebirge gesehen. Seine Neugier war grenzenlos.

In Straußlach hatte sich in den letzten Wochen einiges getan. Ein ehemaliger Besitzer einer Glasfabrik im Sudetenland baute mit Hilfe von Staatskrediten eine Glashütte auf. Schon jetzt konnten sich Schüler, die im letzen Volksschuljahr waren, bei dieser Firma als Lehrling bewerben. Obwohl es nicht Reinhards Vorstellungen entsprach, eine Glasmacherlehre anzutreten, meldete ihn der Vater an. In diesen Zeiten wurden keine Wünsche akzeptiert. Die Hauptsache war, man bekam eine Lehrstelle. In welchem Beruf war egal. Eine Woche vor Ablauf des alten Schuljahrs musste sich Reinhard persönlich bei der Firmenleitung vorstellen. Doch Reinhard freute sich erst einmal auf die Ferien bei Tante Resl. Die Zeit in Andechs war wohl die schönste im bisherigen Leben von Reinhard. Er wanderte mit Großvater durch das Kiental nach Herrsching und zurück. Tante Resl fuhr mit ihm nach München, das durch die Bombardierung der Alliierten mehr Ruinen als ganze Häuser aufwies. Reinhard war Derartiges schon aus der Zeit in Berlin bekannt. Als er dann noch an einer Bretterbude, wo Textilien verkauft wurden, einen »Lumberjack« (damals der allerletzte Modeschrei) bekam, war seine Freude mit nichts mehr zu überbieten. Für die unverheiratete Tante Resl war eben »Reinhardl«, wie sie ihn liebevoll nannte, ihr Ein und Alles. Im Klosterladen freundete sich Reinhard mit einem Pater an, der ihm ein kleines Gebetbuch schenkte, das noch heute in seinem Besitz ist und in Ehren gehalten wird. Es sollten später noch viele Besuche bei »Tante Resl auf dem Heiligen Berg« folgen. Auch dann noch, als sie zwischenzeitlich direkt in die Ortschaft Erling gezogen war und Reinhard schon eine Familie gegründet hatte.

Im August, noch bevor Reinhard seine Lehre in der Glasfabrik antrat, tat sich einiges in der »Westzone«. Am 14. August 1949 wurden 31 Millionen Wahlberechtigte zur Wahl des 1. Deutschen Bundestages aufgerufen. Auf Bundesebene lag die

Wahlbeteiligung bei 78,5%. Zur Wahl standen 19 Parteien, von denen 11 der Einzug in den Bundestag gelang. Eine 5-Prozent-Hürde gab es nur auf Landesebene. Bemerkenswert war, dass die Bürger West-Berlins aufgrund des besonderen Status der Stadt nicht an den Wahlen beteiligt wurden. Doch Reinhard war viel zu viel mit sich selbst beschäftigt, um diesem Ereignis eine große Bedeutung beizumessen.
Kurt Bachner plante - zur großen Freude Reinhards - kurzfristig einen Besuch in Ludwigsburg. Viele Hüttersdorfer wurden nach der Vertreibung in Württemberg angesiedelt. Es waren nicht nur Verwandte, sondern auch gute Bekannte, die in der näheren Umgebung von Ludwigsburg und Stuttgart eine neue Heimat gefunden hatten. Bachner wollte einige davon besuchen. Es wurde beschlossen, dass alle, auch Josef mit Familie, mitfahren durften. Schon allein die Reise mit der Bahn war für die Kinder ein einmaliges Erlebnis. Zwar waren alle schon oft mit einem Zug gefahren; aber diesmal waren es keine Vieh- oder Güterwagen, sondern ab Weiden ein richtiger D-Zug. In Nürnberg musste umgestiegen werden und dann ging es mit großen Erwartungen in Richtung Ludwigsburg. Waren damals selbst in den D-Zügen die Sitzbänke noch aus Holz, so konnte das der allgemeinen Begeisterung nichts anhaben. Denn einen Zug, in dem gepolsterte Sitze waren, hatte von ihnen sowieso noch keiner gesehen. Um es kurz zu machen: Der einwöchige Gegenbesuch in Württemberg war ein voller Erfolg und für alle Beteiligten ein großes Ereignis. Man versprach sich, wenn es die finanzielle Lage erlauben würde, einen solchen Besuch zu wiederholen.

Der Ernst des Lebens

Für Reinhard begann nun der »Ernst des Lebens«, wie die Mutter mit mahnend erhobenem Zeigefinger zu verstehen gab. Begann dieser wirklich erst jetzt? Nein! Dieser hatte für Reinhard schon längst begonnen. Genau genommen hatte er nie aufgehört. Angefangen mit der Flucht ins Innere der Tschechoslowakei, der Vertreibung aus der Heimat und den Aufenthalten in verschiedenen Flüchtlingslagern bis zu den Hungerzeiten in Grünheide – nichts als Ernst! Hatte er nicht schon mit elf, beziehungsweise als Zwölfjähriger dazu beigetragen, dass die Familie etwas zu essen hatte? Wie oft stand er in Grünheide am Möllensee, um Fische zu fangen? Und war er nicht ständig mit seiner Schwester Lisa halbe Tage und länger unterwegs gewesen, um für eine Hand voll Kartoffeln anzustehen? Nach der Kriegs- und in der Nachkriegszeit hatte der Ernst seinen Schrecken verloren. Im Gegenteil, Reinhard freute sich eine Lehre zu beginnen, ganz gleich, in welchem Beruf. Als er sich mit seinen Schulkameraden auf der Treppe vor der Volksschule in Altenried zum Klassenfoto aufstellte, spürte er nur Erleichterung. Vom Ernst des Lebens keine Spur. - Dieses »Entlassfoto« ist übrigens das einzige Bild, das Reinhard von seiner Schulzeit besitzt.
Im September 1949 musste sich Reinhard an einem Montag zum Vorstellungsgespräch in ein noch provisorisches Büro der Firma »Pflüger u. Lauber« einfinden. Nervös und voller Spannung wartete er mit einigen Entlassschülern aus seiner Klasse in einem Vorraum. Angemeldet waren doppelt so viele Bewerber wie die Firma brauchte. Sie konnte also wählerisch sein und sich die

Besten aussuchen. Wenn Reinhard ehrlich war, hätte ihm eine Absage keineswegs Schmerzen bereitet. Er wollte ja nicht unbedingt Glasmacher werden. Andererseits hätte ihn ein negativer Bescheid in seinen Augen als Versager dastehen lassen. Was würden wohl Mutter oder gar Lisa sagen, wenn er die Lehrstelle nicht bekam? Er mochte im Moment gar nicht daran denken. Es dauerte zwar nicht allzu lange, bis einer der Aufgerufenen wieder das Büro verließ. Reinhard kam es aber endlos vor. Der Augenblick, als er das Geschäftszimmer betrat, sollte ihm noch lange Zeit in Erinnerung bleiben. Ein Mann mit Stirnglatze saß hinter einem Schreibtisch und musterte Reinhard mit strengem Blick. Er blätterte dabei in einem blauen Umschlag. »Bist ja nicht gerade ein Riese«, sagte er zu Reinhard und musterte ihn von oben bis unten. Dieser wusste nicht gleich, was er antworten sollte; also schwieg er.

»Die Arbeit eines Glasmachers ist schwer. Traust du dir das wirklich zu?« - Während er sprach, blätterte er weiter in der blauen Akte herum, ohne Reinhard dabei anzusehen.

Mit fester Stimme antwortete er «Ja!« Der Mann hinter dem Schreibtisch stand nun auf, stellte sich an das Fenster und drehte dabei Reinhard den Rücken zu. Seine Hände hatte er am Gesäß verschränkt und seine Finger waren in ständiger Bewegung. Reinhard wusste nicht, wie er sich weiter verhalten sollte. Unbeweglich, nur die Finger zuckten hin und her, starrte der Mann aus dem Fenster, ohne auch nur einen Laut von sich zu geben. Plötzlich drehte er sich so energisch um, dass Reinhard erschrocken zusammenzuckte und setzte sich dann wieder an den Schreibtisch: »Das Glasmacherhandwerk ist wohl doch nichts für dich, mein Junge«, wandte er sich an Reinhard. Und dabei war sein Blick gar nicht mehr streng. Reinhard aber war blass geworden und wie zur Salzsäule erstarrt. Seine Stimme kam ihm selber fremd vor, als er sich sagen hörte: »Warum nicht?« Ohne dass er es wollte, sprach er weiter: »Kleine Häuser haben manchmal auch große Türen!« Er wusste, nun war alles aus. Mit so einer frechen Antwort hatte er sich wohl alles verdorben. Der Mann hinter dem Schreibtisch hob seinen Kopf. Reinhard konnte deutlich sehen, wie seine linke Augenbraue nach oben ging. Dann zuckte, aber wirklich nur für den Bruchteil einer Sekunde, ein Lächeln über sein Gesicht. Mit strengem Blick wandte er sich an Reinhard und sprach: »Nun - wir werden sehen, ob die Türen groß genug sind. Du bekommst einen Lehrvertrag!« Reinhard glaubte, sich verhört zu haben. Ungläubig schaute er dem Mann ins Gesicht, als er diesen sagen hörte: »Der Beginn der Lehre wird dir noch mitgeteilt. Schicke mir den nächsten herein.« Reinhard ging benommen zur Tür hinaus. Auf dem Heimweg erst wurde ihm allmählich klar, dass er die Lehrstelle bekommen hatte.

Den Spruch von den *kleinen Häusern mit den großen Türen* hatte Reinhard dem Firmeninhaber persönlich zu Gehör gebracht. Das wurde ihm später erst klar.

Die Mutter blickte ihn erwartungsvoll an, als er nach Hause kam. »Ich habe die Lehrstelle, Mama«, begrüßte sie Reinhard. Sie fuhr ihm mit der Hand in die Haare und zog ihn sanft an sich: »Habe auch nichts anderes von dir erwartet«, meinte sie. Doch konnte sie keineswegs verbergen, wie erleichtert sie war.

Schon nach einigen Tagen hatte sich Reinhard damit abgefunden, dass er den Beruf eines »Hohlglasmachers« erlernen sollte. Sein Freund Kurt Zöllner hatte eine Absage bekommen, was diesen nicht sonderlich bewegte. Er glaubte fest daran, in der Porzellanfabrik zu Straußlach eine Lehrstelle als Porzellanmaler zu bekommen. Sein Vater hatte es in diesem Berufszweig zu etwas gebracht. Er arbeitete für so renommierte Firmen wie Rosenthal und Seltmann. Er war auf Gold- und Motivmalerei für wertvolles Service spezialisiert. Und er konnte diese Arbeiten daheim ausführen. Doch Kurts Traum, in die Fußstapfen seines Vaters zu treten, sollte sich nicht erfüllen. Überhaupt war Reinhard der einzige aus der »Baracke«, der in der Glasfabrik »Pflüger u. Lauber« einen Arbeitsplatz hatte.

Inzwischen entwickelte sich die Bundesrepublik weiter. Die konstituierende Sitzung des 1. Deutschen Bundestages fand am 7. September 1949 statt. Die Eröffnungsrede hielt der Alterspräsident Paul Löbe (SPD). Elf Parteien und zwei unabhängige Abgeordnete gehörten dem Parlament an. Die CDU/CSU stellte mit 139 Abgeordneten die stärkste Fraktion, gefolgt von der SPD-Fraktion mit 131 Abgeordneten. Unter den insgesamt 410 Bundestagsabgeordneten waren nur 28 Frauen. Die 8 Abgeordneten aus West-Berlin hatten nur eingeschränktes Stimmrecht. Der erste Bundestagspräsident wurde Erich Köhler (CDU). Überhaupt gab es fast jeden Tag irgendwelche Neuigkeiten. Dazu gehörte natürlich auch, dass Kurt Bachner ein Fahrrad erstanden hatte. Was Reinhard an Vaters Rad faszinierte, war vor allem die Gangschaltung und die dicken Räder. Unterhalb der Lenkstange befand sich am Rahmen ein richtiger Schalthebel mit schwarzem Knopfgriff, wie man sie nur von Autos kannte. Zwar war der Bedienungsgriff kleiner, aber immerhin hatte er drei Übersetzungen. Die Ballonräder mit dickem Profil sahen gegenüber einem normalen Fahrrad schon nach was Besonderem aus. Reinhard durfte das Fahrrad nur mit der Auflage benutzen, vorsichtig und verantwortungsvoll damit umzugehen. Doch Kurt Bachner benutze das Rad, um damit zur Arbeit zu fahren und deshalb konnte Reinhard seine Fahrten nur am Abend und sonntags ausführen.

In Bonn wurde am 12. September der FDP-Vorsitzende Theodor Heuss zum ersten Bundespräsidenten gewählt. Der SPD-Vorsitzende Kurt Schumacher unterlag ihm im zweiten Wahlgang. Heuss sollte durch seine humanistisch gebildete Persönlichkeit eine Integrationsfigur der jungen Demokratie werden.

Schon am 15. September 1949 wurde Konrad Adenauer vom Bundestag zum Bundeskanzler gewählt. Die erste Bundesregierung hatte dreizehn Minister. Fünf gehörten der CDU an, je drei waren Mitglieder von CSU und FDP und zwei kamen aus den Reihen der Deutschen Partei (DP). Eine Frau war nicht dabei! Ein Außen- oder Verteidigungsministerium gab es noch nicht, da hier die Zuständigkeit bei den Besatzungsmächten lag.

Auch für Reinhard änderte sich manches. Als er die Nachricht von der Firma »Pflüger u. Lauber« bekam, dass er am 30. Januar 1950 seine Lehre beginnen sollte, stellte er fest, dass dazwischen noch etwas Freizeit lag. Die schönen Herbsttage wurden von den Kindern und Jugendlichen in Oberbühl meistens im Freien verbracht. Reinhard entpuppte sich dabei als ein guter *Erzähler.* Da er ein leidenschaftlicher Leser von Abenteuerbüchern war und in letzter Zeit auch Reiseerzählungen über ferne Länder geradezu verschlang, gab er sein Wissen an andere weiter. Er verstand es, seine Kameradinnen und Kameraden mit allerlei wilden Geschichten zu fesseln. Was immer er gelesen und gehört hatte, malte er hemmungslos mit seiner Fantasie aus. Häufig saß eine Gruppe im Gras hinter dem Bahndamm, wo der Zug von Straußlach nach Elbach und umgekehrt fuhr. Mitten unter ihnen Reinhard. Die Augen der Buben und Mädels hingen an Reinhards Lippen, wenn dieser zu fantasieren begann. Immer dabei waren natürlich die Freunde aus der Baracke. Linda Stahl mit dem schon älteren Bruder Manfred, Gretel Hellmann, die Eisner Traudel und Arno, Kurt Zöllner sowie Adolf Friedinger mit Schwester Inge. Manchmal saßen sie stundenlang am Bahndamm und vergaßen sogar die Mahlzeiten, was in jener Zeit schon was heißen wollte. Wenn Reinhard zu seinen gelesenen Geschichten noch eigene dazu erfand und sie in die Erzählung mit einband, war die Spannung seiner Zuhörer kaum noch zu überbieten. Da keiner von ihnen eine Uhr besaß, richtete man sich nach den Zügen, die von und nach Straußlach fuhren. Viele Bücher bekam Reinhard von seinem Nachbarn Hans Stahl, dem älteren Bruder von Manfred. Woher er sie hatte, wusste Reinhard nicht. Ein Buch hatte es ihm ganz besonders angetan, nämlich »Onkel Toms Hütte«. Hinzu kamen noch einige Bücher von Ludwig Thoma und Peter Rosegger, Karl May, Tom Shark und eine Reihe von Abenteuerheften. Viele Bücher kamen wieder zum Vorschein, die unter der nationalsozialistischen Herrschaft verboten waren. Die Nazis hatten es eben doch nicht geschafft, alles zu verbrennen, was nach ihrer Ansicht zur *entarteten Kunst* gehörte. Hans Stahl hatte in einem großen Karton Bücher unter seinem Bett versteckt. Und nur Eingeweihte – dazu gehörte Reinhard – durften sich was aussuchen.

Der »Stahl Hans«, wie er von allen genannt wurde, hatte übrigens nicht nur ein Faible fürs Lesen, sondern noch mehr fürs Essen. Er hatte ständig Hunger und war ohne weiteres in der Lage, einen Zwei - Kilo - Laib Brot auf einmal zu essen. Sein Bruder Manfred übertraf ihn, was die Essensmenge anging, noch bei weitem. Frau Stahl, die Mutter der beiden, war nicht zu beneiden. Wo sollte sie so große Mengen zum Essen herbekommen? Das Geld reichte ja hinten und vorne nicht. Doch seit Einführung der D-Mark konnte man in Oberbühl von jedem Bauern Hühnereier kaufen. Irgend jemand kam auf die Idee, ein oder zwei Eier in einem Teller aufzuschlagen, etwas Zucker unterzumischen, um es anschließend mit einer Gabel richtig durchzuhauen. Das ergab eine schmackhafte, flüssige Masse, die nicht nur kräftig war, sondern auch noch hervorragend schmeckte. Da die Wände der Baracke bekanntlich dünn waren, konnte man jegliches Tun in der Nachbarwohnung hören. Der Schlingel Reinhard nahm deshalb nicht selten einen Teller und eine Gabel und fing damit im leeren Gefäß geräuschvoll zu schlagen an. Natürlich waren diese Geräusche beim Nachbar Stahl zu hören, was wiederum den Hans auf den Plan rief. Deutlich konnte Reinhard vernehmen, wie er zu seiner Mutter sagte: »Mama, hörst du? – Bei den Bachners schlagen sie schon wieder Eier auf! Hast du auch welche daheim? Genau das wollte Reinhard hören. Es dauerte auch nicht lange und die selben Geräusche waren aus der Wohnung der Familie Stahl zu hören. Rosi Bachner schimpfte mit ihrem Sohn – wo Hans ihn doch immer mit Büchern versorgte. Doch Reinhard, manchmal sogar von Lisa animiert, bereitete das Spielchen einfach zu großen Spaß.

Da der Wald in Oberbühl vor der Haustüre lag, war er ein bevorzugter Spielplatz. Wenn man also nicht gerade am Bahndamm hockte und Reinhards Erzählungen lauschte oder Spiele machte, war der Wald ein hervorragender Ort zum Rumtoben. Der nahe gelegene Nadelwald war Privateigentum. Die Besitzer waren größere Landwirte aus Oberbühl und Altenried. Da ausnahmslos jeder Haushalt mit Holz und Kohle heizte, war Brennholz ein viel gesuchtes Material. Die Waldbesitzer passten auf, dass keine Bäume aus ihrem Teil des Waldes abgeholzt wurden. In diesen Zeiten war der Wald wie leergefegt. Kein Ast oder sonstiges Stück Holz war zu finden. Hatte man das Glück, einen abgebrochenen Ast zu finden, so wurde der aufgehoben und mit nach Hause genommen. Reinhard hatte von seinem Vater gelernt, wie man abgestorbenes Stangenholz fand. Man hatte sich angewöhnt, die Augen immer nach oben zu richten, um eventuell dürre Gipfel in den Bäumen auszumachen. Erlaubt oder zumindest geduldet wurde, einen völlig abgestorbenen Baum zu fällen. Dabei wurden die schwächeren und noch nicht allzu großen Bäume im Unter- oder Stangenholz bevorzugt, da diese leichter transportiert werden konnten. Hatte Reinhard einen *abgedorrten* Baum gefunden, prägte er sich die Stelle gut ein und sprach zu niemandem ein Sterbenswörtchen davon. Dann ging er, nachdem der Vater von der Arbeit zurück war, mit ihm los, um das begehrte Objekt heimzuholen. Zu fällen erlaubt waren allerdings nur Bäume mit einer gewissen Stärke beziehungsweise Durchmesser, ganz gleich, ob sie nun aus einem Privat- oder Staatsforst stammten. Doch weder Kurt Bachner noch die anderen Leute kümmerten sich um solche Vorschriften. War der Baum zu groß, um auf der Schulter getragen zu werden, wurde er in Stücke zersägt und auf zwei- oder dreimal abtransportiert. Wer einen Handwagen besaß, hatte es besser: Der konnte alle Teile des Baumes aufladen und zusammen heimbringen. Die erste Zeit hatten Kurt Bachner und seine beiden Söhne alles auf der Schulter nach Hause geschleppt. Seit einiger Zeit aber hatte Bachner einen Handwagen. Aus mühselig zusammengetragenen oder eingetauschten Teilen bastelte er einen respektablen Handwagen, um den ihn die Nachbarschaft beneidete. Auf seinem vor der Baracke zugeteilten Platz stand, fein säuberlich aufgeschichtet, ein Holzstoß an dem anderen. Bachner reichte es nicht, nur für einen Winter Vorrat zu haben. Nein, es musste schon für zwei, wenn nicht gar für drei reichen. Da er ja sehr viel vom Wald und Holzmachen verstand, war sein Holzplatz der wohl größte und sauberste in der ganzen Nachbarschaft. Leichtes Holz wurde im Sommer zum Kochen verwendet. Im Winter sorgte Kurt Bachner mit Buchenholz für eine lang anhaltende Wärme in der Wohnung. Von seinem Vater lernte Reinhard viele nützliche Dinge über den Wald, die ihm bis heute zugute kommen. Wenn er mit ihm, oft erst am späten Abend, im Wald unterwegs war, zeigte er Reinhard, wie man sich Tieren gegenüber zu verhalten hatte. Einmal machten sie mit einer Ladung Holz auf dem Handwagen eine Rast, um sich etwas auszuruhen. Beide saßen am Rand eines Gebüsches, als gar nicht weit vor ihnen drei Rehe aus dem Unterholz traten. Bachner legte seinen Finger an den Mund und Reinhard blieb mucksmäuschenstill. Zu dessen Verwunderung kamen die Tiere immer näher. Vater und Sohn saßen unbeweglich wie aus Stein und wagten kaum zu atmen. Plötzlich hob eines der Tiere seinen Kopf und mit einigen gewaltigen Sprüngen verschwanden sie im Wald. Kurt Bachner lachte, als er das verdutzte Gesicht seines Sohnes sah. Auf dem Nachhauseweg erklärte er ihm, warum die Rehe erst so nah herankamen, um dann wieder blitzschnell zu verschwinden. Reinhard erfuhr, dass dies alles natürlich mit der Witterung und der Windrichtung zusammenhing. Und wie man sich am geschicktesten anstellte, damit man derartige Beobachtungen machen konnte. Kurt Bachner liebte den Wald. Jede freie Minute nutzte er, um darin herumzuwandern, Brennholz zu holen und je nach Jahreszeit Pilze zu sammeln. Überhaupt war das Pilzesuchen seine große Leidenschaft bis an sein Lebensende. Er kannte oder fand die Plätze, wo je nach Jahreszeit die verschiedensten Pilzsorten wuchsen. Dabei verfügte er über eine unheimliche und traumwandlerische Sicherheit. Ihm war ein so genanntes schlechtes »Pilzjahr« sogar lieber. Denn wenn es zum Beispiel nur wenige Pfifferlinge oder Steinpilze gab, war der Preis wesentlich höher. Bachner verkaufte seine Pilze später regelmäßig an Speise-Gaststätten, um sich durch einen kleinen Nebenerwerb ein persönliches Taschengeld zu verdienen. Er fand auch Pilze, so die Leute in Altenried, wenn es angeblich gar keine gab. Darauf angesprochen, wieso er immer noch welche fand, wenn die anderen mit leerem Korb oder Tasche nach Hause kamen, sagte er nur: »Ich rieche sie!« Dabei lachte er und die Fragesteller wussten nicht, meinte er das mit dem Riechen ernst oder wollte er sie auf den Arm nehmen. Die Wahrheit ist, dass er, wenn es wenig regnete und trocken war, genau wusste, wo er zu suchen hatte. Es war ja nun nicht so, dass ihm die Pilze nachliefen. Nach langer Trockenheit galt es, weite Strecken zurückzulegen und durch dichtes Unterholz zu robben, um zwei oder drei Kilo Pilze zu finden. Gab es dagegen ein gutes »Pilzjahr,« das heißt mit viel Regen und warmem Wetter, gab es wenig zu verdienen. In einem solchen Jahr fand auch der blutigste Amateur reichlich Pilze und bot diese zum Verkauf an. So nötig, wie die Familie das Geld auch brauchen konnte –vor dem Verkauf bediente man sich erst einmal selbst. Zum Abendessen gab es bevorzugt gebratene Pfifferlinge oder Steinpilze. Von älteren Pilzen wie zum Beispiel der »Rotkappe« oder dem »Birkenpilz«, gelegentlich auch vom Steinpilz wurden aus der großen »Haube« Pilzschnitzel gemacht. Rosi Bachner war auf diesem Gebiet Expertin.

Reinhard konnte nicht oder nur wenig mit dem Vater »in die Pilze gehen«, so sagte man in Straußlach und Umgebung zum Pilzesammeln. Kurt Bachner zog oft unmittelbar nach Feierabend los. Und wenn er nicht zur Arbeit musste, ging er bereits um vier Uhr früh »in die Pilze«. Einige Ratschläge gab er seinem Sohn, wenn dieser schulfrei hatte und Pilze suchen wollte, immer mit auf den Weg. Wenn Reinhard dann mit voller Tasche heimkam und deren Inhalt auf den Küchentisch leerte, war er ganz stolz. Die ganze Familie saß dann um den Tisch herum, um die Pilze zu säubern. Waren alle geputzt, kam ein Teil in die Pfanne und wurde mit Genuss verzehrt. Wenn auch Reinhard kein schlechter Pilzsammler war, an die Erfolge seines Vaters kam er einfach nicht heran. Dieser gehörte in der Umgebung von Straußlach zu den Besten, wenn er nicht gar der Beste überhaupt war. Vielleicht roch er die Pilze ja tatsächlich. Jedenfalls war sein Orientierungssinn im Wald eine Art geheimes Zusatzorgan, das mit Wissen allein nicht ganz erklärt werden konnte.

Eines Tages fand Rosi Bachner in der »Umzugskiste«, die alle Transporte der letzten Jahre überstanden hatte, eine Zither. Die hatte Kurt Bachner einer Frau aus einem Nachbarort von Hüttersdorf abgekauft. Die Tschechen hatten damals verfügt, dass alle deutschen Bewohner in Hüttersdorf die in ihrem Besitz befindlichen Musikinstrumente abgeben mussten. Die Frau hing an diesem Instrument, weil es ihr Vater extra für sie hatte anfertigen lassen. Durch die Wirren der Vertreibung war an die Zither einfach nicht mehr gedacht worden. Kurt Bachner hatte es dann darauf ankommen lassen und die Zither nicht abgegeben. Zum Glück wurde die Kiste beim Abtransport aus Hüttersdorf nicht mehr geöffnet.

Bachner hatte erfahren, dass es in Straußlach einen Mann gab, der das Zitherspiel exzellent beherrschte. Er gab nebenberuflich Unterricht und, was damals sehr wichtig war, die Unterrichtsstunde kostete »nur« 1 DM. Reinhard wurde von der Familie ermuntert, Herrn Schwarz – so hieß der Musiklehrer – aufzusuchen. Nach einem kurzen Gespräch bekam er einen Zettel mit auf den Weg, wo der »Erziehungsberechtigte« unterschreiben sollte, mit der Unterrichtung seines Sohnes und der pünktlichen Zahlung der Unterrichtsgebühr einverstanden zu sein. Nun stand es also fest, dass Reinhard das Zitherspiel erlernen sollte. Wie sich später herausstelle, mit Erfolg.

Reinhards Bekanntenkreis wurde immer größer. In Oberbühl selber freundete er sich mit Adolf Reimer an, einem Jungen, der zwei Jahre älter war und aus einer kinderreichen Familie stammte. Der Vater arbeitete ebenfalls in der Porzellanfabrik und Adolf, der noch keinen festen Arbeitsplatz hatte, sollte dort in absehbarer Zeit auch Arbeit bekommen. Beide nutzten die noch verbleibende »Freizeit« bis zum Eintritt ins Arbeitsleben reichlich. Adolf, der einen guten Kontakt zu den Jugendlichen in Oberbühl hatte, brachte es auch fertig, dass der »Flüchtlingsjunge« Reinhard zumindest etwas Anerkennung fand. Natürlich gab es Buben und Mädchen, die von zu Hause angehalten wurden, bloß nicht mit dem »Flüchtlingspack« zu spielen. Gott sei Dank waren diese in der Minderzahl. Reinhard hatte auch Adolf mit seinen »Erzählungen« in den Bann gezogen. Doch erzählte er seinem neuen Freund nicht nur Abenteuergeschichten, sondern auch Dinge, die er in Flüchtlingslagern und während der Vertreibung aus der Heimat erlebt hatte. Reinhard wusste nicht, ob Adolf allem, was er da hörte, wirklich Glauben schenkte. Manchmal hatte er das Gefühl, Adolf würde nur aus Höflichkeit keine Zweifel äußern. Reinhard war bemüht, seine Erlebnisse und die Hungerzeit in Grünheide so realistisch wie möglich darzustellen. Aber niemals übertrieb er dabei, denn er wollte nicht als Lügner gelten und erhoffte sich, seinem Freund gegenüber glaubwürdig zu sein. Hin und wieder untertrieb er sogar seine Erlebnisse und stellte sie weniger dramatisch dar, als sie in Wirklichkeit gewesen waren. Auch war ihm klar, dass jeder so kurz nach dem Krieg sein eigenes Schicksal und seine eigenen Probleme hatte. Soweit sie nicht selber Vertriebene waren, konnten sich weder die Freunde noch die Schulkameraden vorstellen, was es hieß, sein Zuhause und all sein Hab und Gut zu verlieren. Sie konnten sich nicht an die Stelle derer versetzen, denen auch das Wenige, was sie noch hatten, restlos genommen wurde. Das betraf ja nicht nur den Besitz: Auch die ersten und ältesten Freundschaften, enge Familienangehörige und die über Generationen gewachsene heimatliche Umgebung mussten verlassen werden. Das schmerzte mehr noch als alles Materielle. Und auch der politische Terror traf die schutzlosen Menschen hart. Besonders die Flüchtlinge aus den Ostgebieten, die sich vor der Roten Armee in Sicherheit bringen wollten, hatten Unmenschliches erlebt. Die »Einheimischen«, wie die Menschen von Straußlach und Umgebung von den Vertriebenen genannt wurden, hatten außer der Besetzung durch die Alliierten kein größeres Unheil erlebt. Dementsprechend war ihre Einstellung den Flüchtlingen gegenüber. Reinhard versichert mir (dem Autor) aber immer wieder, dass es durchaus Leute gab, die hilfsbereit waren oder sich zumindest anständig verhielten.

Einen weiteren Mitbewohner der Baracke zählte Reinhard seit neuestem zu seinem Freundeskreis. Es war Manfred Kaiser. Die Familie war erst vor einigen Tagen eingezogen. Und Manfred, der noch einen Bruder und drei Schwestern hatte, war der Zweitälteste. Der Vater war Soldat gewesen und in Russland gefallen. Frau Kaiser hatte sich mit den fünf Kindern von Breslau in Schlesien nach Oberbühl durchgeschlagen, was oft über ihre Kraft gegangen war. Sie war sehr nervös und daher auch manchmal ungerecht zu ihren Mitmenschen. Manfred spielte für sein Leben gern Fußball, obwohl er nicht gerade ein begabter Spieler war. Sein Einsatz und seine Begeisterung waren dagegen nicht zu überbieten. Nur Arnold Eisner war dem Fußballspielen abgeneigt. Der schaute lieber zu. Reinhard wollte unbedingt eine »Mannschaft« auf die Beine stellen, um gegen die Oberbühler oder eine andere Ortsteilmannschaft aus Altenried anzutreten. Hätten sich die einheimischen Jungs aus Oberbühl zur Verfügung gestellt und mit den Spielern aus der Baracke eine Mannschaft gegründet, wäre alles kein Problem gewesen. Nur wollte nicht jeder mit den Baracken-Bewohnern spielen. Entweder wurde es ihnen schon vom Elternhaus verboten oder sie wollten sich nicht der Kritik der Kameraden aussetzen. Adolf Friedinger unterstützte zum wiederholten Male Reinhard, um drei oder vier Buben zu überreden, doch bei den »Barackerern« – so wurden sie im allgemeinen genannt – mitzuspielen. Nicht einmal Adolf, obwohl selbst ein »echter« Oberbühler, gelang das. Sie mussten die Wiese wieder verlassen, wo die einheimischen Kinder gewöhnlich Fußball spielten. Adolf, ein guter Mensch, aber ein schlechter Fußballspieler, war der einzige, der sich demonstrativ bereit erklärte, mit den Jungs aus der Baracke zu spielen. Reinhard durfte des Öfteren auf der Wiese mit den Oberbühlern rumbolzen. Aber in ihrer offiziellen Mannschaft ließen sie ihn nie mitmachen. Obwohl sie sogar freimütig anerkannten, dass er sehr gut mit dem Ball umgehen konnte – so weit ging man nicht. Es blieb ein Graben zwischen ihnen, den vorerst nur zwei Freunde übersprungen hatten. Doch Reinhard war sich sicher, dass er früher oder später die Gründung einer gemeinsamen Mannschaft erreichen würde.

Die Zeit bis zum Beginn der Lehre verbrachte Reinhard meistens mit seinen Bekannten und Freunden aus der Baracke. Der Kontakt zu seinen ehemaligen Schulkameraden in Altenried war spärlich. Man grüßte einander, wenn man sich über den Weg lief. Und dabei blieb es. Eine Ausnahme war Franz Krämer. Reinhard hatte ihn beim Vorstellungsgespräch im Büro der Glasfabrik kennen gelernt. Er hatte auf Reinhard gewartet, weil er vor ihm an der Reihe war. Eigentlich hatten sie sich schon in der Schule gut leiden können. Franz war auch der Einzige, der damals in den Pausen auf dem Schulhof ganz offen mit Reinhard sprach. Jetzt kam er auch immer öfter nach Oberbühl, um mit den Jungs aus der Baracke Fußball zu spielen. Sie verbrachten auch viel Zeit nur zu zweit. Franz ging mit Vorliebe in den Wald und hörte auch gerne zu, wenn Reinhard erzählte. Oft saßen sie im Gehölz unter einem Baum oder auf einer gefällten Tanne und vergaßen dabei die Zeit. Die Geschichten waren einfach zu spannend, um mitten darin abzubrechen. Reinhard wurde von Franz sogar eingeladen, ihn zu Hause zu besuchen.

Reinhard, der Anfang September 1949 14 Jahre alt wurde, ordnete die damalige Lebensphase trotz der großen Einschränkungen als die bislang beste ein. Übrigens wurden Geburtstage damals nicht gefeiert. In der ländlichen Umgebung der meist katholischen Oberpfalz hatte der Namenstag eine viel größere Bedeutung als der Geburtstag. Was aber nicht bedeutete, dass dieser nun großartig gefeiert wurde. Nur Personen mit Vornamen wie Maria und Anna oder auch Josef, Peter und Paul hatten überhaupt eine Gelegenheit, die Segnungen des Namenstages zu genießen. Sie durften der Arbeit einen halben Tag fernbleiben, um in die Kirche zu gehen und die Hl. Messe zu besuchen. Rückblickend kann sich Reinhard bis zu seinem 21 Geburtstag an keine Feier erinnern – denn es gab keine. Oft wurde nicht mal innerhalb der Familie daran gedacht zu gratulieren. Diese schönen persönlichen Feste sind eine Blüte des Wohlstands.

Reinhard nutzte den kurzen Lebensabschnitt zwischen Schule und Lehre, um mit seinen neu gewonnenen Freunden Dinge zu tun, die er bislang nicht kannte. Auch seine Schwester Lisa musste sich nun nicht mehr so viel um ihn kümmern, die hatte ja auch durch ihre Arbeit in der Fabrik neue Freundinnen und natürlich auch Freunde kennen gelernt. Bruder Willi, der ein begnadeter Tänzer war, hatte keinen Mangel an Freundinnen. Und an Freunden fehlte es auch nicht: Seine fußballerischen Leistungen als Torhüter lagen weit über dem Durchschnitt. Er wurde ohne Vorbehalt in die erste Mannschaft beim SV Altenried aufgenommen. Auch der Fußballverein der Straußlacher, der große Lokalrivale der Altenrieder, zeigte Interesse an Willi. Somit war er als Fußballer gefragt und bei seinen Vereinskameraden anerkannt. In privaten Dingen hatte er es zwar besser als andere Barackenbewohner, dennoch merkte auch er, dass ihm nicht wenige Leute mit Vorurteilen begegneten. Reinhard wusste, wenn Willi zu einem Tanzfest ging, dann putzte und wienerte er sein einziges Paar schwarze Halbschuhe fast eine geschlagene halbe Stunde. Da es damals nicht üblich war, dass Kinder mit 14 Jahren Taschengeld bekamen, war Reinhard bestrebt, für die älteren Geschwister Arbeiten zu verrichten. Dazu gehörte unter anderem auch das Schuhputzen. Willi war gewillt, auf Hochglanz gewienerte Schuhe (auch Arbeitsschuhe) mit 30 oder gar 50

Pfennig zu honorieren. Hatte Reinhard über dem Spielen mit Freunden eine ihm aufgetragene Arbeit verpasst, musste er die Schuhe zum Nulltarif putzen. In solchen Dingen gab es keinen Pardon. Keiner von Reinhards Freunden bekam irgendwelches Taschengeld, so wenig wie er selbst. Heute haben Kinder und Jugendliche sogar einen gesetzlichen Anspruch darauf. Je nach Alter gibt es Richtlinien für eine angemessene Höhe. Von einer solchen Regelung konnten Reinhard und seine Altersgenossen nicht einmal träumen. Hatte Reinhard einmal irgendeinen Wunsch, musste er die Eltern oder Geschwister um Geld bitten. Einen anderen Weg gab es nicht. Diese waren durchaus nicht geizig oder boshaft. Sie waren nur selbst knapp bei Kasse und nicht selten pleite. Bei Rosi Bachner war sprichwörtlich jeder Pfennig verplant. Selbst Reinhards Freund, Kurt Zöllner, dessen Vater etwas besser verdiente als der Durchschnitt, musste sich jeden Pfennig erbetteln. Viele Familien hatten durch die Vertreibung alles verloren und mussten sich das Nötigste erst wieder anschaffen. Da waren keine Geldmittel übrig für »unnütze« Ausgaben. So musste man froh sein, wenn man fürs Schuheputzen und andere Gefälligkeiten mal 20 bis 50 Pfennig bekam. Wenn Kurt Bachner im Sommer Pilze verkaufen konnte und Reinhard sich am Säubern beteiligte, gab es schon mal vom Vater *eine Mark*. Keiner kann sich heute überhaupt noch vorstellen, was dies für Reinhard bedeutete. Überhaupt, Reinhard und sein Vater: Oft steckte er ihm ohne Wissen der Mutter etwas vom »Pilzgeld« zu. Doch Pilze haben eine schlechte Angewohnheit: Die gibt es nur im Sommer. Wenn, was jetzt nach der Währungsreform wieder häufiger vorkam, eine Veranstaltung oder Kirchweih war, wurden diese auch mit schmalem Geldbeutel besucht. Es gab auch herrliche Dinge zu kaufen, aber nur wenige konnten sie sich leisten. Für Reinhard blieb es meistens beim Anschauen. Hatte er mal 50 Pfennig in der Tasche, konnte er sich einen kleinen Wunsch erfüllen. Die Freude war kaum zu überbieten, auch wenn es sich nur um irgendeine Süßigkeit handelte.

Nachdem man bereits zum zweiten Mal Weihnachten in der Baracke gefeiert hatte, rückte der Tag immer näher, an dem Reinhard mit seiner Lehre begann. Am 30. Januar 1950 war es dann so weit. Am Morgen, pünktlich um 5.30 Uhr, sollte er in der »Hütte« sein. So nennt man die Fabrikhalle mit den Schmelzöfen. Die meisten Lehrlinge, die an diesem Tag anfingen, kannte Reinhard. Auch sein Freund Franz Kramer war unter ihnen. In einem Halbkreis angetreten, standen sie nun vor dem »Hüttenmeister«! Hüttenmeister Schulze war ein großer Mann, der immer in einer Art gebückter Haltung herumlief. Dazu hatte er ständig die Hände am Rücken verschränkt. Er sah grundsätzlich alles, was in der Hütte geschah. Er stellte sich vor die Neulinge und musterte jeden Einzelnen. Dann richtete er ausnahmsweise einmal seinen Oberkörper auf, warf einen strengen Blick in die Runde und sagte: »Guten Morgen!« Zackig und laut antworteten die Debütanten: »Guten Morgen, Herr Hüttenmeister!« Dieser nahm wieder seine gebückte Haltung ein, ging in sein nebenan gelegenes »Büro«, einen kleinen Raum mit Fenstern rings herum, und kam mit einer Liste wieder. In alphabetischer Reihenfolge las er die Namen vor. Als er sich überzeugt hatte, dass alle da waren, die auf seinem Zettel aufgeführt waren, sprach er: »Ich bringe euch nun zu euerer Werkstatt, wo ihr in Zukunft arbeiten werdet!« Dann machte er eine Handbewegung, ihm zu folgen. Nun gingen sie in Richtung Glasöfen. Da war ein großer Schmelzofen, wo schon Leute arbeiteten. In den halbkreisförmigen Löchern am Ofen loderte ein gelbliches, grelles Feuer. Je näher sie dem Ofen kamen, umso größer wurde die Hitze. Reinhard wurde einem Meister zugeteilt, der sofort anordnete, dass er sich auf einen Holzschemel setzen solle. Ein anderer zeigte ihm die Handhabung, wie man die Holzform öffnete und schloss. Meister und Geselle holten mit einer so genannten »Pfeife« Glas aus dem Ofen und ließen es dann in die Form laufen. Der erste Arbeitsgang, den der Anfänger Reinhard erlernte, war also das Formen oder, wie es im Hüttenjargon hieß, das »Modell-Halten«. Hüttenmeister Schulze schlich die ganze Zeit um den Glasofen und beobachtete die Lehrlinge. Als Reinhard zu Hause gefragt wurde, wie der »erste Tag« gewesen sei, antwortete er wahrheitsgetreu: »Nicht besonders!« Nur Lisa erzählte er am selben Abend noch mehr. Ihr vertraute er an, dass ihm die Arbeit in der Glashütte überhaupt nicht gefiel. Die Schwester tröstete ihn damit, dass es ihr am ersten Tag in der Porzellanfabrik genauso ergangen war. Reinhard wusste aber auch, dass er dem Vater oder der Mutter erst gar nicht seine wahre Einstellung mitzuteilen brauchte. Die hatten einfach beschlossen, dass er diesen Beruf erlernen sollte. Ja er musste nach außen hin sogar stolz sein, dass er unter so vielen Bewerbern überhaupt angenommen wurde. Reinhard war sich darüber im Klaren, dass er zum jetzigen Zeitpunkt in einem anderen Beruf ohnehin keine Chance haben würde. Schon nach wenigen Wochen hatte er sich an das Hüttenleben gewöhnt und nahm sich vor, ein guter Glasmacher zu werden. Er war bestrebt, alles zu lernen, was mit der Glasherstellung zu tun hatte. Oft nervte er die Gesellen, aber auch den Meister mit seiner ewigen Fragerei. Ein Geselle namens Probst, der aus dem Bayerischen Wald stammte, fand Gefallen an Reinhards Wissbegier. Schon nach einem halben Jahr kam er zu einer an-

deren Werkstatt. Der Meister war im Gegensatz zu vielen anderen ein umgänglicher Mensch und der Geselle Probst brachte ihm die feineren Kunstgriffe des Gewerbes bei. Sogar in der Mittagspause, wenn das Stück Brot verzehrt und die Teekanne geleert war, ging Reinhard wieder zum Ofen, um zu üben. Als er später sogar Briefbeschwerer und Schwäne aus Glas selber herstellen konnte, war Reinhard mächtig stolz. Den ersten Schwan, den er ganz ohne Hilfe machte, schenkte er seiner Mutter. Den ersten Briefbeschwerer mit einer Rose im Innern bekam Lisa. Das Lob, das er von seiner Mutter und Schwester bekam, tat Reinhard gut und erleichterte ihm das Durchhalten in einem Beruf, der nicht gerade seinen Träumen entsprach.
Aber wie immer, wenn es in der Familie mal keine Probleme gab und alles bestens lief, kamen bald wieder schlechte Nachrichten. Willi und Lisa wurden aus der Porzellanfabrik »ausgestellt«, so nannte man damals eine Entlassung. Die Auftragslage hatte sich drastisch verschlechtert und so wurden die, die nicht verheiratet waren und keine eigene Familie hatten, als Erste gefeuert. Trotz des für damalige Verhältnisse großen finanziellen Verlusts gab es innerhalb der Familie keine sonderliche Aufregung. Sich jetzt noch mehr einzuschränken und mit dem Haushaltsgeld noch sparsamer umzugehen war für Rosi Bachner ja nichts Neues. Die sechsköpfige Familie hatte nur noch zwei »Ernährer«, den Vater und Reinhard. Reinhards Verdienst im ersten Lehrjahr betrug 12 DM die Woche. Monatliche Gehaltszahlungen gab es nur für Angestellte. Hinzu kam eine Zulage von 25% »für besondere Geschicklichkeit«. Wer schon Fertigkeiten besaß, die sonst nur bei Gesellen zu finden waren, kam in den Genuss dieser Sonderzahlung. Reinhard zählte zu dieser Gruppe und steigerte dadurch seine Lehrlingsvergütung von 12 auf 15 DM wöchent-

lich. Das Monatseinkommen für Reinhard lag also bei 60 DM. Für das zweite und dritte Lehrjahr waren vorgesehen: 17 DM + 25% = 21,25 DM und 21 DM + 25% = 26,25 DM wöchentlich. In manch anderem Beruf erhielten die Lehrlinge übrigens noch weit weniger Geld. Durfte Reinhard bis zur Entlassung von Lisa und Willi 3 DM von seinem Wochenlohn behalten, so musste er nun alles abgeben. Die 3 DM waren gestrichen und wurden der Haushaltskasse zugeschlagen. Nun waren auch so Kleinigkeiten wie eine Limonade oder gar ein Kinobesuch unerschwinglich. Natürlich war Reinhard deprimiert. Er sah aber auch ein, dass es im Moment keine andere Lösung gab. Mutter tröstete ihn mit den Worten: »Willi und Lisa bekommen bestimmt bald wieder Arbeit. Und du wieder deine 3 Mark!« Für Reinhard war sein »Opfer« eine Selbstverständlichkeit. Lisa und Willi hatten ja ebenfalls seit jeher ihren Verdienst zur Verfügung gestellt. Und Reinhard hatte schon schlimmere Zeiten erlebt und überstanden.

Die kleine Ingeborg war mit ihren fünf Jahren jetzt schon sehr selbstständig und wollte immer dabei sein, wenn Reinhard seine Freunde zum Spielen traf. Falls es seine begrenzte Freizeit zuließ, nahm er Ingeborg mit. In Weiden, so wurde der Familie Bachner erzählt, gab es einen Augenarzt, der auch moderne Augenprothesen anfertigte. Rosi Bachner hatte vor, dessen Praxis mit Ingeborg aufzusuchen. Und weitere Neuigkeiten gab es zu berichten: Lisa hatte einen jungen Mann kennen gelernt und es schien so, als ob daraus eine engere Bindung werden sollte. Willi hatte ebenfalls eine feste Freundin, eine »Einheimische« aus Oberbühl. Lisas Freund dagegen war auch ein Heimatvertriebener und stammte aus dem Egerland. Lisa brachte Reinhard fast täglich das Essen in die Glashütte, was man gemeinhin »Essentragen« nannte. Sie war sich nicht zu schade, ihrem jüngeren Bruder eine warme Mahlzeit zum Arbeitsplatz zu bringen. Da sie arbeitslos war, unterstützte sie ihre Mutter und Geschwister, wo es nur ging. So selbstverständlich wie Reinhard jeden Freitagnachmittag seinen Lohn auf den Tisch legte, so selbstverständlich war auch die Unterstützung und der Zusammenhalt in der Familie. Ohne dieses Zusammengehörigk eitsgefühl hätte man die Nachkriegszeit wohl kaum bewältigt. Wenn es wirklich, was eigentlich normal ist, zu Reibereien kam oder ein Konflikt zu einem handfesten Streit ausartete, – niemals litt darunter der Zusammenhalt. Nie wurde dem, der gerade keine Arbeit hatte, auch nur der geringste Vorwurf gemacht. Jeder stand für jeden ein! Wer dringend ein Kleidungsstück brauchte, hatte Vorrang und war so viel Geld übrig, dann bekam er es aus der Haushaltskasse. War das nicht der Fall, so wurde gemeinsam gespart, um die Summe sobald als möglich zusammenzubekommen. Oft reichte das aber trotz aller Anstrengung nicht aus und das alte Kleidungsstück wurde geflickt und musste weiterhin getragen werden.

Lisa bemühte sich jetzt intensiv um eine eigene Wohnung. Die Enge in der Baracke wurde für alle Familienmitglieder immer schlimmer. Weder Willi noch Lisa konnten jemandem zumuten, sie zu besuchen. Dafür war schlichtweg kein Platz. So wurde Lisa meistens von ihrem Freund *Herbert* abgeholt und Willi machte dies mit seiner *Barbara* genauso. An manchen Abenden wurde in der Baracke musiziert und gesungen. Lisa und Reinhard waren ein hervorragendes Duo. Reinhard beherrschte nicht nur ausgezeichnet das Zitherspiel, er hatte auch eine außergewöhnlich gute Stimme. Überhaupt war die ganze Familie sehr musikalisch. Wenn Lisa und Reinhard eines ihrer Lieder zum Besten gaben, fanden sie aufmerksame und begeisterte Zuhörer.

Bei manchen Melodien stimmte auch der Vater mit ein und es war eine Freude, den dreien zuzuhören. Immer wenn Reinhard mit seiner Schwester sang, musste er an Hüttersdorf denken. Schon damals hatte er bei jeder sich bietenden Gelegenheit mit Lisa gesungen.

Reinhard kann sich noch gut an einen Tag erinnern, als Lisa ihm das Essen in die Glashütte brachte. Irgendwie war sie heute anders. Keiner in der Familie kannte Lisa besser als er. Manchmal war sie verschlossen und redete kaum ein Wort. In solchen Momenten war es besser, keine unnötigen Fragen zu stellen. Heute musste etwas Besonderes geschehen sein! Schon von weitem winkte sie Reinhard zu, als sie sich dem Schmelzofen näherte, wo er bereits auf sie wartete. Die Essenspause war mit 20 Minuten sehr kurz bemessen und Reinhard nahm ihr die Tasche aus der Hand, um sofort Topf und Schüssel auszupacken. »Entschuldige«, sagte sie und war ganz außer Atem. »Ich bin etwas spät dran, aber es ging heute nicht früher.« Dabei lachte sie und Reinhard dachte angestrengt nach, was es da zum Lachen gab, wenn sie spät dran war. »Ob du es glaubst oder nicht«, fuhr sie aufgeregt fort, »ich bekomme eine Wohnung!« Jetzt erst verstand der Bruder, warum die Schwester heute so ganz anders war. »Sag bloß, es hat geklappt?«, fragte Reinhard, legte die Schüssel zur Seite und fiel Lisa um den Hals. »Mach schnell«, sagte sie fröhlich, »ich bekomme in einer Stunde die Wohnungsschlüssel und den Mietvertrag.« Reinhard hörte zu essen auf, packte Topf und Schüssel, in denen noch die Hälfte der Mahlzeit lag, wieder in die Tasche und erwiderte: »Los! Sieh zu, dass du nicht zu spät kommst!« Er nahm Lisa am Arm und drängte sie zum Gehen. »Du hast ja fast nichts gegessen!«, wollte Lisa protestieren, aber Reinhard schob sie mit sanfter Gewalt zum Ausgang. Bereits wieder bei der Arbeit, hatte sich Reinhard immer noch nicht beruhigt: Er freute sich, dass Lisas Wunsch, eine eigene Wohnung zu bekommen, endlich in Erfüllung ging.

Auch von anderen guten Nachrichten im August und September des Jahres 1950 ist zu berichten. Willi hatte wieder Arbeit gefunden, wenn auch »nur« im Straßenbau. Wer wählerisch war, was den Arbeitsplatz betraf, hatte mit großen Schwierigkeiten zu rechnen. Wurde durch das Arbeitsamt eine Arbeitsstelle zugewiesen und von dem Betroffenen abgelehnt, so verhängte man eine saftige »Sperrfrist« und es gab kein Geld. Willi hatte nun wieder Arbeit und entschloss sich, seine Barbara zu heiraten. Die Hochzeit fand Ende August statt. Dieses Fest wurde damals zu Hause gefeiert. Ein Hochzeitsessen in einer Gaststätte war für die beiden Familien nicht finanzierbar und auch nicht üblich. Willis Schwiegermutter war eine exzellente Köchin. Sie hatte schon in verschiedenen herrschaftlichen Häusern gearbeitet und ihre Künste unter Beweis gestellt. So übernahm sie zusammen mit Rosi Bachner die Verantwortung für das Hochzeitsmahl. Gefeiert wurde im Haus der Braut. Für Reinhard war diese Hochzeit zugleich eine Premiere. Er sollte zum ersten Mal mit seiner Zither vor so vielen Zuhörern spielen. Es war der ausdrückliche Wunsch von Bruder Willi, dass er den musikalischen Part übernahm. Nun war zwar die Hochzeitsgesellschaft nicht allzu groß, dennoch waren es ca. 20 Gäste. Reinhard hatte einen Tag vor der Hochzeit kaum vor Aufregung schlafen können. Er war aber am Tag der Hochzeit gut in Form und erntete viel Beifall. Mit Vater und Lisa zusammen sang er einige schöne Volkslieder aus dem Böhmerwald. Die Begeisterung unter den Hochzeitsgästen war enorm.

Irgendwie musste die Hochzeit ihres Bruders Lisa beflügelt haben. Schon im Oktober heiratete sie ihren *Herbert*. Da es ein ungeschriebenes Gesetz war, dass die Hochzeit immer im Haus der Braut stattfand, wurde sie diesmal in der Baracke gefeiert. Denn Lisas Wohnung war noch kleiner als die Räumlichkeiten in der Baracke. Da Barbara, die Frau von Bruder Josef, im Hotelgewerbe eine Lehre absolviert hatte und sehr viel von der Kochkunst verstand, kümmerte sie sich gemeinsam mit ihrer Schwiegermutter um das Essen. Es ist noch heute in der Oberpfalz und im Böhmerwald Tradition, dass das Hochzeitsmahl aus einer »Leberknödelsuppe« und Schweine- beziehungsweise »gemischten Braten« besteht. Lisa hatte »angeordnet«, dass ein Ziehharmonikaspieler aus Oberbühl Reinhard beim Musizieren entlasten sollte. Reinhard, so meinte sie, sollte auch was von ihrer Hochzeit haben. Wenn auch Lisa an ihrem großen Tag kaum Zeit fand, weil sie mit allen Gästen und besonders den Verwandten plaudern musste, sang sie mit Reinhard doch einige ihrer Lieder. Ob Onkel oder Tante, jeder hatte einen besonderen musikalischen Wunsch. Und sie gaben erst Ruhe, wenn er von den beiden erfüllt wurde. Die Hochzeitsgeschenke bestanden aus einer Bratpfanne, einem Kochtopf, etwas Porzellangeschirr und anderen Haushaltsartikeln. Lisa bekam sogar einen Kehrbesen geschenkt! Nur war dies natürlich kein Jux, sondern schon ein ernst gemeintes Geschenk. Trotz der bescheidenen Gaben und des wenig luxuriösen Hochzeitsmenüs – gefeiert wurde bis in den nächsten Tag hinein. Die Fröhlichkeit war richtig spürbar und echt und nicht so mit Höflichkeitsfloskeln und Großtuerei belastet wie heute. Reinhard war an diesem Tag so stolz auf seine Schwester, dass er es jedem, der es hören wollte, erzählte, was für eine tolle Braut Lisa war.

Reinhard war immer schon zwischen 13 und 14 Uhr zu Hause. Am Schmelzofen wurde im Sommer schon um 5 Uhr früh mit der Arbeit begonnen. Dies hatte den Vorteil, dass man der großen Mittags- und Nachmittagshitze im Sommer auswich. Im Winter arbeitete man meistens von 6 Uhr früh bis ca. 15 Uhr. Eine Mittagspause gab es im eigentlichen Sinne nicht. Um 9 Uhr hatte man eine Pause von 20 Minuten. Das war alles. Die Hitze am »Ofen« war schon schwer zu ertragen. Kamen dann im Sommer noch Außentemperaturen mit über 30° C dazu, wurde das Arbeiten zur puren Schinderei. An solch heißen Tagen, vorausgesetzt der Meister ordnete dies an, wurden kurze Pausen von zwei bis fünf Minuten eingelegt. Man ging dann vom Ofen hinunter, um an irgendeinem kühlen Platz der Gluthitze zu entrinnen. Nicht alle Meister getrauten sich, diese Kurzpausen zu verantworten. Viele hatten Angst vor einer Auseinandersetzung mit dem Hüttenmeister. Sie ließen ihre Leute lieber durcharbeiten, auch unter extremen Bedingungen. Die »Hitzepausen« waren nirgends offiziell festgelegt und mit der Betriebsleitung auch nicht abgesprochen. Sie wurden geduldet – oder auch nicht. Reinhards Meister ordnete diese Pausen nur in extremen Fällen an: Wenn die Hitze unerträglich wurde und seine Leute total erschöpft waren. Hatte er eine »Hitzepause« gewährt, vertrat er diese auch gegenüber dem Hüttenmeister und der Firmenleitung. Nur war es in der Regel so: Die Werkstatt, die Hitzepausen machte, hatte oft bei gleicher Produktherstellung die eindeutig größere Stückzahl vorzuweisen. Denn jeder, ob Lehrling, Geselle oder Hilfsarbeiter, ging die Arbeit nach einer Hitzepause wieder schneller an. Es wäre im eigenen Interesse der Firmenleitung gewesen, wenn sie die Pausen verbindlich vorgeschrieben hätte.

Es war im Frühjahr 1951, als Adolf Friedinger Reinhard vorschlug, das Tanzen zu erlernen. Erstaunt sah dieser seinen Freund an und schüttelte verwundert den Kopf. Adolf lachte und sprach: »Ich meine das schon ernst. Man kann das Tanzen gar nicht früh genug lernen!« - »Eine Tanzstunde kostet Geld, soviel ich weiß. Und Geld habe ich keines«, antwortete Reinhard und fuhr fort: »Und selbst wenn ich welches hätte, für so einen Krampf würde ich es bestimmt nicht ausgeben!«
Adolf wurde nun ärgerlich: »So habe ich das nicht gemeint! Glaubst du im Ernst, dass ich in eine Tanzstunde gehen würde?« - »Und wo bitte willst du es dann lernen?«, fragte, jetzt ebenfalls ärgerlich, Reinhard.
»Bei uns daheim!«, antwortete Adolf. Als ihn der Freund verständnislos anschaute, fuhr er fort: »Ich habe mit meiner Mutter und meiner Schwester gesprochen. Die sind einverstanden!«
Adolf nahm nun Reinhard am Arm und schlug ihm vor, einen Spaziergang zu machen. Dann erläuterte er seinen Plan. Adolf wollte Martha, eine Hausbewohnerin, die eine hervorragende Tänzerin war, überreden, dass sie quasi als »Lehrerin« fungieren sollte. Reinhard forderte er auf, alle Mädels, die altersmäßig in Frage kamen und in der Baracke wohnten, zum Mitmachen zu bewegen. Dieser war nicht sonderlich begeistert von diesem Vorschlag und das machte er seinem Freund auch deutlich. Doch Adolf war von seiner Idee dermaßen überzeugt, dass Reinhard nach einigem Hin und Her doch einwilligte. Adolf wollte sich auch um die »Tanzmusik« kümmern. Er hatte einen Arbeitskollegen, der Ziehharmonika spielen konnte. Dem werde er die Sache schon schmackhaft machen. Adolfs Bruder, der in Nürnberg am Bau arbeitete, hatte außerdem ein Grammophon mit einigen Schallplatten organisiert, das er zur Verfügung

stellen wollte. Der erste so genannte Tanzkurs war für den kommenden Samstagabend anberaumt. Mit von der Partie waren Adolfs Mutter und Martha als Tanzlehrerinnen, dann die Mädchen Linda Stahl, Anneliese Pillmann und Traudl Eisner, allesamt aus der Baracke. Hinzu kam noch Adolfs Schwester Inge. Schwieriger war es, die Jungs zu überreden. Zwar hatte sich Kurt Zöllner bereit erklärt, war dann aber doch nicht erschienen. Am Samstagabend vertraten also nur Adolf, Reinhard und der Ziehharmonikaspieler das männliche Geschlecht. Die Mädels hatten Wort gehalten. Sie kamen alle. So wurde meistens zur Schallplattenmusik getanzt, damit der Harmonikaspieler als Tänzer fungieren konnte. Martha bescheinigte Reinhard schon nach wenigen Versuchen, dass er sich gar nicht ungeschickt anstellte. So hatten abwechselnd Adolfs Mutter und Martha alle Hände voll zu tun, den Burschen die Tanzschritte beizubringen. Die Leidtragenden waren die Mädchen. Die mussten zusehen und dann die Schritte mit den Jungs nachtanzen. Es kam dabei zu den unmöglichsten Verrenkungen, an denen alle Spaß hatten. Oft wurde mehr gelacht als geübt. Niemand hatte zur Uhr gesehen, als Anneliese erschrocken feststellte, dass es schon weit nach 22 Uhr war. Auch Reinhard hatte der Mutter versprochen, dass er spätestens um 22 Uhr zu Hause sein würde. Trotzdem setzte man sich noch auf eine halbe Stunde zusammen. Es herrschte große Übereinstimmung, dass es ein gelungener Abend war und man beschloss, weitere zu veranstalten. Kurzum - über den ganzen Sommer hinweg wurden fast jedes Wochenende solche Tanzabende organisiert. Als es sich im Oberbühl herumgesprochen hatte, dass man bei der Familie Friedinger das Tanzen lernen konnte, kamen ab und zu auch »einheimische« Jungen und Mädel vorbei. Reinhard war stolz, dass er mit 16 Jahren schon

die wichtigsten Tänze wie etwa Tango, Foxtrott und Walzer fehlerfrei beherrschte. Rosi Bachner sah es übrigens nicht gerne, dass sich ihr Sohn so oft mit all den vielen Mädchen da »herumtrieb«. Kurt Bachner jedoch hatte keine Einwände. Dieser achtete nur darauf, dass Reinhard pünktlich zur Arbeit ging und diese auch anständig verrichtete. Wären irgendwelche Klagen aus der Glasfabrik gekommen, hätte er ganz schön ungemütlich werden können. Denn so großzügig er sonst auch sein mochte, in diesen Dingen verstand er überhaupt keinen Spaß. Seine Philosophie war: »Wer abends ausgeht, muss am nächsten Morgen auch pünktlich zur Arbeit; und wer Geld ausgibt, muss sich nicht zu schade sein, auch welches zu verdienen.« Diesem Prinzip ist Kurt Bachner sein Leben lang treu geblieben.
Was Reinhard zwar nie aufgegeben hatte, aber selber nicht mehr für möglich hielt, ereignete sich im Mai 1952. Er war auf dem Nachhauseweg von der Arbeit, als ihn von der gegenüberliegenden Straßenseite jemand mit seinem Namen ansprach. Zwar kannte er den Jungen vom Sehen, wusste aber seinen Vornamen nicht. Er kam nun zu Reinhard herüber und stellte sich mit den Worten vor: »Ich bin der Hans!« Er war etwas verlegen, als er fortfuhr: »Ich wohne auch in Oberbühl, drüben über den Bach. Ich ging in Straußlach zur Schule und arbeite jetzt in der Porzellanfabrik.« Die Ortschaft Oberbühl war durch einen Bach in zwei Hälften getrennt. Wenn man von der Altenrieder Seite kam, mussten die Kinder, die bis zum Bach hin wohnten, die Schule in Altenried besuchen. Alle, die auf der anderen Seite des Baches wohnten, gingen nach Straußlach zur Schule. Bevor Reinhard fragen konnte, was er denn von ihm wolle, sprach dieser weiter: »Du bist ein guter Fußballspieler, habe ich gehört. Ich wollte dich fragen, ob ihr gegen uns ein Spiel machen wollt?«

Was Reinhard nicht mehr zu hoffen wagte – die Oberbühler wollten ein Spiel gegen die »Barackerer« machen. »Ich bin einverstanden«, antwortete er. »Ihr müsst nur sagen, wann und wo!« Dem Hans schien angesichts der schnellen Zusage ein Stein vom Herzen zu fallen: »Komm heute Abend gegen 20 Uhr zum kleinen Weiher in Oberbühl. Dann kann ich dir genau Bescheid geben!« Reinhard stimmte der Verabredung zu. Er musste nun alle Jungs zusammentrommeln, um ihnen diesen Sinneswandel der Oberbühler Burschen mitzuteilen. Nach dem Abendessen eilte Reinhard sofort zum Weiher, um Hans zu treffen. Dieser saß im Schutz einiger Sträucher auf dem »Weiherdamm«. Reinhard setzte sich zu ihm und beide besprachen nun alle Einzelheiten für das bevorstehende Fußballspiel. Man brachte, den Tormann eingerechnet, acht Mann auf jeder Seite zusammen. Mehr Spieler standen einfach nicht zur Verfügung. Hans erklärte, wie schwer es war, eine Wiese ausfindig zu machen, auf der gespielt werden durfte. Auch einen Schiedsrichter hatte er schon parat, einen aus Straußlach, der hundertprozentig neutral sei, was aber Reinhard bezweifelte und dem Hans auch mitteilte. Hans hatte sich während des Gesprächs immer in Deckung der Sträucher gehalten, was Reinhard auffiel. Als er ihn fragte, warum er nicht am Damm, wo man viel bequemer sitzen konnte, Platz nehme, erfuhr er, dass er nicht von seinen Eltern gesehen werden wollte: »Wir haben eine kleine Landwirtschaft, da gibt es nach dem Feierabend in der Fabrik noch viel zu tun.« Später erfuhr Reinhard, dass die Eltern von Hans sehr streng waren und ihm nicht erlaubten, sich mit Freunden zu treffen. Und Fußball spielen durfte er schon gar nicht. Was sie erlaubten, war nur, bis in die Nacht hinein in der Landwirtschaft mitzuarbeiten. Gleich am nächsten Tag, nachdem Reinhard von der Arbeit kam, wurde die Mannschaftsaufstellung besprochen. Alle waren voll bei der Sache. Unterstützt wurden die Jungs aus der Baracke noch von Adolf Friedinger, Kurt Zöllner und Franz Kramer. Sogar Arno Eisner, der ja nun nicht gerade ein guter Spieler war, stellte sich zur Verfügung.

Am Sonntagnachmittag war es so weit! Auf einer Wiese außerhalb von Oberbühl traf man sich zum ersten Duell. Die Oberbühler, die »über den Bach« wohnten, spielten gegen die »Barackerer« von der anderen Seite. Da der Schiedsrichter keine Trillerpfeife auftreiben konnte, hatte er eine Handglocke (das ist kein Witz!) mitgebracht. Reinhard war von seiner Mannschaft zum Spielführer ernannt worden. Der Gegner war schlecht einzuschätzen, keiner wusste, wie stark die waren. Reinhard hatte von Adolf Friedinger erfahren, dass wohl Hans der Beste von denen war. Es war ein Fußballspiel auf einer Wiese, mit einem schweren alten Lederball, einem Schiedsrichter mit Glocke und keiner hatte richtige Fußballschuhe. Es wurde mit den normalen Straßenschuhen gespielt. Und doch war es für alle Beteiligten ein wichtiges Spiel. Die »Einheimischen« wollten den »Flüchtlingen« aus der Baracke mal so richtig zeigen, wer der Herr in Oberbühl war. Und die Jungs aus der »Flüchtlingsbaracke« wollten wiederum den Oberbühlern klar machen, dass sie zumindest nicht schlechter, vielleicht sogar besser seien als sie. So wurde dieses Spiel ernster genommen, als manch wichtiges Spiel in der Oberliga.

Reinhard und seine Freunde kämpften bis zur Erschöpfung, nicht nur, weil man ein Fußballspiel gewinnen wollte. Sie spielten, um von den anderen endlich anerkannt zu werden. Man hatte die Spieldauer auf zweimal 30 Minuten angesetzt und nach der ersten Halbzeit führten die Oberbühler mit 2:0. Reinhard saß einige Meter von der gegnerischen Mannschaft getrennt mit seinen »Mannen« in der Pause auf der Wiese. Die Stimmung war alles andere als gut. Reinhard gab für die zweite Halbzeit die Losung aus: »Entweder wir holen den Rückstand auf oder wir gehen mit fliegenden Fahnen unter.« Auf keinen Fall wollten sie sich ohne Gegenwehr geschlagen geben.

Die Schiedsrichter-Entscheidungen waren nicht immer korrekt. Obwohl sich der Junge alle Mühe gab, neutral zu sein, lag der Teufel im Detail. Wie sollte er entscheiden, ob ein Foul innerhalb oder außerhalb des Strafraums verübt wurde, wenn dieser auf der Wiese nicht gekennzeichnet war? Das Tor bestand nur aus zwei Seitenpfosten. Er musste also nach seinem Gefühl entscheiden, ob ein Ball ins Tor ging oder über die nicht vorhandene Querlatte hinweg. Wie er auch entschied, eine der beiden Mannschaften protestierte immer. Der Bursche war nicht zu beneiden. So waren sich nach dem Spiel fairerweise alle einig, dass nicht immer der Recht bekam, der auch Recht hatte. Kurzum, das Spiel ging dann doch noch 2:2 unentschieden aus. Die »Barackerer« hatten sich in der zweiten Spielhälfte noch mal mächtig ins Zeug gelegt und zwei Tore geschossen. Reinhard erzielte den Anschlusstreffer und Adolf Friedinger den Ausgleich. Viel wichtiger als ein Sieg oder eine Niederlage war, dass von diesem Tag an die Beziehungen zwischen den beiden Lagern wesentlich besser wurden. Sie versprachen sich, auch ein Rückspiel zu organisieren und Adolf wollte sich bemühen, dieses auf dem Sportplatz in Altenried austragen zu dürfen. Hans, der beste Fußballspieler der »Oberbühler über den Bach«, schlug Reinhard sogar vor, aus beiden Mannschaften die besten elf Spieler auszusuchen und gegen eine Auswahl aus Straußlach zu spielen. Mit Begeisterung wurde dieser Vorschlag von allen aufgenommen.

Reinhard war nun schon zum vierten Mal Onkel geworden. Nach Marianne, Gisela und Werner, die Kinder von Bruder Josef, kam jetzt auch ein Sohn von Schwester Lisa hinzu: Gerhard sollte er heißen. Und Reinhard wurde als Pate ausgewählt, was ihn mit großer Freude erfüllte.

Im Beruf kamen neue Herausforderungen auf Reinhard zu. Alle, die sich durch besondere Geschicklichkeit und Fleiß in den ersten beiden Lehrjahren hervorgetan hatten, durften die Gesellenprüfung um fast ein ganzes Jahr früher machen. Der Grund: Es herrschte Facharbeitermangel. Zu diesem Kreis wurde auch Reinhard gezählt. Er kam jetzt nicht mehr so oft zum Fußballspielen und auch alles andere musste hinten anstehen. Er wollte eine gute Gesellenprüfung ablegen. Und wenn Reinhard etwas vorhatte, so kniete er sich in die Sache hinein.

Im Herbst 1952 legte er die Gesellenprüfung mit der Gesamtnote »gut« ab. Stolz zeigte er allen, die es sehen wollten, seinen Gesellenbrief, der in einen grünen Leinenumschlag gebunden war. Die Firmenleitung teilte den frisch gebackenen Gesellen mit, dass diejenigen, die mit »sehr gut« bis »gut« abgeschnitten hatten, auch die Gelegenheit bekommen sollten, die Meisterprüfung früher zu machen, als von der Handwerkskammer vorgeschrieben. All diese Umstände hatten noch einen weiteren, sehr bedeutenden Vorteil: Reinhard verdiente jetzt einige Mark mehr in der Woche. Und er konnte nicht nur dazu beitragen, dass mehr Geld in die Haushaltskasse der Familie kam - auch für ihn selbst blieben jetzt einige Mark übrig. Immerhin war er schon 17 Jahre alt und wollte natürlich mit seinen Freunden Veranstaltungen besuchen oder ins Kino gehen. In den letzten Monaten waren in Gaststätten, die geeignete Räumlichkeiten hatten, Tanzabende in Mode gekommen. Auch einige Musikkapellen gab es jetzt wieder. Reinhard, der mittlerweile das Zitherspiel gut beherrschte, liebte es, selbst Musik zu machen. Er nutzte jede Gelegenheit, um Veranstaltungen zu besuchen, die mit Musik zu tun hatten. Er hatte eine sehr gute Stimme und sang auch in der Öffentlichkeit zu seiner Zithermusik. Da er bei der Familie Friedinger in Oberbühl und in der Baracke Unterricht erhalten hatte, war er gern dabei, wenn zum Tanz aufgespielt wurde. Nur bekam er nicht immer die Erlaubnis, solche Tanzveranstaltungen zu besuchen. Vor allem Rosi Bachner legte da strenge Maßstäbe an und verwies auf Reinhards Alter: »Mit 17 Jahren hat man da noch nichts zu suchen«, pflegte sie zu sagen. Ganz anders Kurt Bachner. Der Vater – für die damalige Zeit schon fast revolutionär – hatte nichts dagegen, wenn sein Sohn zum Tanzen ging. Er stellte nur die bekannten Bedingungen: Ob ausgeschlafen oder nicht, Reinhard musste pünktlich zur Arbeit erscheinen. Und wer für Vergnügungen Geld ausgab, musste dies am nächsten Tag auch wieder verdienen. Hätte Reinhard diese Kriterien nicht erfüllt, wäre die Großzügigkeit des Vaters sehr schnell verscherzt worden.

Seit einiger Zeit wurde wieder häufiger die nahe gelegene Heimat aufgesucht. Diese Besuche an der Grenze fanden meistens an Sonntagen statt. Vor allem wenn Verwandte zu Besuch kamen, fuhr man mit dem Zug von Straußlach nach Elbach, um dann die letzten 4 Kilometer zu Fuß zurückzulegen. Ein Teil des Wegs führte über Felder und Wiesen, die restliche Strecke durch den Wald. Diese vier Kilometer von Elbach bis zur Staatsgrenze, hinter der auf Sichtweite der Heimatort Hüttersdorf lag, waren Reinhard bestens vertraut. Als kleiner Bub war er oft diesen Weg gegangen. Jedes Mal, wenn er am Ortsausgang von Elbach an der Zahnarztpraxis vorbeikam, musste er an die Geschichte denken, als er mit Mutter dieselbe aufsuchen wollte. Wie berichtet, war jeder Zahnschmerz sofort verschwunden, sobald er vor der Praxis stand. Und der weite Weg von Hüttersdorf nach Elbach war umsonst.

Sobald der Wald erreicht war, stellten sich ganz andere Gedanken ein. Man konnte schon nach wenigen hundert Metern die Kirchturmspitze von Hüttersdorf sehen. Erst jetzt, im Alter von fast 18 Jahren, wurde ihm die ganze Tragweite der Vertreibung aus der Heimat bewusst. Stand man dann endlich an den großen, fest in die Erde gerammten Pfosten mit den riesigen Querbalken, war der Weg endgültig zu Ende. Hier wurde es immer sehr still. Alle schauten entsetzt hinüber nach Hüttersdorf. Man hatte bereits damit begonnen, die Häuser, die unmittelbar an der Grenze standen, rücksichtslos abzureißen. Die erste Seitenstraße rechts, die zum Wohnhaus der Bachners führte, war mit Unkraut überwuchert. Schweigend schauten sie hinüber. Nicht nur die Familie Bachner und ihre Verwandten, auch so manch bekanntes Gesicht war an solchen Sonntagen zu sehen. Anfang der fünfziger Jahre kamen viele ehemalige Bewohner, zum Teil sogar zum ersten Mal, an die Grenze, um einen Blick auf ihre alte Heimat zu werfen. Links am ehemaligen Zollhaus vorbei waren blau-weiße Stangen in die Erde gesteckt worden. Sie signalisierten, dass man sich auf dem »Niemandsland« befand. Reinhard ging oft ein Stück auf diesem Weg entlang. Man konnte von dieser Seite besser in den Ort schauen. Überhaupt war Reinhard bei den Grenzbesuchen gerne mal alleine. Er erinnerte sich an seine frühe Kindheit und suchte die Plätze auf, wo er mit seinen Altersgenossen gespielt hatte. Nicht alle waren zugänglich. Diejenigen, die sich auf tschechischer Seite befanden, konnte er leider nur aus der Ferne betrachten. Wenn Verwandte dabei waren, leistete man sich auf dem Rückweg eine »Einkehr« in Elbach. Für jeden ein Getränk, mehr war nicht möglich. In diesen Zeiten konnten die Wenigsten im Gasthaus eine Brotzeit bestellen. Das war einfach zu teuer. Nach der Einkehr ging es dann wieder zum Bahnhof. Auf der Rückfahrt wurde im Zug oft heftig das Schicksal der Hüttersdorfer diskutiert. Man tauschte aber auch Erinnerungen und Erlebnisse aus, was allen sichtlich Erleichterung verschaffte.

Volljährigkeit und ein erneuter Anfang

Einen Tag vor Reinhards 18. Geburtstag holte Rosi Bachner frische Eier von einem Bauernhof in Oberbühl. Es war der 1. September. Und die Bäuerin war in ihrem Gemüsegarten, wo sie unter anderem auch schöne Blumen gepflanzt hatte. Die Eier brauchte Reinhards Mutter für den Geburtstagskuchen. Es sollte ja diesmal ein besonders guter werden. Zwar wurde man damals erst mit 21 Jahren volljährig; doch mit 18 durfte man alleine zum Tanzen gehen und auch sonst hatte man einige Vorteile, die man vorher nicht wahrnehmen durfte. So wurde der »Achtzehnte« schon damals als ein besonderer Geburtstag gefeiert, weil man sich zumindest halbwegs zu den Erwachsenen zählen durfte. Rosi Bachner hatte sich vorgenommen – es fiel ihr keineswegs leicht – die Bäuerin um einen Blumenstrauß zu bitten. Sie wusste, dass diese alles andere als freigebig war. Heute nahm sie all ihren Mut zusammen. War es doch das einzige Geschenk – der Kuchen und die Blumen –, das sie für ihren Sohn hatte. Die Bäuerin schaute sie erst einmal verdutzt an, ob solch einer Frechheit, einfach Blumen von ihr zu verlangen. »*Mir hom doch selber niat ful*« (Wir haben doch selber nicht viel), sagte sie vorwurfsvoll im breitesten Oberpfälzer Dialekt. Noch bevor Frau Bachner etwas sagen konnte, fuhr sie fort: »*Mait‹s eng holt a ah Gartl ohlegn, nau haut‹s a Blemla!*« (Müsst ihr euch halt auch einen Garten anlegen, nachher habt ihr auch Blumen.) Eingeschüchtert antwortete Frau Bachner: »Wären ja nur für meinen Sohn, der hat nämlich morgen seinen 18. Geburtstag!« Die alte Bäuerin schüttelte den Kopf und meinte: »*An Boum schenkt ma doch koi Blemla!*« (Einem Jungen schenkt man doch keine Blumen.) Zur Überraschung von Rosi Bachner holte sie aus ihrer Schürzentasche ein Messer und schnitt einige Blumen ab. Wortlos überreichte sie sie der Frau Bachner. Als sich diese bedanken wollte, war die Bäuerin schon im Begriff zu gehen. »Vielen Dank«, rief sie ihr nach, worauf sich diese nochmals umdrehte und missbilligend sagte: »*Des derf fei niat zur Gwonat wern, pföit Gott!*« (Das darf aber nicht zur Gewohnheit werden, grüß Gott.) Rosi Bachner betrachtete den nicht gerade üppigen Strauß in ihrer Hand und war wütend auf sich selbst, dass sie die Frau überhaupt angesprochen hatte.

Auf dem Heimweg war ihr Ärger schnell wieder verraucht, hatte sie doch einen Strauß für Reinhard und frische Eier - diese hatte sie natürlich bezahlen müssen -, um einen guten Kuchen zu backen. Am nächsten Tag, als ihm bis zum späten Nachmittag Eltern, Geschwister, Bekannte und Freunde alle gratuliert hatten, wurde ihm erstmals in seinem Leben richtig bewusst, dass er Geburtstag hatte. Wie schon berichtet, war es der Namenstag, dem damals Beachtung geschenkt wurde. Später schlug das ins Gegenteil um, der Geburtstag gewann, der Namenstag verlor an Bedeutung.

Reinhards 18. Geburtstag geriet schnell in Vergessenheit. Die Nachricht, dass einige Familien schon bald die »Baracke« verlassen könnten, beschäftigte die Gemüter. In Altenried wurde in einer neu angelegten Straße einige Mehrfamilienhäuser gebaut. Da die Wohnungsnot durch die vielen Heimatvertriebenen und Flüchtlinge schon eine recht bedenkliche Form angenommen hatte, sahen sich die Gemeinden und auch der Landkreis zum

Handeln gezwungen. Die Mehrfamilienhäuser wurden zum größten Teil aus Mitteln des *»Marshallplans«* finanziert. Der Familie Bachner wurde mitgeteilt, dass sie noch im September eine dieser Wohnungen beziehen konnte. Eine unvorstellbare Freude herrschte in der Baracke. Anfangs wollten es die Familien gar nicht glauben, dass sie zu den »Auserwählten« gehörten. Rosi Bachner war wieder in ihrem Element. Als zum ersten Mal eine Besichtigung der Wohnräume erlaubt war, schwelgten vor allem die Mütter der Familien in einer Art Euphorie, die kaum noch zu überbieten war.

Die Bachners bekamen eine Wohnung im ersten Stockwerk zugewiesen. Sie bestand aus einem etwas langgezogenen Korridor, wo sich auf der linken Seite das Kinderzimmer sowie das Badezimmer mit Toilette befand. Geradeaus ging es, durch eine Tür getrennt, in die Wohnküche; von dort aus gelangte man durch eine weitere Tür ins Schlafzimmer. Zum Glück waren Willi und Lisa bereits verheiratet und hatten eine eigene Wohnung. Ansonsten hätte es wohl erheblichen Platzmangel in der neuen Behausung gegeben. So konnte sich Reinhard glücklich schätzen, ein eigenes Zimmer zu haben. Diese Aussicht löste bei ihm einen wahren Freudentaumel aus. Obwohl das Zimmer sehr klein war, es passte mal gerade ein Bett und Nachtschränkchen hinein, schmälerte das die Freude Reinhards nicht im Geringsten. Seit er denken konnte, hatte er immer ein Zimmer mit den Geschwistern teilen müssen. Ingeborg, die mittlerweile auch schon elf Jahre alt war, hätte natürlich das Zimmer auch gerne gehabt.

Schnell hatten sich die Bachners in der neuen Umgebung eingelebt. Umzüge und Ortswechsel gehörten endlich der Vergangenheit an. Für Reinhard ergab sich fast gar keine

Umstellung. Sein Weg zur Arbeitsstelle war sogar noch kürzer geworden. Mit den Bewohnern im Haus und den Nachbarn in der neuen Straße hatte man sich mehr oder weniger schnell angefreundet. Vier weitere Familien aus der Baracke waren ebenfalls in die neuen Häuser gezogen. Neben der Familie Eisner, die sogar im selben Haus wie die Bachners wohnte, die Familien Pillmann, Stahl und Hellmann. Die waren im Nachbarhaus untergekommen. Also konnte Reinhard fast täglich Linda, Hans und Manfred Stahl, Arno und Traudl Eisner sowie Anneliese Pillmann sehen. Man ging manchmal zusammen nach Straußlach ins Kino. Aber so intensiv wie noch in Oberbühl war die Freundschaft nicht mehr. Damals war man ja förmlich gezwungen zusammenzuhalten. Die »Barackerer« waren nicht sonderlich beliebt. Jetzt, wo man durch seinen Beruf auch neue Freunde kennen gelernt hatte, ging jeder den eigenen Interessen nach.

Jedes Mal, wenn Reinhard die Haustüre öffnete, fiel ihm ein kleines Schild auf. Auf dem war folgender Schriftzug zu lesen: *»Hier half der Mashall-Plan!«* Wissbegierig wie Reinhard nun mal war, sammelte er alle ihm zugänglichen Informationen über »diesen Herrn Marshall«. Er war immer erfreut, wenn er von Mitbewohnern angesprochen wurde, was denn dieses Schild da an der Tür bedeuten mochte. Reinhard klärte dann jeden über *»George Catlett Marshall«* auf. In die Häuser waren übrigens nicht nur Vertriebene und Flüchtlinge eingezogen. Auch »Einheimische« aus Straußlach und Umgebung bekamen dort Wohnungen zugeteilt. Es waren meistens Arbeiterfamilien, die in der nahen Porzellanfabrik eine Beschäftigung gefunden hatten. Mit einem jungen Mann aus einer dieser Familien hatte sich Reinhard angefreundet. Hans Wurzbach hieß er. Und er hatte viele Interessen, die auch Reinhard teilte. Es sollte eine über Jahre hinweg dauernde Freundschaft werden.

Seit Reinhard in der Stelzerstraße in Altenried wohnte, hatte sich so manches geändert. Zwar war der »Makel«, ein ehemaliger »Barackerer« gewesen zu sein, noch immer spürbar, aber nicht mehr so eklatant wie vorher. Auch im Betrieb der Firma Pflüger u. Lauber hatte sich einiges getan. Reinhard hatte sich sehr stark in der Gewerkschaftsjugend engagiert. In der Glasfabrik wurde vom Betriebsrat und der Gewerkschaft *IG-Chemie Papier und Keramik* ein »Betriebsjugendsprecher« eingeführt. Dieser sollte vor allem die Belange der Lehrlinge gegenüber der Firmenleitung vertreten. In Zusammenarbeit mit dem Betriebsrat sollten Missstände und Beschwerden der Betriebsführung gegenüber vertreten werden. Die Funktion des Betriebsjugendsprechers wollte niemand haben. Es musste jemand sein, der das Vertrauen der Lehrlinge und der jungen Mitarbeiter genoss, zur gleichen Zeit aber auch Stehvermögen gegenüber den Meistern und anderen Vorgesetzten zeigte. Bei der Versammlung, wo auch die Wahl stattfinden sollte, standen keine geeigneten Kandidaten zur Verfügung. Nach langem Hin und Her ließ sich Reinhard zur Wahl stellen. Am Ende hatte man gerade mal zwei Kandidaten aufgestellt – auch ein Stellvertreter war ja notwendig. Fast einstimmig wurde Reinhard dann zum Betriebsjugendsprecher gewählt. Schon eine Woche später schickte man ihn zu einem Wochenendlehrgang nach Neustadt. Es sollten noch viele solcher Lehrgänge folgen. Wie immer, wenn Reinhard eine Sache übernahm, wollte er sie gut machen. Er kannte schon bald das Betriebsverfassungsgesetz auswendig. Für ihn war die Tätigkeit als Betriebsjugendsprecher übrigens kein Vorteil. Damals hatten

Lehrlinge und überhaupt die »Jungen« widerspruchslos zu spuren. Ohrfeigen vom Meister, ja selbst von einem Gesellen waren keine Seltenheit. So gab es für Reinhard in vieler Hinsicht zu tun. Oft stand er am Schluss einer Auseinandersetzung als der »Buhmann« da. Denn die Firmenleitung nutzte natürlich ihre Rechte geschickt aus, indem sie bei einem betrieblichen Vergehen eines Lehrlings den Betriebsjugendsprecher mit hinzuzog. So saß Reinhard oft zwischen den Stühlen. Trotz alledem versuchte er immer, das Beste für seine Lehrlinge herauszuholen. Hatte er ausnahmsweise mal helfen können, war es ein gutes Gefühl. In einem Fall hatte er sogar den Betriebsrat gegen sich. Er war mit der Bestrafung eines Lehrlings nicht einverstanden. Seiner Meinung nach hatte der Meister gegen eine Betriebsvereinbarung verstoßen. Er hatte den Lehrling geohrfeigt, weil dieser frech zu ihm gewesen war. Der Meister und der Betriebsrat wollten einfach ein Exempel statuieren und somit ein für allemal klarstellen, dass man derlei Frechheiten nicht dulden werde. Reinhard wurde zwar informiert, aber nicht hinzugezogen, als die Strafe gegen den Lehrling verhängt wurde. Er erhob Widerspruch bei der Firmenleitung und beim Betriebsrat. Alle Beschwichtigungen halfen nichts. Reinhard blieb stur und berief sich auf eine Betriebsvereinbarung, in der klipp und klar stand, dass im Betrieb Lehrlinge nicht geschlagen werden dürften. Sein Verhalten wurde natürlich von beiden Seiten missbilligt. So schrieb er an den zuständigen Gewerkschaftssekretär einen Brief und verlangte von diesem, dass er ihm helfe. Es kam sofort eine Antwort, in der es hieß, dass er (der Sekretär) die betrieblichen Vereinbarungen nicht kenne und deshalb der Betriebsrat zuständig sei. Reinhard war enttäuscht. Wie hieß es doch immer auf den Schulungen? »Ihr könnt euch bei Schwierigkeiten immer an euere Gewerkschaft wenden!« Genau das nahm Reinhard jetzt wörtlich und er schrieb an die Zentrale in München. In diesem Brief ließ er an seiner Enttäuschung keinen Zweifel. Nach etwa einer Woche wurde die Strafe gegen den Lehrling verurteilt und aufgehoben. Dem Meister wurde unmissverständlich nahegelegt, in Zukunft andere Maßnahmen zu ergreifen, um seiner Autorität Nachdruck zu verleihen. Von diesem Tag an wurde Reinhard zwar von seinen Lehrlingen große Anerkennung gezollt, die Arbeitgeberseite aber sprach von einer unverschämten »Eigenmächtigkeit«. Lange war man beim Betriebsrat nicht gut auf Reinhard zu sprechen. Dieser sprach mit Lisa und Willi über den Vorfall. Lisa gab ihm auf der ganzen Linie Recht. Willi war da schon etwas differenzierter: Er war der Meinung, dass Reinhard den Betriebsrat mit seinem Schreiben an eine höhere Stelle brüskiert habe. Dass er dennoch Recht bekam, war für Willi reine Glückssache. Lisa dagegen vertrat die Auffassung, dass Vereinbarungen dazu da seien, auch eingehalten zu werden. Reinhard teilte diese Ansicht. Er nahm sich vor, die berechtigten Belange der Lehrlinge auch weiterhin energisch zu vertreten.

Ein großes Ereignis stand seit dem Frühjahr 1954 im Vordergrund, das fast alles andere bedeutungslos werden ließ: Die Fußballweltmeisterschaft in der Schweiz. Deutschland war wieder mit einer Nationalmannschaft dabei. Seit Wochen wurde in Reinhards Freundeskreis nur über dieses Thema geredet. Sogar eine neue Mädchenbekanntschaft musste in den Hintergrund treten. Reinhard war dies zwar unangenehm, aber es ließ sich einfach nicht vermeiden. Gerne wäre er mit seiner neuen Freundin über das Wochenende mal alleine gewesen, es kam aber immer etwas dazwischen. Schließlich bekam er eine Einladung aus Ludwigsburg. Er könne seinen Urlaub bei Tante Barbara und Erwin verbringen. Erwin hatte ihm in einem Brief mitgeteilt, dass er einige Vorrundenspiele der deutschen Mannschaft sogar im Fernsehen anschauen könnte. Ein solches Angebot konnte man einfach nicht ausschlagen, neue Freundin hin oder her. Wer hatte zur damaligen Zeit schon Gelegenheit, ein Fußballspiel im Fernsehen zu erleben? Reinhard trat die Reise nach Ludwigsburg zum ersten Mal alleine an. Erwins Freunde waren ihm zum größten Teil bereits bekannt, zumal viele aus dem ehemaligen Heimatort stammten. Auch hier in Ludwigsburg gab es kein anderes Thema als eben Fußball. Erwin hatte nicht zu viel versprochen. Das Spiel Deutschland – Österreich, das Deutschland haushoch gewann, sahen sie sich vor einem Schaufenster eines Radiogeschäfts an. Freundlicherweise hatte der Besitzer einen Fernseher ins Schaufenster gestellt, vor dem sich im Nu viele Menschen drängten. Unter ihnen auch Erwin und Reinhard. Natürlich wurde die Niederlage in der Vorrunde gegen Ungarn – wo man 8 Tore kassierte – heiß diskutiert. Mancher Fußballanhänger traute nach dieser Niederlage der deutschen Mannschaft nicht mehr viel zu. Doch die Deutschen schafften den Einzug ins Endspiel um die Weltmeisterschaft. Reinhard musste am Freitag, den 2. Juli 1954 die Heimreise antreten. Er musste am Samstag schon zur Arbeit in die Glashütte. Da wurden die Glashäfen ausgewechselt und er war zu dieser Arbeit eingeteilt worden. Auch waren seine Urlaubstage verbraucht. Der Samstag war damals ein ganz normaler Arbeitstag und damit gab es auch keine Möglichkeit, bis zum Sonntag in Ludwigsburg zu bleiben.

Am Sonntag, den 4. Juli 1954, war der Tag des Endspiels, das in die Sportgeschichte einging. Reinhard hatte sich mit

Freunden in Oberbühl verabredet, um das »Spiel der Spiele« im Radio zu hören. Alle waren anwesend, als das Finale über den Rundfunksender aus Bern in der Schweiz übertragen wurde. Die große Wohnküche der Familie Friedinger war hoffnungslos überfüllt. Die Spannung bis zum Spielbeginn war kaum noch zu ertragen. Während des Spiels mussten die Zuhörer durch ein Wechselbad der Gefühle hindurchgehen, besonders, als man mit 2:0 zurücklag. Nach dem Anschlusstreffer und dem Ausgleich wurde die Küche der Friedingers zum Tollhaus. Als Helmut Rahn, der wohl damals beste deutsche Rechtsaußen, den Siegtreffer zum 3:2 schoss, war die Begeisterung grenzenlos. Alle im Raum fielen sich um den Hals und drückten einander so sehr, dass nicht wenige blaue Flecken davontrugen. Nach dem Abpfiff lief Reinhard auf die Straße und aus allen Fenstern jubelten sich die Leute zu: »Deutschland ist Weltmeister!!« Auch wenn Deutschland später noch den ein oder anderen Weltmeistertitel gewinnen konnte – so eine Bedeutung wie dieser am 4. Juli 1954 wird wohl keiner mehr erlangen. Mit dieser Weltmeisterschaft stieg das Selbstwertgefühl aller Deutschen nach der schweren Nachkriegszeit sprunghaft an und wirkte als Identifikation für den nationalen Zusammenhalt. Zum ersten Mal schien Deutschland auch auf internationaler Ebene wieder anerkannt und respektiert: »Wir sind wieder wer!« – Diese Losung, die im ganzen Land die Runde machte, verdankte sich einem unglaublichen Fußballspiel, in dem die als unbesiegbare Übermannschaft geltenden Ungarn mit großem Kämpferherz bezwungen wurden.
Das Fußballfieber war in Deutschland allgegenwärtig, als dann am 5. Juli die »Helden von Bern« zum offiziellen Empfang nach München kamen. Überhaupt hatte es dieser 4. Juli 1954 in sich,

was die sportliche Seite in Deutschland anbetraf. Im Trubel der Fußball-Weltmeisterschaft war völlig untergegangen, dass die »Silberpfeile« von Mercedes den Großen Preis von Frankreich gewonnen hatten. Der Argentinier Juan Manuel Fangio siegte mit einer Zehntelsekunde Vorsprung vor seinem Teamkollegen Karl Kling. Reinhard kaufte sich am Montag mehrere Zeitungen - welch eine Geldverschwendung! - um über die Ereignisse vom Wochenende genauestens informiert zu sein.

Noch am späten Montagabend traf sich Reinhard endlich mit seiner Freundin in Straußlach. Die Atmosphäre war ziemlich gereizt. Die Reise nach Ludwigsburg und der Fußballrummel hatten die Beziehung sichtlich gestört. Eine richtige Versöhnung kam nicht zustande, im Gegenteil, der Streit eskalierte und man trennte sich im Zorn. Wenn Reinhard ehrlich war, machte ihm der Streit keine allzu großen Kopfschmerzen. Die »Neue« war nicht gerade seine große Liebe. Sie war ein nettes Mädchen, aber ihre Interessen lagen zu weit auseinander. So hatte er wieder etwas Zeit, sich mit seinen alten Freundinnen und Freunden aus Oberbühl zu treffen. Überhaupt hatte sich in den letzten Monaten sehr viel geändert! Ein Schlagwort machte die Runde. Es hieß: »Wirtschaftswunder!« Nicht mehr die Aufbauleistung der Nachkriegsjahre standen nun im Vordergrund, sondern die Produktion von technischen Spitzenprodukten. Die Rahmenbedingungen der freien und sozialen Marktwirtschaft, die Hilfe durch den Marshallplan und natürlich die Währungsreform 1948 fingen an, Früchte zu tragen. Vor allem der Leistungswille der gesamten deutschen Bevölkerung trug dazu bei, dass das Wirtschaftswunder in voller Blüte stand. All dies aber hieß noch lange nicht, dass es allen Menschen nun plötzlich gut ging. Den Heimatvertriebenen und Flüchtlingen ging es, wie vielen anderen auch, nicht gerade glänzend. Die Menschen, die nur mit 25 Kilogramm *Kopfgepäck* oder überhaupt nur mit dem, was sie am Leib hatten, einen Neuanfang wagen mussten, waren noch lange nicht aus dem Gröbsten heraus. Rosi Bachner musste seit dem Umzug in die Stelzerstraße nach Altenried all ihre Sparkünste anwenden, um über die Runden zu kommen. Der Verdienst in der Porzellanfabrik war mehr als gering. Reinhard musste von seinem Lohn »*Kostgeld*« abgeben. Sonst hätte die Familie ihren Verpflichtungen wie etwa Mietzins und anderen Nebenkosten nicht nachkommen können. Mit einem Wort: Jedes Zehnpfennig-Stück wurde, bevor man es ausgab, zweimal umgedreht. Trotzdem waren die Bachners, wenn man die Jahre seit Kriegsende in Betracht zog, mehr als zufrieden.

Reinhard lag wiederholt seinem Vater in den Ohren, ihm etwas über den Widerstand gegen Hitler zu erzählen. Er wusste zwar, dass fast am Tag genau vor 10 Jahren auf Hitler ein Attentat verübt worden war. Nur die Zusammenhänge, wie das zustande kam und warum es scheiterte, waren ihm unklar. Es war für Reinhard zur damaligen Zeit auch nicht leicht, an Berichte oder sonstige Literatur heranzukommen. Kurt Bachner versuchte, seinem Sohn die damaligen Geschehnisse so gut wie es ihm selber möglich war zu erläutern. So erfuhr Reinhard, dass am 20. Juli 1944 ein Oberst Claus Graf Schenk von Stauffenberg ein Attentat im Führerhauptquartier auf Hitler durchgeführt hatte. Dieser Oberst gehörte einer Widerstandsgruppe an, die sowohl aus Militärs wie auch bürgerlichen Kräften bestand. Ziel dieser Gruppe war, nach der Ermordung Hitlers die nationalsozialistische Diktatur zu stürzen und den Krieg zu beenden. Weiter sollte die Gründung eines Rechtsstaates vorangetrieben werden. Reinhards Vater war der Meinung, dass die Putschisten schwerwiegende Fehler gemacht hätten: Zum einen die doppelte Funktion Stauffenbergs, der das Attentat ausführte und zugleich Leiter des Umsturzes in Berlin war. Zum andern waren die Telefonleitungen zwischen Berlin und dem Führerhauptquartier nicht zerstört worden. Vor allem die Nichtbesetzung der Radiosender war ein eklatanter Fehler. Hitler überlebte das Attentat, was sofort über den Sender zu hören war. Somit brach der Aufstand rasch zusammen. Einige der Widerstandskämpfer, darunter Stauffenberg, wurden standrechtlich erschossen.

Zehn Jahre nach diesem geschichtsträchtigen Tag, also am 20 Juli 1954, ereignete sich die so genannte »Affäre John«. Exakt am 20. Juli verschwand Otto John, Präsident des bundesdeutschen Verfassungsschutzes, aus West-Berlin in den Ostsektor. Über den Rundfunk dementierte er Entführungsgerüchte. In seiner Ansprache äußerte er die Hoffnung, zur Wiedervereinigung Deutschlands beizutragen. Weiter begründete er seinen Frontenwechsel mit dem Einfluss ehemaliger Nationalsozialisten in der Bundesrepublik. Die wahren Hintergründe wurden nie restlos aufgeklärt. Obwohl erst 19 Jahre alt, interessierten Reinhard diese Ereignisse sehr. Noch eine erwähnenswerte Nachricht gibt es aus dem Jahr 1954: Die CDU/CSU-Mehrheit verabschiedete am 14. Oktober das Kindergeldgesetz. Das Gesetz sah vor, monatlich 25 DM für das *dritte* und jedes *weitere* Kind zu zahlen. Voraussetzung war allerdings, dass die Empfänger bei einer Berufsgenossenschaft versichert waren oder freien Berufen angehörten.

Derlei Dinge waren für Reinhard noch nicht relevant. Er musste sich immer mehr mit seiner zehn Jahre jüngeren Schwester Ingeborg herumärgern. Die wollte nämlich, dass Reinhard

in seiner freien Zeit sich ausschließlich mit ihr beschäftigte. Reinhard aber hatte andere Sachen im Kopf und das waren, zumindest im Moment, vorwiegend Mädchen. Er hatte schon vor längerer Zeit ein Mädchen aus einem Nachbarstädtchen kennen gelernt, doch die Sache hatte sich nach einiger Zeit wieder zerschlagen. Durch Zufall begegneten sie sich bei einer Tanzveranstaltung in Altenried wieder. Doch der Abend endete in einem Chaos. Aus nicht mehr nachvollziehbaren Gründen kam es gegen Mitternacht zu einer schweren Schlägerei. Reinhard war mit seinen Freunden Kurt Zöllner und Adolf Reimer zu der Veranstaltung gekommen. Zwar kannten die drei fast alle Anwesenden, nur anerkannte Altenrieder waren sie dadurch noch lange nicht. Froh, seine Bekannte wieder getroffen zu haben, lud er sie samt Freundin ein, an ihrem Tisch Platz zu nehmen. Die beiden waren mit einem weiteren Paar von ihrem Heimatort nach Altenried gekommen. Es war damals ja nicht üblich, dass junge Frauen ohne männliche Begleitung eine Tanzveranstaltung besuchten. Anni und Ella, so hießen die beiden, waren mit dem Paar in den Saal gekommen. Wichtig war, dass man erst einmal Zugang zum Lokal hatte. Es war gang und gäbe, dass die Mädchen vor dem Lokal warteten, bis ein männlicher Bekannter eintraf. Der wurde dann gefragt, ob er sie mit in die Gaststätte nehme. Erst einmal drinnen, hatte dieser keine weiteren Verpflichtungen den Mädels gegenüber - was diese meistens auch nicht wollten. Natürlich gab es Mädchen, die sich getrauten, alleine ein Tanzlokal zu betreten. Nur kamen sie sofort in Verruf, ein »Flittchen« zu sein.
Anni stellte Reinhard ihre Freundin vor und bald, nachdem die Musikkapelle zu spielen angefangen hatte, kam gute Stimmung auf. Reinhard ließ keinen Tanz aus, er hatte Anni fest in Beschlag

genommen. Aus Höfflichkeit tanzte er auch einmal mit Ella. Doch die hatte es Reinhards Freund Kurt angetan. Adolf Reimer dagegen hatte mit Mädels wenig am Hut und so war es Reinhard gerade recht, dass Kurt sich um Ella kümmerte. Dadurch konnte er sich ausschließlich mit »seiner« Anni befassen. Schon nach weniger als einer Stunde musste Reinhard erkennen, dass diese Anni ihm viel bedeutete. Doch so schön und verheißungsvoll der Abend begonnen hatte, endete er, wie schon erwähnt, im totalen Chaos.

Ella schien es Spaß zu bereiten, Kurt eifersüchtig zu machen. Nach einer »Damenwahl« angelte sie sich einen Altenrieder Burschen, mit dem sie, vorsichtig ausgedrückt, sehr innig tanzte. Auch nach der Damenwahl forderte der Kerl sie ständig zum Tanzen auf. Es gab da aber ein ungeschriebenes Gesetz: Wer mit einem Mädchen, das in männlicher Begleitung war, tanzen wollte, hatte vorher um Erlaubnis zu fragen. Da aber Ella dem Altenrieder Burschen den Tanz erlaubte, ohne sich um Kurt zu kümmern, kam dieser bald in Rage. Reinhard versuchte, über Anni Einfluss auf Ella zu nehmen. Vergeblich. Als Ella auch noch an dem Tisch Platz nahm, wo neben dem Burschen noch weitere Altenrieder saßen, spitzte sich die Lage zu. Anni versuchte ohne Erfolg, sie zurückzuholen. Ella lachte nur und bat sie, auch an den Tisch mit den Altenriedern zu kommen. Anni lehnte dies ab, weil sie wusste, dass dies zu einem Streit führen würde. Reinhard wiederum erkannte: Wenn es ihm nicht gelang, Kurt zu beruhigen, würde es zwangsläufig zu einer handfesten Rauferei kommen. Angst war Kurt Zöllner übrigens fremd! Er war sich seiner Kraft bewusst. Schon in der Schule war er gefürchtet, wenn es zu handgreiflichen Auseinandersetzungen kam. Reinhard war wohl weniger kräftig, aber außerordentlich flink. Wenn es darum ging, einem Freund beizustehen, war auch mit ihm nicht gut Kirschen essen. Adolf Reimer dagegen war keine große Hilfe. Er würde zwar nicht gerade weglaufen. Aber sich mit anderen zu schlagen war seine Sache nicht. So stand also fest: Sollte es tatsächlich zu einer Prügelei kommen, waren Reinhard und Kurt auf sich alleine gestellt. Die Lage wurde immer prekärer, weil noch zusätzlich einige junge Burschen am Tisch, an dem Ella saß, Platz genommen hatten. Sie steckten die Köpfe zusammen und tuschelten. Reinhard versuchte, Kurt zum Verlassen des Tanzsaals zu bewegen. Umsonst. Dieser stand nämlich auf und ging entschlossen zum Tisch, wo Ella saß! Er forderte sie auf, sich wieder zu ihm und ihrer Freundin zu setzen. Bevor Ella etwas erwidern konnte, war einer der Burschen aufgestanden und forderte Kurt auf zu verschwinden.

»Dich habe ich nicht gefragt!«, erwiderte Kurt.

»Zum letzten Mal – hau ab!«, antwortete der erneut. Nun war es für Reinhard natürlich an der Zeit, sich ebenfalls dem Tisch zu nähern.

Nochmals beschwor Anni ihre Freundin, zum Tisch zurückzukommen. Ella hatte inzwischen den Ernst der Situation verstanden und erklärte sich auch bereit dazu. Doch jetzt war bereits alles zu spät. - Im selben Moment nämlich sprang der Altenrieder Junge von seinem Stuhl auf und schlug mit den Fäusten auf Kurt ein. Plötzlich war der Teufel los! Kurt explodierte und hatte den Angreifer mit einem gezielten Boxhieb zu Boden gestreckt. Bevor der richtig flach lag, nahm er sich auch schon den nächsten vor. Doch viele Hunde sind bekanntlich des Hasen Tod. Reinhard wurde gleich von zwei Männern angegriffen, die wesentlich älter waren als die übrigen an dem Tisch. Auch der Sohn vom Gastwirt mischte mit und nahm natürlich Partei für seine Altenrieder Gäste. Kurt schrie ihn an, er wolle gerne mit ihm nach draußen gehen, um Mann gegen Mann die Sache abzumachen. Überraschenderweise erklärte sich dieser einverstanden und plötzlich verlagerte sich das Geschehen nach draußen auf den Hof, direkt hinter die Gastwirtschaft.

Auf dem Weg dorthin, genauer gesagt auf dem langen Flur, wo sich auch die Toiletten befanden, kam es zu folgender Situation: Ein Mann, Sohn eines angesehenen Bürgers von Altenried, ging plötzlich auf Reinhard los: »Du sch... Barackerer!«, brüllte er und schlug auf Reinhard ein. Da er auch noch von hinten festgehalten wurde, hatte er keine Chance zur Gegenwehr. Mit letzter Kraft riss er sich los und griff nach einer leeren Bierflasche, die auf dem Flur herumstand. Sein Gegner wich zurück. Aber Reinhard zögerte, mit der Flasche zuzuschlagen. Das war ein Fehler, wie sich im Nachhinein herausstellte! Plötzlich spürte er einen Schlag von hinten auf seinen Kopf, dann brach er zusammen. Er musste für einige Sekunden das Bewusstsein verloren haben. Als er sich wieder hochrappelte, sah er, dass Kurt ebenfalls am Boden lag. Vier oder fünf der Männer und Burschen schlugen auf den wehrlos am Boden Liegenden ein.

Am Ende des sehr langen Flurs sah er Adolf Reimer stehen. Ihm stand die nackte Angst ins Gesicht geschrieben. Reinhard wurde nun von einigen der Burschen in den Hof hinausgedrängt. Es war ihm nicht möglich, seinem Freund, der immer noch am Boden lag, zu helfen. Im Hof befand sich ein großer Sandhaufen, der für Umbauarbeiten am Haus gebraucht wurde. Reinhard wurde in den Sand gestoßen, dabei bekam er auch noch einige Schläge ab. Er wusste nicht, wie lange er auf diesem Sandhaufen gelegen hatte. Als er wieder in der Lage war aufzustehen, machte er sich auf die Suche nach Kurt und Adolf. Im Hausflur war es merkwürdig still und auch sonst war niemand zu sehen. Etwas Warmes lief über sein Gesicht – es war Blut. Er suchte nach seinem Taschentuch und wischte sich das Gesicht frei. Plötzlich ging die Tür zum Tanzsaal auf und ein Bekannter kam heraus. Der erschrak, als er Reinhard blutverschmiert da stehen sah. Wortlos, ja hastig ging er an Reinhard vorbei. Vorsichtig öffnete dieser nun die Tür zum Saal, um nachzusehen, wo seine Freunde, aber auch seine Bekannte, die Anni, geblieben waren. Die Musikkapelle spielte und auf der Tanzfläche herrschte ein großes Geschiebe und Gedränge. Der Mann, der für die Eintrittskartenkontrolle zuständig war, drängte Reinhard wieder auf den Flur hinaus. Verunsichert, ja fast verzweifelt ging er wieder in den Hof zurück. Hinter dem großen Sandhaufen hörte er plötzlich Adolfs Stimme. »Steh auf!«, hörte er diesen sagen. Reinhard lief um den Haufen herum und dann sah er, wie Adolf versuchte Kurt auf die Beine zu helfen. Als dies mit Reinhards Hilfe gelungen war, konnte man erst erahnen, was mit Kurt geschehen war.

Kurt blutete aus Mund und Nase, seine Kleidung war zerrissen und die Haare hingen ihm wirr ins Gesicht. Als er Reinhard erblickte, huschte ein gequältes Lächeln über sein Angesicht. »Siehst ja auch nicht besser aus als ich«, meinte er. »Es geht schon«, beeilte sich dieser zu versichern und klopfte dabei den Sand aus Kurts Kleidung. »Du solltest heute noch unbedingt bei den Stahls vorbeischauen!«, sagte Kurt. Dann erklärte er Reinhard, dass Anni dies ihm zugerufen habe, bevor sie das Gasthaus verlassen hatte. Kurt und Adolf machten sich beide auf den Nachhauseweg. »Wir treffen uns morgen in Oberbühl«, rief Reinhard noch den zweien zu. Dann ging auch er. Erst jetzt wurde ihm bewusst, dass es schon nach Mitternacht war und er wohl kaum noch einen Besuch bei der Familie Stahl machen konnte.

Als er in die Stelzerstraße einbog, sah er, dass bei den Stahls noch Licht brannte. Da er sich zu Hause so blutverschmiert nicht sehen lassen wollte, wagte er es doch, bei den Stahls zu läuten. Linda öffnete und erschrak, als sie Reinhard sah. »Wie siehst du denn aus?«, fragte sie aufgeregt. »Aber komm erst mal herein!« In der Wohnküche saßen Lindas Mutter, ihre Brüder – und Anni. Reinhard fragte erst einmal Frau Stahl, ob er ihr Bad benutzen dürfe, was ihm auch erlaubt wurde. Es dauerte lange, bis Reinhard, jetzt etwas manierlicher aussehend, wieder in die Küche kam. Anni hatte den Stahls schon mitgeteilt, was sich in der Gaststätte im Ort zugetragen hatte. So brauchte, was die Rauferei anbetraf, nicht mehr viel erklärt zu werden. Reinhard wollte von Anni wissen, wo ihre Freundin Ella sei. Sie erklärte, diese wäre von einem Altenrieder Burschen zum Bahnhof gebracht worden. Mehr wisse sie auch nicht. Etwas verlegen fügte sie hinzu, dass sie unbedingt mit ihm (Reinhard) noch mal sprechen wollte. Reinhard erfuhr noch, dass Kurt den Wirtssohn ganz schön vermöbelt haben musste. Doch die Altenrieder waren einfach in der Überzahl. Dies konnte Reinhard nur bestätigen. Da es schon langsam Morgen wurde, schlug Reinhard vor, Anni zum erstmöglichen Zug zum Bahnhof nach Straußlach zu bringen. Als die beiden die Wohnung verließen – nur Linda war noch da geblieben – waren die anderen schon lange zu Bett gegangen. Anni musste sich auf eine gehörige Standpauke ihrer Eltern vorbereiten und schon mal für das späte Heimkommen eine Erklärung suchen. Reinhard erwarteten ähnliche Probleme. Diese waren ihm aber im Moment egal. Er hatte sich in Anni verliebt! Ihm war es wichtig, sich für den heutigen Abend mit ihr zu treffen. Es war ja Sonntag. Die beiden verabredeten sich in Bergstein, dem Wohnort von Anni, wo sie sich in einem Café treffen wollten. Reinhard wartete bis der Zug abfuhr, dann machte auch er sich auf den Heimweg. Zu Hause gab es ein regelrechtes Kreuzverhör. Mutter wollte alles wissen und natürlich, worauf sie großen Wert legte, – die ganze Wahrheit! Nachdem Reinhard alles genauestens seinen Eltern geschildert hatte, musste er eine mehr oder weniger heftige Standpauke über sich ergehen lassen. Wie immer war die Zurechtweisung der Mutter ziemlich heftig, die vom Vater fiel recht moderat aus. Nachdem er noch mit Vaters Hilfe seine Beulen verarztet hatte, suchte Reinhard sein Zimmer auf und legte sich schlafen. Er wollte bis zu seiner Verabredung mit Anni wieder voll auf dem Damm sein.

In der Stelzertraße

Seit dem Umzug nach Altenried in die Stelzerstraße hatte sich vieles spürbar geändert. Reinhard war jetzt immer weniger zu Hause. Wenn es ihm irgendwie möglich war, besuchte er seine Freundin Anni in Bergstein. Der Zufall wollte es einmal, dass Rosi Bachner ihren Sohn mit Anni in Altenried traf. Es regnete und beide gingen eingehängt unter einem Schirm. Da die beiden ihren Schirm – besonders nachdem Reinhard seine Mutter gesehen hatte – tief nach unten hielten, war es dieser nicht möglich, Anni richtig zu sehen.

Als die Familie beim Abendbrot saß, wurde Reinhard von seiner Mutter auf die Begegnung am Nachmittag angesprochen. »Wer war denn das Mädchen unter deinem Schirm?«, fragte sie ihn. »Eine gute Bekannte«, antwortete Reinhard ausweichend. Dann beschäftigte er sich intensiv mit einer Scheibe Brot, die er fein säuberlich mit Butter bestrich. Rosi Bachner aber hakte nach und meinte, dass man mit einer »guten Bekannten« ja nicht unbedingt untergehakt durchs Dorf laufen müsse. Der Vater lachte und meinte so ganz beiläufig: »Weißt du überhaupt, wie alt dein Sohn ist?« - »Das weiß ich wohl«, entgegenete sie. »Aber mit zwanzig ist das noch etwas zu früh, oder?« Kurt Bachner war mit dem Essen fertig. Er stand auf, legte den Arm um die Schultern seiner Frau und meinte: »Als unser Josef zur Welt kam, warst du gerade mal 19!« Sprach‹s und ging lachend aus dem Zimmer. Reinhard vermied es, seine Mutter anzusehen. Die wurde nämlich ganz schön verlegen. Sie begann den Tisch abzuräumen und dabei murmelte sie so etwas Ähnliches wie: »Das waren auch andere Zeiten!«

Reinhard hatte mit einigen Kollegen aus der Porzellanfabrik vor, eine Gewerkschafts-Jugendgruppe zu gründen. Er fand in Seppl Stein, der als Facharbeiter in der Porzellanfabrik Straußlach arbeitete, einen hervorragenden Mitorganisator. Mit Unterstützung der beiden Betriebsratsvorsitzenden wurde nach einer passenden Unterkunft für die Gruppenabende gesucht. In einer kleinen Gaststätte in Altenried, die mehr eine Flaschenbierhandlung als ein Wirtshaus war, wurde man fündig. Seppl Stein rührte kräftig die Werbetrommel unter den organisierten jungen Gewerkschaftsmitgliedern. Reinhard sprach in seiner Firma alle persönlich an, die dafür in Frage kamen. Schon nach zwei Wochen konnte der erste Gruppenabend stattfinden. Auch seine Freundin Anni war dabei, die zu dieser Zeit in der Porzellanfabrik beschäftigt war. Die schon älteren Wirtsleute waren sehr freundlich. Und da die Gruppenabende immer an einem Werktag stattfanden, hatten sie die Gaststube ganz für sich. Vereinzelte Stammgäste tranken ihr Bier an diesem Tag einfach in der Wohnküche der Wirtsleute. Die Zusammenkünfte fanden im Monat zweimal an einem Mittwoch statt.

Seppl Stein war 22 Jahre alt und ein überzeugter Gewerkschafter. Er wurde ohne eine Gegenstimme als Leiter der Gewerkschafts-Jugendgruppe gewählt. Reinhard wurde zum Stellvertreter ernannt und war außerdem für den Gesang zuständig. Es verging kein Gruppenabend, ohne dass einige Lieder gesungen wurden. In erster Linie studierte Reinhard die alten Kampflieder der Arbeiterbewegung mit der Gruppe ein. Da er Noten bestens lesen konnte, leitete er auch den »Gruppenchor«. Aus voller Brust und Begeisterung sangen sie Lieder wie zum Beispiel: »*Wenn wir schreiten Seit an Seit und die alten Lieder singen... mit uns zieht die neue Zeit – mit uns zieht die neue Zeit!*« Aber auch Volkslieder gehörten zu ihrem Repertoire. Spiele wurden ebenfalls gerne gemacht, vor allem wenn diese mit Quizfragen verbunden waren. Auch das Musizieren kam nicht zu kurz. Manchmal reichte es sogar für ein Trio oder auch für ein Quartett. Seppl Stein organisierte auch wunderschöne Nachtwanderungen – so genannte Sternwanderungen! Bei derartigen Anlässen war die Kollegin Erna in ihrem Element. Sie war, was die Sternenkunde anging, ein regelrechtes Genie. Staunend stand die ganze Gruppe um sie herum, wenn sie die Bedeutung verschiedener Sterne erläuterte. Noch auf dem Heimweg solcher Wanderungen musste sie den Gruppenmitgliedern Rede und Antwort stehen. Man traf sich auch mit anderen gewerkschaftlich organisierten Gruppen aus der näheren und ferneren Umgebung. Am 1. Mai jedes Jahres, dem Tag der Arbeit, trafen sich die Belegschaften der Porzellan- und Glasfabrik, um gemeinsam zur Maikundgebung zu marschieren. Stolz trugen alle Beteiligten ihr Maiabzeichen an der Brust. Diese wurden schon eine Woche vorher im Betrieb zum Kauf angeboten und niemand motzte, weil man dafür zahlen musste. Heute wird der »Tag der Arbeit« als willkommener freier Tag genutzt. Ein Abzeichen, das man auch noch bezahlen muss, würden sich heute nur sehr wenige der jungen Leute an die Brust stecken.

Die Weiterbildung für gewerkschaftliche Tätigkeiten war zur damaligen Zeit noch nicht so weit fortgeschritten wie heute. So musste Reinhard, wenn er denn zu einem Fortbildungskurs gehen wollte, auch einen Teil seines Jahresurlaubs opfern. Trotzdem nutzte er jede Gelegenheit, um seinen Wissensstand zu erweitern. So bewarb er sich regelmäßig für Schulungen, wenn sie angeboten wurden. Doch der Betrieb lehnte oft eine Freistellung ab, auch wenn diese für gewerkschaftliche Zwecke bestimmt war. So nahm er öfters am Wochenende (Samstagnachmittag und Sonntag) an Schulungen teil. Diese fanden in gewerkschaftseigenen oder angemieteten Räumen statt. Die Samstagnachmittagskurse begannen um 14.30 Uhr und endeten um 20.00 Uhr. Am Sonntag begann der Kurs bereits um 8.00 Uhr und hörte um 18.00 Uhr auf. Für diese Wochenendschulungen gab es in der Regel keine Übernachtu ngsmöglichkeit. Eine kleine warme Mahlzeit und Kaffee wurde am Sonntag, samstags nur eine Kaffeepause angeboten. Die Fahrtkosten zum Schulungsort wurden nicht oder nur teilweise ersetzt.

Das Leben in der Stelzerstraße hatte sich weitgehend normalisiert. Reinhard war inzwischen mit Hans Wurzbach befreundet, der, ein geborener Straußlacher, sich als guter Kumpel herausstellte. Er hatte keine Vorurteile gegen Flüchtlinge oder Heimatvertriebene. Die beiden gingen des Öfteren miteinander aus und auch sonst unternahmen sie vieles gemeinsam. Auch eine gute bis sehr gute Nachbarschaft wurde gepflegt. Reinhards Bruder Josef betrieb so ganz nebenbei eine kleine Flaschenbierhandlung. Natürlich nur für die Bewohner im Haus und der unmittelbaren Nachbarschaft. Der Gewinn war zwar gering, trotzdem konnte man jeden Pfennig gebrauchen, der zusätzlich zum spärlichen Arbeitslohn dazukam. Da Josefs Frau auch gut schneidern konnte, kamen die Leute in der Stelzerstraße und vereinzelt auch aus Altenried, um sich etwas nähen zu lassen. Mitte der fünfziger Jahre wurde jeder Fetzen Stoff dazu hergenommen, um etwas zum Anziehen zu nähen. Kleidungsstücke warf man selten weg, wenn die Möglichkeit bestand, sie *umändern* zu lassen. Sie wurden erst dann nicht mehr gebraucht, wenn sie nicht mehr reparabel oder völlig kaputt waren. Hemd, Hose, Jacke und vieles andere mehr wurde immer an den Nächsten in der Familie weiter gegeben. Denn wuchs eines der Geschwister aus einem Kleidungsstück hinaus, ging es in den Besitz der oder des Jüngeren über. So kam es nicht selten vor, dass die »Kleinen« nie eine neue Hose oder Jacke bekamen. Der oder die »Ältere« hatte es da etwas besser. Wurden die Sachen zu klein, musste notgedrungen an eine Neuanschaffung gedacht werden. Oft waren in den üblicherweise kinderreichen Familien so viele Schäden an den Kleidern ausgebessert worden, dass einem der »Letzte«, der sie tragen musste, wirklich Leid tun konnte.

Auch Reinhard trug Hosen und Jacken aus grünem Militärstoff, der von seiner Schwägerin Barbara erst aufgetrennt und dann zu einem brauchbaren Kleidungsstück verarbeitet worden war. Eine Jacke von Willi wurde so kunstvoll umstrukturiert und für Reinhard passend gemacht, dass er diese auch am Sonntag tragen konnte. Trotzdem man in dieser Zeit sehr wenig zum Anziehen hatte, wurde das beste Stück stets für den Sonntag aufgehoben. Mit einer Jacke, die man an Werktagen trug, konnte man sich sonntags nicht sehen lassen. Die Sonntagskleidung, auch wenn sie sich qualitativ nicht viel von der Werktagskleidung unterschied, blieb an Wochentagen im Kleiderschrank. Nur zu besonderen Anlässen wie Hochzeit, Beerdigung oder Kirchgänge machte man davon eine Ausnahme. Auch im größeren Verwandten- und Bekanntenkreis herrschte eine rege Tauschtätigkeit, was Kleidung und auch andere Gebrauchsgegenstände betraf. Auf keinen Fall wurde etwas weggeschmissen; und schon gar keine Stoffreste oder Schuhe. Oft bekam Reinhard ein Hemd oder auch Socken - Ringelsocken waren zu dieser Zeit groß in Mode - von seinem Cousin Erwin aus Ludwigsburg geschenkt. Es stellte sich also niemals die Frage: »Was ziehe ich heute an?«, sondern: »Was habe ich zum Anziehen?«

In der Gewerkschafts-Jugendgruppe war eine heftige Diskussion entbrannt: Nämlich die Wiederbewaffnung der Bundesrepublik! Diese spaltete die jungen Menschen in zwei Lager. Der Bonner Bundestag schaffte mit der Annahme des Freiwilligengesetzes am 16. Juli 1955 die Grundlage für die Einberufung der ersten Freiwilligen zum Aufbau der Bundeswehr. Am 12. November überreichte dann Bundesverteidigungsminister Theodor Blank (CDU) den ersten 100 Soldaten ihre Ernennungsurkunden. Reinhard gehörte ins Lager der Gegner, die die Wiederbewaffnung strikt ablehnten. Geholfen hatte der Widerstand zwar nichts. Doch Reinhard war generell gegen alles, was mit Krieg und Gewalt zu tun hatte. Dies hing natürlich mit seinen Erlebnissen in dem noch gar nicht so lange zurückliegenden Krieg zusammen. Die lange Haft des Vaters im Konzentrationslager und die Diskriminierung der Familie durch die Nazis taten ein Übriges, um seine Abneigung gegen Vaterlandsparolen und militärische Organisationen wach zu halten.

Reinhard ertappte sich in letzter Zeit öfter bei dem Gedanken, dass die Glasmacherei für ihn auf Dauer wohl nicht in Betracht kam. Wenn er am Glasofen bei extrem hohen Temperaturen arbeitete, schaute er häufig durch das seitlich geöffnete Tor. Er hatte gute Sicht auf die Eisenbahnschienen, wo mehrfach am Tag der dampflokbetriebene Personenzug von Straußlach nach Weiden fuhr. Schon manches Mal wäre er selber gerne in diesem Zug gesessen. Immer wenn die Lokomotive pfeifend vorbeifuhr, weckte sie in Reinhard das Fernweh. Er sprach auch immer öfter mit seiner Freundin Anni über dieses Thema. Aus der Freundschaft der beiden hatte sich im Laufe der Zeit eine tiefe Zuneigung entwickelt, die man in der Umgangssprache wohl die große Liebe nennt.

Es war im Februar 1956, als Reinhards Freund Adolf Friedinger seinen Arbeitsplatz in der Porzellanfabrik aufgab und zur Deutschen Bundesbahn ging. Leider wurde im Bundesland Bayern niemand eingestellt. Man musste ins Rheinland ziehen. So hatte Adolf einen Arbeitsplatz bei der »Bahnmeisterei Remscheid Hauptbahnhof« bekommen. Alle drei bis vier Wochen kam er nach Hause und machte es Reinhard schmackhaft, doch auch zur Bahn zu gehen. Reinhard besprach alles erst einmal mit seinem Vater. Dieser hatte im Grunde nichts dagegen. Er meinte, sein Sohn sei alt genug, um selbst zu entscheiden. Und Reinhard hatte sich innerlich längst entschieden, seinen Beruf als Hohlglasmacher aufzugeben und bei der Bundesbahn einen Versuch zu machen. Überzeugungsarbeit hatte er aber erst einmal bei Anni zu leisten: Diese war nicht gerade begeistert, dass Reinhard womöglich nur alle paar Wochen zu einem kurzen Besuch nach Hause kam. Beim letzten Besuch bei seiner Freundin in Bergstein hatte Reinhard seine Rentenversicheru ngskarten mitgebracht und Anni vorgerechnet, was er in den vergangenen Jahren in der Firma »Pflüger u. Lauber« so verdient hatte. Auch Annis Vater – die Mutter war erst vor einem guten Jahr verstorben – hatte erhebliche Bedenken. Reinhard hatte im Jahr 1954 3000,45 DM brutto verdient. Er rechnete den beiden vor, was da im Monat für ein Verdienst herauskam. Ca. 250, 00 DM Bruttoverdienst, das war alles. Er rechnete weiter, weil es ja damals Wochenlohn gab, und kam zu dem Ergebnis, dass dies 57,70 DM brutto ergab. Angesichts der Schwere der Arbeit sei dies einfach zu wenig. Wie sollte man da, argumentierte Reinhard, eine Familie gründen oder gar ernähren? Er war fest entschlossen, sich bei der Bundesbahn zu bewerben.

Schon wenige Wochen später musste er zur bahnärztlichen Untersuchung, die kein Hindernis darstellte. Reinhard erhielt die Zusage, am 14. Mai 1956 seinen Dienst als Bahnunterhaltungsar beiter (Bua) bei der Bahnmeisterei in Remscheid Hauptbahnhof anzutreten. Obwohl der Abschied vom Elternhaus und der Freundin schmerzte, war Reinhard auf seine neue Tätigkeit gespannt.

Am 14. Mai 1956 meldete sich Reinhard also zum Dienstantritt bei der Bahnmeisterei (Bm.) in Remscheid.

Im Rheinland

Reinhard war mit großen Erwartungen ins »Rheinland« gefahren. Schon im Zug wurde er vom Schaffner mit »Herr Kollege« angesprochen. Der Dienstfahrschein wies ihn bereits als Eisenbahner aus. Der Schaffner wusste freilich nicht, dass Reinhard das erste Mal zum Dienst fuhr.
Nun stand er also in einem Zimmer der Bahnmeisterei. Ihm gegenüber saß ein junger Beamter, der ihm einen Stuhl anbot und ihn bat zu warten. Nach etwa einer viertel Stunde, der Mann hinter dem Schreibtisch hatte die ganze Zeit über telefoniert, stand er auf: »Ich bringe Sie zu Ihrer vorübergehenden Unterkunft!«, sagte er. Dann ging es über einige Rangiergleise zu einer niedrigen Holzbaracke. Auf dem Weg dahin versicherte Reinhards Begleiter wiederholt, dass die Gleise nur mit äußerster Vorsicht und ausschließlich zur Dienstausübung zu betreten seien. An der Holzbaracke blieb er stehen. »Sie sind im Moment der einzige Bewohner. Bis das Ledigenheim in Remscheid-Lennep fertig gestellt ist, ist hier erst mal Ihre Unterkunft.« Reinhard ging durch die niedrige Tür, um sich umzusehen. Was er zu Gesicht bekam, verschlug ihm fast den Atem. Das war kein Wohnraum! Links und rechts standen ein Holzgestell, das wohl ein Bett sein sollte. Ein alter Kohleofen befand sich mitten in einem Zimmer, das eher einem Verschlag ähnlich war. Den traurigen Anblick vervollständigten zwei primitiv zusammengenagelte Stühle und ein Gestell, das man mit viel Fantasie für einen Tisch halten konnte. Alles war schmuddelig und dreckig. »Hier soll ich wohnen?«, fragte Reinhard enttäuscht seinen Begleiter. »Ist ja

nur vorübergehend«, antwortete dieser. »Im Moment haben wir leider nichts anderes!« Noch bevor Reinhard etwas erwidern konnte, sah er, wie eine Ratte über die Holzdielen lief. »Hier bleibe ich keinen Tag, mein Herr. Ich möchte Ihren Vorgesetzten sprechen!« - »Der Herr Bahnmeister ist außer Haus und kommt erst morgen zurück!« - »Gut«, sagte Reinhard, »dann möchte ich einen Fahrschein, um wieder nach Hause zu fahren!« - »Das kann ich nicht entscheiden, Herr Bachner, ob Ihnen ein solcher Fahrschein zusteht!«, sprach der Mann und versicherte erneut, dass bis zum Herbst das neue Ledigenheim bezugsfertig sei. «Glauben sie im Ernst, ich bleibe bis zum Herbst in einer solchen Bruchbude?«, rief Reinhard aufgebracht.
Nach kurzem Überlegen fragte er weiter: »Wissen Sie vielleicht, wo ein Herr Friedinger – Adolf Friedinger – arbeitet? Er müsste zu Ihrer Dienststelle gehören?« - »Ja, der müsste in einer Stunde bei der Dienststelle sein. Er erwartet Sie!« Erleichtert atmete Reinhard auf. Auf keinen Fall wollte er in diese Bretterbude einziehen. Sollte es keine andere Unterkunft für ihn geben, war er fest entschlossen, die Heimreise anzutreten. Er ging mit dem Beamten zurück ins Büro, um auf Adolf zu warten. Seinen Koffer und eine Tasche hatte er am Bahnhof bei der Aufbewahrung eingestellt. Der Kollege war sehr freundlich gewesen. Er erlaubte Reinhard, sein Reisegebäck kostenlos unterzubringen. In seiner Mittagspause kam endlich Adolf zur Dienststelle, um Reinhard zu begrüßen. Die Wiedersehensfreude war auf beiden Seiten groß. Reinhard war auch erstaunt, wie selbstbewusst Adolf gegenüber dem jungen Beamten auftrat. Er erläuterte diesem, dass Reinhard keineswegs in dem »Rattenstall«, wie Adolf die Unterkunft nannte, zu wohnen brauche. Er, Adolf Friedinger, habe mit dem Bahnmeister ausgemacht, dass Reinhard in der Unterkunft in Remscheid-

Güldenwert einen Platz bekommen würde. Erstaunlicherweise wurde dies von dem Beamten ohne weiteren Kommentar zur Kenntnis genommen: »Nehmen Sie Herrn Bachner mit nach Güldenwert«, meinte dieser und ordnete an, dass sich Reinhard morgen um 8.00 Uhr auf der Dienststelle einzufinden habe. Er werde dann mit den nötigsten Dingen versorgt, wie etwa mit einem vorläufigen Dienstausweis, einem Arbeitsvertrag sowie mit der Dienstkleidung. Reinhard war froh, zusammen mit Adolf das muffige Büro verlassen zu können. »Ich freue mich, dass du da bist!«, sagte Adolf und legte ihm seinen Arm um die Schultern. »Der Bursche«,– damit meinte er den Beamten im Personalbüro –, »hat doch überhaupt nichts zu sagen!« Dabei lachte er und erklärte Reinhard, dass die froh waren, einige verlässliche Leute auf der Dienststelle zu haben. »Die haben zwar genug Arbeiter bei der Bm (Bahnmeisterei), aber die Hälfte davon sind Nieten.«

Inzwischen waren sie nach einer Station Zugfahrt in Güldenwert angekommen. Wenn Reinhard nun gedacht hatte, in einem Wohnheim untergebracht zu werden, sah er sich getäuscht. Adolf verließ nicht den Bahnhof, sondern ging die Treppe zum Bahnsteig hinauf. Dort angekommen, steuerte er geradewegs auf ein »Häuschen« zu, das mitten zwischen zwei Gleisen auf dem Bahnsteig stand. »Komm nur, hier ist unser Zuhause, Reinhard!«, sagte Adolf und öffnete mit einem Vierkantschlüssel die Eingangstür. Das Gebäude war nicht groß. Es diente früher einmal als Aufsichtsraum für die Fahrdienstleiter. Jetzt war Güldenwert nur noch eine kleine Vorortstation ohne Bedeutung. Dadurch wurde der Raum für dienstliche Zwecke nicht mehr gebraucht. Entlang den Wänden waren dreistöckig eiserne Betten aufgestellt. Alle waren gleich ausgestattet. Eine blau-weiß karierte Decke und ein gleichfarbiges Kopfkissen war alles, was zu sehen war. Am Eingang des Raumes, auf der linken Seite, wurde ein Küchenofen mit langem Ofenrohr sichtbar. Daneben ein Tisch mit sechs Stühlen. An der rechten Wand waren die Betten etwas zur Mitte geschoben, um einigen Holzschränken Platz zu machen. Adolf ging auf ein Bettgestell zu, das links zum Fenster in der ersten Reihe stand. Er deutete auf das unterste der drei Betten und sagte zu Reinhard: »Das gehört dir!« Das Bett über Reinhard gehörte Adolf und ganz oben war die Schlafstelle des »Stubenältesten« Fritz Stoppe. Er war Soldat im letzten Weltkrieg gewesen. Adolf sagte zu Reinhard, dass er alle Mitbewohner erst am Abend kennen lernen würde, da diese noch auf Arbeit seien. Er schlug vor, dass Reinhard seinen Koffer und die Tasche holen sollte. Es war nur eine Station bis zum Hauptbahnhof und Reinhard machte sich auf den Weg. Als er zurückkam, waren schon einige Mitbewohner von der Arbeit zurück. Er wurde freundlich begrüßt und alle versicherten ihm, beim Start behilflich zu sein. Leider waren zu wenig Schränke vorhanden, denn schon aus Platzmangel waren nicht mehr unterzubringen. Deshalb musste sich jeder mit einem halben zufrieden geben. Reinhard hängte seinen Sonntagssakko samt Hose in den Schrank. Darunter stellte er seine guten Schuhe ab. Oben in der kleinen Ablage verstaute er Rasierzeug und Toilettenartikel. Ein blaues Handtuch hing in jeder Spindhälfte. Reinhard hatte ein Bild von Anni zum Abschied geschenkt bekommen, dass er sogleich an der Spindtür befestigte. Schmunzelnd hatte ihm Fritz Stoppe zugesehen. Er klopfte ihm auf die Schulter und sprach: »Aller Anfang ist schwer, mein Junge. Nach ein paar Wochen hast du dich eingewöhnt!« Reinhard wollte sich seine Enttäuschung über die Unterkunft nicht anmerken lassen, was ihm aber doch nicht ganz gelang. Als am Abend alle da waren, ging es schon sehr eng zu. Neben dem Ofen waren zwei Waschbecken angebracht, was für die vielen Leute natürlich bei weitem nicht reichte. Zum Duschen musste man hinunter ins Bahnhofsgebäude. In dem ehemaligen Raum des Rangierpersonals waren einige weitere Waschbecken und zwei Duschen untergebracht. Die Sauberkeit dieses Raums ließ aber sehr zu wünschen übrig. Fritz Stoppe sorgte, Gott sei gedankt, zumindest für etwas Ordnung. Dank seiner Autorität und der Unterstützung durch Adolf Friedinger kam es nicht zum totalen Chaos. Die Benutzung des Ofens war streng geregelt und oft mussten sich drei Leute die Kochfläche teilen. Da die Stühle und der Tisch nicht allen Platz bot, hatte Vorrang, wer essen wollte und deshalb den Ofen benutzte. Die anderen saßen derweil auf ihren Betten. Mit vielen Menschen auf engem Raum zusammenzuleben, hatte Reinhard zum Glück gelernt. Als er sich auf seine Pritsche setzte und sich im Raum umsah, kamen Erinnerungen an das Lagerleben in Spremberg in ihm auf. Trotz allem: Damals musste er Hunger leiden, was jetzt nicht der Fall war. Mutter hatte ihm Brote mitgegeben, die zum Teil mit Hartwurst belegt waren. Bis morgen würden diese reichen. Dann würde man weitersehen. Adolf und Fritz Stoppe setzten sich zu ihm. Der Letztere bot ihm in einer Blechtasse Caro-Kaffee an. Das heiße Getränk tat gut. Als das Licht ausgemacht wurde, schlief Reinhard sofort ein. Es war ein ereignisreicher und anstrengender Tag gewesen und der Schlaf nahm auch vorübergehend die Sorgen weg.

Am nächsten Tag ging alles sehr schnell, für Reinhards Geschmack viel zu schnell. Adolf ging mit zur »Bm.« Im Personalbüro wurden alle Formalitäten erledigt. Anschließend wurde Reinhard vom Sicherheitsbeamten der Dienststelle be-

lehrt, wie er sich auf dem Gleis und den Bahnanlagen zu verhalten hatte. Einige Broschüren über Sicherheitsmaßnahmen wurden ihm noch in die Hand gedrückt, dann begleitete ihn Adolf zu seiner Arbeitsstelle. Diese befand sich etwa 2 Kilometer außerhalb vom Bahnhof auf freier Bahnstrecke. Ein Herr Rossberg, seines Zeichens »Rottenmeister« und somit zuständig für die gesamte Arbeitskolonne (»Rotte«), nahm ihn in Empfang. Er musterte Reinhard ganz ungeniert und ordnete an, dass er am heutigen Tag in der Nähe von Adolf arbeiten sollte. »Der wird Ihnen zeigen, was Sie als »Bahnunterhaltungsarbeiter« (Bua) alles zu tun haben«, erklärte der Rottenmeister, zündete sich seine Pfeife an und betrachtete das Gespräch als beendet.
»Der ist in Ordnung«, versicherte Adolf, »was man von Rottenführer Haller, den du gleich kennen lernen wirst, nicht behaupten kann. In einer lang gezogenen Kurve sah Reinhard ca. ein Dutzend Männer im rechten Gleisbereich arbeiten. An der ziemlich hohen Bahnböschung entlang standen Gerätekisten und Maschinen. Ein großer, hagerer Mann kam auf die beiden zu, der Adolf fragte, wo er denn so lange bleibe. Reinhard würdigte er mit keinem Blick. »Ich bringe unseren neuen Mitarbeiter Herrn Bachner mit!«, antwortete Adolf. Nur mit einem kurzen Blick streifte er Reinhard, dann sagte er, sich an Adolf wendend: »Hier bleibt die Arbeit liegen und du spielst Kindermädchen!« - »Ich habe im Auftrag des Herrn Bahnmeister Hockwitz gehandelt«, sprach Adolf und Reinhard merkte, dass er wütend war. Haller winkte mit der Hand ab und sagte: »Ist ja gut – ab jetzt an die Arbeit!!« Dann ging er in Richtung der Gleisarbeiter davon. »Er ist und bleibt nun mal ein A...«, meinte Adolf. Reinhard wurde zum »Auskoffern« eingesetzt. Jeweils zwei Männer arbeiteten zusammen. Sie hatten die Aufgabe, den alten Schotter

unter den Schwellen herauszuholen und das gesamte Gleisbett zu säubern. Anschließend wurde es mit den gereinigten oder auch neuen Schottersteinen wieder gefüllt. Die »Auskofferer« arbeiteten vorneweg, die Schwellen- und Gleisstopfer hinterher. Reinhards Partner drückte diesem eine Schottergabel in die Hand, ein Gerät mit langen Stahlzinken, und los ging es. »Jeder muss am Tag fünfzehn Schwellen schaffen, dann kannst du Feierabend machen«, erklärte er Reinhard und wendete sich dann wieder seiner Arbeit zu. Es war für Reinhard eine ungewohnte Tätigkeit. Obwohl er sich anstrengte, ging kaum etwas voran. Bei dieser Arbeit waren auch einige grundlegende Dinge zu beachten, die Reinhard gar nicht wissen konnte. Zwar beobachtete er seinen Partner, um zu sehen, wie der es machte. Viel brachte ihm das aber auch nicht. Nach einer Stunde hatte dieser im Vergleich zu Reinhard schon mehr als die doppelte Menge fertig gebracht. Adolf kam kurz vorbei und verriet ihm einige Dinge, die ihm die Arbeit zumindest etwas erleichterten. Denn er hatte diese Arbeit am Anfang auch gemacht, war aber zur Zeit beim Einsatz der Maschinen, wo er dem Maschinisten mit zur Hand ging. Rottenführer Haller ließ nicht allzu lange auf sich warten. Eine Weile beobachtete er Reinhard, dann schüttelte er den Kopf und nahm ihm die Gabel aus der Hand. Ohne ein Wort zu sprechen, fing er zum Arbeiten an, dass die Schottersteine nur so durch die Gegend flogen. »So wird bei uns gearbeitet! Das, was Sie machen, ist keine Arbeit, das ist rumgestochert!« Er warf die Schottergabel Reinhard vor die Füße und ging. Reinhards Partner kam heran, zündete sich eine Zigarette an und sagte in ruhigem Ton: »Das macht er mit jedem Neuen. Das Tempo, mit dem er zeigt, wie es gemacht wird, hält kein Mensch den ganzen Tag über durch. Er haut ja nach drei Minuten wie-

der ab.« Er tröstete Reinhard mit der Vorhersage, dass er in ein paar Tagen auch den Dreh heraushaben werde, wie man das mache. Endlich kam das Kommando, die Gleise zu verlassen. Die Gleissperre wurde aufgehoben. Jetzt durften die Züge mit einer Geschwindigkeit von 20 Kilometern pro Stunde die Baustelle passieren. Auf dem Heimweg in die Gemeinschaftsunterkunft kamen Reinhard erste Zweifel, ob es richtig war, hierher zu kommen. Zu Hause bei der Firma »Pflüger und Lauber« in Straußlach war er als guter Facharbeiter anerkannt. Hier aber war er ein Nichts. Doch es war nicht Reinhards Art, gleich aufzugeben. Er war entschlossen, sich durchzubeißen. Der erste Arbeitstag war jedenfalls geschafft!
Am Abend saßen Adolf, Fritz Stoppe und Reinhard in der Unterkunft noch lange zusammen. Fritz sprach Reinhard Mut zu: »Mach dir keine allzu großen Gedanken, Junge. Es ist alles nur eine Frage der Gewohnheit.« Adolf pflichtete ihm bei, indem er Reinhard von seinen ersten Tagen bei der Bahn erzählte, wo auch ihm die Arbeit schwer gefallen sei. Dann wurde es Zeit, ins Bett zu gehen. Aus Rücksicht auf die anderen musste das Licht gelöscht werden.

Sechs Wochen waren inzwischen vergangen und Reinhard hatte sich schon einigermaßen gut eingelebt. Was ihm im Moment am wichtigsten erschien, war die Genehmigung zur ersten Heimfahrt, um die Familie zu besuchen. Er war jetzt bei einer Arbeitskolonne, die die Gleise stopfen musste. Mit einem schweren Gerät, das einem Presslufthammer ähnlich sah, musste der Schotter fest unter Schwellen und Schiene »gestopft« werden. Das war ja nicht das Schlimmste. Nur fanden die Arbeiten auf einer viel befahrenen Strecke statt. Sobald sich ein Zug näher-

te, musste das Gleis verlassen werden. Also hieß es, wenn der Sicherheitsposten das Signal gab, das schwere Gerät aus den Gleisen die Böschung hinunterzuschleppen; und sobald der Zug die Stelle passiert hatte, musste das Ungetüm wieder hinaufgetragen und in Position gebracht werden. Eine kräftezehrende und schweißtreibende Arbeit. Trotz allem war Reinhard froh, Rottenführer Haller los zu sein. Der hatte eine andere Arbeitskolonne übernommen. Sein jetziger Vorgesetzter war ein recht umgänglicher Mensch.
Endlich konnte Reinhard seinen »Schein« abholen, einen einfachen Zettel, der aber von großer Bedeutung war. Erlaubte er doch, sich den Familienheimfahrschein bei der Dienststelle abzuholen. Es war Reinhards erste Heimfahrt! Ohne die Unterschrift des Rottenmeisters gab es zum damaligen Zeitpunkt übrigens keinen Heimfahrschein. Auch die Gültigkeitsdauer wurde festgelegt, um zu verhindern, eine Rückfahrt eventuell später anzutreten. Reinhard fuhr also am Freitag um 17.50 Uhr von Remscheid ab und erreichte mit Umsteigen in Köln, Nürnberg und Weiden um 6.30 Uhr Straußlach. Jede Minute musste nun ausgenützt werden, denn am Sonntagabend um 18.00 Uhr sollte er zurückfahren, um den Arbeitsplatz am Montagmorgen bis 7.00 zu erreichen. Was natürlich bedeutete, dass man im Zug etwas Schlaf finden musste, denn die Ankunftszeit reichte gerade mal aus, dass man nicht zu spät kam.
Reinhards Besuch bei den Eltern und Schwester Ingeborg war nur von kurzer Dauer. Schnell etwas gegessen, die schmutzige Wäsche der Mutter übergeben und dann mit dem Samstagmittagszug nach Bergstein zur Freundin Anni. Die restliche Zeit bis zur Rückfahrt nach Remscheid verbrachten die beiden zusammen. Am Sonntagabend die frische Wäsche von

Mutter geholt - und ab ging es wieder zum Bahnhof Straußlach. Manchmal reichte es gerade noch, um nicht den Zug zu verpassen. Bis dahin aber waren Anni und Reinhard unzertrennlich. Anni hatte ihren Zeitplan so eingeteilt, dass sie den kurzen Zeitraum des Zusammenseins nutzen konnte. Das war nicht immer einfach. Annis Mutter war vor einem Jahr gestorben, der Vater und die restliche Familie zeigten nur begrenzt Verständnis für ihre Wünsche. Anni hatte noch sechs Geschwister, darunter aber nur eine Schwester, die um drei Jahre jünger war. Als die »Große« musste sie praktisch die Mutter ersetzten. Und das in ihrer sehr begrenzten Freizeit, die die Fabrikarbeit noch übrig ließ. Anni konnte gut kochen und war im Haushalt, in dem immerhin noch Schwester Maria und der Vater zu versorgen waren, eine bedeutende Hilfe. Die anderen Geschwister waren alle schon außer Haus. Bis auf den Jüngsten der Brüder, der wohnte noch daheim, arbeiteten alle auswärts und kamen nur unregelmäßig nach Hause. Bergstein war ein wunderschön gelegenes Städtchen. Es besaß ein Kino und, was wenige Orte dieser Größenordnung aufzuweisen hatten, zwei Tanz-Cafés. Reinhard legte die Strecke von Altenried nach Bergstein oftmals zu Fuß zurück. Vor allem der Rückweg von Bergstein nach Altenried musste auf »Schusters Rappen« zurückgelegt werden. Denn die letzte Möglichkeit, mit dem Zug nach Straußlach zu gelangen, war um ca. 23.30 Uhr. Wer bitteschön verlässt um diese Zeit schon seine Freundin oder das Tanz-Café? Anni und Reinhard nutzten buchstäblich jede Minute, um zusammen zu sein. Dauerte es doch wieder lange vier oder gar sechs Wochen bis zum nächsten Wiedersehen. Es brauchte schon eine starke Zuneigung und Liebe, um solche lang andauernden Trennungen zu verkraften. Das Abschiednehmen war freilich noch nie Reinhards Sache.

Hierin glich er ganz seinem Vater Kurt Bachner. Wenn Anni ihn zum Bahnhof begleitete, war der Zeitraum bis zur Ankunft des Zuges immer am schlimmsten. Er hätte sich gerne schon zu Hause verabschiedet und wäre am liebsten alleine zum Bahnhof gegangen. Dies lehnte Anni aber kategorisch ab. Sie war der Meinung - und dem hatte Reinhard nichts entgegenzusetzten - dass sie bis zur letzten Sekunde bei ihm bleiben mochte. Wenn dann der Zug abfuhr und Reinhard seiner Anni zuwinkte, bis sie aus seinem Blickfeld entschwand, war das immer der unerträglichste Momente für ihn. Seinen Koffer mit der frischen Wäsche, das war alles, was er an Gepäck dabei hatte. In einer Tüte hatte Anni ihm liebevoll etwas Reiseproviant eingepackt. »Erst aufmachen, wenn du im Zug sitzt«, sagte sie dann lachend zu ihm. Es war immer eine kleine Überraschung dabei! Oft hatte sie noch ein Kuchenstück, das sie am Sonntag heimlich beiseite geschafft hatte, in die Tüte getan. Reinhard wusste dies zu schätzen. Denn die kommenden Tage und Wochen waren wieder ohne die Kochkünste von Mutter und Freundin zu überstehen. In Weiden musste Reinhard das erste Mal umsteigen. Dann ging es mit dem Eilzug nach Nürnberg. In Nürnberg galt es ganz besonders aufzupassen. Denn es war wichtig, einen guten Sitzplatz im Anschlusszug zu bekommen, um etwas schlafen zu können. Zur damaligen Zeit waren nicht nur die Schnellzüge gut besetzt. Oft musste Reinhard mit einem Stehplatz vorlieb nehmen und warten, bis jemand ausstieg, um dann schnell dessen Platz einzunehmen. Um ca. 5.00 Uhr Ankunft in Köln, dann umsteigen in einen Eilzug bis Remscheid-Hauptbahnhof. Schnell in die Unterkunft hetzen, den Koffer abstellen, sich umzuziehen und dann ab zur Arbeitsstelle. Die konnte oft sehr weit entfernt sein. Je nachdem, wo die »Rotte« gerade gebraucht wurde.

Natürlich kam es vor, dass Reinhard, sofern die Arbeiten auf einem weitab gelegenen Streckenabschnitt erfolgten, zu spät kam. Rottenmeister Rossberg meinte dann eben: »Die Zeit muss nachgearbeitet werden, ist das klar?« - Nur mit dem »Nacharbeiten« war das so eine Sache. Wer bei Rossberg in der Kreide stand, musste damit rechnen, auch nachts aus der Gemeinschaftsunterkunft geholt zu werden. Sei es, dass eine Rangierabteilung Personalnot hatte oder eine Weiche defekt war: Für ihn war die Wohnstätte am Bahnsteig in Güldenwert eine Art ständiger Bereitschaftsdienst. Irgend ein »Bewohner« war immer da. Hatte dieser auch noch Fehlzeiten abzuarbeiten, kannte Rossberg keinen Pardon.
Reinhard konnte in letzter Zeit nicht mehr so gut schlafen, wie es anfangs der Fall war. Die Ursache dafür war der Mief, um es human auszudrücken. Die meisten stellten einfach ihre Arbeitsschuhe in eine Ecke des Raums und nicht in den Spind. Hinzu kam noch, dass einige Mitbewohner es mit der Hygiene nicht gar so genau nahmen. Oft legten sich einige einfach ungewaschen ins Bett. Vorwiegend passierte dies bei Sondereinsätzen, wie zum Beispiel Entgleisungen von Güterwagen oder dergleichen. Hundemüde von dem zusätzlichen Arbeitseinsatz haute man sich in die »Falle«. Vom Schnarchkonzert einmal abgesehen, kamen noch so manche Dinge hinzu, die das Schlafen nicht gerade förderten. Adolf schien dies weniger oder fast gar nichts auszumachen. Der konnte trotz aller Unbill schlafen wie ein Murmeltier. Durch diese zusätzlichen Arbeitseinsätze der Bahnunterhaltungsarbeiter (Bua) lernte Reinhard aber auch den Rangiermeister Hans Schneider kennen. Dieser war im vergangenen Krieg als Fallschirmjäger über Kreta abgesprungen. Ein unerschrockener, aber auch feiner Kerl. Er lud Reinhard zu ei-

nem Besuch bei seiner Familie ein. Bei dieser Gelegenheit kam unter anderem Reinhards Tätigkeit als »Bua« zur Sprache. Hans ermutigte Reinhard, sich um den Rangierdienst zu bewerben, wo man im Augenblick händeringend Arbeitskräfte suchte. Reinhard war heilfroh, in Hans Schneider so etwas wie einen väterlichen Freund gefunden zu haben. Einige Tage später musste er – nachdem er seine Bewerbung zum Rangierarbeiter abgegeben hatte – zu einem Gespräch beim Bahnhofsvorstand. Es war eine kurze Unterhaltung. Es ging lediglich um die Frage, ob Reinhard die feste Absicht hatte, in Remscheid zu bleiben. Dies konnte er zusichern. Und so erhielt er bereits am 1. Oktober 1956 die mündliche Zusage, von der Bahnmeisterei zum Hauptbahnhof wechseln zu dürfen. Viel wichtiger noch war aber der Bescheid, in dem in Kürze fertig gestellten Bundesbahnwohnheim in Remscheid-Lennep ein Zimmer zu bekommen. Voller Freude teilte er Adolf am Abend die Neuigkeiten mit. Anfangs war dieser skeptisch, was die Tätigkeit als Rangierer anbetraf. Adolf meinte nämlich, dass diese Arbeit keinesfalls ungefährlich sei. Der Schichtdienst kam ebenfalls noch hinzu. Am Hauptbahnhof wurde in so genannten Kolonnen in 3 Schichten rangiert. Auf Reinhard warteten also eine Woche Früh-, eine Woche Spät- und eine Woche Nachtdienst. Doch für Reinhard hatte dieser Schichtdienst auch Vorteile: Durch die Schichtarbeit fielen so genannte »Ruhetage« an. Was im Endeffekt bedeutete, dass es alle vier Wochen ein langes Wochenende gab. Er konnte dann zwei Tage länger bei seiner Freundin in Bergstein sein. Schon alleine deswegen hätte er noch weitere Nachteile in Kauf genommen.

Am ersten Oktober war es dann so weit. Reinhard kam in die Kolonne zu Rangiermeister Hans Schneider. Oberrangiermeister war Herr Schmitz, ein umtriebiger Mann, der überall zur gleichen Zeit sein wollte. Ansonsten war mit ihm gut auszukommen. Schon nach einigen Wochen hatte Reinhard sich problemlos in die Kolonne eingefügt. Oberrangiermeister Schmitz mochte Reinhard, wenn er auch manchmal schimpfte. Aber das tat er nur zu gerne und bei jeder sich bietenden Gelegenheit. Es war nichts Persönliches. Auch aus der Unterkunft in Güldenwert konnte er ausziehen, und zwar in einen ausrangierten Schnellzugwagen, der etwas umgebaut worden war und Stockbetten zum Schlafen hatte. Auch Adolf war mit in diese Behausung eingezogen, so dass sie wieder zusammen waren. In der Mitte des umgebauten Schnellzugwagens war ein riesiger Tisch, ein Ofen und Blechspinde aufgestellt. Adolf und Reinhard schliefen in einem abgeteilten Raum auf eisernen Stockbetten, Adolf oben und Reinhard unten. Noch zwei Männer schliefen mit in dem Raum, zwei Brüder, nämlich Fritz und Heinrich, den alle nur »Heini« riefen. Aus diesem Quartett entwickelte sich eine sehr gute Freundschaft, die ihresgleichen suchte. Fritz, Heini und Adolf blieben noch eine längere Zeit in diesen Waggons, auch dann noch, als endlich das Wohnheim fertig gestellt wurde. Reinhard war mit unter den Ersten, die in das neue Gebäude in Lennep einzogen. Das Zimmer teilten sich immer zwei Mann. Sein »Stubenkamerad« war ein junger Bursche aus Soest, der im Fahrdienst als Zugschaffner tätig war. Obwohl Reinhard wie fast alle Kollegen chronisch an Geldmangel litt – Dieter, so hieß der Mitbewohner, hatte immer nur an zwei Tagen Geld. Dies waren der Zahl- und der darauffolgende Tag. Ansonsten hielt er sich über Wasser, indem er ständig versuchte, jemanden anzupumpen. Am Zahltag standen die »Gläubiger« regelrecht Schlange! Oft blieb ihm vom Lohn kaum noch etwas übrig; und wenn, dann reichte es wie gesagt keine drei Tage. So drehte sich das Gespräch, was Dieter anging, nur ums liebe Geld. Reinhard aber machte ihm klar, dass alle Versuche ihn anzupumpen absolut zwecklos seien. Dieter respektierte das mehr oder weniger. Reinhards Ratschläge, doch etwas mehr zu sparen, schlug er in den Wind. So war es kein Wunder, dass Reinhard seinen Freund Adolf drängte, doch auch ins neue Wohnheim umzuziehen. Doch dieser verfolgte schon seit längerem andere Pläne. Er hatte sich in die lange Warteliste der Wohnungssuchenden eingetragen und seiner Dienststelle mitgeteilt, dass er in Kürze heirate. Verheiratet zu sein war die Voraussetzung, eine eigene Wohnung zu bekommen.

Reinhard hatte sich zwischenzeitlich an den Schichtdienst gewöhnt. Nur die Nachtschicht mochte er nicht besonders. Die Wochenschicht dauerte von Montag bis Sonntag. Die Nachtschicht begann um 20 Uhr und endete um 6 Uhr morgens. Also hieß es 7 Nächte arbeiten und tagsüber einige Stunden schlafen, um am Abend wieder fit zu sein. Ansonsten war Reinhard froh, die Massenunterkunft in Güldenwert nicht mehr in Anspruch nehmen zu müssen. Die Frühschicht machte es möglich, bei einem Kohlen-Großhändler am Nachmittag etwas Geld zu verdienen. Es war zwar eine schwere Knochenarbeit, für damalige Verhältnisse wurde aber relativ anständig bezahlt. In seiner Kolonne hatte Reinhard einen Mann kennen gelernt, der schon zwei Jahre im Rangierdienst tätig war. Dieser kannte den Vorarbeiter der Kohlenhandlung und machte es möglich, dass Reinhard aushilfsweise beim Kohlenausladen mitarbeiten konnte. Für einen O-Wagen (offenen Güterwagen) wurde je nach Gewicht und Kohlenart, wie etwa Briketts, Eier, Koks oder Kohlestaub, eine Pauschale bezahlt. Oft war diese Pauschale auch

Verhandlungssache. Hatte die Firma wenig Stammarbeiter zur Verfügung und war das Kohleaufkommen groß, so konnte man einen höheren Preis aushandeln. Da häufig mehr als 30 Waggons am Tag eintrafen, war es dem Kohlenhändler wichtig, diese so schnell wie möglich auszuladen. Standen die Wagen zu lange auf dem Bahngelände, musste an die Bundesbahn ein so genanntes »Standgeld« bezahlt werden. Es konnte also eine schöne Stange Geld kosten, wenn die Kohlewagen nicht in der vorgegebenen Zeit entladen wurden und damit der Bahn nicht zur Verfügung standen. Vor allem wenn die Waggons übers Wochenende stehen blieben, wurde das richtig teuer. Und es war keine Seltenheit, dass mehr als 20 Waggons nicht entladen werden konnten, weil Arbeitskräfte fehlten. In einer solchen Situation war der Vorarbeiter auf die Eisenbahner, die schichtfrei hatten, dringend angewiesen. In der Regel arbeiteten immer zwei Mann zusammen und teilten sich die Waggonpauschale oder aber den ausgehandelten Preis. Reinhard arbeitete meistens mit German zusammen, der ihm zu diesem Job verholfen hatte. German war auch ein erfahrener und geschickter Verhandlungspartner, der je nach Lage einen guten Preis herausschlug. Nun war Reinhard im Gegensatz zu seinem Partner nicht gerade ein Kraftprotz. Trotz alledem schaffte er es, von ihm anerkannt zu werden. So konnte sich Reinhard - was ihn besonders stolz machte und er noch nie besessen hatte - ein Postsparbuch anlegen. Immer wenn er vom Vorarbeiter seinen Lohn bekam, zahlte er etwas aufs Sparbuch ein, auch wenn es noch so schwer fiel. Er hätte so gerne für sich oder seine Freundin mal etwas Schönes gekauft. Er blieb in diesen Dingen aber hart gegen sich selber. Denn er dachte schon jetzt daran, in absehbarer Zeit eine eigene Familie zu gründen. - Mit Adolf und den beiden Brüdern Fritz und Heinrich traf sich Reinhard regelmäßig. Adolf lud sie sogar ein, mit ihm und Reinhard in die Oberpfalz zu kommen, wenn diese ihre Familien besuchten. Es gäbe noch vieles von den vier Freunden und der Zeit im ausgebauten Schnellzugwagen zu berichten. Doch das wäre ein ganzes Buch. Einige Dinge möchte ich dem Leser aber doch nicht vorenthalten.

Es waren noch weitere vier Männer mit im Waggon. Sie gehörten zu einer anderen Dienststelle und bewohnten die gegenüberliegende Seite des gemeinsamen Aufenthaltsraums. Man saß meistens zum Einnehmen der Mahlzeiten am gemeinsamen Tisch, ansonsten gingen die beiden Gruppen getrennte Wege. Adolf, Fritz, Heini und Reinhard hatten eine Gemeinschaft gegründet, die recht ordentlich funktionierte. Jeder erledigte die ihm zugedachte Arbeit, vor allem den Stubendienst, der zugleich den Küchendienst mit beinhaltete. Die Unterkunft musste von den Bewohnern selbst gereinigt werden. Eine Putzfrau gab es nicht. Dann folgte das Einkaufen und, was am wichtigsten war, das Kochen! Im Wochenturnus wurde die Arbeitseinteilung gewechselt. Die anfallenden Kosten wurden durch vier geteilt.

Adolf war derjenige, der von den vieren am besten kochen konnte. Vor allem sein bayerischer Schweinebraten, den es nur als Sonntagsessen gab, war sensationell. Dazu gab es handgemachte Kartoffelknödel, so perfekt, wie man sie sonst nur von der eigenen Mutter kannte. Allzu oft aber reichte das Geld nicht, um das Nötigste einzukaufen. So gab es an manchen Tagen nur »Erbswurstsuppe« von Knorr, eine wurstähnlich aussehende Fertigsuppe, die über Notzeiten hinweghelfen musste. Wenn einer von ihnen zu der Familie heim ins Bayerische fuhr, waren die anderen schon gespannt, was dieser wohl mitbringen würde. Alles, was von zu Hause mitgegeben wurde, kam in einen gemeinsamen »Topf« und wurde unter den vier Freunden aufgeteilt. Adolf schickte sogar Kartoffeln als Reisegepäck, wenn er von Oberbühl zurückfuhr. Reinhards Schwester Lisa hatte mit ihrem Mann inzwischen einen kleinen Kiosk gepachtet. Das war eine gute Idee, denn in Oberbühl war kein Lebensmittelladen vorhanden. In diesem Kiosk gab es fast alles zu kaufen, was zum täglichen Leben gebraucht wurde. Und die Oberbühler waren froh, nicht wegen jeder Kleinigkeit nach Altenried oder Straußlach marschieren zu müssen. Lisa besorgte zum größten Teil den Verkauf, ihr Mann hatte Arbeit in der Porzellanfabrik gefunden. Immer wenn Reinhard zu Hause war, besuchte er natürlich Lisa im Kiosk. Und er versäumte es selten, sich einen Tag vor der Rückfahrt nach Remscheid sehen zu lassen. Er konnte absolut sicher sein, dass ihm Lisa etwas zukommen ließ. Ob etwas Mehl, Erbsen oder Butter – nie kehrte er mit leeren Händen zu seinen Kameraden zurück. Heini, die Gutmütigkeit in Person, trug wohl das meiste für den gemeinsamen Unterhalt bei. Nur wenn ihm die Mutter einen Kugelhupf mit auf die Reise gab, lehnte er es ab, diesen mit den anderen zu teilen. Reinhard betrat eines Tages nach der Frühschicht die Waggonunterkunft, als Heini gerade zur Mittagsschicht musste. Er war erst vor einer Stunde von zu Hause angekommen. Er hatte es eilig, denn er musste in zwanzig Minuten seinen Dienst antreten. »Ich habe einiges von daheim mitgebracht; aber mehr darüber heute Abend!« Mit diesen Worten verließ er die Unterkunft. Als Reinhard von dem provisorisch eingerichteten Duschraum neben dem Wohnwaggon zurückkam, zog ihm ein angenehmer Duft um die Nase. Es war Heinis Kugelhupf, der aus seinem verschlossenen Spind hervorduftete. Adolf, der ebenfalls Frühschicht hatte, musste jeden Augenblick auch heimkommen.

Nur würde es noch eine Weile dauern, bis er das Essen zubereitet hatte. Reinhard hatte immer Kohldampf, nur heute war er ganz besonders groß. Der Duft des frisch gebackenen Kugelhupfs aus Heinis Spind machte den Hunger zur Qual.
Kaum hatte Adolf die Räumlichkeiten betreten, bemerkte auch er sofort diesen Wohlgeruch. Er holte einmal tief Luft, als er richtig bemerkte: »Ist wohl Heini wieder zurück und hat einen Kugelhupf mitgebracht?« Als Reinhard bejahend mit dem Kopf nickte, lachte Adolf und fuhr fort: »Hat ihn wohl wie immer in seinem Schrank eingeschlossen. Aber heute wird ihm das nichts nützen.« Dann holte er eine Schere aus der Schublade, ging zu Heinis Spind und es dauerte keine Minute, bis er geöffnet war. Das recht einfache Schloss hatte Adolfs Schere wenig entgegenzusetzten. Reinhard erschrak. Adolf konnte doch nicht einfach Heinrichs Schrank gewaltsam öffnen. »Mach dir keine Gedanken«, sagte er zu Reinhard, »der Bursche kann doch nicht einfach den Kugelhupf einschließen und uns mit diesem Duft den Zahn lang machen!« Reinhard wollte nochmals protestieren, doch Adolf winkte ab und erklärte: »Dieses Mal bekommt er nichts ab von seinem Kuchen! Er hat uns so oft nichts abgegeben – deshalb bekommt er heute keinen Krümel davon!« Reinhard kannte Adolf zur Genüge. Weiterer Protest war zwecklos. Der Freund ging zum Ofen, setzte den Wasserbehälter auf und kochte in aller Seelenruhe seinen »Lindeskaffee.« - »Hol die Tassen aus unserem Schrank«, sagte er zu Reinhard und grinste dabei. »Das wird ein schnelles und hervorragendes Mittagessen!« Reinhard stellte zwei große Blechtöpfe auf den Tisch und Adolf schenkte in diese den frisch zubereiteten Lindeskaffee ein. Dann holte er den Kugelhupf aus dem aufgebrochenen Spind und ein großes Küchenmesser. Nach knapp einer halben Stunde war vom

Kugelhupf nichts mehr übrig! Reinhard wollte zumindest für Fritz ein Stückchen retten, doch Adolf putzte alles restlos weg. Fritz, der Bruder von Heini, kam etwas früher von der Schicht heim. Als er die Sache mit dem Kugelhupf erfuhr, lachte er und meinte: »Das habt ihr richtig gemacht, nie hat er von seinem Kuchen was abgegeben, nicht einmal seinem Bruder!« Wenig später kam auch Heini nach Hause. Adolf hatte den Kasten wieder so verschlossen, dass von dem gewaltsamen Öffnen keine Spuren zu sehen waren. Heini ging zum Duschen. Als er zurückkam, bat er Adolf, Kaffee für alle zu machen. Verdutzt starrte ihn dieser an: »Aber wir haben heute doch schon Kaffee gehabt!«, sagte er zu Heini und setzte sich an den Tisch. »Gut, dann machst du nur für mich Kaffee«, antwortete er. »Dafür gebe ich jedem von euch ein Stück von meinem Kugelhupf ab!« Er stand auf, ging zu seinem Spind und öffnete ihn. Im Waggon herrschte Totenstille. Plötzlich stand Heini am Tisch, setzte sich dann zu den anderen und schaute vorwurfsvoll in die Runde. »Wer war das?«, fragte er mir ruhiger Stimme. »Ich«, antwortete Adolf und Reinhard ergänzte: »Ich war auch dabei!« - »Ihr seid für mich gestorben«, sprach Heini, stand auf und verließ den Gemeinschaftsraum. Die drei konnten noch hören, dass sich Heini schlafen legte. Als er im Schlafraum das Licht löschte, folgten die anderen seinem Beispiel. Sie zogen ihre Kleider im Dunkeln aus, um ja Heini nicht noch mal ins Gesicht sehen zu müssen. Am nächsten Morgen saßen dann alle vier schweigend um den Tisch herum. Obwohl Reinhard und Adolf zur Frühschicht mussten und Fritz und Heini erst Mittagsschicht hatten, waren alle am Tisch versammelt. »Bis heute Abend«, sagten Adolf und Reinhard, nahmen ihre Taschen und wollten gehen. »Einen Moment noch«, rief Heini ihnen nach. »Das von gestern habe ich schon wieder vergessen. Macht‹s gut, ihr beiden!« Somit war die Sache mit dem Kugelhupf erledigt. Auf dem Weg zur Schicht sagte Adolf zu Reinhard: »Ich habe gewusst, das Heini keinen Streit vertragen kann; dass er aber so schnell verzeihen würde, hätte ich wirklich nicht gedacht.« Dann trennten sich ihre Wege. Adolf war nämlich heute als Sicherheitsposten eingeteilt.

Diese Geschichte steht für viele andere. Es herrschte eine unvergessliche Freundschaft. Und vom leidigen Kugelhupf mal abgesehen, teilten sie alles redlich untereinander auf.

Reinhard hatte sich im Ledigenheim in Lennep allmählich gut eingelebt und auch neue Bekanntschaften gemacht. Zu Rangiermeister Hans Schneider, aber auch zu den anderen Kollegen in der Kolonne hatte Reinhard ein gutes Verhältnis. Mit einem Rangierleiter namens Günter Feiler verband ihn fast eine brüderliche Freundschaft. Die sollte in einer nebligen Nachtschicht ein jähes Ende nehmen. An manchen kurzen Wochenenden, wenn es sich nicht lohnte, nach Hause zu fahren, war er bei Günter Feiler oft zum Mittagessen eingeladen. Dieser war noch nicht lange verheiratet, doch hatten er und seine Frau bereits eine Wohnung bekommen und ein süßes Baby von sechs Monaten war ihr ganzer Stolz. Reinhard war froh, wenn er diese kurzen Wochenenden nicht im Wohnheim verbringen musste. Die Einladungen der Familie Feiler halfen, die Zeit sinnvoll zu verbringen. Oft machte er für einen Kollegen auch Dienst, wenn dieser etwas vorhatte. Das war eine prima Sache, denn der Dienst musste natürlich vom Kollegen wieder abgearbeitet werden und Reinhard konnte durch einen solchen Tausch länger in Bergstein bei der Freundin bleiben oder die Familie in Altenried besuchen.

Anfang November 1956 erregte der Volksaufstand in Ungarn die Gemüter, auch im jetzt doch schon größeren Bekanntenkreis von Reinhard. Unruheherde gab es mittlerweile schon wieder genug auf dieser Erde. Zum Beispiel die Verwicklung der Westmächte in die Suezkrise. Doch die politische Diskussion wurde vor allem durch die brutale Niederschlagung des Volksaufstands in Ungarn angeheizt. Die ungarischen Reformkommunisten um Ministerpräsident Imre Nagy hatten in den letzten Monaten die Befeiung des Landes vorangetrieben. Sie wollten hinaus aus den stalinistischen Strukturen. Am 1. November 1956 erklärte Nagy den Austritt Ungarns aus dem Warschauer Pakt. Am 3. November bildete er unter Ausschluss stalinistischer Kommunisten eine Regierung. Am Morgen des 4. November 1956 griffen schließlich sowjetische Panzereinheiten die ungarische Hauptstadt Budapest an. Sie rückten von mehreren Seiten auf die Hauptstadt zu. Es entbrannte ein heftiger Kampf mit den bewaffneten Aufständischen. Sie waren, was Waffen und Munition anging, hoffnungslos unterlegen. Mit dem Mut der Verzweiflung hielten sie dennoch zehn Tage den Widerstand aufrecht. Bis sich Moskau dazu entschlossen hatte, die Freiheitsbewegung blutig niederzuschlagen. Trotz eindringlicher Hilferufe blieb die Unterstützung der Westmächte aus. Zur gleichen Stunde bildete in der ungarischen Stadt Szolnok János Kádár mit sowjetischer Unterstützung eine Gegenregierung. Das Schicksal der Freiheitskämpfer war damit besiegelt. Nagy, der in die jugoslawische Botschaft geflüchtet war, wurde entgegen der Zusicherung freien Geleits am 22. November von sowjetischen Militärs verhaftet. 1958 sollte er in einem Geheimprozess in Budapest zum Tode verurteilt und hingerichtet werden.

Doch über den November 1956 lässt sich auch etwas Angenehmes berichten. In Hamburg fand unter Beteiligung vieler Jugendlicher aus dem In- und Ausland das erste internationale »Rock ‹n‹ Roll-Turnier« statt. Auch Reinhard interessierte sich für diese Musikrichtung. Wenn er in Bergstein bei Anni war, gingen sie, soweit finanziell möglich, gern in ein Tanzcafé. Eine hervorragende Tanzkapelle spielte oft die neusten Hits, Rock ‹n‹ Roll inklusive. Es war eine mit vier Mann besetze Band, jeder Einzelne ein Könner. Die Musiker hatten Gefallen an Reinhard gefunden und animierten ihn immer öfter, ans Mikrofon zu treten, um zu singen. Vom bayerischen Jodler bis zum Rock ‹n‹ Roll reichte sein Repertoire allemal. Anni war dann natürlich schon etwas stolz auf ihren »Künstler«, wenn dieser mit frenetischem Applaus für sein Talent belohnt wurde.

Am Dienstag den 13 November 1956 endete wieder einmal ein schönes langes Wochenende für Reinhard. Um 18.10 Uhr ging sein Zug in Straußlach ab und wenn es keine Verspätungen gab, war er Mittwoch früh um ca. 7.00 Uhr in Remscheid. Er hatte sich von Anni bereits in Bergstein verabschiedet und in Altenried die Eltern besucht. So hatte er nach seiner Ankunft noch etwas Zeit sich auszuruhen; die Bahnfahrt, die eine ganze Nacht hindurch dauerte, war nicht unbedingt erholsam. Erst um 20.00 Uhr musste er zur Nachtschicht. Diese Nachtschicht von Mittwoch, den 14., auf Donnerstag, den 15. November 1956 wird Reinhard wohl nicht so schnell vergessen. Er hatte in seiner Stammkolonne, also mit Rangiermeister Schneider, Rangierleiter Feiler und Obermeister Schmitz Dienst. Er und ein weiterer »Hemmschuhleger« teilten sich die Gleise, wo sie die Wagen, die am Ablaufberg vom Zug abgehängt wurden, mit einem Hemmschuh, der auf die Schiene gelegt wurde, zum Stehen brachten. Daher auch die Bezeichnung »Hemmschuhleger«. Alle Rangiergleise hatten Nummern, die alle Rangierer kennen mussten. Als Oberrangiermeister Schmitz zum Dienst kam, teilte er seinen Hemmschuhlegern mit, welche Gleise sie heute zu überwachen hatten. Diese Arbeit erforderte eine gute Portion Geschicklichkeit. War der Hemmschuhleger langsam und übersah dabei einen Waggon, der auf einem seiner Gleise heranrollte, konnte dies schwere Folgen haben. Der Wagen raste dann ungebremst auf einen bereits im Gleis befindlichen Waggon oder Prellbock. Je nachdem, was für Frachtgut sich im Waggon befand, war dies beschädigt oder ganz unbrauchbar. In der Regel entgleiste der Wagen auch noch, was zu einem zusätzlichen Schaden und weiteren Arbeiten führte. Der Schuldige musste zum Sicherheitsbeamten, um ein Protokoll aufnehmen zu lassen. Abhängig von der Schadensgröße erwartete ihn eine Geldstrafe, die darin bestand, die Rangierprämie zu kürzen oder ganz zu streichen.

Reinhard hatte seine Karbidlampe angezündet und verließ mit Günter Feiler den Aufenthaltsraum im Rangiergebäude. Es hatte sich viel Nebel gebildet. Dieses Wetter war für den Rangierbetrieb höchst gefährlich, nicht nur wegen der schlechten Sicht, sondern auch, weil man bei starkem Nebel die ablaufenden Wagen nicht so gut hörte. Der Nebel dämpfte und schluckte alle Geräusche des sonst nicht gerade leisen Rangierbetriebs. Ein Naturphänomen, das Rangierer kennen und fürchten.

Es war unheimlich, wenn die Wagen plötzlich aus dem Nebel auftauchten. Man sah sie erst, wenn sie schon fast vor dem auf der Schiene bereitgelegten Hemmschuh aufliefen. Nur das Schleifen des bremsenden Hemmschuhs war dann deutlich zu hören. Reinhard sah seinen Kollegen auf der anderen Seite hin und her springen. Er hatte bei diesem »Ablauf« wesentlich mehr zu tun als er selbst. Deutlich konnte man die Stimme von Rangierleiter Feiler durch den Lautsprecher hören: »Vorsicht! Gleis 13 zwei Wagen!« Er sagte immer über Lautsprecher durch, in welches Gleis er die Wagen laufen ließ. So konnten die Hemmschuhleger sich zumindest etwas orientieren. Links auf dem Nachbargleis, direkt neben Reinhard, tauchten aus dem Nebel mehrere Wagen auf, die aber zusammengehängt waren. Oberrangiermeister Schmitz stand auf einem der Waggons, wo sich die Handbremse befand. Er bremste, wie die Rangierer zu sagen pflegten, eine ganze Wagenpartie ins Gleis. Es war verboten, mehrere Waggons zusammen ablaufen zu lassen, der Hemmschuh würde wegen der tonnenschweren Last diese nicht bremsen können oder, was noch schlimmer war, er würde wegspringen. Waren alle Güterzüge planmäßig angekommen und über den Ablaufberg gegangen, gab es die erste Pause. Bei dieser Gelegenheit wurde die Karbidlampe gereinigt und wieder aufgefüllt, um für den Rest der Nacht ein gutes Licht zu haben. Dann ging es daran, die Wagen zusammenzustellen, anzukoppeln und den Bremsschlauch anzuschließen. Dies war ebenfalls keine ungefährliche Arbeit. Jeder wusste, was er zu tun hatte. Reinhard kuppelte, wie es in der Fachsprache hieß, seinen Zug, indem er immer zwischen zwei Waggons gebückt unter den Puffern hindurchschlüpfte. Es war ungeschriebenes Gesetz, nie aufrecht zwischen den Puffern hindurchzugehen. Die Waggons konnten, aus welchem Grund auch immer, in Bewegung geraten. Jeder Körperteil zwischen den Puffern wäre sofort zerquetscht. Der Nebel war jetzt noch dichter geworden, als Reinhard seinem Rangierleiter Feiler mit der Lampe das Zeichen gab, dass er mit dem Kuppeln fertig war. Der gab seinerseits das Zeichen, verstanden zu haben. Reinhard sah noch das auf diese Entfernung nur schwach erkennbare Licht von Feilers Lampe. Die Rangierabteilung setzte sich in Bewegung, um auf das Abfahrtsgleis zu fahren und die Wagen im dort aufgestellten Güterzug einzuordnen. Reinhard sicherte noch die Gleise, für die er zuständig war, mit Hemmschuhen ab und ging in ein Unterstellhäuschen. Dort hatte er eine Thermoskanne abgestellt, in der sich heißer Tee befand. Er trank einen kräftigen Schluck und wartete auf Rangierleiter Feiler, der mit der Rangierlok noch die restlichen Wagen aus dem Nachbargleis abholen musste. Erst wenn diese Arbeit erledigt war und alle Waggons im Güterzug eingestellt waren, wurde eine größere Pause fällig, wo man etwas essen konnte. Es achtete also jeder darauf, so schnell wie möglich den Zug fertig zu machen. Reinhard trat aus dem Unterstehhäuschen. Der Nebel schien etwas nachzulassen. Dafür setzte jetzt ein leichter Nieselregen ein. Wo blieb nur Günter? Der musste doch schon längst mit der Rangierlok hier sein. Eine Gestalt näherte sich Reinhard - Es war Oberrangiermeister Schmitz, der ebenfalls auf seinen Rangierleiter wartete. »Wenn er nicht bald kommt, gibt es aber eine verdammt kurze Pause heute«, meinte Schmitz und zog dabei seinen Mantelkragen hoch. Reinhard nickte stumm, er wusste, dass bereits in einer Stunde der nächste Güterzug aus Köln-Kalk eintraf, der über den Ablaufberg musste. Zum wiederholten Male blickte Reinhard auf seine Uhr. Es war genau 2.14 Uhr. »Sieh mal nach«, sagte Schmitz zu Reinhard. »Ich bleibe hier, im Fall, dass er über Gleis 18 kommt!« Reinhard ging über die Schienen in Richtung zu den Geleisen, wo die Güterzüge zusammengestellt und zur Weiterfahrt fertig gemacht wurden. An dem von seiner Kolonne aufgestellten Zug waren bereits die Schlussleuchten am letzten Wagen angebracht und ein Zugführer oder Schaffner schrieb bereits die Wagen auf seinen Laufzettel. Nur schemenhaft war dieser in dem noch immer starken Nebel zu sehen. Reinhard ging auf dem Schotterweg in Richtung Zugspitze, wo bald die Zuglokomotive zu sehen sein musste. Am vorletzten Waggon angekommen, bemerkte er, dass unter diesem ein Licht leuchtete. Als er näher kam, erkannte er, dass es sich um eine Karbidlampe handeln musste, wie sie die Rangierer trugen. Als er nur noch wenige Schritte vom Wagen entfernt war, sah er trotz des Nebels und der Dunkelheit, dass zwei Füße unter dem Waggon hervorragten. Im ersten Moment dachte er, dass sich da einer unterm Wagen zu schaffen machte. Doch als er noch näher herankam, nahm er wahr, was passiert war: Zu Tode erschrocken stellte er fest, dass da jemand lag und dieser Jemand war der Rangierleiter Günter Feiler! Reinhard rief: »He, Günter, was machst du um Gottes willen da unter dem Wagen?!« Günter antwortete nicht – er konnte nicht antworten – er war tot! Er musste von den schweren eisernen Rädern des Waggons überfahren worden sein. Reinhard war nicht in der Lage, etwas zu tun. Wie erstarrt stand er da und blickte, obwohl er dies gar nicht wollte, unentwegt auf den in zwei Teile getrennt liegenden Körper vor ihm. Dann schrie er um Hilfe und rannte wie ein Irrer über die Gleise in Richtung Unterstehhäuschen, wo er Oberrangiermeister Schmitz vermutete. Dieser kam ihm bereits entgegen. »Was ist los, Junge? Warum schreist du so?« Durch das Laufen außer Atem gekommen schrie Reinhard immer und immer wieder: »Der Günter der Günter…!!« Dabei zeigte seine Hand in die Richtung, wo er Günter gefunden hatte. Er lief hinter Schmitz her, zurück zu der Stelle, wo Günter lag. Inzwischen waren, durch die Hilferufe Reinhards alarmiert, der

Fahrdienstleiter und das Güterzugpersonal an der Unglücksstelle angekommen. Es dauerte nicht lange und alle Kollegen der Rangierkolonne waren zur Stelle. Reinhard lehnte an einem Lichtmast und musste sich übergeben. Er konnte erst wieder einen klaren Gedanken fassen, als er sich in der Rangierbude wiederfand, wo ihn Sanitäter hingebracht hatten.
Reinhard saß immer noch fassungslos auf einem Stuhl, als schon die Polizei und der Staatsanwalt am Unglücksort eingetroffen waren. Er konnte und wollte es einfach nicht glauben, dass sein Arbeitskollege und Freund tot sein sollte. Es war schon gegen 5.00 Uhr früh, die Ablösung war bereits zur Frühschicht da, als die gesamte Rangierkolonne vom Bahnhofsvorstand nach Hause geschickt wurde.
Sonst hatte sich Reinhard immer nach der Nachtschicht im Wohnheim geduscht. Heute zog er sich aus und legte sich aufs Bett. Lange lag er so da und starrte zur Decke hoch. Immer und immer wieder sah er, wie Günter dem Lokführer mit seiner Lampe das Zeichen zur Abfahrt gab. Diese letzten Bilder von Günter liefen wie ein Film ab, der endete und wieder von vorne begann. Irgendwann musste Reinhard doch eingeschlafen sein, der übermüdete Körper verlangte sein Recht. Als er aufwachte, war es schon früher Nachmittag. Aber schon holten ihn die gestrigen Ereignisse wieder ein. Für einen Moment glaubte er, die schrecklichen Dinge nur geträumt zu haben und der Alptraum sei nun vorbei. Doch Stück für Stück nahmen die furchtbaren Bilder wieder Gestalt an und wurden zur Realität. So schwer alles war: Die nächste Nachtschicht begann und Reinhard musste sich auf seine Arbeit konzentrieren. Der Hergang des Unfalls konnte nicht völlig geklärt werden. Es war nicht mit letzter Sicherheit festzustellen, welchen tödlichen Fehler Günter gemacht hatte.

Und keiner der Beteiligten konnte mit seiner Aussage deutlich machen, wie es zu dem tragischen Unfall kam.

Im Dezember 1956, kurz vor Weihnachten, verlobten sich Anni und Reinhard. Es gab keine Verlobungsfeier. Nur ein Bekannter von Anni, mit dem sich auch Reinhard angefreundet hatte, und drei oder vier weitere Freunde aus dem engeren Bekanntenkreis waren anwesend. Diese brachten ein gemeinsames Geschenk mit, eine geschliffene Glasschale aus Bleikristall und eine Flasche Wein. Reinhard steuerte ebenfalls noch eine Flasche bei. Als dann nach einem kurzen Umtrunk alle artig gratuliert hatten, war die Verlobung auch schon vorbei. Am nächsten Tag hieß es für Anni und Reinhard schon wieder Abschied nehmen. Reinhard hatte über die Weihnachtsfeiertage Dienst. Zu seiner Normalschicht kam noch Bereitschaftsdienst dazu, denn die Dienststelle hatte, soweit dies möglich war, dem »verheirateten« Personal dienstfrei gegeben. Dafür konnten die »Ledigen« damit rechnen, dass sie über Silvester und Neujahr frei bekamen, um ihre Überzeit abzufeiern. Reinhard hatte an Heiligabend Nachtschicht. Gegen 22 Uhr wurde es im Rangierbetrieb etwas ruhiger und er konnte sich ins Unterstehhäuschen zwischen Gleis 13 und 14 zurückziehen. Der nächste Güterzug, der über den Ablaufberg ging, kam erst kurz nach Mitternacht. Die Sitzgelegenheit in der Bude war ein Brett, das an den Seitenwänden befestigt war. Reinhard holte seine Thermoskanne und etwas Weihnachtsgebäck hervor, das ihm Hans Schneider mit einem Gruß von dessen Frau mitgebracht hatte. Seine Gedanken waren abwechselnd in Straußlach und Bergstein, bei der Familie oder bei seiner Verlobten. Seit geraumer Zeit hatte es zu schneien angefangen. Dafür war es nicht mehr ganz so kalt wie noch vor Dienstbeginn. Der Tee tat ihm richtig gut, vor allem aber schmeckten die Weihnachtsplätzchen von Frau Schneider erstklassig. Reinhards Blick wanderte durch die tanzenden Schneeflocken hinüber zum Aufstellgleis, wo die fertig gestellten Waggons in die Güterzüge eingestellt wurden. Langsam fuhr eine Rangierlok mit einigen Wagen in das Aufstellgleis. Jemand sprang von der Lokomotive und überquerte die Gleise in Richtung zur Unterstehbude. Reinhard dachte an seinen tödlich verunglückten Freund und Kollegen Günter Feiler. So manches Mal kam dieser in der Nachtschicht, wenn er Wagen abgestellt hatte, zu Reinhard in das Unterstehhäuschen auf ein kurzes Schwätzchen. Doch die Gestalt, die sich ihm im jetzt wieder stärker werdenden Schneegestöber näherte, war natürlich nicht Günter. Es war Hans Schneider, der Reinhard einen kurzen Besuch abstattete. »Na Junge, was für einen schönen Heiligabend wir doch haben – oder nicht?« Reinhard lächelte; er wusste, Hans wollte ihn nur etwas aufmuntern. Er setzte sich zu Reinhard in die Bude. Dabei erwähnte er ganz nebenbei, dass Reinhard morgen am »Christsonntag« (erster Weihnachtsfeiertag) zum Essen eingeladen sei: »Wenn wir den nächsten Zug ausrangiert haben, fährst du mit der Lok nach Lennep«, meinte Hans. »Was soll ich da?«, fragte Reinhard. Hans unterbrach ihn und sprach: »Die Lok hat eine Leerfahrt und nimmt dich mit. Du hast Feierabend.« Bevor Reinhard noch etwas sagen konnte, stand Hans auf und ging. »Also, bis morgen Mittag. Tschüs!« Dann war er auch schon im Schneetreiben verschwunden. Lange saß Reinhard noch in der Rangierbude und schaute in die herumwirbelnden Schneeflocken. Dann hörte er die Stimme von Oberrangiermeister Schmitz, die unnatürlich und blechern aus dem Lautsprecher drang: »Achtung! Wagen laufen ab!« Eine Minute später dann die ruhige Stimme von

Hans: »Achtung! Gleis 13 zwei Wagen und Gleis 14 ein Wagen!« Reinhard war nun wieder hellwach. Jetzt war keine Zeit, irgendwelchen Gedanken nachzuhängen. Nach einer Stunde war alles vorbei. Die Wagen konnten nun aus den einzelnen Gleisen abgezogen und in den Güterzug eingestellt werden.

Reinhard machte noch nicht Feierabend. Er wollte auf keinen Fall alleine im Zimmer des Ledigenheimes den Rest der Nacht verbringen. Die Rangierarbeiten waren für heute erledigt. Wegen der Feiertage fielen einige Güterzüge aus und so nutzte man die restliche Zeit bis zum Schichtende, um im Aufenthaltsraum noch etwas zusammenzusitzen. Sogar Oberrangiermeister Schmitz wurde in diesen Morgenstunden zum ersten Weihnachtsfeiertag sentimental. Er hatte auf einem langen Tisch einige Kerzenstummel aufgestellt und angezündet. Und zur Feier des Tages zauberte er auch noch frischen Tee hervor und lud alle dazu ein. So saßen sie am Tisch und Schmitz fing an, eines seiner Erlebnisse zu erzählen. Er schilderte den interessiert zuhörenden Männern eine Episode, die er an Weihnachten 1942 als Frontsoldat in Russland erlebt hatte. Während Schmitz mit leiser Stimme erzählte, ging Reinhards Blick immer wieder mal verstohlen zu dem Stuhl, auf dem gewöhnlich Günter Feiler saß. Hans bemerkte es wohl, sagte aber nichts. Reinhard wurde aus seinen düsteren Gedanken gerissen, als plötzlich ein Mann den Aufenthaltsraum betrat. Es war der Wagenmeister, der den für heute letzten Güterzug kontrolliert hatte. Er schüttelte den Schnee von seiner Mütze und Oberrangiermeister Schmitz bot ihm an, Platz zu nehmen. Reinhard kannte den Mann nur flüchtig. Als er seinen vom Schnee schwer und nass gewordenen Mantel abgelegt hatte, setzte er sich und holte aus einem taschenähnlichen Beutel eine Tüte heraus. Vorsichtig legte er diese auf den Tisch. Ebenso vorsichtig öffnete er sie und zum Vorschein kam ein herrlich duftender Kugelhupf. »Den hat meine Frau gebacken«, erklärte er stolz den erstaunt blickenden Männern am Tisch. Dann holte er ein Messer aus der Tasche und schnitt die Köstlichkeit in Stücke. »Greift zu und geniert euch nicht!«, sagte er lachend. Natürlich ließ sich das keiner zweimal sagen. »Los Junge, hol heißes Wasser!«, beauftragte Schmitz Reinhard. Dieser besorgte sofort im »Gemeinschaftstopf« das Wasser und Schmitz kramte einige Beutel russischen Tee aus seinem Schrank. Zwar reichten die Teebeutel nicht aus – es war mehr heißes Wasser als Tee –, doch das Stück Kugelhupf, das jeder mit Genuss aß, wog alles andere auf und ließ das *schwache* Getränk vergessen.

Die Frühschicht war bereits eingetroffen, als man sich verabschiedete. Jeder wünschte jedem noch ein frohes Fest, dann ging man auseinander. Es war zwanzig nach fünf, als Reinhard zum Bahnsteig ging, um nach Lennep zu fahren. »Verpenn‹ heute nicht!«, rief ihm Hans noch zu. »Zwischen zwölf und halb eins bei mir!« Sein Wohnkollege aber hatte die Heizung nicht angestellt, als er gestern abend zu seinen Eltern fuhr. Im Zimmer herrschte bittere Kälte. So beschloss Reinhard, gleich zu duschen, um so schnell wie möglich ins warme Bett zu kommen. Mit seinen Gedanken war er zu Hause in der Oberpfalz. Kurze Zeit später schlief er ein.

Der erste Weihnachtsfeiertag war nicht ganz so harmonisch, wie sich Reinhard das vorgestellt hatte. Das Mittagessen bei Familie Schneider verlief zwar herzlich und freundschaftlich, und Reinhard konnte für kurze Zeit vergessen, dass er nicht bei Anni oder seinen Eltern war. Am Nachmittag aber bekamen die Schneiders überraschend Besuch. Es waren die Eltern von Frau Schneider.

Erst später erfuhr Reinhard von seinem Arbeitskollegen, dass er kein gutes Verhältnis zu seinen Schwiegereltern hatte. Da der Besuch unangemeldet war, was Hans wohl am meisten aufregte, kam es zu einer offenen Auseinandersetzung. Hans, der keinen Hehl daraus machte, dass ihm der Besuch nicht gelegen kam, verwickelte sogleich den Schwiegervater in einen heftigen Disput. Reinhard war dies natürlich peinlich. Er suchte angestrengt nach einem Vorwand, um sich zu verabschieden. Obwohl Hans wusste, dass Reinhard an diesem Weihnachtstag nichts weiter vorhatte, unterstützte er dessen eiligen Aufbruch. Er verabschiedete sich von Frau Schneider und bedankte sich für das Mittagessen. Als er zum Bahnhof ging, um nach Lennep zu fahren, wurde ihm erst so richtig bewusst, wie sehr ihm seine Familie fehlte. Im Ledigenheim angekommen, musste er feststellen, dass es am heutigen Tag sehr ruhig war. Sonst war um diese Uhrzeit der Aufenthaltsraum voll. Heute war niemand da. Über der Ladentheke, wo der Hausmeister unter anderem Getränken verkaufte, war der Vorhang zugezogen. Reinhard setzte sich auf einen Stuhl, in der Hoffnung, vielleicht doch noch den ein oder anderen Heimbewohner zu treffen. Als nach etwa zwanzig Minuten niemand kam, ging er auf sein Zimmer. Er legte sich aufs Bett. So allein hatte er sich schon lange nicht mehr gefühlt. Er musste eingeschlafen sein, als er durch laute Stimmen und Schritte auf dem Flur geweckt wurde. Erschrocken richtete er sich auf. Er hatte für einen Moment jegliches Zeitgefühl verloren und war viel zu verwirrt, um auf dem Flur nachzusehen, wer sich da dermaßen laut unterhielt. Es waren Lokführer, die zum Dienst mussten. Reinhard schaute bei dieser Gelegenheit auf die große Uhr, die unübersehbar an der Wand im Flur angebracht war. Er hatte lange geschlafen, denn es war bereits 18 Uhr. Es wurde Zeit, sich für die Nachtschicht fertig zu machen. Noch nie war Reinhard so froh, als endlich die Weihnachtsfeiertage und die Nachtschichtwoche vorbei waren.

Den Jahreswechsel 1956/57 konnte Reinhard zu Hause in Straußlach und Bergstein verbringen. Er schmiedete mit seiner Verlobten Pläne für die Zukunft. Dabei ging es vor allem um den Termin für ihre Hochzeit. Beide waren fest entschlossen, sich das »Jawort« zu geben. Reinhard wollte bei seiner Dienststelle vorsprechen und eine Dienstwohnung beantragen. Das war zu dieser Zeit mit großen Schwierigkeiten verbunden. Wohnungen, vor allem bezahlbare Dienstwohnungen, waren Mangelware. Sie wurden in erster Linie an verheiratete Bedienstete vergeben. Es war aber nicht nur die Familienzusammenführung, die den Arbeitgeber dazu bewog, die Verheirateten vorzuziehen. War jemand bei der Einstellung in den Bahndienst bereits verheiratet, so bekam er »Trennungsgeld«, sofern er seinen Wohnort nicht täglich erreichen konnte. Überhaupt spielte die Entfernung beziehungsweise die Kilometerzahl in diesem Punkt eine bedeutende Rolle. So gab es also für den verheirateten Kollegen, je nach Entfernung, 2 bis 3 Mark pro Tag Trennungszulage. Keine Zulage gab es für diejenigen, die bei der Einstellung noch ledig waren. Reinhard hätte also auch dann keinen Anspruch auf Trennungsgeld gehabt, selbst wenn er jetzt heiraten würde. Damit fehlte seiner Forderung nach einer Dienstwohnung aber der rechte Nachdruck: Selbstverständlich bevorzugte der Arbeitgeber Kollegen, bei denen die Wohnungsvergabe zur Streichung des Trennungsgeldes führte.
Die Kollegen aus der Rangierkolonne, meist Einheimische, versprachen, sich umzuhören. Sie wollten Reinhard aktiv bei der

Wohnungssuche unterstützen. Reinhard war jetzt immer öfter nach der Frühschicht beim Kohleausladen. Er brachte jeden Pfennig, den er dort verdiente, auf sein Postsparbuch. Er und Anni wollten noch in diesem Jahr heiraten. Oft stand er in Remscheid vor dem Schaufenster eines Geschäfts, das vorwiegend Herrentextilien anbot. Er nahm sich vor, dort seinen Hochzeitsanzug zu kaufen. Um dieses Ziel zu erreichen, waren aber noch viele Kohlenwaggons auszuladen. So nutzte er jede Gelegenheit, diese schweißtreibende Arbeit zu machen. Er hatte bei einem Kollegen noch drei Schichten gut, die er für ihn an wochenendfreien Tagen übernommen hatte. Immer wenn er samstags von der Frühschicht kam und am Sonntag erst zur Spätschicht musste, nutzte er dies zu einem Tausch. Hatte ein Kollege aus der Samstag-Nachtschicht etwas vor, sprang Reinhard ein. Hatte er dann einmal, wie jetzt gerade zu Ostern, frei, konnte er einen oder auch zwei Tage länger zu Hause bleiben. Der Kollege, der ihm die Schicht schuldete, half jetzt seinerseits aus. Die weite Fahrt nach Straußlach kostete ja auch viel Zeit und musste sich rentieren. Zu den Osterfeiertagen war also wieder so eine Gelegenheit. Gründonnerstag war seine letzte Schicht. Er musste erst wieder zwei Tage nach Ostermontag zum Dienst kommen. Natürlich war der Schichttausch bei der Dienststelle gemeldet und offiziell genehmigt worden. Die Ruhezeiten zwischen den Schichtwechseln mussten gewahrt sein, ansonsten gab es Schwierigkeiten. Oft aber ging der Tausch auch »schwarz« über die Bühne. Dies war nicht ungefährlich. Man musste sich auf den Kollegen hundertprozentig verlassen können. Aber auch dann war es immer noch ein hohes Risiko. Im Rangierdienst konnte immer ein Unfall passieren. War in einem solchen Fall der Tausch nicht gemeldet, konnte dies für die Betroffenen schwerwiegende Folgen haben.

Noch in der Nacht von Gründonnerstag auf Karfreitag machte sich Reinhard auf die Heimreise. Es tat gut, im Kreis der Familie das Osterfest zu feiern. Am Karsamstag traf sich Reinhard in der Stelzerstraße mit vielen Freunden und Bekannten. Mit den Oberbühler Kameraden wurde eine Verabredung in einer Gaststätte in Altenried getroffen. Der Ostersonntag und der Ostermontag gehörten traditionell der Familie – und der Verlobten. Besonders Ingeborg freute sich, wenn Reinhard heim in die Stelzerstraße kam. Sie war ja mittlerweile 12 Jahre alt und ansonsten ganz schön frech. Reinhard verbrachte den Rest des Karfreitags bei seinen Eltern. Am Abend fuhr er die 7 Kilometer nach Bergstein mit dem Fahrrad, um sich mit Anni zu treffen. So gerne er in der Stelzerstraße auch war, ganz besonders bei den Eltern und Geschwistern, konnte er es kaum erwarten, bis es Abend wurde. Das Wiedersehen mit seiner Verlobten hatte natürlich einen höheren Stellenwert. Er durfte auch in Bergstein übernachten, was aber noch lange nicht bedeutete, dass er »bei Anni« schlafen durfte. Das war damals nicht »zulässig«! Reinhard schlief in der Wohnküche auf der Couch und Anni in einem Zimmer im ersten Stock mit ihrer 3 Jahre jüngeren Schwester Maria. Am Samstagabend fuhr Reinhard mit seinem Fahrrad wieder nach Straußlach bzw. Altenried. Anni benutzte den Zug, sie hatte eine Wochenkarte. Im Sommer fuhr sie aber mit dem Fahrrad zur Arbeit nach Straußlach, um das Fahrgeld zu sparen. Ab Herbst fuhr sie erneut mit der Bahn. Heute, am Karsamstag, wäre ihr die Fahrt mit dem Fahrrad nicht zumutbar gewesen. Hatte sie doch ihr bestes Kleid angezogen. Es wurde ein schöner Abend. Reinhard freute sich, dass fast der komplette Freundeskreis gekommen war.

Adolf Friedinger war über Ostern bei seiner Mutter zu Besuch und kam ebenfalls zu der Zusammenkunft. Kurt Zöllner, Hans Wurzbach, Adolf Reimer und Franz Kramer - alle waren sie gekommen. Reinhard musste viele Fragen beantworten, wie es ihm denn so gehe bei den »*Preußen.*« Alte Geschichten aus der gemeinsamen Schulzeit wurden zum Besten gegeben und so manche, nicht immer gelungene Anekdote wurde augenzwinkernd zum wiederholten Male aufgewärmt. So war, zum Leidwesen aller, der Abend viel zu schnell vorbei. Der so genannte harte Kern, zu dem auch Anni und Reinhard gehörten, blieb bis weit nach Mitternacht zusammen. Da Anni keine Möglichkeit hatte, nach Bergstein zu kommen (ein Auto besaß damals keiner), musste sie bei Reinhards Eltern übernachten. Dass die beiden getrennt schliefen, dafür sorgte Reinhards Mutter. Rosi Bachner mochte Anni. Da diese schon frühzeitig ihre Mutter verloren hatte, verrichtete sie alle Haushaltsarbeiten wie Kochen und Waschen für den Vater und ihre jüngere Schwester. Das imponierte Rosi Bachner ganz besonders. »Ihr werdet es wohl noch erwarten können, bis ihr verheiratet seid!«, war ihr, den beiden schon sehr gut bekanntes Argument, womit sie ihre strenge Haltung begründete. Am Morgen des Ostersonntags fuhr Anni mit dem Zug um 8.05 Uhr bereits wieder nach Bergstein zurück, um mit ihrem Vater und der Schwester das Osterfest zu feiern. Für Anni aber bestand der Ostersonntag mehr oder weniger aus Arbeit. Sie sorgte für das Mittagessen, hielt die Küche sauber und erledigte das Geschirrspülen. Alles mit den Händen. Haushaltsgeräte wie etwa eine Spülmaschine gab es nicht. In der achtzehnjährigen Schwester Maria hatte sie in dieser Hinsicht keine große Hilfe. Die hatte sich gleich nach dem Mittagessen aus dem Staub gemacht. Reinhard war durch das Verhalten von Annis Schwester oft verärgert, wollte aber die wenigen Stunden, die man zusammen war, nicht im Streit verbringen. Mit Annis Vater verstand sich Reinhard sehr gut. Maria war eben die »Kleine« und ihr wurde von allen Geschwistern Verständnis entgegengebracht. Die Älteste, Reinhards Anni, galt der Tradition gemäß als natürliche Nachfolgerin der Mutter, die den Haushalt führte.

Da Reinhard erst am Mittwoch nach Ostern zurück zu seiner Dienststelle sollte und Anni schon am Dienstag wieder zur Arbeit musste, verbrachte er die restliche Zeit mit den Eltern und Geschwistern. Natürlich war es Ehrensache, Lisa zu besuchen. Mit ihr konnte Reinhard über alles sprechen. Trotz ihrer zwei noch kleinen Kinder – Gerhard hatte inzwischen ein Schwesterlein namens Helga bekommen – nahm sie sich immer Zeit für ihn. Als er ihr anvertraute, sobald wie möglich heiraten zu wollen, ermutigte sie ihn, dies zu tun, wenn er es für richtig halte. Obwohl die Eltern Anni sehr mochten, war ihren Worten zu entnehmen, dass sie nichts überstürzen wollten. Heiraten, so Rosi Bachner, sei eine Sache, die eben auch Geld koste. Eine Wohnung einzurichten, wenn auch nur mit dem Nötigsten, war teuer. Es würden Miet- und Nebenkosten wie Strom und Heizung anfallen, gab auch der Vater zu bedenken. An den Hochzeitskosten würden sie sich beteiligen. Aber mehr lasse ihre eigene finanzielle Lage leider nicht zu, versicherte Kurt Bachner seinem Sohn. Beide Elternteile gaben Reinhard also den Rat, noch etwas zu warten und vor allem – zu sparen und nochmals zu sparen. Nach solchen Gesprächen war der Sohn dann immer etwas deprimiert. Lange dauerten solche depressiven Phasen bei Reinhard aber nicht. Er nahm sich vor, noch öfter zum Kohleausladen zu gehen und noch mehr zu sparen. Doch schon zwei Monate später sollte alles ganz anders kommen.

Als Reinhard Ende Juni mal wieder für einige Tage nach Hause kam, stellte er fest, dass Anni irgend etwas bedrückte. Sie war nicht so fröhlich wie sonst, wenn Reinhard sie nach Wochen der Trennung in seine Arme nahm. Erst dachte er, es hätte in der Familie Ärger gegeben. Er wollte Anni später darauf ansprechen. Auch hatte sie heute den Tisch für das Abendbrot anders gedeckt als sonst. Maria war mit einer Freundin ins Kino gegangen und fehlte beim Abendessen. Gleich nach dem Essen verabschiedete sich nun auch noch Annis Vater. Er wollte heute etwas früher zu Bett gehen. Jetzt wurde Reinhard doch neugierig. Ansonsten saß der Vater immer einige Zeit mit ihm am Tisch, bis Anni abgeräumt und gespült hatte. Sie unterhielten sich oft über Politik und andere Themen, die gerade aktuell waren. Reinhard konnte sich auch nicht erinnern, dass er schon mal so früh zu Bett gegangen wäre. Als er das Zimmer verlassen hatte und Reinhard mit Anni alleine war, fragte er verwundert, was denn heute los sei.

Anni hantierte am Herd mit Tellern und Besteck. Dabei drehte sie Reinhard den Rücken zu. Dieser wiederholte, jetzt fast schon ärgerlich, seine Frage: »Habe ich etwas falsch gemacht oder habt ihr sonst etwas gegen mich?« Gereizt stand er auf und ging zum Fenster, um einfach irgend etwas zu tun.

Anni kam nun zu ihm, legte von hinten ihre Arme um seinen Hals, und drückte ihn fest an sich. »Reinhard. Ich bin im dritten Monat schwanger, – du wirst Vater!« Reinhard drehte sich um, nahm Anni in seine Arme, hob sie hoch, drehte sie zwei oder dreimal um die eigene Achse. Vorsichtig, als ob was kaputtgehen könnte, stellte er sie wieder auf den Boden zurück. Wie lange die beiden so eng umschlungen verharrten, wussten sie hinterher selber nicht. Annis Vater war natürlich nicht wirklich schlafen gegangen. Seine Tochter hatte ihm die Neuigkeit schon mitgeteilt und er wollte, dass sie mit Reinhard alleine war. Jetzt trat er, mit seinem unverwechselbaren Schmunzeln, wieder in die Stube. Er legte seinem zukünftigen Schwiegersohn die Hand auf die Schulter und sagte: »Na, wie fühlt man sich denn so als werdender Vater?« Reinhard lachte, als er antwortete: »Ich kann es zwar noch gar nicht begreifen, aber ich fühl mich verdammt gut!« Am nächste Morgen hatte es Reinhard eilig, die Nachricht seinen Eltern zu überbringen.

Nur Lisa teilte Reinhards Vaterfreuden. Mutter war weiterhin der Meinung, dass dies alles noch Zeit gehabt hätte. Der Vater dagegen hielt sich diesmal bedeckt. Seine Bemerkung: »Nun beginnt der volle Ernst des Lebens für dich«, war alles, was er sagte. Reinhard wischte alle Bedenken zur Seite. Er war im Moment einfach nur glücklich. Er wollte sich nun noch intensiver nach einer Wohnung umsehen. Als er wieder in Remscheid war, suchte er unverzüglich ein Gespräch mit seinem Dienstvorgesetzten. Der Bahnhofsvorstand aber dämpfte seinen Elan und Optimismus. In die Vormerkliste für Wohnungssuchende wurde man erst aufgenommen, wenn man verheiratet war! Auch seine ortsansässigen Arbeitskollegen wurden nicht fündig. Er nahm auch Kontakt zu den Arbeitern der Kohlengroßhandlung auf, wo er seit Wochen verstärkt seine kurze Freizeit beim Kohleausladen verbrachte. War einmal ein »privates« Angebot dabei, so stellte sich heraus, dass die Mietskosten einfach unbezahlbar waren. Zu Hause, in Bayern, war die Wohnungssuche auch nicht viel leichter. Selbst wenn er da eine bekommen sollte, so war er wieder nicht bei der Familie. Ihm war es am Ende egal, wo er wohnen würde, nur wollte er seine zukünftige Familie bei sich haben. Sollten seine Bemühungen erfolglos sein und er keine

Wohnung bekommen – die Hochzeit sollte trotzdem noch im Sommer stattfinden. Er wollte, dass sein Kind ehelich geboren wurde. Schon bei seinem nächsten Aufenthalt in Straußlach und Bergstein drängte er auf die Festlegung des Hochzeitstermins. Nach einem ausführlichen Gespräch mit den Eltern, mit Anni war schon lange alles besprochen, wurde der Termin auf Freitag, den 9. August 1957 beim Standesbeamten in Altenried anberaumt. Die kirchliche Trauung sollte dann am nächsten Tag in Bergstein stattfinden. Anni blieb bis auf weiteres noch im Elternhaus bei Vater und Schwester. Reinhard wollte ebenfalls bei seinen Eltern wohnen, er war ja sowieso nur immer für kurze Zeit zu Hause. Jetzt fand man ihn mehr als je zuvor in seiner dienstfreien Zeit beim Kohleausladen. Er konnte jeden Pfennig gebrauchen. Immer öfter war er abwesend, wenn die Kollegen sich einmal in der Woche in der Bahnhofsgaststätte auf ein oder zwei Glas Bier trafen. Reinhard zahlte jede übrige Mark auf sein Sparbuch ein.

Vor dem Fachgeschäft für Herrenbekleidung in der Remscheider Innenstadt stand er jetzt häufig und betrachtete das Schaufenster. Auch hatte er sich vorsichtig beim Ladeninhaber über die Preise informiert. Er war fest entschlossen, sich hier seinen Hochzeitsanzug und all das übrige Zubehör zu kaufen, was für das Fest notwendig war. Ein Anzug sollte es sein, den er auch bei anderen Anlässen wie Weihnachtsfeiern oder Beerdigungen tragen konnte. Der Verkäufer hatte ihm bereits eine vorläufige Ausstattung zusammengestellt. Reinhard war begeistert. Nur der Preis dämpfte die Euphorie. Er kam zu der Erkenntnis, dass dafür noch viele Kohlewaggons auszuladen waren. Er bestellte aber trotzdem vorsorglich alles, damit er zu jeder Zeit die Sachen abholen konnte. Der Geschäftsinhaber verlangte eine

Anzahlung von 50 Mark und versprach, alles in der passenden Größe zu besorgen.
Nur einige Tage später hatte Reinhard in der Frühschicht einen Arbeitsunfall. Es war gegen 10 Uhr vormittags, als er mit einer Rangierabteilung zum Ablaufberg fuhr. Er hing mit dem linken Arm an der Halterung vom Waggon und gab mit der rechten Hand dem Lokführer das Zeichen zum Schieben. Die Lok schob die Wagen in Richtung Ablaufberg, und Reinhard gab das Vorsichtszeichen zum Langsamfahren. Dann wollte er abspringen, das Haltzeichen geben und die Lokomotive abhängen. Doch dazu kam es nicht mehr. Beim Abspringen musste Reinhard auf dem Schotterweg ausgerutscht sein. Geistesgegenwärtig lies er sich weg vom Wagen fallen, um nicht überrollt zu werden. Ein Trittbrett aber erwischte ihn am Rücken und mit voller Wucht landete er auf dem Nebengleis. Da die Rangierabteilung schon sehr langsam fuhr, ging die Sache noch halbwegs gut aus. Heizer und Lokführer kamen Reinhard zu Hilfe und zogen ihn aus dem Gleis. Er wurde ins Städtische Krankenhaus zum Unfallarzt gebracht, wo er genau untersucht und geröntgt wurde. Die vorläufige Diagnose lautete: Abschürfungen am ganzen Körper, Prellungen und Verletzungen an der Wirbelsäule und Steißbein. Nach zwei Tagen Aufenthalt in der Klinik durfte Reinhard zurück ins Ledigenheim nach Lennep. Der »Hausarzt« sollte die weitere Behandlung übernehmen. Nur: Reinhard hatte in Remscheid keinen Hausarzt! Durch die Verletzungen in seiner Bewegungsfreiheit ziemlich eingeschränkt, wusste er nicht, wie er sich versorgen sollte. Sein Zimmerkollege war bekanntlich im Fahrdienst und somit keine große Hilfe. Der Heimleiter verständigte einen Arzt, der Reinhard besuchte. Dieser schlug ihm vor, bis zu seiner Genesung zu seiner Familie nach Bayern zu

gehen, um eine optimale Versorgung sicherzustellen. So fuhr Reinhard mit dem Taxi zum Bahnhof und quälte sich unter erheblichen Schmerzen in den Zug Richtung Heimat. Nach einer strapaziösen Reise kam er am späten Abend in Altenried an. Weder Anni noch die Eltern wussten bis zu diesem Zeitpunkt von Reinhards Verletzung. Rosi Bachner übernahm sofort Reinhards Pflege und verständigte den Hausarzt der Familie. Die Bundesbahnverwaltung aber war mit der Verlegung nach Altenried nicht einverstanden. Sie meinte, die Versorgung wäre auch in Remscheid gewährleistet gewesen. Erst ein ärztliches Attest des Remscheider Mediziners stellte die Verwaltung zufrieden. Reinhard war auch noch keine vier Tage zu Hause, als schon der *Krankenkontrolleur* vorsprach.

Zum besseren Verständnis des Lesers sei erwähnt , dass sich zur damaligen Zeit ein »krank geschriebener« Arbeitnehmer strengsten Regeln unterwerfen musste. War er *bettlägerig*, wie etwa bei einer fiebrigen Erkrankung, und dadurch nicht gehfähig, hatte er sich permanent in der Wohnung aufzuhalten. War er gehfähig, so gab es ebenfalls ausgeklügelte Vorschriften. Außer einem Besuch zur Behandlung beim Arzt war es nicht gestattet, die Wohnung zu verlassen. Nur für einen kurzen Zeitraum war allenfalls ein Spaziergang erlaubt. In unregelmäßigen Abständen wurde die Einhaltung der Regeln von *Krankenkontrolleuren* der Krankenkassen überprüft. Sie besuchten die Patienten nicht selten auch noch am Abend, um festzustellen, ob diese zu Hause waren. Wurde jemand nicht angetroffen und hatte keinen plausiblen Grund für seine Abwesenheit vorzuweisen, wurde ihm ohne weitere Umstände das Krankengeld gestrichen. Nur ein schriftlich bestätigter Arztbesuch konnte das verhindern. Ansonsten wurde er sofort zum Vertrauensarzt vorgeladen, um zu überprüfen, ob eine wirkliche Erkrankung vorlag. Das galt auch während der so genannten Karenztage, wo der Kranke weder Lohn noch Krankengeld bezog. Erst am 26. 6. 1957 wurden die Karenztage von drei auf zwei Tage abgesenkt. Laut § 182 Abs. 1 S. Nr. 4 RVO trat die Zweitageregelung am 1.7. 1957 in Kraft. Fazit: Wer zur damaligen Zeit krank wurde, bekam erst einmal drei beziehungsweise zwei Tage weder Lohn noch Krankengeld! Wenn unsere Generation, die Reinhards und auch die des Autors, heute mit anhören muss, wie schnöselhafte Jungpolitiker aufgrund des Rentenproblems »Opfer« von den Alten einfordern, dann ist das reichlich unverschämt: Diese Opfer haben wir längst durch eine 6-Tage-Woche, lächerlich wenig Verdienst und Urlaub sowie unbezahlte Krankentage gebracht. Bevor man von uns solche Opfer verlangt, sollte man vielleicht erst mal selber welche bringen: zum Beispiel durch Kürzung der langen Urlaubszeiten, die in Deutschland heute großzügiger als in jedem anderen Land gewährt werden. Unsere damaligen »Opfer« waren schließlich die Grundlage für die Produktivität, die solche paradiesischen Zustände später erst möglich gemacht hat. Bringt also erst mal selbst Opfer, bevor ihr sie ausgerechnet von uns einfordert! Dann können wir gerne über Solidarität sprechen. -

Reinhard erholte sich überraschenderweise von seinen Verletzungen relativ schnell. Schon nach 10 Tagen wurde er zur »Vertrauensärztlichen Dienststelle« vorgeladen. Der Bahnarzt schaute sich oberflächlich Reinhards Verletzungen an und diktierte der Arzthelferin sinngemäß in die Schreibmaschine: *Den Bewegungsablauf betreffend weist der Patient kaum noch wesentliche Einschränkungen auf. Er kann in vier Tagen seine Tätigkeit im Rangierdienst wieder aufnehmen.* Er klopfte Reinhard auf die Schulter und meinte, er solle sich doch die vier Tage noch erholen, aber rechtzeitig die Rückreise zu seiner Dienststelle antreten. Vorsichtshalber suchte Reinhard aber seinen Hausarzt auf, weil er beim Gehen und Bücken noch immense Schmerzen verspürte. Reinhard bemerkte, als er seine Beschwerden schilderte, dass der Arzt den Kopf schüttelte. Dann sagte er: »Versuchen Sie, Ihre Arbeit anzutreten. Wenn Sie Schmerzen bekommen, suchen Sie erneut den Unfallarzt im Krankenhaus auf!« Schon bei der Ankunft in Remscheid hatte sich, bedingt durch die Anreise, sein Gesundheitszustand verschlechtert. Mit erheblichen Rücken- und Schulterschmerzen suchte er das Städtische Krankenhaus auf. Bei der Unfallaufnahme hatte ihn damals der Oberarzt medizinisch versorgt. Bei der Anmeldung wurde ihm aber mitgeteilt, dass dieser gerade eine Operation durchführte. So musste er mehr als drei Stunden warten, um behandelt zu werden.

Der Arzt schaute erst einmal in die Krankenakte und untersuchte Reinhard nochmals gründlich. Er machte ihm unmissverständlich klar, dass er auf keinen Fall seine Arbeit aufnehmen könne. Auf die Frage von Reinhard, was er denn nun machen solle, antwortete der Arzt: »Ich werde Sie weiterhin dienstunfähig schreiben und die Vertrauensärztliche Dienststelle davon in Kenntnis setzten.« Auf dem Nachhauseweg schaute Reinhard sich die »Krankmeldung« etwas genauer an. Zu seinem Erstaunen bemerkte er, dass er noch für drei Wochen krankgeschrieben war. Auf der Rückseite war ein Vermerk angebracht, der für seinen »Hausarzt« bestimmt war. Noch am selben Tag besuchte Reinhard den Remscheider Arzt, der ihm schon einmal geholfen hatte. Dieser gab ihm eine Bescheinigung mit, dass er die drei Wochen bei seiner Familie verbringen durfte. Gleich am nächsten Morgen wurde Reinhard bei seiner Dienststelle vorstellig, um die Papiere abzugeben. Mit dem Nachmittagszug fuhr er dann wieder nach Bayern zurück.

Die Eltern und Anni waren überrascht, ihn so schnell wiederzusehen. Eigenartigerweise bekam er während der drei Wochen keine Vorladung zum Bahnarzt. Zwei Tage vor Ablauf der Frist fuhr er nach Remscheid und nahm den Dienst wieder auf. Zwar waren die Beschwerden noch nicht ganz weg, aber seine Arbeit konnte er ohne Einschränkung verrichten.

Jede freie Minute verbrachte Reinhard in der Kohlengroßhandlung. Er war zwar noch nie schwergewichtig oder gar dick gewesen, durch die knochenharte Arbeit aber hatte er erheblich an Gewicht verloren. Was aber letztendlich zählte, war nur, dass er schließlich das Geld zusammen hatte, um die Kleidung für die Hochzeit zu kaufen. Am Freitag den 3. August holte er die Sachen in dem Geschäft ab. In seiner Unterkunft im Ledigenheim probierte er alle Kleidungsstücke nochmals an. Stolz betrachtete er sich im Spiegel, all die Sachen hatte er sich ohne Hilfe der Familie angeschafft. Sorgfältig legte er den Hochzeitsanzug und das Hemd mit Fliege in den dazugehörigen Karton zurück. Die Schuhe und Unterwäsche packte er in seinen Koffer. Er hatte am Montag die letzte Schicht, dann ging es nach Hause. Er hatte nun acht Tage frei, fünf Tage Urlaub und drei Tage Überstunden.. Die Behördengänge, die zum Heiraten unumgänglich waren, hatten beide schon zum größten Teil erledigt. Die Einladungen zur Hochzeitsfeier hatten Anni und Rosi Bachner übernommen. Die Feier selber sollte in der Wohnung der Bachners stattfinden. Um den nötigen Platz für die Hochzeitsgäste zu schaffen, hatte Kurt Bachner vorgeschlagen, das Schlafzimmer auszuräumen. Die Schlafzimmermöbel wurden auf den Speicher gebracht. Bruder Josef Bachner und die Nachbarn stellten ihrerseits Tische und Stühle zur Verfügung. Josefs Frau Barbara und Rosi Bachner wollten für das leibliche Wohl der Gäste sorgen. Zur damaligen Zeit konnten sich nur wenige Leute eine Hochzeitsfeier in einem Restaurant leisten. Reinhards Familie war dazu finanziell nicht in der Lage. Die Besitzerin eines Schuhgeschäfts in Straußlach betrieb nebenher noch ein Mietwagengeschäft. Sie wurde von Reinhard engagiert, um das Hochzeitsauto zu fahren. Da fast die ganze Verwandtschaft ihre Schuhe dort kaufte und auch reparieren ließ, stellte sie den Blumenschmuck für das Auto als Geschenk an das Brautpaar zur Verfügung. Dafür wurde sie auch eingeladen, an der Hochzeitsfeier teilzunehmen.

Es war Donnerstag, der 08. 08. 1957; Reinhards zukünftiger Schwiegervater hatte zudem noch Geburtstag, als die Vorbereitungen zur Hochzeitsfeier so gut wie abgeschlossen waren. Morgen war die standesamtliche Trauung angesagt. Sie sollte um 14 Uhr auf dem Gemeindeamt in Altenried stattfinden. Der Bürgermeister von Altenried, der ein guter Bekannter von Reinhard war, fungierte als Standesbeamter. Dieser war nicht gerade ein Riese von der Statur her, aber ein Mann mit Herz, der die Familie Bachner mochte. Als Anni und Reinhard mit den Trauzeugen die Gemeindekanzlei betraten, wurden sie gleich ins Büro des Bürgermeisters gebeten, das zugleich der Trauungsort sein sollte. Der Bürgermeister hatte sich hinter einer Blumenvase, die mit einem herrlichen Strauß bestückt war, regelrecht verschanzt. Reinhard konnte ihn kaum sehen. So schob er die Vase etwas zur Seite, um Blickkontakt mit dem

»Standesbeamten« zu haben. Doch bevor dieser mit seiner einleitenden Rede begann – Reden waren Reinhard ein Gräuel – schob er die Blumenvase wieder auf die alte Position. Somit hatte das Brautpaar also wenig Sicht auf ihren Bürgermeister und Standesbeamten. In seinen Ausführungen kam er auf das gute Verhältnis zur Familie Bachner zu sprechen. Und er lobte das Brautpaar als zwei Menschen, um die es, wie er wörtlich sagte, ihm nicht bange sei. Die Zeremonie dauerte nicht viel länger als eine viertel Stunde und Anni und Reinhard waren vor dem Gesetz Mann und Frau. Sichtlich erleichtert, es endlich hinter sich gebracht zu haben, gratulierte der Bürgermeister den beiden.

Am Abend traf man sich im engsten Familienkreis, um den »Polterabend« zu feiern. Doch kaum hatte sich Reinhard zu den anderen mit an den Tisch gesetzt, ging im Treppenhaus und vor der Haustür auch schon der Krach los. Es polterte und schepperte, das einem Hören und Sehen verging. Die Nachbarn und Bekannten hatten alles Porzellangeschirr, was sie nur auftreiben konnten - und durch die Nähe der Porzellanfabrik war das schon einiges - zusammengetragen. Auf Reinhard kam nun jede Menge Arbeit zu. Es war nun einmal Brauch, dass der Bräutigam mit Schaufel und Besen die Scherben wegzuräumen hatte. Wochen zuvor schon hatten die Nachbarn und Bekannten das Porzellangeschirr, das nicht mehr gebraucht wurde, für diesen Abend angehäuft. Diejenigen, die in der Fabrik arbeiteten, sammelten fleißig die Ausschussware, die zum Verkauf nicht mehr geeignet war. So konnte sich Reinhard an diesem Abend über Mangel an Arbeit nicht beklagen.

Es war schon fast Mitternacht, als die Familie Bachner in der Stelzerstraße zu Bett ging. Dadurch, dass das Schlafzimmer geräumt war, musste die ganze Familie auf dem Speicher schlafen. Kurt Bachner hatte dort die Betten provisorisch aufgeschlagen. Reinhard war sehr aufgeregt und nervös, ob denn morgen alles ordentlich ablaufen würde. Er bekam wenig Schlaf in dieser Nacht.

Am nächsten Morgen war es so weit! Zum Ritual an diesem Tag gehörte, dass man zuerst beim Gärtner den Brautstrauß abholte und anschließend die Braut. Vor dem kirchlichen Trauungstag war es übrigens nicht erlaubt, die Braut im Hochzeitskleid zu sehen. Das, so die damalige Meinung der Leute, brächte Unglück über das Paar! Das Brautauto wartete schon vor der Tür, um Reinhard und die Familie abzuholen. Erst fuhr man zur Gärtnerei, um den Blumenstrauß zu besorgen und dann ging es zur Kirche nach Bergstein. Dort stiegen die Eltern aus. Viele Verwandte und Bekannte warteten schon vor dem Kirchenportal. Reinhard aber fuhr weiter, um seine Braut abzuholen. Vor der Eingangstür zu Annis Elternhaus waren links und rechts zwei Birkenbäumchen aufgestellt. Als Reinhard in die Wohnstube trat, war er einen Moment lang nicht in der Lage zu sprechen. Er vergaß sogar, einen »Guten Morgen« zu wünschen. Anni stand mitten im Zimmer, im weißen Hochzeitskleid mit Kranz und Schleier. Eine gute Bekannte der Familie hatte es geschneidert. Diese stand neben Anni und konnte kaum noch ihr Lachen verbergen. Reinhard hatte nur noch Augen für seine Anni. Dann, ein paar Augenblicke später, stammelte er so etwas Ähnliches wie einen Gruß. Er überreichte ihr den Brautstrauß und nahm sie vorsichtig in den Arm, um zu vermeiden, dass Kleid und Schleier eventuell verrutschen könnten. Für Reinhard war sie einfach die schönste Braut der Welt. Endlich hatte er seine Sprache wieder gefunden. Er begrüßte nun auch die Frau, die dieses herrliche

Kleid geschneidert hatte. Dann wurde es Zeit, zur Kirche zu fahren. Das Gotteshaus war gut besucht. Natürlich waren auch viele Neugierige, die sich keine Trauung entgehen ließen, unter den Kirchenbesuchern. Doch sah man auch viele Verwandte und Bekannte. Der Trauungsgottesdienst wurde musikalisch und gesanglich auf Wunsch von Reinhard mit der »Schubertmesse« umrahmt. Der Kirchenchor schien sich am heutigen Tag aber ganz besonders angestrengt zu haben: Noch nie hatten Anni und Reinhard die Messe schöner empfunden. Als das Brautpaar später die Kirche verließ, standen, was zur damaligen Zeit ebenfalls ein unumstößlicher Brauch war, viele Kinder und Jugendliche vorm Kirchenportal, um zu *»schnüren.«* Das »Schnüren« oder eigentlich »Absperren«, was der Handlung schon viel näher kam, ging folgendermaßen vor sich: Die Kinder hatten Schnüre oder lange Bänder aus Stoff dabei. Diese wurden an den Enden straff festgehalten und bildeten eine Sperre. Das Brautpaar, vorwiegend aber der Bräutigam, hatte somit nur eine Möglichkeit, die Absperrung aufzulösen: durch eine Geldspende. Reinhard hatte schon viele Tage vor dem Hochzeitstermin Kleingeld gesammelt. Dieses hatte er wiederum auf die Taschen seines Anzugs verteilt. Es waren Fünf- und Zehnpfennigstücke, die ihm den Weg freimachen sollten, um mit Anni in das Brautauto einsteigen zu können. So warf er eine Hand voll des Kleingeldes links und rechts neben die Absperrung. Die Buben und Mädchen, die das Absperrband hielten, ließen es dann fallen und waren bestrebt, das ausgeworfene Geld von der Straße einzusammeln. Bis das Paar aber zum Auto gelangte, waren noch drei bis vier derartige Sperren zu überwinden. Immer wieder hielten die Kinder die Bänder über die Straße und zwangen Reinhard, den letzten Rest des Kleingelds aus seiner Tasche zu holen.

Endlich war es geschafft. Nun fuhr man zum Fotografen, um die Hochzeitsbilder machen zu lassen. Dann ging es endlich in die Stelzerstraße nach Altenried zum Hochzeitsmahl. Dort hatten inzwischen Schwägerin Barbara und all die anderen Helfer das Hochzeitsessen zubereitet. Serviert wurden Reiberknödel (Kartoffelklöße) und gemischter Braten mit Salat. Es kann mit Gewissheit behauptet werden, dass das »Menü« von allen Hochzeitsgästen sehr geschätzt wurde. Und dementsprechend war auch die Menge, die verzehrt wurde. Reinhard war wohl an diesem Tag der Glücklichste in der Runde. Noch vor wenigen Jahren war seine Zukunft alles andere als rosig gewesen. Die vielen Orts- und Schulwechsel, die der gewaltsamen Vertreibung aus der Heimat folgten, das Gefühl, nirgendwo verwachsen und zu Hause zu sein – all das ließ Reinhard nicht daran glauben, was er nun heute erleben durfte. Annis Vater sowie ihren Geschwistern konnte man die Freude ansehen und alle schätzten und mochten Reinhard sehr. Am Nachmittag zur Kaffeezeit, alles wartete schon auf die selbstgebackenen Kuchen, wurden auf Wunsch von Reinhard noch gute Bekannte und Freunde aus der Nachbarschaft eingeladen. Die Eisner Traudl brachte sogar ein Geschenk mit. Liebevoll eingepackt, kam eine Kehrschaufel mit Handfeger zum Vorschein. Überhaupt hatte der größte Teil der Bewohner in der Stelzerstraße Glückwunschkarten und kleine Geschenke abgegeben. Tradition war es auch, an diejenigen, die zur Hochzeit gratuliert hatten, Kuchen und Gebäck zu verteilen. Dies organisierte, zuverlässig wie immer, Rosi Bachner. Nach dem Kaffeetrinken schauten noch Hans Wurzbach und Linda Stahl vorbei, um mitzufeiern. Reinhard hatte sich von Bekannten einen Plattenspieler ausgeliehen. Nach dem Abendessen lief dieser ununterbrochen. Vorwiegend wurden

Platten mit Blasmusik, aber auch aktuelle Schlager aufgelegt. Die ersten Ohrwürmer wie »Cindy oh Cindy...« oder die flotten böhmischen Polkas von Ernst Mosch sorgten für Stimmung, bis der Plattenteller heiß lief. Als Anni und Reinhard sich gegen vier Uhr früh zurückzogen, war die Hochzeitsfeier noch lange nicht vorbei. Eine kleine Gruppe hatte sich gefunden, die nicht nach Hause wollte. Unter ihnen Hans Wurzbach, Linda Stahl und Traudl Eisner. Siegfried, ein Schulkamerad von Reinhard, war der Letzte, der die Hochzeitsfeier verließ. Es war bereits am nächsten Tag gegen 13 Uhr, als Kurt Bachner den Siegfried zur Tür begleitete. Die Eltern kamen dadurch natürlich nicht ins Bett. Sie mussten wach bleiben, bis der letzte Hochzeitsgast die Wohnung verließ. Als Reinhard endlich am frühen Nachmittag mit Anni bei seinen Eltern in der Wohnküche auftauchte, war seine Mutter beim Aufräumen. »Ihr kommt mir gerade recht«, sagte sie, »der Vater hat sich auf dem Dachboden schlafen gelegt.« Obwohl hundemüde, blieb den beiden nichts anderes übrig, als der Mutter zu helfen. Auch Kurt Bachner konnte sich nicht lange ausruhen. Die Betten auf dem Speicher mussten abgebaut und das Schlafzimmer wieder eingerichtet werden. Als man am Abend die Ordnung wieder einigermaßen hergestellt hatte, saß man im engsten Familienkreis noch etwas zusammen. Es gab noch einige Speisen und Getränke, die von der Feier übrig geblieben waren. Die wurden nun verzehrt. Da aber alle übermüdet waren, zog man sich bald zurück, um den verloren gegangenen Schlaf der letzten zwei Tage nachzuholen.

Schon drei Tage nach der Hochzeit musste Reinhard wieder zum Dienst erscheinen. Als er in Remscheid eintraf und wenig später zur Arbeit ging, wurde er von seinen Kameraden mit einem

Geschenk überrascht. Die ganze Rangierkolonne hatte zusammengelegt und ein Speiseservice für acht Personen gekauft. Die Überraschung war gelungen und die Freude von Reinhard groß. Auch Anni würde begeistert sein. Für einen neuen Hausstand kam ein solches Service aus schönem Porzellan gerade recht. Als Dankeschön lud er die Kollegen zu einer Runde Bier ein, die er von seinem Rangiergeld finanzierte, das es am Monatsende gab. Große Sorgen bereitete Reinhard nach wie vor die Wohnungssuche. Er wollte Anni bei sich haben und nicht die kostbare Zeit der freien Tage mit langen Zugfahrten vergeuden. Doch es sah nicht gut aus. Auf der Dienststelle musste er erfahren, dass er auf der langen Liste der Wohnungssuchenden weit unten stand. Obwohl sich auch die Arbeitskollegen bemühten, für ihn eine bezahlbare Wohnung zu finden, war alles vergeblich. In dieser Situation spielte Reinhard immer öfter mit dem Gedanken, sich in die Nähe der Heimat (etwa nach Nürnberg) versetzen zu lassen. Mit dem Versetzen war es aber auch so eine Sache: Auf eine Dienststelle ins Fränkische oder in die Oberpfalz versetzt zu werden, war ein Ding der Unmöglichkeit. Das hätte nur funktioniert, wenn jemand zu einem Tausch bereit gewesen wäre. Doch wer wollte zum Beispiel von Regensburg oder Weiden nach Remscheid? Zwar wurden manchmal derlei Tauschinserate in der Eisenbahner Zeitschrift angeboten – nur: Von der Oberpfalz ins Rheinland wollte niemand, – dagegen wollten, umgekehrt, viele vom Rheinland ins Bayerische. Reinhard tat alles Menschenmögliche, um eine Arbeitsstelle in Bayern zu bekommen. Der Erfolg wollte sich einfach nicht einstellen. Selbst wenn er, was manchmal sechs Wochen dauern konnte, wieder nach Hause fuhr, war das Thema für ihn allgegenwärtig. Anni erwartete ja im Dezember ihr gemeinsames

Kind. Und Reinhard wollte dann unbedingt bei seiner Familie sein. Vor allem wollte er endlich eigene vier Wände.
Alsbald spielte er heimlich mit dem Gedanken, sollte es mit der Versetzung nichts werden, wieder in seinen Beruf als Glasmacher zu wechseln. Seine einzige Hoffnung war, dass er noch eine Wohnung in Remscheid finden würde. Hier, wo er gute Freunde gefunden hatte, wäre er schon gerne geblieben. Also gab er die Suche nicht auf, war doch sein Freund Adolf Friedinger auch fündig geworden. Er wohnte nun schon längere Zeit in Remscheid-Viehringhausen. Doch alle Bemühungen verliefen erneut im Sand. Nach reiflicher Überlegung und einem ausführlichen Gespräch mit Anni und seinen Eltern wollte er in absehbarer Zeit den Dienst bei der Deutschen Bundesbahn quittieren. Es fiel ihm schwer, mit seinen Arbeitskollegen darüber zu sprechen. Als Erstes vertraute er sich seinem väterlichen Freund Hans Schneider an. Bei einem Glas Bier in der Bahnhofsgaststätte saß er mit Hans lange zusammen. Hans, der keinen Hehl daraus machte, dass er mit Reinhards Plänen nicht einverstanden war, riet ihm von seinem Vorhaben ab. Er gab zu bedenken, was er dabei aufs Spiel setzte: »Du kannst in die Beamtenlaufbahn gehen und dich hocharbeiten. Willst du das alles wegwerfen?« Nach diesem Gespräch war Reinhard aufs Neue unschlüssig. Er begriff, auch ohne dass ihm dies jemand sagen musste, dass er ein hohes Risiko einging. Die Zeiten waren nicht gut. Wer einen Arbeitsplatz hatte, konnte froh sein. Und Reinhard entschied jetzt ja nicht mehr nur für sich selbst. Er trug Verantwortung für seine Frau und das zukünftige Kind. Nächtelang konnte er nur sehr schlecht schlafen. Immer wieder suchte er nach einer Lösung und brachte sich dadurch in schwere Gewissenskonflikte. Als er wieder nach Bayern zur Familie

fuhr, nahm er sich vor, eine endgültige Entscheidung zu treffen. Vorher wollte er nochmals mit Vater sprechen.
Vater war der Meinung, dass sich Reinhard für die Familie entscheiden sollte. Das bedeutete, seine Stelle bei der Bahn zu kündigen. Hinzu kam, dass der Schwiegervater erkrankte und sich keine Besserung einstellen wollte. Reinhard lehnte es ab, seine hochschwangere Frau mit den anstehenden Problemen alleine zu lassen. Einen Tag, bevor er wieder seinen Dienst in Remscheid aufnehmen wollte, erkrankte Reinhard plötzlich. Im Keller wollte er einen Sack Kohlen zur Seite stellen, um Platz zu schaffen, und da war es auch schon passiert. Erst glaubte Reinhard noch an einen »Hexenschuss«, als er sich plötzlich nicht mehr bewegen konnte. Unter höllischen Schmerzen schleppte er sich die Kellertreppe hoch, um in der Wohnküche gerade noch einen Stuhl zu erreichen. Anni rief sofort einen Arzt, aber es dauerte mehr als eine Stunde, bis dieser erschien. Der stellte fest, dass der Schmerz von der Wirbelsäule kam. Später fand man heraus, dass der Unfall, den er vor einigen Monaten erlitten hatte, die eigentliche Ursache war. Die damals verletzte Wirbelsäule löste immer noch starke Schmerzen aus. Reinhard konnte seinen Dienst nicht antreten. Der Arzt hatte ihn krankgeschrieben.

Wieder in Bayern

Die Krankheit stellte sich als sehr hartnäckig heraus. Jede Bewegung verursachte Reinhard Schmerzen. Sogar der Vertrauensarzt wies ihn darauf hin, dass eine Genesung wohl längere Zeit in Anspruch nehmen würde. Dennoch kam Reinhard kaum zur Ruhe. Die Krankheit des Schwiegervaters war schlimmer, als man befürchtet hatte. Zu der schweren Grippeinfektion kam noch hinzu, dass die so genannte »Staublunge« (eine häufige Erkrankung durch die Arbeit in der Porzellanfabrik) nicht mehr alle erforderlichen Funktionen erlaubte. Hohes Fieber im Wechsel mit Schüttelfrost und Atemnot machten ihm schwer zu schaffen. Der Arzt wollte zwar keine Prognose zum Krankheitsverlauf abgeben, doch brauchte man keine großen medizinischen Kenntnisse, um zu erkennen, wie ernst die Erkrankung war. Da es damals noch keine Apotheke in Bergstein gab, musste Reinhard jegliche Medizin in Straußlach besorgen. Oft saß er bis spät in die Nacht bei seinem Schwiegervater am Bett und half ihm, wenn er zur Toilette musste oder etwas zum Trinken brauchte. Anni war erst seit einigen Tagen ganz zu Hause. Sie brauchte jetzt die letzten sechs Wochen vor der Geburt nicht mehr zur Arbeit. Am Morgen des 20.10. 1957, es war Kirchweihsonntag, ging es Annis Vater sehr schlecht. Reinhard bestand darauf, auch wenn es Sonntag war, den Arzt zu holen. Trotz erheblicher Rückenschmerzen, die Reinhard beim Gehen belasteten, raffte er sich auf, um den Arzt selbst zu holen. Maria, die jüngere Schwester seiner Frau, wollte er nicht schicken, weil er befürchtete, dass man sie abwimmelte. Der ältere Bruder war nicht im Haus, der wollte erst am Nachmittag von einem Besuch zurückkommen. Reinhard läutete bei der Privatwohnung des Arztes. Seine Frau öffnete das Fenster und sagte, ihr Mann sei nicht zu Hause. Reinhard, der dies nicht glaubte, antwortete: »Dann warte ich hier so lange, bis er nach Hause kommt!« Wortlos schloss die Frau das Fenster. Nach etwa zehn Minuten wurde das Fenster erneut geöffnet und Reinhard bekam die Nachricht, dass der Arzt noch vor dem Mittagessen den Patienten besuchen komme. Unter starken Schmerzen machte er sich auf den Nachhauseweg. Gegen elf Uhr kam der Arzt; er gab dem Kranken eine Injektion und ordnete an, dass er viel Flüssigkeit zu sich nehmen sollte. Reinhard begleitete den Arzt zur Tür. Auf der Treppe zum Gartentor fragte er ihn, wie es denn um seinen Schwiegervater stand. »Genaues kann ich Ihnen nicht sagen, aber lange wird es wohl nicht mehr gehen«, war seine Antwort. Als der Doktor schon auf der Straße war, rief er Reinhard noch zu: »Sollte es schlimmer werden, holen Sie mich! Ich bin zu Hause!« Nachdenklich ging Reinhard zu dem Kranken zurück. Er verschwieg seiner Frau das Gespräch mit dem Arzt. Wortlos wurde das Abendessen eingenommen. Maria, Annis Schwester, hatte sich am heutigen Abend mit Freunden verabredet. Anni war dies zwar nicht recht, trotzdem ließ sie sie gehen. Annis Bruder Josef wollte in einer Gaststätte in Bergstein noch Bekannte treffen, die aus beruflichen Gründen Fragen an ihn hatten. Josef arbeitete als Bankkaufmann in führender Position bei einer Bank in Straußlach. Er war schon zu Lebzeiten seiner Eltern zum Erben für das Elternhaus eingesetzt worden. Er allein war in der Lage, die Hypothek, die noch auf Haus und Grundstück lastete, ernsthaft zu tilgen.

So saß Reinhard mit seiner Frau, der Schwägerin und dem Kranken im Zimmer. Die Stimmung war gedrückt und äußerst merkwürdig. Der Kranke, der manchmal schwer nach Atem ringend sich im Bett aufrichtete, blickte immer wieder zur Uhr. Bevor er erkrankte, war diese Wanduhr sein ganzer Stolz. Täglich, am Morgen und am Abend, zog er diese Uhr an den tannenzapfenähnlichen Gewichten auf, die an einer langen Kette hingen. Das Geräusch war allen wohl bekannt, wenn sie, was nicht immer gelang, auch noch die halbe und die volle Stunde schlug. Funktionierte der Glockenschlag, lachte er auf seine verschmitzte Art und nickte bestätigend mit dem Kopf. Seit ein paar Tagen hatte er seine Tochter Anni beauftragt, die Uhr aufzuziehen. Heute, durch die Stille, die im Zimmer herrschte, war das Geräusch des Perpendikels besonders laut. In immer kürzeren Abständen schaute der Kranke zur Uhr. Anni strich ihm übers Haar und sagte leise: »Ist erst 20 Uhr, Vater.« Er nickte kaum wahrnehmbar mit dem Kopf und legte sich wieder in die Kissen zurück. Das Hin- und Herschwingen des Perpendikels und das monoton tickende Geräusch erschienen Reinhard jetzt lauter als je zuvor. Anni war sehr nervös und bat ihren Mann, doch ihren Bruder Josef zu holen. Reinhard ging sogleich los. Als er nach etwa 15 Minuten die Gaststätte betrat, wo sich Schwager Josef aufhielt, sah er, dass sie am heutigen Kirchweihsonntag gut besucht war. Josef musste schon geahnt haben, warum Reinhard die Gaststätte besuchte. Er stand auf und kam ihm auf halbem Weg zum Tisch entgegen. »Ist was mit Vater?«, fragte er besorgt. »Anni möchte, dass du nach Hause kommst«, erklärte Reinhard sein Kommen. Wortlos holte der Schwager Hut und Mantel und verabschiedete sich von seinen Gesprächspartnern. An einem Nebentisch saß ein Mann, den Reinhard gut kannte, mit einer

Gitarre (es war ja Kirchweih) und spielte. Die Gäste am Tisch sangen fröhlich zu der Gitarrenmusik. Für einen Moment hielt der Musiker inne, um Reinhard zu fragen, warum Josef so plötzlich die gesellige Runde verließ. »Mit meinem Schwiegervater sieht es nicht gut aus«, antwortete dieser. Daraufhin hängte der Mann sein Instrument an einen Haken an der Wand und auch die anderen Gäste hörten auf zu singen. Annis Vater war Stammgast in dieser Gaststätte gewesen und es gab wohl keinen einzigen Anwesenden, der ihn nicht kannte. In der fröhlichen Runde war es auf einmal ganz still geworden. Bevor Reinhard mit seinem Schwager das Lokal verließ, sah er, wie einige der Gäste den Wirt riefen, um zu zahlen. Ihnen war, nachdem sie erfahren hatten, wie schwer ihr Stammtischgenosse wohl erkrankt sei, nicht mehr nach Feiern zumute.

Josef und Reinhard beeilten sich, um möglichst schnell nach Hause zu kommen. Als sie die Stube betraten, sahen sie Anni am Bett des Vaters sitzen. Sie winkte ihren Bruder zu sich, der sich nun auch mit ans Bett setzte. Schwer atmend lag der Kranke in den jetzt hoch aufgerichteten Kissen. Lange saßen die beiden Geschwister schweigend an Vaters Bett. Der Kranke schien sich ein wenig beruhigt zu haben, denn er atmete im Moment etwas stiller. Josef verließ kurzfristig mit seiner Frau das Zimmer. Er wollte sich umziehen, um dann wiederzukommen. Es war wohl so gegen 22.45 Uhr, als der Kranke sich im Bett aufrichtete, und um sich sah. Reinhard war sofort bei ihm und fragte, ob er etwas brauche. Er nickte und drehte sich so, dass die Beine über die Bettkante hingen. Reinhard stützte ihn, er wusste, der Kranke wollte zur Toilette. Er begleitete ihn bis zur Tür und wartete dort. Mühsam schleppte sich der Schwiegervater mit Unterstützung von Reinhard wieder ins Bett. Als sie an der Uhr vorbeikamen, blieb er stehen und schaute nach oben, als ob er die Uhrzeit ablesen wollte. Schon mehr getragen als wirklich gehend, fiel er entkräftet ins Bett. Reinhard glaubte zu erkennen, dass ein Lächeln über sein fahles Gesicht huschte, als er seine Hand losließ. Einige Minuten später bäumte er sich abermals auf, um auf die Uhr zu sehen. Wieder starrte er einen längeren Zeitraum auf die Wanduhr, dann fiel sein Kopf in die Kissen zurück. Es musste der Zeitpunkt gewesen sein, wo sein Herz zum Schlagen aufgehört hatte. Als Reinhard ans Bett trat, sah er in die gebrochenen Augen seines Schwiegervaters. Wenig später war der Arzt zur Stelle. Er konnte nur noch den Tod feststellen. Josef hatte den Pfarrer und Totengräber benachrichtigt, die sich schon nach kurzer Zeit einfanden. Damals war es so, dass nicht nur das Ausheben der Grabstätte, sondern auch das Waschen und Anziehen der Toten vom Totengräber vorgenommen wurde. Nachdem der das Notwendigste gemacht hatte, begaben sich alle in Josefs Wohnung. Reinhard verließ das Sterbezimmer als Letzter. Noch bevor er das Licht ausmachte, fiel sein Blick unwillkürlich auf die Wanduhr. Seltsam. Obwohl er genau wusste, dass diese von seiner Frau erst am heutigen Morgen aufgezogen wurde und nach seinen Kenntnissen noch nie stehen geblieben war, bewegte sich der Perpendikel nicht. Die Uhr stand still! – Die Zeiger deuteten auf 23.05 Uhr. Es war die Todesstunde seines Schwiegervaters. Nach der Beerdigung und auch später noch wurde von diesem »*Stehenbleiben*« der Uhr zur genauen Sterbestunde gesprochen.

Es kamen – obwohl sie sich auf die Geburt ihres Kindes freuten – keine rosigen Zeiten auf Anni und Reinhard zu. Nachdem Reinhard wieder einigermaßen gesund war, nahm er seinen Dienst wieder auf. Bis Anfang Dezember 1957 bemühte er sich

weiter um eine Wohnung in Remscheid. Nur ungern wollte er seine Tätigkeit bei der Deutschen Bundesbahn aufgeben. Doch alle weiteren Versuche, auch nur eine bescheidene Wohnung zu bekommen, scheiterten. Und Reinhard wollte unbedingt bei der Geburt seines ersten Kindes bei seiner Frau sein. Er kündigte schließlich sein Arbeitsverhältnis bei der Bahn. Am 07.12. 1957 war sein letzter Arbeitstag. Reinhard war keineswegs glücklich über diese Entscheidung. Der Abschied von seinen Arbeitskollegen fiel ihm äußerst schwer. Besonders als er sich von Adolf Friedinger und den beiden Brüdern Heinrich und Fritz verabschiedete, war er den ganzen Tag deprimiert. Er hatte zwar keine Bedenken, eine neue Arbeitsstelle zu finden; wohl war ihm aber bei der ganzen Sache nicht. Er hatte ja auch in Straußlach und Bergstein keine Wohnung. Manchmal wusste er nicht, wo er eigentlich mit seiner Familie hingehörte. Schwager Josef hatte ihnen nach dem Tod des Vaters die Wohnküche überlassen und eine kleine Dachkammer zum Schlafen. Die Wohnküche musste noch mir Annis jüngerer Schwester Maria geteilt werden, die ebenfalls eine Dachkammer als Schlafstelle hatte. In Altenried bei den Eltern hatte Reinhard noch das winzige Zimmer am Flur in der Stelzerstraße. Auch wenn beide keine großen Ansprüche stellten und mit der momentanen Lage zufrieden waren, – es war keine dauerhafte Lösung.
Durch seinen Bruder Josef, der inzwischen Arbeit bei der Deutschen Bundespost in Stuttgart bekommen hatte, erfuhr er, dass diese noch Arbeitskräfte suchte. Reinhard hatte von seinem letzten Arbeitgeber noch Resturlaub und jede Menge Überstunden gut; so war zumindest das Finanzielle die nächsten vier oder sechs Wochen geregelt. Er nahm sich vor, nach der Geburt seines Kindes Mitte Dezember, in Stuttgart Arbeit zu fin-

den. Am Samstag, den 14.12.1957 wollte Reinhard mit Anni seine Eltern in Altenried besuchen. Anni war hochschwanger und wartete täglich auf ihre Niederkunft. Sie bat daher Reinhard, er möge doch alleine die Schwiegereltern besuchen. Reinhard nahm den Zug um 17.30 Uhr von Bergstein nach Straußlach. Als der Zug in Straußlach ankam, wartete bereits auf dem Nebengleis der Gegenzug, die sich hier kreuzten. Reinhard stieg aus und wollte durch die Sperre gehen, als der Aufsichtsbeamte laut seinen Namen rief. Er kannte den Bahnbediensteten gut und ging zu ihm, um zu fragen, was dieser von ihm wolle. »Na, du werdender Vater! Mach schnell, ich habe den Zug extra warten lassen! Dein Schwager hat mich angerufen!« Reinhard hatte begriffen. Eilig lief er zum Gegenzug, um wieder nach Bergstein zurückzufahren. Der freundliche Beamte rief ihm noch nach, er solle unbedingt die Hebamme in Bergstein informieren und gleich mitbringen. Die knappe viertel Stunde, die die Zugfahrt von Straußlach nach Bergstein dauerte, kam Reinhard wie eine Ewigkeit vor. In Bergstein angekommen, raste er los, um die Hebamme abzuholen. Doch kaum hatte er die ersten Häuser von Bergstein erreicht, sah er seinen Schwager Josef in Begleitung einer Frau direkt vor sich. Auch sie hatten es besonders eilig. Der Schwager hatte die Hebamme schon unterrichtet und beide waren auf dem Weg zu Anni. Reinhard schloss sich ihnen an und Josef war nicht wenig überrascht, ihn zu sehen. Die drei mussten lachen, als Reinhard ihnen schilderte, wie er in Straußlach am Bahnhof empfangen wurde. Anni hatte schon alles in der Wohnküche vorbereitet. Sie hatte die Schlafcouch mit weißem Bettzeug hergerichtet, denn in der kleinen Dachkammer war es jetzt schon bitterkalt und es gab keine Möglichkeit zum Heizen. Reinhard war es schon etwas mulmig, denn die Hebamme – eine resolute Frau – bestand darauf, dass er bei der Geburt anwesend war. Die Wehen hatten anfangs eingesetzt, blieben aber, aus welchen Gründen auch immer, plötzlich aus. So musste die Hebamme mit einem Medikament nachhelfen, um die Geburt einzuleiten. So zog sich das erheblich in die Länge. Anni war tapfer und wurde von Reinhard bestmöglich unterstützt. Endlich, um 22.45 Uhr, kam das Kind zur Welt. Es war ein Mädchen! Die Hebamme versicherte, dass es gesund war und wunderte sich über die schwarze Haarpracht des Babys. Sie meinte, dass sie noch kein Kind mit solch pechschwarzen Haaren zur Welt gebracht hätte. Reinhard war voller Stolz und war kaum noch von dem Stubenwagen, den Anni liebevoll hergerichtet hatte, wegzubringen. Er legte sich nicht schlafen. Zwar ging es Anni gut, doch Reinhard hatte Angst, dass dem Baby etwas passieren könnte. Immer und immer wieder ging er zum Stubenwagen und blickte oft minutenlang auf *sein Mädchen.* Manchmal legte er sogar sein Ohr an die kleinen Lippen, um sicher zu sein, dass es atmete. Er musste sich auch ständig um den Ofen kümmern. Es war ein ganz normaler Küchenofen mit Holz- und Kohleheizung. Er musste die Zimmertemperatur auf einer Wärme halten, die für das Kind angenehm war; und das erforderte ein gelegentliches Nachlegen von Holz und Kohlen. Durch die Geburt geschwächt, schlief Anni immer wieder ein, um nach einiger Zeit erschrocken aufzuwachen und nach ihrem Kind zu fragen. Reinhard konnte sie beruhigen. Außer einem Kratzer an der linken Wange war das Baby wohlauf. Den Kratzer hatte sich die Kleine selbst zugefügt, denn ihre Fingernägel waren bereits sehr ausgeprägt. Diese kleine Schramme ist bis heute noch bei ihr sichtbar.

Am Sonntagmorgen kamen, nachdem Reinhard sie nach der Geburt benachrichtigt hatte, die Eltern zu Besuch. Rosi Bachner

sparte nicht mit guten Ratschlägen an ihre Schwiegertochter. Zur damaligen Zeit wurden diese auch noch dankbar von den jungen Leuten angenommen. Noch am selben Tag hatten sich Anni und Reinhard entschieden, ihrer Tochter den Namen Helga zu geben. Beide wollten auf keinen Fall einen Namen wie Maria, Anna, Theresia usw. haben, die es damals zuhauf gab. Annis Genesung ging nur langsam voran. So musste die Taufe um einige Tage verschoben werden. Taufpatin war Annis Schwägerin Berta. Eine Tauffeier gab es nicht. Anni konnte nicht mit zur Kirche, ihr Gesundheitszustand ließ dies leider nicht zu. So saßen Reinhards Eltern, die jüngere Schwester Maria, Patin Berta und deren Mann Josef am Nachmittag in der Wohnküche zusammen. Anni musste zwar noch das Bett hüten, konnte aber an der bescheidenen Feier teilnehmen. Es gab Lindeskaffee und die Patin hatte einen Marmorkuchen gebacken. Trotzdem herrschte bei allen große Freude über den neuen Erdenbürger, vor allem bei Anni und Reinhard. Auch die Großeltern waren von der kleinen Helga angetan. Nachdem Schwager Josef noch einige Flaschen Bier zur Verfügung stellte und sogar eine Flasche Wein »springen« ließ, wurde es doch noch eine schöne Feier. Um das Neugeborene und die Mutter nicht unnötig zu strapazieren, wie Rosi Bachner zu sagen pflegte, wurde die Tauffeier gegen 20.00 Uhr beendet.
Die folgenden Tage und Wochen, vor allem aber das Weihnachtsfest 1957 waren für die junge Familie etwas Besonderes. Die kleine Tochter Helga hatte das Leben von Anni und Reinhard völlig verändert. Der erste Heiligabend mit dem Baby ist den beiden bis heute noch so gut in Erinnerung, als ob es erst ein oder zwei Jahre her sei. Obwohl sie finanziell schlecht gestellt waren und nur die allernötigsten Anschaffungen für die

kleine Helga ihre schmalen Rücklagen gänzlich aufgezehrt hatten - das tat der Freude über das Baby keinen Abbruch. Nun wird sich wohl mancher Leser fragen: Reinhard hat doch immer gearbeitet und Anni auch. Haben die alles ausgegeben? Sicherlich haben beide verdient, doch man sollte wissen – wie viel? Obendrein kam hinzu, dass das Getrenntleben zur damaligen Zeit auch schon viel Geld kostete. Die Wohnküche und die kleine Dachkammer waren ja nicht umsonst. Reinhard musste einen kleinen Betrag (einen großen hätte er sich auch nicht leisten können) für Miete, Heizung und Strom an seinen Schwager bezahlen. Bis zum Ablauf seiner Kündigungsfrist bei der Bahn hatte er außerdem für seine Unterkunft im Wohnheim aufzukommen. Ich (der Autor) will deshalb dem Leser in den nachfolgenden Zeilen die Einkommensverhältnisse der jungen Familie Bachner anhand exakter Zahlen verdeutlichen. Inklusive einiger Jahre vor der Eheschließung. Es könnte sonst leicht der Eindruck entstehen: »Die hätten doch schon vor ihrer Heirat etwas ansparen können!«

Anni Bachner kam 1950 aus der Schule.

Auf ihrem ersten Arbeitsplatz, vorher war keine Arbeit zu bekommen, im Juli 1951, wo sie nur einen Monat beschäftigt war und dann wegen »Auftragsmangel« wieder entlassen wurde, verdiente sie 72,80 DM brutto. Ohne Arbeit war sie bis 23.09. 1952.

Vom 24.09. 1951 bis 31.12. 1952 arbeitete sie als Drehereiarbeiterin in einer Porzellanfabrik. Ihr Bruttoverdienst in diesem Zeitraum betrug 435,40 DM.

Das machte, vom 01.01. 1953 bis 31.12. 1953, einen jährlichen Bruttoverdienst von 2056,50 DM.
Von dieser Summe wurden Abzüge fällig für Lohnsteuer, Kirchensteuer, Notopfer Berlin und Sozialbeiträge! Das Jahreseinkommen 1954 stieg nicht etwa an, sondern verringerte sich sogar geringfügig. Es lag exakt bei 2033,20 DM. Das war beim gleichen Arbeitgeber und bei gleicher Tätigkeit. Wenn Kürzungen durch die Firma anstanden, protestierten die Betroffenen keineswegs. Jeder war froh, in diesen Zeiten überhaupt Arbeit zu haben. Ich überspringe 1955, da sich der Verdienst nicht wesentlich änderte.
Vom 01.01. 1956 bis 31.12. 1956 betrug der Bruttoverdienst nun 2721,30 DM.
Vom 01.01. 1957 schließlich bis zum 12.11. 1957 (Anni hatte bis zwei Tage vor ihrer Niederkunft am 14.12. 1957 gearbeitet) bekam sie einen Bruttoverdienst von 2268,00 DM. Es war Annis Pech, dass die kleine Helga zehn Tage zu früh zur Welt kam! Somit hatte sie von der »Sechswochenregelung« 10 Tage verschenkt. Denn der Beginn der »Sechswochen-Frist« hing von der Prognose des Arztes ab, nicht von der tatsächlichen Geburt.

Reinhard Bachner kam 1949 aus der Schule.

Er begann seine Lehre am 30.01. 1950. Die Lehrlingsvergütung betrug für das erste Lehrjahr 1950 insgesamt 762,75 DM brutto.
Im zweiten Lehrjahr 1951 kam er auf 1263,70 DM brutto.
Im dritten Lehrjahr 1952, wie bereits berichtet, verrichtete er schon volle Gesellentätigkeit. Seine Vergütung belief

sich auf 2128,40 DM brutto. 1953 gab es keine wesentliche Veränderung.
Vom 01.01. bis 31.12. 1954 betrug sein Jahresbruttoverdienst 3000,45 DM. Eine weitere Aufstellung kann ich dem Leser ersparen. An dem Einkommen der beiden änderte sich bis 1960 so gut wie nichts.

Als Reinhard Bachner mir aus dieser Zeit erzählte – für mich war es ja nichts Neues, wir haben das gleiche Geburtsjahr –, wurde er manchmal richtig wütend: »Wenn ich zurückschaue auf die Zeiten von 1945 bis weit in die Sechzigerjahre hinein, muss ich mich schon wundern. Es ist ja beileibe nicht so, dass man der heutigen Generation ihre Vorteile nicht gönnen würde. Ich bin froh, dass es den Jungen und uns jetzt gut geht. Was mich persönlich maßlos ärgert, ist das ewige Jammern unserer Wohlstandszöglinge: Die jungen Mütter bekommen Kindergeld, Erziehungsurlaub, bis zu drei Jahren Arbeitsplatzgarantie usw. Sechs Wochen Lohnfortzahlung im Krankheitsfall genießt ein heutiger Arbeitnehmer. Noch 1957 gab es zwei Karenztage, vorher sogar drei und mehr, – also überhaupt keinen Lohn, wenn man krank war. 30 Tage und mehr Urlaub – zu meiner Zeit musste man sich mit zwei Wochen begnügen. Viele machen pro Jahr ganz selbstverständlich mehrmals Urlaub. Wenn ich daran denke, dass ich fast 38 Jahre alt war, bis ich zum ersten Mal richtig Urlaub machen konnte – in Deutschland natürlich – so verstehe ich die Welt nicht mehr. Wir sind immer schon die Dummen und Betrogenen gewesen, wir durften unter oft miserablen Bedingungen schwer arbeiten, wurden dazu noch schlecht bezahlt und waren froh, als endlich die 45-Stundenwoche kam.« Diese Worte habe ich oft von Reinhard gehört. Da ich seine Erfahrungen nur bestätigen konnte und außerdem feststellte, dass diese jüngste Vergangenheit von der Gegenwart nicht zur Kenntnis genommen wird, fiel uns spontan der mögliche Titel für ein Buch ein, das man dringend schreiben sollte: »Betrogen und vergessen«. Es war die Geburtsstunde der vorliegenden Arbeit. Bis heute diskutieren wir leidenschaftlich über die momentane politische Lage in unserem Land. Reinhard meint, und selten habe ich ihn so resigniert erlebt: »Du siehst, mein Freund, wir waren und sind immer noch die Dummen und werden es auch bleiben! Rentenkürzungen, Einschränkungen im Gesundheitswesen und dann das unwissende bzw. zynische Gerede, die Alten seien zu teuer und zu lästig, sie müssten endlich auch einen Beitrag zur Konsolidierung der Staatsfinanzen leisten. Haben wir denn nicht schon mehr als genug geleistet? Der Betrug an unserer Generation geht weiter. Die nützen uns wieder aus, wo es nur geht!« – Auf meine Frage, woran das wohl liegen mag, hat mir Reinhard geantwortet: »Promis, Politiker und Talkmaster – sie sind alle gleich unsensibel. Kaum jemand von den Besserverdienenden hat noch ein Einfühlungsvermögen für die Schlechterverdienenden, für materielle Not oder auch für Biografien, die mit sozial schwierigen Ausgangsbedingungen lebenslänglich klar kommen müssen. Man tut so, als gäbe es das alles gar nicht. Und die unverstandenen Leute wenden sich verstärkt den Radikalen zu.« So Reinhard. - Doch nun wieder zurück ins Jahr 1957/58.

Auf Grund einer Anfrage bei der Oberpostdirektion Stuttgart, ob Arbeit zu bekommen sei, wurde Reinhard diese zugesichert. Man stellte ihm sogar in Aussicht, sobald als möglich eine Wohnung für ihn zu besorgen. Am 7.1. 1958 trat er in einem Vorort von Stuttgart den Dienst als Briefzusteller an. In seinem Arbeitsvertrag stand unter Berufsbezeichnung »Postfacharbeiter«. Die Unterbringung erfolgte in dem Haus eines Bediensteten des Postamts. Es war ein kleines Zimmer mit Bett, Kohleofen und einer Kommode, auf der eine Waschschüssel stand. Für ein zusätzliches Entgelt zum Mietzins stand am Morgen eine Thermoskanne mit »Lindeskaffee« vor der Tür. Bereits einen Tag später musste er sich einige Bündel Holz und Briketts mit einem geliehenen Handwagen von einer Kohlenhandlung besorgen, um nicht zu frieren. Das Zimmer war zwar möbliert, aber für die Heizung war er selber zuständig.

Er hatte sich schnell eingearbeitet und war auch im Kollegenkreis beliebt. Obwohl Reinhard das Leben in der »Fremde« gewohnt war, hatte er häufig Heimweh. Nach Dienstschluss saß er gewöhnlich in dem engen und karg eingerichteten Zimmer, schrieb Briefe an seine Frau und war im Gedanken bei seiner kleinen Helga. Einladungen der Arbeitskollegen zu einem Feierabendbier in einer Gaststätte konnte er in seiner finanziellen Lage nicht annehmen. Er musste auf seinen ersten Lohn warten und den größten Teil davon nach Hause schicken, weil die Familie dringend darauf angewiesen war. Bald stellte sich heraus, dass es mit der Zuteilung einer bezahlbaren Wohnung nicht zum Besten stand. All seine Bemühungen bei der Wohnungsfürsorge waren genauso vergeblich wie seine Versuche in Remscheid. Wenn er in der Stadt ein Ehepaar mit Kindern sah, die alle zum Spielplatz gingen und herumalberten, bekam er das Heimweh besonders zu spüren. Anfang Februar wurde ihm durch einen Vorgesetzten Mitteilung gemacht, dass es vor Herbst in diesem Jahr wohl nichts mit einer passenden Wohnung würde. Reinhard war wie-

der einmal auf den Tiefpunkt angelangt. Obwohl es sich schon bald als großer Fehler herausstellen sollte, kündigte er seine Arbeitsstelle bei der Post.
Am 27. 2. 1958 war sein letzter Arbeitstag. Für die Zeit von 7.1. bis 27.2. 1958 wurde ihm ein Verdienst von 170, 00 DM. netto ausbezahlt. In Bergstein angekommen, riet ihm sein Schwager, sich vorsorglich beim Arbeitsamt in Straußlach arbeitslos zu melden. Reinhard meldete sich nicht arbeitslos, sondern nahm eine Tätigkeit bei einer Starkstrom-Anlagen-Firma in der Nähe bei Weiden als Hilfsarbeiter an. Die Arbeit dort dauerte nur bis Anfang März; dann wurde die Baustelle nach Metzingen in Baden-Württemberg verlegt. Alle Arbeiter, die noch keine 3 Monate bei der Firma waren, wurden entlassen. Am 12.3. 1958 meldete sich Reinhard arbeitslos. In einem größeren Dorf in der Nähe von Straußlach wurde der Briefträger der dortigen Postaußenstelle pensioniert. Bis zur Auflösung der Poststelle im Oktober 1958 wurde ein Briefträger gesucht. Da Reinhard diese Tätigkeit schon ausgeübt hatte, wurde ihm die Stelle vom Arbeitsamt angeboten. Reinhard nahm die Arbeit sofort auf. Er hatte sich mit finanzieller Unterstützung von Bruder Willi ein Moped der Marke »NSU-Quickly« zugelegt. Das konnte er jetzt gut gebrauchen. Die Post im Ort selber war in weniger als zwei Stunden zugestellt. Dann ging es zu den weit verstreut liegenden, landwirtschaftlichen Anwesen. Mit dem Moped war es kein Problem, diese Höfe zu erreichen. Am 1.10. war leider Schluss, die Außenstelle wurde geschlossen. Erneut musste Reinhard beim Arbeitsamt vorstellig werden. Zwischenzeitlich hatte Anni wieder zu arbeiten angefangen und die kleine Helga war bei Oma Bachner. Um einigermaßen über die Runden zu kommen, war es leider unverzichtbar, dass Anni mitverdiente. Aber auch

sie wurde später entlassen, weil es der Firma nicht gut ging. Als Erste verloren gewöhnlich die Frauen ihren Arbeitsplatz, da die Familienväter Vorrang hatten.
Am 23.3 1959 wurde in Straußlach das Kanal- und Wasserleitungsnetz erneuert und total umgebaut. Eine große Baufirma aus Regensburg hatte den Auftrag bekommen. Reinhard bewarb sich und wurde sofort eingestellt. Er hatte sich mit einigen Facharbeitern angefreundet, die ihn bei der Bauleitung als Helfer anforderten. So lernte er schnell wichtige Arbeitsabläufe und er musste nicht jeden Tag eine andere Tätigkeit ausüben. Die Arbeiten waren am 24.7. abgeschlossen. In den vier Monaten verdiente Reinhard 1280,10 DM brutto. Das ergab einen Bruttomonatsverdienst von 320, 00 DM! Reinhard freute sich dennoch, war er doch jeden Abend bei seiner Familie und konnte mit seiner Tochter spielen. Schon immer bedeutete ihm die Familie alles. Konnte er bei ihr sein, war ihm jede, auch noch so schlecht bezahlte Arbeit recht. Leider blieb das nicht lange so. Schon im September des selben Jahres blieb ihm nichts anderes übrig: Er musste nach München. Bei einer Cousine, die dort eine Fliesenlegerei und Kohlenhandlung hatte, bekam er Arbeit. Doch schon drei Monate später kam der Betriebsleiter einer Glashütte aus dem Fichtelgebirge in Straußlach vorbei. Dieser suchte dringend Hohlglasmacher mit Erfahrung für »Überfangglas«. Ein ehemaliger Arbeitskollege Reinhards, der in der Firma arbeitete, hatte ihn empfohlen. Der Betriebsleiter bat Anni, ihrem Mann Bescheid zu geben, dass dieser sich bei der Firma vorstellen sollte.
Als Reinhard von München zurückkam, machte er sich mit seinem Moped auf den Weg nach Fichtenau, dem zentralen Standort der Firma. Er fuhr schon am frühen Morgen los. Die

97 Kilometer bis Fichtenau stellten für seine NSU kein Problem dar. Doch er wollte dort zeitig eintreffen. Zudem war es schon Anfang November und sehr kalt. Durchgefroren kam er im Hof der Glasfabrik an. Ein Hofarbeiter zeigte ihm den Weg zum Personalbüro. Dort wurde er im Vorzimmer von einer Frau empfangen. Schon nach etwa zehn Minuten wurde er zum Prokuristen vorgelassen. Der Prokurist, ein kleiner, unscheinbar wirkender Mann, bat ihn Platz zu nehmen. Ohne große Umschweife kam dieser zur Sache: »Sie sind, wie ich erfahren habe, gelernter Hohlglasmacher?«, fragte er Reinhard. »Ja, wenn Sie meine Papiere sehen möchten«, antwortete dieser und griff in die Brusttaschen seiner Jacke. »Danke, ich weiß Bescheid«, meinte er und fuhr fort: »Wir geben Ihnen drei Tage Gelegenheit zu zeigen, was Sie können. Wenn Sie unseren Vorstellungen entsprechen, können Sie sofort bei uns anfangen!« Noch bevor Reinhard nach der Bezahlung fragen konnte, wurde er von seinem Gegenüber unterbrochen: »Sie arbeiten bei uns Akkord. Wer gut und schnell arbeitet, verdient auch gutes Geld!«

Damit schien die Unterredung für den Prokuristen erledigt. Doch Reinhard war nicht nur am Verdienst interessiert. Er machte klar, dass er nur dann hier arbeiten wolle, wenn er in Fichtenau eine Wohnung bekomme. Sollte ihm die Firma bei der Wohnungssuche nicht behilflich sein, dann würde er auf die Stelle lieber verzichten. Er wolle sich auch nicht auf vage Zusagen verlassen. Ohne die Möglichkeit, in absehbarer Zeit seine Familie nachzuholen, würde er kein Arbeitsverhältnis mehr eingehen. Zu seinem Erstaunen versicherte ihm der Prokurist, dass das Wohnungsproblem so gut wie gelöst sei. Es gab da eine Siedlungsgesellschaft, erklärte er, in die die Firma Geld investiert hatte. Dadurch bekamen ihre Arbeiter und Angestellten ein

Anrecht auf Wohnraum. Etwa zwei Kilometer von hier befinde sich diese »Siedlung«; und wenn Reinhard wolle, so könne er sie anschließend gleich besichtigen. Reinhard war einverstanden. Nach der Besichtigung wollte er wieder ins Büro kommen, um sich dann zu entscheiden. Jetzt aber drängte er darauf, als Erstes seinen Arbeitsplatz, die »Hütte«, zu sehen. Der Prokurist erklärte sich höchst persönlich bereit, ihn durch die Produktionsstätten zu begleiten. Schon in kürzester Zeit bemerkte Reinhard, dass neben Kristall- und Bleiglas auch Glasperlen und »Wachteln« gedrückt wurden. Wachteln nannte man den Behang von Lampen und edlen Lüstern. Die Arbeiter waren in der Hauptsache Heimatvertriebene aus dem Sudetenland, der größte Teil wohl aus der Gablonzer Gegend, aus der Stadt, die weit über ihre Grenzen hinaus für alles bekannt war, was mit Glas zu tun hatte. Reinhard sah auch, dass es zu wenig Hohlglasmacher gab. Nur drei Werkstätten gab es am Bleiglasofen und fünf am Ofen für Kristallglas. Dort traf er auch den ehemaligen Arbeitskollegen aus Straußlach, der ihn herzlich begrüßte. Dieser teilte ihm im Beisein des Prokuristen mit, dass er sich freuen würde, wenn er ihn als künftigen Mitarbeiter begrüßen könnte. Fürs Erste hatte Reinhard genug gesehen. Nun wollte er die Wohnsiedlung besichtigen. Als er fast schon am Ausgang zur Hütte war, hörte er, wie jemand seinen Namen rief. Er drehte sich um und sah einen älteren Mann auf sich zukommen. »Hallo Reinhard, sag bloß, du kommst zu uns!« Erst jetzt erkannte ihn Reinhard – es war ein ehemaliger Meister aus seiner Lehrzeit bei der Firma *»Pflüger und Lauber«* in Straußlach. Herzlich wurde Reinhard von ihm begrüßt. Dieser konnte sich noch gut an den alten Hauser erinnern, hatte er doch einige Monate seiner Lehrzeit bei ihm auf der Werkstatt gearbeitet. Ohne Umschweife wandte sich Hauser an den Prokuristen: »Wenn der«, und dabei zeigte er auf Reinhard, »hier anfängt, dann kommt er auf meine Werkstatt; der Bursche hat was drauf!« Der Prokurist lachte und sagte: »Mal sehen, was sich machen lässt. Da hat der Hüttenmeister auch noch ein Wort mitzureden.« Hauser antwortete: »Das wird geregelt, Reinhard, da sorge ich dafür!« Er klopfte Reinhard auf die Schulter und lud ihn zum Mittagessen ein. Um 13.00 Uhr habe er Feierabend, dann könnten sie sich ein bisschen unterhalten. Reinhard nahm die Einladung an, lag doch die Wohnung von Hauser direkt auf seinem Weg von und zu der Siedlung.

Die Siedlung war etwas außerhalb vom Ort auf einer Anhöhe direkt am Wald errichtet worden. Daneben verlief der romantische Fußweg zum *»Ochsenkopf«*, einem der höchsten Berge im Fichtelgebirge. Reinhard stellte gleich am Anfang der Siedlung sein Moped ab. Um alles zu erkunden, wollte er lieber zu Fuß gehen. Es war eine typische Arbeitersiedlung. Außer einer größeren Gaststätte waren noch einige wenige private Hauseigentümer ansässig. Einige Doppelhäuser mit einem zusätzlichen Stockwerk gab es auch. Die meisten Gebäude aber waren kleine Zweifamilienhäuser. Langsam schlenderte Reinhard durch die engen Gassen. Dabei stellte er fest, dass die Häuschen kleine, aber schön hergerichtete Vorgärten hatten. Wenn er eine Wohnung in so einem Zweifamilienhäuschen bekäme, wäre er mehr als zufrieden. Er war überzeugt, dass es auch Anni hier gefallen würde. Als er zurück zu seinem Fahrzeug ging, kam er, schon fast am Ende der Straße, an einem Haus vorbei, wo eine Frau das restliche Herbstlaub aus dem Garten entsorgte. Reinhard grüßte höflich und fragte, ob denn hier nur Glasmacherfamilien wohnten. Die Frau verneinte und erklärte ihm, dass unter anderem auch Glasschleifer hier eine

Bleibe gefunden hätten. Sie fragte ohne Umschweife, ob er wohl auch hier einziehen werde. Reinhard beantwortete die Frage mit einem »Vielleicht« und verabschiedete sich. Er fuhr die paar hundert Meter zur Wohnung seines ehemaligen Meisters, die sich an der Hauptstraße nach Fichtenau befand. Hauser wartete schon unter der Haustür. Er bat Reinhard in die Wohnküche, wo seine Lebensgefährtin – seine Frau war schon gestorben – das Mittagessen zubereitet hatte. Noch bevor das Essen aufgetragen wurde, begann Hauser zu erzählen. Es stellte sich heraus, dass es ihm am Anfang in dem »Glashüttenwerk Fichtner«, so der Name der Firma, gar nicht gefallen habe. Nach dem Essen gab Hauser den Grund dafür bekannt. Als er hier anfing zu arbeiten, hatte man ihm, dem anerkannten Fachmann, keine eigene Werkstatt gegeben. Erst seit kurzem war ihm diese Verantwortung übertragen worden. Er durfte nur einfache Vasen und Gläser herstellen. Bis heute bekam er kein Bleiglas zum Verarbeiten. Darum wollte er, sollte Reinhard die Arbeit annehmen, unbedingt, dass dieser zu ihm auf die Werkstatt kam. »Reinhard«, versicherte Hauser, »denen werden wir zeigen, wie man richtiges Glas macht!« Er schwärmte weiter von den gemeinsamen Zeiten in Straußlach, wo man das herrliche Überfangglas zusammen gemacht hatte. Die Dinge im »Glashüttenwerk Fichtner« lagen aber etwas anders als bei »Pflüger und Lauber« in Straußlach. Hier, in der Fichtenauer Hütte, gab es eine regelrechte Lobby. Das waren zum einen die Leute, die aus Gablonz stammten, zum andern die so genannten Pressglasmacher und »Wachteldrücker«! Für einen Hohlglasmacher, der mit allen Glassorten umgehen konnte, und das Herstellen von kunstvollen Vasen, Sektkelchen, Weinrömern u.v.m. beherrschte, waren Pressglas- und Wachtelhersteller keine Glasmacher im eigentlichen Sinne. Reinhard war noch bei den alten böhmischen und niederbayerischen Glasmachern in die Lehre gegangen, die nach dem Krieg in Straußlach bis zu ihrer Rente gearbeitet hatten. Einer dieser Glasmacher, die noch die böhmische Kunst des Glasmachens beherrschten, war Hauser. Als Reinhard erfuhr, dass man dem alten Mann derart übel mitgespielt hatte, war er fest entschlossen, diesen »Wachteldrückern« zu zeigen, wo der *Barthel den Most holte.* Als er sich von seinem alten Meister verabschiedete, hatte er sich bereits dazu entschlossen, die Arbeit anzunehmen. Die Aussicht auf eine Wohnung in einem der Häuschen in der Siedlung machte ihm diesen Entschluss leicht. Noch bevor er nach Altenried zurückfuhr, machte er im Büro der Glashütte einen Termin, um die drei Tage Probearbeit zu absolvieren. Nachdem er von Hauser erfahren hatte, was sich alles in dieser Firma »Glasmacher« nannte, war er beinahe beleidigt, dass man seine Fähigkeiten erst einmal testen wollte. Nun, Reinhard hatte keine Angst vor diesem Test. Er war nur gespannt, welcher »Fachmann« in der Firma seine Probearbeit wohl begutachten würde. Es war bereits spät in der Nacht, als er in Altenried ankam. Anni und Reinhard lagen in dieser Nacht noch lange wach, um den eventuellen Umzug nach Fichtenau zu besprechen.

Am 12.11.1959 trat Reinhard seine Probetage im »Glashüttenwerk Fichtner« an. Obwohl die Probearbeiten auf drei Tage angesetzt waren, verzichtete der Hüttenmeister schon nach einem halben Tag auf einen weiteren Test. Reinhard hatte schon längere Zeit kein Glas mehr gemacht. Trotzdem fiel es ihm nicht schwer, den Betriebsleiter Salomon und Hüttenmeister Boslowsky von seinen außerordentlichen Fähigkeiten zu überzeugen. Erst später erfuhr er, dass weder Salomon noch Boslowsky eine Ahnung vom Glasmachen hatten. Boslowsky war bis zur Ernennung zum Hüttenmeister ein »Wachteldrücker«. Salomon war auf Grund seiner Freundschaft zum Firmeninhaber zum Betriebsleiter aufgestiegen. Glasmachermeister Hauser hatte Reinhard gegenüber schon mehrmals seine Bedenken geäußert, dass die Firma durch diese Besetzung der leitenden Positionen eines Tages Schaden nehmen würde. Hauser sollte Recht behalten. Reinhard holte seine Sachen, die er hier, wo die Winter ziemlich streng waren, unbedingt brauchte, und zog in eine Baracke, die sich im Betriebshof der Firma befand. Er wollte keinen einzigen Tag verlieren. Er brauchte jeden Pfennig Geld. Anschaffungen standen an, zum Beispiel eine Kücheneinrichtung und ein Schlafzimmer für die Wohnung. Der Chef höchstpersönlich hatte ihm zugesagt, dass er schon nach Weihnachten in die Siedlung in Fichtenau einziehen könne. Bis dahin musste er mit der Unterkunft in der Baracke zufrieden sein.

Zwar war Reinhard das Wohnen in einer Baracke mehr als gut bekannt; nur der Zustand in diesem firmeneigenen Bau erinnerte ihn mehr an ein Flüchtlingslager. Er wohnte mit vier, manchmal auch fünf Männern in einem Raum. Sie hatten verschiedene Berufe, waren jedoch so weit von ihrem Wohnort entfernt, dass sie ihn nicht am gleichen Tag erreichen konnten. (Ein Auto besaß kaum jemand.) Im Raum selber befanden sich fünf uralte Holzbetten. In der Mitte desselben war ein großer Tisch mit einigen Stühlen. Ein Kohleofen mit riesigem Rohr, das bis zur gegenüberliegenden Wand reichte, sorgte für die nötige Wärme. Einen Spind gab es nicht! Die Bekleidung wurde einfach an einigen Haken, die an der Wand angebracht waren, aufgehängt. Wäsche musste im Koffer unter das Bett verstaut werden. Im

Vorraum am Eingang war eine Toilette ohne Pinkelbecken und drei Duschen, die aus Wasserleitungsrohren primitiv zusammengeschraubt waren. Die Duschen benutzten auch andere Betriebsangehörige. Das Bettzeug mit Kissen, alles blaukariert, wurde gestellt. Es waren zwar nur acht Wochen, die Reinhard hier verbracht hatte; ihm kam es aber endlos lange vor. Im Winter begann die Arbeit in der Hütte erst um 5.30 Uhr und dauerte, abzüglich einer kurzen Essenspause, bis 14.00 Uhr. Im Sommer wurde meistens schon um 4.30 Uhr angefangen. Nach Feierabend ging Reinhard regelmäßig spazieren, auch wenn es noch so kalt war. Die Landschaft bot einen schöneren Anblick als die Baracke. Eine Gaststätte in Fichtenau hatte jeden Wochentag ein Tagesessen auf dem Speiseplan. Solange Reinhard ohne Familie war, nahm er nach Feierabend diese Einrichtung in Anspruch. Es war wichtig, zumindest einmal am Tag etwas Warmes in den Magen zu bekommen. Das Essen war wahrlich nichts Besonderes, aber es kostete »nur« 80 Pfennig. Aber auch diese 4,00 DM in der Woche waren für Reinhard Geld, das ihm zum Monatsende fehlte. Gezahlt wurde in der Gaststätte immer freitags, wenn Zahltag war. Zum Beispiel verdiente Reinhard vom 12.11 bis 31.12 1959 als Glasmachergeselle in der Woche brutto 113,40 DM. Netto waren das also weit unter Hundert Mark. Es musste für ihn und seine Familie reichen. Wenn es das Winterwetter auch nur halbwegs erlaubte, fuhr er am Samstag nach der Arbeit mit seinem Moped die 97 Kilometer nach Altenried, wo jetzt Anni mit der kleinen Helga bei Reinhards Eltern wohnte. Er wollte auf keinen Fall den Samstagnachmittag und Sonntag nicht auch noch in der Baracke verbringen. Er hatte außer seinem ehemaligen Meister Hauser auch noch keine Bekannten, bei denen er am Abend mal vorbeischauen konnte.

Der erste Tag verlief ohne große Aufregung. Hauser hatte es tatsächlich fertig gebracht, dass Reinhard zu ihm auf die Werkstatt kam. Wie schon erwähnt, stellten die zu produzierenden Artikel – Vasen oder Becher – keine großen Anforderung an Reinhard. Nach einer Woche kamen der Hüttenmeister und der Betriebsleiter zu Hauser. Sie versprachen, dass sie beim nächsten Wechsel der *Glashäfen* Bleiglas bekommen sollten. Damit könnten sie hochwertige Artikel herstellen. Hauser konnte es gar nicht mehr erwarten, seine Fähigkeiten unter Beweis zu stellen. Im Grunde genommen war es Reinhard egal, welche Artikel er anzufertigen hatte. Hauptsache der Stückakkord stimmte. Es war eine Frau, die das fertiggestellte Glas zum Kühlofen brachte und auf einer Holztafel mit kleinen Löchern das streichholzgroße Pflöckchen um ein Loch weiter steckte. So konnte man genau wissen, wie viel Stück man hergestellt hatte. Am Morgen brachte der Hüttenmeister das »Auftragsbuch« zur Werkstatt. Darin waren die Artikel und die Anzahl festgelegt, die zu machen waren. Der Meister trug nach Arbeitsschluss die jeweiligen Stückzahlen ein. Am Kühlofen erfolgte die Kontrollzählung und Beurteilung des gefertigten Gegenstands. War es »erste Wahl«, wurde der volle Stücklohn bezahlt. War es »zweite Wahl«, gab es einen Abzug. Oft war der Streit zwischen dem Meister und den »Abnehmern«, so wurden die Leute bezeichnet, die den Qualitätsstandard festzustellen hatten, vorprogrammiert. Lag ein Glasfehler vor, zum Beispiel weil die Kühlofentemperatur zu hoch oder zu niedrig eingestellt war, so dass man das Produkt nicht mehr verkaufen konnte, musste dem Glasmacher dennoch der volle Stücklohn bezahlt werden. Diese Fälle mussten von dem tatsächlichen Ausschuss unterschieden werden, den mangelhafte Arbeit produziert hatte. Wenn sich die Parteien nicht ei-

nigen konnten, entschied der Hüttenmeister oder Betriebsleiter. Reinhard wurde auf Hausers Werkstatt erster Gehilfe. Der zweite Geselle, ein Einheimischer, passte sich gut in die Arbeitsgruppe ein. Ein Helfer und ein Lehrling, die die Vorposten für die Gesellen machten, waren anfangs dem Arbeitstempo nicht gewachsen. Doch Reinhard und sein zweiter Gehilfe schafften es, ihnen klar zu machen, dass man nur dann mehr Geld verdienen konnte, wenn das Arbeitstempo forciert wurde. So entwickelte sich bald ein gut eingespieltes Team. Als endlich die Glashäfen gewechselt wurden, bekam Hauser sein Bleiglas. Oft stand von nun an der Hüttenmeister in einer etwas entfernten Ecke und beobachtete die Hauser-Werkstatt. Hauser und Reinhard waren jetzt in ihrem Element. Sogar ein Lob vom Firmenchef persönlich wurde den beiden ausgesprochen.
An Heiligabend wurde gearbeitet wie an jedem anderen Tag. Sofort nach Feierabend machte sich Reinhard auf den Weg nach Straußlach. Es war Neuschnee gefallen und er kam mit seinem Moped nur langsam voran. Er hatte für seine kleine Helga und Anni ein Geschenk gekauft, das er in einem Karton auf dem Gepäckträger mit einem Riemen befestigt hatte. Er trug seine Dreivierteljacke aus »Kunstleder«, um auf dem Motorrad vor dem kalten Fahrtwind einigermaßen geschützt zu sein. Doch durch die Kälte wurde das minderwertige »Kunstleder« starr wie ein Brett. Wenn Reinhard seinen Arm bewegte, glaubte er zu hören, wie es krachte, und er bekam Angst, dass die Joppe womöglich Bruchstellen bekam. Er hatte noch nicht die Hälfte der Strecke hinter sich, als zu der schlechten Witterung auch noch eine Panne hinzukam. Das Fahrzeug ruckelte plötzlich und blieb stehen. Zwar ging der Motor nicht ganz aus, aber er konnte am Gasgriff drehen, wie er wollte, das Ding bewegte

sich nicht mehr. Die Ursache war schnell gefunden: Das Gasseil war gerissen. Zum Glück oben am Griff! So machte er eine Art Schleife, steckte den behandschuhten Finger durch und zog an dem Seil. Der Motor heulte auf. Es half nichts, er musste das Gasgeben mit dem Finger regulieren. Bei der glatten Fahrbahn und dem mittlerweile einsetzenden Schneetreiben kein leichtes Unterfangen. Als Reinhard Altenried erreichte, war es bereits 19.00 Uhr. Er stellte sein Moped im Schuppen seiner Eltern ab und ging mit dem durchgeweichten Karton zur elterlichen Wohnung. Wie konnte es anders sein – Anni öffnete die Tür. Sie war schon den ganzen Abend unruhig gewesen. Bei diesem Wetter konnte leicht ein Unfall passieren. Voller Freude schloss Anni Reinhard in ihre Arme. Rosi Bachner hatte mit dem Abendessen gewartet. Es gab traditionsgemäß Bratwürste mit Sauerkraut. Natürlich hatte Kurt Bachner einen wunderschönen Christbaum aus dem Wald geholt. Wie immer hatte dieser drei Reihen plus Gipfel! Anni und Rosi hatten den Baum geschmückt. Reinhard hatte aber nur Augen für seine kleine Helga. Heute an Heiligabend musste die Zweijährige noch nicht ins Bett. Nach dem Abendessen gab es für jeden ein bescheidenes Geschenk. Reinhard bekam von Mutter und Vater handgestrickte Socken und von Anni ein Hemd mit Krawatte. Von Reinhard gab es für Vater eine Großpackung Zigaretten, seine Lieblingssorte »Salem Nr. 6«. Für Mutter einen Küchenschurz. Anni bekam einen Pullover und Klein-Helga eine Stoffpuppe! Für die nun schon vierzehnjährige Ingeborg hatten Anni und Reinhard zusammengelegt und ein paar schöne Schuhe gekauft, die sie sich gewünscht hatte. Die finanziellen Möglichkeiten waren, was Reinhard anbetraf, mehr als erschöpft. Er hatte keine Weihnachtsgratifikation bekommen. Man musste mindestens ein volles Jahr in der Firma sein, um Anspruch auf eine solche zu haben. Nun, viel war das ja sowieso nicht! Wie er von seinem Meister erfahren hatte, bekam dieser einen Gutschein über 25.00 DM, der wiederum in einem firmeneigenen Laden eingelöst werden musste. So konnte man also Lebensmittel und dergleichen damit einkaufen. Trotzdem waren Reinhard, die Eltern, Schwester Ingeborg und Anni glücklich, – und warum? Weil sie den Heiligabend zusammen verbringen konnten. Da spielten Geschenke nur eine geringe Rolle. Reinhard wurde es nicht langweilig. Töchterlein Helga und auch Ingeborg nahmen ihn für den Rest des Abends in Beschlag. Spät ging man zu Bett. Am Christsonntag und auch am zweiten Feiertag ging man zu den Verwandten und Bekannten. Einem alten Brauch folgend, schaute man sich ihren Weihnachtsbaum an. Den ersten Besuch nach dem Mittagessen am Weihnachtsfeiertag stattete Reinhard und die ganze Familie seiner Schwester Lisa ab. Die Zuneigung zueinander war, trotzdem man sich nicht mehr so oft sah, ungebrochen.

Es waren mehr als bescheidene Weihnachten, verglichen mit heute. Doch der Zusammenhalt innerhalb der Familie und im engen Freundeskreis war um so größer. Rückblickend sagt heute Reinhard: »Als es uns allen schlecht ging und wir Hungerzeiten und vieles mehr zu überstehen hatten, stand die Familie wie ein Fels in der Brandung! Jeder geht jetzt seine eigenen Wege, was zwar nicht grundsätzlich falsch ist, doch der Kontakt unter den Familienmitgliedern lässt sehr zu wünschen übrig. Man ist eben zu weit weg voneinander. Heimatvertriebene verschlägt es in alle Himmelsrichtungen. Und jeder hat nun selber Familie und kaum noch Zeit, sich viel um die anderen zu kümmern!« So rechtfertigt Reinhard das Verhalten innerhalb der Familie und unter den

Freunden. Man kann ihm anmerken, dass er selber Zweifel an seinen Argumenten hat. Nun aber wieder zurück ins Jahr 1959.

Schon einige Tage nach dem Weihnachtsfest wurde Reinhard ins Büro seiner Firma gerufen. In der Siedlung war eine Wohnung frei geworden. Man teilte ihm mit, dass er schon in einer Woche einziehen könne. Es war ein Zweifamilienhäuschen und er sollte die Parterrewohnung bekommen. Gleich nach Feierabend begab er sich zur Besichtigung der ersten eigenen Wohnung, die er mit seiner Familie beziehen sollte. Das Haus befand sich am Ende einer Sackgasse. Er holte die Schlüssel, die ihm der Siedlungsverwalter ausgehändigt hatte, aus der Tasche und öffnete die Haustür. Zuerst gelangte er in einen dunklen Vorraum. Er war noch mit der Suche nach dem Lichtschalter beschäftigt, als plötzlich die Beleuchtung anging. Eine Frau kam die Treppe herunter, sie hatte wohl das Licht angemacht. Noch bevor Reinhard sein »Grüß Gott« anbringen konnte, fragte die Frau, was er hier zu suchen hätte. »Ich ziehe hier demnächst ein. Mein Name ist Bachner!« Die Frau schien die Antwort gar nicht zur Kenntnis zu nehmen. Sie war erbost, dass man sie nicht über den neuen Mieter informiert hatte. Dann setzte die Dame zu einem regelrechten Verhör an: Sie wollte wissen, wo und was er arbeitet und wie viel Kinder hier wohl einziehen würden. Reinhard wollte nicht unhöflich sein. Er gab nur kurz Auskunft, dass er als Glasmacher bei der Firma Fichtner arbeite. Ohne auf weitere Fragen einzugehen, trat er durch die Tür in seine neue Wohnung. Es war wohl die Küche, die er betrat, denn außer einem Herd befand sich nichts im Zimmer. Ohne eine Aufforderung war ihm die Frau gefolgt. Das war denn doch zuviel! Reinhard sagte ihr unmissverständlich, sie möge ihn al-

leine lassen. Zu einem späteren Zeitpunkt sei er gerne bereit, ein Gespräch zu führen. Beleidigt verließ sie darauf die Wohnung. Reinhard schaute sich die übrigen Räume an und kam letztendlich zu dem Schluss, dass alles in Ordnung war. Eine Küche, ein kleines Schlafzimmer und ein etwas größeres Zimmer, das man über den Korridor erreichte, waren an Wohnraum vorhanden. Zur linken Seite des Korridors befand sich ein kleiner Abstellraum und die Toilette. Ein Bad oder eine Dusche gab es nicht. Zur damaligen Zeit war das durchaus nicht ungewöhnlich. Wie Reinhard später erfuhr, gab es in der oberen Wohnung einen Raum mit Badewanne und Toilette, den man aber nicht gerade als »Bad« bezeichnen konnte. Reinhard war jedenfalls überglücklich: Endlich konnte er seine Familie holen und aus der Firmenbaracke ausziehen.
Ein Arbeitskollege riet ihm zu einem Maler in Fichtenau, der kostengünstig und zuverlässig arbeitete. Tapeten kamen nicht in Frage. Die waren damals nur bei Leuten üblich, die eine größere Brieftasche hatten. Als die Malerarbeiten in Küche und Schlafzimmer abgeschlossen waren, ließ es sich Rosi Bachner nicht nehmen, ihren Sohn zu besuchen. Das größere Zimmer, das als Wohnzimmer gedacht war, wollte Reinhard später selber renovieren und einrichten. Zum jetzigen Zeitpunkt fehlte dafür das nötige Geld. Rosi Bachner gab ihrem Sohn Recht. Die Küche konnte vorerst als »Wohnküche« eingerichtet werden und die kleine Helga sollte noch eine Zeit lang bei der Großmutter bleiben. In der Firma hatte man Reinhard zugesagt, dass seine Frau eine Arbeitsstelle bekomme. Es war enorm wichtig, dass Anni mitverdienen konnte, um Möbel und andere Einrichtungsgegenstände zu kaufen. Die Frau, die mit im Haus wohnte, war nach einem längeren Gespräch mit

Reinhard etwas umgänglicher geworden. Sie war auch ohne Aufforderung bereit, den kleinen Vorgarten mit den Bachners zu teilen. Wahrscheinlich hatte sie erfahren, dass dies Reinhard im Mietsvertrag bereits zugesichert war. Anni legte besonders Wert auf eine gute Nachbarschaft und arrangierte sich so gut es ging mit der »Frau Feixner«, so der Name derselben.
Bei einer Möbelfirma in Weiden wurde Reinhard ermöglicht, die zum Kauf anstehende Wohnküche und das Schlafzimmer in monatlichen Raten abzubezahlen. Geliefert und aufgestellt wurden diese am 2. Januar; und schon am 3. Januar 1960 fand der Einzug in die neue Behausung statt. Anni konnte auch sofort ihre Arbeit im Glashüttenwerk Fichtner antreten. Trotz aller Schwierigkeiten waren sie froh, endlich eigene vier Wände zu haben. Da es in der neuen Wohnung kein Bad gab, kaufte Reinhard eine große Zinkbadewanne, wie sie zu jener Zeit üblich war. Das Badewasser wurde in einem riesigen Topf auf dem Küchenherd erhitzt und in die Wanne gegossen. Die Wäsche musste im Keller in einem großen Bottich, der mit Holz und Kohle geheizt wurde, gewaschen werden. Diese Einrichtung wurde gemeinsam mit dem Mitbewohner genutzt. Man musste sich absprechen, wer wann waschen konnte. Es war alles etwas gewöhnungsbedürftig; hatte man doch bei Reinhards Eltern in Altenried wenigstens ein Bad zur Verfügung gehabt.
Reinhards Optimismus war ungebrochen. Anni jedoch konnte diesen nicht immer mit ihm teilen. Ihre Arbeit in der Fabrik begann um 7.00 und endete um 17.00 Uhr. Dann kamen die Hausarbeiten am Abend. Zudem kochte sie für den nächsten Tag das Mittagessen vor. Reinhard hatte aus Ersparnisgründen das Essen in der Gaststätte natürlich aufgegeben. In einem zweiteiligen Kochgeschirr nahm er sich von dem am Vortag

von seiner Frau zubereiteten Essen etwas in die Glashütte mit. Um 9.00 Uhr war in der Hütte die Essenspause angesetzt. Das Kochgeschirr mit Inhalt wurde zuvor rechtzeitig auf eine geeignete Stelle am Schmelzofen gestellt und aufgewärmt. In der Regel kam Reinhard um 15.00 Uhr von der Arbeit heim. Es war fast immer notwendig, dass er sich von Kopf bis Fuß waschen und die Unterwäsche samt Oberhemd wechseln musste. Die Arbeit am Glasofen war schweißtreibend, auch im Winter. Im Sommer kam es schon einmal vor, dass das Hemd vom Schweiß richtiggehend salzig und starr wurde. Reinhard machte, ob Sommer oder Winter, den Küchenherd an und stellte den Wasserzuber auf, damit Anni schon mal warmes Wasser hatte, wenn sie nach Hause kam. Ständig mussten Holz und Kohlen vorrätig sein. Wenn dann Anni so gegen 22.00 Uhr mit Kochen und Abwasch fertig war, fiel man müde ins Bett. Meistens wurde der Waschtag auf den Samstag gelegt, weil Anni zwei Stunden früher Feierabend hatte. Waschmaschine oder Kühlschrank waren damals unbekannte Dinge! Wenn man sich damals ein Stück Wurst oder Fleisch leistete, wurde es an einem Ort im Keller deponiert, um es frisch zu halten, meistes aber wurde es gleich verbraucht. Anni und Reinhard hatten noch nicht einmal ein Radio. Erst viele Monate später erstand Reinhard so ein Gerät von einem Elektrohändler in Fichtenau. Es war von einem Kunden zurückgegeben worden, weil es nicht funktionierte. Der Händler reparierte es und bot es zu einem Sonderpreis an. Es war zwar nicht größer als ein Kinderschuhkarton, aber es machte Musik und man konnte die Nachrichten hören. Einmal in der Woche kam nach 22.00 Uhr ein Kriminal-Hörspiel; da freuten sich die beiden schon Tage vorher darauf, nicht eine Folge wurde versäumt. Anni und Reinhard waren glücklich. Sie waren jeden

Abend zusammen, was für beide etwas ganz Neues war. Obwohl seit 1957 verheiratet, hatten sie erstmals vier eigene Wände. Sie fanden auch Freunde in der Nachbarschaft und im Ort. Reinhard war mit seiner schönen Stimme aufgefallen und das brachte ihm ein Angebot, im Fichtenauer Gesangsverein »Frohsinn« mitzusingen. Er war auch der Initiator zur Gründung einer Betriebs-Fußballmannschaft. Leider wurde diese bereits nach einem halben Jahr wegen Geldmangels wieder aufgelöst, weil die Firma ihre monatliche Spende einsparte. Doch Reinhard und seine Zither waren bald in ganz Fichtenau und der näheren Umgebung bekannt. Auch so manchen Abend im Gesangsverein umrahmte er öfter mit seiner Musik, was ihm wiederum gratis so manche »Brotzeit« mit Getränk einbrachte.

Anni wurde seit geraumer Zeit immer schweigsamer, ja sie kränkelte jetzt häufiger und Reinhard fiel auf, dass ihre sprichwörtliche Fröhlichkeit wie weggeblasen war. Anfangs glaubte er, dass sie vielleicht Heimweh hätte; doch es wurde nicht besser – im Gegenteil, es wurde schlechter. Obwohl sie mit ihren Arbeitskollegen ein sehr gutes Verhältnis hatte und auch die Nachbarn keine Probleme bereiteten, weinte sie oftmals ohne einen triftigen Grund. Reinhard konnte sie letztendlich überreden, einen Arzt aufzusuchen. Im Nachbarort gab es einen, dem ein guter Ruf vorausging. Sie bekamen einen Termin am Abend, um keine Arbeitsstunden zu versäumen. Damals gab es keine *bezahlten* Arbeitsstunden für Arztbesuche. Viele praktische Ärzte hatten in jener Zeit am Abend nach 18 Uhr eine spezielle Sprechstunde für Berufstätige. Einfach während der Arbeitszeit zum Arzt gehen oder gar wegen irgendeiner Unpässlichkeit zu Hause bleiben – das hätte in der Firma früher oder später Folgen gehabt. Im Wiederholungsfall konnte es leicht den Arbeitsplatz kosten.

Der Arzt bat Anni und Reinhard zusammen in sein Sprechzimmer. Nachdem er anschließend bei Anni eine eingehende Untersuchung vorgenommen hatte, kam er zu der Überzeugung, dass sie organisch völlig gesund sei. Er vermutete ein seelisches Problem. Er wollte mit Reinhard noch ein Vieraugengespräch führen. Anni begab sich derweil ins Wartezimmer. Als Erstes wollte der Doktor von Reinhard wissen, ob es in der Ehe Probleme gäbe. Dieser konnte glaubhaft versichern, dass die Ehe mehr als gut war. Dann kam der Arzt auf die kleine Helga zu sprechen, die noch bei der Großmutter in Altenried war. Reinhard selbst hatte gegenüber dem Mediziner den Verdacht geäußert, dass die Trennung von ihrer kleinen Tochter Annis Zustand verursachen könnte. Der Arzt kam zu der festen Überzeugung, dass dies die wahre Krankheit sei, an der seine Frau leide. Er legte Reinhard nahe zu überlegen, ob es nicht besser wäre, das Kind nach Fichtenau zu holen. Natürlich litt auch der Vater unter der Trennung von seiner Tochter. Doch konnte dieser es besser verkraften. Nichts würde er lieber tun, als dem Rat des Arztes zu folgen. Nur war dies nicht so einfach und daher gut zu überlegen. Auf das Geld, das Anni verdiente, war man angewiesen. Es waren die monatlichen Raten für die Möbel zu bezahlen. Um einigermaßen über die Runden zu kommen, reichte der Lohn von Reinhard bei weitem nicht aus. Dass die kleine Helga zu ihren Eltern kommen sollte, war längst beschlossene Sache. Das wurde aber erst machbar, wenn es gelang, einen Kindergartenplatz für sie zu finden. Reinhard war schon einige Male bei der Leiterin des Kindergartens vorstellig geworden. Doch im Moment gab es keinen freien Platz. Da nun einwandfrei feststand, was die Ursache von Annis Krankheit war, musste so schnell wie möglich eine Lösung gefunden werden. Während eines Besuchs bei den Eltern in Altenried/Straußlach sprach Reinhard mit Vater und Mutter über die Sache. Vater meinte ebenso wie Reinhard selbst, Helga müsse zu ihrer Mutter. Rosi Bachner dagegen bat, nichts zu übereilen. Dem Kind gehe es bei den Großeltern ja gut. Und wie solle es denn finanziell in Fichtenau weitergehen, wenn Anni wegen der Versorgung der Kleinen daheim bleiben und ihre Stelle kündigen müsse? Sie nahm Anni zur Seite, um ihr zu beteuern, dass die Tochter bei ihr in guten Händen sei. Sie bot ihr sogar an, mit Helga, wie schon einmal, eine Woche zu Besuch nach Fichtenau zu kommen. Sie würde die Besuchszeit nutzen, um den Garten zu bepflanzen, was sie ja gerne tat. Sie wollte in dieser Zeit auch kochen, damit Anni in ihrer knappen Freizeit mit dem Kind zusammen sein konnte. Und so geschah es. Anni und Reinhard folgten dem praktischen Ratschlag dieser erfahrenen Frau: Es war eine herrliche Woche, als Rosi Bachner tatkräftig im Haushalt mithalf und Anni viel mit ihrer Tochter spielen konnte. Aber schon einen Tag, nachdem Rosi Bachner mit der kleinen Helga wieder abgereist war, brach Anni in Weinkrämpfe aus und alles war noch schlimmer als vorher.

Reinhard hatte im Vereinslokal des Gesangsvereins einen Mann kennen gelernt, der auf dem Gemeindeamt beschäftigt war. Im Laufe einer Unterhaltung kam er auf die Schwierigkeiten zu sprechen, in Fichtenau einen Kindergartenplatz zu bekommen. Die Gemeinde war nur zum Teil für die Finanzierung des Kindergartens zuständig. Die größte Summe steuerte die Kirche bei. Deshalb waren die Erzieherinnen durchwegs Ordensschwestern. Reinhards Gesprächspartner versprach, sich mal beim Bürgermeister und Pfarrer umzuhören. Er war nämlich der Meinung, dass Reinhard ganz vorne auf die Warteliste gehörte, schon alleine wegen des Gesundheitszustands seiner Frau. Zwei Wochen später kam ein Telefonanruf in die Firma und Reinhard wurde ins Büro bestellt. Am Apparat war die Leiterin des Kindergartens. Sie bat Reinhard, nach Arbeitsschluss zu ihr ins Geschäftszimmer zu kommen. So schnell hatte er die etwas steil ansteigende Straße, die hinauf zum Kindergarten führte, noch nie zurückgelegt. Dort hatte die zuständige Ordensschwester gute Nachrichten: Es war ein Platz frei geworden. Die erste Voraussetzung, diesen zu bekommen, bestand darin, dass man dem katholischen Glauben angehörte. Da dies bei der jungen Familie Bachner der Fall war, wurde ihnen der freie Platz zugesprochen. Reinhard war überglücklich! Nun konnte er seine kleine Helga nach Fichtenau holen. Er freute sich schon, diese gute Nachricht seiner Frau zu überbringen. Was aber ganz besonders wichtig war - die Kinder konnten schon um 6.45 Uhr gebracht werden und bekamen auch eine warme Mahlzeit zum Mittag. Dafür musste gewährleistet sein, dass sie um 14.00 Uhr abgeholt wurden. Selbstverständlich war eine monatliche Gebühr zu entrichten. Zusehends konnte Reinhard feststellen, wie seine Frau regelrecht aufblühte. Beide konnten das Wochenende, beziehungsweise den Samstagnachmittag nicht mehr erwarten, um endlich ihre Tochter zu holen. Leider war das aber nicht möglich. In der Hütte mussten die Glashäfen gewechselt werden, was bedeutete, dass Reinhard nach der regulären Arbeitszeit Überstunden zu leisten hatte. Er schöpfte das restliche Glas aus den Häfen. Erst dann konnten sie herausgeholt werden. Am späten Samstagabend kam Reinhard endlich nach Hause. Todmüde legte er sich schlafen. Er hatte sogar auf ein Abendbrot verzichtet. Er wollte einfach nur ausruhen.

Anni hatte sich so darauf gefreut, ihre kleine Tochter heim zu holen. Nun war wieder nichts daraus geworden. Reinhard versprach, mit dem Betriebsleiter zu reden, um frei zu bekommen. Er hatte durch zusätzliche Arbeiten wie etwa das Hafenschöpfen und Hafenersetzen nicht wenige Überstunden gut. Am nächsten Morgen aber wurde Reinhard ins Büro gerufen. Der Prokurist erwartete ihn bereits und teilte ihm mit, dass die Firma dringend ein oder besser zwei Glasmacher brauche. Er wollte wissen, ob Reinhard in der Umgebung von Straußlach welche kenne, die man eventuell anwerben könnte. Natürlich kannte dieser viele ehemalige Arbeitskollegen, die sich zum Teil auch verändern wollten. Daraufhin schlug der Prokurist ihm vor, ihn nach Straußlach zu begleiten, um nach geeigneten Glasmachern zu suchen. Reinhard überlegte nicht lange und sagte zu. Das war eine Chance, auch nach Altenried zu kommen und auf diesem Weg seine kleine Helga abzuholen. Gleich am nächsten Tag wollte man losfahren. Reinhard fragte, ob er seine Tochter auf der Rückfahrt abholen könne, was ihm ohne weiteres gestattet wurde. Bereits um acht Uhr früh trafen sie sich zur Abfahrt. Reinhard wurde erlaubt, im Büro das Telefon zu benutzen. Er wollte seine Mutter darauf vorbereiten, dass er vorbeikomme, um Helga mitzunehmen. Es war nicht einfach, die Mutter zu erreichen. Damals gab es in vielen Haushalten kein Telefon. In der Stelzerstraße zum Beispiel gab es nur eine einzige Familie, die ein Telefon besaß. Es war der direkte Nachbar der Familie Bachner, der als Betriebsschlosser in der Porzellanfabrik angestellt war. Da er ständig zu den ungewöhnlichsten Zeiten wegen dringender Reparaturen in die Fabrik eilen sollte, wurde ihm ein »Firmentelefon« eingerichtet. Dieser Apparat war sozusagen für die ganze Stelzerstraße die einzige Möglichkeit, eine dringende Nachricht zu übermitteln. Reinhard hatte Erfolg und

sprach kurz mit seiner Mutter. Und ab ging es nach Straußlach in einem weinroten Mercedes. Zuerst fuhren der Prokurist und Reinhard einige Adressen von Glasmachern an, die möglicherweise nach einem neuen Arbeitsplatz suchten. Am späten Nachmittag traf Reinhard endlich einen ehemaligen Kollegen, der ernsthaft Interesse zeigte, nach Fichtenau zu kommen. Er war froh, dass diese kleine Geschäftsreise nicht ganz erfolglos verlief. So war es bereits 20 Uhr, als der Mercedes in der Stelzerstraße vorfuhr. Rosi Bachner hatte längst alle Sachen gepackt und die Freude der kleinen Helga war groß, als sie begriff, dass sie mit einem schönen Auto zur Mama gebracht werden sollte. Nur die Großmutter hatte Tränen in den Augen, als das Auto die Stelzerstraße verließ. Schon unterhalb der Siedlung in Fichtenau stieg Reinhard mit seiner Tochter aus. Er wollte den Weg nutzen, um mit seiner Helga alleine zu sein und sie auf die Mama vorzubereiten. Bei späteren Familienzusammenkünften erzählte Anni Bachner oft von der Ankunft ihrer Tochter in Fichtenau. Reinhard hatte den Moment genossen. Er war mit Helga nicht über den steilen Berg gegangen, sondern hatten einen kleinen Umweg gemacht.
So kamen die beiden zu der Rückseite des Hauses. Unten am Gartenende floss ein kleiner Bach und der Weg führte über eine schmale Holzbrücke. Die kleine Helga plapperte dabei ununterbrochen mit ihrem Papa. Als sie über den Steg gingen und schon fast am Haus waren, sagte die Kleine zum wiederholten Male: »Papa, jetzt sind wir bald bei Mama!« Natürlich hatte die »Mama« das Fenster geöffnet und immer wieder Ausschau nach den beiden gehalten. Sie hörte diese Worte und hat sie ihr Leben lang nicht wieder vergessen.. Als sie ihre kleine Helga in den Arm nahm, konnte sie die Tränen nicht mehr zurückhalten.

Reinhard sah, dass Anni eine große Last von der Seele fiel: »Ich bin ja so froh, dass du da bist!«
Obwohl die nun folgende Zeit für die junge Familie Bachner sehr schwierig wurde, waren Anni und Reinhard sehr glücklich, endlich ein richtiges Familienleben führen zu können. Annis Gesundheitszustand besserte sich deutlich. Sie wurde wieder gesund. Die Sehnsucht nach ihrem Kind war der alleinige Auslöser ihrer Krankheit gewesen. Nun galt es aber, den Tagesablauf genau zu koordinieren. Reinhard musste bereits um 5.00 Uhr früh an seinem Arbeitsplatz sein. Anni richtete um 4.15 Uhr das Frühstück, räumte die Wohnung auf und machte sich fertig, um anschließend Helga zu wecken. Dann gab es Frühstück für die Kleine, die versorgt, gewaschen und angezogen sein musste, bevor sie außer Haus gingen. Um 6.45 Uhr gab Anni das Kind im Kindergarten ab und erreichte nur im Laufschritt gerade noch rechtzeitig ihren Arbeitsplatz. Arbeitsbeginn: 7.00 Uhr.
Reinhard hatte meistens um 14 Uhr Feierabend und fuhr sofort mit seinem Moped los, um seine Tochter vom Kindergarten abzuholen. Häufig stand die Kleine schon am Eingangstor und wartete auf den Papa. Manchmal ließ sich eine fünf- bis zehnminütige Verspätung leider nicht vermeiden. Dann fand Reinhard seine Tochter weinend am Gartentor vor. Wenn die anderen Kinder alle weg waren, glaubte sie nämlich, nicht mehr abgeholt zu werden. Manchmal hätte sich Reinhard nach der harten Arbeit in der Hütte gerne eine Stunde aufs Ohr gelegt, was aber nicht mehr möglich war. Bis Anni am Abend nach Hause kam, kümmerte er sich um seine Tochter, auch wenn er hundemüde war. Und auch danach gab es noch viel zu tun: Die alltäglichen Kleinarbeiten in Wohnung und Garten, das Vorkochen für den nächsten Tag oder auch Stopf- und Flickarbeiten. Nicht immer fand Anni die Zeit,

mit Helga ein bisschen zu spielen. Wenn dann endlich alles erledigt war, mussten sie meist schon zu Bett gehen. Um spätestens 4.00 Uhr früh war die Nacht vorbei. Am Samstag wurde ja ebenfalls bis Mittag gearbeitet. Um 13 Uhr kamen Anni und Reinhard nach Hause; zuvor musste Helga aus dem Kindergarten abgeholt werden. Wenn dann das vorgekochte Essen aufgewärmt und eingenommen war, verrichtete Anni die angefallenen Hausarbeiten und Reinhard betreute die Tochter. Anschließend wurde im Keller der Waschkessel angeheizt, denn am Samstag ging es ans Wäschewaschen und Wäschetrocknen. Am Abend wurde dann die große Zinkbadewanne in die Wohnküche gestellt und Wasser auf dem Küchenherd aufgesetzt. Erst wurde Helga gebadet und anschließend ins Bett gebracht. Reinhard erzählte ihr immer eine Geschichte zum Einschlafen. Er war der Letzte, der in die Badewanne stieg. Erst danach war die Küche wieder als solche zu benutzen. Und jetzt kehrte auch etwas Ruhe ein. Reinhard las in einem Buch. Manchmal holte er seine Zither, um etwas Musik zu machen. Anni dagegen war unermüdlich: Sie fing an, die bereits trockenen Wäschestücke zu bügeln. Nicht selten war es an solchen Samstagen weit nach Mitternacht, bis sie sich schlafen legten. Es war auch keine Seltenheit, dass auch noch ein Teil des Sonntagvormittags genutzt wurde, um die restlichen Arbeiten zu erledigen. Das Wochenende bestand also bestenfalls aus dem Sonntag.

Der restliche Sonntag wurde zur Erholung und zu Spaziergängen in die schöne Landschaft des Fichtelgebirges genutzt. Diese gemeinsamen, wirklich freien Stunden des Zusammenseins entschädigten die Familie für vieles.

Der Kontakt zu Reinhards Familie in Straußlach beziehungsweise Altenried war unverändert gut. Rosi Bachner kam oft nach Fichtenau zu Besuch. Und wenn es irgendwie möglich war, kamen Anni, Helga und Reinhard auch gerne in die Oberpfalz. Die Entfernung zwischen Fichtenau und Straußlach betrug nur 100 Kilometer. Allerdings war es immer eine Geldfrage, ob man sich die Bahnfahrt leisten konnte. Oft war das nicht der Fall. Im September 1961 wechselte Anni den Arbeitsplatz. Reinhard hatte nämlich erfahren, dass die in Fichtenau ansässige Knopffabrik Arbeitskräfte einstellte. Anni bekam sofort eine Stelle. In der Knopffabrik war der Stunden- und Akkordlohn etwas höher als in der Glasfabrik. Zur damaligen Zeit musste im wahrsten Sinne des Wortes mit jedem Pfennig gerechnet werden. Im Jahr 1961 verdiente Anni monatlich 197 Mark brutto. Im gleichen Zeitraum kam Reinhard als qualifizierter Facharbeiter auf monatlich 628 Mark brutto. Die Familie verfügte also über ein Gesamteinkommen von exakt 825 Mark brutto pro Monat. Von dieser Summe wurden natürlich noch Lohnsteuer, Kirchensteuer, Krankenkasse, Sozialabgaben (Rentenversicherung usw.) abgezogen. Dann waren der Strom, die Miete und eine Anteilzahlung für die Siedlungsgesellschaft fällig. Von den privaten Zahlungen für Kohle und Holz und den Raten für die Möbel einmal ganz abgesehen. Natürlich brauchte die dreiköpfige Familie auch etwas Geld zum Leben! So war es nicht verwunderlich, wenn Anni und Reinhard jeden Pfennig zweimal umdrehten, bevor sie ihn ausgaben. Persönliche Wünsche mussten da ganz hinten angestellt werden; auch wenn sie noch so bescheiden waren. Urlaub war für die Bachners wirklich ein Fremdwort! Sie waren schon glücklich, wenn sie einige Tage in Straußlach bei Reinhards Eltern verbringen konnten. Anni besuchte dann immer ihre Schwester Maria in Bergstein. Was aber besonders genossen wurde – man brauchte mal nicht zur Arbeit und

hatte etwas mehr Zeit füreinander als sonst. Annis Tätigkeit in der Knopffabrik war nicht gerade leicht. Reinhards Beruf war schwere körperliche Arbeit. Die ständige Hitze am Glasofen konnte auch einem gesunden jungen Menschen zu schaffen machen. Also genossen beide die so kostbare freie Zeit bei Eltern und Verwandten. Wie schon erwähnt, gab es damals ja noch keine sechs und mehr Wochen Urlaub.
Die 100 Kilometer Bahnfahrt nach Straußlach/Altenried mit dreimaligem Umsteigen war für die Familie Bachner, insbesondere aber für die vierjährige Helga, immer ein Erlebnis. Die Freude unter Reinhards Geschwistern war jedes Mal groß, wenn sie sich sehen konnten. Besonders Lisa strahlte, wenn ihr »Reinhardl« sie besuchen kam. Auch Lisas Kinder, die Tochter Helga und der Sohn Gerhard, sahen ihren Onkel gerne. Wusste er doch spannende Geschichten zu erzählen, so dass Gerhard oft beim Zuhören heiße Ohren bekam. Wenn der Besuch bei Reinhards Eltern manchmal auch viel zu kurz war – die Geschwister trafen sich immer. Lisa wohnte ja in der Stelzerstraße im selben Haus. Nur Willi war nach Weiden gezogen. Doch mit einer knappen Stunde Fahrzeit im Linienbus war auch er bequem zu erreichen. Josef hatte erst vor kurzem seine Familie nach Stuttgart nachkommen lassen. Er arbeitete dort schon seit 1957 bei der Post. Bis dahin hatten seine Frau Barbara und die drei Kinder (Werner, Marianne und Gisela) im Nebenhaus in der Stelzerstraße gewohnt. Reinhards Schwester Lisa betrieb nebenbei immer noch den kleinen Lebensmittel-Kiosk. Doch der Umsatz war dermaßen gering, dass sie den Laden bald aufgab. Lisa fand danach eine Halbtagsstelle als Verkäuferin in einem Laden mit Bäckerei in Altenried. Dadurch, dass Josef, Reinhard und Willi mit ihren Familien Straußlach verlassen hatten, wurde der Kreis immer

kleiner. Es war nicht mehr so wie in Grünheide oder später in Oberbühl. Da waren alle Familienmitglieder noch am gleichen Wohnort zu Hause. Die Zeit ging also auch nicht spurlos an der Familie Bachner vorbei. In der Umgebung von Straußlach wurden außerdem die Arbeitsplätze immer rarer. Wer einen solchen brauchte, musste in die Industriestädte ausweichen. So kam es zwangsläufig dazu, dass sich Freundschaften auflösten, die schon über Jahre gedauert hatten. Auch Reinhard traf seine alten Freunde aus Straußlach, Altenried und Oberbühl nur noch sporadisch. Wenn er nur für einen oder zwei Tage in der Stelzerstraße zu Besuch war, reichte oftmals die Zeit nicht, auch nur alle Geschwister oder Verwandten aufzusuchen. So waren Begegnungen mit Freunden und ehemaligen Schulkameraden eher zufällig.

Reinhard und seine Familie hatten sich in Fichtenau gut eingelebt. Reinhard selbst war nicht nur im Sport- und Gesangsverein aktiv. Er wurde auch auf ein Chorleiter-Seminar geschickt, um gegebenenfalls den Gesangsverein zu dirigieren, wenn der reguläre Chorleiter einmal ausfiel. Auf seiner Zither Musik zu machen, war mehr als nur ein Hobby. Oft konnte er sich ein paar Mark dazu verdienen, was wiederum der Haushaltskasse zugute kam. In der Glashütte war er ein geschätzter Fachmann und Kollege. Von seiner Gewerkschaft wurde er aufgefordert, sich bei der nächsten Betriebsratswahl als Kandidat zur Verfügung zu stellen. Überhaupt tat sich in der Firma seit geraumer Zeit sehr viel. Um »Einträger« und »Formenhalter« einzusparen, wurden Geräte erfunden, mit denen der Glasmacher durch einen Tritt auf ein Pedal die Maschine selbst bedienen konnte. Eine noch größere Überraschung war, dass Gastarbeiter aus Italien, Griechenland und anderen Ländern als Hilfskräfte eingestellt werden sollten. Reinhard freundete sich mit einem Inder an, der in der Firma als Praktikant arbeitete. So wurde es mit einem Schlag in der Firma Fichtner multikulturell. Hüttenmeister Boslowsky hatte mit den ausländischen Gastarbeitern seine liebe Not. Selbst der Betriebsleiter Salomon schien etwas überfordert zu sein. Obwohl man sie keineswegs als faul bezeichnen konnte, ließ ihre Arbeitsmoral des Öfteren doch zu wünschen übrig. Sie selber waren sich keiner Schuld bewusst. Es waren *Südländer*. Und ihre Mentalität konnten sie nicht einfach von heute auf morgen ändern. Reinhard entwickelte daraus seine eigene Philosophie, indem er einfach diesem Umstand Rechnung trug. Somit hatte er nur selten Probleme, geschweige eine Auseinandersetzung mit den »Gastarbeitern.«

Am Anfang des Jahres 1962 bekam Reinhard immer öfter Probleme mit dem Magen. Er musste sich in ärztliche Behandlung begeben, weigerte sich aber, sich krankschreiben zu lassen, obwohl ihm der Arzt dies nahe legte. Er machte seine »Rollkur« und hielt sich an die Magendiät, wie vom Doktor angeordnet. Er wollte und konnte sich in der augenblicklichen Lage keine Lohneinbuße leisten. Das Krankengeld und die Karenztage hätten die Haushaltskasse zu sehr belastet. Hauser, sein Meister, war zur Zeit wegen einer Operation im Krankenhaus und Reinhard führte somit die Werkstatt. Es machte ihm richtig Spaß, Meisterarbeiten zu verrichten. Er hatte keine Mühe die Anforderungen zu erfüllen, weil er schon länger derlei Arbeiten ausgeführt hatte.
Schon seit längerem mussten Reinhard und einige andere hervorragende Glasmacher feststellen, dass die Betriebsführung nicht immer die richtigen Entscheidungen traf. Ihr fehlte es of-

fenbar in einigen Dingen am fachlichen Wissen. Es rächte sich nun, dass einige Leuten in führender Position keine Ahnung vom eigentlichen Handwerk hatten. Oft wurden erst auf massiven Druck einiger Meister Entscheidungen rückgängig gemacht, die nicht nur finanzielle Schäden verursacht hätten. Auch Reinhard hatte regelmäßig mit Hüttenmeister Boslowsky Streit. Er ordnete an, Artikel zu produzieren, für die im Augenblick das Glas einfach nicht geeignet war. Wenn Boslowskys fachliche Argumente nicht ausreichten, warf er Reinhard sein Alter vor: Er sei viel zu jung, um die Dinge zu verstehen. Wenn sich am Ende dann doch herausstellte, dass Reinhards Vorschlag der bessere war, ließ sich der Hüttenmeister den ganzen Tag nicht mehr sehen.

Wieder einmal war ein Besuch in der Stelzerstraße geplant. Anni musste einen Tag Urlaub nehmen, weil in der Knopffabrik eine Maschine ausfiel. Diese Zwangsbeurlaubung war damals nicht unüblich. Reinhard bat Boslowsky, ihm einen Tag frei zu geben. Dafür versprach er, freiwillig zum Hafenausschöpfen an den zwei kommenden Samstagen anzutreten. Der Hüttenmeister willigte, wenn auch nicht gerade begeistert, ein. Diesen Besuch in der Stelzerstraße hat Reinhard bis heute nicht vergessen. Er saß mit seinem Vater am Küchentisch. Rosi Bachner hatte etwas abseits auf einem Holzschemel Platz genommen, hielt die Kaffeemühle zwischen den Knien und mahlte die Kaffeebohnen, die man heute Nachmittag aufbrühen wollte. Bohnenkaffee gab es nur, wenn Besuch im Hause war. Nach dem Kaffeetrinken bat Reinhard Kurt Bachner, ihm etwas aus der Zeit seiner Inhaftierung im Konzentrationslager Sachsenhausen zu berichten. Darauf kam Reinhard immer wieder hartnäckig zurück. Selten war der Vater dazu bereit: »Heute nicht!«, meinte er dann. Und dabei blieb es. Jetzt aber holte er sein Päckchen »Salem Nr. 6« hervor und steckte sich eine Zigarette an. »Meine Entlassung aus dem KZ Sachsenhausen liegt jetzt fast siebzehn Jahre zurück. Trotzdem fällt es mir immer noch schwer, über diese Zeit zu sprechen«, erklärte er. Doch dann begann Kurt Bachner zu erzählen:

Wie euch ja bekannt ist, kam ich am 23.12. 1939 nach Sachsenhausen. Einige Wochen vor meiner Ankunft gab es bei der Lagerleitung einige Veränderungen. Von Mithäftlingen erfuhr ich, dass bereits im Herbst 1939 der bisherige Lagerführer Eisfeld, der Kommandant von Sachenhausen, zum SS-Sturmbannführer befördert wurde. Sein Vorgänger Baranowski war schwer erkrankt. Hauptsturmführer Forster wurde neuer Lagerführer. Ich hatte anfangs noch große Schwierigkeiten, die ich euch ja schon geschildert habe. Doch von diesen Dingen vielleicht ein andermal.

Heute möchte ich die ersten Stunden meiner Ankunft in Sachsenhausen schildern. Es war am frühen Nachmittag, als ich im Lager ankam. Ich hatte schon einige Fußtritte hinter mir, noch bevor wir, die Neuankömmlinge, am Appellplatz Aufstellung nahmen. Da standen wir nun, in Reihen ausgerichtet, die Kopfbedeckung trotz eisiger Kälte in der Hand. Ich stand im zweiten Glied, trotzdem sah ich zur Mauer hin ein Schild mit Totenkopf und gekreuzten Knochen. Dem elektrischen Stacheldrahtzaun waren so genannte Spanische Reiter vorgelagert. Ich weiß heute nicht mehr genau, wie lange wir da standen, bis schließlich die SS-Männer kamen. Diese suchten sich einige Häftlinge aus und stellten Fragen. Es war egal, was man für eine Antwort gab. Die SS-Wachleute hatten uneingeschränkte Exekutivgewalt und konnten mit uns machen, was sie wollten. Der Häftling vor mir wurde aufs brutalste zusammengeschlagen. Als er umkippte und zu Boden fiel, sah ich, dass sein Gesicht vom zersprungenen Glas seiner Brille übel zugerichtet war. Noch bevor ich mich versah, hatte auch ich einen Fausthieb ins Gesicht bekommen. Ich taumelte, fiel aber nicht zu Boden. Die SS-Leute tobten sich hemmungslos an uns Häftlingen aus. Manche fielen um wie Mehlsäcke. Am Boden liegend, wurden sie mit Fußtritten traktiert. Als sie sich mit Schlägen verausgabt hatten, kam die nächste Tortur: Wir mussten in Hockestellung mit hinter dem Kopf verschränkten Armen regungslos bei eisigem Wind und Kälte ausharren. Die Hockestellung war im Lager unter dem Namen »Sachsengruß« bekannt. Später habe ich oft erleben müssen, wie Neuzugänge, die erst am Abend im Lager ankamen, die ganze Nacht im Freien stehen mussten. Selbst bei strengster Kälte mit entblößtem Oberkörper oder sogar splitternackt. Die Meinung des Lagerführers und auch die des Kommandanten war: »Den dreckigen Kanaken sollen erst mal die Läuse einfrieren.«

Ich hatte noch Glück im Unglück! Unser »Stehen« dauerte nur einige Stunden. Dafür hatte ich meine erste Begegnung mit dem berüchtigten SS-Rapportführer Gustav Sorge, genannt der »Eiserne Gustav«. Der Häftling, der vor mir umgefallen war, lag immer noch da. Somit war ich jetzt im ersten Glied. Der »Eiserne Gustav« trat an mich heran und fragte mich: »Warum hier?« Es war wie gesagt egal, was man antwortete; ein Faustschlag war das Mindeste, was folgte. »Weiß ich nicht ge…«, wollte ich sagen, da bekam ich auch schon einen Kinnhacken, dass ich strauchelte. »Unschuldig, was! – In welcher Partei gewesen?« Als ich mit »Sozialdemokrat« antwortete, bekam ich einen Tritt ans Schienbein und einen Schlag in die Magengrube. Ich krümm-

te mich vor Schmerzen, als er mich anschrie, ob ich Dreckskerl nicht gerade stehen könnte und ein weiterer Schlag begleitete seine Worte. Endlich wandte er sich von mir ab, um sich den Nächsten vorzunehmen.

Dann mussten wir Neuzugänge in die Wäscherei und uns vollständig entkleiden. Ich wurde geschoren – Kopf und Schamhaare – und registriert. Diese Prozedur, glaubte ich, nähme kein Ende mehr. Unsere Zivilkleidung wurde uns abgenommen. Wir bekamen die Einheitskleidung für Häftlinge und ob diese Lumpen passten oder nicht, kümmerte absolut niemanden. Es wurde mir ein Bündel dieser Fetzen hingeworfen und als ich sie angezogen hatte, sah ich eher aus wie ein Zirkus-August als ein Sträfling. An der Seitenwand des Raumes befand sich ein Spiegel an der Wand. Als ich mich darin sah, glaubte ich, einen fremden Menschen zu sehen. Die »Entpersönlichung« war ihnen voll und ganz gelungen. Ich hatte keinen Namen mehr, nur noch eine Nummer! Alle sahen wir irgendwie gleich aus.

Nach der Einkleidung wurden wir vom SS-Wachpersonal unter Prügeln und mit Peitschenhieben wie eine Rinderherde in die Dusche getrieben. Dort waren wir abwechselnd entweder eiskaltem oder siedend heißem Wasser ausgesetzt. Wehe es wagte einer, dem Duschstrahl zu entkommen: Der wurde sofort mit Faustschlägen und Tritten bestraft. Ich hatte mehrere Verbrühungen am ganzen Körper. Heute kann ich nicht einmal mehr mit Sicherheit sagen, wie der genaue Ablauf war. Eines ist sicher: Die Schikanen, Schläge und Fausthiebe spüre ich noch heute.

Ich bekam zur Kennzeichnung für die SS-Wachleute ein Dreieck an die Joppe – so genannte Winkel – aufgenäht. Ich bekam einen roten Winkel. Das Zeichen für politische Häftlinge.

Kriminelle hatten einen grünen und Angehörige religiöser Sekten (Bibelforscher) einen violetten. Es gab noch andere Erkennungszeichen, zum Beispiel für geistig Behinderte. Die mussten eine Armbinde tragen mit der Aufschrift «Blöde« oder »Idiot.« Damit wurden sie der Lächerlichkeit preisgegeben und die SS-Männer machten mit Vorliebe grobe Späße mit ihnen. Ich glaube, für heute reicht es. Natürlich könnte ich – ginge ich mehr in die Details – noch einiges über die »Neuzugänge« im KZ-Sachsenhausen berichten. Es ist nur so, dass diese furchtbaren Erlebnisse in mir immer wieder Trauer, aber auch Wut auslösen. Vor allem wenn ich daran denke, wie billig unsere Justiz jetzt diese Menschenschinder davonkommen lässt!

Kurt Bachner war für den heutigen Tag nicht mehr zu bewegen, auch nur ein einziges weiteres Wort über Sachsenhausen zu verlieren. Gerne hätte Reinhard noch erfahren, was aus den Schergen, wie etwa dem »Eisernen Gustav« (Gustav Sorge), und vielen anderen sadistischen Folterknechten geworden war. Kurt Bachner legte seinem wissbegierigen Sohn nahe, über die »Sachsenhausen-Prozesse« zu recherchieren, was Reinhard aber erst Jahre später tat. Er konnte damals noch nicht wissen, dass sein Leben einmal der Gegenstand eines Buches werden sollte. Heute ärgert er sich, dass er nicht sofort schriftliche Aufzeichnungen anfertigte. Trotzdem - manche Berichte seines Vaters sind ihm Wort für Wort im Gedächtnis geblieben. Auch die Reaktionen des Erzählers und seiner Zuhörer sind ihm noch sehr genau gegenwärtig. Wenn er daran denkt, wie sein Vater bei den Schilderungen Tränen in den Augen hatte oder ihm das nackte Grauen im Gesicht stand, kann er selbst heute noch schlecht einschlafen: »Das Schlimmste ist«, so Reinhard,

»dass sehr viele dieser uniformierten Menschenschlächter wieder ganz schnell in gute Positionen, ja in Amt und Würden gekommen sind. Dass sie weder ihre Pensionsansprüche verloren noch sonst jemals wirklich zur Rechenschaft gezogen wurden. Damit verhöhnte man die Opfer zum zweiten Mal. Und in diesem Punkt war die Kritik der jungen Leute während der 68er Bewegung vollkommen berechtigt. Insbesondere die deutsche Justiz hat keinem einzigen Altnazi aus ihren Reihen den Prozess gemacht. Nicht einem einzigen! Und bis in die höchsten politischen und gesellschaftlichen Kreise hinein sah man Leute Karriere machen, die wegen aktiver Beihilfe zum Völkermord von Rechts wegen hinter Schloss und Riegel gehörten!«

Durch spätere Nachforschungen haben Reinhard und ich (der Autor) erfahren, dass zum Beispiel der von 1943 bis 1945 als 1. Lagerarzt im KZ-Sachsenhausen tätige Dr. med. Heinz Baumkötter 1955 als »Nichtamnestierter« von der Sowjetunion in die Bundesrepublik überstellt wurde. Unbegreiflicherweise blieb er zunächst völlig unbehelligt! Erst als es ehemaligen Sachsenhausener Häftlingen gelang, seinen Aufenthaltsort ausfindig zu machen, wurde ein Verfahren gegen ihn eingeleitet. Das Urteil des Landgerichts Münster für diesen Mann – der sogar selber zugab, bei Erschießungen vieler russischer Kriegsgefangener sowie grausamen medizinischen Versuchen an Häftlingen mitgewirkt zu haben – lautete auf nur acht Jahre Gefängnis! Noch unglaublicher aber war: Er wurde vorzeitig aus der Haft entlassen! Was aber dem Fass nun den Boden völlig ausschlägt, ist: Baumkötter konnte ungehindert als Arzt weiterpraktizieren. Auch viele andere SS-Männer, die im KZ-Sachsenhausen die ungeheuerlichsten Verbrechen begangen hatten, fanden in unserer Bundesrepublik nachsichtige Richter.

Ich nenne nur einige Verbrecher, die überaus milde Urteile empfingen: *Kurt Eccarius,* Leiter des Lagergefängnisses, des so genannten »Zellenbaus«. Er hatte Häftlinge gefoltert und aufs grausamste zu Tode gequält! Strafe: vier Jahre Haft!! *Otto Wesel,* seines Zeichens SS-Obersturmführer und zeitweilig Adjutant des Lagerkommandanten von Sachsenhausen, bekam trotz *nachweislicher* Tötung von mehr als zweihundert Gefangenen – darunter auch Kinder und Frauen – siebeneinhalb Jahre Gefängnis! Die Aberkennung der bürgerlichen Ehrenrechte betrug lächerliche fünf Jahre! Viele Täter wurden erst gar nicht angeklagt, – wie etwa, um nur einen von vielen zu nennen, Dr. med Schmitz, der 2. Lagerarzt von Sachenhausen. Dieser führte medizinische Experimente an Häftlingen durch, die zum größten Teil tödlich endeten. Ein gegen ihn angestrengtes Verfahren wurde eingestellt. Die von ihm begangenen Schwerverbrechen blieben also schlicht ungesühnt! Er bekam in der Bundesrepublik dann ohne Schwierigkeiten wieder die Zulassung als Arzt! Genau wie der oben erwähnte Dr. Baumkötter. Reinhard packt bis heute die kalte Wut: »Wie sehr muss man eigentlich«, fragt er, »den hippokratischen Eid noch mit Füßen treten, um ein Berufsverbot zu erhalten? Statt sie wieder aufsteigen zu lassen, hätte man sie die Straße kehren lassen sollen! Für immer! Wie ist so etwas überhaupt möglich? Sicher, es gab in der Bundesrepublik einfach keine einheitliche Rechtspraxis. Da wurde viel dem Zufall überlassen – nicht nur im Aufspüren oder bei der Festnahme der Täter – sondern auch hinsichtlich des Strafmaßes. Die oft sehr milden Urteile der Richter führe ich auf die eigene Verstrickung ihrer gesamten Institution in den Naziterror zurück. Sie haben jedenfalls rein gar nichts getan, was diesen Verdacht entkräften könnte. Sie hatten ja noch nicht einmal die Kraft, in ihrem eigenen Laden Nazi-Verbrecher zu stellen.«

Reinhards Besuch in der Stelzerstraße war dieses Mal nur kurz gewesen. In Fichtenau angekommen, musste er erfahren, dass Hauser, sein Meister, aus gesundheitlichen Gründen seinen innig geliebten Beruf als Hohlglasmacher nicht mehr ausüben konnte. Er stellte Antrag auf Berufsunfähigkeitsrente. Vorübergehend übernahm Reinhard die Meisterstelle. Es folgten nun Wochen, in denen er nicht nur einige Mark mehr verdiente. Er fühlte sich richtig wohl in seiner Funktion als Meister und legte sich mächtig ins Zeug, um die Erwartungen, die man in ihn setzte, mehr als gut zu erfüllen.

Er wollte in absehbarer Zeit das dritte Zimmer seiner Wohnung einrichten, das ja noch immer leer stand. Als Erstes musste es natürlich gründlich renoviert werden. Reinhards Bruder Willi bot seine Hilfe an. Der war, was Maler- und Tapezierarbeiten anging, sehr geschickt. Willi blieb drei Tage in Fichtenau. Er war beratend zur Stelle, wenn es um Material wie Farbe und dergleichen ging, und am Abend saß man gemütlich zusammen in der Wohnküche. Das Zimmer war auf das Beste hergerichtet, als Willi abreiste. Jetzt musste eisern gespart werden, damit man das Zimmer auch wohnlich einrichten konnte. Noch war es nur ein Abstellraum für Dinge des täglichen Gebrauchs. Anni machte schon Pläne, was für Möbel in das Zimmer kommen sollten. Leider sollte es dazu gar nicht kommen. Anfang Juli 1962 überschlugen sich die Ereignisse. In der Glashütte wurde Reinhard ein Meister vor die Nase gesetzt. In fachlichen Dingen konnte dieser Reinhard nicht das Wasser reichen. Was für ihn sprach, war lediglich sein Alter und seine Herkunft. Er stammte aus

dem gleichen Ort wie der Firmenbesitzer und hatte daher wenig Ahnung von der Hohlglasfertigung. Reinhard hatte von einem Arbeitskollegen erfahren, dass der neue »Meister« noch nie mit der Bleiglasverarbeitung zu tun hatte; und dementsprechend waren seine Kenntnisse. Reinhard lehnte es daher ab, unter diesen Umständen bei ihm als Geselle zu arbeiten. Der Hüttenmeister versetzte Reinhard daher auf eine andere Werkstatt. Er, der mit Bleikristallglas umgehen konnte und bisher gute Arbeit abgeliefert hatte, musste nun Autovasen (damals große Mode) und Schnapsgläser blasen. Reinhard intervenierte beim Betriebsleiter und ging, als dies nichts brachte, direkt zum Firmenchef. Endlich wurde er zu diesem vorgelassen und Reinhard verbarg nicht im Geringsten seine Verärgerung. Natürlich wollte Fichtner (der Chef) Reinhard nicht als Arbeitskraft verlieren. Doch umstimmen ließ er sich dennoch nicht.
Zu Hause beim Abendessen machte sich Reinhard nochmals Luft. Anni kannte ihn zu gut, als dass sie ihm zugeredet hätte, die Lage einfach zu akzeptieren. Am nächsten Tag machte sich Reinhard nach Feierabend auf den Weg in eine 6 Kilometer entfernte Ortschaft, wo es ebenfalls eine große Glasfabrik gab. Der Geschäftsführer dieser Firma hatte ihn schon vor längerer Zeit einmal gefragt, ob er nicht lieber dort arbeiten wolle. Reinhard wurde von ihm freundlich in seinem Büro empfangen. Nach einem kurzen Gespräch bot der Geschäftsführer ihm einen Meisterposten an. Reinhard erbat sich noch eine Woche Bedenkzeit, was ihm zugestanden wurde. Mit dieser Zusage im Rücken wollte Reinhard noch einmal bei Herrn Fichtner vorstellig werden.
Ein schon lange geplanter Besuch bei seinem Bruder Josef in Stuttgart ließ sich plötzlich realisieren. Reinhard hatte noch

drei Tage Resturlaub und nahm die Gelegenheit wahr, diese für eine Stippvisite in Stuttgart zu nutzen. Leider war es schon aus finanziellen Gründen nicht möglich, dass die ganze Familie fahren konnte. So machte sich Reinhard schließlich alleine auf die Reise. Bei seiner Ankunft im Stuttgarter Hauptbahnhof fiel ihm beim Verlassen der Bahnhofshalle ein Werbeplakat auf: »*Wir stellen ein: Arbeiter für den Rangier- und Ladedienst! Bewerbungen sind an die Bundesbahn-Direktion Stuttgart zu richten.*« Aufmerksam studierte Reinhard den Aufruf. Er notierte sich Adresse und Telefonnummer. Es war nach den Querelen in der Firma in Fichtenau also durchaus möglich, erneut zur Eisenbahn zu wechseln. Den ganzen Tag ging ihm dieses Werbeplakat nicht mehr aus dem Kopf. Nach einem herzlichen Empfang bei seinem Bruder besprach er mit diesem nach dem Abendessen seine Absicht, eventuell wieder bei der Eisenbahn zu arbeiten. Josef, der bereits die Beamtenlaufbahn bei der Post eingeschlagen hatte, war auch der Meinung, dass dies bestimmt keine schlechte Idee sei. So verlegte Reinhard seine Abreise von Stuttgart nach Fichtenau auf den Nachmittag. Er wollte am Vormittag die Gelegenheit wahrnehmen, sich sofort persönlich bei der Bundesbahn-Direktion vorzustellen. Diese war nur wenige Gehminuten vom Hauptbahnhof entfernt. Schon um 9.00 Uhr ließ er sich vom Pförtner im Personalbüro anmelden. Er bekam sofort einen Termin. Ein älterer Herr empfing ihn freundlich und bat ihn, Platz zu nehmen. Reinhard berichtete kurz von seiner früheren Tätigkeit bei der Bundesbahn und schilderte die Beweggründe, warum er seinen Dienst damals quittiert hatte. Es sei die in Remscheid herrschende Wohnungsnot gewesen, die ihn zu diesem Schritt veranlasst habe - obwohl er eigentlich gerne geblieben wäre. Konzentriert und ruhig hatte der Mann zugehört.

Dann sagte er: »Herr Bachner: Legen Sie uns Ihre Arbeitspapiere und den beruflichen Werdegang mit den Prüfungszeugnissen vor.« Er erhob sich vom Stuhl, holte einen Vordruck aus einer Schublade, füllte ihn aus und überreichte ihn Reinhard: »Das ist ein Fahrschein von Fichtenau nach Stuttgart und zurück!« Erstaunt sah Reinhard den Beamten an. »Sie bekommen in den nächsten Tagen eine Vorladung zum Bahnarzt zugeschickt«, fuhr er fort. » Dieser entscheidet nämlich, ob Sie für den Dienst bei der Deutschen Bundesbahn tauglich sind!« Der Beamte erklärte Reinhard weiter, dass er den »Freifahrschein« dazu benutzen könne. Und sollte der Gesundheitstest positiv ausgehen, stünde einer erneuten Einstellung bei der Bahn nichts im Weg. Jetzt ging es Reinhard doch etwas zu schnell – er erklärte sich aber vorerst mit allem einverstanden.

Ganz in Gedanken schlenderte er die Königstraße hinauf, um sich die Innenstadt von Stuttgart anzusehen. Am Schlossplatz betrat er eine Telefonzelle, um seine Frau in der Firma anzurufen. Die Dame am anderen Ende der Leitung war nicht gerade begeistert, Anni von der Maschine wegzuholen. Reinhard bestand aber darauf und versicherte seiner Gesprächsteilnehmerin, dass das Telefonat sehr wichtig sei. Reinhard informierte seine Frau mit wenigen Worten und kündigte an, dass er später als geplant heimkäme. Gerne wäre er noch in eines der zahlreichen Lokale oder Cafés gegangen, um etwas zu trinken. In Anbetracht des Inhalts seiner Geldbörse verwarf er diesen Gedanken sehr schnell wieder. Auf der Heimreise ging er noch mal die Tagesereignisse durch. Zu einer Entscheidung war er, als er den Zug in Fichtenau verließ, dennoch nicht gekommen.

Anni war froh, dass ihr Mann wieder zu Hause war. Die kleine Helga durfte nachmittags im Kindergarten bleiben. Anni musste sich sehr beeilen, um nicht zu spät zu kommen. Wie immer wartete die Kleine bereits am Eingangstor. Von der Knopffabrik bis zum Kindergarten war ein ganzes Stück Weg zurückzulegen. Zur Siedlung war nochmals die doppelte Strecke zu gehen. Bis spät in die Nacht hinein, was sonst nicht ihre Art war, wurden die Pläne eines eventuellen Umzugs nach Stuttgart diskutiert. Auch die nächsten Tage wurde diesem Thema ein großer Stellenwert eingeräumt. Nach einer erneuten Auseinandersetzung mit der Betriebsleitung in der Glashütte entschied sich Reinhard für einen Wechsel zur Bundesbahn. Er nahm seine restlichen Tage Jahresurlaub und Überstunden, um nach Stuttgart zur »Bahnärztlichen Untersuchung« zu fahren. Zunächst verschwieg er in der Firma und auch im Bekanntenkreis sein Vorhaben. Der Gesundheitstest verlief positiv. Die Stelle bei der Bahn stand ihm offen. Und noch am gleichen Tag reiste er nach Fichtenau zurück.

Er musste jetzt nur noch warten, bis ihm die schriftliche Zusage von der Direktion zugeschickt wurde. Diese ließ nicht lange auf sich warten. Schon einige Tage später bekam er die Mitteilung, dass er in den Bundesbahndienst übernommen werde. Der Arbeitsvertrag lag auf seiner zukünftigen Dienststelle, einem Vorortbahnhof von Stuttgart, zur Unterschrift bereit. Reinhard musste jetzt bei der Firma Fichtner kündigen und die gesetzliche Kündigungsfrist von 14 Tagen einhalten. Gleich am nächsten Morgen während der Arbeitspause begab sich Reinhard ins Hüttenbüro. Nach einem kurzen Telefonat des Betriebsleiters wurde er zum Prokuristen bestellt. Ohne weitere Umstände kam Reinhard zur Sache. Der Prokurist wollte die Kündigung nicht entgegennehmen. Er erklärte, dass dies seine Kompetenz überschreite. Wieder gab es ein kurzes Telefongespräch. Dann wurde Reinhard zum Chef vorgelassen. Dieser wollte natürlich den Grund wissen, warum Reinhard kündigte. Dieser gab zu, dass die Querelen und die abgelehnte Meisterstelle die hauptsächlichen Ursachen für die Kündigung seien. Fichtner versicherte Reinhard, dass diese Dinge sofort von ihm höchstpersönlich aus der Welt geschafft würden. Als Reinhard dennoch nicht einlenken wollte, versuchte Fichtner, ihn mit einem Angebot zum Bleiben in seiner Firma zu überreden. Er könne ein zinsloses Darlehen von der Firma bekommen, um sich ein Auto, zum Beispiel einen Volkswagen, zu kaufen. Die Rückzahlung sei wegen der niedrigen Raten keine zu große Belastung. Reinhard lehnte trotzdem ab. Er wusste nur zu gut, was Fichtner mit diesem *großzügigen* Angebot bezwecken wollte: Nämlich eine langfristige Bindung an die Firma. Er wäre nicht mehr frei gewesen und hätte alles akzeptieren müssen, was die Firma wollte. Solange das Darlehen nicht zurückgezahlt war, hätte die Firma ihn schlicht und einfach in der Hand gehabt.

Reinhard hatte vorsorglich die schriftliche Kündigung mitgebracht, die er nun seinem Chef auf den Tisch legte. Fichtner nahm das Kündigungsschreiben zwar entgegen, machte aber zugleich deutlich, dass Reinhard zu jederzeit die Kündigung widerrufen könne. Dieser war froh, als er endlich das Büro verlassen konnte. Zwei Wochen später, am 18.8. 1962, war somit Reinhards letzter Arbeitstag. In dieser Zeit gab es innerhalb der Familie noch viel zu tun. Anni musste nun bis zum Umzug nach Stuttgart alleine zurechtkommen. Dies erforderte unter anderem auch das Abholen der kleinen Helga aus dem Kindergarten. Reinhard versuchte, seine Frau so gut wie möglich zu unterstützen.

Eines hatten die beiden nicht in ihre Überlegungen einbeziehen können – Anni hatte nur zwei Tage nach Reinhards Kündigung definitiv erfahren, dass sie schwanger war. Natürlich wollten sie ein zweites Kind. Das stand außer Frage. Nur war es jetzt nicht gerade der günstigste Zeitpunk. Reinhards Freude war trotzdem groß! »Es wird bestimmt ein Junge«, sagte er zu seiner Anni, »dann haben wir *unser* Paar!« Mit seinem Optimismus und seiner Unbekümmertheit hatte er auch schnell seine Frau überzeugt: «Solange ich gesund bin und arbeiten kann, schaffen wir auch die größten Probleme!« Dieser Einstellung blieb Reinhard sein Leben lang treu! Anfang September, einen Tag vor seinem 27. Geburtstag, musste Reinhard seinen Dienst in Stuttgart antreten. Er reiste aber schon zwei Tage vorher an. Er konnte es nicht leiden, wenn er unter Zeitdruck geriet und war, genau wie sein Vater Kurt Bachner, von der überpünktlichen Sorte.

Wenn er sich auch im Beisein seiner Frau und der kleinen Tochter nichts anmerken ließ, so fiel ihm der Abschied von seiner Familie und auch von Fichtenau schwer. Hier waren sie zum ersten Mal eine glückliche, normal zusammenlebende Familie gewesen. Obwohl er in seinem noch jungen Leben schon oft Abschied nehmen musste – dieser, so fand er, tat besonders weh. Was ihm wohl am meisten zu schaffen machte, war die Trennung von der kleinen Helga. Wie schon bekannt, hasste es Reinhard, sich auf Bahnhöfen zu verabschieden. Er bat daher seine Frau, nicht mit zum Bahnhof zu kommen. Er nahm seinen Koffer samt Tasche und ging alleine los.
Als der Zug aus dem Bahnhof fuhr und er die ihm mittlerweile so vertraute Gegend durch das Zugfenster vorbeihuschen sah, war für eine ganze Weile sein sonst so großer Optimismus verflogen. Erst in Nürnberg kehrte dieser allmählich zurück; und mit ihm die gespannte Neugier auf den neuen Arbeitsplatz.

Und es war ja nichts Neues, dass Reinhard die Familie verlassen musste. Außer der Zeit in Fichtenau hatte er ständig mit derartigen Problemen zu tun. Wenn er an Remscheid dachte – an das Leben in Massenunterkünften oder Wohnheimen, unterbrochen von kurzen Besuchen zu Hause und das nicht enden wollende Abschiednehmen – dann konnte er sich in der gegenwärtigen Situation Mut zusprechen. Diese Erinnerungen machten ihn jetzt trotz alledem stark. Er hatte sich die letzte Zeit schon so an das Familienleben gewöhnt und jetzt ging eben alles wieder von vorne an. Zwar war Stuttgart nicht ganz so weit von Fichtenau entfernt wie etwa Straußlach von Remscheid. Doch die Zugverbindung war auch nicht gerade ideal. Nur mühsam konnte er die dunklen Gedanken aus seinem Kopf vertreiben. Erst als die ersten Vorortbahnhöfe von Stuttgart durch das Zugfenster zu erkennen waren, konzentrierte er sich wieder auf die Gegenwart.

In Baden-Württemberg

Es war ein regnerischer Tag, als Reinhard im Stuttgarter Hauptbahnhof den Zug verließ. Seine zukünftige Dienststelle, ein Vorortbahnhof von Stuttgart, war nur mit einem Nahverkehrszug zu erreichen. Die Fahrt dauerte aber nur wenige Minuten, dann war er am Ziel. Mit Koffer und Tasche beladen, machte er sich auf den Weg ins Personalbüro seiner zukünftigen Dienststelle.
Er hatte, mit seinem Gepäck beladen, einen Fußmarsch von zwanzig Minuten hinter sich, als er das Verwaltungsgebäude erreichte. Ein Mann in Eisenbahneruniform führte ihn zum zuständigen Personalbeamten. Dieser bat ihn Platz zu nehmen und dann begann die übliche Prozedur, die Reinhard schon kannte. Das Eintragen in die Personalakte, die Arbeitspapiere, die Vorlage der Zeugnisse und vieles andere mehr nahm schon einige Zeit in Anspruch. Er bekam einen vorläufigen Dienstausweis ausgehändigt, der ihm erlaubte, die Bahnanlagen zur Dienstausübung zu betreten. Ein so genannter »Laufzettel« wurde ihm ebenfalls gegeben, wo er sich noch überall zu melden hatte und unter anderem auch Dienstkleider fassen konnte. Die nächste Aktion war – so stand es auf diesem Zettel – sich ins Wohnheim zu begeben, um eine Unterkunft zu bekommen. Also machte sich Reinhard mit Koffer und Tasche auf den Weg dorthin. Wieder waren zwanzig Minuten Fußweg zu bewältigen. Normalerweise war das keine Distanz für Reinhard – nur mit schwerem Gepäck war es doch ziemlich anstrengend. Natürlich fuhr auch eine Straßenbahn, doch Reinhard wollte sich die Fahrtkosten spa-

ren. Er wusste nämlich, dass es einige Zeit dauern würde bis zum nächsten Zahltag. Es war also eine längere Durststrecke zu überwinden. Er konnte nur wenig Geld mitnehmen. Die Familie hatte schließlich Vorrang und Ersparnisse gab es so gut wie nicht. Was Reinhard und seine Frau verdienten, reichte gerade mal zum Leben. Die Ratenzahlung für die Möbel ließ einfach kein Sparen zu.

Im Wohnheim selber war der Heimleiter nicht anwesend. Der Stellvertreter wies ihm ein Zimmer im ersten Stock zu. Dieses musste er sich mit einem Kollegen teilen, der aber nicht anwesend war. »Es gibt nicht viel zu erklären«, meinte sein Begleiter. »Das frisch bezogene Bett und der leere Schrank ist für Sie!« Ohne ein weiteres Wort verließ er daraufhin das Zimmer. Irgendwie kam sich Reinhard etwas verloren vor. Die Betten standen links und rechts an der Wand. Unter dem großen Fenster, durch das Reinhard einen Weinberg erkennen konnte, stand ein Tisch mit zwei Stühlen. Am Zimmereingang befanden sich rechts die Schränke und zur linken Hand ein Waschbecken mit Spiegel. Die Toiletten und Duschen befanden sich auf dem Flur. Sie wurden von allen Bewohnern des Stockwerks benutzt. Reinhard packte seinen Koffer aus und verstaute den Inhalt im Schrank. Er machte sich anschließend frisch und schaute sich das Wohnheim etwas genauer an. Erst jetzt bemerkte er, dass er keinen Schlüssel hatte, um das Zimmer zu verschließen. Er war gerade im Begriff, den Heimleiter zu suchen, als dieser ihm bereits entgegenkam und ihm die Schlüssel für Zimmer und Haupteingang überreichte. Nach einer halben Stunde wusste Reinhard, dass das Heim, nur durch einen schmalen Grünstreifen getrennt, an der Hauptstraße lag. Links und rechts standen einige Wohnhäuser und nach hinten ging es in die Weinberge. Als Reinhard sein

Zimmer wieder aufsuchte, war auch sein Mitbewohner anwesend. Reinhard stellte sich vor und reichte ihm die Hand. Die Begrüßung durch Eugen Seeburger, so hieß er, fiel zwar nicht unfreundlich aus, aber Reinhard merkte sofort eine gewisse Distanz, wenn nicht gar Abneigung gegen den Neuankömmling. Seeburger verließ den Raum, um aus der Gemeinschaftsküche – wo jeder Heimbewohner auch ein kleines Vorratsfach besaß – etwas Essbares zu holen. Er setzte sich, breitete Brot und Butter auf dem Tisch aus und begann, ohne dabei ein Wort zu sprechen, mit dem Essen. Erst als er mit seinem Vesper fertig war, wandte er sich Reinhard zu, der auf seinem Bett saß, und sprach: »Damit wir uns gleich richtig verstehen. Ich habe Schichtdienst und brauche meine Ruhe!« »An mir soll‹s nicht liegen«, antwortete Reinhard und fuhr etwas ärgerlich fort: »Ich habe mir das Zimmer nicht ausgesucht, es wurde mir zugewiesen!« - »Sie sind nicht der Erste, den ich bekomme«, erläuterte Seeburger. »Bis jetzt hatte ich nur Säufer, die sich nachts übergaben und ständig zur Toilette liefen!« Reinhard gab ihm keine Antwort. Er wollte nicht gleich am ersten Tag Streit haben. Er verließ das Zimmer und suchte den Aufenthaltsraum auf.
Nur drei Männer waren anzutreffen. Reinhard grüßte und setzte sich an den großen Tisch. Einer der Anwesenden fragte: »Neu hier?« - »Ja«, antwortete Reinhard. »In welchem Stock?«, fragte dieser weiter. »Im ersten«, sprach Reinhard und fügte hinzu: »Seeburger heißt mein Zimmerkollege!« Der andere fing an zu lachen: »Mit dem hast du keinen guten Fang gemacht!« Der noch sehr junge Mann rückte seinen Stuhl näher zu Reinhard heran und fing an, ihn über seinen Zimmerkollegen aufzuklären. Was er erfuhr, war für einen »Neuen« wie ihn nicht gerade aufbauend. Seeburger war Hobby-Astrologe und vertraute

den Sternen ohne Einschränkung. Er hatte fünf Kinder und eine strenge Frau. Er versah als Beamter auf einem Stellwerk seinen Dienst. Mit Kollegen gelegentlich ein Bier trinken – das kam für ihn nicht in Frage. Wer um 22 Uhr nicht im Bett war, war in seinen Augen ein Herumtreiber und Trinker. Mit der erneuten Bemerkung, Reinhard habe mit ihm nicht gerade das große Los gezogen, verabschiedete sich der junge Bursche. Reinhard war trotz seines Alters kein unerfahrener Mann. Schon oft hatte er sich mit den verschiedensten Typen herumschlagen müssen. Er brauchte nur an Remscheid zu denken. Als er aufs Zimmer kam, saß Seeburger am Tisch und hatte Zettel und Blätter mit astrologischen Zeichen auf diesem ausgebreitet. Reinhard holte etwas von dem Essen aus der Reisetasche, das ihm Anni für die Hinfahrt eingepackt hatte. Seeburger war ganz in seine Astrologie vertieft und bemerkte gar nicht, dass doch zumindest die Hälfte des Tisches dem »Neuen« zustand. Reinhard verließ das Zimmer abermals. Er wollte noch ein Stück spazieren gehen, um die nähere Umgebung kennen zu lernen. Als er nach etwa zwei Stunden zurückkam, lag Seeburger schon mit einem Buch im Bett. Reinhard konnte unschwer erkennen, dass es sich bei der Lektüre um Astrologie handelte. Auch er war müde von der Reise und dem Kofferschleppen. So ging er sich waschen und legte sich gleichfalls ins Bett.

Als Reinhard am nächsten Morgen erwachte, war Seeburger schon weg, er hatte dies gar nicht bemerkt. Er ging ohne Frühstück zum Personalbüro. Der *Laufzettel* sah dies nämlich vor. Er wurde vom Sicherheitsbeamten aufgeklärt, wie er sich im Gleisbereich und auf dem Bahngelände zur Dienstausübung zu verhalten hatte. Reinhards Einwand, er wisse dies sehr gut, war er doch lange Zeit im Rangierdienst tätig, wurde mit einer Handbewegung zurückgewiesen. Dann ging es zum Personalrat, was besonders wichtig war, weil dieser bei der Wohnungsvergabe mit zu entscheiden hatte. Endlich wurde er zu seiner zukünftigen Arbeitsstelle gebracht. Ursprünglich war ja geplant, Reinhard im Rangierdienst einzusetzen. Doch aufgrund eines akuten Personalmangels wurde er in der Gepäck- und Expressgutabfertigung gebraucht. Diese befand sich zusammen mit der Fahrkartenausgabe im Personenbahnhof. Der war etwa zehn bis fünfzehn Minuten Fußweg vom Güter und Rangierbahnhof entfernt.

Reinhard sollte also am nächsten Tag mit der Frühschicht seinen Dienst beginnen. Er wurde einem Kollegen zugeteilt, der ihn einarbeiten sollte. Ludwig Neubauer war sein Name, aber alle nannten ihn nur »Lucky!« Er war ein freundlicher und umgänglicher Mensch, mit dem sich Reinhard auf Anhieb verstand. Der Dienstplan war in vier Touren eingeteilt, was bedeutete, dass man jede Woche in eine andere Tour wechselte. Lucky und Reinhard hatten »Tour 1«, was besagte, dass es mit »Früh und Nacht« losging! Frühdienst von 6 Uhr bis 12 Uhr und Nachtdienst von 20 Uhr bis 6 Uhr. Nachtdienstfrei gab es nicht immer. Der Dienstplan wies nämlich in manchen Schichten einen so genannten »Stumpendienst« auf. Man musste also am selben Tag nach der Nachtschicht nochmals von 16 Uhr bis 20 Uhr arbeiten. Bei vielen Kollegen der Gepäck- und Expressgutabfertigung hatte sich eine Unmenge an Überstunden angesammelt. Schon nach drei Tagen Einarbeitung machte Reinhard bereits selbstständig Dienst. Ludwig Neubauer (Lucky) konnte als erster seine Überzeit abbauen. Es dauerte auch nicht lange und der Neuling war im Kollegenkreis gut aufgenommen. Einen für

Reinhard besonders großen Vorteil hatte der Schichtdienst in vier Touren: Alle vier Wochen gab es ein so genanntes »langes Wochenende.« Waren auch die drei Wochen zuvor ziemlich hart – das »lange Wochenende« entschädigte für vieles. Reinhard konnte somit alle vier Wochen seine Familie besuchen. Wenn man am Freitag die Frühschicht tauschen konnte, und dies war meistens möglich, konnte man schon am Donnerstag nach der Nachtschicht nach Hause fahren. Dienstbeginn war dann wieder am Dienstagmittag der folgenden Woche.

Kurz vor Weihnachten 1962 durfte Reinhard schon einige Tage Überzeit abfeiern. Wie bereits erwähnt war seine Frau im siebten Monat schwanger und Reinhard konnte ihr einige Arbeiten abnehmen und sie auch sonst unterstützen. Vor allem die kleine Helga war immer überglücklich, wenn Papa zu Hause war. Doch es ließ sich nicht vermeiden: Reinhard hatte wieder einmal Dienst an Heiligabend und am ersten Weihnachtsfeiertag. Am zweiten Feiertag machte er Dienst für einen Kollegen. Doch das war allemal noch besser, als im Wohnheim beim Kollegen Seeburger zu sitzen. Dafür konnte er über Silvester und Neujahr für einen Kurzbesuch nach Fichtenau fahren.

Die Wochenenden verbrachte Anni Bachner meistens in Straußlach beziehungsweise in Altenriet bei Reinhards Eltern. Rosi Bachner kümmerte sich rührend um ihre Schwiegertochter. Sie wollte sie auch nicht mehr alleine in Fichtenau lassen. So konnte es sein, dass Reinhard manchmal seine Familie in Altenriet besuchen musste. Er freute sich natürlich, konnte er doch auch wieder einmal seine Eltern und Geschwister sehen.

Reinhards Bruder Josef, der bekanntlich in der Nähe von Stuttgart wohnte und in der Innenstadt bei der Post arbeitete, traf sich oft mit Reinhard. Auch an manchen freien Sonntagen war er bei Josefs Familie eingeladen. Für Reinhard waren diese Zusammenkünfte immer ein Stück Heimat gewesen.

Es war der 5. Februar 1963, ein Dienstag , als Reinhard keine Ruhe mehr fand. Er machte sich Sorgen um seine Frau. Obwohl er wusste, dass sie bei seiner Mutter war, beruhigte ihn dies nur bedingt. Er suchte nach der Frühschicht den Personalbeamten auf und bat ihn um die Erlaubnis, für zwei oder drei Tage zu seiner Familie fahren zu dürfen. Da Reinhard, wenn Not am Mann war, sich immer zur Verfügung stellte und so manchen Sonderdienst schob, kam dieser der Bitte nach. Am nächsten Morgen fuhr er mit der erstmöglichen Zugverbindung nach Altenriet. Doch die Ankunft in Straußlach verzögerte sich durch einen Lokschaden des Schnellzugs um einige Stunden. So kam Reinhard erst Mittwoch gegen 17 Uhr in Altenriet an. Als er zu seinen Eltern in die Stelzerstraße wollte, traf er im Hausflur seinen Vater, der gerade Brennholz aus dem Keller holte. Ohne die sonst so herzliche Begrüßung sagte dieser sofort: »Mach dich nur gleich auf den Weg ins Krankenhaus nach Straußlach. Du bist vor einer Stunde Vater geworden – es ist ein Junge!« Reinhard war nicht sofort in der Lage, seinem Vater zu antworten. »Nun geh schon«, sagte er und stieg lachend mit seinem Holz die Treppe hoch. Erst ging Reinhard schnell, doch schon nach wenigen Metern fing er zu rennen an. Als er im Kreiskrankenhaus ankam, war er außer Atem und der Schweiß lief ihm den Rücken hinunter. Er betrat das Krankenzimmer und sah, wie die Schwester gerade seiner Frau das Baby in den Arm legte. Reinhard stand noch immer etwas durcheinander an der Tür, als die Schwester ihn am Arm nahm und ans Bett führte. Anni, noch von der Geburt gezeichnet, aber mit einem stolzen Lächeln im Gesicht, winkte ihren Reinhard zu sich. Mit schwacher Stimme sagte sie: »Ist er nicht ein Prachtkerl?« Reinhard schaute auf das kleine Bündel Mensch im Arm seiner Frau und war wieder nicht fähig, auch nur ein Wort zu sagen. Was ihm bis heute noch gut in Erinnerung ist, das waren die schwarzen Haare, die aus dem Bündel im Arm seiner Frau unübersehbar hervorstanden. Die Schwestern auf der Entbindungsstation hatten dem kleinen Kerl bereits seine schwarzen Haare zu einer »Hochfrisur« gekämmt. Immer noch stand Reinhard vor dem Bett seiner Frau und noch immer war er sprachlos. Die Schwester nahm der Mutter das Kind aus dem Arm und reichte es spontan dem Vater. Unbeholfen und übervorsichtig strich er den kleinen über die winzige Wange – es war die erste Berührung zwischen Vater und Sohn.

Reinhard war überglücklich und froh, hier zu sein. Er hätte viel versäumt, wenn er nicht vom Dienst befreit worden wäre. Bis spät in den Abend hinein blieb er im Krankenhaus. Erst als ihn die Stationsschwester höflich aber bestimmt aufforderte, der jungen Mutter etwas Ruhe zu gönnen, verließ er das Krankenzimmer. Bis spät in die Nacht saß er dann mit den Eltern und der Schwester zusammen und kostete es aus, zum zweiten Mal Vater geworden zu sein. Vor allem, was viele Leute ja für sehr wichtig hielten, einen »Stammhalter« zu haben. Natürlich war auch Reinhard glücklich, dass es ein Junge war. Das Allerwichtigste jedoch hieß: Mutter und dem Kind geht es gut! Ingeborg, mittlerweile schon 18 Jahre alt, freute sich ebenso, wie auch Lisa und alle anderen Geschwister. Der Name, sollte es ein Junge werden, war schon lange beschlossene Sache. »Günter« (ohne h) sollte er heißen! Reinhards Bruder Willi hatte sich sofort bereiterklärt, als Pate zur Verfügung zu stehen. Reinhard hatte nach

Rücksprache mit dem Arzt und der Stationsschwester bereits den Tauftermin festgelegt. Dieser konnte, noch während Anni im Krankenhaus war, über die Bühne gehen. Da die Kirche nur wenige Meter entfernt vom Krankenhaus lag, gab es in dieser Hinsicht auch kein Problem. Für Reinhard war es wichtig, dabei zu sein! Darum drängte er darauf, die Taufe noch in der ihm verbleibenden Zeit vorzunehmen. Obwohl es in dieser kurzen Zeitspanne einige Schwierigkeiten gab, klappte es letztendlich doch noch. Am Tag der Taufe fing es in den Morgenstunden bereits zu schneien an. Doch auch dies war für den Taufpaten Willi kein Problem. Er trug den Täufling höchstpersönlich durch tiefen Schnee zur Kirche. Nach der Taufe versammelte sich die halbe Verwandtschaft im Krankenzimmer bei der stolzen Mutter. Sie saß aufrecht im Bett und im Arm hielt sie ihren kleinen Günter und jeder, der wollte, konnte den schwarzhaarigen Kerl bewundern. Annis Bruder Josef, der in Straußlach in einer Bank tätig war, erzählte von seinem ersten Besuch im Krankenhaus wie folgt:

»Als ich meine Schwester zum ersten Mal besuchte, kam ich an der Säuglingsstation vorbei. Durch das Fenster der Station konnte man die Neugeboren in ihren Bettchen sehen. Es waren vier belegt. Ich brauchte keine Minute, dann wusste ich, wer mein Neffe war! Eine Schwester, die gerade vorbeikam, bestätigte mir meine Vermutung. Es konnte nur der mit dem ungewöhnlich starken Haarwuchs, der mit den schwarzen Haaren sein!« Noch bei späteren Zusammenkünften, als Günter schon zur Schule ging, erzählte Onkel »Sepp« diese Geschichte immer wieder. Eine Tauffeier, wie sie heute so üblich ist, gab es damals nicht. Nachdem man der Mutter und dem Vater zum Stammhalter gratuliert hatte, war es mit der Feier auch schon vorbei. Nur der

Taufpate blieb noch bis zum Abend in der Stelzerstraße, wo Rosi Bachner einen selbstgebackenen Kuchen und Kaffee spendierte. So schwer es auch Reinhard fiel, er musste wieder nach Stuttgart und seine Familie in der Obhut seiner Mutter lassen. Einziger Trost – er wusste sie dort gut aufgehoben. Er selbst konnte es kaum erwarten, bis endlich das »lange Wochenende« wieder kam. Zwar freute sich Reinhard, wenn er dann in der Stelzerstraße zu Besuch war, auch die Eltern zu sehen. Nur ein richtiges Familienleben war das halt nicht. So bemühte er sich, wie schon so oft in den Jahren zuvor, eine Wohnung zu bekommen. Zwar hatte man ihm schon zweimal eine solche angeboten, nur war er nicht mehr der *junge Springinsfeld*, der sich über den Tisch ziehen ließ. Natürlich versuchten die zuständigen Leute, dem jungen Familienvater aus »Bayern« vor allem solche Wohnungen zu vermitteln, die sie offensichtlich nicht loswerden konnten. Doch Reinhard blieb diesmal hart: Auf keinen Fall wollte er eine Altbauwohnung ohne Bad oder Dusche. Die Wohnungen, die ihm bis jetzt angeboten wurden, waren durchweg in einem schlechten Zustand und ohne Bad. Eine davon sogar mit einer Gemeinschaftstoilette auf dem Flur. Noch vor ein oder zwei Jahren hätte er wohl alles angenommen, was man ihm anbot. Jetzt lehnte er ein solches Angebot entschieden ab. Er war entschlossen, sollte er keine annehmbare Wohnung bekommen, eine Kündigung seiner Arbeitsstelle nicht auszuschließen. Er teilte dies ohne Einschränkung seiner Dienststelle und dem Personalrat mit. Angesichts der ohnehin dünnen Personaldecke trug diese Entschlossenheit dazu bei, dass ihm bereits zwei Wochen nach der Geburt seines Sohnes ein erneutes Angebot gemacht wurde: eine Wohnung im Stadtteil Stuttgart-Bad Cannstatt. Die Häuser waren noch keine sieben Jahre alt und somit auch die Wohnungen in einem annehmbaren Zustand. Schon nach seiner ersten Besichtigung war er bereit, den Mietvertrag zu unterschreiben. Der Besitzer der Wohnung war eine Baugenossenschaft, in die auch die Bundesbahn Geld investiert hatte. Somit hatten Mitarbeiter des öffentlichen Dienstes Vorrang als Mieter. Natürlich waren die Wohnungen noch nicht mit einer Zentralheizung oder dergleichen ausgestattet. Man musste also noch mit der Holz- und Kohleheizung vorlieb nehmen. Doch dies war kein Grund, Reinhards Freude zu schmälern. Er wollte nun so schnell wie möglich seine Wohnung in Fichtenau aufgeben und die Familie nach Stuttgart holen.

Nachdem endlich der Mietsvertrag vorlag und von Reinhard unterschrieben war, konnte der Umzugsplan erstellt werden. Es war kein leichtes Unterfangen, alles zu organisieren. Reinhard musste erst die Wohnung in Fichtenau auflösen, die Möbel einer Spedition zum Transport nach Stuttgart übergeben und natürlich seinen Dienst machen. Die zwei Tage Sonderurlaub für den Umzug musste er für die Zeit einplanen, in der die Möbel in Stuttgart ankamen. Erschwert wurde alles noch durch das widrige Winterwetter. Die Temperaturen lagen unter minus 15 C°. Reinhard nutzte eines der langen Wochenenden, um mit seiner Mutter nach Fichtenau zu fahren. Es mussten ja neben den Möbeln auch die persönlichen Sachen wie etwa Kleidung usw. in Kartons verstaut werden. Es waren gut 20 cm Neuschnee gefallen, als Reinhard mit der Mutter in Fichtenau ankam. Sie machten Feuer im Herd und gingen sofort an die Arbeit. Am Nachmittag kamen die Männer von der Spedition, um die Möbel zu zerlegen und ladefertig zu machen. Mutter und Sohn schliefen auf Matratzen in der beheizten Küche. Bereits um 5.00 Uhr früh fingen sie wieder mit ihrer Arbeit an. Sie wollten keine zweite Nacht mehr in der Wohnung verbringen. Um noch am selben Tag nach Straußlach zu kommen, musste der Zug um 15.00 Uhr erreicht werden. Sie schufteten bis zum Umfallen. Um 14.00 Uhr war alles verpackt und die Wohnung sauber gemacht. Als sie durch den tiefen Schnee zum Bahnhof gingen und Reinhard die Wohnungsschlüssel bei der Hausverwaltung hinterlegte, kam so etwas wie Abschiedsstimmung in ihm auf. Noch bevor sie die Hauptstraße erreichten, drehte er sich noch einmal um, um einen letzten Blick auf die Wohnsiedlung zu werfen. Es sollten einige Jahre vergehen, bis er Fichtenau wieder zu sehen bekam.

Als die beiden todmüde in der Stelzerstraße ankamen, wurden sie schon ungeduldig von Anni und der übrigen Familie erwartet. Während Reinhard noch die Fragen seiner Frau beantwortete, fielen Rosi Bachner die Augen im Sitzen zu. Dankbar strich Reinhard der Mutter über das Haar. Sie hatte wohl den schwierigsten Teil der Arbeit geleistet. Schon am nächsten Tag musste Reinhard nach Stuttgart zurück. Er hatte um 20.00 Uhr seine Nachtschicht anzutreten und schon am nächsten Morgen kamen die Möbel.

Reinhards Zimmerkollege Seeburger (der Astrologe) hatte wieder einmal den ganzen Tisch in Beschlag genommen. Sogar auf Reinhards Bett lagen Blätter mit astronomischen Zeichnungen herum. In Anbetracht der nun neuen Situation – Reinhard zog in einigen Tagen aus – nahm er keine allzu große Rücksicht mehr. Bis zum jetzigen Zeitpunkt hatte Reinhard jegliche Auseinandersetzung vermieden. Nun war seine Geduld zu Ende. Er nahm die Blätter von seinem Bett und warf diese in den Papierkorb. Dann fegte er die ausgebreiteten Papiere und Ordner von der ihm zustehenden Tischhälfte, sodass diese durch das Zimmer wirbelten. Erst sah Seeburger Reinhard verwundert an, dann schrie er los: »Was fällt dir ein, du Rotznase, meine Sachen durch die Gegend zu schmeißen?« Er sprang von seinem Stuhl hoch und wollte Reinhard an die Kehle. Es blieb beim Wollen! Reinhard hatte ihn mit einem schnellen Griff in den so genannten »Schwitzkasten« genommen, so dass er keine Angriffsmöglichkeit mehr hatte. Ruhig und bestimmt sagte er ihm, dass er lange genug seine Schikanen ertragen habe. Dann schob er ihn mehr oder weniger mit Gewalt auf sein Bett und entließ ihn aus dem »Schwitzkasten.« Noch bevor er Luft holen und etwas sagen konnte, ermahnte ihn Reinhard dringend, jeglichen Angriffsversuch gegen ihn zu unterlassen; ansonsten könne er absolut sicher sein, dass es dann nicht mehr so glimpflich ablaufen würde wie eben. Reinhard setzte sich an den Tisch und deutete damit seinem Kontrahenten an, dass für ihn die Sache erledigt sei. Dieser erhob sich, sammelte die durch das ganze Zimmer verstreuten Zettel ein und murmelte etwas Unverständliches in seinen Bart.

Am nächsten Morgen, als Reinhard sich zu seiner zukünftigen Wohnung in die Mühlbachstraße begab, trafen sich die beiden auf dem Flur. Seeburger blieb stehen und unternahm etwas unbeholfen den Versuch, sich bei Reinhard zu entschuldigen. Reinhard nahm die Entschuldigung an und versicherte ihm, dass die Sache für ihn vergessen sei. Wortlos nahm Seeburger dies zur Kenntnis und ging in sein Zimmer. Reinhard hatte wahrlich andere Dinge im Kopf, als noch lange an diesen Zwischenfall zu denken. Als er in der Mühlbachstraße ankam, stand der Möbelwagen schon vor dem Haus.

Die Männer von der Spedition brauchten mehrere Stunden, um die Möbel aufzustellen. Vor allem das Schlafzimmer hatte unter den winterlichen Temperaturen gelitten. Durch die Kälte hatten sich mehrere Risse an den Seitenteilen und Schranktüren des Schlafzimmerschrankes gebildet. Eine zusätzliche Transportversicherung hatte Reinhard nicht abgeschlossen. Die wäre für seine Verhältnisse auch zu teuer gewesen. So musste er die Schäden einfach akzeptieren. Es war nicht die einzige schlechte Nachricht, die ihn am heutigen Tag erreichen sollte. Der Mieter im ersten Stock, also direkt über Reinhards Wohnung, war im Urlaub. Da er das Wasser nicht abgestellt hatte, war dies eingefroren und ein Wasserrohr geplatzt. Im Bad und in der Toilette drang das Wasser nun durch die Decke und sammelte sich schon fünf Zentimeter hoch am Boden, teilweise in gefrorenem Zustand. Auch die Wände waren in Mitleidenschaft gezogen. Als die Möbelpacker die Wohnung verlassen hatten, stand Reinhard mitten unter Kartons und Kisten ziemlich deprimiert im Zimmer. Er wusste nicht, wo er anfangen sollte, um zumindest etwas Ordnung in das Chaos zu bringen. Er machte die Heizung im Badezimmer an, um das Eis aufzutauen und das Wasser wegzubekommen. Es war ein mühseliges Unterfangen. Doch nach zwei Stunden hatte er es geschafft. Der Boden fing an, trocken zu werden. Für den Wasserschaden musste der Mieter vom ersten Stock geradestehen. Reinhard war entschlossen, das Badezimmer durch eine Firma renovieren zu lassen. Es war schon spät, als er sich in eine Decke wickelte, um auf den blanken Matratzen (die Betten waren noch verpackt) etwas zu schlafen. Von seiner Dienststelle bekam er noch einen zusätzlichen Tag unbezahlten Urlaub. Er musste ja Anni und die zwei Kinder aus Altenried nach Stuttgart holen. Als Anni zum ersten Mal die Wohnung in der Mühlbachstraße betrat, war sie schon etwas geschockt von diesem Durcheinander. Den vier

Wochen alten Günter im Kinderwagen, die knapp sechsjährige Helga an der Hand, so stand sie in dem Chaos, dass ohne jeden Zweifel in der Wohnung herrschte. Doch der Schock war nicht von langer Dauer. Die Freude über das neue Zuhause und das Zusammensein ließen alles andere vergessen. Es würde zu weit führen, die Anfangsschwierigkeiten ganz genau zu schildern. Doch kann sich wohl jeder leicht vorstellen, was sie die kommenden Wochen zu bewältigen hatten. Wenn finanzielle Mittel auch nur im kleinen Rahmen vorhanden gewesen wären, hätte dies schon viel geholfen. Auf Reinhard Bachner kamen zu den bestehenden Verpflichtungen aber weitere hinzu. Das erste Jahr in Stuttgart war geprägt von vielen Enttäuschungen, besonders was die finanzielle Seite des Lebens anbetraf. Gerne hätte Reinhard seiner Frau eine Wäscheschleuder gekauft, um die Wäsche, vor allem aber die Windeln und Kindersachen schneller trocken zu bekommen. Das konnte er schlicht nicht bezahlen. So beschloss Reinhard wieder einmal, etwas Geld dazuzuverdienen. Bei einer Spedition, die Güter bei der Bahn anlieferte, wurde er fündig. Ein Fahrer dieser Spedition vermittelte ihm eine Nebentätigkeit. So konnte er nach einer Nachtschicht, wenn er etwas geschlafen hatte, zwei bis drei, manchmal auch mehr Stunden arbeiten. Die Tätigkeit bestand hauptsächlich aus dem Be- und Entladen von Lastwagen und Waggons. Kühlschränke, Gefriertruhen, Elektro- und Gasherde mussten ein und ausgeladen werden. Es war keine leichte Arbeit, vor allem nicht, wenn man schon eine Zehnstundenschicht hinter sich hatte. Die Bezahlung war ebenfalls alles andere als üppig. 3.00 DM gab es für eine Arbeitsstunde. Wenn nur Stapelarbeit verrichtet wurde, waren es bloß 2.50 DM auf die Stunde. Am Nordbahnhof aber gab es eine Firma, die im Monat zweimal mit Zement beliefert wurde. Wenn von der Stammbelegschaft jemand fehlte, wurden Aushilfen angenommen. Auch da fragte Reinhard nach und bekam hin und wieder Gelegenheit, einige Stunden dort zu arbeiten. Dieser Job war knochenhart! Aus den Güterwaggons mussten die einen Zentner schweren Säcke zum Lastwagen getragen werden. Links und rechts bekamen Reinhard und die Kollegen je einen Zementsack auf die Schulter und ab ging es damit, zehn bis fünfzehn Meter bis zum Lastwagen. Die Waggons mussten schnell geleert sein, denn jede Stunde kostete Standgeld, das an die Bundesbahn gezahlt werden musste. Einziger Trost für Reinhard – es gab vier Mark auf die Stunde! Viele seiner Kollegen verdienten sich damals bei verschiedenen Firmen ein paar Mark nebenbei. Zu solch einer Tätigkeit war man praktisch gezwungen, wollte man sich etwas anschaffen, wie etwa einen Kühlschrank oder gar eine Waschmaschine. Im Falle Reinhards war es eben eine Wäscheschleuder.

Im ersten Jahr kam Reinhard oft mit der Familie seines Bruders Josef zusammen. Man besuchte sich gegenseitig und es war selbstverständlich, dass man sich gelegentlich auch half. In den Jahren danach war es nicht mehr so. Mag sein, dass jeder mit sich selbst zu tun hatte, aber als es allen etwas besser ging, wurden die Besuche immer seltener und zum Schluss traf man sich öfter bei den Eltern in Straußlach als daheim in Stuttgart. Es ist nun leider einmal so: In schlechten Zeiten rückt man zusammen, in besseren hat man mehr mit sich selber zu tun. Obwohl es nie einen Streit gab und bei den seltenen Zusammenkünften sich alle freuten – es war nicht mehr das, was es einmal war. Auch wurden die Familien durch die Heirat der eigenen Kinder immer größer. Somit hatte jeder seine Verpflichtungen. Trotz allem: Zu dieser Situation trug der beginnende Wohlstand wohl den größten Teil bei.

Nach einigen Wochen merkte Reinhard schnell, dass die zusätzlichen Tätigkeiten neben dem anstrengenden Schichtdienst bei der Bahn an seiner Substanz zehrten. Er war ständig müde, gereizt und hatte immer weniger Zeit, mit seiner Tochter zu spielen oder sich mit seinem kleinen Sohn zu befassen. Auch musste er feststellen, dass er sich seiner Frau gegenüber nicht immer korrekt benahm. So beschloss er, etwas kürzer zu treten, was die Nebentätigkeiten betraf. Einige Monate später legte ihm der Personalratsvorsitzende seiner Dienststelle nahe, doch die Beamtenlaufbahn einzuschlagen. So bewarb sich Reinhard erst einmal für die Laufbahn des einfachen Dienstes. Die Laufbahnprüfung sowie die weiteren Prüfungen waren für Reinhard kein Problem. In den Jahren von 1963 bis 1967 galt es, noch viele Durststrecken zu überstehen. Bis dahin hatte die Familie wenig von dem Wirtschaftswunder und dem Aufschwung in der Bundesrepublik mitbekommen. Es folgten immer wieder finanzielle Rückschläge; und es schien so, obwohl Reinhard auch weiterhin manche Nebentätigkeiten annahm, als ob man niemals auf den bekannten »grünen Zweig« kommen würde. Die Bezahlung im einfachen Beamtendienst war miserabel. Kinder- oder gar Urlaubsgeld gab es nicht, etwas später dann einige Mark. Da Sohn Günter seit einiger Zeit in einem Kindergarten untergekommen war, überlegte Reinhards Frau Anni, ob sie nicht eine Halbtagstätigkeit annehmen sollte. Im März 1967 bot sich eine gute Gelegenheit. Da der Kindergarten ganz in der Nähe der Mühlbachstraße war und die Arbeitsstelle auch nur wenige Minuten davon entfernt lag, nahm sie das Angebot sofort an. Natürlich wäre Anni gerne wieder in der Porzellanbranche tätig gewesen, da hätte sie nämlich als angelernte Fachkraft gezählt. Doch dazu gab es in der Umgebung von

Stuttgart kaum eine Gelegenheit. So musste sie halt Hilfsarbeiten verrichten, was ihr ja auch nicht sonderlich schwer fiel. Hatte sie doch auch schon in der Glas- und Knopffabrik schlecht bezahlte Arbeit verrichten müssen. Es galt nun, alles so zu organisieren, dass der kleine Günter auch pünktlich vom Kindergarten abgeholt werden konnte. Annis Chef erlaubte, wenn es denn nicht anders ging, den Frauen auch mal schnell den Arbeitsplatz zu verlassen, um die Kinder abzuholen. Auch die nun bereits zehnjährige Helga musste nun öfter auf ihren Bruder aufpassen und ihn vom Kindergarten abholen. Durch den Schichtdienst hatte Reinhard außerdem die Möglichkeit, auch zu einer *ungewöhnlichen* Zeit der Familie zur Verfügung zu stehen. Infolge der Halbtagsarbeit der Mutter, obwohl diese natürlich im untersten Lohnniveau lag, spürte die Familie doch so etwas wie eine kleine Verbesserung. Eine spürbare Entlastung aber war es nicht. Rückschläge, wie etwa die schlimme Erkrankung von Sohn Günter, kamen zu anderen Schwierigkeiten noch hinzu. Die Krankheit des Sohnes hätte beinahe in einer Katastrophe geendet. Der Junge wollte nichts mehr essen und hatte immer wieder Fieberanfälle zu überstehen. Die Kinderärztin tat diese Symptome am Anfang mit Wachstumsstörungen ab. Als es nicht besser, sondern noch schlimmer wurde, erklärte die Ärztin dies mit dem Argument: »Die jungen Mütter heutzutage geben sich zu wenig Mühe mit der Zubereitung von Kindermahlzeiten!« Anni war am Boden zerstört. Kein Vorwurf hätte ungerechter sein können als dieser. Günter wurde immer magerer und die Abstände der Fieberattacken immer kürzer. Als Reinhard von der Frühschicht nach Hause kam, saß der Kleine am Tisch. Anni hatte ihm seine Lieblingsspeise – Schokoladenpudding – zubereitet. Doch der Bub aß nichts! Er weinte still vor sich hin und streckte seine vom Fieber heißen Händchen dem Papa entgegen. Reinhard nahm ihn auf den Arm und streichelte ihn über den Rücken. Der Vater fühlte die Wirbelsäule des Kleinen sogar durch die Kleidung. Wo er auch seinen Sohn streichelte, er schien nur noch aus Haut und Knochen zu bestehen. Reinhard gab den Jungen seiner Frau in den Arm, zog seine Jacke an und ging. An der Korridortür drehte er sich um und sprach zu seiner Frau: »Ich gehe zu dieser Ärztin und ich verspreche dir, dass die mich kennen lernen wird!« Noch bevor Anni etwas sagen konnte, war er schon zur Tür hinaus. Es wäre auch zwecklos gewesen, ihn aufzuhalten.

Reinhard meldete sich für ein Gespräch mit der Kinderärztin bei deren Sprechstundenhilfe an. Hartnäckig wollte diese wissen, was er denn von ihrer Chefin möchte. »Das werde ich ihr selber sagen!«, antwortete Reinhard. Für die Arzthelferin war unschwer zu erkennen, dass der Mann, der da vor ihr stand, verärgert war. Als eine Frau mit einem Kind am Arm das Sprechzimmer verließ, wurde Reinhard in den Behandlungsraum gebeten. Auf die Frage, was sie für ihn tun könne, antwortete Reinhard: »Sehr viel!« Erstaunt sah die Ärztin von ihrem Schreibtisch auf, dann fragte sie: »Und was bitteschön?« - »Machen wir es kurz, Frau Doktor«, sagte Reinhard und fuhr fort: »Der Gesundheitszustand meines Sohnes dürfte Ihnen ja bekannt sein – oder etwa nicht?« - »Ja schon«, entgegnete sie, aber Reinhard ließ sie nicht weiter sprechen, sondern sagte in scharfem Ton: »Ich sage Ihnen, sollte meinem Sohn etwas passieren, mache ich Sie dafür voll verantwortlich!« - »Auf diese Art lasse ich mit mir nicht reden«, sagte auch sie nun mit verschärfter Stimme, »ich lasse mir von Ihnen nicht drohen!« - »Ich gebe Ihnen einen Tag Zeit«, meinte Reinhard, »und keinen Tag länger!« Seine Sprache verhieß nichts Gutes, als er fortfuhr: »Sollten sie in diesen 24 Stunden nichts unternommen haben, was denn Zustand meines Kindes betrifft, und sollte mein Sohn nicht mehr gesund werden, dann gnade Ihnen Gott!« Reinhard ließ mit seinem Auftreten keinen Zweifel daran, dass er es ernst meinte. Es schien, als ob die Ärztin dies erkannt hätte, denn sie sagte, sie wolle die Blutprobe von gestern nochmals analysieren lassen und im Labor gleich anrufen. Reinhard versicherte, dass ihm das egal sei. Er wolle morgen erfahren, was sie zu unternehmen gedenke, um den Gesundheitszustand seines Sohnes zu verbessern. Ansonsten werde er sein Kind auch ohne Einweisungsschein in ein Krankenhaus bringen. Beim Verlassen der Praxis empfahl Reinhard der Ärztin nochmals, die Sache besser ernst zu nehmen, ansonsten müsse er Konsequenzen ziehen. Die letzten Worte waren unmissverständlich als eine Drohung zu verstehen.

Aufgebracht und nervös schilderte er seiner Frau den Besuch bei der Ärztin. Noch am Abend des gleichen Tages klingelte es an der Haustür. Als Reinhard den Hausflur betrat, um nachzusehen, wer an der Tür sei, fiel diese schon wieder ins Schloss. Er öffnete sie, um festzustellen wer da geklingelt hatte. Er sah eine Person, die sich mit schnellen Schritten entfernte. Es war die Kinderärztin! Im Briefkasten steckte gut sichtbar ein Kuvert. Reinhard öffnete die Nachricht sofort, um sie zu lesen. Es war ein Schreiben der Ärztin, in dem sie Reinhard mitteilte, dass er seinen Sohn morgen früh ins Krankenhaus bringen solle. Die Klinik sei verständigt und die Chefärztin informiert.

Nachdem Anni und Reinhard ihren Sohn in die Klinik gebracht hatten, wurden sie von der Chefärztin zu einem Gespräch gebeten. Dort erfuhren sie, dass das Blut ihres Kindes mit Vieren belastet sei. Noch bevor man weitere Schritte unternehmen konnte, müssten die Mandeln entfernt werden. Doch bevor man einen Eingriff wagen konnte, musste der geschwächte Körper des Kindes erst einmal aufgepäppelt werden. Ein wochenlanger Klinikaufenthalt war unvermeidbar. Erst viel später, als der kleine Günter bereits auf dem Wege der Besserung war, erfuhr Reinhard die ganze Wahrheit. Eines stand auf alle Fälle fest: Hätte der Vater die Kinderärztin nicht so massiv bedrängt, ja sogar bedroht, wäre der Junge wohl kaum mehr zu retten gewesen. Das Blut war schon über die Hälfte verseucht! Nach diesen langen Wochen im Krankenhaus herrschte bei der Heimkehr des Sohnes eine unbeschreibliche Freude. Günter erholte sich relativ schnell. Die ganze Familie blühte wieder auf.. Für Reinhard sollte die Geschichte eine Lehre auf seinem weiteren Lebensweg sein. Er hatte sich geschworen, nie mehr – und schon gar nicht, wenn es um seine Familie ging - sich von jemandem beeinflussen zu lassen. Ein Grundsatz, dem er bis zum heutigen Tag treu geblieben ist. Natürlich hat er sich mit dieser Verhaltensweise bei vielen Zeitgenossen nicht immer beliebt gemacht.

Reinhard wurde jetzt immer öfter von seiner Dienststelle auf höher bewerteten Dienstposten eingesetzt. Er hatte sich mit einem Kollegen, der am Fahrkartenschalter Dienst tat, angefreundet. Dieser empfahl ihm, doch den nächsten Schritt zu tun und sich nun für die Laufbahn des mittleren Dienstes zu bewerben. Reinhard nahm sich vor, sofern diese geöffnet werde, sich zu bewerben. Die Öffnung der verschiedenen Laufbahnrichtungen wurde im Amtsblatt bekannt gegeben. Reinhard studierte das Blatt jetzt immer sehr aufmerksam.
Die wenige Freizeit sowie Urlaubs- oder Überzeiten verbrachte die Familie Bachner meistens in Straußlach in der Stelzerstraße.

Einen Urlaub in Italien oder gar auf einer spanischen Insel zu verbringen gab die finanziell dünne Decke nicht her. Anni und Reinhard waren schon zufrieden, wenn sie zwei Wochen Jahresurlaub bei Reinhards Eltern verbringen konnten. Dort brauchten sie für Kost und Unterkunft nichts bezahlen. Rosi Bachner freute sich auf ihre Enkel Helga und Günter, die auch ihre Schulferien bei den Großeltern in der Stelzerstraße verbrachten. Zu den schönsten Dingen zählten bei jedem Urlaub in Bayern die gemeinsamen Unternehmungen innerhalb der Familie und mit den Geschwistern. Besonders Ingeborg freute sich, wenn Bruder Reinhard zu Besuch kam. So entwickelte sich im Laufe der Zeit ein wunderbares Verhältnis zueinander. Dass Reinhard zu seiner älteren Schwester Lisa eine ausgesprochen herzliche Beziehung hatte, bräuchte eigentlich gar nicht erwähnt werden. So waren die Zusammenkünfte, sowohl für Reinhard als auch für die gesamte Groß-Familie, immer etwas Besonderes. Obwohl außer Schwager Herbert (Lisas Mann) keiner ein Auto hatte, wurde viel Aktivität entwickelt. Eine gute Stunde Fußweg von Straußlach/Altenried entfernt lag, ganz oben auf einem Berg, eine Wallfahrtskirche. Ein Berggasthof lud zur Einkehr ein. Etwas unterhalb des Berggipfels hatte der Waldverein ein Schutzhaus errichtet. Falkenberg hieß dieser herrliche Ort, der eines der beliebtesten Ausflugsziele der Groß-Familie Bachner war. Bis zum heutigen Tag besuchen Anni und Reinhard den Falkenberg, wenn sie sich in der Oberpfalz aufhalten. Die Reise nach Straußlach wurde bis Mitte der siebziger Jahre ausschließlich mit der Bahn unternommen. Reinhard war bis dahin weder im Besitz eines Führerscheins, geschweige denn eines Autos. Zudem hatte Reinhard als Bahnbediensteter Anspruch auf Fahrvergünstigung durch seinen Arbeitgeber. So waren die

Besuche in der Oberpfalz keine zu große finanzielle Belastung. Unvergessen bleiben die Unternehmungen der Großeltern Kurt und Rosi Bachner mit ihren Enkelkindern. Vor allem Helga und Günter nutzten rund um das Jahr ihre kompletten Schulferien, um bei den Großeltern »Urlaub« zu machen. Reinhard selber möchte auch die Stunden nicht missen, die er oft mit seinem Vater verbringen konnte. Sie besuchten regelmäßig Vaters Stammgaststätte in Oberbühl, um ein »Seidel« (halber Liter) Bier zu trinken. Auf dem Nachhauseweg von der Gaststätte erfuhr Reinhard oft viele Dinge von seinem Vater, über die er innerhalb der Familie wohl kaum gesprochen hätte. Auch über Erlebnisse während seiner Haft im Konzentrationslager sprach er bei solchen Gelegenheiten freizügiger. Sie sprachen über ihren Alltag, sie sprachen über Gott und die Welt. So mancher Rat des Vaters war für Reinhard sehr hilfreich.

Kurt Bachner hatte noch vor Rentenbeginn einige Turbulenzen zu überstehen gehabt. Er ging mit 65 Jahren in den Ruhestand. Doch als er zwei Jahre vorher aus der Porzellanfabrik entlassen worden war, musste er Arbeit in Baden-Württemberg annehmen. Mit 63 Jahren schlief er sogar noch auf Wanderbaustellen in Baracken und zog von Ort zu Ort. Obwohl ihm seine Gesundheit inzwischen schwer zu schaffen machte, denn die KZ-Haft machte sich jetzt vehement bemerkbar. Trotzdem hielt er dieses »Zigeunerleben« bis zum Rentenbeginn durch. Wenn er in der Nähe der Landeshauptstadt Stuttgart zu tun hatte, überraschte er manchmal seine Söhne Josef und Reinhard mit einem Besuch. - Gottlob gehörte dieses schwere Arbeiten jetzt der Vergangenheit an. Kurt Bachner war aber nicht der Mann, der sein Rentnerdasein mit Nichtstun verbrachte. Er widmete sich nun noch mehr seinem geliebten Wald und schaffte ei-

nen Holzvorrat an, der bestimmt für viele Winter reichte. Im Sommer kam das Pilzesammeln hinzu und vieles andere mehr. Ohne Arbeit konnte Kurt Bachner einfach nicht leben.
Seit Lisa im gleichen Haus wie die Eltern in der Stelzerstraße wohnte, konnte Reinhard sie bei seinen Besuchen täglich sehen. Und Schwester Ingeborg war eine richtige Dame geworden. Sie hatte einen jungen Mann aus Straußlach kennen gelernt. Diese Beziehung schien von ernster Natur zu sein. Im Frühjahr 1968 entschlossen sich die beiden zu heiraten. Der Hochzeitstermin wurde für den 16.08. 1968 festgesetzt. Am 17.08. sollte die kirchliche Trauung folgen. Die Hochzeitsfeier fand im Berggasthof auf dem Falkenberg statt. Reinhards elfjährige Tochter Helga war als Brautmädchen ausgesucht worden. Natürlich durfte der fünfjährige Günter mit von der Partie sein und das Brautpaar begleiten. Da Reinhards zukünftiger Schwager Andi ein begeisterter Feuerwehrmann war, hatte er zum Polterabend fast die ganze »Freiwillige Feuerwehr« von Straußlach eingeladen. Und wo sonst sollte der Polterabend stattfinden, wenn nicht in der Stelzerstraße? Es wurden einige Kästen Bier, aber auch etwas Wein und Schnaps besorgt. Fürs leibliche Wohl sorgte Rosi Bachner, unterstützt von Lisa und Barbara. Wie schon zu Reinhards Hochzeit wurde die halbe Wohnung ausgeräumt. Es war dennoch schon etwas besser als damals vor elf Jahren. Die eigentliche Feier konnte diesesmal in einer Gaststätte ausgerichtet werden, was bei Reinhards Hochzeit finanziell nicht möglich war. Zu Ehren seiner Schwester stürzten sich Reinhard und seine Frau doch noch in Unkosten: Einen Anzug und ein neues Kleid musste die schwache Brieftasche der Beiden verkraften.
Am 16. August 1968 war es dann so weit. Nach der standesamtlichen Trauung saß man noch einige Stunden in der Stelzerstraße

zusammen. Da der morgige Tag ohne Zweifel sehr anstrengend sein würde, verabschiedete man sich etwas früher als sonst. Die kirchliche Trauung und die anschließende Hochzeitsfeier sollten allen Gästen noch lange in Erinnerung bleiben. Reinhard und Bruder Willi versteigerten den Brautschuh. Sie bekamen eine stattliche Summe zusammen, die den Jungvermählten sehr willkommen war.

Reinhard musste bereits einen Tag nach der Hochzeitsfeier wieder in Stuttgart sein. Als er zum Mittagsdienst kam, erwarteten ihn einige Neuigkeiten. Eine von ihnen erweckte ganz besonders seine Aufmerksamkeit: Die Laufbahn zum mittleren Dienst war geöffnet. Sofort forderte Reinhard ein Bewerbungsformular beim Personalbeamten an. Schon am nächsten Tag gab er die Bewerbung bei seiner Dienststelle ab. Nun hieß es abwarten, ob man zugelassen wurde oder ein ablehnender Bescheid die ganze Sache zunichte machte. Bereits nach zwei Wochen erfuhr Reinhard das mit Spannung erwartete Ergebnis. Er wurde zugelassen! Natürlich nur mit erheblichen Auflagen. Voraussetzung war, dass er in seiner Freizeit, vorwiegend an den dienstfreien Wochenenden, elf Monate lang den Vorbereitungslehrgang zur »Vorprüfung zum Bundesbahnassistenten« absolvierte. Es wurden harte elf Monate. Beinahe jeden Samstag von 13 bis 18 Uhr und sonntags von 8 bis 12 Uhr musste er in den Unterrichtsräumen beim Stuttgarter Hauptbahnhof präsent sein. Mathematik, Deutsch, Geographie und Staatsbürgerkunde waren nur einige Fächer, die bei der Prüfung relevant waren. Wie immer war Reinhard voll bei der Sache. Wenn er schon an der »Vorprüfung« scheiterte, war es endgültig aus mit dem Aufstieg zum mittleren Beamten-Dienst. Es war nicht einfach für Reinhard, er hatte ja Familie und zwei Kinder, die an freien Tagen nicht auf den Papa verzichten wollten. Er musste außerdem zu Hause Übungsaufgaben machen und lernen. Der fünfjährige Günter hatte da überhaupt kein Verständnis, wenn Papa keine Zeit für ihn hatte. Helga war schon vernünftiger und akzeptierte die wenige Zeit, die sie jetzt mit ihrem Vater verbringen konnte. Und da war auch noch der Schichtdienst. Nicht immer war es einfach, wenn man am Samstag erst von der Nachtschicht kam und um 13 Uhr im Unterricht sitzen sollte. So manches Mal fiel es Reinhard schwer, sich zu konzentrieren. Es kam schon mal vor, dass er sogar einnickte und vom Lehrer, zum Gaudium seiner lachenden Mitschüler, geweckt wurde. Trotzdem war er bestrebt, keine Unterrichtsstunde ausfallen zu lassen. Hatte sich Reinhard mal etwas in den Kopf gesetzt, war es eben sehr schwer, ihn davon abzubringen. Und er hatte sich in den Kopf gesetzt, diese Prüfung zu bestehen.

Noch heute kann er sich gut an die beiden Prüfungstage erinnern. Am ersten Tag war der »schriftliche« Test zu überstehen. Hatte man diese geschafft, wurde man am nächsten Tag zur mündlichen Prüfung bestellt. Wer die »schriftliche« nicht bewältigt hatte, brauchte am nächsten Tag nicht mehr zu erscheinen. Als Reinhard seine Prüfungsfragen vor sich liegen hatte und diese erst einmal durchlas, war sein ganzer Optimismus dahin. Der Deutsch-Aufsatz machte ihm zwar wenig Schwierigkeiten, die Matheaufgabe dagegen ganz gewaltige. Auch eine Beschreibung der »Bodenseegürtelbahn« wurde verlangt. Für Mathe und Deutsch waren je zwei Stunden anberaumt und keine Minute länger. Wer früher fertig war, gab seine Prüfungsbogen ab und konnte den Prüfungsraum verlassen. Er durfte ihn aber auch nicht mehr betreten. Draußen im Hof wurden die Prüfungsfragen diskutiert. Jeder gab seinen Kommentar ab, wie die Aufgaben richtig beantwortet wurden. Erst als alle fertig waren, durften sie wieder in den Prüfungsraum zurück. Den Prüflingen wurde gesagt, sie könnten im Stuttgarter Schlosspark spazieren gehen, bis die Aufgaben korrigiert seien. Erst gegen 15 Uhr sollten sie sich wieder einfinden, um das Ergebnis mitgeteilt zu bekommen.

Reinhard hatte vorher, in der kurzen Wartezeit im Hof, ein Gespräch mit einem Mitprüfling geführt, der einen gelassenen Eindruck machte. Er schien sich sicher zu sein, die Prüfung bestanden zu haben. Reinhard fragte sichtlich nervös, was er für ein Ergebnis bei der vorletzten Rechenaufgabe erzielt habe. Er nannte eine Summe, die mit Reinhards Ergebnis keinesfalls übereinstimmte. Dies machte ihn nur noch nervöser. Die zwei Stunden Wartezeit, die fast alle Teilnehmer im Schlossgarten verbrachten, erschienen Reinhard wie eine Ewigkeit. Je mehr er über sein Abschneiden nachdachte, desto mehr kam er zu der Überzeugung, wohl nicht bestanden zu haben. Er überlegte bereits, wie wohl seine Frau reagieren würde, wenn er ihr beichten müsste: «Ich bin durchgefallen, ich habe es nicht geschafft!« Elf Monate so gut wie kein Wochenende zu Hause, immer Unterricht und Lernen und kaum Zeit für die Familie. Sollte dies alles umsonst gewesen sein? Dieser Gedanke schwirrte ihm permanent durch den Kopf und trieb ihn den kalten Schweiß auf die Stirn.

Endlich war es so weit. Er schloss sich einer Gruppe an, die jetzt den Park verließ, um zurückzukehren. Als Reinhard den Unterrichtsraum betrat, um seinen Platz einzunehmen, sah er vorne auf dem Podium drei Herren sitzen. Ihm kam es vor, als seien diese Männer Scharfrichter, die in Kürze sein Todesurteil verkünden würden. Eine undurchdringliche Stille herrschte im

Raum. Reinhard hatte das Gefühl, als ob die da vorne auf dem Podest die Angst, die manchen (auch Reinhard) ins Gesicht geschrieben stand, richtiggehend genießen würden. Einer erhob sich nun und sprach: »So, meine Herren! Ich werde nun die Namen derjenigen vorlesen, die bestanden haben!« Er machte eine für Reinhards Begriffe extra lange Pause, dann fuhr er fort: «Für alle anderen hat es nicht gereicht, sie können nach Hause gehen – alles verstanden?« Kaum einer antwortete, die meisten nickten nur. Er nahm eine Liste in die Hand und fing an, die Namen vorzulesen. Reinhard empfand die Stimme des Mannes so leise, als sei dieser sehr weit weg. Plötzlich schlug ihm jemand auf die Schulter. Es war der Mann, mit dem er im Hof gesprochen hatte. Er saß eine Reihe hinter Reinhard. »Gratuliere«, hörte er diesen sagen, »also doch geschafft!« Reinhard musste seinen Namen wohl überhört haben - oder meinte der womöglich sich selber? »Komm, wir gehen einen trinken, das haben wir uns doch verdient!«, hörte Reinhard seinen Hintermann sagen. Als der merkte, dass Reinhard immer noch unschlüssig war, rief er lachend: »Du heißt doch Bachner oder gibt es deren zwei?« Jetzt erst begann Reinhard zu verstehen, dass sein Name doch vorgelesen wurde und dass er bestanden hatte. Ebenso wenig hatte er mitbekommen, dass das Prüfungsergebnis jedem Teilnehmer schriftlich zugehen würde. Er verließ wie betäubt den Raum. Er war wohl heute der glücklichste Mensch von ganz Stuttgart. Die meisten der Prüfungsteilnehmer gingen in die nahe gelegene Kantine, um auf die bestandene (oder auch nicht bestandene) Prüfung anzustoßen. Reinhard trank, um nicht unhöflich zu sein, auch ein Glas Bier mit. Ein zweites bestellte er nicht mehr, er wollte nach Hause und die frohe Botschaft seiner Anni mitteilen. Schon als Reinhard die Korridortüre öffnete,

konnte seine Frau erkennen, dass alles geklappt haben musste. Helga meinte, sie habe überhaupt keine Zweifel gehabt, dass es Papa schaffen würde.
Bereits einige Wochen später bekam Reinhard die Ausbildungspläne ausgehändigt. Es mussten alle für die Laufbahn wichtigen Stationen durchlaufen werden. Dazu musste ein bis zweimal wöchentlich die Bundesbahnfachschule besucht werden. So sehr sich auch Reinhard freute, einen nicht gerade unbeachtlichen Nachteil hatte das Ganze doch. War sein jetziges Gehalt schon nicht gerade üppig, so würde dieses während der Ausbildungszeit noch weiter schrumpfen. Schichtzulage, Nachtdienstgeld, Sonntagszulage, all das sollte nun auch noch wegfallen, und zwar für viele Monate. Es wurde also, wie schon so oft in Reinhards Leben, finanziell wieder mal knapp. Ohne die Halbtagsarbeit seiner Frau hätte es wohl kaum für die Familie gereicht. Nun galt es, wieder einmal kräftig zu sparen.

Es war im September 1970, als die Ausbildungszeit endlich zu Ende ging. Zum Jahr 1970 sollte vielleicht erwähnt werden, dass die Lohnfortzahlung im Krankheitsfall eingeführt wurde. Für Reinhard kamen nochmals einige bange Tage. Es musste wieder eine schriftliche sowie eine mündliche Prüfung abgelegt werden. Reinhard schaffte auch diese Hürde und bestand mit der Gesamtnote *gut*. Da er in diesem Jahr noch keinen Tag Urlaub gehabt hatte, wollte er einige Tage in Bayern verbringen. Er wollte seinen Aufstieg in den mittleren Beamten-Dienst mit der ganzen Familie feiern. Natürlich war Reinhard stolz, es geschafft zu haben, trotz seiner doch etwas abenteuerlichen Biographie. Die Vertreibung mit ihren vielen Ortswechseln und dem dadurch bedingten Unterrichtsausfall – das alles waren ge-

wiss keine günstigen Startbedingungen für ihn gewesen. Sein jetziger Erfolg freute ihn deshalb nur um so mehr.
Den Aufenthalt in Straußlach konnte Reinhard nutzen, um die Einladung zur Hochzeitsfeier seiner Nichte anzunehmen. Willis einzige Tochter Margit heiratete noch in der gleichen Woche seines Aufendhalts und so konnte die ganze Familie die Hochzeitsfeier besuchen.
Was jedoch Reinhard Sorgen bereitete, war das seltsame Verhalten seines Vaters. Kurt Bachner war nicht der Mann, der, sollte er Schmerzen oder dergleichen verspüren, dieses jemandem mitteilte. Schon gar nicht jemandem aus der Familie. Auch seine Gewohnheiten schien er geändert zu haben, was Reinhard gar nicht gefiel. Er, der sonst alles wissen wollte, zum Beispiel wie Reinhard in Stuttgart wohl mit der Prüfung klar gekommen war, hatte sich diesmal noch mit keinem Wort danach erkundigt. Er beteiligte sich nicht mehr so intensiv an den Gesprächen innerhalb der Familie. Oft stellte er Fragen, die eigentlich nicht direkt zum momentanen Thema passten. Reinhard sprach diesbezüglich auch mit Mutter, die bestätigte, dass Vater sich schon geraume Zeit so verhielt. Einen Arzt aufzusuchen lehnte er kategorisch ab. Sein Kommentar: »Mir fehlt nichts, mir geht es gut!«
Am Tag der Hochzeitsfeier machte Reinhard eine merkwürdige Beobachtung. Als es gegen 23 Uhr noch ein warmes Essen gab, dies war damals so üblich, sah Reinhard, wie sein Vater sich mit den Fingern von der Platte mit den Bratwürsten bediente. Er griff einfach mit der Hand hinein und legte sich die Würste auf seinen Teller. Da er auch nicht übermäßig Alkohol zu sich genommen hatte, war seine Verhaltensweise unverständlich. Noch nie hatte Reinhard Derartiges von seinem Vater gesehen. Als Rosi Bachner ihn leise auf sein unmögliches Benehmen an-

sprach, lachte er nur. Reinhard sprach auch mit Lisa über das Gesehene, die konnte sich auch keinen Reim drauf machen. Noch etwas fiel Reinhard an diesem Abend auf. Da vom Ort der Hochzeitsfeier nach Straußlach ca. 20 Kilometer zurückzulegen waren, musste genau geplant werden, wer mit wem im Auto heimfuhr. Rosi Bachner fuhr mit Schwiegersohn Herbert, Kurt Bachner, so war es vorher besprochen, sollte etwas später die Heimfahrt antreten. Normal wäre dies auch im Sinn von Kurt Bachner gewesen – nur heute bestand er darauf, mit seiner Frau heimzufahren: »Ich fahre mit ›Mutter‹!«, - so nannte Bachner meistens seine Frau. Trotz einiger Versuche ihn umzustimmen, blieb er dabei, mit »Mutter« heimzufahren. Schließlich wurde seinem Wunsch entsprochen. Reinhard konnte Vaters Verhalten absolut nicht verstehen; war er doch immer gerne in geselliger Runde und einer der Letzten, der eine solche verließ. Zu Hause in der Stelzerstraße sprach Reinhard nochmals ausgiebig über diese merkwürdigen Anwandlungen des Vaters. Doch niemand konnte eine Erklärung finden.

Es war Kirchweihsonntag und die Großfamilie Bachner wollte im »Gasthof zur Post« in Straußlach essen gehen. Vater war wieder ganz der alte, so schien es zumindest Reinhard. Die Postwirtin hatte einen großen Tisch für die Familie reserviert. Zur Kirchweih gab es immer eine extra Speisekarte, die so manches *Schmankerl* beinhaltete. Reinhard bestellte sich sein Lieblingsgericht, nämlich: »Schweinebraten mit Knödel!« Kurt Bachner dagegen bestellte »Kalbsbraten.« Zum Erstaunen der ganzen Familie aß er diesen mit großem Appetit, obwohl er ansonsten meistens etwas auf dem Teller zurückließ. Reinhard deutete dies so: Vater geht es wieder gut!

Am nächsten Tag hieß es Abschied nehmen. Reinhard wollte mit seiner Familie den Zug um 13.30 Uhr nehmen. Die Mutter hatte das Mittagessen etwas früher zubereitet, damit genügend Zeit blieb, mit Koffer und Reisetasche zum Bahnhof zu kommen. Nach dem Essen sagte der Vater zu Reinhard: »Ich bringe euch zum Bahnhof. Wir nehmen mein Fahrrad, dann braucht ihr das Gepäck nicht schleppen!« Reinhard versicherte dem Vater, dass dies nicht notwendig sei; doch dieser bestand darauf. So machten sie sich, nach dem üblichen Abschiedsritual, auf den Weg zum Bahnhof. Vater hatte den Koffer auf dem Gepäckträger befestigt und die Tasche an die Lenkstange gehängt. Helga durfte auf dem Fahrradsitz Platz nehmen, was Günter zum Protest veranlasste. Nach einigen hundert Metern wurde gewechselt und Günter nahm auf dem Fahrrad Platz. Es war noch etwa zwanzig Minuten Zeit bis zur Abfahrt des Zuges. Da Kurt Bachner, genau wie sein Sohn, das Abschiednehmen auf Bahnhöfen nicht mochte, verabschiedeten sie sich immer, bevor der Zug kam. Bachner verließ dann schnell den Bahnhof. Heute tat er das nicht! Er streichelte mehrmals den Kindern übers Haar und sagte zu seinem Sohn: »Reinhard, pass gut auf die beiden auf!« Zu seiner Schwiegertochter gewandt sprach er: »Haltet zusammen, ihr zwei, dann steht ihr auch schwere Zeiten leichter durch. Als der Bahnbedienstete die Sperre zum Bahnsteig öffnete, ging Reinhard noch mal auf seinen Vater zu und versprach, dass er sich auf ihn verlassen könne. Kurt Bachner legte seinen Arm auf Reinhards Schulter und sagte: »Mach‹s gut, pass auf dich auf!« Reinhard konnte sehen, wie sein Vater mit den Tränen kämpfte. Als der Zug abfuhr, stand Reinhard mit Helga am Fenster. Sie winkten dem Vater und Großvater zu. Wie gesagt: Noch nie war er bis zur Abfahrt des Zuges geblieben. Immer ging er, gleich nachdem er sich verabschiedet hatte. Als der Zug das Bahnhofsgelände bereits hinter sich gelassen hatte, sah Reinhard seinen Vater immer noch an der Absperrung stehen. Nachdenklich setzte er sich zu seiner Familie. Er konnte nicht wissen, dass er heute Vater das letzte Mal lebend sah. Vielleicht ahnte er es. Bis zum heutigen Tag hat sich dieses Bild, wie Vater winkend am Bahnhof steht, in Reinhards Gedächtnis eingeprägt. Eine Abschiedsszene mehr in seiner Biographie! Und eine sehr schmerzhafte. Kurt Bachner war eine Institution in der ganzen Familie, eine starke und herausragende Persönlichkeit. Reinhards Sohn Günter, damals gerade mal sieben Jahre alt, sagt noch heute: »Ich habe meinen einzigen Großvater verloren, als ich ihn am meisten gebraucht hätte. Ich bin sicher: Die Spätfolgen der KZ-Haft haben ihn vorzeitig getötet. Auch dies ist ein Werk von Hitler!«

Reinhards Bruder Josef befand sich zu dieser Zeit ebenfalls in Straußlach. Jedes Jahr im Herbst kaufte er von einem Bauern ein Schwein, das er selber schlachtete. In dem kleinen Ort Spiegelhof war Josef gut bekannt. Seine Frau Barbara war dort vor dem Krieg als junges Mädchen dienstverpflichtet. Somit kannte sie einige Familien. Die Bauern stellten Josef ihr Schlachthaus zur Verfügung, das von ihnen gemeinschaftlich genutzt wurde. So war er auch am 26.10. 1970 wieder in Altenried, um am nächsten Tag zu schlachten. Bei diesen »Schlachttagen« war auch immer Kurt Bachner zugegen, um seinem Sohn zu helfen. So war es auch für den 27.10. 1970 ausgemacht, dass er mit dem Sohn nach Spiegelhof fahren sollte. Kurt Bachners Tätigkeit bestand im Wesentlichen darin, den Wurstkessel anzuheizen und diesen auf Temperatur zu halten. Als Josef am frühen Morgen des 27.Oktober mit seinem Auto zur Stelzerstraße fuhr, um Vater abzuholen, hörte er, dass es ihm nicht besonders gut ging. Er wollte sich noch etwas hinlegen. Im Moment wäre er nicht in der Lage mitzukommen. So fuhr Josef mit seiner Frau alleine nach Spiegelhof. Als Rosi Bachner einige Zeit später nach ihrem Mann schaute, ging dieser in dem kleinen Zimmer auf und ab und rieb sich dabei seinen linken Unterarm. Wenn sich Kurt Bachner, was selten vorkam, tagsüber hinlegte, ging er in das kleine Zimmer, das früher Reinhard und später seiner Schwester Ingeborg als Schlafplatz diente. Es musste ihm schon wirklich schlecht gehen, wenn er ins »Stüberl«, wie er es nannte, ging, um sich etwas auszuruhen. Rosi Bachner sah, dass ihr Mann Schmerzen haben musste und fragte, ob sie ihm den Arm mit Franzbranntwein einreiben solle. Doch dieser meinte, dass es ihm bald wieder gut gehen würde; es sei ja nicht das erste Mal. »Du solltest besser zum Arzt gehen«, riet ihm seine Frau. Doch er lehnte dies mit der Begründung ab: »Man kann doch nicht wegen jeder Kleinigkeit gleich zum Doktor laufen!« Zum Arzt gehen war übrigens noch nie Bachners Sache. Er setze sich aufs Bett und versprach seiner Frau, sobald es etwas besser sei, wieder in die Wohnküche zu kommen.

Er kam schon nach kurzer Zeit zurück. Doch sein Befinden hatte sich augenscheinlich nicht gebessert. Er legte sich auf die Couch, die in der Ecke der Wohnküche stand. Als Rosi Bachner vom Schlafzimmer kommend die Küche betrat, sah sie ihren Mann auf dem Sofa liegen. Ihr fiel auf, dass er unentwegt zu der Küchenuhr starrte, die über der Tür zum Schlafzimmer hing. »Hast du starke Schmerzen?«, fragte sie ihn, aber Kurt Bachner gab keine Antwort. Daraufhin ging sie zu ihm, um zu sehen, ob er wohl eingeschlafen sei. Auch als sie ihm an die Schulter fasste, reagierte er nicht. Sein Blick war nach wie vor starr auf

die Uhr gerichtet. Rosi Bachner bekam nun Angst. Sie holte ihre Tochter Lisa, die ja im gleichen Haus wohnte. Lisa kam sofort und versuchte, Vaters Stirn mit Franzbranntwein einzureiben. Sie klopfte ihm leicht auf die Wange und rief dabei: »Vater, hörst du mich?« Doch der Vater reagierte nicht! Lisa lief nun zum Nachbarn, der im Besitz eines Telefons war, um den Notarzt zu rufen. Schon nach wenigen Minuten war der Krankenwagen da und nahm Kurt Bachner ins Krankenhaus nach Straußlach mit. Rosi Bachner und Lisa blieben beim Vater am Krankenbett. Auch Sohn Josef wurde benachrichtigt, der sofort seine Arbeit in Spiegelhof unterbrach und ins Krankenhaus fuhr. Die Diagnose des Dienst habenden Arztes lautete auf Schlaganfall.
Reinhard erreichte die schreckliche Nachricht in Stuttgart am späten Nachmittag. Als er vom Unterricht heimkam, erfuhr er alles von seiner Frau. Wie bekannt befand sich Reinhard in Ausbildung und diese durfte nur in Ausnahmefällen unterbrochen werden. Schon am nächsten Morgen fuhr er nach Straußlach. Als er in der Stelzerstraße ankam, teilte man ihm mit, dass Vater noch am Abend seiner Einlieferung im Krankenhaus verstorben war. Es war ein lähmender Schock für ihn. Eine Zeitlang war er nicht ansprechbar. Tausend Gedanken gingen ihm durch den Kopf. Nun verstand er auch das sonderbare Verhalten seines Vaters. Es hatte mit dieser Erkrankung zu tun, die schließlich auch zu seinem Tod führte. Reinhard fuhr am nächsten Tag wieder zurück nach Stuttgart. Er musste die Freistellung vom Ausbildungsunterricht in die Wege leiten und die Familie holen. Es gab keine größeren Schwierigkeiten. Reinhard bekam Sonderurlaub, um zur Beerdigung nach Altenried zu fahren. Die dreizehnjährige Helga hatte unter Großvaters Tod besonders zu leiden. Sie hatte lange in der

Stelzerstraße gelebt. Der siebenjährige Günter konnte ebenfalls nicht glauben, dass sein Opa nicht mehr da sein sollte, wenn er in die Oberpfalz kam. Während der ganzen Zugfahrt musste Reinhard immerzu an seinen Vater denken. Im Mai hatte er noch seinen siebzigsten Geburtstag gefeiert. Reinhard war es damals nicht möglich gewesen, an der Geburtstagsfeier teilzunehmen. Der Personal-Engpass auf seiner Dienststelle ließ dies nicht zu. Erst jetzt wurde ihm bewusst, dass der siebzigste Geburtstag auch der letzte seines Vaters war. Vielleicht hätte er auf seiner Dienststelle energischer auftreten sollen, um doch frei zu bekommen. Er machte sich deswegen bittere Vorwürfe. Anni und die Kinder merkten, dass heute mit Papa etwas nicht stimmte und ließen ihn daher in Ruhe. Nur Günter setzte sich auf seinen Schoß und sagte: »Opa ist ja noch da. Er ist ja noch gar nicht auf dem Friedhof!« Reinhard strich Günter übers Haar und nickte. Dabei hatte er Mühe, seine Tränen zu verbergen. Am Bahnhof in Neukirchen kam es zu einer überraschenden Begegnung. Reinhard sah zwei Männer zusteigen, die durchweg schwarz gekleidet waren. Erst als die beiden das Abteil betraten, erkannte er sie. Es waren Onkel Hermann, ein Bruder von Rosi Bachner, und sein Sohn Reinhard – Reinhards Patenonkel. Beide waren unterwegs, um Kurt Bachner auf seinem letzten Weg zu begleiten. Die Freude über dieses zufällige Zusammentreffen war auf beiden Seiten groß. Durch die Unterhaltung wurde Reinhard von seinen bis dahin dunklen Gedanken nun doch etwas abgelenkt. Onkel Hermanns Freude, das war unweigerlich zu erkennen, war ehrlich. Er hatte Reinhard schon einige Jahre nicht mehr gesehen. Reinhards Freude hielt sich, was den Patenonkel betraf, in Grenzen. Es lag wohl in der Hauptsache daran, dass er diesen nur selten zu Gesicht bekommen hatte. Die obligato-

rischen Ostereier – vor allem während der Kriegsjahre – hatte er von der Tante (der Mutter des Paten) bekommen. Der Pate selber war Soldat an der Kriegsfront. Insgesamt aber vermieden alle, über den Tod von Kurt Bachner zu reden. So kam man auf vielerlei Dinge aus der Vergangenheit zu sprechen. Gemeinsam verließ man den Zug in Straußlach, um sich in die Stelzerstraße zu begeben. Im Trauerhaus angekommen, versuchte Reinhard, was im Moment schwierig war, mit Mutter unter vier Augen zu sprechen. Die meisten Verwandten hatten sich bereits eingefunden: Reinhards Geschwister, Tante Resl und die Anverwandten von Rosi Bachner, um nur einige zu nennen. Es war nicht möglich, einen Sitzplatz zu bekommen – ja nicht einmal richtig bewegen konnte man sich noch. Erst gegen Mitternacht verließen die meisten die Wohnung in der Stelzerstraße. Denen, die von auswärts angereist waren, wurde nun eine Schlafgelegenheit zugewiesen und langsam kehrte Ruhe im Haus ein. Nur Lisa und Ingeborg sowie Willi und Josef waren noch etwas länger dageblieben. Reinhard war mit seiner Familie bei der Mutter untergebracht.
In dieser Nacht fand Reinhard keine Ruhe. Erst gegen Morgen fiel er in einen kurzen bleiernen Halbschlaf. Um 6.00 Uhr stand er auf. Er hatte starke Kopf- und Magenschmerzen. Als er ins Bad ging, sah er Vaters Jacke dort hängen. Es war eine Übergangsjacke, die er nur zu gut kannte. Diese Jacke war Vaters liebstes Stück. Wieder kamen die üblen Gedanken zurück, die Reinhard schon die Nachruhe geraubt hatten. Er konnte und wollte einfach nicht glauben, dass der Vater für immer gegangen war. Er erschrak über sein Aussehen, als er in den Spiegel sah. Ein blasses Gesicht mit tiefliegenden Augen, die von dunklen Rändern umgeben waren, starrte ihm entgegen. Als er in die

Küche zurückkam, sah er Mutter am Herd stehen. Sie war damit beschäftigt, das Frühstück zuzubereiten. Reinhard legte behutsam seinen Arm um ihre Schulter und im selben Augenblick fingen sie beide an zu weinen. So verharrten sie eine ganze Weile. »Reinhard, geh du zuerst ins Bad, ich mache derweil das Frühstück«, sagte sie schließlich und fuhr fort: »Nachher wird es eng im Bad!« Wortlos befolgte Reinhard Mutters Vorschlag. Gleich nach dem Frühstück, noch bevor seine Frau und die Kinder die Morgentoilette beendet hatten, machte sich Reinhard auf den Weg zum Friedhof. Er wollte alleine sein, wenn er von Vater Abschied nahm. Es war zu dieser frühen Stunde noch nicht ganz Tag und der Ostwind ließ die Temperatur noch kälter erscheinen, als sie eh schon war. Es war niemand auf dem Friedhof zu sehen, als er zur Leichenhalle ging. Auf den letzten Metern wurden Reinhards Schritte langsamer. Vorsichtig öffnete er die Tür! Es war schon eigenartig: Das Erste, was er sah – waren Vaters Hände. Hier, in Altenried und Umgebung war es Brauch, die Toten im geöffneten Sarg im Leichenhaus aufzubahren. Reinhard sah, dass der Vater einen schwarzen Rosenkranz in den übereinander gefalteten Händen hatte. Wie gebannt schaute er auf diese Hände. Unzählige Gedanken schossen Reinhard in diesem Moment durch den Kopf. Was hatten diese Hände nicht schon alles leisten müssen? Fast fünf Jahre schwerste Fronarbeit im Konzentrationslager und vieles andere mehr. Selbst jetzt sahen diese Hände nicht aus, als ob sie einem Toten gehörten. Es waren keine weißen, bleichen Hände; – nein, sie waren braun wie die eines Lebenden. Langsam und zögerlich suchten Reinhards Augen nun Vaters Gesicht. Auch die Gesichtsfarbe war trotz spärlicher Beleuchtung nicht die eines Toten. Überhaupt, so fand Reinhard, sah Vater eher aus, als ob

er schlief. Langsam trat er näher an den Sarg heran und konnte nicht widerstehen, mit seinen Händen über die des toten Vaters zu streicheln. Wie oft hatten diese Hände ihm als Kind Dinge gezeigt und in den Arm genommen. Reinhard wusste nicht, wie lange er schweigend, seinen Blick auf das Gesicht mit den geschlossenen Augen gerichtet, an Vaters Sarg stand.
Er war nicht einmal in der Lage, ein Gebet zu sprechen, auch nicht in Gedanken. Er stand einfach nur verloren da. Die unmöglichsten Erinnerungen beschäftigten ihn. Er musste, hier am Sarg des Vaters, an die Nacht seiner Rückkehr aus der KZ-Haft denken. Wie war damals Mutter doch so glücklich! Nochmals, bevor Reinhard die Leichenhalle verließ, strich er über Vaters Hände. Nochmals, bevor er die Tür schloss, ging sein Blick zum toten Vater hin. Bis zum heutigen Tag kann er sehr deutlich das Gesicht und die Hände sehen, die so gar nicht denen eines Toten ähnelten.
Auch noch auf dem Weg zur Stelzerstraße wurde er diese Gedanken nicht los. Warum musste Vater schon sterben, gerade jetzt, wo es anfing, der Familie etwas besser zu gehen? Natürlich ist man mit siebzig Jahren nicht mehr jung –sterben müsste man aber doch noch nicht. Mutter öffnete Reinhard die Wohnungstür und fragte, wo er denn so lange gewesen sei. Zwei Cousinen waren aus Elbach gekommen. Anna, Rosis Schwester aus Elbach, konnte nicht mitkommen. Sie war schwer zuckerkrank. Es war Brauch, vor dem Kirchgang von dem Toten Abschied zu nehmen. Die Angehörigen, Verwandten, aber auch Freunde und Kollegen strömten in die Leichenhalle und standen am geöffneten Sarg. Erst dann begab man sich in die Kirche, wo die Totenmesse gelesen wurde. Der Geistliche würdigte den Verstorbenen als einen immer hilfsbereiten Menschen, der wohl schon zu Lebzeiten durch das Fegefeuer gegangen war. »Wer

nach so langer Haftzeit in einem Konzentrationslager überlebt hat«, so der Priester, »hat schon auf Erden die Hölle erlebt!« Beim anschließenden Essen in einem Gasthof trafen sich die geladenen Besucher, um sich später von der Familie Bachner zu verabschieden. Bei dem so genannten »Leichenschmaus« wurden einige Anekdoten aus dem Leben des Verstorbenen erzählt. Rosi Bachner wurde von vielen der anwesenden Trauergäste Unterstützung zugesichert, was im Nachhinein natürlich nicht immer eingehalten wurde. Obwohl die Familie dies wusste, tat es dennoch gut, von so vielen Menschen Trost gespendet zu bekommen. Die, die ihr Versprechen auch einlösten, waren eine verschwindend kleine Anzahl. Die nächsten Tage waren für Rosi Bachner ja noch erträglich – war doch noch das Haus voller Gäste. Die schlimme Zeit folgte, als alle, auch Reinhard mit Familie, wieder abgereist waren.

Erstaunlicherweise kam Rosi Bachner mit dem Alleinsein überhaupt nicht zurecht. Sie, die immer der ruhende Pol der Familie war, wollte – nach dem Tod ihres Mannes – nicht alleine in ihrer Wohnung bleiben. Weder die Söhne noch ihre beiden Töchter konnten sie überzeugen, in der Stelzerstraße zu bleiben. Für Reinhard war es unverständlich, dass Mutter nicht in ihren vier Wänden blieb. Er nahm sich vor, sobald es dienstlich möglich war, nach Altenried zu fahren und mit ihr zu sprechen. Er wollte ihr klar machen, dass sie in der Stelzerstraße doch auf keinen Fall alleine sei. Lisa und Schwiegersohn Herbert wohnten mit ihren beiden Kindern im gleichen Haus. Lisas Tochter, die Enkelin Helga, bot der Oma an, bei ihr zu schlafen, solange sie dies wolle. Rosi Bachner aber zog es vor, wenn auch nur vorübergehend, zu ihrer Tochter Ingeborg zu gehen, die seit ihrer Eheschließung im 2.

Kilometer entfernten Straußlach wohnte. Auch die Familie glaubte letztendlich, dass Rosi Bachner, nachdem sie etwas Abstand gewonnen habe, wieder in ihre Wohnung heimkehren würde.
Als Reinhard zum ersten Mal nach Vaters Tod in die Stelzerstraße kam, war Mutter nicht zu Hause. Er besuchte seine Schwester Lisa, die ja bekanntlich im selben Haus wohnte. Dort erfuhr er, dass Mutter nur noch sporadisch in ihre Wohnung kam. Sie verbrachte die meiste Zeit bei Ingeborg in Straußlach. Wenn Lisa die Mutter fragte, wann sie denn wieder in ihre Wohnung zurückkomme, antwortete sie meistens: »Wenn der Winter rum ist und das Frühjahr kommt, bleibe ich bestimmt wieder in meiner Wohnung!« Wenn die Tage wieder länger würden und am Morgen die Vögel zwitscherten, so Rosi Bachner, dann sehe wieder alles anders aus. Reinhard besuchte also seine Schwester Ingeborg, um die Mutter zu sehen. Ingeborgs Wohnung war ja nicht gerade groß. Rosi Bachner schlief auf dem Sofa im Wohnzimmer. Von Reinhard auf die nicht gerade bequeme Schlafgelegenheit angesprochen erklärte die Mutter, dass ihr dies nichts ausmachen würde. Auch mit Ingeborg führte er ein ausführliches Gespräch, aus dem hervorging, dass sie es zwar auch für besser halte, wenn die Mutter wieder in ihre eigenen vier Wände zurückkehren würde. Auf der anderen Seite wollte sie sie aber nicht drängen. Das hätte den Eindruck erweckt, als sei die Mutter ihr lästig. Reinhard äußerte gegenüber seiner Mutter trotzdem sehr deutlich, dass er keinesfalls mit ihrem jetzigen Verhalten einverstanden sei. Seine gut gemeinten Ratschläge stießen leider auf taube Ohren.
Reinhard musste, obwohl die Mutter und die Geschwister sich sehr bemühten, schon beim ersten Besuch feststellen, dass seit Vaters Tod nichts mehr so war wie vorher. Die Familie war auf

einmal wie auseinander gerissen. Die Harmonie war gestört. Dass Mutter kaum noch in der Stelzerstraße anwesend war, verstärkte dieses Gefühl nur noch mehr. Dies merkten auch Reinhards Kinder – Opa fehlte ihnen sehr. Wie von Reinhard und auch den anderen befürchtet, änderte sich Rosi Bachners Verhalten nicht. Das Osterfest 1971 stand bevor und sie war immer noch nicht in ihre Wohnung in der Stelzerstraße zurückgekehrt. Sie verschob den Termin der Heimkehr von einer Woche auf die andere. Ingeborgs Mann Arthur (genannt Andi) bekam durch seinen Arbeitgeber schließlich eine Wohnung angeboten, die sich in unmittelbarer Nähe zu seinem Arbeitsplatz befand. Es war eine in Straußlach und Umgebung anerkannte Baufirma, deren Inhaber mit Arthur verwandt war. Obwohl dieser das Schneiderhandwerk erlernt hatte, stieg er in die Baubranche um. Da er ein zuverlässiger und gewissenhafter Mensch war, der sich wie kein anderer mit seinem Arbeitsplatz identifizierte, wurde er in der Firma vielseitig eingesetzt. Das Haus, in dem sich die angebotene Wohnung befand, gehörte dem Firmeninhaber. So wurde Arthur zugesagt, dass er ein Zimmer mit eigenem Zugang zusätzlich zu seiner Wohnung bekommen sollte. Damit war das Problem für Rosi Bachner gelöst. Dieses Zimmer mit eigener Tür, Bad sowie Toilette wurde ihr zur Verfügung gestellt. Rosi Bachner zog endgültig mit Tochter Ingeborg und dem Schwiegersohn Andi zusammen. Die Wohnung in der Stelzerstraße gab sie auf. Letztendlich mussten die Familienmitglieder ihren Wunsch, bei Ingeborg zu bleiben, akzeptieren. Was auch geschah. Josef, der älteste und Reinhard, der jüngste Sohn boten der Mutter auch mehrfach an, bei ihnen in Stuttgart zu wohnen. Nur konnte die Entscheidung nicht allzu lange hinausgeschoben werden. Reinhard sowie auch Josef hätten sich nach einer größeren Wohnung umsehen müssen. Allerdings war es zu diesem Zeitpunkt in Stuttgart nicht unmöglich, eine solche zu bekommen. Auch dieses Angebot lehnte die Mutter ab! Natürlich sollte man alte Bäume nicht verpflanzen, nur wäre dies ja auch gar nicht nötig gewesen. Rosi Bachner hätte in ihrem Zuhause in der Stelzerstraße bleiben können, Tochter Lisa und Familie hatten ihre Hilfe wiederholt angeboten. Dass sie nicht bis nach Stuttgart wollte, war ja für alle zu verstehen. - Rosi Bachner hatte sich jedenfalls dafür entschieden, bei ihrer jüngsten Tochter Ingeborg zu wohnen.

Anfang der siebziger Jahre spielte sich ein alljährlicher Rhythmus ein. Reinhard verbrachte in der Schulferienzeit zwei bis drei Wochen in Straußlach. Die Kinder Helga und Günter hatten ohnehin schon immer ihre komplette Ferienzeit bei Oma und Opa in Altenried verbracht. Wenn es Familienfeste zu feiern gab, fanden diese in der Regel bei Ingeborg statt. Der Grund war, dass die Mutter dort ihr Zuhause hatte und somit wieder ein Treffpunkt für die Großfamilie Bachner geschaffen wurde. In den achtziger und den neunziger Jahren sahen sich die Brüder Reinhard und Josef dann öfter in Bayern als in Stuttgart. Für Reinhard war es die selbstverständlichste Sache der Welt, den größten Teil seines Jahresurlaubs bei Mutter und Schwester Ingeborg in Straußlach zu verbringen; noch weit über die siebziger Jahre hinaus. Urlaubsreisen in andere Regionen oder gar ins Ausland waren auch zu dieser Zeit für Reinhard noch nicht erschwinglich. Hatte man wirklich mal einige Mark gespart, mussten diese für wichtigere Dinge ausgegeben werden. Die meisten Altersgenossen von Reinhard hatten sich schon längst ein Auto und anderes mehr zugelegt. Natürlich hatten viele sei-

ner Schulkameraden auch andere Voraussetzungen als er. Einige kamen aus alteingesessenen Familien oder Bauernhöfen, wo man nicht jede Mark zweimal umzudrehen brauchte. Reinhard hatte keine Großeltern, die ein oder mehrere Grundstücke als Erbe hinterlassen hätten. Und auch keine vermögenden Onkel und Tanten. Diese hatten ja ihre Immobilien und alles, was sie sonst besaßen, im Sudetenland beziehungsweise in der jetzigen Tschechoslowakei zurücklassen müssen. Also hatte er nur, was er sich »mit seiner Hände Arbeit« verdiente. Das reichte zwar, um einigermaßen zu leben, für mehr aber nicht.
Trotz allem: Die Zeit, wo er mit der Familie bei Mutter und Geschwister verbringen durfte, möchte er auf keinen Fall missen. Die Spaziergänge von Altenried zum Falkenberg mit den Eltern, der Familie, des Öfteren auch mit den Geschwistern, entschädigten Reinhard für entgangene Urlaubsreisen. Gerne erinnerte er sich, wenn er mit Mutter und Vater die neunzig Minuten Fußweg zum Falkenberg zurückgelegt hatte, an die anschließende »Brotzeit« im Berggasthof. Später tranken Vater und Sohn noch ein oder auch zwei Bier und so manche Erlebnisse aus der Vergangenheit und Gegenwart wurden ausgetauscht. Waren sie auf dem Hinweg durch die herrliche Waldlandschaft von Vogelgezwitscher begleitet, so herrschte auf dem Rückweg am Spätnachmittag eine wohltuende Ruhe. Bei solchen oder ähnlichen Ausflügen erfuhr Reinhard vieles aus Vaters Leben. Auch Mutter erzählte oft aus ihrer Kinder- und Jugendzeit. Im Nachhinein kam Reinhard zu der Überzeugung, nicht allzu viel versäumt zu haben, was Urlaubsreisen anbetraf.

Beruflich hatte sich bei Reinhard inzwischen einiges geändert. Er wurde jetzt hauptsächlich im Schalterdienst eingesetzt. Diese Tätigkeit machte ihm sichtlich Spaß! Er verstand es wie kein Zweiter, mit der Kundschaft umzugehen. Ob am Expressgut- oder Fahrkartenschalter, die Kunden schätzten seine Kenntnisse und sprichwörtliche Höflichkeit. Manch einer erkundigte sich vorab, ob und wann Reinhard Dienst hatte, um nur von ihm bedient und beraten zu werden. Er hatte zudem das Glück, mit einer Kollegin zusammenzuarbeiten, die ebenfalls kompetent den Schalterdienst versah. Außerdem war sie ein Ass in der Rechnungslegung und zeichnete sich durch absolute Zuverlässigkeit aus. Reinhard war nun bis auf wenige Ausnahmen endlich aus dem Schichtdienst heraus. Nur am Fahrkartenschalter war Wechseldienst zu verrichten. Ansonsten hatte er in Abstimmung mit seiner Kollegin eine Woche Früh- und eine Woche Spätdienst zu machen. In den siebziger Jahren hatten nur größere Firmen ein Stundungskonto bei der Bahn. Alle anderen zahlten noch mit Bargeld. Am Fahrkartenschalter wurde sogar ausschließlich bar bezahlt. So musste bei Schichtwechsel die Kasse übergeben werden. Was seine Kollegin anbetraf, so war die Zusammenarbeit einfach ideal. Ihr gegenseitiges Vertrauen konnte man ohne Übertreibung als einmalig bezeichnen. In all den Jahren hatte es niemals einen Fehlbetrag in der Kasse gegeben, der nicht aufgeklärt wurde. Ihre Zusammenarbeit ging sogar so weit, dass, wenn einer mal in Eile war, der Kassenbeststand bei der Übergabe nicht geprüft und dem anderen einfach blind anvertraut wurde. Eine Tugend, die heute eher Seltenheitswert besitzt.

Reinhard hatte sich 1974 entschlossen, den Autoführerschein zu machen. Er besaß ja nur den Motorradführerschein und das genügte heutzutage einfach nicht mehr. Auch dienstlich war der führerscheinlose Zustand nicht mehr tragbar. Immer öfter sollte er mit einem Dienstwagen etwas erledigen, – musste dies aber ablehnen. Energisch strebte der bereits 39-Jährige die Führerscheinprüfung an. Nach nur 12 Fahrstunden wurde er zur Prüfung zugelassen, die er ohne Schwierigkeiten bestand. Durch eisernes Sparen hatte Reinhard 800 DM zusammengebracht. Dies war die Maximalsumme, die er für ein gebrauchtes Auto ausgeben konnte. Als seine Frau mit den Kindern in Straußlach bei seiner Mutter zu Besuch war, entschloss sich Reinhard zum Kauf eines »Gebrauchten«. Ohne auch nur die geringste Ahnung – was Autos anbelangt – machte er sich auf die Suche. Ein alter Ford 12M mit Lenkradschaltung hatte es ihm angetan. Der Händler wollte 1200 DM; Reinhard konnte ihn aber nach zäher Verhandlung für 800 DM erstehen. 15 DM musste er dem Händler noch für die Zulassung bezahlen. Am nächsten Tag nach Dienstschluss holte er das Fahrzeug ab. Es war Berufsverkehr, als Reinhard mit seinem »Wagen« zur Mühlbachstraße fuhr. Schweißgebadet, aber stolz stellte er das Auto dort ab. Äußerlich nicht gerade ein schöner Anblick – das Auto hatte über Hunderttausend Kilometer auf dem Buckel – stand es am Straßenrand, wo es von einem Nachbarn auch gleich begutachtet wurde. Sein Urteil fiel vernichtend aus! Er war der Meinung, dass Reinhard mit diesem Vehikel nicht weit kommen würde. Irritiert und voller Zweifel überlegte er, ob dieses »Ding« wohl eine Fehlinvestition war und er die mühsam gesparten 800 DM in den Sand gesetzt hatte. Trotzdem beschloss Reinhard, seine Frau und die Kinder in Bayern mit *seinem* Auto zu überraschen. Er hatte übers Wochenende dienstfrei und wollte diese Zeit nutzen, um mit dem Auto nach Straußlach zu fahren.

Es wurde eine abenteuerliche Fahrt! Er fuhr die »Bundesstraße 14« und somit durch die Innenstadt von Nürnberg. Nachdem er sich zwei oder dreimal verfahren hatte und nicht mehr wusste, wo er sich befand, fuhr er einfach geradeaus weiter. Schon nach kurzer Zeit stellte er fest, dass er auf die »Bundesstraße 8« geraten war. Ein Bekannter hatte ihm noch den Ratschlag mit auf den Weg gegeben, beim Tanken auch den Ölstand prüfen zu lassen. So fuhr er, nachdem er Nürnberg schon ein gutes Stück hinter sich gelassen hatte, die nächste Tankstelle an. Der Tankstellenbesitzer zeigte großes Verständnis für Reinhards Problem. Er machte nicht nur den Tank voll, sondern prüfte auch Reifendruck und Ölstand. Dabei erklärte er Reinhard geduldig, wie er am besten nach Straußlach kommen würde. Der Tankwart hatte die Fahrtstrecke so gut beschrieben, dass sich Reinhard nur noch einmal verfuhr. Über die Stadt Amberg erreichte er am Nachmittag endlich Straußlach beziehungsweise Altenried. Als er bei Schwester Ingeborg im Hof sein Fahrzeug abgestellt hatte, kam Anni ihm bereits entgegen. Sie staunte nicht schlecht, als ihr Reinhard stolz sein Auto vorstellte. Ihr erster Kommentar war: »Habe mir so etwas Ähnliches schon gedacht!« Dann bestaunte sie erst einmal das Gefährt. Reinhard bemerkte augenblicklich, dass sich auch seine Frau freute und dann zeigte er ihr die wichtigsten Eigenschaften, die das Auto aufzuweisen hatte. Auch die beiden Kinder freuten sich, als würde die neuste Version eines Mercedes-Benz vor ihnen stehen. Am Nachmittag wurde auch sofort eine »Spritztour« in die nähere Umgebung unternommen. Vergessen waren die pessimistischen Bemerkungen des Nachbarn aus Stuttgart, war Reinhard doch ohne eine Panne in Straußlach angekommen. Im Gegenteil stellte sich bald schon heraus, dass dieser 12M einfach nicht kaputt zu kriegen war.

Die Kinder wurden größer. Reinhards Tochter Helga besuchte eine weiterführende Schule und erhielt nach erfolgreichem Abschluss eine Anstellung bei einer Bank. Helga war sehr ehrgeizig und selbstbewusst! Nach der Lehre zur Bankkauffrau wurde sie wegen ihrer guten Kenntnisse und Leistungen auf die Sparkassen-Akademie geschickt. Im Anschluss daran bekam sie die Stelle einer Lehrlings-Ausbilderin bei der Landesgirokasse Stuttgart – als erste Frau, der man diese Arbeit anvertraute. Zwischenzeitlich hatte sie auch ihren jetzigen Ehemann, ebenso Bankkaufmann wie sie, kennen gelernt.
Im Sommer 1975 kam Reinhards Sohn Günter auf ein Gymnasium in Stuttgart. Zuvor hatte er die Realschule besucht. In einem Gespräch mit seinem Klassenlehrer erfuhr Reinhard, dass Günter, dank seiner großartigen Leistungen aufs Gymnasium gehörte. Reinhard wurde beim Direktor des Gymnasiums vorstellig. Dort wurde ihm versichert, dass Günter keine Aufnahmeprüfung zu machen hätte. Dank der guten Noten auf der Realschule war dies nicht nötig. Im Sommer 1983 machte er sein Abitur mit hervorragender Zeugnisnote und bekam den Scheffel-Schulpreis für die besten Leistungen im Fach »Deutsch«! Für Reinhard und seine Frau waren, finanziell betrachtet, die Zeiten immer noch nicht rosig. Auf die Leistungen ihrer Kinder aber waren sie beide stolz. Nach einem eingehenden Gespräch mit seinem Sohn entschloss sich Reinhard, ihm ein Studium zu ermöglichen. Günter wollte unbedingt Philosophie und Literaturwissenschaft studieren. Schon auf dem Gymnasium begann er mit der Schriftstellerei. Schreiben - das war sein Lebensinhalt!

Es schien nun so, als ob es Reinhard Bachner und seiner Familie gelungen sei, sich aus den immer wiederkehrenden finanziellen Schwierigkeiten etwas zu befreien. In den zurückliegenden Jahren waren die Probleme manchmal so groß, dass es zwischen Reinhard und seiner Frau zu mancher Bewährungsprobe kam. Oft schien es so, als ob, sei es nun in finanzieller oder beruflicher Hinsicht, kein gemeinsamen Nenner mehr zu finden war. Trotz heftiger Auseinandersetzungen, die sich zwangsläufig ergaben, wenn wieder einmal die Haushaltskasse leer, und noch eine Woche bis Ultimo war, ging es weniger um das Geld. Es war die Frage, wie es denn in Zukunft weitergehen sollte, an der sie sich rieben. Reinhard tendierte in einer solchen Lage dazu, sollte es nicht anders gehen, auch mal Schulden zu machen. Anni dagegen wollte auf keinen Fall Schulden, die, so ihr Argument, ja wieder zurückgezahlt werden müssten. Am Ende fanden aber beide immer einen Kompromiss, vor allem, und das war wohl das Wichtigste, hielten sie trotz großer Probleme wie Pech und Schwefel zusammen. Eine ernste Ehekrise gab es nie! Wenn die Kinder nicht anwesend waren, und jeder mal seinen Dampf abgelassen hatte, redeten beide oft sehr lange miteinander. Nach einem solchen Gespräch war man wieder erleichtert. Sie hatten die Gewissheit, dass alle Angelegenheiten, solange man zueinander hielt und sich einer auf den anderen verlassen konnte, auch lösbar waren.

Leider überschattete ein schreckliches Ereignis die gesamte Familie Bachner. Lisas Ehemann Herbert starb völlig überraschend an einem Herzversagen. Das war am 26.01. 1985. Beide, Lisa und Herbert, saßen abends gemütlich vor dem Fernseher, als Herberts Kopf plötzlich etwas zur Seite fiel. Erst glaubte Lisa, er wäre im Sessel eingenickt. Als sie ihn aber ansprach, bekam sie keine Antwort von ihm. Lisa kam die Körperhaltung ihres

Mannes komisch vor, was sie veranlasste, genauer nach ihm zu sehen. Sie legte ihre Hand auf Herberts Schulter, schüttelte ihn sanft und sprach ihn an. Er regte sich nicht, noch gab er eine Antwort. Erst jetzt bemerkte Lisa entsetzt, dass ihr Mann bewusstlos war. Sie verständigte sofort den Notarzt! Nur nach wenigen Minuten traf dieser in der Stelzerstraße ein. Der Arzt und seine Begleiter begannen sofort mir der Reanimation. Anschließend wurde Herbert nach Weiden ins Krankenhaus gebracht. Dort versuchte man noch, einen Herzschrittmacher einzusetzen. Doch es war vergebens! Herbert verstarb, ohne noch einmal das Bewusstsein erlangt zu haben. Die Todesnachricht versetzte der Familie und den Verwandten einen regelrechten Schock.

Lisa sollte sich lange nicht von diesem Schicksalsschlag erholen. Noch jahrelang litt sie schwer unter Herberts Tod. Bis zum heutigen Tag hat sie den Verlust ihres Mannes wohl nicht völlig verkraftet. Lisa ist eine starke Persönlichkeit, daher meisterte sie auch bald wieder den Alltag und bekam ihr Leben wieder in den Griff. Lisa war auch nicht der Mensch, der seine Sorgen vor anderen ausbreitete oder gar um Hilfe bat – nein, sie zeigte ihre Trauer kaum. Natürlich wurde ihr eine große Unterstützung durch ihre beiden Kinder entgegengebracht. Doch wer Lisa kannte, der wusste auch, dass sie diese nur bedingt annahm. Lisas sehr gutes Verhältnis zu ihren beiden Kindern hat ihr bis heute geholfen, wieder ein normales Leben zu führen. Wie sagte doch Rosi Bachner treffend zu ihrer Tochter: »Du hast dein Bestes, was du hattest, verloren!«

Reinhards Tochter Helga hatte inzwischen eine gute und feste Position bei der Bank. Sohn Günter stürzte sich mit unwahrscheinlicher Energie auf sein Studium. Für Reinhard und seine Frau gab es, was die Leistung ihres Sohnes an der Universität anbetraf, überhaupt keine Schwierigkeiten. Das Gegenteil war der Fall! Günter schaffte alle anstehenden Prüfungen mit Bravour! In diese nun doch etwas positive Zeit hinein stand für Reinhard eine Versetzung an. Seine Dienststelle wurde im Zuge der Rationalisierung bis auf zwei Dienstposten zusammengestrichen. Auf Grund seiner gesundheitlichen Einschränkungen war Reinhard nicht mehr betriebsdiensttauglich. So musste er sich mit einem Dienstposten in der Verwaltung innerhalb der Bundesbahn-Direktion abfinden. Es war zwar nicht nach Reinhards Geschmack, Büroarbeiten zu verrichten; aber auch diese Tätigkeit machte er wie immer mit vollem Einsatz und sehr gewissenhaft. Durch die Arbeit in der Direktion lernte er zwangsläufig Leute kennen, die auf viele Dinge Einfluss hatten. Man versprach ihm, sobald sich etwas anderes ergeben sollte, ihn zu unterstützen.

Reinhard plante einen Besuch bei seiner Mutter. Der 1. April war ein fester Termin für alle Familienmitglieder. Es war Mutters Geburtstag. Am 1. April 1990 sollte ihr 88. Geburtstag gefeiert werden. Für Reinhards Mutter war es wichtig, zu solchen Anlässen ihre Kinder um sich zu haben. Das führte dazu, dass sich alle Geschwister wieder einmal sehen konnten. Schon lange war es nicht mehr selbstverständlich, dass sie sich oft trafen. Vor Jahren war das zumindest noch manchmal der Fall. Natürlich lebten sie in alle Winde zerstreut und nicht immer war es allen gleichzeitig möglich, anzureisen. Trotzdem – so wie in den Zeiten davor war es schon lange nicht mehr. Zwar mochten viele Dinge eine Rolle spielen; der feste Wille, sich hin und wieder zu treffen, war einfach nicht mehr gegeben. So war der Geburtstag der Mutter ein willkommener Anlass, dass es zu einem Wiedersehen aller Familienmitglieder kam. Man versprach sich bei solchen Gelegenheiten immer wieder, einen regelmäßigen »Familientreff« zu organisieren. Jedoch blieb es beim bloßen Vorsatz; umgesetzt wurde er nie. Warum dies so war, hatte Reinhard nie ganz verstanden. Nach wie vor gab es unter den Geschwistern keinen ernsthaften Streit oder gar Unstimmigkeiten. Nur dieses Zusammenhalten wie »Pech und Schwefel« fehlte. Oft musste Reinhard an die Zeit denken, als es ohne Ausnahme allen schlecht ging. Es verging damals nicht ein Tag, ohne dass jemand aus der Familie vorbeischaute, um zu fragen, wie es geht. Reinhard musste bei solchen Überlegungen immer an Grünheide denken. Obschon der Hunger oft unerträglich war – der Zusammenhalt innerhalb der Familie machte alles um ein Vielfaches leichter. Als Reinhard noch jünger war, hatte er sich weniger Gedanken um derartige Dinge gemacht. Jetzt, auch schon Mitte fünfzig, plagten ihn öfters derlei Erinnerungen.

Das letzte Stück Heimat verloren

Reinhard hatte seinen Jahresurlaub so eingeteilt, dass er nach Mutters 88. Geburtstag noch bis zu den Osterfeiertagen in Altenried bleiben konnte. Schon bei seinem letzten Besuch musste er feststellen, das Mutter nicht mehr die »alte« war, wie man in Bayern so zu sagen pflegt. Hatte sie bei früheren Besuchen von Anni und Reinhard niemandem erlaubt, in der Küche mitzuhelfen – jetzt erhob sie dagegen keinen Einspruch mehr. Stets hatte sie nach dem Mittagessen in der Küche bei Ingeborg den Abwasch fast alleine erledigt. Neuerdings zog sie sich aber nach der Mahlzeit sofort in ihre Wohnung zurück. In ihrem bequemen Sessel machte sie ein Mittagsschläfchen. Reinhard folgte ihr manchmal, um mit ihr, wie es beide oft gerne machten, zu reden. Er merkte aber nun immer häufiger, dass sie einfach ihre Ruhe haben wollte. Meistens machte sie ein ausgedehntes Nickerchen. Um sie nicht zu stören, machte es sich Reinhard auf der Couch bequem.

In einem Vieraugengespräch vertraute Ingeborg ihrem Bruder die Veränderungen an, die sie in letzter Zeit bei ihr beobachten konnte. Obwohl Ingeborg schon lange Dinge wie etwa Waschen, Putzen und all die anderen Sachen für Mutter übernommen hatte, musste sie so manche Besonderheit bei der Mutter feststellen. Unter anderem sagte sie Reinhard, sie mache manchmal Sachen, die einfach keinen vernünftigen Sinn ergaben. Einmal bemerkte Ingeborg, wie die Mutter aus dem Küchenschrank einige Teebeutel entnahm, diese öffnete und dann versuchte, den Inhalt zu essen. Als sie die Mutter daraufhin ansprach,

was sie denn da mache, antwortete sie: »Ich habe Hunger!« All diese Dinge bereiteten Reinhard große Sorgen. Er sprach auch mit seiner Schwester Lisa, die ihm ebenso bestätigte, dass Mutter nicht mehr in der Lage war zu unterscheiden, was richtig und falsch ist. Lisa brachte die Angelegenheit genau auf den Punkt: »Wir müssen uns damit abfinden, mein lieber Reinhard – Mutter ist 88 Jahre alt.« Hatte sie die vergangenen Jahre ihren Geburtstag mit einem Essen vorwiegend in einer Gaststätte gefeiert, so wollte sie ihren 88. dieses Mal zu Hause begehen. Ingeborg konnte sie letztendlich überreden – da der 1. April ein Sonntag war – zumindest das Mittagessen im Restaurant einzunehmen. Kaffee und Kuchen gab es dann bei Ingeborg. Reinhard fiel auf, dass sich seine Mutter bereits am Samstag, also einen Tag vor der Feier, informierte, ob denn alles im Haus sei, was zur Geburtstagsfeier gebraucht wurde. Beharrlich fragte sie Ingeborg, ob sie beim Einkauf nichts vergessen habe. Samstag nach dem Mittagessen saß sie wieder in ihrem Lehnstuhl. Als Reinhard nach ihr sah, lächelte sie und sprach: »Heute schlafe ich nicht, komm nur herein.« Er setzte sich, gegen seine sonstige Gepflogenheit, an den Tisch und nicht auf die Couch. So saß er der Mutter direkt gegenüber. »Weißt du«, meinte sie, »ich bin froh, wenn der morgige Tag rum ist; halte das einfach nicht mehr so aus wie früher.«
»Du brauchst ja nichts zu machen«, entgegnete Reinhard.
»Ja schon; aber allein die vielen Leute und das ganze Getue ist mir einfach zuwider!«
Reinhard war etwas verwundert. Ihre Geburtstage im Kreis der Familie und Verwandten zu feiern war ihr immer sehr wichtig gewesen. Plötzlich wechselte sie das Thema: »Wie geht es Helga?« Sie meinte damit ihre Enkelin, Reinhards Tochter.

Reinhard erklärte ihr, dass sie bald, wahrscheinlich schon in wenigen Tagen, ihr erstes Kind entbinden würde. Besorgt war sie stets um »ihre« Helga. Sie hatte ja viel Zeit bei ihr verbracht und das Verhältnis war zwischen Enkelin und Oma deshalb sehr innig. Zum wiederholten Male betonte Rosi Bachner, dass sie die Enkeltochter gerne zu ihrem Geburtstag dabei gehabt hätte. Eine ganze Weile saßen sie da, ohne etwas zu reden. Dann sagte die Mutter plötzlich: »Wird wohl der letzte Geburtstag sein, dieser achtundachtzigste!«

»Rede keinen Unsinn, Mama«, unterbrach Reinhard sie. »Du wirst hundert!«

»So alt möchte ich gar nicht werden«, war ihre Antwort. Dabei rieb sie mit beiden Händen ihre Beine, die ihr schon geraume Zeit Schmerzen bereiteten. Reinhard wusste, was Mutter jetzt sagen würde und so war es auch: »In meinen Beinen ist der Tod drin!« Diesen Spruch kannten alle Familienmitglieder nur zu gut.

Als Reinhard nichts darauf antwortete, lachte sie und erklärte ihrem Sohn, dass der Tod sich irgendwo ja einen Anfang suchen müsste. Ohne eine Antwort auf ihre Ausführungen abzuwarten, wechselte sie erneut das Thema.

Noch bevor sie weitersprechen konnte, kam der Enkelsohn Günter zur Tür herein. »Da seid ihr zwei ja! Dachte schon, ihr haltet euren Mittagsschlaf.« Auch er nahm neben seinem Vater am Tisch Platz.

»Was macht das Studium«, fragte die Großmutter, »und wie sehen die Finanzen aus?« Dabei rieb sie mit Daumen und Zeigefinger hin und her und schmunzelte dabei. »In den Semesterferien arbeite ich und verdien mir etwas dazu!« Günter lachte ebenfalls und erklärte seiner Oma, dass es einfach reichen musste. Dann setzte er sich auf die Stuhllehne, nahm die Großmutter in den Arm und sprach: »Mach dir mal keine Sorgen, Oma. Ich schaff das schon!« Auch sie legte ihren Arm um ihren Enkel. »Daran«, sagte sie, »habe ich nie gezweifelt.«

Zum 88. Geburtstag, am Sonntag, den 1. April. 1990, waren alle gekommen. Nur Enkelin Helga – Reinhards und Annis Tochter – war nicht dabei. Sie, die besonders an ihrer Oma hing, erwartete wie gesagt ihr erstes Kind. Reinhard sollte also in Kürze Opa werden! Es konnte sich nur noch um Tage bis zur Niederkunft von Helga handeln. Eine Reise in die Oberpfalz wäre ein zu großes Risiko gewesen. Obwohl Reinhard seiner Mutter genauestens über die anstehende Geburt berichtete, fragte sie dennoch mehrmals, warum denn Helga dieses Mal nicht gekommen sei. Nachdem auch Anni ihr nochmals versicherte, dass dies zum jetzigen Zeitpunkt nicht möglich war, äußerte sie sich letztendlich dahingehend, dass sie sich auf ihren Urenkel freue.
Reinhard wird der 88. Geburtstag wohl immer in Erinnerung bleiben. Es sollte, wie von Mutter vorhergesagt, der Letzte sein. Besonders die Zusammenkunft aller Geschwister mit ihren Familien und allen nahen Verwandten wurde zur bleibenden Erinnerung. Noch bis zum heutigen Tag kann sich Reinhard viele Details der Geburtstagsfeier ins Gedächtnis zurückrufen. Es war das letzte Stück Heimat, das bald verloren ging.
Hatte Reinhard ursprünglich vorgehabt, die Osterfeiertage noch bei Mutter zu verbringen, er hatte ja eigens dafür Urlaub genommen, ließ ihm die Sorge um seine Tochter keine Ruhe. Vor allem Anni wollte am Tag der Geburt ihres ersten Enkels bei Helga sein. So fuhren beide schon am 13. April, es war der Karfreitag, zurück nach Stuttgart. Am Ostersonntag, den 15.

April, brachte Helga einen gesunden Jungen zur Welt! Zum Andenken an Großvater Bachner wurde dessen Vorname im Doppelnamen des Neugeborenen an erster Stelle genannt. Die Freude der frisch gebackenen Großeltern war natürlich grenzenlos. Doch schon bald sollte dieses Ereignis von Schmerz und Leid überschattet werden. Obwohl Reinhards Familie nicht unvorbereitet war, traf sie die Nachricht, dass Mutter ins Krankenhaus eingeliefert wurde, wie ein Keulenschlag. Sie war in ihrem Zimmer gestürzt, wobei sie sich einen Oberschenkelhalsbruch zuzog. Nach Auskunft von Ingeborg und Lisa hatte sich Mutter sehr schnell vom dem Schock erholt, dass sie nun einige Zeit im Krankenhaus bleiben musste. Das Wort Krankenhaus war für Rosi Bachner von jeher ein Alptraum. Soweit Reinhard in seine Kindheit zurückdenken konnte, immer hatte Mutter panische Angst, in ein Krankenhaus oder gar Altersheim zu müssen. Nun, da es unumgänglich war, hatte sie sich damit abgefunden, einige Tage, wie sie meinte, im Krankenhaus zu bleiben.
Doch die Oberschenkelfraktur war kompliziert. Schon nach wenigen Tagen verschlechterte sich ihr Zustand zusehends. Reinhard fuhr sofort nach Altenried, um Mutter zu besuchen. Als er zum ersten Mal das Krankenzimmer betrat, erschrak er. Bleich, mit eingefallenen Wangen lag sie im Bett. Reinhard setzte sich zu ihr, nahm ihre Hand und drückte sie sanft. Sie war zu schwach zum Sprechen – aber sie lächelte! Nur zu gut kannte Reinhard dieses Lächeln, hundert, ja tausendmal hatte er dieses schon erleben dürfen. Schon als kleiner Junge hatte er dieses so gemocht.
»Wie geht es dir, Mama?«, fragte er und lächelte zurück, obwohl ihm doch gar nicht danach war.
Sie nickte kaum merkbar mit dem Kopf und lächelte dabei.

Reinhard wollte nicht, dass sich Mutter anstrengte und so vereinbarte er mit ihr, dass sie, so sie seine Frage verstand, mit ihrer Hand die von Reinhard drücken sollte. Reinhard versicherte der Mutter, dass sie bald wieder auf dem »Damm« sei, wie sie selber immer zu sagen pflegte, wenn es ihr mal nicht gut ging. Wieder nickte sie schwach und drückte dabei die Hand ihres Sohnes. Fast den ganzen Tag blieb Reinhard bei seiner Mutter. Er trocknete ihr mit einem feuchten Tuch die Schweißperlen von der Stirn und streichelte ihre eingefallenen Wangen. Am Nachmittag kamen auch Ingeborg und Lisa hinzu. Als sich Reinhard von Mutter verabschiedete und ihr versicherte, in drei Tagen mit Enkelsohn Günter wiederzukommen, verspürte er einen etwas stärkeren Druck ihrer Hand. An der Tür zum Krankenzimmer drehte sich Reinhard nochmals um. Als sich ihre Blicke trafen, sah er wieder dieses schon beschriebene Lächeln auf ihrem Gesicht.
Reinhard fuhr noch am gleichem Tag mit dem Auto nach Stuttgart zurück. Er versuchte in einem Gespräch mit seinem Vorgesetzten, noch einige Tage Urlaub zu bekommen, die ihm auch gewährt wurden. Sohn Günter hatte gerade Semesterferien und arbeitete in einer Buchhandlung, um sich etwas Geld zu verdienen. Ohne auch nur einen Moment zu zögern unterbrach er seine Tätigkeit in der Buchhandlung, um seine Oma zu besuchen. Schon zwei Tage später fuhren Vater und Sohn nach Straußlach. Noch am gleichen Tag besuchten sie die Mutter beziehungsweise Oma im Krankenhaus. Es lagen nicht einmal ganze drei Tage zurück, dass Reinhard Mutter gesehen hatte. Er erschrak dennoch! Mutter lag schweißgebadet und an ein Sauerstoffbeatmungsgerät angeschlossen mit bleichem Gesicht und geschlossenen Augen in den Kissen. Enkelsohn Günter konnte nur mit viel Mühe seine Tränen verbergen. Seine Großmutter, die ihm sehr viel bedeute-

te, so hilflos zu sehen, tat ihm zutiefst weh. So standen sie beide vor ihrem Bett und wussten für geraume Zeit nicht, wie sie sich verhalten sollten. Reinhard setzte sich schließlich ans Bett und nahm Mutters Hand. Doch dieses Mal reagierte sie nicht auf seinen sanften Druck. Günter hatte sich wieder etwas gefasst und wischte der Oma den Schweiß vom Gesicht. Das Atmen schien ihr schwer zu fallen, die zwei schmalen Schläuche des Geräts, je in einem Nasenloch befestigt, sollten nach Auskunft der Krankenschwester das Luftholen etwas erleichtern.
Reinhard versuchte immer wieder, Mutter anzusprechen.
»Mama, hörst du mich? Gib mir bitte ein Zeichen mit deiner Hand!« Nach mehreren Versuchen glaubte er plötzlich einen schwachen Druck ihrer Hand zu spüren. Auch ihre Augendeckel fingen an zu zucken. Unmittelbar darauf öffnete sie die Augen!
»Hallo Oma – ich bin es, Günter, erkennst du mich?« Reinhard drückte mehrmals hintereinander ihre Hand. Zugleich verspürte er, dass auch sie versuchte, seine Hand zu drücken.
»Hast wohl etwas geschlafen?«, fragte Günter erneut.
Und da war es wieder - dieses unverkennbare Lächeln auf ihrem Gesicht! Sie bestätigte mit schwachem Nicken die Frage ihres Enkels.
»Du schaffst das schon, Mama«, sprach Reinhard, »wir haben doch schon schwerere Dinge gemeistert als diesen Beinbruch!« Reinhard glaubte, ein jetzt verstärktes Nicken mit dem Kopf gesehen zu haben. Doch er wusste – dieses Mal würde Mutter es wohl nicht schaffen. Auch wenn sie selber nicht daran glauben sollte, sie würde niemals ihm und ihrem Enkelsohn gegenüber dies zugeben. Schon nach wenigen Minuten schlief sie wieder ein. Sie war einfach zu schwach. Reinhard meinte, auf ihrem Gesicht so etwas wie Zufriedenheit zu erkennen.

Günter blieb bei seiner Oma am Bett. Reinhard dagegen wollte versuchen, mit dem Chefarzt zu sprechen. Es gelang ihm kurz vor der üblichen Visite einige Minuten mit diesem zu reden. Er versuchte zunächst, Reinhard zu trösten, doch der wollte definitiv wissen, wie es um seine Mutter stand.

Ohne große Umschweife setzte er ihm auseinander, dass Rosi Bachner einfach zu schwach sei, um aufzustehen. Dies wäre aber jetzt das Allerwichtigste! Ansonsten würde nämlich die Lunge bald nicht mehr ihre Funktion ausführen können. »Was das bedeutet« – so der Arzt – »brauche ich Ihnen ja wohl nicht zu erklären.« Natürlich wusste Reinhard dies; nur fiel es ihm einfach schwer, das zu akzeptieren. Der Arzt versuchte Reinhard dahingehend zu trösten, dass er doch seine Mutter so viel länger haben durfte, als es vielen anderen vergönnt war. Jetzt, mit 88 Jahren, müsse man einfach verstehen, dass Mutter wohl für immer die Familie verlassen würde. Als Reinhard zurück ins Krankenzimmer kam, saß Günter noch immer am Bett der Großmutter. Schon im Flur, trotz geschlossener Tür, hatte er Mutter schwer nach Luft ringen hören. Als später Ingeborg und Lisa kamen, gingen Vater und Sohn etwas an die frische Luft.

Im Vorgarten des Krankenhauses setzen sich die beiden auf eine Bank. Reinhard ging so vieles durch den Kopf. Vor allem musste er an seine Kindheit denken. Da war die Nacht in Klattau 1938, der Saal, in dem man am Fußboden schlief, und dann das schwere Gewitter. Deutlich konnte er sich an die Szene erinnern, als der Blitz den ganzen Schlafsaal erhellte und das mächtige Donnergrollen gar nicht aufhören wollte. Deutlich, als ob es erst einige Tage her sei, sah er sich aus dem Schlaf gerissen und aus Angst vor den gewaltigen Donnerschlägen um Hilfe rufen. Als ihn die Mutter sanft ihre Hand auf den Mund drückte und in den Arm nahm – wie geborgen er sich da plötzlich fühlte! Günter musste gemerkt haben, dass sein Vater weit weg von der Gegenwart mit seinen Gedanken war. Er saß schweigend neben ihm. Er wollte Vater auf keinen Fall stören. So kam es, dass Reinhard erst viel später von seinem Sohn erfuhr, dass Rosi Bachner während seiner Unterredung mit dem Arzt noch einmal voll das Bewusstsein erlangt hatte. Oma und Enkel sahen sich lange in die Augen. Unwillkürlich sagte Günter: »Du bist die tapferste Frau der Welt!« Sie lächelte und war kurz darauf wieder abwesend. - Erst als sich ihnen zwei Männer näherten, die sich als Reinhards Brüder Josef und Willi herausstellten, gingen sie gemeinsam ins Krankenzimmer zur Mutter zurück. Als sie das Zimmer betraten, waren eine Schwester und der Stationsarzt gerade im Begriff zu gehen. Reinhard folgte den beiden auf den Flur. Er wollte auch noch mit dem Stationsarzt sprechen. Er hatte nämlich seiner Dienststelle versprochen, in zwei Tagen wieder zur Arbeit anzutreten. Reinhard wollte vom Arzt wissen, wie viel Zeit seiner Mutter denn noch bleibe. Natürlich wollte sich dieser nicht festlegen. Er war aber der Meinung, dass es noch drei Tage, womöglich auch noch länger als eine Woche dauern könnte. So entschied sich Reinhard für die Heimreise. Auch Günter musste dringend zu seiner Arbeit zurück. So beschloss man, morgens nach dem Frühstück zu fahren.

Es war so gegen 10 Uhr, als Vater und Sohn ihr Auto bestiegen, um nach Stuttgart zu fahren. Als sie Straußlach erreichten, verließ Reinhard die Hauptstraße und bog in Richtung Krankenhaus ab. Sie wollten noch mal bei Mutter vorbeischauen.

Bereits auf dem Flur zum Krankenzimmer konnten sie wieder das laute Atmen der Kranken hören. Noch einmal setzte sich

Reinhard ans Bett seiner Mutter und ergriff ihre Hand. Sie öffnete die Augen und Reinhard verspürte einen sehr schwachen Druck ihrer Hand.
»Mama, ich muss für drei Tage zurück nach Stuttgart. Dann komme ich erneut und bleibe, bis es dir wieder besser geht!«
Wieder verspürte er einen Druck ihrer Hand. Sie musste seine Worte verstanden haben. Günter trat nun ans Bett. Die Tränen liefen ihm über die Wangen, als er sagte: »Oma! Ade und auf Wiedersehen! Ich komme natürlich auch wieder mit und werde dich jeden Tag besuchen!«
Unübersehbar war die Anstrengung, als sie mit dem Kopf zu nicken versuchte. Günter fuhr noch mal zärtlich mit der Hand über ihre Wange, dann verließ er beinah hastig das Zimmer. Er wollte nicht, dass ihn seine geliebte Oma weinen sah. Auch wollte er nicht stören, wenn Vater von Mutter Abschied nahm, – wahrscheinlich ein Abschied für immer.
Reinhard sah, dass Mutter jetzt unbedingt Ruhe brauchte. Die letzten Minuten hatten ihr viel Kraft gekostet. Schwer atmend hielt sie ihre Augen auf Reinhard gerichtet. Dieser nahm ein feuchtes Handtuch und wischte der Mutter den Schweiß von der Stirn.
»Hast du Schmerzen, Mama?«, fragte Reinhard und streichelte ihre Hand. »Soll ich den Arzt holen?« Sie drückte die Hand ihres Sohnes, erstaunlicherweise fester als sonst, und kaum wahrnehmbar schüttelte sie verneinend den Kopf. Reinhard küsste seine Mutter auf die Wange, streichelte ihre Hand und richtete die Notrufglocke so zurecht, dass Mutter sie ohne Anstrengung erreichen konnte. »Also, Mama. Ich muss jetzt leider fahren. Aber bis spätestens Montag bin ich wieder bei dir!« Erneut verspürte Reinhard Mutters leichten Druck in seiner Hand, sie hat-

te ohne jeden Zweifel seine Worte verstanden. Die Zimmertür schon geöffnet, drehte sich Reinhard nochmals um. Auch die Mutter hatte den Blick zur Tür gerichtet und da sah er es wieder: dieses *Lächeln* auf ihrem Gesicht. Es sollte das letzte Mal sein. Vorsichtig und langsam schloss Reinhard die Tür, bis zum Schluss nur noch ein schmaler Spalt übrig war. Ein letzter Blick durch diese schmale Öffnung, dann fiel die Tür endgültig ins Schloss.

Auf dem Flur wartete Günter. Er legte seinem Vater den Arm um die Schultern und beide ließen ihren Tränen freien Lauf. Sie hatten bereits die Tür erreicht, durch die man die Station verließ und immer noch konnten sie hören, welche Mühe es der Mutter machte, Luft zu bekommen.

Die Fahrt zurück nach Stuttgart verlief sehr schweigsam. Reinhard hatte Mühe, sich auf den Verkehr zu konzentrieren. Immer wieder sah er das Bild der Mutter vor Augen, wie sie hilflos, zwei Schläuche in den Nasenlöchern, und mit bleichem Gesicht im Krankenbett lag.

Die unmöglichsten Dinge gingen ihm durch den Kopf. Er musste an die Zeit während des Kriegs denken, als ihm Mutter auf ihrem Rücken von den Besuchen bei Tante Barbara spät nachts nach Hause trug. An die mondhellen Sommernächte, in denen meistens die Bomberverbände der Alliierten Hüttersdorf überflogen, um irgend eine größere Stadt zu bombardieren. Reinhard hatte damals keine Angst auf dem Rücken der Mutter. Er hatte beide Hände um ihren Hals gelegt, um sich festzuhalten und so verspürte er nicht die geringste Furcht – Mutter war ja doch so nah.

Günter war bemüht, den Vater in ein Gespräch zu verwickeln, um ihn abzulenken. Es gelang ihm nur für kurze Zeit, dann antwortete ihm der Vater nicht mehr. Günter vertraute seinem Vater später an, dass auch er auf dieser Rückfahrt von Straußlach nach Stuttgart an seine Kindertage bei Oma denken musste. Nie würde er die unbeschwerten Tage und Wochen vergessen, die er regelmäßig bei den Großeltern in Altenried verbrachte.

In Stuttgart angekommen telefonierte Reinhard umgehend mit seiner Schwester Ingeborg. Nach deren Auskunft hatte sich Mutters Zustand verschlechtert. Sie reagierte kaum noch, wenn man sie ansprach! Am nächsten Tag, es war der 15. Mai 1990, kam Reinhard vom Dienst zurück. Sofort nahm er wieder Kontakt mit seinen Schwestern Lisa und Ingeborg auf. Von ihnen erfuhr er, dass Mutter wieder eine Nacht schwerstatmend überstanden hatte. So groß Reinhards Freude über seinen auf den Tag genau vier Wochen alten Enkel auch war; die im Sterben liegende Mutter lag wie ein großer dunkler Schatten auf seinem Gemüt. Helga, die so kurz nach der Entbindung die kranke Großmutter nicht besuchen konnte, litt sehr darunter. Reinhard versuchte, seine Tochter zu beruhigen und machte ihr klar, dass die Oma nach Mitteilung von Tante Ingeborg ja gar nicht mehr ansprechbar war. Helga vertraute ihrer Mutter an, dass sie die Großmutter gerne noch mal gesehen hätte. Es war zwar schwer für Helga, doch ließ sie sich letztendlich von der Mutter überzeugen, dass ein Besuch in Straußlach ihre momentane Lage einfach nicht zuließ. Schon am nächsten Tag waren alle Überlegungen dieser Art nicht mehr relevant. Um die Mittagszeit erreichte Reinhards Frau Anni der befürchtete, und doch nicht so früh erwartete Anruf von Schwägerin Ingeborg: *Mutter ist vor einer Stunde gestorben!*

Reinhard erreichte die Nachricht während seiner Dienstzeit. Obschon er damit rechnen musste, traf sie ihn messerscharf mitten ins Herz. Er erledigte nun gleich mit dem Personalbeamten die Freistellung vom Dienst, um sofort mit der Familie nach Straußlach zu fahren. Die Beerdigung der Mutter sollte am Samstag, den 19. Mai 1990 in Altenried stattfinden. Da sie ja die ganzen Jahre bei Ingeborg gelebt hatte, kümmerte sich diese auch um die Formalitäten der Bestattung. Reinhard hatte geahnt, dass er Mutter wohl nicht mehr lebend sehen würde; nur dass es so schnell mit ihr zu Ende ging, hatte er nicht erwartet. Hatte doch der Stationsarzt noch gemeint, vielleicht eine Woche oder gar länger würde sie noch leben können. Doch auch das stärkste Herz hört einmal zu schlagen auf.

Einen Tag vor der Beerdigung besuchte Reinhard die Mutter im Leichenhaus zu Altenried. Es war ein für den Monat Mai ungewöhnlich heißer Tag. Reinhard hatte die Trauerkränze in der Gärtnerei abgeholt und mit zum Friedhof genommen. Er brachte sie zu den vielen anderen, die um den Sarg im Leichenhaus aufgestellt waren. Die Blumen auf den Kränzen waren durch die enorme Wärme bereits in Mitleidenschaft gezogen. Reinhard holte mit einer Gießkanne Wasser, um den gesamten Grabschmuck damit zu versorgen.

Dann ging er zum geschlossenen Sarg der Mutter und streichelte den Deckel zärtlich mit der Hand: »Schlaf gut, Mutter, und nochmals vielen Dank für alles, was du für mich und meine Familie Gutes getan hast!« Er war alleine in der Leichenhalle – Tränen liefen über sein Gesicht, als er zum wiederholten Male mit seiner Hand über die Stelle des Sarges fuhr, wo er Mutters Gesicht vermutete. Durch die mit Glas verkleidete Türe brannte die Sonne auf Reinhards Rücken. Er hatte sie wegen der Hitze geschlossen und trotzdem konnte er, wenn auch nur ganz leise, Vogelgezwitscher hören. Wie hatte doch Mutter den Frühling so geliebt! Wenn sie im Frühjahr am Morgen die Fenster ihrer Wohnung öffnete, waren ihre ersten Worte: »Hörst du, wie schon die Vögel jubilieren, Reinhard?« Noch einmal ging Reinhard zum Kopfende des Sargs, streichelte über das Holz und sagte leise: »Hörst du die Vögel singen, Mama? Heute singen sie besonders schön. Sie singen nur für dich!« Einige Tropfen seiner Tränen fielen auf den Totenschrein. Er wollte sie wegwischen, hielt aber inne und beließ sie dann doch auf Mutters Sarg.

Ein Geräusch riss ihn aus seiner unendlichen Traurigkeit. Arthur, Ingeborgs Mann, kam herein, Anni hatte ihn gebeten, nach Reinhard zu sehen. Dieser hatte wohl am Sarg der Mutter jegliches Zeitgefühl verloren.

Am Tag der Beerdigung, noch vor dem Kirchgang, hatten sich bei Ingeborg fast die ganzen Verwandten eingefunden. Um 10 Uhr fand der Trauergottesdienst statt. Die alte und denkmalgeschützte Kirche von Altenried war bis auf den letzten Platz gefüllt. Reinhard, seine Familie sowie die Geschwister und nahen Verwandten hatten links und rechts in der ersten Reihe der Kirchenbänke Platz genommen. Vom Gottesdienst selbst hatte Reinhard nur wenig mitbekommen. Seine Gedanken waren bei der Mutter, deren Sarg vorne am Aufgang zum Altar aufgebahrt war.

Er musste ständig an ihre Worte denken, wenn, wie in den letzten Jahren immer häufiger, die Gespräche auf den Tod und das Sterben kamen. Wie oft hatte sie in einem Zwiegespräch mit Reinhard die Frage gestellt, wie es wohl einmal sein wird, wenn man da *drinnen* (im Sarg) liegt und der Deckel zugeschraubt wird. Oder wenn er mit Mutter zum Friedhof ging, das Grab des Vaters zu besuchen, und die Blumen zu gießen. Auch da stellte sie oft die Frage: »Wie wird es wohl sein, wenn man einmal da unten liegt und einen die Würmer auffressen?« Reinhard hatte dann immer versucht, die Mutter dahingehend zu beruhigen, dass man, wenn der Tod eingetreten sei, ja ohnehin nichts mehr davon mitbekomme. Überzeugt hatte diese Antwort die Mutter aber nie!

All diese Gedanken gingen ihm während des Gottesdienstes durch den Kopf. So sehr er sich auch anstrengte, der Predigt des Geistlichen zu folgen – es gelang ihm nicht! Den Blick auf den Sarg gerichtet konnte Reinhard einfach an nichts anderes denken. Da spürte er plötzlich die Hand seiner Frau in der seinen. Sie hatte wohl bemerkt, wie abwesend ihr Mann war und wollte ihm mit ihrem Händedruck ihr Mitgefühl ausdrücken. Erst jetzt bemerkte er, wie sein Sohn Günter mit den Tränen kämpfte. Er legte seinen Arm um ihn und versuchte Trost zu spenden.

Doch das Schlimmste stand ja noch bevor: Die eigentliche Beerdigung auf dem Friedhof. Als der Sarg, umwunden mit zwei dicken Seilen, von den vier schwarz gekleideten Männern langsam in die Tiefe des Grabes gesenkt wurde, glaubte sich Reinhard nicht mehr auf den Beinen halten zu können.

Gebannt schaute er auf den Sarg, wie dieser so langsam und grausam endgültig zwischen dem links und rechts aufgetürmten Erdreich verschwand. Wie aus weiter Ferne hörte er den Kirchenchor das Lied singen: »Näher mein Gott zu mir!« Er nahm nichts wahr, was um ihn herum geschah. Nur die verweinten Gesichter seiner Geschwister sah er schemenhaft durch die Tränen in seinen eigenen Augen.

Unendlich erschienen ihm die Beileidsbekundungen von Bekannten, Freunden und anderen Leuten. Erst in der Gaststätte, wo man sich zum Leichenmahl einfand, konnte Reinhard wieder einigermaßen einen klaren Gedanken fassen. Das war auch

nicht anders möglich, hatte man doch viele der Verwandten schon lange nicht mehr gesehen. Die meistgestellte Frage war, wie es dem Einzelnen wohl so gehe. Meisten wurde diese Frage mit *gut* beantwortet, wenn gleich dies nicht bei allen zutraf.
Reinhard benutzte die Gelegenheit, als sich nach dem Essen viele der Anwesenden angeregt unterhielten, nochmals zum Grab der Mutter zu gehen. Der Totengräber hatte schon ganze Arbeit geleistet! Auf dem nach frischer Erde riechenden Grabhügel lagen fein säuberlich die Trauerkränze und Blumenschalen. Reinhard war nun alleine. Nur wenige Menschen waren auf dem Friedhof. Er stand, die Hände ineinander geschoben, vor dem frischen Grabhügel von Vater und Mutter. Nun waren beide wieder zusammen. Gedanken wie etwa dieser gingen ihm durch den Kopf: Würde Mutter nun wissen, wie es »da unten« ist? Wurde ihre so oft gestellte Frage endlich beantwortet? Lange stand Reinhard still am Grab der Eltern; dann ging er zurück in die Gaststätte. Nachdem sich die meisten der Trauergäste verabschiedet hatten, wurde es still im Haus von Ingeborg. Am Abend saß man in der großen Wohnküche noch bis spät in die Nacht hinein zusammen. Reinhard konnte noch zwei Tage bleiben, musste aber dann zurück nach Stuttgart.

Bevor er sich jedoch von Schwester Ingeborg verabschiedete, ging er noch einmal in Mutters Zimmer, dass sie bis zu ihrem Tod bewohnt hatte. Als er die Stube betrat, fiel sein Blick geradewegs zum Lehnstuhl in der Ecke neben der Couch. Die bequeme weiche Decke lag noch im Stuhl. Diese war der Mutter lieber gewesen als ein Kissen. Ihr Bett an der Wand war wie immer mit einer blauen Tagesdecke überzogen und in der Mitte das Paradekissen fein säuberlich aufgestellt. Reinhard setzte sich auf die Couch, wobei sein Blick erneut den Sessel streifte. Es war alles so, wie es immer war – nur Mutter saß nicht in ihrem Stuhl! Unruhig stand Reinhard wieder auf. Er sah über Mutters Stuhl die Fotos mit passenden Rahmen und geschmackvoll ausgerichtet an der Wand hängen. Alle Enkelkinder sowie Hochzeitsfotos von ihren Söhnen und Töchtern waren zu sehen. Am Fußende ihres Bettes war eine vergrößerte Fotografie mit Rahmen, die ihren in Russland vermissten Sohn Karl zeigte. Auf der anderen Zimmerseite waren zwei Heiligenbilder mit verschiedenen Andenken und Souvenirs an der Wand angebracht. Eines dieser Andenken zog Reinhards Aufmerksamkeit ganz besonders an: Es war ein Bild, dass er Mutter anlässlich eines Besuchs bei Tante Resl geschenkt hatte. Es zeigte den oberbayerischen Ammersee, auf dem im Vordergrund Rehe grasten. Ein eher kitschiges Bild, doch Mutter liebte Rehe und Waldmotive über alles. Reinhard konnte sich noch genau an den Tag, ja sogar an die Tageszeit erinnern, als er Mutter das Bild kaufte. Es war bei einem Spaziergang auf der Promenade am Ammersee, als Mutter an einem Kiosk stehen blieb. Lange hielt sie besagtes Bild in der Hand, um es letztendlich doch wieder hinzulegen. Ihr angeborener Sparsinn war größer als das Verlangen, das Bild zu besitzen. Reinhard ging zum Kiosk und kaufte es, ohne zu zögern. Als er es der Mutter gab, kam prompt ihr Kommentar, dass dies eine reine Geldverschwendung sei. Doch Reinhard konnte genau erkennen, wie sie sich freute, als sie es in der Handtasche verstaute. Schon viele Jahre hing es hier mit anderen Dingen an der Wand, die sie gerne hatte.

Bild um Bild betrachtete Reinhard. Und bei vielen kam die Erinnerung an schöne Stunden, die er mit Mutter verbringen konnte. Tränen standen ihm zum wiederholten Male in den Augen. Bis zu dieser Stunde wollte und konnte er immer noch nicht begreifen, dass es Mutter nicht mehr gab. Müde und mit schweren Schritten ging er zur Tür. Bevor er das Zimmer verließ, tasteten seine Augen dieses Zentimeter um Zentimeter ab. Bis zum heutigen Tag könnte er ohne zu überlegen das Zimmer beschreiben. Im kleinen Korridor, außerhalb des Zimmers, standen in einer Ecke die Gummistiefel von Vater und eine Jacke, die ebenfalls ihm gehörte, hing an einem Haken an der Wand. Wie oft hatte Reinhard die Gummistiefel und Jacke benutzt, wenn er zum Pilzesammeln ging. Er war manchmal sogar davon überzeugt, dass sie (die Stiefel) ihn zu den richtigen Plätzen führen würden, an denen Vater seine Pilze fand. Die Stimme seiner Frau ließ Reinhard wieder in die Gegenwart zurückkehren. Ein letzter Blick, dann zog er die Tür hinter sich zu. Es sollte auch das letzte Mal gewesen sein, dass er die Wohnung so sah, wie die Mutter sie verlassen hatte. Schon beim nächsten Besuch, einige Monate später, war das Zimmer neu eingerichtet. Reinhard wurde es so manches Mal, wenn er Gast bei seiner Schwester war, zur Verfügung gestellt.

Rosi Bachners Tod bedeutete in vieler Hinsicht für die einstmals große Familie einen herben Verlust, der einfach nicht zu ersetzten war. Zwar trafen sich die Familienmitglieder bei besonderen Anlässen; doch es war nie mehr so wie früher, als die Mutter noch lebte. Dieses Auseinanderleben der Familie begann bereits mit dem Tod des Vaters Kurt Bachner. Nur damals war dies noch nicht so sichtbar. Reinhard traf seinen Bruder Josef mehr zufällig als geplant; und das hauptsächlich in Bayern. Josef hatte ein Haus nahe der alten Heimat in der Oberpfalz gebaut. In den Sommermonaten hielt er sich auch häufig dort auf. Mit Bruder Willi kam es auch nicht öfters als einmal im Jahr zu ei-

ner Zusammenkunft. Nur mit den Schwestern Ingeborg und Lisa hatte Reinhard mehr Kontakt. Beide wohnten nicht weit auseinander, so war es immer möglich, sich zu treffen. Auch ein reger Telefonverkehr herrscht bis heute zwischen Bayern und Stuttgart. Nur noch selten kam es vor, dass sich die Geschwister alle trafen. Dies waren dann Anlässe wie etwa runde Geburtstage oder aber eine Beerdigung, die sie wieder einmal zusammenführte.
Auch die Kontakte zu Tanten, Onkeln oder zu Cousinen und Cousins verloren sich, obwohl einige nur wenige Kilometer voneinander entfernt waren. Reinhard bemühte sich immer wieder, die Verbindungen nicht ganz abreißen zu lassen – es war eine vergebliche Liebesmüh! Es blieb bei zufälligen Treffen durch besondere Anlässe. Reinhard wusste natürlich schon, dass es nicht so bleiben konnte, wie es während des Kriegs oder der Nachkriegszeit war. Wenn bei jedem auch nur etwas an gutem Willen vorhanden gewesen wäre, hätte man sich doch des Öfteren sehen und auch gemeinsam etwas unternehmen können. Trotz Familie und Enkelkinder oder anderen Verpflichtungen, hätte man den einstmals sehr guten Zusammenhalt besser pflegen können. Wie sagt doch ein bekanntes Sprichwort: »Geht es den Menschen gut, so braucht er die Familie nicht – geht es ihm schlecht, so klopft er bei ihr an!«

Ich könnte noch so vieles berichten, doch das Wesentliche ist gesagt! Nur so viel sei am Ende erwähnt: Reinhard Bachner, der nun schon einige Jahre im verdienten Ruhestand ist, hat es bis heute nicht zu Reichtümern gebracht. Obwohl sein Jahrgang (1935) zu keiner Zeit gute Voraussetzungen hatte, ist er mit seinem Leben mehr als zufrieden. Dies mag am Fleiß und der

Bescheidenheit, die dieser Generation in der Regel anhaftet, liegen. Reinhard Bachner hatte immer versucht, auch in schwieriger, ja manchmal sogar aussichtsloser Lage, sich selber treu zu bleiben. Wo er auch immer, sei es im Beruf oder innerhalb der Familie, gebraucht wurde, tat er dies mit vollem Einsatz seiner Kräfte. Auch im Bekanntenkreis ist diese Tugend bis heute noch gefragt. Seine Aufrichtigkeit und Hilfsbereitschaft den Mitmenschen gegenüber hat immer noch höchste Priorität. In manchen Dingen aber wäre er bisweilen schon froh, er hätte ein dickeres Fell. Gutheit und Ehrlichkeit, das musste Reinhard letztendlich feststellen, passen immer weniger in unsere jetzige Zeit.

Nachwort

Die Idee, ein Buch über meine (des Autors) Generation zu schreiben, trug ich schon lange mit mir herum. Das Leben meines Freundes Reinhard Bachner, wie ich Jahrgang 1935, schien mir zu diesem Zweck vorbildlich geeignet. Ich hatte auch große Zweifel, ob mir ein solches Vorhaben überhaupt gelingen würde. Immerhin war ich bereits fast 65 Jahre alt, als ich anfing, dieses Buch zu schreiben. Ermutigt durch meinen Sohn Günter Bachmann, der mir einen Computer schenkte, der noch »Windows 3.1« als Betriebssystem auf der Festplatte hatte, machte ich mich an die Arbeit. Ich fing an zu schreiben! Ich wollte mit »Betrogen und vergessen« vor allem den jungen Menschen von heute etwas mitteilen, was wohl schon bald für immer aus dem Gedächtnis verschwinden würde, wenn es nicht weitergegeben wird.

Ich erhoffe mir, dass alle, die dieses Buch lesen, eine etwas positivere Einstellung gegenüber der heutigen älteren Generation bekommen. Was nämlich in letzter Zeit in den Medien und in der Presse von jungen Leuten, besonders von solchen, die bereits in irgendeiner Partei eine mehr oder auch weniger bedeutende Funktion ausüben, von den »Alten« verlangt wird – entbehrt meiner Meinung nach jeglicher Grundlage.
Da wäre zum Beispiel für über 70-Jährige ein neues Hüftgelenk zu teuer – diese könnten doch auch Krücken benutzen. Das war von einem 23-Jährigen in den Medien zu hören. Übertroffen wird das nur noch von der zynischen Bemerkung eines lüm-

melhaften, ebenfalls blutjungen Politikers, der erst kürzlich meinte, die Alten sollten doch besser gleich »den Löffel abgeben«! Er meinte zwar »das Tafelgeschirr«, von dem die angeblich wohlhabenden Rentner etwas hergeben sollten. Doch es war ein sehr entlarvender, ein sehr sprechender Versprecher - vielleicht sogar die wahre Herzensmeinung im Unterbewusstsein dieses Redners. Bei derartigen Äußerungen wird dann gebetsmühlenhaft folgendes Argument vorgetragen: »Die Alten müssen endlich auch ihren Beitrag zur Sanierung der Renten- und Krankenkassen leisten.« Das wird gerne von Jung-Politikern aller Parteien in die Debatte geworfen; oder auch von älteren, die – genau wie ihre unreifen Kollegen - aus gehobenen und wohlhabenden Verhältnissen stammen. Die Notzeiten unserer Generation – oder Notzeiten überhaupt - kennen sie nur aus der unbeteiligten Vogelperspektive.

Denjenigen, die sich derlei Argumente auf die Fahne schreiben, sei an dieser Stelle gesagt: »Einen solchen Beitrag hat meine Generation schon mehr als einmal geleistet!« Die Argumente dafür finden sich zuhauf in diesem Buch. Ich habe in dieser Hinsicht sehr intensiv mit jungen Menschen diskutiert und kam mit großer Freude zu der Überzeugung, dass viele von ihnen auch eine positive Einstellung den »Alten« gegenüber haben. Das gibt mir Mut und Hoffnung.

Bedanken möchte ich mich vor allem bei meinem Sohn Günter Bachmann, der mich nicht nur zum Schreiben angeregt hat, sondern mir in vielen Dingen beratend zur Seite stand und die Korrekturarbeiten übernahm. Mein herzlicher Dank gilt natürlich auch der Familie Bachner, insbesondere Reinhard sowie dessen Geschwister Willi, Josef und Lisa Bachner. Ohne ihre

Hilfe wäre es nicht möglich gewesen, diesen Bericht über eine vergangene Zeit zu schreiben. Sie waren es, die mir über viele Dinge Auskunft geben konnten, wo selbst Reinhards eigenes Gedächtnis versagte. Besonders Lisa Bachner habe ich in vielen Telefonaten und Gesprächen endlos ausgefragt.

Für mich persönlich war es wichtig, mir einfach Dinge von der Seele zu schreiben, die ich Jahrzehnte schon mit mir herumgetragen habe. Jetzt, zu Papier gebracht, verspüre ich eine große Erleichterung. Die Geschichte des Reinhard Bachner gab mir die Möglichkeit, unsere betrogene Generation aus einem sachlichen Abstand heraus zu beschreiben. Mit meiner eigenen Biografie wäre mir das nicht so gut gelungen. Ich wäre zu sehr persönlich darin verstrickt gewesen. Und eine Ich-Erzählung hätte mich sicher dazu verleitet, den sachlichen Bericht zu vernachlässigen oder gar kräftig zu moralisieren und zu schimpfen. Reinhard, der ein natürliches Erzähltalent hat, lieferte mir schon einen fertigen Stoff, der nur noch in Buchform gebracht werden musste. Die Tatsache, dass wir einer betrogenen Generation angehören, charakterisiert sein Leben genauso gut wie meines. Um dieses Exemplarische ging es. Wer zu unserem Jahrgang gehört, der wird sich in dieser Arbeit sicher wiederfinden.

Für jüngere Leute bietet das Buch eine Chance, unsere unmittelbare Vergangenheit besser zu verstehen: Schluss also mit dem Jammern! Und erst mal selbst einen Beitrag leisten – bevor man die Alten dazu auffordert, sich am besten gleich selber auf dem Friedhof zu entsorgen, weil sie angeblich zu kostspielig geworden sind. Und noch etwas: Hört auf mit dem Gerede von »den Rentnern«! Derlei Abstraktionen, die Menschen in kollektive Sippenhaft nehmen, haben wir schon zu Hitlers Zeiten mehr als genug kennen gelernt. Wer eine hohe Rente hat, der mag einen Beitrag leisten. Nicht aber die überwiegende Mehrzahl derer, die am Existenzminimum herumkrebsen. Nicht nur in der Rentnerdiskussion, sondern in allen gesellschaftlichen Bereichen ist uns das Feingefühl verloren gegangen, erst einmal zwischen Arm und Reich zu unterscheiden. Diese Unterscheidung sollte allen Schlagworten vorangehen, wenn es um solidarische Beiträge für das Gesamtwohl geht. Denn ohne dieses soziale Einfühlungsvermögen werden die Armen zwangsläufig immer ärmer und die Reichen immer reicher. Mit der Folge, dass die politischen Rattenfänger, sei es von links oder - in Deutschland wahrscheinlicher - von rechts wieder großen Zulauf bekommen.

Richard Bachmann
Stuttgart, im März 2005